中华人民共和国内河船舶船员适任考试培训教材

船舶驾驶与管理

中国海事服务中心组织编审

主编　谢世平　陈金福

大连海事大学出版社

© 谢世平　陈金福 2016

图书在版编目(CIP)数据

船舶驾驶与管理 / 谢世平，陈金福主编. — 大连：大连海事大学出版社，2016.11
中华人民共和国内河船舶船员适任考试培训教材
ISBN 978-7-5632-3410-3

Ⅰ. ①船…　Ⅱ. ①谢…　②陈…　Ⅲ. ①内河航行—船舶驾驶—技术培训—教材②内河航行—船舶管理—技术培训—教材　Ⅳ. ①U675.5②U692

中国版本图书馆 CIP 数据核字(2016)第 289373 号

大连海事大学出版社出版

地址:大连市凌海路1号　邮编:116026　电话:0411-84728394　传真:0411-84727996

http://www.dmupress.com　E-mail:cbs@dmupress.com

大连住友彩色印刷有限公司印装　　大连海事大学出版社发行

2016 年 11 月第 1 版　　2016 年 11 月第 1 次印刷

幅面尺寸:185 mm×260 mm　　印张:29

字数:714 千　　印数:1～5000 册

出版人:徐华东

责任编辑:李继凯　　责任校对:孙延彬　宋彩霞

封面设计:王　艳　　版式设计:解瑶瑶

ISBN 978-7-5632-3410-3　　定价:75.00 元

前 言

根据《中华人民共和国内河船舶船员适任考试和发证规则(2015)》和《中华人民共和国内河船舶船员适任考试大纲(2015)》,中国海事服务中心组织在内河船舶运输领域有着丰富教学和培训经验的专家在2010年版培训教材的基础上重新编写了《中华人民共和国内河船舶船员适任考试培训教材》,并组织实践经验丰富的海事管理机构专家和船公司的指导船长、轮机长对教材进行了审定。

在本套教材编写前,中国海事服务中心组织参编专家对内河船舶运输现状进行了广泛的调研和深入的讨论,确保教材内容符合船上工作实际,反映最新航运技术和最新法律、法规、规范与标准,并在表达方式上通俗易懂,符合内河船舶船员业务学习和技能培训的需要。

本套教材分驾驶专业和轮机专业两类:驾驶专业包括《船舶操纵》《船舶避碰与信号》《航道与引航》《船舶管理》《船舶驾驶与管理》;轮机专业包括《主推进动力装置》《船舶辅机与电气》《机舱管理》《船舶动力装置》《轮机管理》。

《船舶驾驶与管理》由重庆交通大学谢世平、江苏海事职业技术学院陈金福主编(主编排名不分先后),由重庆海事局司太生、中国海事服务中心张芳亮主审。重庆交通大学刘元丰、艾健、任亦然、杨学辉,江苏海事职业技术学院彭陈,南通航运职业技术学院刘芳武,中国海事服务中心王建军参与了教材编写,全书由谢世平统稿。

《船舶驾驶与管理》科目教材内容由船舶操纵、航道与引航、船艺、造船大意、职务与法规、轮机常识和内河船员职业素养等七篇组成。本书适用于内河船舶驾驶专业二、三类证书船员适任考试培训,也可供航运企业内部培训使用,还可作为大、中专院校内河船舶驾驶专业或同类专业的教学参考书。

教材在编写过程中得到了各海事机构、航运院校、船员培训机构、航运企业等相关单位的关心和大力支持,特致谢意!由于时间仓促,书中难免存在疏漏,欢迎广大读者和专家批评指正。

中国海事服务中心

2016年10月

目录

第1篇 船舶操纵

第2篇 航道与引航

第1篇

船舶操纵

船舶操纵主要介绍驾驶人员利用船舶的车、舵、锚、缆等操纵设备来抵御外界环境条件包括风、流、浪、浅窄水、岸壁等的影响,以保持或改变船舶的运动状态所进行的操作,包括分析、判断、指挥和实施等。本章节内容包括船舶操纵基本原理,船舶系、离泊操纵以及特殊情况下的船舶操纵等船舶操纵的主要基础知识,为船长和驾驶员的实船操纵形成理论基础。

第一章 船舶操纵基本原理

船舶操纵基本原理包括舵及旋回圈要素与船舶操纵性的关系、船速与冲程、水流对船舶操纵性能的影响、浅水效应及岸壁效应、船间效应的形成机理等。

第一节 舵效及其影响因素

航行船舶操一舵角,在舵叶的迎流面与背流面的水动压力差,称为舵压力。舵压力与舵压力转船力臂的乘积为产生使船舶回转运动的力矩,称为舵压力转船力矩,如图 1-1-1 所示。因此,航行船舶操一舵角后,使船舶向操舵一侧偏转,其偏转效果通常用舵效衡量。

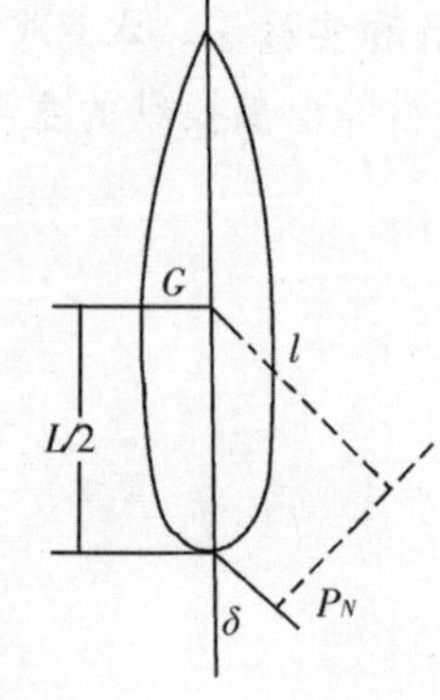

图 1-1-1 舵压力转船力矩示意图

G—重心;L—船长;δ—舵角;P_N—舵压力;l—力臂

一、舵效

舵效是指船舶在各种不同的状态下,用舵设备操纵船舶所表现的综合效果,主要表现为偏转、横移、降速和横倾。

在实际操船时,驾驶员通常所说的舵效是狭义上的舵效,是指运动中的船舶操一舵角后,船舶在一定时间、一定水域内所获得的转头角(或称"改向角")的大小。船舶如能在较短时间、较小水域内船首转过较大角度,则舵效好,反之则舵效差。舵效好,不仅从时间上要求船舶在操舵后在较短时间内,转过较大角度,而且从空间上要求船舶在较小水域内,有较大的回转角度。

二、影响舵效的因素

1. 舵角

在极限舵角范围内,舵角越大,舵压力就越大,因而舵效越好。

2. 舵面积系数

舵面积系数是指舵叶中纵剖面的浸水面积与船体中纵剖面浸水面积的比值。舵面积系数大,舵效好,舵面积系数小,舵效变差。内河船舶舵面积系数最小的是双桨客货船(深宽航道)

为2.1% ~5.0%，其他船舶舵面积系数一般都在3.0%以上，舵面积系数最大的是内河推船，达6.0% ~11.0%。

3. 舵叶对水速度

舵叶对水速度即舵速。提高舵速往往是在船速较低时通过提高主机转速方法来实现，由于螺旋桨尾流速度增加，滑失增大，从而舵效得以提高。该方法由于船速低，改向时滞距小，所需水域小，在船舶掉头、靠离码头、系离浮筒、抛起锚、进出船闸等操纵时常采用该方法来提高舵效，船员俗称“以车助舵”。

4. 舵性

舵性是指船舶各种运动状态下，主机在不同工况下，操舵设备的轻便、灵活、准确和可靠的性能。从实际使用来看，电动液压舵机性能较好，舵来得快，回得也快；蒸汽舵机来得慢，回得快，易稳舵；而电动舵机来得快，回得慢，不易稳舵；人力舵，来得慢、回得慢、稳向也慢。

5. 转舵时间

船长大于30 m的船舶满载、全速航行时，操舵从一舷35°至另一舷30°所需时间，称为转舵时间或操舵时间。它反映了船舶操纵的灵活性，是舵机系统的重要指标之一。转舵时间越短，船舶舵效越好。内河船舶转舵时间应满足表1-1-1的规定。

表1-1-1 内河船舶转舵时间

舵机种类	船长(m)	操舵时间(s)	
		急流航区船舶	其他航区船舶
机动舵机	>30	12	20
	≤30	15	20
人力舵机(舵轮手柄力不大于147 N)		15	20
辅助人力舵机(舵轮手柄力不大于294 N,从一舷35°至另一舷30°)			40

6. 船体水下侧面积

船首水下侧面积分布多或首倾的船舶，舵效变差；而船尾水下侧面积分布多或适量尾倾的船舶，舵效变好。

7. 吃水

船舶满载时的舵效较轻载时差。

8. 横倾

船舶低速航行时，向低舷侧转向舵效较好；船舶高速航行时，向高舷侧转向舵效较好。

9. 风、流、污底及浅水

风中航行，满载舵效比轻载好；急流中航行，逆流舵效比顺流好，常流舵效比乱流好；船舶污底严重舵效变差；浅水中航行，舵效较深水中变差。

10. 螺旋桨正转前进、反转倒退

螺旋桨正转且船舶前进时舵效好；螺旋桨反转且船舶后退时舵效极差，甚至无舵效。

第二节 船舶回转性能

定速直航(一般为全速)船舶，操一舵角(一般为满舵)后，其重心360°的运动轨迹，称为旋回圈。旋回圈的几何要素通常用反移量、纵距、横距、旋回初径、旋回直径和滞距表示，如图1-1-2所示。

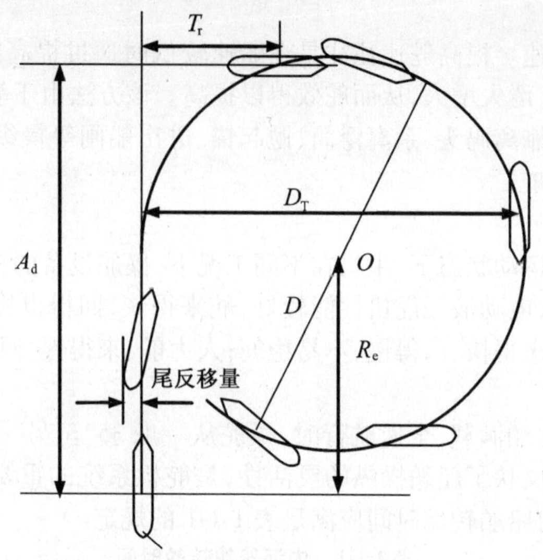

图 1-1-2　船舶旋回圈示意图

一、反移量的应用

反移量又称偏距或反横距，是指操舵后船舶重心自原航向的延伸线向操舵相反方向横移的最大距离。通常船舶重心处反移量为 1/2 船宽，船尾反移量达 1/10 ~ 1/5 船长。反移量在实船操纵中应用广泛，主要包括：

1. 救助落水者

航行中有人落水时，为了防止落水者被卷入船尾螺旋桨，应立即停车，并向落水者一侧操舵，利用反移量，使船尾摆开，以保证落水者的安全。

2. 船舶避碰

两船对驶相遇，为防止船舶碰撞，避让时应先操外舵使船首让开，当估计船首已能让过时，再操内舵，利用反移量使船尾摆开。

3. 避让障碍物

航行船舶在近距离内发现前方障碍物时，应先操舵使船首让开，当船首让开而估计有可能与船尾发生碰撞时，应立即向另一舷操舵使船尾甩开。

4. 船舶离泊操纵

在船舶驶离码头时，船首刚刚摆出泊位，如果进车，操大舵角，则会产生较大反移量，导致船尾触碰码头。因此，当船首摆出一定角度时应回舵，利用反移量调顺船身。

二、旋回时船舶横倾的特点及措施

(一) 旋回时船舶横倾的特点

船舶旋回横倾由内倾和外倾组成。内倾通常出现在旋回运动的初始阶段，持续的时间极短，且内倾角很小；外倾出现在旋回运动的渐变阶段和定常旋回阶段，由于船舶惯性离心力大，因而外倾现象明显，且外倾角大，若操作不当，有倾覆的危险。

（二）船舶在旋回运动过程中出现外倾角过大的原因

（1）船速过大，尤其是在全速满舵旋回时；

（2）船舶全速满舵旋回产生较大外倾角时，急回舵，甚至操反舵；

（3）船舶初稳性高度以及旋回半径都过小；

（4）船舶受自由液面、货物和旅客移动以及风动力、水动力和波浪作用产生的横倾力矩与旋回外倾力矩同向时。

（三）防止船舶在旋回运动过程中倾覆的措施

（1）应防止重件货物装在高处，力求合理的初稳性高度，并注意自由液面的影响和防止货物的移动。

（2）降低船速，缓缓操舵，用小舵角操纵船舶回转，尽量增大旋回直径。

（3）应正确选择操舵时机，以使风浪产生的横倾力矩影响较小，并避免外力产生的横倾力矩与船舶旋回的外倾互相叠加。

（4）在旋回运动中，出现较大外倾角时，应立即慢车、停车，待船速下降后再缓慢回舵，切忌急回舵，甚至操反舵。

第三节　船舶冲程及其影响因素

一、船舶冲程

（一）停车冲程

船舶在各种速度下，停车至船舶速度为零时所需滑行的距离为停车冲程；滑行过程所需的时间为停车冲时。

（二）倒车冲程

船舶在各种速度下，倒车至船舶完全停住所滑行的距离为倒车冲程，又称紧急停船距离或最短停船距离；滑行全过程所需时间为倒车冲时，又称紧急停船时间。

船舶紧急制动效果的好坏直接关系到船舶航行安全，在不同环境、不同条件下应采用不同的制动方法，方能取得较好的效果。

船舶驾驶员在实际操船中，了解和掌握船舶的冲程和冲时，就能在能见度不良、靠离泊、掉头、航经浅窄航道、进出船闸和避碰等操纵中较为准确地把握用车时机，保证操纵安全，提高操纵水平。为保证船舶航行安全，驾驶员应认真掌握本船下列各项冲程：

（1）进车（慢速、中速、快速）航行时，从改进车为停车开始到船舶实际停住的冲时和冲程；

（2）进车（慢速、中速、快速）航行时，从改进车为快倒车开始到船舶实际停住的各倒车冲时和倒车冲程。其中船舶由全速前进改为全速快倒车时的船舶冲程，称为最小冲程，它是操纵船舶的重要数据。

（3）在控制船速的航区，还应掌握本船在快速航行中，从改为慢速或中速，到船舶降速到相应的较低速度时，这一减速过程所需时间和航行的距离。

二、影响船舶冲程的因素

1. 排水量

在船速一定时，排水量越大，冲程就越大。通常空载船舶的冲程约为满载船舶冲程的80%。

2. 船速

其他条件一定时，船速越大，冲程越大。

3. 主机倒车功率及类型

主机倒车功率大，倒车冲程就小。主机类型不同，船舶的倒车冲程不同，柴油机船的倒车冲程比同样规模的汽轮机船小10%左右；主机换向时间不同，船舶的倒车冲程也不同，主机换向时间越短，倒车冲程越小。

4. 船型

船型与船舶阻力有密切关系，其中方形系数影响较大。在排水量、初速度及外界通航环境相同的条件下，方形系数大的短肥型船舶，停船冲程小；方形系数小的瘦削型船舶，停船冲程大。

5. 外界因素

船舶顺风、顺流航行时冲程增大，反之减小；在浅水域中航行的船舶，其冲程较深水中小；船体污底严重，船舶阻力增加，船舶冲程相应减小。

第四节　风对船舶操纵性能的影响

船舶在风中航行，相对风速作用在船体水线以上部分产生风动力。风动力的纵向分力使船舶的航速和冲程增大或减小；风动力的横向分力，使船舶向下风方向漂移；风动力与船舶重心形成的风动力转船力矩，使船舶发生偏转运动；风动力与船舶横稳心高度形成横倾力矩，使船舶发生横倾，如图1-1-3所示。

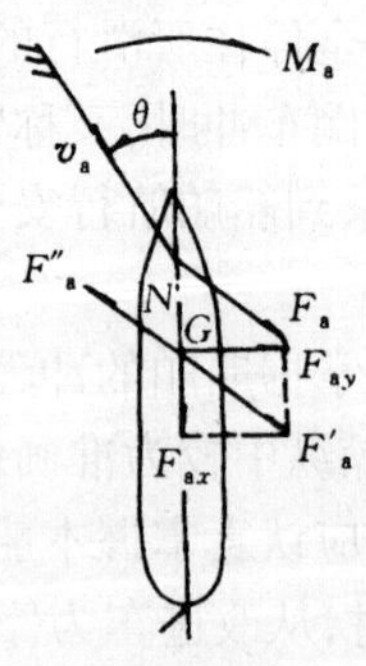

图1-1-3　船舶受风影响示意图

V_a—相对风速；F_a—风动力；F_{ax}—风动力纵向分力；

F_{ay}—风动力横向分力；M_a—风动力转船力矩

一、风动力及其转船力矩

(一)风动力

风动力是指处于一定运动状态下的船舶,船体水线以上部分所受的空气动压力;风舷角是指风向与首尾线的夹角;风动力角是指风动力作用线与首尾线之间的夹角;风动力中心是指船舶水线以上受风作用的合力作用点,如图 1-1-4 所示。

船舶所受的风动力的大小、方向和作用点与风速的大小、风舷角、受风面积的大小和形状(空载、满载、吃水差及上层建筑的布置情况)等因素有关。

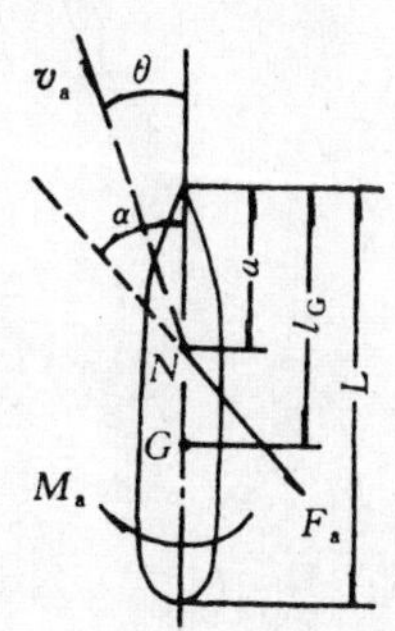

图 1-1-4　风动力及风动力转船力矩示意图

θ—风舷角;F_a—风动力;α—风动力角;N—风动力作用中心;a—船首至风动力作用点的距离;l_G—船首至重心的垂直距离;L—船舶垂线间长;M_a—风动力转船力矩

(二)风动力转船力矩

风动力转船力矩又称风压力转船力矩,即风动力与风动力作用线至船舶重心垂直距离的乘积。

二、船舶受风偏转规律

船舶在风中的偏转是船舶所受的风动力转船力矩与水动力转船力矩共同作用的结果。船舶的偏转情况可以分为两种,即迎风偏转和顺风偏转。迎风偏转是指运动中的船舶不论是前进还是后退,其运动的前端(前进中指船首,后退中指船尾)在风的影响下转向上风方向的偏转,也称之为逆偏转;顺风偏转是指运动中的船舶不论是前进还是后退,其运动的前端(前进中指船首,后退中指船尾)在风的影响下转向下风方向的偏转。

(一)船舶静止中受风

1. 正横前来风

风从正横前吹来,如图 1-1-5 所示,风动力作用中心在重心之前,水动力作用中心在重心之后。此时,风动力、水动力转船力矩使船首顺风偏转,直至风从正横附近吹来时,风动力、水动力作用中心都接近重心点,船舶的偏转力矩趋向消失,并向下风方向漂移。

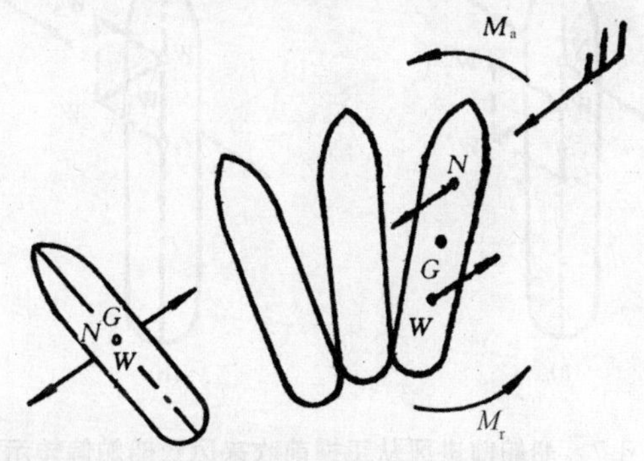

图 1-1-5　风从正横前吹来风致船舶偏转示意图

M_a—风动力转船力矩;M_r—水动力转船力矩

2. 正横后来风

风从正横后吹来时，如图 1-1-6 所示，风动力作用中心在重心之后，水动力作用中心在重心之前。此时，风动力、水动力产生的转船力矩使船首逆风偏转，直至风从正横附近吹来时，风动力、水动力作用中心都接近重心，船舶的偏转力矩趋向消失，并向下风方向漂移。

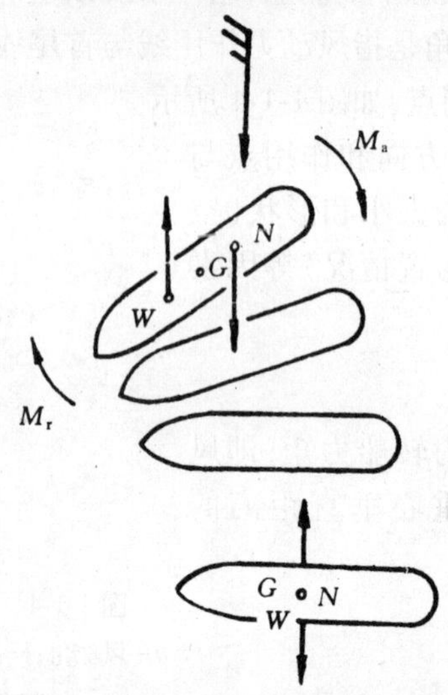

图 1-1-6　风从正横后吹来风致船舶偏转示意图

M_a—风动力转船力矩；M_r—水动力转船力矩

(二)船舶前进中受风

1. 正横前来风

风从正横前吹来，如图 1-1-7 所示，风动力、水动力作用中心均在船舶重心之前。这时船首偏转方向主要取决于风动力、水动力转船力矩的代数和。若风动力转船力矩大于水动力转船力矩，则船首顺风偏转；若水动力转船力矩大于风动力转船力矩，则船首逆风偏转。

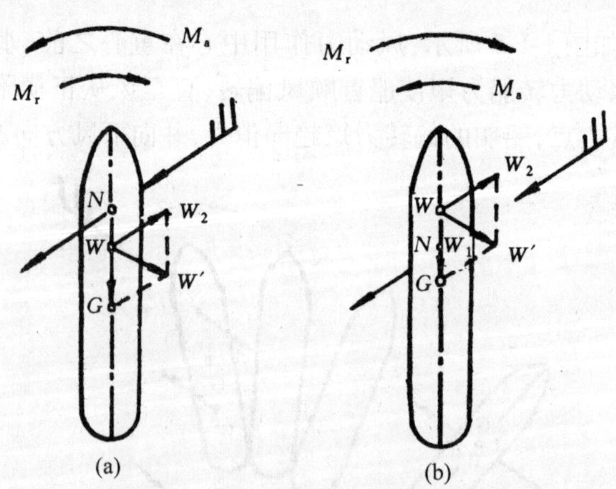

图 1-1-7　船舶前进风从正横前吹来风致船舶偏转示意图

(a)风动力作用点在水动力作用点之前；(b)风动力作用点在水动力作用点之后

M_a—风动力转船力矩；M_r—水动力转船力矩

1) 对于船速慢、风速大、尾纵倾或首部受风面积大的船舶,风动力作用中心在水动力作用中心之前,风动力转船力矩大于水动力转船力矩,则船首顺风偏转。船舶若需保向航行,须压上风舷舵。

2) 对于船速快、尾部受风面积大的船舶,风动力作用中心在水动力作用中心之后,风动力转船力矩小于水动力转船力矩,则船首逆风偏转,船舶若需保向航行,须压下风舷舵。如长江快速客船,前进中正横前来风,要压下风舷舵才能稳向航行,说明风动力作用中心在水动力作用中心之后。

2. 正横后来风

风从正横后吹来,如图 1-1-8 所示,则风动力作用中心位于水动力作用中心之后。船舶在风动力、水动力转船力矩共同作用下,船首逆风偏转。

(三) 船舶后退中受风

1. 正横前来风

风从正横前吹来,如图 1-1-9 所示,风动力作用中心在水动力作用中心之前,船在风动力、水动力转船力矩作用下,船尾迎风偏转。

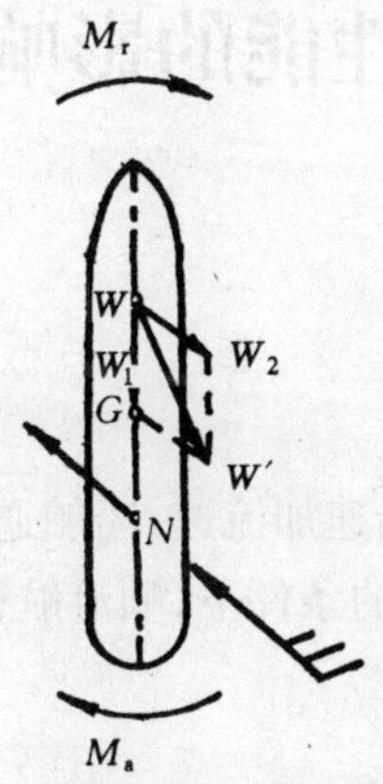

图 1-1-8 船舶前进风从正横后吹来风致船舶偏转示意图

M_a—风动力转船力矩;

M_r—水动力转船力矩

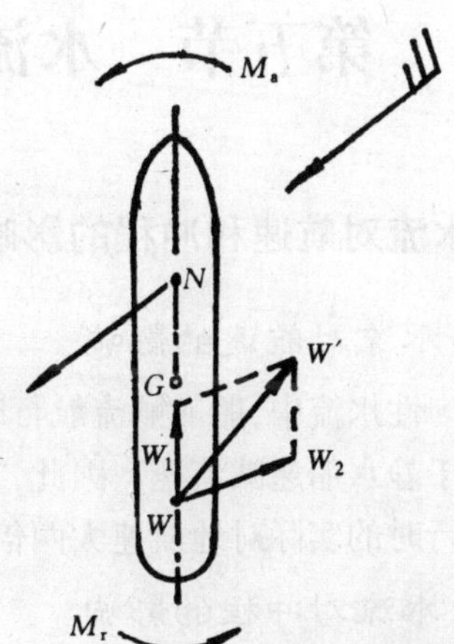

图 1-1-9 船舶后退风从正横前吹来风致船舶偏转示意图

M_a—风动力转船力矩;

M_r—水动力转船力矩

2. 正横后来风

风从正横后吹来,如图 1-1-10 所示,风动力作用中心和水动力作用中心均在船舶重心之后,由于船尾线形丰满以及舵、螺旋桨等因素的影响,后退水阻力比前进水阻力大 14% ~ 20%,无论风舷角是大或是小,水动力作用中心总在风动力作用点之后,产生使船尾迎风偏转的转船力矩。

因此,船舶后退中,无论风从正横前吹来或从正横后吹来,船尾均出现迎风偏转的现象,船员常称之为“尾找风”。驾驶员在操纵船舶时,可充分利用船舶倒车尾找风现象来实现其操纵目的。

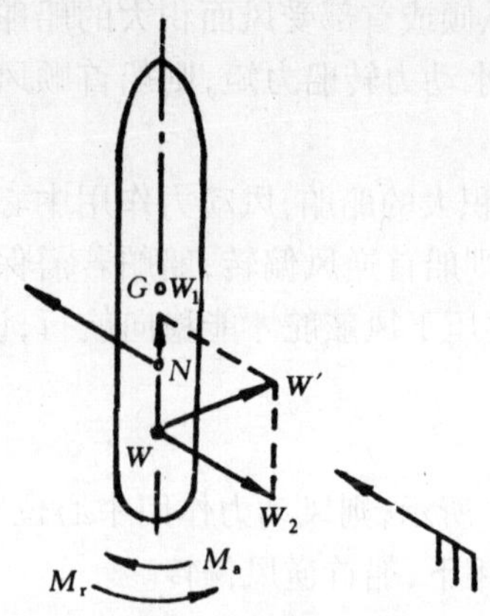

图 1-1-10　船舶后退风从正横后吹来风致船舶偏转示意图

M_a—风动力转船力矩;M_r—水动力转船力矩

第五节　水流对船舶操纵性能的影响

一、水流对航速和冲程的影响

(一)水流对航速的影响

在均匀性水流中,船舶顺流航行时,实际航速等于静水船速加流速;船舶逆流航行时,则实际航速等于静水船速减流速。因此,在静水船速和流速不变的条件下,顺流航行时的对地航速比逆流航行时的实际对地航速大两倍流速。

(二)水流对冲程的影响

船舶逆流航行时,停车或倒车冲程较小,流速越大冲程越小;船舶顺流航行时,冲程较大,流速越大冲程越大。因此,船舶顺流航行,针对停车后降速过程非常缓慢的特点,不论是掉头操纵或避让,应及早停车淌航。

二、水流对船舶漂移的影响

航行船舶正横前受流时,流速越快,流舷角越大,船速越慢,流压差角(船首向与船舶重心轨迹切线速度方向之间的夹角称为流压差角或流压差)越大,横向漂移速度也越大;反之,流速越慢,流舷角越小,船速越快,流压差角越小,横向漂移速度也越小。驾驶员在操纵船舶时,应特别警惕横流的影响,尤其在通过急流、浅滩及桥区等航段时,应特别注意流舷角的调整。

三、水流对船舶旋回运动的影响

船舶在均匀水流中做旋回运动时,由于受水流的影响,使船舶的旋回圈变成近似椭圆,如图 1-1-11(a)所示。

船舶顺流旋回 360°,旋回圈长轴垂直于流向;船舶逆流旋回 360°,旋回圈长轴平行于流

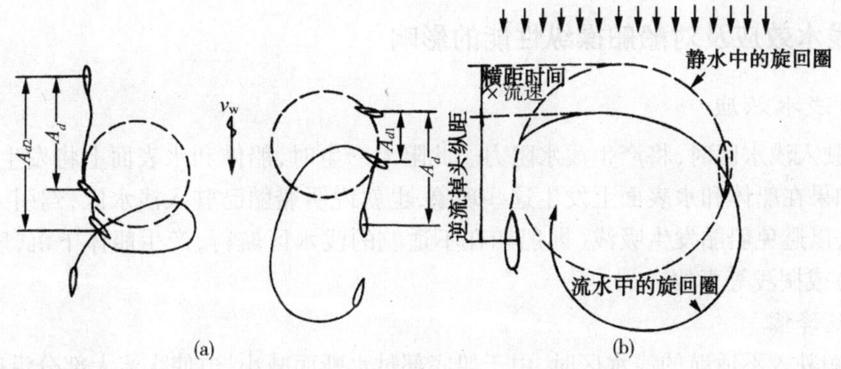

图 1-1-11　水流对船舶旋回的影响示意图

(a)船舶在均匀水流中做旋回运动的椭圆形旋回圈;(b)船舶顺流或逆流旋回 360°时椭圆长轴与流向的关系

A_d—船舶静水旋回纵距;A_{d1}—船舶逆流旋回纵距;A_{d2}—船舶顺流旋回纵距

向。顺流旋回圈的纵距比静水中长,逆流则相反,如图 1-1-11(b)所示。因此,船舶在有流水道内旋回或转向时应注意:

(1)顺流回转掉头所需纵距为漂移距离加船舶最大纵距和安全富余距离。

(2)有流时掌握转向时机与静水时不同,静水中可在物标接近正横前转向,而顺流航行时应提前转向,逆流航行时应延迟转向。这样在水动力作用下,船舶转向后船位才能落在预定的位置上。

四、水流对船舶舵效的影响

(一)水流对舵压力的影响

舵压力及舵压力转船力矩是与舵叶对水速度的平方成正比。因此,船舶在均匀流中航行,当螺旋桨转速不变时,不论逆流或顺流,舵叶对水的相对速度是保持不变的。在舵角等条件相同时,船舶逆流或顺流航行时的舵压力将保持不变,其舵压力转船力矩也相同。

(二)水流对舵效的影响

舵效是对地的概念,船舶逆流航行速度较顺流航行速度小,使用相同的舵角,逆流航行时能在较短的距离上使船首转过较大的角度,因此,逆流船的舵效较顺流船好。

第六节　浅水效应及岸壁效应

受限水域是相对于船舶的吃水或船宽而言,水深相对较浅或航道宽度相对较窄的水域。在受限水域中操纵船舶时,船舶运动会出现不同于深广的深水域时的现象和特点,由于水域的水深相对较浅而使船舶运动特点发生的变化,称之为浅水效应。由于航道的宽度相对较窄而使船舶运动特点发生的变化,称之为岸壁效应。

一、浅水效应及对船舶操纵性能的影响

（一）浅水效应

船舶驶入浅水区时，将产生浅水阻力。此阻力产生时，船体和水表面上将发生一些现象。反过来，如果在船体和水表面上发生这些现象，也就说明船舶已驶入浅水区，驾引人员应采取相应措施，以避免船舶发生吸浅（即船舶在不适航的浅水区航行，产生船体下沉，船底触擦河底的现象）或搁浅等事故。

1. 航速降低

当船舶驶入不适航的浅水区时，由于船底部过水断面减小，迫使水流大部分沿船舶两舷由船首向船尾流动，如图 1-1-12 所示。一是导致船舶航行阻力增加；二是船底压力下降，致使船体下沉。而船体下沉将导致船体的阻力进一步增加，使得船舶航速降低。

因此，内河船舶航行时，既要充分利用航道上的缓流区，又要避免驶入不适航的浅水区，只有这样才能保证航行船舶既安全又经济。

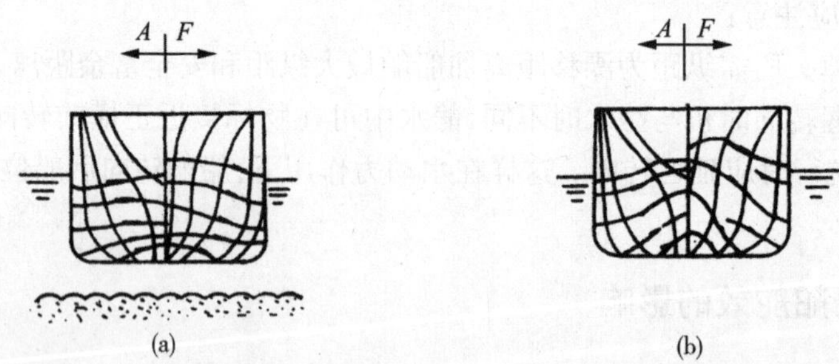

图 1-1-12　船舶在浅水与深水水域运动时船体周围的水流示意图

（a）浅水水域；（b）深水水域

2. 船体下沉与跳动

1）船体下沉

船体下沉是指船舶在不适航的浅水区航行时，因船底流速加快，水动压力降低，以致船舶吃水进一步增加的现象，如图 1-1-13 所示。

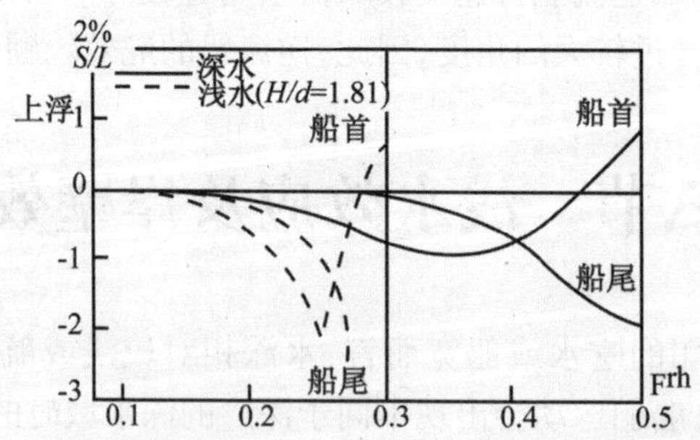

图 1-1-13　船舶在浅水区与深水区下沉比较示意图

2）船体跳动

船舶驶入浅水区时，由于浮力与船舶重力的不平衡造成船体上下沉浮的运动现象，船员常称之为“船体跳动”。

3. 兴波变形,流水声失常

船舶从深水区刚驶入浅水区时,由于惯性作用,航速不会立即下降,而船体周围相对平均流速增加,使船首压力增加,产生的兴波和波浪声也较大。但这一段时间较短,随着浅水阻力的作用,使船速下降及水深对兴波的制约,散波的高度和浪花声都将变小。船员通常说的"流水无声"就是指后一种现象。所以,船舶航行时应随时注意水声的变化。

4. 船首偏转现象

上行船舶利用缓流航道航行而驶入浅水区时,船首向深水一侧偏转的现象,船员称之为"跑舵"。为了避免搁浅,驾驶人员常让船"跑舵",必要时降低船速,使船向深水区航行一段距离后,再调顺航向,继续航行。

5. 赶浪与拖浪

1) 赶浪

船舶在浅水区航行,航行波与船舶纵中剖面的夹角随水深的减小而增大,宛如散波在前追赶船舶运动的现象,船员常称此现象为"赶浪",如图 1-1-14 所示。

2) 拖浪

船舶在浅水区航行,当航速达到一定值时,航行波与船舶纵中剖面间的夹角达 90°,且波峰分别位于船舶的首尾处,并同船舶一起移动,船员常称此现象为"拖浪",如图 1-1-15 所示。

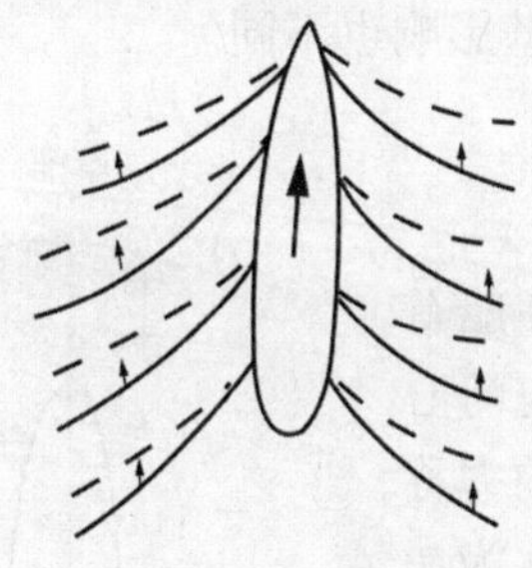

图 1-1-14　赶浪示意图

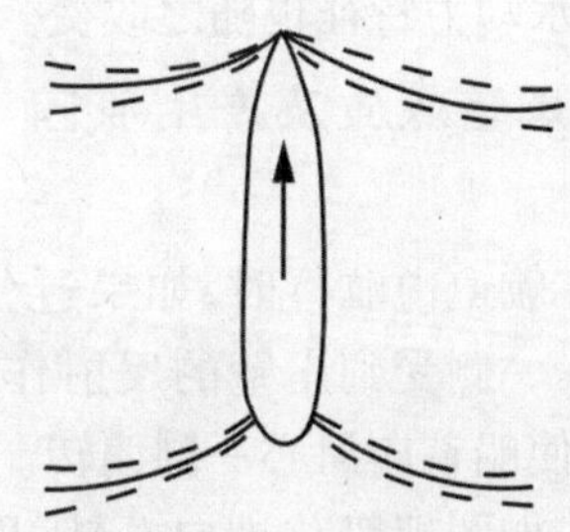

图 1-1-15　拖浪示意图

(二) 浅水对船舶操纵性能的影响

1) 对旋回性、航向稳定性的影响

船舶在浅水区中航行,旋回性能下降,航向稳定性变好。

2) 对船舶冲程的影响

船舶在浅水域航行时,由于船体下沉,船速下降,冲程减小。

(三) 预防浅水效应的措施

船舶进入浅区,由于出现航速下降、船体下沉、船首偏转等现象,容易发生吸浅、倒头等不安全因素,甚至导致搁浅;顶推船队还可能因之发生断缆散队,而使驳船漂流造成航道堵塞;吊拖船队发生驳船撞击拖船的危险。因此,船舶驶入不适航浅水域应采取如下措施:

1) 保持足够的富余水深

为了保证船舶在浅水区的安全航行,航行船舶必须留有足够的富余水深。确定富余水深应考虑船体下沉量、船体的纵倾变化、船体在波浪中的摇荡、河床的底质和航行图的精度等因素。

2)减速行驶

船舶在浅水域快速航行,会导致浅水阻力急剧增加,对于提高航速毫无意义,且浪费燃料,加大主机磨耗,增加吸浅或搁浅的危险。减速行驶,则可减小船舶动吃水的增量,避免上述现象的发生。

3)连续测深

连续测深是船舶驶入不适航浅水区的必要措施。目的是探明航路水深,使船舶航行于深水水域。

4)提高船舶控制能力

一是要早用舵,早回舵,用舵舵角要适当增大;二是慢车与常车要交替应用,以保证船舶拥有足够的控制能力。

5)备锚

为防止船舶驶入不适航浅水区,因操纵灵活性降低或船舶出现"跑舵"等而发生"倒头"、失控等危险局面,在船舶驶入浅水区前,应通知水手长备锚,必要时使用。

二、岸壁效应

船舶在受限水域航行,由于受航道岸壁或码头岸壁的限制,船体周围的流态必然发生变化,相应的水动力特征也随之改变。船舶运动形式不同,岸壁影响也不同。

(一)岸壁效应及产生原因

1)岸推

船舶在航道中航行时,如果过分靠近一侧岸壁航行,则船首高压在靠岸一侧受到岸壁的反射作用,压力升高,产生指向河心的压力差,使船首向河心一侧偏转。这种把船首推向河心的力称为岸推力。如图把船首推向左转,即推离岸边,这一现象称为岸推现象,如图 1-1-16 所示。

2)岸吸

在船尾处,由于过水断面较小,螺旋桨处于船尾工作,使船尾靠岸一侧的流速增高较多,压力下降较大。因此,在船尾两侧产生压力差,其方向指向岸壁一侧,有把船尾吸向岸边的趋势,这一现象称为岸吸现象,如图 1-1-16 所示。

岸推和岸吸同时发生。岸推现象和岸吸现象统称为岸壁效应。

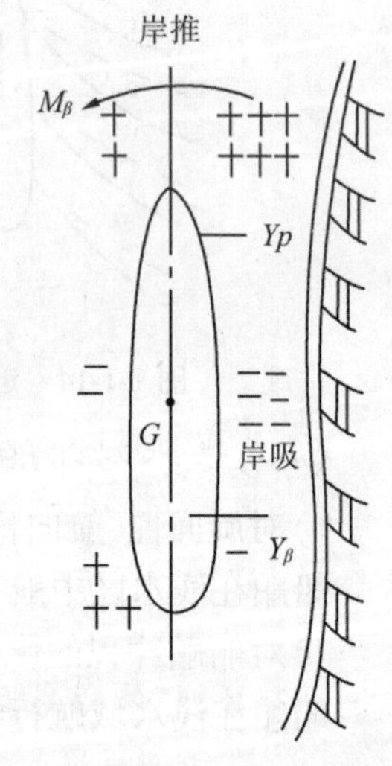

图 1-1-16 岸壁效应示意图

(二)影响岸壁效应的因素

1)岸距

岸距即船舶与岸壁之间的距离,岸吸力和岸推力随岸距的减小而增大。

2)船速

岸吸力和岸推力与船速的平方成正比,船速越快,岸壁效应越明显。

3)水深与吃水比

当水深与吃水比值在 1.1~1.25 之间时,船舶将发生"岸吸"现象;当水深与吃水比值小于上述数值时,船舶将发生“岸推”现象,且岸推力矩显著增大。

(三)预防岸壁效应的措施

船在沿岸或沿码头岸壁航行时,一定要保持适当岸距,不宜距岸太近。当航宽受限或避让距离过近,应减速行驶,驶离岸壁时,应用小舵角慢慢摆开,不宜操大舵角。

船舶接近岸壁航行时,为了抵消岸吸力的作用,向岸壁方向压舵也是一种正确措施。压舵将有效地抑制船首向外偏转,并控制船体成斜航状态,利用船体斜航中产生的横向力和舵的横向力来平衡岸吸力。但是,由于船舶、岸壁和航道走向等多方面原因,上述平衡状态是一种不稳定的平衡状态,因此,需要根据水深、船速和岸距的大小及时调整压舵舵角。

第七节　船间效应

根据船舶原理中压差阻力的分析,船舶对水做相对运动时,首尾处流速降低,压力增高;船中处流速增大,压力下降。但由于黏性原因,尾部高压低于首部高压,形成了压差阻力。可见,航行中的船舶周围的压力分布是不均匀的。因此,船舶在对驶、追越或并进的过程中,若两船横距过近,由于两船之间产生的流体作用,将使船舶出现相互吸引、排斥、偏转、波荡等现象,称之为船间效应。船间效应是导致船舶碰撞的主要原因,在船舶操纵中应引起充分重视,以防止碰撞事故发生。

一、船间效应产生的原因

(一)一船追越另一船的船间效应

设A、B两船长度相同,当A船追越B船时,A船船首与B船船尾接近时,因A船船首与B船船尾都在高压区,两船相互排斥,作用在首部的排斥力大于作用在尾部的排斥力,结果A船向右偏转,如图1-1-17(1)所示;当A船船首处于B船中部低压区时,A船船首部向里吸拢,而尾部向外排斥,如图1-1-17(2)所示;当两船并进时,两船间流速加快,流压显著降低,两船内外之间形成水动压力差,使两船相互吸拢,如图1-1-17(3)所示;当A船船尾处于B船中部低压区时,A船受B船船首高压的排斥和中部低压的吸入,其船首右偏,如图1-1-17(4)所示;当A船尾处于B船首时,A船尾与B船首相互排斥,如图1-1-17(5)所示。在上述追越过程中两船相互位置在3位时最容易发生吸拢而碰撞。

(二)两船对驶相遇的船间效应

设A、B两船长度相同,对驶相遇平行驶过,当两船首接近时,船首高压使两船相互排斥而向外偏转,如图1-1-18(1)所示;当A船首处于B船中部时,由于船首内侧的高压区与对方低压区的相互干扰,外侧压力大于内侧,使船首向内偏转,如图1-1-18(2)所示;当两船处于平行时,两船相互吸拢,如图1-1-18(3)所示;当两船船尾处于对方中部时,两船船首均向外偏转,如图1-1-18(4)所示;当两船尾平行接近时,两船首均向内偏转,如图1-1-18(5)所示。

综上所述,两船并进、追越或对驶相遇时,因两船横距过近,航速过快而发生偏转和吸拢的现象,船员称之为“船吸”现象或船间效应。

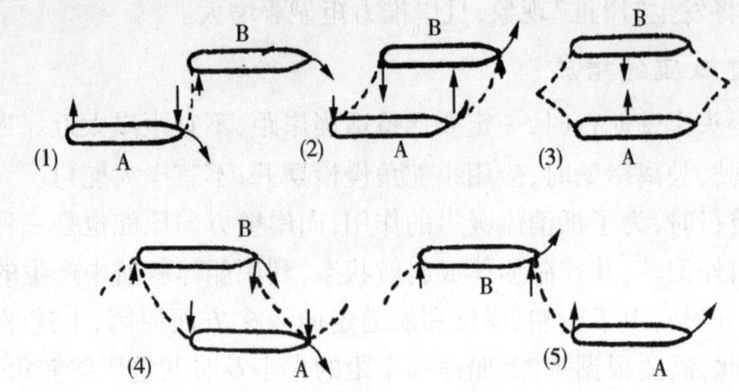

图 1-1-17　船舶追越过程的船间效应示意图

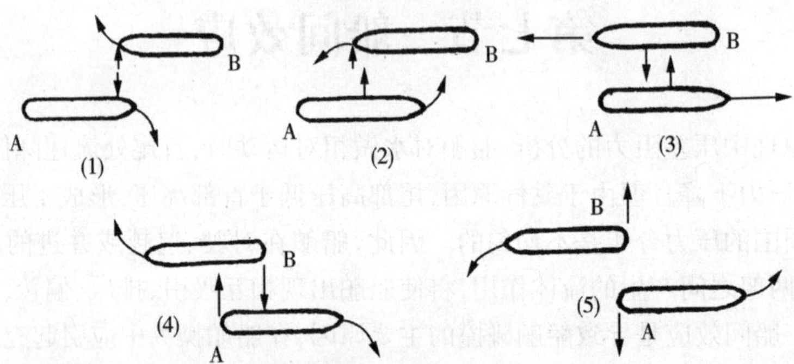

图 1-1-18　船舶对驶相遇的船间效应示意图

二、影响船间效应的因素

(一)两船间距

两船间距越小,相互作用越大。当两船间距小于两船船长之和时,就会直接产生这种作用;当两船间距为两船船长之和的一半时,相互作用明显增大。

(二)两船航行方向

在两船航向相反的对驶相遇,由于相互持续时间较短,船间效应尚未发生船已驶过,或已发生但消失很快,影响较小。而处于同向追越,由于相互作用持续时间较长,尤其当两船并行时,持续时间更长,船间效应也就更严重。

(三)航速

航速越大,船体周围压力变化越激烈,兴波也越强烈,船间效应也更为明显。船间作用力和力矩均与航速的平方成正比。

(四)排水量

船舶排水量越大,产生的船间效应越明显。两船排水量差异越大,小船受到的影响越显著。

(五)航道尺度

在浅窄的受限航道中航行,由于船体周围的压力变化及兴波较深敞水域中更为激烈,船间效应也就比深水中更为明显。

三、预防船间效应的措施

（一）追越中预防船间效应的措施

通常在开阔水域中，追越中两船的间距应超过可能产生船间效应的距离。在受限水域近距离追越过程中，应当采取有效措施，减轻船间效应，避免碰撞事故发生。

（1）尽量避免在狭窄、弯曲、浅滩河段处追越，应选择顺直、通航密度小的允许追越的河段进行追越。

（2）应尽量保持足够的横距，在深水、宽阔航道中快速追越，两船之间的横距至少要大于较大一船的船长。

（3）追越前必须用 VHF 电话与被追越船联系，并按照《内河避碰规则》有关规定，鸣放声号，征得被追越船同意后，方可进行追越。

（4）被追越船如果同意追越，应尽量让出航道，减速至能维持舵效的速度行驶；追越船应适当加速，以缩短两船相互作用时间，尽可能增加两船的横距，及早完成追越。当两船之间横距受到水深或其他限制时，双方均应酌情降低航速。

（5）一旦出现相互作用而有碰撞危险时，则追越船应减速或停车，并操适当舵角抑制偏转。

（二）对驶中预防船间效应的措施

两船对驶时，为避免激烈的船间效应而发生碰撞的预防措施是：

（1）应避免在复杂航道中会船。

（2）对驶前应减速缓慢行驶，尽量增大两船间的横距。

（3）待两船船首平行时，切忌用大舵角抑制船首向外偏转，否则将导致船首进入对方船中部低压区时加速内转而引起碰撞。正确的措施是适当加车以增加舵效，稳定船首向，减少通过的时间，使相互作用迅速消失而安全通过。

（4）在两船对驶相遇时，两船间相互作用造成碰撞的危险程度比追越过程低，但当两船横距过近，一船船首或船尾分别处于他船内舷的高压区或低压区，则有可能因激烈的偏转而使该船首或船尾部碰撞另一船。

第二章 船舶系、离泊操纵

船舶系、离泊操纵包括熟悉船舶特性，掌握船、桨、舵效应；结合泊位的具体情况，参照风、浪、流和水域等客观条件，运用车、舵、锚、缆、侧推器等操纵手段，准确地控制船舶的运动和摆位情况，完成系、离泊作业任务。

第一节　抛、起锚操纵

一、锚的用途

锚设备按其用途可以分为停泊用锚、操纵用锚和应急用锚。

（一）停泊用锚

锚泊是指船舶利用锚和锚链的系留力，使船安全、稳妥地系留于水面的停泊方法。锚泊在内河广泛应用，如船舶为了等待泊位、等待码头、等待船闸需抛锚停泊；船舶为了避风、避雾、避洪水等均需抛锚停泊。船舶锚泊常见的方式有单锚泊和双锚泊。

（二）操纵用锚

协助船舶操纵用锚主要有拖锚制动、抛锚靠离码头、抛锚掉头以及拖锚倒行等。

1. 抛锚制动

船舶低速航行过程中，为了降低船速，除使用主机倒车外，在水深适度的情况下，还可以抛下短链单锚，利用锚与河底的摩擦力来控制船速，减小冲程。单独使用倒车容易造成船首偏转，如果在使用倒车的同时辅以拖锚，则既有降低船速、控制冲程的作用，又有抑制船首偏转的作用。

2. 抛锚靠离码头

在平原河流若遇强吹拢风，为了控制船舶向码头方向的靠拢速度，并为离泊提供方便，可采用抛“开锚”驶靠；在山区河流或急流航段，为减小码头（或趸船）的负荷，可采用抛“拎水锚”驶靠；若遇强吹尾八字风或回流区域驶靠码头，为了控制船舶的惯性冲程，便于用车、用舵，可采用抛“倒锚”驶靠。

3. 抛锚掉头

在航道宽度明显不足，水深、流速适当的情况下，可采用抛锚掉头方法完成掉头操纵。

4. 拖锚倒行

船舶倒航时不具有航向稳定性和保向性，因此，稳定船首向十分困难，这时可将首锚抛下利用拖锚来稳定船首向。

（三）应急用锚

1. 避免碰撞、触礁、搁浅

为了避免与前方近距离的他船或障碍物碰撞或触礁、搁浅，开全速倒车或操满舵有时仍难以避免事故发生时，可在水深允许的情况下同时抛锚紧急制动。

2. 利用拖锚或拖链漂航或滞航

船舶在大风浪中无法做有效航行，在船舶失控情况下或者由于船舶老旧、抗风能力差而采用漂航或滞航时，为避免船身打横，可以从船首松出锚和锚链，拖锚或拖链漂航或滞航。

3. 用于船舶搁浅后船体的固定及脱浅

船舶搁浅后，可抛出开锚固定船体，以防止船体受到风浪作用造成墩底、打横或向岸漂移。此外，在自力脱浅时，绞收锚链可协助脱浅。

二、锚的抓力与出链长度的确定方法

（一）锚的抓力

锚的抓力又称为锚泊力或系留力，是指由锚和锚链产生的将船舶系留于水面的作用力。它由锚的抓驻力和锚链与河床摩擦力联合组成。

1. 锚的抓驻力

如图 1-2-1 所示，锚泊船锚的抓驻力为锚爪的抓力系数与锚重的乘积。锚爪的抓力系数与河床底质有关，泥底取 2 ~ 6，沙底取 3 ~ 5。

影响锚爪的抓力的主要因素有：锚型、锚重、链长、抛锚方法、水深、底质和水底地形等。

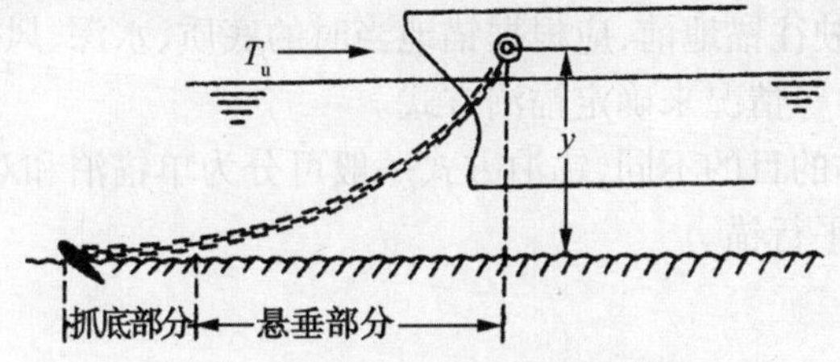

图 1-2-1 锚及锚链抓力示意图

2. 锚链的抓力

如图 1-2-1 所示，锚泊船的锚链抓力为锚链抓力系数与平卧河底锚链重量的乘积。卧底锚链在锚被拖动时，提供部分抓力，该抓力是由于卧底锚链与河底的摩擦而产生的。

（二）出链长度的确定

1. 单锚泊出链长度

单锚泊出链长度由卧底链长和悬垂链长两部分组成。悬垂链长不直接产生抓力，其作用是使锚杆仰角为零，拉力呈水平方向，保证锚能充分发挥最大抓力，同时缓冲阵发性作用在船体上的外力。卧底链长由锚泊船的锚及锚链抓力大于外力的条件确定。

锚泊时出链长度可以按照锚地水域风速、流速和水深的大小进行经验估算。一般锚地水域风速增大,锚泊船出链长度也应相应增长;锚地水域流速较大,锚泊船出链长度也应相应增长;锚地水域水深较大,锚泊船出链长度也应相应增长。

例如,长江中船舶一般出链长度为 5 ~ 8 倍水深;如果锚地条件好且锚泊时间短,出链长度可为 3 ~ 5 倍水深。

2. 操纵用锚的出链长度

1)抛锚制动的出链长度

拖锚制动第一阶段出链长度不可太多,否则易造成断链事故,但松链太短起不到制动效果,因此必须两者兼顾。内河船舶一般出链长度为 1.5 倍水深。第二阶段是确定船舶前进惯性减弱不致把锚链拉断时,如果需要可以适当松链,或先让锚抓牢,再松链使船停住。

2)顺流抛锚掉头的出链长度

船舶在内河顺流抛锚掉头的出链长度,一是要满足顺利完成掉头操纵,二是要满足不致损坏锚设备,造成断链失锚。因此,在抛锚时,若航速较大,松出的链长应先短些,内河船舶应为水深的 1.5 倍左右刹住;待船速减慢,再适当松出锚链,让锚抓牢,把船拉住,以便借水动力助船掉头。

3)靠、离泊操纵用锚的出链长度

单纯因靠泊用锚,出链长度以不超过 1 节落水为宜,以便靠妥后能随时绞起。如需利用锚、缆的相互配合来控制船首横移,抵制风动力、水动力的作用,出链长度可长一些,以便使锚抓牢,发挥其作用。抛倒锚时,出链长度不宜过长,以免造成离泊操纵困难。

3. 搁浅用锚的出链长度

无论是为了固定船身,还是为了协助脱浅,锚链或钢缆都应尽可能松长一些,这样较为有利。

三、各种锚泊方式特点及其适用条件

锚地选好后,船舶在驶往锚地前,应根据锚地当时的底质、水深、风流、潮汐和船舶密度,结合本船吃水、载荷、抗风力等情况来确定锚泊方式。

由于锚地条件和抛锚的目的不同,锚泊方式一般可分为单锚泊和双锚泊两种,其中双锚泊又包括一字锚、八字锚和平行锚。

(一)单锚泊

单锚泊是指船舶抛下船首任意一只首锚的锚泊方式。

1. 适用条件

单锚泊一般适用于锚泊时间不长,或锚地宽敞、底质好、风浪不大,或操纵用锚等情况。

2. 特点

单锚泊操纵简便,抛起锚方便;不足之处是风浪增大时,偏荡严重,且需要较宽阔的回转水域,锚泊力较小。

3. 抛左舷锚或右舷锚的选择

船首常有两只锚,选用哪一舷锚为宜,可根据下列因素决定:

(1)锚地宽敞,风、流影响小,可抛任意一舷首锚锚泊。

(2)单螺旋桨船可抛与螺旋桨旋转方向相反一舷首锚锚泊。

(3)有风、流影响时,则抛上风舷或迎流一舷首锚锚泊。

(4)为协助船舶掉头而抛单锚时,则应抛掉头一舷首锚。

(5)为协助船舶靠泊而抛单锚时,则应抛外挡首锚。

在抛锚作业中,应根据实际情况,交替使用船首两只锚。

(二)双锚泊

1. 一字锚

一字锚是指船与双锚位置成一直线或接近一直线,船首约在两锚位中间的双锚泊方式。

1)适用条件

一字锚泊主要适用于有往复水流或潮汐影响的狭窄航道或短时间锚泊。如果用单锚泊,而锚地区域的安全回转余地不够时,可在与潮流方向相一致的方向上,先后抛下两只首锚,双链夹角近180°,使船系留在两锚之间,并随风、流的方向而改变首向。在两锚中,对系船起主要作用的锚和锚链,分别称为力锚和力链;而另一不受力的锚和锚链,分别称为惰锚和惰链。

2)特点

船舶抛一字锚泊,其回转范围小,操作较为复杂和费时,风、流方向多次变化后,锚链可能绞缠,不易清解,且影响锚的抓力,而且在较大的横风作用时容易走锚。

2. 八字锚

八字锚是指将两首锚分别抛在船首左右前方,锚链成"倒八字"形状的双锚泊方式。

1)适用条件

八字锚泊适用于锚地底质差、风大流急、单锚泊的锚抓力不足时。

2)特点

抛八字锚时,合理地选择两锚锚链的夹角,既能起到增加锚抓力,又能起到抑制船舶偏荡的作用,但操作较复杂,而在风、流方向多次改变后锚链常出现绞缠。

抛八字锚,左右舷锚链夹角的大小,直接关系到双锚系留力合力的大小和抑制偏荡的作用,如图1-2-2所示。在两舷松出的锚链长度相同的条件下,如果两锚链的夹角减小,则两锚系留力的合力增加;反之,两锚链的夹角增大,则两锚系留力的合力减小。

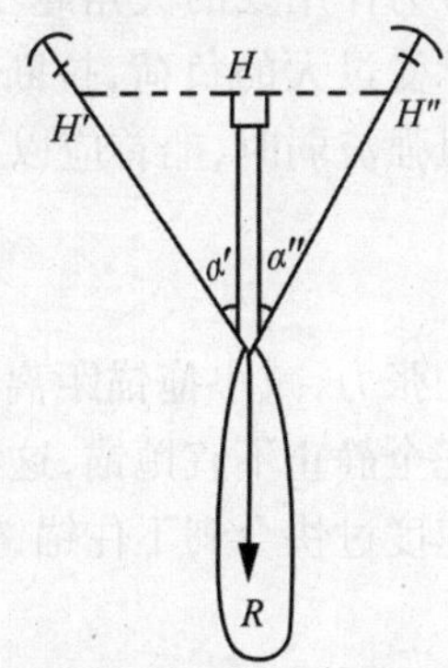

图1-2-2 八字锚两锚抓力的合力示意图

H—两锚抓力的合力;H'—左舷锚产生的总抓力;H''—右舷锚产生的总抓力;R—船舶对锚系统的作用力;α'—左舷锚链与船首尾延长线间的夹角;α''—右舷锚链与船首尾延长线间的夹角

为增加锚抓力的合力,要使两链的夹角变小,但在强风下若夹角过小,会增加船舶的偏荡运动,由此而作用于船体的外力增加,反而不利于锚泊。一般当两锚链夹角在 50°~60°时,可以显著减低强风中的船舶偏荡运动,而且对船首垂荡运动的缓冲效果也很好。因此,抛八字锚,一般要求两锚链夹角在 30°~60°为宜。

3. 平行锚

平行锚是指船舶同时抛下左右首锚,双锚链保持平行,夹角为零度的双锚泊方式,或称之为一点锚,如图 1-2-3 所示。

图 1-2-3　平行锚示意图

1)适用条件

平行锚泊是最适宜于抗台风或内河抵御急流的一种双锚泊方式。

2)特点

平行锚的抛锚方法较为简便,且抓力最大,为单锚泊时抓力的两倍;但在大风浪中,风、流方向经常变化,使两锚链容易绞缠,并且平行锚泊方式也不能有效抑制偏荡的产生。

四、船舶抛、起锚的方法

(一)船舶抛锚方法

1. 抛单锚

抛单锚的方法分为后退抛锚法和前进抛锚法。

1)后退抛锚法

后退抛锚法是指船舶到达预定的泊位,船略有后退趋势时,抛出首锚的方法。后退抛锚法是一种最常用的抛锚泊方法,该抛锚法操纵安全方便、锚爪抓底过程短。其操纵要点如下:

(1)船身与外力的夹角宜小

抛锚时,首尾线与风、流或风流合力作用线的夹角越小越好。夹角过大,船舶将受到较大的横向水动力作用,抛锚后,使锚链承受过大的负荷,拉断锚链。因此,锚泊时船首应顶风、顶流或顶风流合力作用方向;在空载、风强流弱时,船首应以顶风抛锚为好;满载、流强时,船首应顶流抛锚为好。

(2)抛锚时船速宜小

为了防止抛锚时锚链受到较大的张力,减小拖锚距离,保持锚的抓底稳定性,当船略有后退趋势时为抛锚的最佳时机。船舶完全静止不宜抛锚,这种情况下抛锚,会使松出的锚链堆积在锚上,造成锚链缠住锚爪;船后退速度过快会刹不住锚链,当刹紧锚链时,则可能绷断锚链或拉损锚设备。

(3)抛锚时要一抛到底,不宜中途刹住

抛锚时要一抛到底,不宜中途刹住。其目的是避免锚链承受过大的动力负荷而绷断。

(4)谨慎松链

锚抛到底后,松链约 2 倍水深时,应缓缓刹住,使锚链受力,让锚爪抓入河底,然后缓慢松链,即松一下紧一下,继续松出锚链,一次不宜松出太多(一般每次 3~5 m)。在急流和大风中抛锚时,为防止船舶后退速度过快,须适当用进车控制后退速度。当锚链松至预定长度时,应适当用车,使锚缓缓受力,防止锚链承受冲击负荷。

(5)密切注意锚链受力情况

锚链松出至预定长度以后,应密切注意锚链受力情况,以判定抛下的锚在河底是否抓牢。如果锚链受力抬出水面,绷紧了一阵后轻微抖动数下,又慢慢松弛下去,且船位稳定,说明锚已抓牢;如果锚链在张紧一下之后就立即松弛且船身断续后退,说明锚尚未抓牢,应继续放链,直到抓牢为止。

2)前进抛锚法

前进抛锚法是指在船舶只具有微小前进速度时,抛出首锚的方法。前进抛锚法虽然也同样能把船停住,但它不及后退抛锚法安全、可靠。因为船舶在水浅时锚刚抛下,船从其上驶过,锚爪有可能划损船底;其次当船停止前进并随水流后退的过程中,锚要翻身,即锚爪最初以逆流抓入河底,这时则又翻过身来以顺流抓入河底,在翻身过程中,容易发生锚链缠住锚爪或因锚翻转而影响抓底状态等,从而影响锚抓力。

前进抛锚法通常在顺流抛锚掉头、驶靠码头抛开锚或倒锚、紧迫危险需要等抛锚操纵船舶时才被采用。

前进抛锚时,应严格控制船速(一般应减速至最小),并在锚抛下时立即下令倒车或停车,以便能较好地控制松链速度和长度。

2. 抛双锚泊

抛双锚包括抛一字锚、抛八字锚、抛平行锚,由于八字锚既能增加锚泊系留力,又能抑制船舶偏荡,因此,在内河得以广泛应用,下面重点介绍抛八字锚的操纵方法。

抛八字锚的方法有:横移抛八字锚、后退抛八字锚。

1)横移抛八字锚

横移抛八字锚法,保向较容易,且两锚锚位较准确,操作时间短,在实船操纵中多采用此法。

(1)如图1-2-4所示,先使船首顶流驶至锚位①并抛下左舷锚(在靠近航道一侧或有侧风或有横流影响的情况下,应先抛外挡锚或上风锚或迎流一舷的锚)。

(2)船略向后退至2位置,右舵使左舷迎流,船在水动力和螺旋桨推力合力作用下,松链横移至3位置(锚位②),松链长度为预定长度的0.5倍,用舵调顺船身,抛下右舷锚,随船体后退陆续松链至预定长度。

(3)然后调整两链长度,使两链均衡受力,船在4位置停泊稳妥为止。

2)后退抛八字锚

(1)如图1-2-4所示,船首慢速顶流驶至锚位①抛下首锚(1位置)。

(2)松链至预定长度,船退至2位置,开进车,顶流驶至锚位②(3位置),抛下另一舷首锚。

(3)松出预定锚链长度,使船退至4位置停泊稳妥为止。

在有风、流影响的水域抛八字锚时,首先要明确抛八字锚的目的是抗风或是抗流,以决定两锚链之间的夹角、间距和松链长度,然后根据锚地实际风、流情况及本船浮态,决定抛锚的操纵方法,并根据本船的操纵性能,正确使用操纵设备,才能把八字锚抛好,获得良好的抛锚效果。

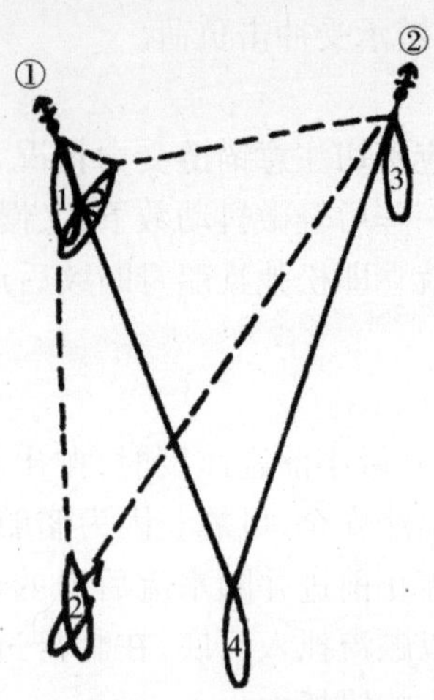

图 1-2-4　抛八字锚示意图

(二)船舶起锚方法

1. 准备工作

在起锚前,驾驶员应指挥有关人员做好准备工作。首先脱开链轮检查锚机的运转情况,然后合上离合器,打开甲板制链器,使锚机处于随时可收绞状态。同时检查船首及其附近情况,最后告知驾驶台起锚准备完毕。

2. 绞锚

船舶处于双锚泊状态,起锚操纵时应考虑当时的环境,确定起锚的先后顺序。

(1)绞一字锚时,通常先绞惰锚,同时松出力锚锚链,待绞起惰锚后再绞力锚。

(2)绞八字锚时,若双链同时受力,可适当用进车缓解锚链张力,通常在绞进左、右锚链到不走锚的长度后,可先起任意一舷锚。风较大时,应先绞起下风锚,后绞起上风锚;若水域较窄时,应先绞起内挡锚,后绞起外挡锚;若有横流影响,应先绞背流舷的锚,再绞迎流舷的锚。

在接到驾驶台绞锚命令后,开始绞锚。绞锚过程中,驾驶员应及时向驾驶台报告锚链出水节数、方向、长度和受力情况,以便驾驶台适时用车、舵配合,防止锚机和锚链受力过大。一般情况下,当锚链横过首柱或船底,应放慢绞锚速度或暂时停绞,绞锚的最佳时机为锚链与水面垂直或接近垂直。

3. 短锚链与锚链垂直

当锚链绞进至尚余 1.5 ~2 倍水深长度时,几乎没有卧底锚链,锚链呈斜向下方的受力状态,如图 1-2-5 中的①位所示。

当锚链绞进到正好处于锚链筒的垂直下方,如图 1-2-5 中的②位所示,锚链长度大致与水深相等,锚链处于垂直拉紧状态,由于锚尚在抓底,作用于锚机上的负荷很大,应放慢绞进速度。如绞不动可将刹车刹紧,脱开离合器,用车协助,待锚拖动后再绞。

4. 锚离底

锚离底是指锚链绞进至锚冠刚离河底的一瞬间,锚失去抓力。判明锚离底的方法是:

(1)锚链由紧张受力(拉直)状态,突然出现抖动现象。

(2)锚机负荷突然降低,并可开快车绞进锚链。

(3)锚链垂直向下,锚链在水中由于锚的移动而出现摆动现象。

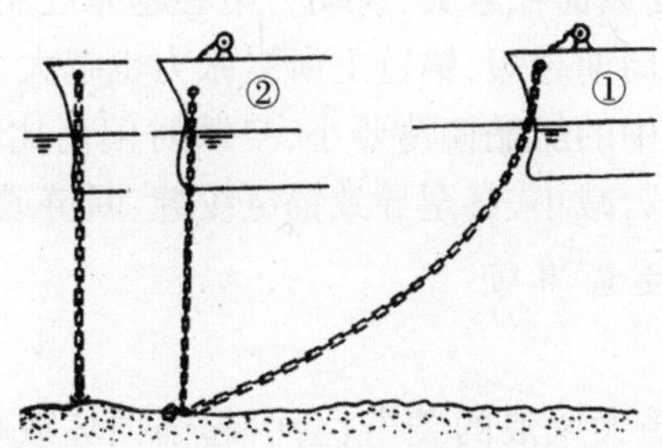

图 1-2-5 起锚中锚链和锚状态示意图

5. 锚出水面

锚绞至露出水面后，应查看锚上是否挂有杂物（如渔网、电缆、钢丝绳等），在确认“锚清爽”后方可将锚收进，同时报告驾驶台。如果锚被卡住或淤埋，就不宜硬绞，可刹住锚链并报告船长，视具体情况采取措施。

6. 结束工作

将锚收进锚链筒，使锚冠紧贴船壳，然后关紧刹车带，合上甲板制链器，脱开离合器，切断电源，停放锚链水，至此起锚作业结束。

五、大风浪中锚泊的特点和注意事项

（一）大风浪中锚泊的特点

船舶在大风浪中锚泊的主要特点就是偏荡，如图 1-2-6 所示。偏荡是指船舶在大风浪的作用下发生大幅度的左右对称的摆动现象。单锚泊船舶在大风浪作用下，偏荡最明显，抛八字锚的船舶，两锚链张角合适时可较大缓解偏荡，但如果风向有明显变化而未及时调整两锚链的出链长度，也会产生偏荡现象。

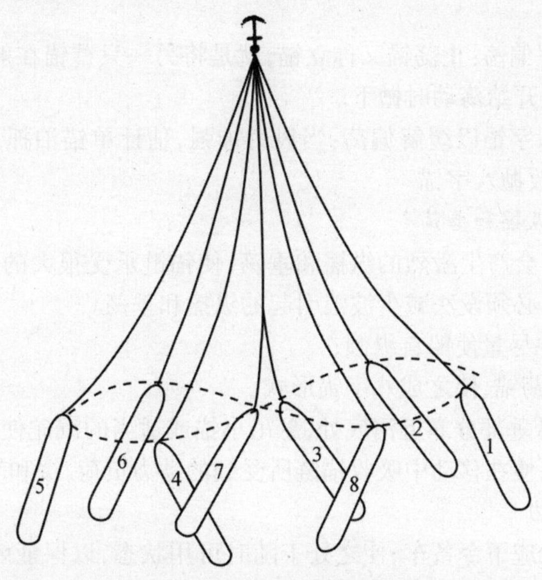

图 1-2-6 船舶偏荡示意图

风速越大，船体水线以上受风面积越大，风动力中心越靠近船首，则偏荡运动的振幅越大；同时，偏荡运动速度越快，偏荡周期越短，锚链上所受张力也越大。因此，驾驶台分布在船尾的船舶比驾驶台分布在船首或船中的船舶偏荡要小，空载时偏荡比满载时大。偏荡对锚泊船舶不利，将使锚链张力增加，锚抓力减小，甚至导致锚链绞缠、断链或走锚。

(二)大风浪中锚泊的注意事项

1. 起锚检视或移泊

在下列情况下，船舶一旦受大风浪的袭击，会引起锚损坏或抓力不足而走锚甚至碰撞他船，必须进行锚检视或向良好的锚地移泊，以确保理想的锚泊状态。

(1)当锚和锚链被泥沙淤埋或锚地条件恶化时；

(2)当本船受风浪影响产生的偏荡范围内有他船锚泊时；

(3)锚地处的风浪较大时。

2. 增加锚抓力和减小船舶偏荡

1)松长锚链以增加抓力

锚抓力随松出链长的增加而增加，特别是对吸收动力负荷非常有效，但应注意锚链的增长会使船舶偏荡运动大幅度增加。

2)抑制船舶偏荡

(1)压小舵角抑制偏荡：锚泊船舶轻微偏荡时，可采用压小舵角的方法来抑制。

(2)恰当使用车速以缓解偏荡：船舶偏荡激烈时，除采取上述措施外，还可用车来缓和偏荡。可通过微进车辅以舵的配合抑制偏荡。

(3)压载增加吃水以缓解偏荡：对于空载船舶，尽可能多打入压载水，以增加吃水，这样既减少船体水线以上受风面积，同时又增大船体水线以下水阻力，减缓偏荡。

(4)将船舶调整为首纵倾以缓解偏荡：将船舶调整为少量的首纵倾，使船体水线以上风动力作用点后移，船体水线以下水动力作用点前移，这样增加了偏荡时的阻尼力，起到使船首迎风的作用。

(5)抛止荡锚以缓解偏荡：止荡锚又称立锚，就是将另一只首锚在船舶偏荡至未抛锚一舷的极限位置，向平衡位置开始荡动时抛下。

(6)将单锚泊改抛八字锚以缓解偏荡：当风力加强，估计单锚泊抓力不足以抵抗外力时，应不失时机地将单锚泊改抛八字锚。

3. 减少波浪引起的纵摇和垂荡

锚泊船受风浪影响，会产生激烈的纵摇和垂荡，使锚链承受很大的动力负荷。为此，在控制船舶偏荡运动的同时，必须设法减少波浪引起的纵摇和垂荡。

(1)压载增加吃水并尽量使船首纵倾；

(2)松长锚链，抛止荡锚，使之成八字锚形式；

(3)在主锚锚链的悬垂部分靠近河底处，悬吊小锚或适当的沉砣使之横卧河底，对卧底部分的锚链起稳定作用，以便在移动中吸收锚链所受到的动力负荷，缓和船舶的纵摇和垂荡。

4. 车舵并用抵抗外力

大风浪到来时，船长应下令备车，使之处于随时可用状态，以保证船舶锚泊安全。当船舶受到异常风动力作用，偏荡运动激烈致使锚泊危险时，使用车舵配合锚联合抵抗外力，其目的在于缓和锚链张力。所以要用舵经常保持迎风姿态；要用车在锚链紧张的情况下给予适当的推力，以减少锚链负荷，但应避免产生过大的风舷角和推力。

第二节　走锚和守锚

一、走锚

（一）船舶发生走锚的原因

（1）本船配备的锚未按规范配足重量。

（2）抛锚时松出的锚链长度不够，以致锚爪不能以较大的角度抓入河底，且向上分力也有将锚向上提出土的趋势，因而使锚抓力过小。

（3）河床底质不良，不能充分发挥锚抓力。如在流沙中锚泊，由于泥沙的流动而不能发挥锚抓力；在硬土层或卵石层上抛锚，则因锚爪不易抓入，而使锚不能产生有效的抓力。

（4）洪水猛涨，流速激增，使船体承受的水动力大于锚的系留力。

（5）不正常水流影响。由于不正常水流的流速、流向经常变化，使船舶偏荡不定，锚的系留力减小，造成走锚。

（6）在暴风中，因风引起的船舶偏荡，使锚的系留力减小，以及风对船体产生的风动力急增，致使风动力、水动力之和大于锚的系留力而发生走锚。

（7）数船共抛一锚。本船锚泊后，他船未抛锚相靠，而且本船又未松出足够的锚链，可能使锚的系留力不足而走锚。

（二）船舶走锚的判断方法

1）三点一线法

锚泊船舶于驾驶台正横方向选定两个固定参照物（两参照物距离尽可能大些），值班人员与两参照物成一直线，如两参照物分开，则船舶可能走锚。

2）利用助航设备判断

利用罗经、雷达、GPS 等精确度较高的设备定位，并经常查核船位以便及时发现走锚。有些型号的 GPS 定位仪还设有走锚报警功能，设置警报时，走锚范围的警报圆应根据当时环境，如风流大小、距离他船及其他障碍物的远近等因素来设定。

3）观察偏荡情况

强风中的锚泊船，若船舶不断左右来回偏荡，说明锚抓力仍能抵御外力对船舶作用及其造成的偏荡影响，船舶没有走锚；若船舶偏荡停止，而改为仅以抛锚舷受风状态，则可判定为船已走锚。这种方法是大风浪中判断走锚的最有效的方法。

4）观察锚链情况

正常锚泊时，锚链常有周期性松紧、升降现象，若锚链表现为持续拉紧状态并间或突然松动的现象，用手触摸感到锚链急剧抖动，说明船舶可能走锚。

5）一点一线法

夜间用探照灯直射（一线）正横方向某固定参照物（一点），当船首向不变，若参照物不断前移，则船舶可能走锚。

(三)船舶走锚采取的措施

(1)应不失时机地加抛另一锚并使之受力。同时紧急备车,告知船长。

(2)谨慎松长锚链。只有在确认锚尚未翻动,松链后不致触礁或触碰他船时,方可适当松长锚链以增加抓力。

(3)开动主机以减轻锚链受力。

(4)在采取上述措施的同时,应按照避碰规则规定,及时悬挂"Y"信号旗,并鸣放声号,或用其他通信手段,如 VHF 警告他船。

(5)如开车后仍不能控制走锚,则应果断决策,另择锚地重新抛锚。

二、锚泊值班与长期锚泊的活锚措施

(一)锚泊值班要求及注意事项

为了保证船舶的安全,锚泊船应指派专人"值锚更",随时注意锚泊船及周围的情况,用一切有效手段进行瞭望,检查锚泊船是否走锚。锚泊时,船长可根据具体情况决定是值航行班还是值停泊班。如果船长认为必要,船舶在锚泊中也应保持连续的航行值班。锚泊值班船员应做到:

(1)锚抛下时,应立即利用岸物标或助航设备等测定船位,对锚地水深、底质、风向、流向以及周围环境情况等做到心中有数。

(2)锚泊期间,值班船员要经常利用岸物标或助航设备校核船舶是否保持在锚位上。

(3)保持正规瞭望,并注意:

①周围锚泊船的情况,尤其是位于上风或上流方向锚泊船的动态,以防他船走锚危及本船安全;

②他船来锚泊时的锚位是否与本船有足够的安全距离,若过近,应设法通知对方,并报告船长;

③若过往船舶或邻近锚泊船起锚离泊时距离本船过近,应严密注视其动态,若判断对本船有威胁时,应以各种信号警告对方。

(4)以适当的时间间隔巡视全船,注意船舶吃水和动态。

(5)注意观察气象、锚位、锚链受力和船舶偏荡,必要时采取措施,防止因本船走锚酿成事故。

(6)确保主机和其他机器按照船长指示处于准备状态。

(7)在急流锚地或遇大风浪天气,除执行船长指示外,还应勤测锚位,定时巡视甲板,检查锚链和制链器是否正常。

(8)值班船员应按时升降国旗及锚球,开关锚灯和甲板照明,按规定显示或悬挂相应的号灯、号型,鸣放相应的声号。

(9)遇能见度不良时,必须认真执行《内河避碰规则》的有关规定,加强瞭望,鸣放雾号,开亮锚灯和各层甲板照明,并通知船长。

(10)锚泊中进行装卸作业,除应执行靠泊值班中有关装卸业务方面的职责外,应特别注意旁靠船、驳的系缆、碰垫以及其他各种安全措施。

(11)根据锚地情况以及水上安全管理的有关规定,用甚高频无线电话在规定的频道上守听。

(12)严格执行有关防止船舶污染的有关规定,采取措施,防止船舶对水域环境造成污染。

(二)长期锚泊的活锚措施

在走沙河段,长时间锚泊会造成泥沙堆积在锚上致使锚被泥沙深埋的现象,称为"淤锚"。为了避免淤锚现象,应每隔一段时间把锚绞起来后重新抛下,以维持良好的锚泊状态,这种操作叫锚检视,船员称之为"活锚"。在泥沙淤积严重的河段,一般每隔3~5天进行一次起锚检视。

第三节 船舶掉头

船舶操纵中,将船首向改变180°的操纵行为称为船舶掉头操纵。船舶掉头操纵水域往往条件复杂,很难凭一次全旋回完成掉头操纵,需要正确运用车、舵、锚、缆等操纵设备,充分估计船舶惯性冲程和旋回范围,并根据本船线型尺度、装载情况、风流条件、操纵性能和掉头区的具体情况,制定出具体的操纵方案,选择有利的掉头时机和掉头方向,力求操纵准确、安全可靠。船舶掉头时,应遵章悬挂或显示相应的号型、号灯,配合声号或高频通话并注意附近船舶动态等环境变化。

一、掉头方向的选择及应考虑的因素

正确选择掉头方向是完成掉头操纵的关键,船舶掉头方向的选择应根据本船操纵性能、航道条件、风流等影响因素来决定。

(一)根据船、桨、舵效应横向力的综合作用方向选择掉头方向

1. 单螺旋桨船掉头

单螺旋桨船在船、桨、舵综合效应横向力的作用下,使得船舶向左或向右的回转直径不完全相等。在采用连续进车掉头方法掉头时,应向回转圈直径较小的一舷掉头。在掉头过程中,为防止超越航道边界而采用进、倒车掉头时,右旋单螺旋桨船应选择向右掉头,左旋单螺旋桨船则应向左掉头。

2. 双螺旋桨船掉头

双螺旋桨船可向任意一舷掉头,确定掉头方向视其他影响因素而定。

(二)根据航道水流流速的分布选择掉头方向

内河航道中的断面水流速度分布不均匀,有主流、缓流之分,也存在回流、泡水等不正常水流。船舶掉头应充分利用这个特点,以获得水动力转船力矩,帮助船舶掉头,缩小掉头水域和减少掉头时间。

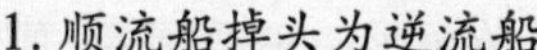

图1-2-7 顺流船掉头方向选择示意图

1. 顺流船掉头为逆流船

顺流航行船舶掉头时,应从主流向缓流掉头,如图1-2-7所示。当船舶回转达90°左右时,由于船舶尾部处于主流区,首部处于缓流区,水动力所产生的转船力矩与舵压力转船力矩方向相同,加速船舶回转,减小船舶旋回直径,帮助船舶掉

头。

倘若驾驶员错误地选择顺流航行船舶从缓流向主流掉头，则船首驶入主流区后，水动力转船力矩的方向与舵压力转船力矩方向相反，阻碍船舶回转，使船舶掉头困难，若水动力转船力矩与舵压力转船力矩相抗衡时，则造成船舶直冲对岸而发生事故。

2. 逆流船掉头为顺流船

逆流航行船舶掉头时，应从缓流向主流掉头，如图 1-2-8 Ⅰ 所示。从图中可以看出，当船舶首部驶入主流区时，水动力转船力矩与舵压力转船力矩方向相同，加速船舶回转。

如果驾驶员错误选择由主流向缓向掉头，如图 1-2-8 Ⅱ 所示，水动力转船力矩与舵压力转船力矩方向相反，阻碍船舶回转。主、缓流区流速差异越大，船舶长度越长，阻碍船舶回转越明显，甚至使船舶无法掉头。

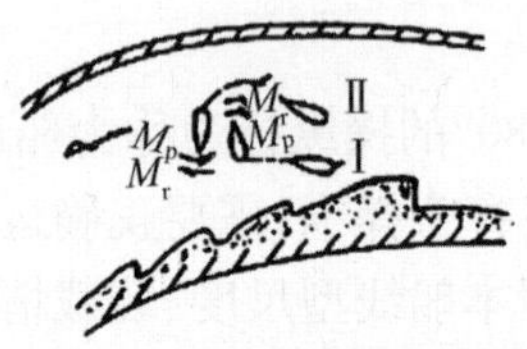

图 1-2-8　逆流船掉头方向选择示意图

M_P—舵压力转船力矩；M_r—水动力转船力矩

（三）有侧风作用时掉头方向的选择

1. 风致偏转

1）顺风掉头风致偏转

顺风掉头时，如图 1-2-9 Ⅰ、Ⅱ 所示。初期表现为碍转作用，但随着风舷角的增加，碍转效果逐渐减弱，至船尾顺风时，如图 1-2-9 Ⅲ 所示，碍转效果为零。此后，船转至另一舷受风后，则又表现为明显的助转作用，帮助回转直至完成掉头。

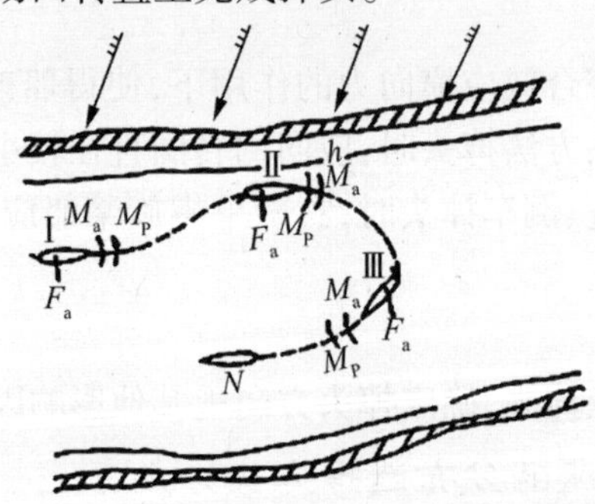

图 1-2-9　船舶顺风掉头风致偏转示意图

F_a—风动力；M_a—风动力转船力矩；M_P—舵压力转船力矩

2）逆风掉头风致偏转

逆风掉头时，如图 1-2-10 Ⅰ 所示。初期呈现出助转，但随着风舷角的减小，助转效果逐渐减小，至船首顶风时，如图 1-2-10 Ⅱ 所示，助转效果为零。此后，船转至另一舷受风后，则又呈现出明显的碍转作用，阻碍船舶回转，如图 1-2-10 Ⅲ 位所示。

2. 风致漂移

船舶在回转掉头过程中，在风动力作用下，船舶向下风向漂移。船舶掉头方向不同，掉头水域的大小则不同。如图1-2-11、1-2-12所示，图中虚线为船舶在无侧风作用时掉头所需的水域，实线为顺风掉头和逆风掉头所需的水域。

船舶掉头所需水域大小，一般用船舶旋回初径的大小来衡量。船舶顺风掉头时的旋回初径大于逆风掉头时的旋回初径。当船舶空载时，或水线面以上侧面积与水线下侧面积比值较大且风速较大时，顺风掉头，逆风掉头两者所需的水域差值更大。

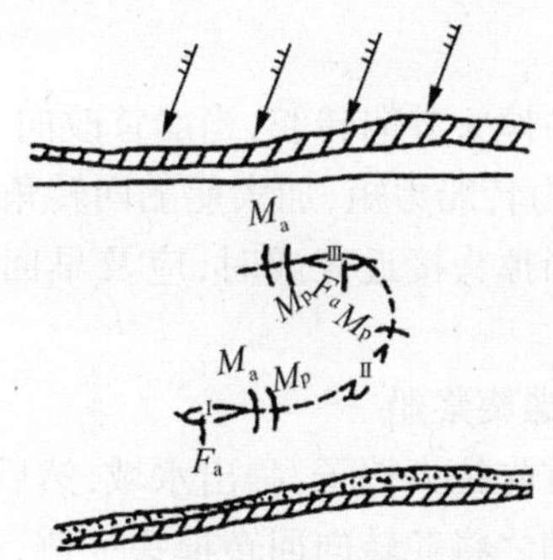

图1-2-10 船舶逆风掉头风致偏转示意图

F_a—风动力；M_a—风动力转船力矩；M_P—舵压力转船力矩

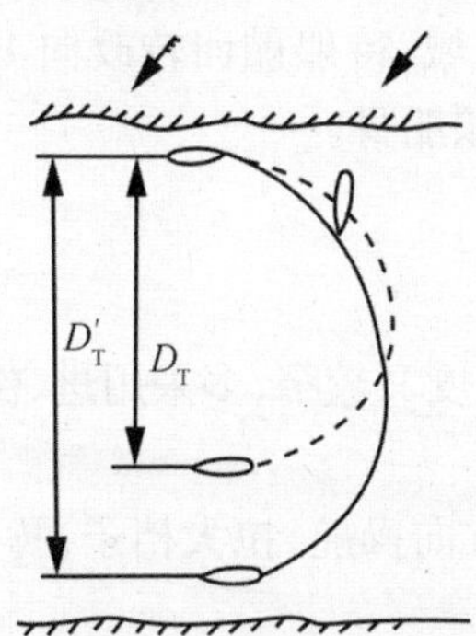

图1-2-11 船舶顺风掉头风致漂移示意图

D_T—船舶无风掉头时的旋回初径；

D'_T—船舶顺风掉头时的旋回初径

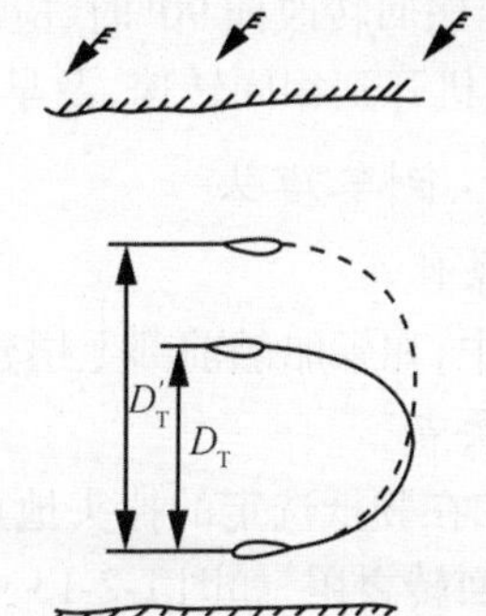

图1-2-12 船舶逆风掉头风致漂移示意图

D_T—船舶无风掉头时的旋回初径；

D'_T—船舶顺风掉头时的旋回初径

综上所述，从风致偏转角度来看，无论逆风掉头还是顺风掉头，风动力转船力矩都存在助转和碍转两方面的作用，只是出现的先后顺序不同而已。从风致漂移角度来，逆风掉头所需水域小于顺风掉头所需水域。因此，船舶在侧风中掉头时，一般选择逆风掉头，避免船舶掉头不成或掉头时间较长而发生触坡或扫岸事故。

二、船舶掉头常用的操纵方法

不同的掉头方法适用于不同的船舶和外界环境，驾驶员应根据本船的操纵性能和当时当地的客观条件，正确选用合理的掉头操纵方法。

(一)连续进车掉头

1.适用条件

在航道宽度大于船舶旋回初径的条件下，可采用连续进车回转掉头的方法。该方法的特点是操作简便，需时最短。

2.操纵要点

1)单螺旋桨船

(1)对于单螺旋桨船，在驶抵选定的掉头地点之前，先向掉头的相反方向操舵，拉大档子，腾出水域，以供船舶安全回转之用(在狭窄河段中掉头更为必要)。

(2)降低车速以降低船速，减小回转运动的纵距、横倾和旋回初径，并增加储备功率，以备急需之用。

(3)向掉头方向转舵,当船首改向 35°~40°时,恢复常速,增加螺旋桨转速以提高舵压力,增加舵压力转船力矩,加大船舶回转角速度。

(4)当掉头接近完成时,应及早回舵,必要时可操反舵,以调顺船身,防止船尾扫岸或触礁。

2)双螺旋桨船

(1)首先拉大档子,腾出水域,然后两部主机同时改为慢速或中速。

(2)随之将舵转向回转掉头一侧,待船回改向 20°~30°时,将外侧主机增至中速或常速,以便在回转掉头过程中两部主机转速保持一个差值,形成足够的推力偏心转船力矩帮助船舶回转。

(3)当船舶回转改向 90°时,应减速以减小横倾和回转水域;待船舶回转改向 160°~170°时,将两侧主机开到相同转速,及早回舵,必要时可操反舵调顺船身。

(二)进、倒车掉头

1. 适用条件

在强风中,如果船舶前部上层建筑物受风面积大、航道宽度又较窄,多采用进、倒车掉头。

2. 操纵要点

(1)船舶在驶抵选定的掉头地点之前,先向掉头的相反方向操舵,拉大档子,腾出水域,以供船舶安全回转之用,如图 1-2-13 中①、②位置。

(2)向下风方向操舵,使船首向下风岸回转,当船首转过 40°~60°时,如图 1-2-13 中③位置。

(3)停车,然后开倒车,由于惯性作用,船舶仍向前移动一段距离,当船舶在螺旋桨反转拉力的作用下后退时,将舵转向回转方向的另一侧,此时,若是右旋单桨船,则在舵压力、尾流螺旋性效应横向力、螺旋桨水面效应横向力和"尾找风"的共同作用下,船舶在后退的同时,船尾继续向左偏转,如图 1-2-13 中④、⑤位置。

(4)待船尾退至接近航道上风侧边界时,又改为进车,右舵,继续回转,直至整个掉头作业完成,如图 1-2-13 中⑥位置。

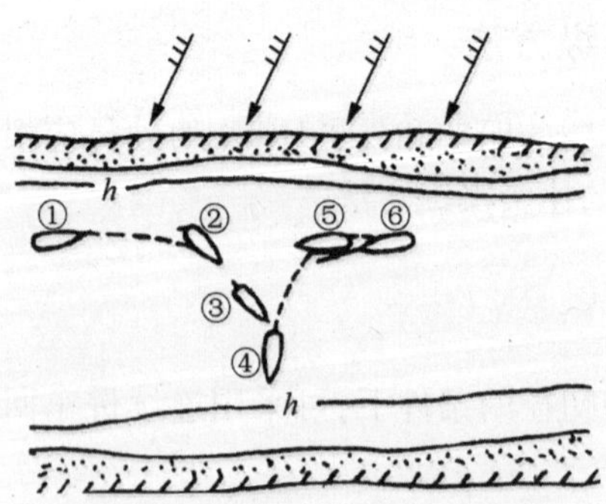

图 1-2-13　进、倒车掉头示意图

3. 注意事项

(1)采用进、倒车掉头时,应了解本船螺旋桨反转时向后拉力能否克服当时风动力对船尾的作用和船舶的后退惯性。

(2)单螺旋桨船采用进、倒车掉头时,应充分考虑船、桨、舵效应横向力的影响,右旋单桨船应选择向右掉头,左旋单桨船应选择向左掉头。

(三)抛锚掉头

1. 适用条件

当航道宽度明显不足,采用连续进车掉头或进、倒车掉头操纵困难时,可采用抛锚掉头方法。

2. 操纵要点

(1)船舶在驶抵选定的掉头地点之前,通知水手长备妥掉头方向一舷的首锚。

(2)向掉头的相反方向操舵,拉大档子,腾出水域,并及时减速慢车,如图 1-2-14 中①、②位置。

(3)船至掉头地点,用舵回转,当转过一个适当角度后停车或倒车,待首尾线与流向接近垂直时,抛下与掉头方向一舷的首锚,松链约 1.5 倍水深长度时,即行"刹车"呈"拖锚"状态,如图 1-2-14 中③位置,此时,船舶在锚和水流的作用下就可顺利完成掉头。

(4)然后起锚,按所需航路航行或进行其他操纵作业,如图 1-2-14 中⑥位置。

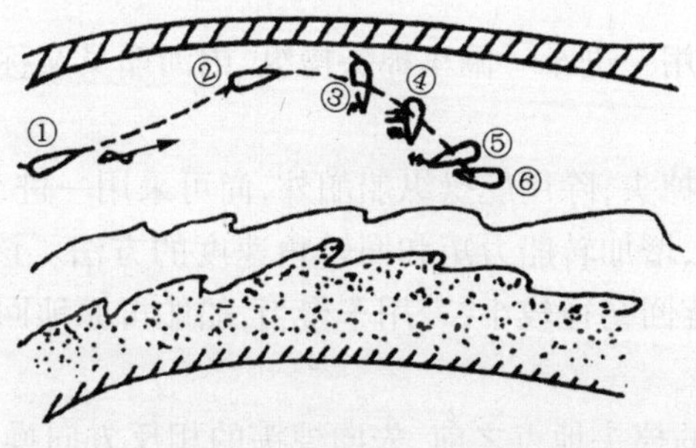

图 1-2-14 抛锚掉头示意图

3. 注意事项

(1)抛锚掉头应选择抛掉头方向一舷的首锚。即向右掉头应抛右舷首锚,向左掉头应抛左舷首锚。

(2)在无流狭窄港口抛锚掉头时,当抛下掉头方向一舷首锚后,应用舵和断续的微进车,以获得舵压力转船力矩,使船在舵压力转船力矩和锚抓力的作用下,顺利完成掉头作业。

(3)抛锚前,余速应控制至最低程度,为此,应根据本船停车淌航的距离适时停车,控制船舶惯性。

(4)船舶掉头时,要处理好落锚时的船位及船身与流向的夹角。一般首尾线与流向接近垂直时,是抛锚掉头的最佳时机。

(四)顶岸掉头

1. 适用条件

在航道狭窄且岸边有足够水深,风、流影响较小,无水下障碍物的条件下,可采用此法进行掉头。

2. 操纵要点

(1)当船舶选择好掉头地点和掉头方向后,拉大档子,减速慢车,然后停车,以大于45°的夹角滑行至岸边，如图 1-2-15 中②、③位置。

(2)若速度过大，可略开倒车或抛拖锚，使船舶以安全速度轻抵岸边，此后操舵，开慢进车(若为双螺旋桨船，则可用一进车一倒车)，使船舶在舵压力和推力偏心效应横向力的作用下，以船首顶岸点为转心作回转运动，如图 1-2-15 中④、⑤位置。

(3)待一舷与岸边靠拢，约成 45°夹角时，停车，继开倒车，操正舵，船身即可逐渐驶离岸边，当船舶驶至图 1-2-15 中⑥位置时，掉头操纵即告结束。

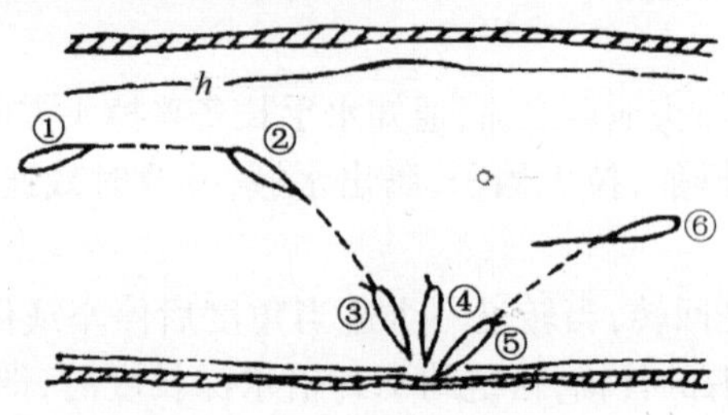

图 1-2-15　顶岸掉头示意图

(五)正倒车掉头

正倒车掉头即船舶采用一进车一倒车掉头操纵，内河船员又称“鸳鸯车”掉头。

1. 适用条件

对于双螺旋桨船回转掉头，除用舵操纵船舶外，尚可采用一进车一倒车产生推力偏心效应横向力和分水效应横向力，增加转船力矩和回转角速度的方法。该方法常在航道狭窄的水域内采用。用鸳鸯车掉头，旋回初径较小，若用车得当，船舶可原地回转掉头，但掉头时间较长。

2. 操纵要点

(1)船舶在驶抵选定的掉头地点之前，先向掉头的相反方向操舵，拉大档子，腾出水域，以增加供船舶回转的水域面积。

(2)向掉头一舷操舵，将掉头一舷的车停止并开倒车，若船速过大以至于有可能逼近航道边界时，应增加倒车转速，减小进车转速。

(3)待船舶回转改向 160°～170°时，将两侧主机开到相同转速，及早回舵，必要时可操反舵，以调顺船身。

第四节　船舶靠、离泊操纵

一、船舶用缆的注意事项

(一)靠泊用缆注意事项

靠码头先出什么缆及带缆的快慢，关系到整个操纵方案能否顺利地完成。带缆的先后顺序与当时的风、流情况密切相关。在一般情况下，顶流驶靠码头应先带上首缆，再系上首倒缆和尾缆。首倒缆的作用效果与其方向有关，如在正横位置，绞收该缆可使船首靠拢，再操外舵，可使船尾平行靠拢；如该缆在正横向前，绞收该缆，可使船前移和靠拢，并配合车、舵灵活控制船位;如该缆在正横向后,可制止船舶前移,同样可配合车、舵来灵活操纵船舶。

向码头绞收系缆时,首、尾要协调配合,使船接近码头时,基本上与码头平行缓慢绞拢,船舶下移,首缆吃力时,应用外舷进车,以免承受过大的动力负荷;在绞收尾缆时,如果船尾靠拢的速度过快,应操内舵,以减缓靠拢速度。

(二)离泊用缆注意事项

1. 单绑

单绑是指先解去离泊操纵中用不着的各缆,留下需要的系缆。一般船首保留一根首缆和一根首倒缆,顺流时保留一根尾缆,顶流时保留一根尾倒缆。静水港则根据码头的风向而定。

2. 离泊倒缆运用

1)首倒缆

在尾吹拢风或水流来自船尾时离泊,为了避免螺旋桨及舵碰触码头或船尾碰撞尾后方停泊船舶,可采取留首倒缆尾驶离的方法。在这种情况下,要选择强度大、质量好的缆绳作为首倒缆;出缆时,尽可能靠近船首处,将其系于贴靠码头边而接近船中的缆桩上,力求系缆与码头边缘线的夹角最小;用车时,应逐级进车,防止缆绳受顿力,绷断缆绳。

2)尾倒缆

在顶流情况下驶离码头,可留尾倒缆,开倒车,使船首先扬出某一角度,然后再开进车,解去尾倒缆驶离码头(但在流速较大的码头,此法慎用,防止船首倒头事故发生)。在这种情况下,尾倒缆的强度应足够;应缓缓受力并一次吃紧;收缆应动作迅速,以免发生缆绳绞缠螺旋桨。

(三)溜缆

离泊时,船首或船尾的最后一根缆绳,有时用来阻滞首、尾的偏转或控制船身的前后移动,需将其做一时溜出、一时刹住的操作,这根缆绳俗称"溜缆"。

溜缆应采用钢丝缆;溜缆不适用于大型船舶;溜缆的速度不宜过快,一次溜出的长度不宜过长;溜缆应由熟练的水手操作,以策安全。

(四)停泊用缆注意事项

1. 各缆受力要均匀

停泊中因潮水涨落,装卸货及风、流等影响,应及时调整各缆的松紧程度,保持各缆受力均匀。若仅某一根缆绳受力,则会因负荷过大而绷断。

2. 防止磨损

系泊过程中各缆绳与码头、导缆孔以及其他缆绳之间的摩擦部位应加以包扎衬垫,以减少相互间的摩擦。

3. 角度应适宜

船舶首、尾系缆与首尾线之间的夹角不宜过大,过大易使船舶前、后移动;各缆与水平面间的夹角也应尽量小,以免缆绳承受过大的负荷。

4. 试车前检查

试车前应检查缆绳,使各缆受力均匀。

5. 挽缆

系缆在桩上要挽牢,且挽桩道数要足够,以防滑出。

二、靠泊操纵

(一)靠泊操纵要领

1. 控制速度

船舶驶靠码头控制速度是关键,在保持舵效的基础上,余速慢些为好。控制速度应注意以下几点:

(1)掌握好慢车、停车时机。船舶慢车和停车时机应根据船舶装载情况、船舶冲程,结合当时当地风、流方向和速度,以及本船倒车功率确定。

(2)船抵码头下端位置是控制速度的关键。可根据码头物标移动速度来判断航速的快慢,如发现航速较快,可预先用倒车抑制。

(3)吹开风较强时,为防止风压,航速要求稍大。

(4)码头边的流速比航道中稍缓慢,由航道中淌航至码头边时,会发觉航速较大,对此应有所估计。

2. 摆好船位

一般情况下,船舶驶靠码头的船位,通常是指慢车、停车时的船舶位置,用纵距和横距来衡量。

1)纵距

纵距是指靠泊船的船首在停车淌航时至泊位上端点的纵向距离。一般情况下,纵距为2~3倍船长,视风、流情况及船舶冲程大小做适当调整。

2)横距

横距是指靠泊船的船首在停车淌航和驶抵泊位时,正横外距码头外缘线的垂直距离。停车淌航时,船至码头的横向距离,视在风流的影响情况下,选定船舶与码头夹角的大小而定。夹角大,则横距适当放宽;夹角小,则横距适当缩小。在风、流影响不大的情况下,以泊位中点为例,一般为1~2倍船宽;吹开风时,横距适当缩小;吹拢风时,横距适当增大,一般为3~5倍船宽。

下行船舶应掌握好掉头位置,以便掉头结束后的船位恰到好处。

3. 调整好驶靠角

驶靠角是指船舶驶靠码头时,首尾线与码头外缘线之间的夹角。

(1)重载船在急流港口顶流驶靠时,靠拢角度宜小,以降低驶靠横移速度,减轻船舶向码头或趸船的驶靠力。

(2)空船、缓流或吹开风时,驶靠角宜大,以减轻风致漂移,并保证有足够的驶靠速度。

(3)嵌档驶靠时,应使船到达泊位档子正横外处,使船身与码头边缘线接近相平行。

(4)在困档水水域内驶靠码头或趸船时,应将船首略向外扬,以减小船首尾线与流向间的夹角。船舶在淌航过程中,反复调整驶靠角至最理想的情况,是使船接近平行地贴靠码头的关键。

(5)淌航前进中,不断调整风、流压差,并减小船与风或流的夹角,而获得较好的驶靠角。

(6)船驶近码头时,力求平行靠拢,前后位移应用缆、车、舵配合,调整适当。

（二）靠泊的基本方法

1. 滑行驶靠

1）适用条件

滑行驶靠又称小角度驶靠或游移驶靠。主要是在水流平缓，风力较小，码头下方水域宽敞的码头。

2）操纵要点

（1）如图 1-2-16 中Ⅰ所示的逆流船，以及如图 1-2-16 中Ⅱ、Ⅲ所示的顺流船掉头后，沿着码头所在的一侧，与码头外缘线保持 0.5～1.0 倍船长的横距，慢车航行，视航速的大小决定停车时机。一般情况下，当船首与码头的下端点距离 2～3 倍船长时停车，用舵对准码头上端外侧，使首尾线与码头外缘长线夹角不大于 15°，借船舶惯性滑行前进。

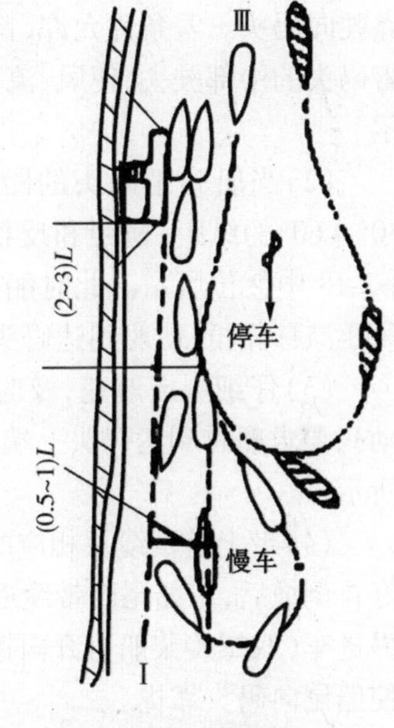

图 1-2-16 船舶滑行驶靠示意图

（2）当船首与码头尾端接近正横时，向外舷操舵，调顺船身。此时，应观察正横物标的后移速度，以此来测定航速，若航速过大，应适当开倒车制动，船舶未到位，可用慢车，调整船速。

（3）当船舶停下来时，递上首倒缆，再出其余各缆，系妥各系缆后，用“完车”令通知机舱，驶靠操纵即告结束。

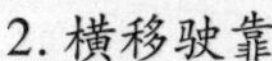

2. 横移驶靠

1）适用条件

横移驶靠又称嵌档驶靠或平移驶靠。主要是在码头附近水域水流较急或泊位上、下方均有他船靠泊的情况下使用。

2）操纵要点

（1）根据水流作用的强弱和船舶冲程，及时慢车和停车，船舶借惯性滑行至靠泊码头的外档停住船身，如图 1-2-17 中①位所示。

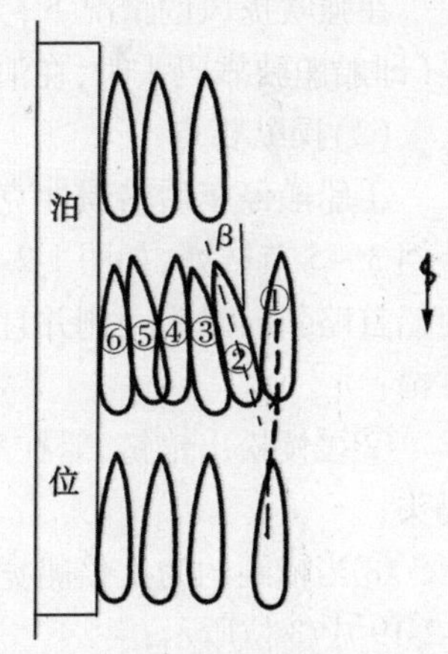

图 1-2-17 顶流横移驶靠示意图

（2）操左舵开慢车，使首尾线与流向成一恰当的流舷角，此时船舶在水动力和转船力矩的作用下向码头横移靠拢。若横移过快，宜减小流舷角和车速；若横移过慢，宜增加流舷角和车速。一般情况下，控制船舶的前后移动以调整车速为主；船舶横向移动速度的控制以调节流舷角的大小为主。操舵的方向及舵角的大小主要视控制船舶的流舷角的需要而定。

（3）当船舶接近码头时，操纵必须格外谨慎，宜采用较小的流舷角和车速，采用边转边稳边顺身的操纵方法，如图 1-2-17 中③、④位所示。

（4）船位达图 1-2-17 中⑤位时，带上首倒缆，调顺船身，系上各缆，驶靠操纵结束。

3. 大角度驶靠

1）适用条件

在有强吹开风情况下或遇弱流和尾吹开风时，船舶驶靠码头的操纵较为困难，如果采用滑行驶靠和横移驶靠,船不易靠拢码头,宜采用大角度驶靠。

2)操纵要点

(1)逆流航行船舶可直接从航道上以30°~60°的角度,甚至成直角,中速对准码头的下端点驶向码头。若条件允许,首尾线应与风、流合力的方向相反。如风力不大或流速较急,可对着码头的中部驶去,使风、流对船体的动力作用相互抵消,以减小偏航,如图1-2-18中①位所示。

(2)当船驶距码头的距离约为2倍船长时,根据船舶转向30°~60°的纵距、横距和反横距,改开慢车,向外舷操满舵,如图1-2-18中②位所示。此时船舶作曲线航行产生的惯性离心力与风压漂移相抵,使船到达码头旁边时,能与码头边线相平行。

(3)仔细测定航速,及时停车或倒车制动(必要时可抛锚制动),要求船首到达码头上端点时能把船停住,如图1-2-18中③位所示。

(4)带上首倒缆及相应的各缆,绞收各缆,驶靠即告结束。带好首倒缆后,若船尾因带缆迟缓而被风吹开,可将首倒缆固定,开慢进车(双螺旋桨船可开内挡进车,外挡倒车),并将舵转向外舷,使船尾向码头靠拢。

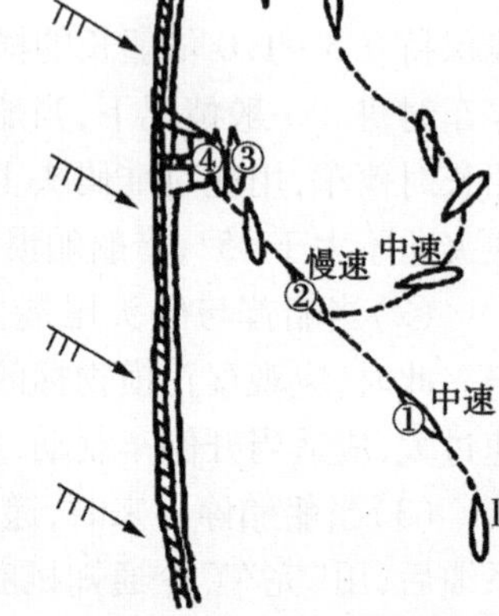

图1-2-18　大角度驶靠示意图

4.抛锚驶靠

抛锚驶靠有抛开锚、抛拎水锚、抛倒锚(背锚)等方法,下面介绍抛开锚、抛拎水锚、抛倒锚驶靠法。

1)抛开锚驶靠

(1)适用条件

在强吹拢风的情况下,为了控制船舶向码头靠拢的速度,并为离泊提供方便,可采用抛开锚(即船舶驶靠码头时,在泊位正横外侧抛下的外挡首锚)驶靠。

(2)操纵要点

①船舶停车后借惯性克服水动力作用滑行至码头上端点外挡3~5节链处,如图1-2-19中①位所示,向码头方向操舵,使船首略斜向码头一侧并且有较小的回转角速度,抛下外挡的首锚;

②缓慢松出锚链,船在舵压力和水动力作用下,逐渐靠向码头;

③当横距约为2倍船宽时,刹住锚链,回舵调顺船身,如图1-2-19中③位所示;

④用撇缆送出首倒缆,待系妥后即可用车、舵、锚、缆配合操纵,使船舶前移、后退、转首、拢尾、横移及调整船舶靠拢的速度,使船贴拢码头,带上系缆,驶靠即告结束,如图1-2-19中④位所示。

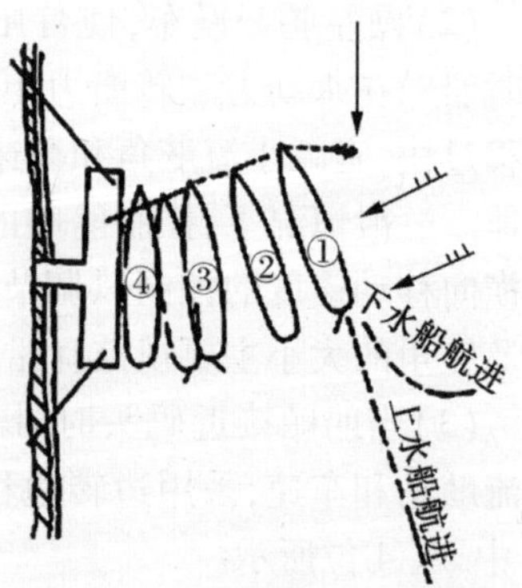

图1-2-19　抛开锚驶靠示意图

2)抛拎水锚驶靠

(1)适用条件

若遇首吹强拢风、困档水、急流或码头结构强度较弱的情况时,可抛拎水锚(即船舶靠泊时,位于码头或趸船上游方向抛下的外挡首锚)驶靠,用以承受吹拢风或强流水动力的作用,以减轻码头负荷。

(2)操纵要点

①逆流船舶沿码头所在的岸边中速对码头上方某一物标行驶,如图 1-2-20 中①位所示;

②当船首驶至距码头尾 2 ~ 3 倍船长时,由于船体受到风、流动力的作用,向码头所在的一侧靠拢,如图 1-2-20 中②位所示;

③当船首达码头尾部时,向外舷操舵,使船舶转向风、流合力的反方向上,如图 1-2-20 中③位所示;

④待船首约达码头,船首正横时,全速倒车,待船略有后退趋势,抛上风舷首外挡锚,如图 1-2-20 中④位所示,使锚位位于码头上方 0.5 ~1 倍船长处(需防止本船锚爪钩住码头的锚链);

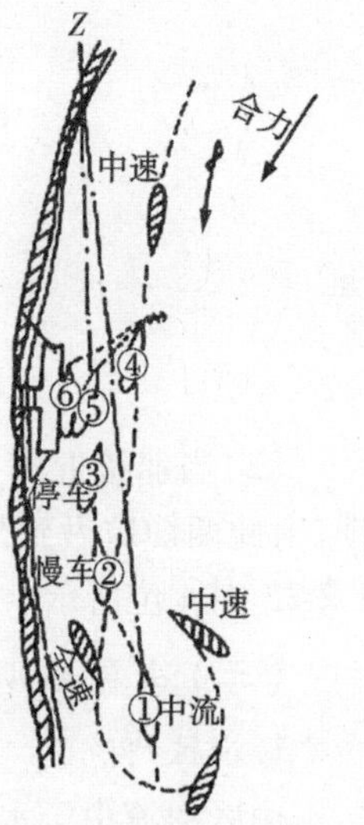

图 1-2-20　抛拎水锚驶靠示意图

⑤然后逐渐松长锚链,船尾在风、流的作用下接近码头,如图 1-2-20 中⑤、⑥位所示,并在船尾放下碰垫,防止碰坏船尾;

⑥当整个船舷靠拢码头,送出所有系缆并系牢,驶靠即告结束。

3)抛倒锚驶靠

(1)适用条件

当船舶驶靠码头遇到强后八字风或码头边的水域内有困档水、回流时,可采用抛倒锚(船舶靠泊时,抛下的锚和锚链方向位于船首后方的外挡首锚)驶靠。该法通过锚控制船速,便于利用车、舵灵活操纵船舶。

(2)操纵要点

①至图 1-2-21 中①位时,停车滑行,至泊位下方,横距 30 ~40 m 为抛锚点,选定串视线。

②至图 1-2-21 中②位时,船首进入泊位下端,向码头一侧转舵,使船首顶风。

③至图 1-2-21 中③位时,船首至抛锚点,抛锚松链 1 节入水,拖锚用车、舵稳住船首,船首泊位上方,带上首缆及首倒缆,开进车,操外舷舵,使船尾靠拢。

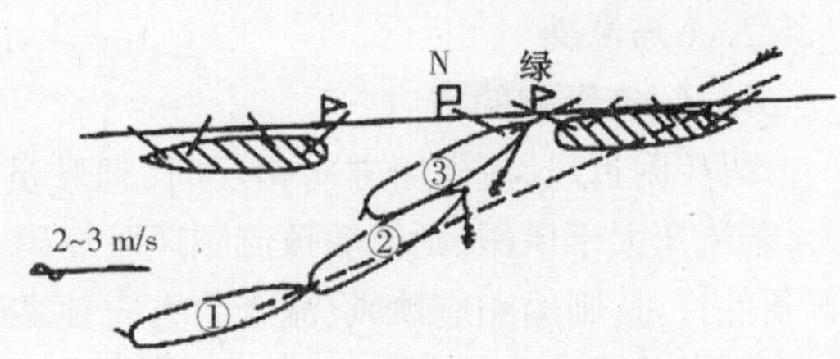

图 1-2-21　抛倒锚驶靠示意图

5. 顺流驶靠

1)适用条件

在流速很小的运河中,或涨潮末的转潮期间,或在弱回流区中,由于航道狭窄,或为了避免复杂的掉头操纵,可采用顺流驶靠。

2)操纵要点

(1)船舶驶靠前,应及早慢车、停车,降低航速,使船尽早可能利用惯性靠泊位一岸滑行前进,如图 1-2-22 中②位所示。

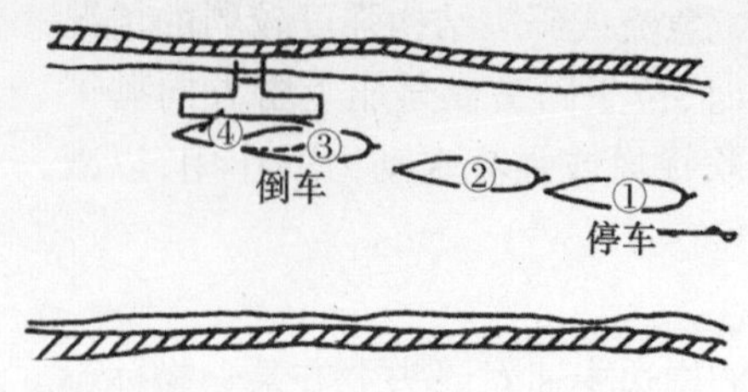

图 1-2-22 顺流驶靠示意图

(2)当船接近码头时,应开倒车制动,如图 1-2-22 中③位所示,并尽快地送出尾缆和首倒缆,对此两缆应做到带得快、溜得出、刹得住、解得脱。待船贴靠码头后,再带妥其余各缆,如图 1-2-22 中④位所示。

(三)注意事项

1. 山区河流

山区河流由于水流流速大,流态紊乱,水位变幅大,码头主要以浮码头为主,结构强度差。因此,船舶驶靠码头时应注意:

1)急流码头

驾驶员应掌握好横距和驶靠角,控制好流舷角,减小水动力转船力矩和船舶向码头的横移速度,以减小船舶靠泊力。

2)回流区码头

驾驶员应掌握好船舶冲程,早停车或倒车,必要时抛倒锚控制船舶冲程。

3)内拖水码头

驾驶员应掌握好船舶向码头的贴困速度,通过用车、用舵减小首尾线与流向间的夹角,必要时抛开锚驶靠。

4)结构强度差的码头

若船舶载量大,码头结构强度差,应采用抛拎水锚驶靠,以减小码头的承受负荷。

2. 平原河流

1)风、流影响的靠泊

码头附近风、流作用方向相反时,驾驶员首先应判断当时船舶所受风压和流压究竟哪个大,若流压大于风压,则船舶顶流顺风驶靠码头;若风压大于流压,则船舶顶风顺流驶靠码头;若条件许可,则船舶应顶风、流合力方向驶靠码头。

2)静水港的靠泊

在静水港靠泊,则主要考虑风的影响,通常以顶风驶靠为宜,并保持船舶首尾线与风向的夹角越小越好。若强吹拢风,要注意抢占上风船位,在接近码头时,应紧住开锚锚链,以防止船舶撞击码头;若强吹开风,驶靠角宜大,并控制好船舶惯性,及时撇缆,迅速带上首缆和首倒缆。

3. 锚和缆绳

在靠泊过程的操作中,应注意锚或系缆的受力情况,防止缆绳破断和注意锚链是否受力。若锚链不得力,船首会碰压码头;若锚链得力,船首不易被绞拢,应及时松链,在松链时,应停绞或慢绞首缆,以免船首碰撞码头。

4. 船舶动态

船舶在驶靠码头时,要防止只顾操纵本船而忽视瞭望周围船舶的动态,尤其要注意泊位前后方船舶的动态，避免在泊位外档与他船交会。

5. 码头情况

靠泊前若发现泊位不清，应及早在泊位后方将船稳住或抛锚等候；若泊位后方不能抛锚，应用车控制速度，用舵增加与泊位之间的横距，待泊位清楚后再驶靠。

6. 主机的使用

对于内燃机船舶，若频繁用车，应注意机舱压缩空气是否备足，防止用车时开不出车。

三、离泊操纵

（一）操纵要领

1. 确定开首或开尾

1）确定开首的条件

开首即船首先离开码头。开首的基本条件是：无风、顶流、吹开风、首吹拢风、泊位前方清爽无障碍物，螺旋桨及舵不会触及码头。此时，可采用开首（或称扬头）驶离。

2）确定开尾的条件

开尾即船尾先离开码头。开尾的基本条件是：尾吹拢风，落潮靠涨潮开或涨潮靠落潮开，顺流靠及船尾的螺旋桨、舵可能触及尾后停泊船舶等。此时，可采用开尾驶离。

2. 掌握驶离角

驶离角的大小直接影响船舶驶离操纵的安全。常流及首前方水域较清爽时，开首驶离的角度可小些；首前方有他船靠泊或有吹拢风时，开首驶离的角度应大些。开尾驶离角的大小和角速度的快慢，关系到下一步的操纵。顶流靠泊船，若开尾速度太小，则当船首扬出时，船尾可能甩回码头；若开尾驶离角太大，可能使船首扬不出来。顺流靠泊船，开尾驶离角太大，可能使船身打横。在不同的客观条件下，对开尾驶离角大小的要求也不相同。

3. 控制船舶的前后移动

一般系泊档子前后活动余地有限，要求用车不能过大；船舶的前后移动应靠滞、溜缆绳和车、舵来控制；在驶离码头时，应考虑船舶前、后及外档的余地。

4. 防止系缆绞缠螺旋桨

解缆时应尽快收进，特别是尾部系缆，要求船尾和驾驶室之间取得密切联系，在尾缆未收清前切勿动车。在双螺旋桨船上，为防止系缆绞缠桨叶，一般应先动外舷车。

（二）离泊的基本方法

1. 小角度驶离

1）适用条件

船舶系靠码头的前方水域宽敞无碍，水流平稳，可采用此法驶离。该法是驶离码头操纵中最为简便的方法。

2）操纵要点

(1) 待机舱回铃后，驾驶台再次活车、试舵，若正常，即可解去所有系缆，开慢进车，稍用外舵，使船首外扬一小角度。

(2) 边操外舵边稳舵，使船舶慢慢离开码头。

在运用此方法离泊时，要求最初车速和舵角都不宜太大，以免船尾扫碰码头，待船尾完全驶离码头后，再常车、用舵驶进航道。

2. 开尾倒车驶离

1）适用条件

开尾倒车驶离又称飞稍倒车驶离，在顺流、回流、尾后来风或吹拢风，或船舶前方有障碍物等，不宜使用开首方法驶离时，可运用此法驶离码头。

2）操纵要点

（1）如图 1-2-23 所示，先解去各缆。

（2）将舵转向内侧，开慢进车，舵在螺旋桨诱导速度作用下，产生舵压力转船力矩，使船尾转离码头（双螺旋桨船可用外档进车，内档倒车，使船尾转离码头），随着船尾的转离，风向与首尾线夹角的减小，船体的受风面积较小，风动力减小，当船尾对着风向时，停车、正舵，同时开倒车，使船驶离码头。

（3）当船尾吹拢风太强，用上述方法未能奏效时，可利用首倒缆，开尾倒车驶离。

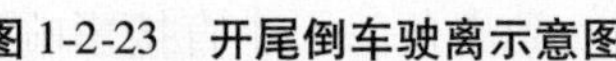

图 1-2-23　开尾倒车驶离示意图

3. 绞锚驶离

1）适用条件

对于抛锚驶靠的船舶，离泊时均采用绞锚驶离。

2）操纵要点

（1）如图 1-2-24 所示，解掉各缆仅留首倒缆，操内舵，开进车（双螺旋桨船可开外进车内倒车），使船尾离开码头，如图 1-2-24 中②位所示。

（2）正舵，解首倒缆绞锚，此时船首在锚拉力的作用下，船首离开码头，然后采取边操外舵扬头绞锚边操内舵顺船身的方法，使船舶离开码头。

（3）根据具体情况正确用车，使船不产生过大的纵向移动，以免与上、下邻近船舶碰撞，如图 1-2-24 中③位所示。

（4）船至如图 1-2-24 中④位时，锚若绞离水面，即可驶上航路。

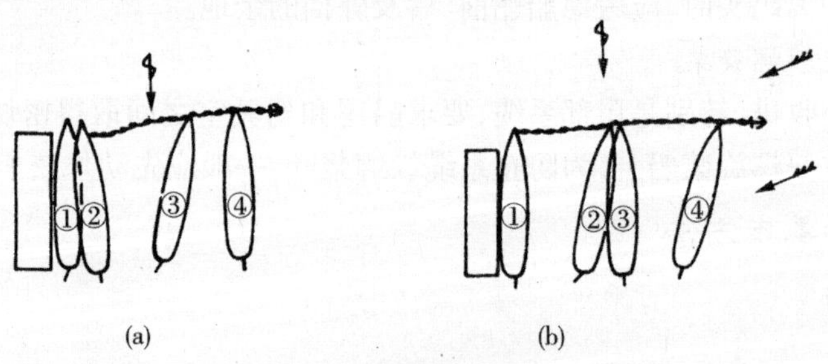

图 1-2-24　绞锚驶离示意图

（a）无风；（b）吹拢风

（三）船舶离泊注意事项

（1）离泊前除做好一切准备工作外，还应用 VHF 电话通报船舶动态，认真观察航道上是否有影响开航的来往船只。

（2）船舶离码头后，若要在码头附近进行掉头操纵，应悬挂好掉头信号。

(3)离泊单绑,尤其是使用前倒缆甩尾时,应对其受力和负荷多加注意,以防一紧一松使倒缆绷断。在溜缆时要特别注意操作人员的人身安全,要使缆绳既要溜得出,又要挽得住,确保船舶离泊操纵安全。

(4)离泊前还应向码头管理人员介绍离泊方案和解缆要求,并使解缆人员能积极配合解清缆绳和及时准备靠把,确保船舶离泊安全。

第三章 特殊情况下的船舶操纵

船舶在特殊情况下的操纵包括大风浪中的船舶操纵、船舶防撞的操纵、搁浅与触礁后的操纵、弃船操纵及主要设备损坏时的船舶操纵等内容。

第一节 大风浪中的船舶操纵注意事项

一、大风浪来临前的准备工作

航行船舶预测到将有大风浪来临时,必须采取相应措施,检查并保证做好以下工作:

(一)保证水密

(1)检查甲板开口封闭的水密性,必要时进行加固。

(2)检查各水密门是否良好,不使用的一律关闭闩紧。

(3)将通风口关闭并加盖防水布。

(4)天窗和舷窗都要盖好并旋紧铁盖。

(5)锚链管盖好,防止水流灌进锚链舱。

(二)排水畅通

(1)检查排水管系、抽水泵、分路阀等,保证处于良好工作状态。

(2)清洁污水沟,保证畅通。

(3)甲板上的排水孔应畅通。

(三)绑牢活动物件

(1)装卸货设备、主锚、备锚、舷梯、救生艇筏以及一切未固定的甲板物件都要绑牢。

(2)散装货要扒平。

(3)各水舱及燃油舱应尽可能注满或抽空,减少自由液面。

(4)舱内或甲板装有重件货物时,应仔细检查加固,必要时加绑。

(四)做好应急准备

(1)保证驾驶台和机舱、船首、舵机室在应急情况下通信联系畅通。

(2)检查应急电机、天线、舵设备等是否处于良好状态。

(3)保证消防和堵漏设备随时可用。

(4)保证人身安全。

(5)加强全船巡视检查,勤测各液体舱及污水沟等。

(五)空船压载

空船在大风浪中有很多不利之处,例如,保向性下降,拍底增大,螺旋桨空转加剧,易发生横摇谐振等。为确保航行安全,应进行适当的压载,以提高船舶抗风浪的能力和改善船舶的性能。在吃水差方面,既要防止螺旋桨空转,又要减轻拍底,一般以适当尾纵倾较为理想。

二、大风浪中船舶操纵

船舶在大风浪中航行,无论与风浪处于何种相对位置,都会给船舶带来困难。如横浪中,由于船舶的横摇周期和波浪的周期很接近,容易丧失横稳性,此时,改变速度无济于事,因此不得不采取顶浪航行。顶浪时,巨浪的冲击将会造成拍底、甲板上浪和打空转而损坏船体、甲板设备、舵和螺旋桨。如果为缓和浪的冲击而改做顺浪航行,又将出现大浪尾淹,舵效极度下降而被打横,仍然十分危险。

因此,必须采取措施,减轻船舶的摇摆,缓和波浪的冲击,以等待水面恢复平静,或采取积极手段,尽早驶离大风浪水域。

(一)顶浪航行

船舶在大风浪中顶浪航行,航速越快,波浪对船首的冲击力就越大;船首面积越大(如U形船首),波浪的冲击力越大;船舶的方形系数及棱形系数越大,波浪的冲击力越大。船舶在大风浪中顶浪航行,可通过下列措施减轻拍底、甲板上浪。

(1)减低航速:船舶在保证必要的舵效前提下,尽量降低航行速度,减小波浪对船首底部的撞击力。

(2)偏浪航行:使船首向与波峰避免正交,以斜交的态势迎浪航行,降低波浪对船体的危害。

(3)改顶浪航行为顺浪航行:顺浪航行,由于波浪推进方向与船舶航行方向相同,相对速度小,冲击力小,拍底现象能得以减弱。

(4)正确变换车速:根据波浪情况,适当地交替运用快、慢车,既能保证船舶的操纵性能,又能减低波浪的撞击力。

(二)顺浪航行

船舶顺浪航行时,由于波浪与船舶相对速度小,可以大大减弱波浪对船体的冲击。但顺浪航行,当航速小于波浪传播速度时,若船尾处在波谷中,则大浪将自船尾涌上甲板,形成尾淹现象;当航速等于波浪传播速度时,则船尾冲漂。上述现象都可能造成船舶打横,用舵不能控制的局面。

为了避免上述现象的发生,一般采取调整航速的措施,使航速稍大于波浪传播速度,这样既能避免尾淹,又能保持舵效。

(三)偏浪航行

船舶在大风浪中航行,应根据当时情况和本船条件采取措施。如果船舶横摇剧烈,应首先调整航向;顶浪航行时,波浪冲击力大、纵摇剧烈,应先调整航速再考虑调整航向。为了避免船首受顶浪航行过大的冲击和减轻横摇、纵摇的剧烈程度,而且又不致使船舶偏离航线过多,可采用偏顶浪作 Z 形航法,但应保持舵效,以免形成横浪,如图 1-3-1 所示。

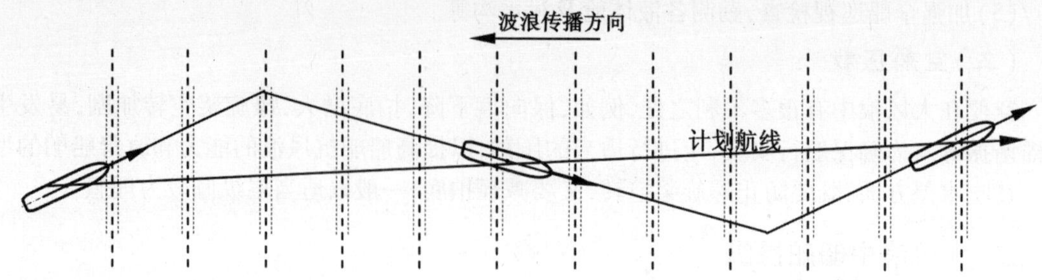

图 1-3-1 偏浪航行示意图

(四)漂滞

船舶停止主机,随风浪漂流称为漂滞。当主机或者舵机发生故障时,将被迫漂滞;滞航中不能顶浪、顺航中保向差时,或船况老旧,也可主动采取漂滞。

漂滞时波浪对船体的冲击力大为减小,甲板上浪不多;但由于船舶向下风有一定的漂移速度,故在下风侧必须有宽阔的水域,空载船舶尤应注意;船舶一旦漂滞极易陷入横浪或接近横浪状态,这时横摇加剧,并丧失稳性。因此,只有当船舶具有良好的稳性和水密性,方可主动采取漂滞的方法。

除此之外,船舶在大风浪到来时,应尽早了解风情,选择好避风锚地或上风岸风浪较小的水域航行。

三、大风浪中船舶掉头操纵注意事项

大风浪中掉头是一项较为困难和危险的操作,必须认真、谨慎对待,一般来说从顶浪转向顺浪较为容易,而从顺浪转向顶浪比较困难和危险,尤其是空船。在大风浪中不论在何种情况下掉头,都必须在掉头前,详细地观察江面的风浪情况及其变化规律,并做好充分的掉头准备,特别要注意本船的稳性(包括货物的积载和移动的可能性以及自由液面的影响等)。掉头时必须做到以下几点。

(一)仔细观察波浪规律,选择适当时机掉头

波浪大小的变化是有规律的,一般情况下,连着三四个大浪之后,必接七八个小浪,俗称"三大八小"。要利用这个规律,抓紧江面较为平静的一段时间,度过横风或横浪阶段,并争取在下一组大浪到来之前完成掉头。

(二)大风浪中掉头注意事项

(1)在掉头过程中,原则上要求前冲距离要小,并减小船舶在掉头中的横倾。因此,在掉头开始时宜用慢车、中舵,力求避免掉头产生的横倾角与波浪引起的横摇角叠加,导致较大的横倾,危及船舶安全。

(2)要求尽可能缩短掉头过程的时间,在掉头中可适时用短暂的快车和满舵,以增加舵效,既可缩短船身横向受浪时间,又可安全顺利地完成掉头任务。

(3)若因在掉头中判断失误,造成在掉头过程中遇上大浪,而处于危险局面时,切忌强行掉头和急速回舵,甚至操相反方向的反舵。正确的措施是及时减速并缓慢回舵,恢复原航向,

再等待时机。

四、大风浪中停泊船舶注意事项

(一)锚泊船舶遇大风浪时的措施

见第 2 章第 1 节中“大风浪中锚泊的特点和注意事项”。

(二)系浮船舶遇大风浪时的措施

1. 系单浮筒时的措施

系单浮筒的船舶遭遇大风浪时,一般是以浮筒为中心船首迎风做大致与单锚泊相似的偏荡运动。因此,采取的措施是:

1)适当增加系浮缆长度

随着风浪的增加,应将船舶系于浮筒的系浮缆适当放长。因为从河底到系于浮筒上的浮筒锚链长度是固定的,而且是很短的,所以,在大风浪中对作用于船体上的动力负荷的吸收能力很差,有时可能导致浮筒锚链损伤或将浮筒锚链从河底拉起。因此,适当增加系浮缆的长度,可有效吸收大风浪作用于船体的动力负荷。

2)抑制船舶偏荡

增加系浮缆长度会使船舶偏荡加剧,导致浮筒锚链承受较大的动力负荷,反而降低浮筒的抓住效果。因此,必须在增加系浮缆长度的同时,在迎风一舷抛下止荡锚。但必须注意抛锚操纵时不得使本船的锚和锚链与浮筒锚链绞缠。

2. 系双浮筒时的措施

系双浮筒时,当风来自于船首,其防风措施与系单浮筒相同,即适当增加系浮缆长度;当风来自于浮筒连线以外时,如果风力不大,只要加强首尾系浮缆即可;如果风力较大,首尾系浮缆将承受过大的应力,特别是船舶处于横风时,则有断缆危险甚至导致浮筒移位走锚。因此,在剧烈的风浪作用下,有时不得不解掉船尾系浮缆,使之成为系单浮筒状态,并采用系单浮筒相同的措施。

3. 改为锚泊

在采用上述措施后,如仍不能确保系浮船舶系泊安全,则应改为大风浪锚泊或另选择避风锚地锚泊。

(三)靠泊码头船舶遇大风浪时的措施

当靠泊码头的船舶遇大风浪时,受风浪及其岸壁反射波的影响,靠泊船将出现首摇、横摇、纵摇,以及横荡、纵荡和垂荡六个自由度运动,其中对船舶影响最大的是纵荡,它将导致靠泊船与码头严重摩擦和断缆事故的发生。

1. 加强系缆并保护好船体

为了抵抗风、浪的作用力,要增带系缆,并使各系缆均匀受力,避免或减小系缆承受顿力。为了保护系缆,在导缆孔或导缆钩与系缆接触处涂油或垫上油布防止摩擦,并适当地将缆绳接触部分错开。为了防止船舶靠泊一舷与码头之间的摩擦和挤压,应配备足够的靠垫。

2. 抛锚并缓和船体摇荡

靠泊船舶在风浪、涌浪的作用下极易产生横摇、纵摇和垂荡,导致船体和系缆损伤。因此,为了缓和船舶摇荡,可增加吃水并抛下首锚,以抵抗风浪对船舶的冲击力,以减轻摇荡。

靠泊船舶遇到大风浪恶劣天气时，如果风从岸上吹来，则外力增加不大，所以增加系缆即可抵御；如果风从宽阔的江面吹来，靠泊船舶就容易陷入危险，此时应根据具体情况，必要时选择避风锚地锚泊。

第二节　雷暴雨中操纵注意事项

一、雷暴雨天气特点

雷暴雨天气属于强对流天气，在气象学上所指的是发生突然，移动迅速、天气变化剧烈，破坏力极强的灾害性天气，往往伴有雷雨、大风、冰雹、龙卷风、局部强降雨等恶劣天气。其主要特点是：

(1)雷暴雨天气常常出现在夏、春季节，它是强烈垂直发展的积雨云所产生的一种中小尺度的天气系统。

(2)雷暴雨天气，一般持续时间短、消失快，预报难度大，当地气象台无法正确地预报出何时、何地将有雷暴雨，也无法预测其强度。

(3)在雷暴雨来临时，天气阴暗，伴随着大风，强降雨，能见度极差；在雷暴雨天气过境时，乌云滚滚、雷声隆隆、风速极大、风力增加、狂风伴强降雨，有时伴有冰雹。

因此，在雷暴雨天气，航行船舶能见度严重不良，有时连自己的船头都看不到；由于暴雨集中，雷达的雨雪干扰已不起作用，整个雷达屏幕上都是白茫茫一片，使雷达失去应有的作用；强风作用于船舶，对于一些小功率、大吨位的船舶根本无法控制，随风漂移，极易造成搁浅、触礁、碰撞等事故的发生。

二、船舶操纵注意事项

(1)针对暴雨天气的特点，船公司和船舶应制定灾害性天气的应急预案，许多中小型个体船舶没有预案，仅仅凭经验预防和操作，往往在灾害性天气到来时，措手不及，常常损失惨重。因此，船舶制定并组织实施灾害性天气的应急预案对船舶安全来说尤其重要。

(2)船舶应密切关注天气变化，做好天气预报的收听和处置，注意收集海事部门预警信息，了解雷雨、大风动态，密切注意风向、风速变化，做好恶劣天气下的安全防范工作，严格落实各项安全措施，确保安全。

(3)天气发生剧烈变化时，应立即报告船长，请船长上驾驶台，通知机舱备车，水手长备锚。

(4)检查舵设备、锚设备、救生设备、消防设备，使其处于正常状态；检查甲板排水孔、排水管系、机械、分路阀，清洁污水沟，保持排水系统的畅通；封闭水密门窗、甲板开口，加固舱盖板；固定甲板设备、重件，容易移动的货物必须扎牢，散装货物扒平；调整前后吃水，水舱、油舱应尽可能注满或抽空，减少自由液面。

(5)加强瞭望，增加瞭望人员，开启雷达并调整到最佳工作状态，对雷达图像保持连续的观察并不断地变换量程，以便获得避碰的早期信息。同时，了解和掌握雷达受雨雪干扰的局限性，对一些有可能探测不到的物标，以及风浪抑制掉的细小物标的回波，必须做到心中有数。

(6)船长应根据船舶通航密度和环境情况,减速行驶,并开启航行灯,按章鸣放雾号。抓住岸形、浮标和显著物标,结合雷达图像,稳住航向,摆正船位,勤测勤算,准确掌握本船船位,谨防偏离航路。

(7)船长应根据风向与风力大小选择好风压差角,确保船舶航行在正确航路,要细心查核避碰行动的有效性,采取的避让行动不致造成另一船舶的紧迫局面。航经大桥、船闸等水域时,应严格遵照有关规定执行。

(8)船长应根据雷暴天气的变化、能见度大小、航行环境、助航设备状况及船舶操纵性能,及早选择安全水域抛锚,绝不能心存疑虑,优柔寡断,怕影响船期,延误抵港时间,而冒险航行。

(9)加强与海事部门、港口和公司的联系,服从海事管理机构指挥,发生险情或发现他船发生险情时,立即向海事管理机构报告。

第三节　船舶防碰撞的操纵

一、碰撞事故的原因

碰撞是指船舶与船舶之间或船舶与水上移动式装置之间发生接触造成损害的事故。船舶发生碰撞的原因很多,主要是驾驶人员的责任心不强,思想麻痹,没有严格地履行职责及违反规章制度等引起的。

(1)两船对驶或追越互不相让或强行追越,临近时避让不及而引起碰撞。

(2)不按《内河避碰规则》的要求鸣放(或显示)信号,造成互相误会而未及时采取措施或采取错误的措施。

(3)在航或停泊中,疏忽瞭望,未能及时判断来船的动态,以致迟误采取措施的时机。

(4)驾驶员对风压、流压估计不足,以致避让措施不够及时、适当和主动。

(5)未正确使用雷达等助航设备。

(6)在能见度不良时,未使用安全速度。

(7)不服从海事机关的指挥,违章航行。

(8)船舶设备(如车、舵、锚)保养不良,操纵失灵。

(9)在紧迫危险时惊慌失措或者措施不当。

二、预防碰撞事故的措施

(一)预防碰撞事故的措施

(1)严格遵守《内河避碰规则》中的避让原则,两船相遇有碰撞危险时,让路船应早让、宽让、主动让,被让路船应当协同配合操作。

(2)两船对驶相遇,有碰撞危险时,应及早交换信号,转向避让;两船横向交叉相遇,应根据相对位置的变化来判断是否能安全通过,按照规则谨慎避让;两船追越相遇,追越船应征得前船同意,方可追越,被追越船应协同操作。

(3)对来船所发信号或灯光显示有怀疑时,应先采取减速措施,弄清来船动态后,再常速前进。

(4)避免在狭窄、弯曲、浅滩、桥梁等航段会船或追越。

(5)凡设有通行信号的单行控制河段,航行船舶必须服从指挥,做到早联系、早瞭望、早鸣笛和采取相应措施。

(6)在雾中航行应使用安全航速,按章鸣放雾号,加强瞭望和测深,谨慎驾驶,若能见度不良,应选择锚地抛锚扎雾,切忌冒雾航行。

(二)船舶在紧迫危险时的避碰措施

(1)立即停车、倒车,必要时抛下双锚制动;在可能条件下放下靠把,通知旅客及无关人员避开险区。

(2)两船迎面相遇,船位已经逼近,应先操外舵使船首避开,再向来船一侧操内舵,以避开船尾。交叉相遇应避免一船船首对着另一船中部。

(3)在紧迫危险时,应以减少损失为原则,避重就轻,有时为了避免碰撞,甚至不惜自己搁浅驶出航道外避让。

三、船舶碰撞后操纵船舶的应急措施和注意事项

(一)本船船首撞入他船船体时应采取的措施

不论在撞入前是进车还是已采取倒车措施,撞入后,在不影响本船安全的情况下,都应首先开微速进车顶住被撞船,待被撞船采取防水应急措施,并征得同意之后方可倒车脱出。脱离后,应滞留在附近,一方面检查本船受损情况,另一方面随时准备给予对方各方面的救援,当确信对方已脱离险境可以继续航行时,本船方可离去。

(二)本船船体被他船撞入时应采取的措施

(1)应尽可能使本船停住,避免前进或后退,以减少进水量。

(2)关闭破洞舱室前后的水密装置,当各项堵漏器材准备妥善后,方可同意对方倒车脱出。

(3)碰撞发生后,驾驶员应亲率水手到现场检查船体破损程度及邻近舱室损伤情况,并立即向船长报告。

(4)为保护破损部位及便于进行防水堵漏作业,应操纵船舶使破损位置处于下风侧。

(三)应变部署

发生碰撞后,应按照应变部署进行防水堵漏的抢救工作。

(1)船长应命令驾驶员和轮机员检查破损部位的受损情况,有无进水、人员伤亡、油污染情况及程度。及时对各压载水舱及污水沟进行测量。

(2)机舱人员除检查主、辅机情况外,还应将全部排水泵及备用发电机准备好,随时准备按命令排水或送电。

(3)按船长指示,发出求救信号。

(4)碰撞后,应立即电告公司,并按船舶海事处理程序办理相关事宜,报告事故的性质、原因、经过及结果。

(四)排水与堵漏

1.排水

当破损部位确定后,应立即关闭邻近舱室的水密门窗,立即通知机舱运用各种水泵(包括

应急水泵、压载水泵、污水水泵等），全力进行排水。

2. 堵漏

船体破损部位、漏洞大小和形状确定后，应立即采取堵漏措施。对于较小的破洞可用毛毯、木栓等堵住；对于较大的破洞可用堵漏毯或堵漏板或堵漏水泥箱堵住，并将舱内积水排出；对于具有相当破口面积的破洞，仅凭堵漏毯往往难以奏效，因而必须对进水邻近舱壁进行加强，以防止水压过大造成舱壁破损而波及邻舱。

（五）抢滩

船舶碰撞后大量进水，排水速度跟不上进水速度，又无法进行堵漏，且预计有沉没危险而附近有浅水区时，可考虑采取抢滩措施，以减少损失。

选择抢滩地点应注意事项：

(1) 抢滩处河床底质：泥、沙、沙砾底均可，但软泥底应注意防止船体下陷；礁石底不可抢滩。

(2) 抢滩处坡度：若条件许可，应尽量选择适合于该船的坡度，一般小型船选择 1∶15，大型船选择 1∶17 的坡度。

(3) 抢滩处水深：抢滩后船体主甲板应露出水面。

(4) 抢滩处风、流和波浪：若条件允许，抢滩处流速应较缓，风和波浪的影响应较小。

(5) 抢滩处周围环境：应有利于系固船舶，且尽可能远离航道，便于出滩和施救作业。

第四节 搁浅与触礁

搁浅是指船舶搁在水深小于其吃水的浅滩上或因故搁在河床浅处，失去浮力，不能行驶的事故。触礁是指船舶在航行中触碰礁石、水下物体或冰块等，造成船舶受损，发生漏水或沉没的意外事故。

一、出现搁浅危险时的紧急措施

航行中的船舶，无论何种原因致使搁浅或触礁不可避免时，切忌惊慌失措，应设法采取减轻搁浅程度，避免船体损伤的应急措施：

(1) 及时用倒车或抛锚来控制船舶惯性冲程，避免或减小船舶搁浅或触礁的程度。

(2) 当搁浅或触礁不可避免时，应尽量避开礁石，使船搁在较平坦的沙滩上。

(3) 当搁浅或触礁不可避免时，宁使船首受损也要保护好船尾的螺旋桨和舵设备。

(4) 船已搁浅，应立即停车，迅速查明情况，然后决定是自力脱浅还是请求援助脱浅，切勿存在侥幸心理，滥用车、用舵操纵船舶。

二、搁浅或触礁后的应急措施

（一）切忌盲目动车

如盲目动车，可能导致船体、螺旋桨和舵受损加重，即使能够脱浅或离开礁石，也可能再次搁浅或触礁，如果搁置在石角上，则还可能扩大破损，致使船舶大量进水而倾覆或沉没。

(二)显示信号

船舶搁浅后,应按《内河避碰规则》的规定,白天显示号型(在桅杆的横桁上垂直悬挂三个黑球),夜间显示号灯(锚灯与垂直两盏红色定光灯),使来往船舶注意。

(三)紧急报告

船舶发生搁浅或触礁后,应立即电告船公司和海事机关,如实详细地记载航行日志,经常与船公司及海事机关保持联系,以取得指导及援助。

(四)水密工作

立即检查或关闭与海底相通的水密门盖,如管弄水密盖、水压计程仪舱盖、双层底舱(包括管盖及货舱污水井在机舱内测深管的速闭阀或管盖等)。要十分清楚任何水密门盖漏水,等于丧失双层底的功能。

(五)调查情况

1. 测定船位

船舶发生搁浅后,首要的任务是弄清船舶搁浅的船位,要利用可靠物标测出搁浅船位和态势,并每间隔一定时间进行一次测定,以判断船位的变化情况。

2. 查清船底破损及进水情况

测量清水舱、压载舱、双层底、首尾尖舱的水深以及油舱的液位,以判断船舶是否破损或进水。若船舶破损,必须找出破损的位置,补好漏洞,将水排出。

3. 弄清船舶吃水和周围的水深及底质

摸清船舶的吃水和周围的水深可判定搁浅的部位,决定船舶脱浅的方向,为他船前来救助提供安全路线。

测量船边水深可自船首向两舷每隔 10 m 测一个点,把所测得的水深及底质标明在平面图上,如图 1-3-2 所示。

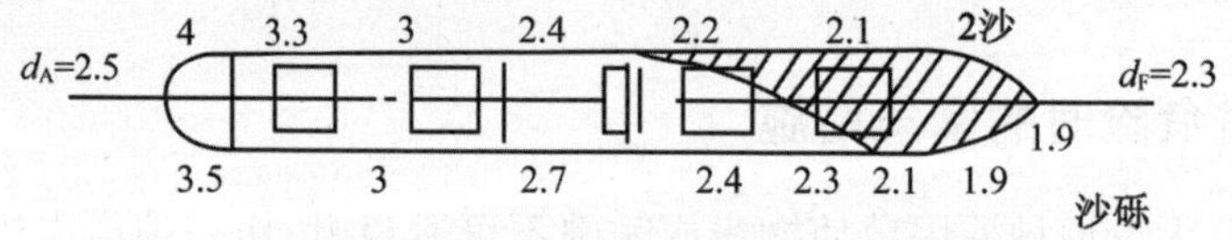

图 1-3-2　搁浅船的水深和底质示意图

测量船体周围水深的方法是,从船边开始以辐射方向进行,如图 1-3-3 所示。测量时应记下时间、水位或潮高及高、低潮时间。

4. 观察水位与潮汐

船舶搁浅后,应准确把握水位的涨落变化趋势,为选择脱浅时间做好准备;船舶在受潮汐影响河段搁浅,应根据潮汐资料预测当天和未来几天的高低潮潮时、潮高及潮流的方向和大小。搁浅船舶应随时注意风、流的大小和方向,防止搁浅船舶受风、流影响而扩大损失。

5. 查清螺旋桨、舵及其他动力的情况

查清船舶搁浅后,螺旋桨、舵等操纵设备是否受到严重损坏,若损坏严重,船舶将失去动力,无法利用本船动力自行脱浅。

查清船舶供水、供电设施是否完好,它对绞锚脱浅或卸载脱浅具有决定性作用。因此,船

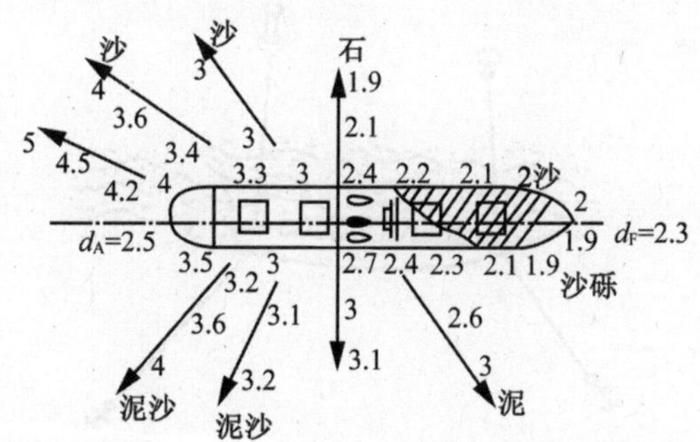

图 1-3-3 搁浅船周围水深示意图

船搁浅后应尽可能保证这些设备处于良好状态。

6. 关注未来天气情况

收听近期天气预报,力争在天气变坏前救船脱浅。应立即采取措施,防止因风、流、浪的影响使船舶搁浅更加严重。

(六)保护船体

船舶搁浅后可能发生墩底、向岸漂移或打横。因此,搁浅后应设法固定和保护船体。

1. 固定船体

搁浅后可利用本船所配备的锚、锚链、各种缆绳及装卸索具来固定船体,以防止船舶受风、流、波浪的影响,造成漂移、打横。

当搁浅船舶的船身与岸线垂直或接近垂直时,应从船尾两边各成 45°方向抛出主锚固定船体,如图 1-3-4 所示。

当搁浅船舶的船身与岸线平行时,应从首尾向外各成 45°方向抛锚固定船体,如图 1-3-5 所示。

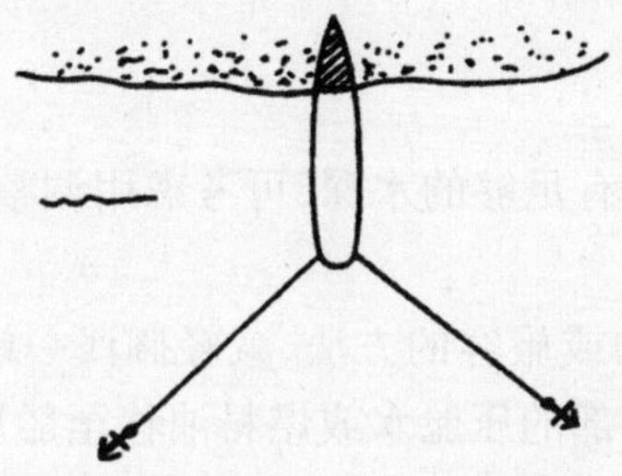
图 1-3-4 船身与岸线垂直或接近垂直抛锚固定船位示意图

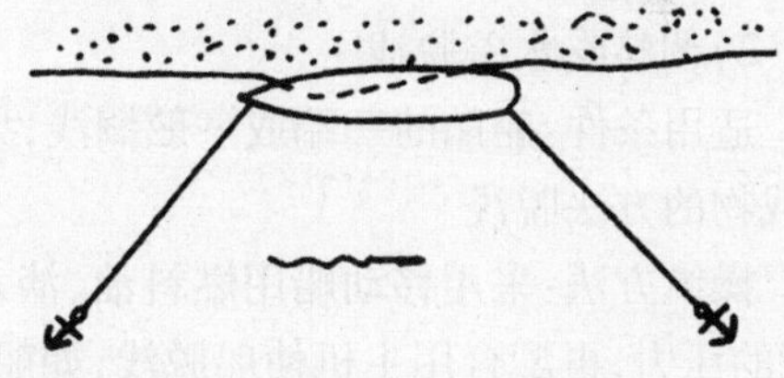
图 1-3-5 船身与岸线平行抛锚固定船位示意图

当搁浅船舶的船身与岸线平行,且河底坡度较大时,若水位下降,船身可能大幅度倾斜甚至倾覆。因此,必须向岸一边运锚或向岸上带缆,或用空驳系于搁浅相反一舷来固定船位,如图 1-3-6 所示。

固定船体用的锚链和缆绳应尽可能长些、远些,同时应根据地形,充分利用陆地上的树木、建筑物等来系住缆绳。

2. 坐礁时的船体保护

如果船舶搁在礁石上,为了防止受波浪作用发生纵摇、垂荡进而产生墩底使船底造成破

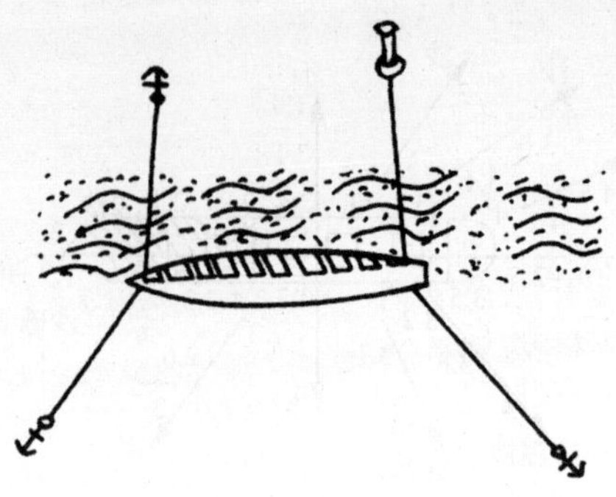

图 1-3-6　船身与岸线平行,且河底坡度较大抛锚固定船位示意图

洞,除按上述方法固定船体外,还应将各压载水舱注满水,使船能牢固地坐于河底。如果用注满水舱的办法还不能达到目的,则应考虑将部分货舱注水。采用局部货舱注水时,还应注意相邻舱壁的加强。

三、搁浅后的脱浅方法和脱浅救助的注意事项

(一)脱浅方法

1. 自力脱浅

1)使用主机脱浅

适用条件:若船舶搁浅后其程度甚微,船尾部有足够的水深,可在确定脱浅线路后,运用主机倒车脱浅。

操纵方法:倒车时,一般应从慢速逐渐增至快速,当快倒车无效时,可改用半速车并配合左、右满舵来扭动船体;若双螺旋桨船,则可开一进车一倒车,使船舶左右摆动,减少船底与河底间的接触面积和摩擦力,然后再快倒车;如底质是泥沙,倒车时应注意泥沙可能在船体周围堆积妨碍出浅。

2)调整吃水差脱浅

适用条件:船舶的一端或一舷搁浅,另一端或另一舷有足够的水深,可考虑用调整和转移压载物的方法脱浅。

操纵方法:采用移动船用燃料油、淡水、压舱水、货物或旅客的方法,减轻搁浅一端(或一舷)的压力,再配合用主机使船脱浅,如船首搁浅,可将首部的压舱水或燃料油移至船尾,使船首浮起而脱浅。移载时,要进行计算,以免脱浅后产生较大的纵倾或横倾,使船舶发生危险。若船舶一舷搁浅而河底坡度陡,不宜使用此法。

3)绞锚脱浅

适用条件:若绞锚产生的拉力足以使船舶脱浅,则可采用绞锚脱浅法。因为锚能产生持续而强大的拉力,且拖力方向确定。

操纵方法:用小艇将主锚或预备锚运出抛投,出锚的方向要根据在船舶周围测深的情况、船体和浅滩相对位置、风向和流向来确定。锚索最好连接在绞辘上,开动锚机或绞车,通过绞辘绞锚,同时配合用车脱浅,如图 1-3-7、图 1-3-8 所示。

绞锚的缆最好用一节锚链加钢缆组合,钢缆的长度要视抛锚点与船的距离而定,但必须保持足够的垂直度,使锚的抓力充分发挥。绞辘在船上的着力点,必须是可靠的舱口或甲板室的

围壁。为了防止失锚，抛锚前必须在锚环上系一根钢丝做好锚浮标，如绞锚时锚缆绷断，则可以通过浮在水面的锚标，重新将锚绞起。在施绞过程中配合使用车、舵时，应防止锚缆打损车、舵。

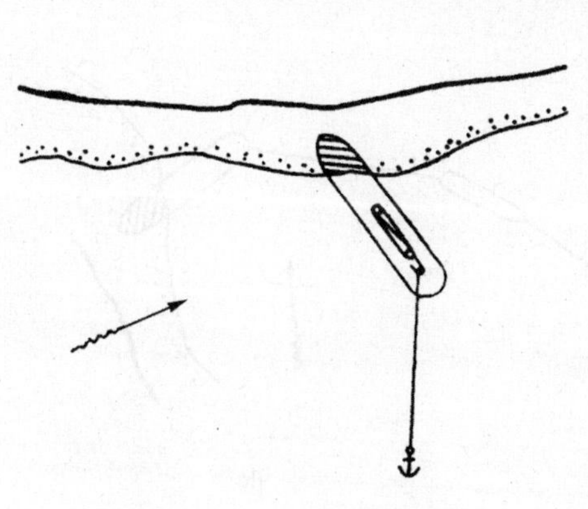

图 1-3-7　绞锚脱浅示意图

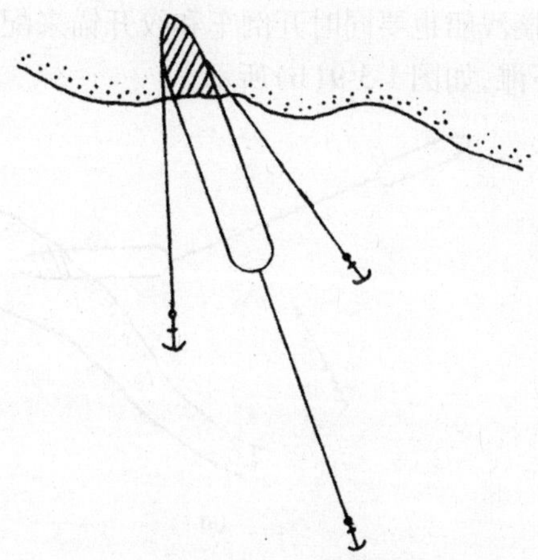

图 1-3-8　利用首主锚和尾锚脱浅示意图

4）卸载脱浅

适用条件：在上述几种方法均不能使船脱浅时，可采用卸载脱浅。

操纵方法：为了减轻搁浅船舶的载重，减小船舶吃水，增加浮力脱浅，可利用附近港口调来船队协助，采用卸货的办法脱浅。卸货过驳前应认真进行估算，即卸哪些舱的货物效果大，卸哪些货种最迅速、方便，应卸多少等。卸出的重量应是船舶本身拉力、拖船拉力及绞锚拉力或移载等不足的数量。一般先卸去多余的燃油、压载水，再卸货物。

2. 他船协助脱浅

1）请求他船协助脱浅的条件

（1）船体破损严重，已失去漂浮能力；

（2）螺旋桨、舵损坏，无法操纵船舶；

（3）经过计算，船舶本身无法自行脱浅；

（4）船舶搁浅后水位陡退，要求尽快脱浅等。

2）搁浅船应向救助船提供的资料

（1）主要船图、主要尺度、原来载重量吨数、加载后首尾吃水差变化等。

（2）货种、质量及分舱图，油、水的数量及部位。如有危险货物，则应特别详列舱位、吨数和注意事项。

（3）搁浅前的航向、航速及搁浅时间，现在的首向。

（4）搁浅前后的吃水，以及搁浅后吃水是否出现变化。

（5）主机、甲板机械的功率及现时技术状况。

（6）搁浅后曾采取的措施和收到的效果以及对援助工作的建议。

（7）本船船位，船边水深、底质，当地潮汐的水流情况等。

3）他船协助脱浅的方法

拖船拖带脱浅分两种情况：如果水深允许，救助船可直接驶靠搁浅船，卸去搁浅船上的部分货物，以减小搁浅的程度，并带上拖缆；水深不足，救助船最好利用倒车，使其倒着逐渐接近搁浅船，直到不能接近时抛下首锚，通过舢板或撇缆接上搁浅船舶的拖缆，然后，两船船长共同研究脱浅的方法和临时联系信号。准备就绪后，救助船即可起锚慢慢向上游或斜向上游起拖，如图1-3-9(a)所示，让拖缆渐渐受力，当拖缆与拖船的首尾线成一直线后，即可增加车速至全速；搁浅船也要同时开倒车和绞开锚来配合脱浅。如不能立即脱浅，可左右摆动，使搁浅船逐渐下滩，如图1-3-9(b)所示。

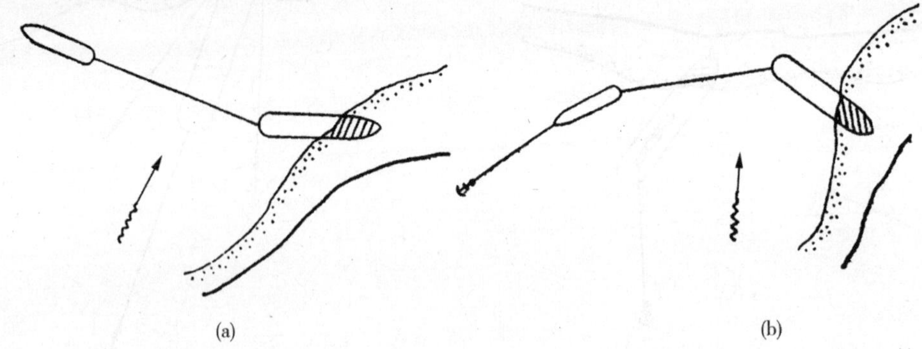

图1-3-9　拖船拖带脱浅示意图

(a)拖曳并绞锚脱浅；(b)拖曳脱浅

(二)脱险救助的注意事项

(1)拖缆、拖带装置和系缆柱的强度是否可靠，在使用"急动脱浅法"时，常拉断拖缆和系缆柱，所以应注意人身的安全和钢丝绳缠绞螺旋桨桨叶。

(2)应注意所抛出的流锚位置，防止锚链打损螺旋桨。

(3)应向深水区一侧拖带，拖缆应带在搁浅船上离搁着点最远的位置，以产生最大的摆动力矩，使船脱浅。

(4)救助船在用车前，应观察拖缆的松弛程度，拖缆切忌骤然受力。

(5)掌握恰当时机敲钩脱缆。拖船敲钩脱缆时要果断，力争一锤成功。

(6)主拖船事先要考虑将拖缆安全收回的方法。

(7)搁浅船脱浅后，防止碰到救助船。

第五节　弃船与人落水应急应变

一、弃船

弃船是船舶发生水上交通事故且不能挽救危局时，为了救助船上人命，船长采取的弃置船舶的措施。我国《海商法》第38条规定："船舶发生海上事故，危及在船人员和财产安全时，船长应当组织船员和其他在船人员尽力施救。在船舶沉没、毁灭不可避免的情况下，船长可以作出弃船决定；但是，除紧急情况外，船长应当报经船舶所有人同意。"

(一)弃船的条件

(1)船舶触礁或搁置于礁石上，大量进水，机舱被淹没，无法排水堵漏，失去一切施救能力,随时有沉没、折断、倾覆的危险。

(2)失火后殃及机舱,已焚毁动力灭火系统,火势继续蔓延,危及整个船舶安全。

(3)发生其他严重事故,如爆炸、剧烈碰撞等造成船舶有立即沉没的危险。

船舶发生上述水上交通事故,通过奋力自救或他救均无希望,船舶沉没或毁灭不可避免的情况下,为了旅客和船员的生命安全,船长决定弃置船舶。

(二)弃船的注意事项

(1)在弃船前,船长应当指挥船员尽力抢救航行日志、机舱日志、无线电日志、油类记录簿、航行图、贵重文件、贵重物品、邮件、现金、账册等,离船时,应有专人负责。

(2)弃船前,船长应尽力操纵船舶,使其沉没于航道外靠岸的浅水区,防止船舶沉没于港口、主航道、锚地、作业区域或妨碍他船正常航行的区域,并为以后的打捞施救工作创造便利条件。

(3)弃船时,船长必须采取一切措施,首先组织老、弱、妇、幼和旅客安全离船,然后安排船员离船,船长应当携带降下的国旗最后离船。

(4)弃船时,可能因难船倾斜过度或吊艇设备发生故障等原因,以致有部分人员未能随艇离开。此时,尚未离船人员可沿绳索或绳梯下水,或将脚朝下,两手抱在胸前跳入水中。如果船舶倾斜过度,应从船首或船尾离船。离船后应尽量游开并寻找漂浮物以待援救。各艇筏此时应在遇难船附近搜寻落水人员。

二、人员落水时的措施

船舶在发生水上交通事故或船员舷外作业,或其他原因不慎失足落水时,应迅速、正确、全力施救。

(一)发现人落水的应急措施

(1)立即停车,向落水者一侧操舵,使船尾摆开,以免落水者被螺旋桨或船尾所伤。

(2)扔下救生圈或木板等漂浮物,以便落水者能攀附。

(3)报告船长,发出人落水警报,按规章显示、鸣放信号,同时通知机舱备车,并准备放艇救助。

(4)派人携带望远镜登高瞭望,不断报告落水者的方位和大概距离。

(5)在航道条件许可的情况下,船舶应及时掉头驶回人落水的位置,尽力搜索援救落水者。凡过往船舶有责任协助寻救。

(6)风浪中救助落水人员时,救助船应驶向落水者的上风舷,在下风舷放下救生艇,操纵救生艇于下风舷将落水者救起。

(二)驶近落水者的操纵方法

人落水后,值班驾驶员除应采取以上措施外,还应根据当时航道、水流、气象等客观条件,结合本船的操纵性能,在保证船舶安全的情况下,操纵船舶迅速回到落水者附近,与此同时,准备好放艇工作。船舶回到落水者附近,可按下述两种方法操纵:

1. 一次转向法

(1)如发现有人从右舷落水,如图1-3-10中位置1所示,应立即停车(双螺旋桨船右停车),右满舵。

(2)至如图 1-3-10 中位置 2 时,双进车,使船向落水者一舷回转,在回转过程中,可根据流的影响使用倒顺车或进车差速回转,以减小前进速度,加快回转掉头。

(3)待船首接近落水者(落水者约在 15°舷角处),应提前回舵,双停车,如图 1-3-10 中位置 4 所示,船以惯性驶向落水者,操纵船舶停在有利于施救的位置上(不得从落水者的上游接近)进行施救。

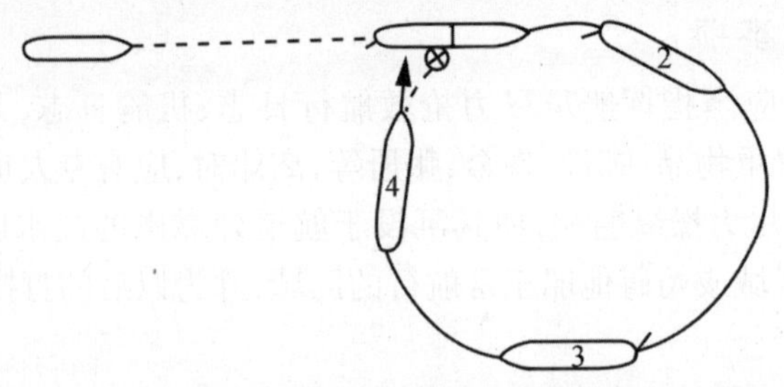

图 1-3-10　一次转向法施救落水者示意图

2. 返回原航迹法

若发现落水者较晚,无法确定落水者的位置,可采用返回原航迹法寻找,如图 1-3-11 所示。船舶常速前进,向任意一舷操满舵,当航向改变 60°时,下令向相反方向操满舵,一般在航向改变 90°时,船即开始向相反方向回转。当回转至 180°,立即稳舵,保持船位在这一航向上,沿着原航迹寻找落水者。

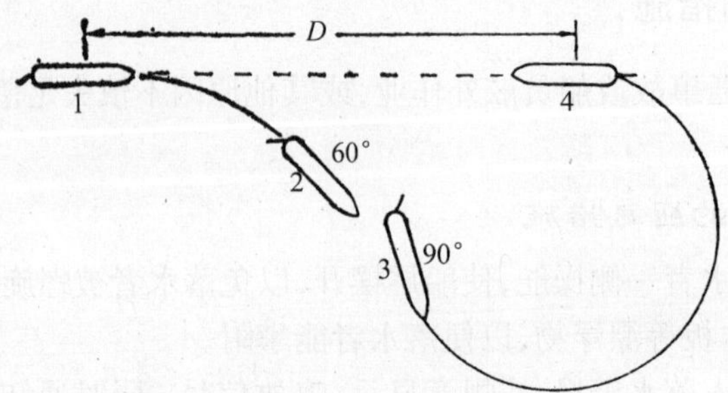

图 1-3-11　返回原航迹法施救落水者示意图

第六节　主要设备损坏时的船舶操纵

一、失锚和锚机损坏时的措施

(1)起锚时,应利用车、舵配合,使锚链不过分受力,这样可防止因锚链时紧时松使锚机受锚链的突然拉力而损坏。因此,抛、起锚作业时,在船首甲板指挥的驾驶员应与船长保持联系,相互配合协调,保证船长每一命令都能贯彻执行,更好地操纵船舶。

(2)活锚,船舶在淤沙河段长时间锚泊时,要经常做好活锚工作,以免失锚。

(3)风浪大时,应放长锚链,以防锚链张力过大而失锚。

(4)损坏锚机时,可暂时用起货机或绞车及钢丝绳、卸扣、滑轮把锚链分段绞回,并尽快修复锚机。

(5)认真选择锚地,避免在石质河底、乱石河底抛锚。

船舶一旦发生失锚事故,应用车舵操纵船舶,稳住船位,必要时,可抛下第二只锚,并测定出失锚时的船位,组织打捞失锚。若无法打捞时,应将失锚时的位置标注于航行图上,为今后打捞提供方便。双锚均丢失时,应及时配妥,不得无锚航行。失锚事故经过应详细记入航行日志。

二、舵失灵及损坏时的措施

舵失灵是指舵设备系统临时发生故障使航行船舶失去控制能力的现象。船舶舵设备系统发生故障或舵叶受损,船舶将失去方向性,导致碰撞、触礁、搁浅等事故发生。船舶发生舵失灵及损坏时的应急措施:

(1)首先应立即起用应急舵操舵系统,减速停车,并报告船长,通知机舱。

(2)船队发生舵失灵除应立即起用应急舵操舵系统外,还应立即通知驳船帮舵。

(3)悬挂舵失灵信号。

(4)双螺旋桨船可利用主机进、倒车短时间操纵船舶。

(5)在情况危急或航行条件受到限制时,应立即停车,并抛双锚稳住船位。

三、缆绳绞缠桨叶时的紧急措施

(一)缆绳绞缠螺旋桨桨叶的原因

船舶在靠离码头或拖带、顶推船舶时,由于操作不慎而使缆绳落入水中绞缠螺旋桨桨叶时,应立即停车、抛锚,并设法加以清除,否则将损坏螺旋桨及主机。

(二)缆绳绞缠桨叶的清解方法

(1)清解缠绕螺旋桨的缆绳时,应将留在船上的一端绳头系固,切不可松放下水。

(2)然后在机舱内用人力将地轴反转(原顺车绞缠向倒车方向旋转),每转一周,船尾的绳头收紧一次,经多次旋转和收紧后,即可解脱。

(3)如难以清解且无法在水面上清解,需派潜水员下水检查清解或压首、抬尾清解或进坞修理。

(三)防止缆绳绞缠桨叶的方法

(1)用车前,解船尾系缆必须与驾驶台保持联系。

(2)靠泊作业前,一定要把从导缆孔出的缆绳头放在船尾甲板上。

(3)离泊时迅速收起落于水中的缆绳,待全部缆绳从导缆孔收进后,才能用车。

四、主机损坏时的措施

(1)航行船舶,如遇主机损坏及发生故障,应立即设法借助惯性用舵控制航向,尽可能操纵船舶于航道边缘较浅的水域或缓流区航行。

(2)通知水手长备锚,测量水深。

(3)立即悬挂主机失灵信号。

(4)锚泊后,组织机舱人员尽力抢修。

(5)如船舶通过大桥、浅险水道,或有碰撞、搁浅危险时,应立即抛下双锚,控制船舶前进,以减小损失。

(6)如损坏程度严重,不能自修,应立即拖往船厂修理,并将发生的情况详细记入航行日志。

五、全船失电时的措施

(一)全船失电的原因

发电机跳闸造成全船失电的原因十分复杂,常见的有:

(1)电站本身的故障,如空气开关的故障、相复励变压器故障等。

(2)大电流、过负荷,如大功率泵的启动或电气短路等。

(3)大功率电动辅机故障或启动控制箱的延时发生故障。

(4)发电机及其原动机本身的故障,如调速器故障滑油低压、冷却水低压、燃油供油中断等。

(5)操作失误。

(二)全船失电的应急措施

全船失电时应立即通知驾驶台并接上应急电源,检查应急电源是否正常;在全船失电情况下首先应注意确保舵机、助航设备和消防设备供电。根据船舶航行状态的不同应采取不同的应急措施,以免因全船失电而产生其他重大事故。

(1)船舶在航行中突然失电时,应首先停止主机运转并立即电告驾驶台,然后迅速启动备用发电机组,尽快恢复供电。如果情况特殊急需用车避让,只要主机短时间运转则应执行驾驶台命令。如果备用发电机组也不能启动,则应启动应急发电机(正常情况下,应急发电机应正常启动),并首先给助航设备和舵机供电。

(2)船舶在狭水道或港内航行中突然失电时,应迅速启动发电机组尽快恢复供电,同时应立即通知驾驶台并停止主机运转。在应急处理过程中必须有人坚守主机操纵台,随时与驾驶台联系,如情况危急船长必须用车时,可按车令强制主机运行而不考虑主机后果。

(3)船舶在系泊或锚泊状态下发生故障时,应先启动备用发电机组,恢复正常供电后,再分析检查供电原因并予以排除。

第2篇

航道与引航

航道与引航主要阐述内河船舶引航的基础理论与基本方法,体现了理论与实践的有效结合。主要内容包括内河航道与水文要素、内河助航和安全标志、航行图、气象常识、引航基本原理、不同航行条件引航的基本方法及注意事项。

第四章 内河航道与水文要素

天然河道与运河、湖泊、水库等通称内河水道。内河水道中具有一定深度、宽度、净空高度和弯曲半径，能供船舶安全航行的水域称为航道，通常用航标标示。本章主要介绍内河航道基本知识与主要水文要素。

第一节 航道尺度

一、航道尺度与航道标准尺度

内河航道尺度是指一定水位下的航道深度、航道宽度、航道弯曲半径的总称。航道尺度随着季节的不同、水位的涨落变化而变化。通常，洪水期航道尺度大，枯水期航道尺度小。

航道标准尺度(又称航道维护尺度、航道保证尺度、航道保障尺度、航道最小尺度)，它是指在一定保证率的设计最低通航水位下，为保证标准船舶安全通航，航道所必须维护的最小航道尺度。它包括航道标准深度、航道标准宽度和最小弯曲半径。同一条河流，根据河段、船舶流量、密度等条件，可分段制定各自的航道标准尺度，通常下游河段航道标准尺度大于上游河段。

二、航道标准深度(H)

航道标准深度又称最小保证水深，它是设计代表船型在设计最低通航水位时，须保证的航道最小水深。航道标准深度是通航标准的主要指标，其标准值为设计代表船型的最大吃水加上富余水深，如图 2-4-1 所示。

$$H = T + \Delta h$$

式中：H——航道标准深度(m)；

T——设计代表船型的最大吃水(m)；

Δh——富余水深(m)。

1. 富余水深(Δh)及作用

富余水深或称剩余水深，是指船舶安全航行时船舶平板龙骨外缘最低点至相应河底所应保持的最小距离。富余水深的作用是保证船舶的航行安全。

2. 富余水深的确定依据

(1)船舶航行时，因船体下沉需增加的水深。

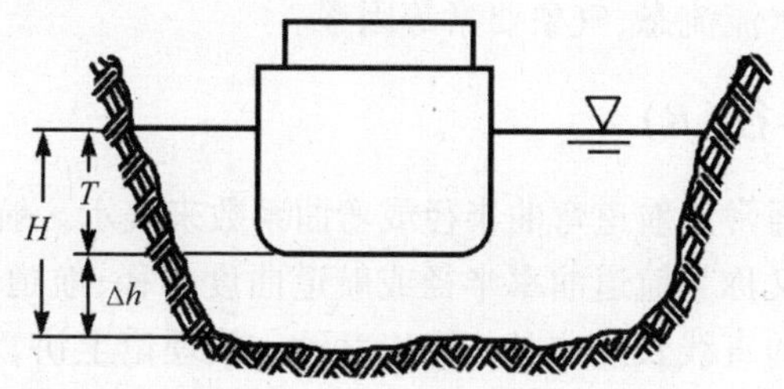

图 2-4-1 航道标准深度

船舶在航行中，一般均有下沉量，有时它占富余水深的 2/3。航行时影响船舶下沉的因素主要有航道深度、船舶对水速度、船舶吃水及船型等。

(2)保证船舶推进器的安全而增加的吃水。

(3)保证船舶舵效以达到操纵灵活、安全而增加的吃水。

(4)为防止船舶因波浪或其他原因偶然触及河底需增加的水深。

上述的(2)项至第(3)项共需增加的水深可用 Δh_1 表示，只需某一项满足，另一项也能满足，因此各项需增加的水深不需叠加。一般情况下，Δh_1 为 0.1 m 左右；当河底为岩石时，Δh_1 为 0.1 ~ 0.5 m；当河底为沙卵石时，Δh_1 为 0.1 m，但有些河段为了避免卵石上吸而打坏螺旋桨，Δh_1 也应与岩石河底相同；在沙质河床，Δh_1 一般小于 0.1 m。

(5)顶推船队编队后的吃水增值 Δh_2：根据实船试验，山区河流大型顶推船队，编队后船舶吃水量略有增加，一般为 0.06 m 左右，中小型河流船队较小，可以不考虑。

综上所述，船舶所需富余水深为：

$$\Delta h = \Delta T_{cp} + \Delta h_1 + \Delta h_2$$

式中：Δh——富余水深(m)；

ΔT_{cp}——船体下沉量(m)；

Δh_1——为保证舵效或螺旋桨安全而增加的吃水(m)；

Δh_2——顶推船队编队后的吃水增值(m)。

3. 富余水深的有关规定

我国建设部颁布的《内河通航标准》(GB50139—2014)规定船舶富余水深值见表 2-4-1。

表 2-4-1 富余水深值

航道等级	Ⅰ	Ⅱ	Ⅲ	Ⅳ	Ⅴ	Ⅵ	Ⅶ
富余水深/m	0.4 ~ 0.5	0.3 ~ 0.4	0.3 ~ 0.4	0.2 ~ 0.3	0.2 ~ 0.3	0.2	0.2

注：①富余水深值主要包括船舶航行下沉量和触底安全富余量；

②流速或风浪较大的水域取大值，反之取小值；

③卵石和岩石质河床富余水深值应另加 0.1 ~ 0.2 m。

三、航道标准宽度(B)

航道标准宽度是指在设计最低通航水位时，设计代表船型或船队满载吃水航行所需的航道最小宽度，即整个通航期内航道中应保证的最小宽度。

航道标准宽度是由有关部门经过综合分析、计算得出的，并以指令性的形式颁布执行。在制定航道标准宽度时必须综合考虑代表船型或船队的尺度、代表船队的队形、船舶(队)的航行和操纵性能、航道条件、水流流态、气象要素等因素。

四、航道最小弯曲半径(R)

弯曲航道的弯曲程度通常用航道弯曲半径或弯曲系数来表示。航道弯曲半径是指航道弯曲处,其轴线圆半径长度,又称为航道曲率半径或航道曲度半径;航道弯曲系数是指弯曲航道的实际长度与起止点之间的直线长度之比,用 K 表示。从理论上讲,弯曲航道的弯曲系数往往大于 1.5,若在 1.0 ~ 1.5 称为微弯航道,近似于 1.0 称为顺直航道。弯曲系数越大,航道弯曲半径越小,航道条件越差,船舶航行越困难。

1. 航道最小弯曲半径(R_{min})的确定

航道最小弯曲半径是指在设计最低通航水位时,应保证航区设计代表船型或船队,下行安全通过弯曲河段所必需的航道弯曲半径。航道最小弯曲半径的确定除与船长有关外,还与航道条件、水流条件、船宽与航宽、航速与流速、船队尺度与系结方式、船舶操纵性能与引航技术等因素有关。按照我国内河通航标准规定,内河航道的最小弯曲半径,采用顶推船队长度的 3 倍或货船长度、拖带船队最大单船长度的 4 倍。在特殊困难河段,航道最小弯曲半径不能达到上述要求时,在宽度加大和驾驶通视均能满足需要的前提下,弯曲半径可适当减小,但不得小于顶推船队长度的 2 倍或货船长度、拖带船队最大单船长度的 3 倍。流速 3 m/s 以上、水势汹乱的山区性河流航道,其最小弯曲半径宜采用顶推船队长度或货船长度的 5 倍。

2. 航道弯曲半径求法

一般可以从资料中得知,也可以从航行图或航道图上量取即采用几何作图法("三点求圆心法")获得,其方法和步骤如下,如图 2-4-2 所示。

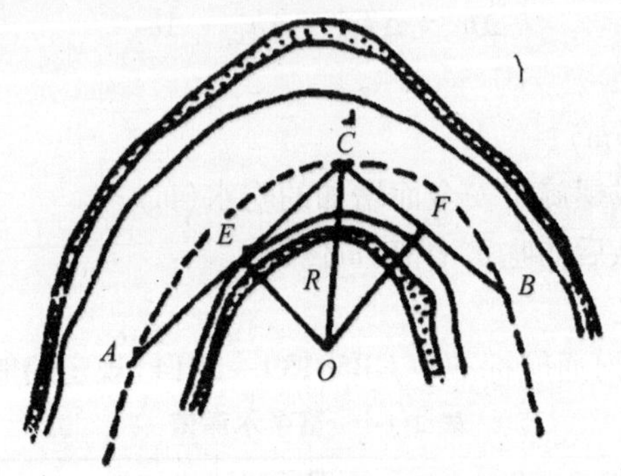

图 2-4-2　航道弯曲半径的求法

在航道中心线上的最弯曲部分截取一线段,从线段上取上、下起止点和顶点 A、B、C 视作圆弧线上的三点;连接 AC 和 CB,并作 AC、CB 两线段的垂直平分线 OE、OF 交于 O 点;OC 即为弯曲半径,实际长度可从该图的比例尺上量取。

第二节　通航净空尺度

随着交通网络化发展和河流的综合开发利用,在河流上将出现越来越多的水上过河建筑物,如桥梁、架空电缆和架空管道等。要保证船舶安全航行,就必须使这些建筑物下有一定的安全航行空间,即具有一定的通航净空尺度,它包括通航净空高度和通航净空宽度(简称为通航净高和通航净宽)。

一、通航净空高度(D)

通航净空高度是为了适应船舶安全通过架空管线的最低高度。航道部门和桥梁工程部门通常把水上过河建筑物下缘最低点到设计最高通航水位面的垂直距离,称为通航净空高度(又称设计净空高度)。为了区别起见,将该净空高度称为设计净空高度。

航运管理部门为了便于驾驶员计算和掌握船舶通过跨河净空建筑物的安全高度,常把水上过河建筑物的下缘最低点至当地零水位面的垂直距离,称为通航净空高度或称净空高度。两个定义之间相差一个以当地零水位面起算的“设计最高通航水位”,如图 2-4-3 所示。

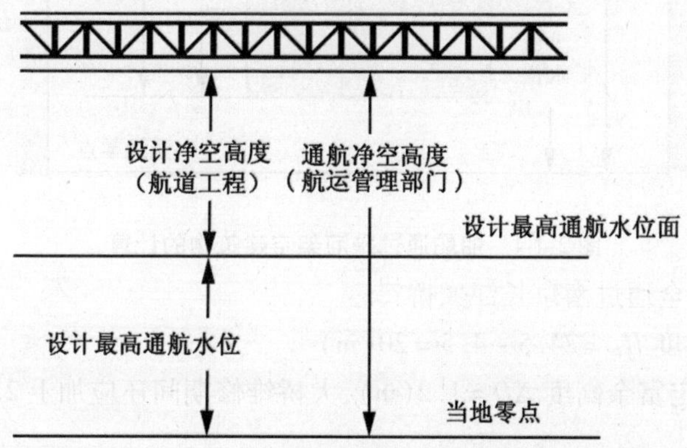

图 2-4-3　设计净空高度与通航净空高度的关系

例如,黄石长江大桥设计净空高度为 24 m,设计最高通航水位 25.70 m(吴淞水位),按照航运部门定义,以吴淞零点起算,其通航净空高度为 24 + 25.7 = 49.7 m。如果已知黄石当地基准面的吴淞高程为 9.06 m,则当地设计最高通航水位为 25.7 - 9.06 = 16.64 m,按当地基准面起算的净空高度为 24 + 16.64 = 40.64 m。

船舶航行中因考虑各种因素的影响,须留一定的富余高度。富余高度(ΔD)是指船舶在通过水上过河建筑物时,其最高点至水上过河建筑物的下缘最低点之间的垂直距离,或称剩余高度或安全系数。剩余高度是保证水上过河建筑物及船舶在各种情况下的航行安全。其确定必须考虑当地水位涨落变化的幅度、航区风浪的大小、船舶吃水的变化、跨河架空建筑物设计和安装的误差、热胀冷缩或下垂的幅度;对于电缆,还要考虑不同等级电压电缆电磁场的强度和范围(如 50 万伏超高压电缆的富余净空高度应不小于 6 m)。剩余高度是由航保部门制定的,一般为 1.0 ~ 1.5 m。

船舶安全通过跨河架空建筑物的计算方法,如图 2-4-4 所示。

$$H_C + \Delta D + W \leqslant D$$

式中:H_C——船舶水面上高度(m);

ΔD——富余高度(m);

W——当地水位(m);

D——通航净空高度(m)。

例:根据船舶资料某轮总高为 24.5 m,首吃水为 4.5 m,尾吃水为 5.3 m,当南京水位为

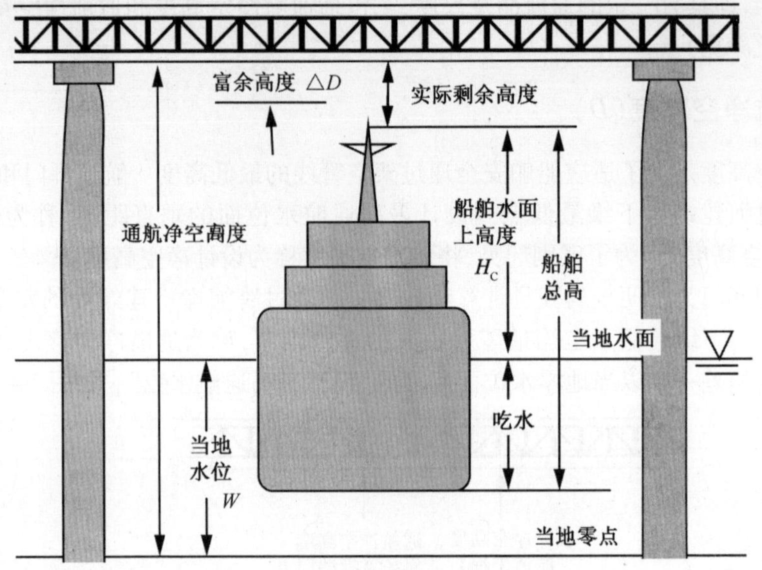

图 2-4-4　船舶通过跨河架空建筑物的计算

8.2 m 时，该轮能否安全通过南京长江大桥？

解：船舶水面上高度 $H_C = 24.5 - 4.5 = 20(\text{m})$

南京长江大桥规定富余高度 $\Delta D = 1.2(\text{m})$，大桥维修期间还应加上 2.0 m 的脚手架高度，但此处不考虑。

南京大桥通航净空高度 $D = 30.03(\text{m})$

南京当地水位 $W = 8.2(\text{m})$

$$H_C + \Delta D + W = 20 + 1.2 + 8.2 = 29.4(\text{m}) < D$$

因此，当日该轮能安全通过南京长江大桥。

二、通航净空宽度（B）

通航净空宽度是指水上过河建筑物通航孔相邻两墩内侧，可供设计船舶或船队安全航行的有效宽度。天然河流和渠化河流是按单向船舶或船队通过所需要的宽度来确定的。为了保证通航安全，须使船舶或船队宽度与水上过河建筑物两墩内缘之间留有一定的富余宽度。船舶或船队的实际最大通航宽度必须小于净空宽度与富余宽度的差值。如果水上过河建筑物轴线的法线与水流流向的交角大于5°（一般应小于5°），通航净空宽度还须相应增大；当水流横向流速大于0.8 m/s 时，应一跨过河或在通航水域中不得设置墩柱。

三、船闸有效尺度

船闸有效尺度是指船闸闸室内能够满足设计通航标准的有效尺度。该尺度包括船闸有效长度、船闸有效宽度、门槛最小水深。

1. 船闸有效长度

船闸有效长度指闸室内允许船舶（队）安全停泊的长度。船闸有效长度应根据设计船舶、船队或其他船舶、船队合理组合的长度并考虑富余长度确定。

2. 船闸有效宽度

船闸有效宽度指闸室或闸首边墩墙迎水面最突出部分之间的最小距离。船闸有效宽度系列应为 34 m、23 m、18 m 或 16 m、12 m、8 m。

3. 门槛最小水深

门槛最小水深指设计最低通航水位至门槛顶部的垂直距离。门槛最小水深不应小于设计船舶或船队满载时最大吃水的 1.6 倍。

第三节　内河航区的划分和航道等级

一、内河航区分级标准

1. 内河航区级别

(1)根据水文和气象条件,将内河船舶航行区域划分为 A、B、C 三级,其中某些水域,依据水流情况,又划分为急流航段,即 J 级航段。

(2)航区级别按 A 级、B 级、C 级高低顺序排列,不同的 J 级航段分别从属于所在水域的航区级别。

2. 内河航区划分标准

(1)各级航区的计算波浪尺度和波高范围,见表 2-4-2。

表 2-4-2　内河航区划分标准

航区级别	计算波高(m)×计算波长(m)	波高范围(m)
A 级	2.5×30.0	1.5 以上至 2.5
B 级	1.5×15.0	0.5 以上至 1.5
C 级	0.5×5.0	0.5 及以下

(2)在峡谷河流中,滩上流速超过 3.5 m/s 的航段,定为急流航段。

(3)急流航段按滩上流速大小划分为 J_1、J_2 两级:

J_1 级航段——航区内滩上流速为 5 m/s 以上但不超过 6.5 m/s 的航段;

J_2 级航段——航区内滩上流速为 3.5 m/s 以上至 5 m/s 的航段。

3. 内河航区划分说明

(1)航区级别划分未考虑局部地区出现的特殊暴风、台风、潮汐及山洪暴发的影响,船长应注意航区水文和气象的变化,谨慎驾驶。

(2)低等级航区的船舶不得在高等级航区内航行。各级航区的船舶,如不满足急流航段的特殊要求,不得航经该急流航段。当船舶需要航行于较原定航区为高的航区时,应符合有关规范的规定。

(3)位于两个等级航区的分界线上的港口,被当作处于船舶到达或驶离的航行区域内。

二、内河航道等级划分

《内河通航标准》(GB50139—2014)已于 2015 年 1 月 1 日实施。新标准增加了海轮进江航道尺度的确定方法和原则，临河建筑物的选址和布置技术要求，调整了水上过河建筑物与码头等临河建筑物的间距要求，补充了过河与临河建筑物的安全保障措施。

1.《内河通航标准》适用范围

(1)适用于天然河流、渠化河流、湖泊、水库、运河和渠道等通航内河船舶的航道、船闸和过河建筑物的规划、设计和通航论证。升船机的规划和设计可参照执行。国际河流的航道，除与邻国有航运协定并在协定中对通航标准有明确规定者外，可参照执行。

(2)内河航道通航海轮河段的规划和设计，除应符合《内河通航标准》的有关规定外，桥梁的通航净空尺度尚应符合国家现行标准《通航海轮桥梁通航标准》(JTJ311)的有关规定。

2. 内河航道等级划分标准

内河航道应按可通航内河船舶的吨级划分为 7 级，见表 2-4-3。

表 2-4-3　航道等级划分

航道等级	Ⅰ	Ⅱ	Ⅲ	Ⅳ	Ⅴ	Ⅵ	Ⅶ
船舶吨位(t)	3000	2000	1000	500	300	100	50

注：①船舶吨级是按通航内河驳船和货船设计载重吨确定的；

②通航 3000 吨级以上船舶的航道列入Ⅰ级航道；通航标准低于Ⅶ级的航道可称为等外级航道。

3. 天然和渠化河流航道尺度

天然和渠化河流航道尺度标准，见表 2-4-4。说明：当船队推轮吃水等于、大于驳船吃水时，应按推轮设计吃水确定航道水深；流速 3 m/s 以上、水势汹乱的航道，直线段航道宽度应在表列宽度的基础上适当加大；黑龙江水系和珠江三角洲至港澳线内河航道尺度标准另有规定。

表 2-4-4　天然和渠化河流航道尺度

航道等级	船舶吨级(t)	代表船型尺度(m)(总长×型宽×设计吃水)	代表船舶、船队	船舶、船队尺度(m)(长×宽×设计吃水)	航道尺度(m)			
					水渠	直线段宽度		弯曲半径
						单线	双线	
Ⅰ	3000	驳船 90.0×16.2×3.5 货船 110.0×16.2×3.0	(1) 	406.0×64.8×3.5	3.5~4.0	125	250	1200
			(2) 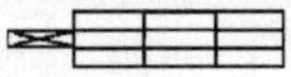	316.0×48.6×3.5		100	195	950
			(3) 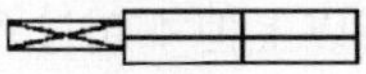	223.0×32.4×3.5		70	135	670
Ⅱ	2000	驳船 75.0×16.2×2.6 货船 90.0×16.2×2.6	(1) 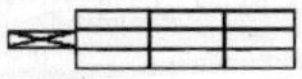	270.0×48.6×2.6	2.6~3.0	100	190	810
			(2) 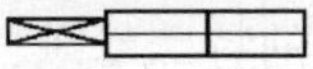	186.0×32.4×2.6		70	130	560
			(3) 	182.0×16.2×2.6		40	75	550
Ⅲ	1000	驳船 67.5×10.8×2.0 货船 85.0×10.8×2.0	(1) 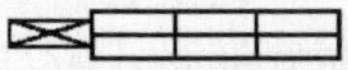	238.0×21.6×2.0	2.0~2.4	55	110	720
			(2) 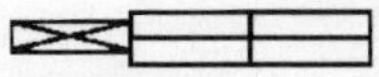	167.0×21.6×2.0		45	90	500
			(3) 	160.0×10.8×2.0		30	60	480

续表

航道等级	船舶吨级(t)	代表船型尺度(m)(总长×型宽×设计吃水)	代表船舶、船队	船舶、船队尺度(m)(长×宽×设计吃水)	航道尺度(m) 水渠	直线段宽度 单线	直线段宽度 双线	弯曲半径
Ⅳ	500	驳船45.0×10.8×1.6 货船67.5×10.8×1.6	(1)	167.0×21.6×1.6	1.6～1.9	45	90	500
			(2)	112.0×21.6×1.6		40	80	340
			(3)	111.0×10.8×1.6		30	50	330
			(4)	67.5×10.8×1.6				
Ⅴ	300	驳船35.0×9.2×1.3 货船55.0×8.6×1.3	(1)	94.0×18.4×1.3	1.3～1.6	35	70	280
			(2)	91.0×9.2×1.3		22	40	270
			(3)	55.0×8.6×1.3				
Ⅵ	100	驳船32.0×7.0×1.0 货船45.0×5.5×1.0	(1)	188.0×7.0×1.0	1.0～1.2	15	30	180
			(2)	45.0×5.5×1.0				
Ⅶ	50	驳船24.0×5.5×0.7 货船32.5×5.5×0.7	(1)	145.0×5.5×0.7	0.7～0.9	12	24	130
			(2)	32.5×5.5×0.7				

4. 限制性航道尺度

限制性航道尺度标准，见表2-4-5。说明：限制性航道是指因水面狭窄、断面系数小而对船舶航行有明显限制作用的航道，《内河通航标准》中主要指运河、渠道、河网地区的部分航道；受风浪影响的航道，应适当加大航道尺度。

5. 内河航道尺度

内河航道尺度的确定，除应满足上述第3条和第4条的要求外，尚应满足下列要求：

(1)天然和渠化河流航道水深应根据航道条件和运输要求通过技术经济论证确定。对枯水期较长或运输繁忙的航道，应采用本标准表所列航道水深幅度的上限；对整治比较困难的航道，可采用表列航道水深幅度的下限，但在水位接近设计最低通航水位时船舶应减载航行。当航道底部为石质河床时，水深值应增加0.1～0.2 m。

(2)内河航道的线数应根据运输要求、航道条件和投资效益分析确定。除整治特别困难的局部河段可采用单线航道外，均应采用双线航道。当双线航道不能满足要求时，应采用三线或三线以上航道，其宽度应根据船舶通航要求研究确定。

(3)内河航道弯曲段的宽度应在直线段航道宽度的基础上加宽，其加宽值可通过分析计算或试验研究确定。

(4)内河航道的最小弯曲半径，宜采用顶推船队长度的3倍或货船长度、拖带船队最大单船长度的4倍。在特殊困难河段，航道最小弯曲半径不能达到上述要求时，在宽度加大和驾驶通视均能满足需要的前提下，弯曲半径可适当减小，但不得小于顶推船队长度的2倍或货船长度、拖带船队最大单船长度的3倍。流速3 m/s以上、水势汹乱的山区性河流航道,其最小弯曲半径宜采用顶推船队长度或货船长度的5倍。

(5)限制性航道的断面系数不应小于6,流速较大的航道不应小于7。

(6)内河航道中的流速、流态和比降等水流条件应满足设计船舶或船队安全航行的要求。

表2-4-5　限制性航道尺度

航道等级	船舶吨数(t)	代表船型尺度(m)(总长×型宽×设计吃水)	代表船舶、船队	船舶、船队尺度(m)(长×宽×设计吃水)	航道尺度(m)		
					水深	直线段双线底宽	弯曲半径
Ⅱ	2000	驳船75.0×14.0×2.6 货船90.0×15.4×2.6	(1)	180.0×14.0×2.6	4.0	60	540
Ⅲ	1000	驳船67.5×10.8×2.0 货船80.0×10.8×2.0	(1) 	160.0×10.8×2.0	3.2	45	480
Ⅳ	500	驳船42.0×9.2×1.8 货船45.0×7.3×1.9	(1) 	108.0×9.2×1.9	2.5	40	320
			(2) 	45.0×7.3×1.9			
Ⅴ	300	驳船30.0×8.0×1.8 货船36.7×7.3×1.9	(1) 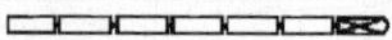	210.0×8.0×1.9	2.5	35	250
			(2) 	82.0×8.0×1.9			
			(3) 	36.7×7.3×1.9			
Ⅵ	100	驳船25.0×5.0×1.5 货船28.0×5.5×1.5	(1) 	298.0×5.5×1.5	2.0	20	110
			(2) 	28.0×5.5×1.5			
Ⅶ	50	驳船19.0×4.5×1.2 货船25.0×5.5×1.2	(1) 	230.0×4.7×1.2	1.5	16	100
			(2) 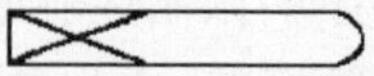	25×5.5×1.2			

第四节　水位与水深

航道尺度是反映航行条件的主要指标,而水文则是构成航行条件的主要因素。水文条件包括多种要素,主要有比降、流速、流量、流向、水位、流态、波浪及潮汐等。它们在某一时刻的综合反映,表征着河流的水流情况及其对船舶航行的影响。本节专门讨论水位的有关问题。

一、水位的相关概念

1. 水位

河道中某时某地的自由水面至某一基准面的垂直距离,称为水位,单位为米(m)。水位的高低表示河水的涨落,水位是表征河槽水深的特征数值。水位随时间、地点和河水的涨落而变化,因此,水位是一个经常变化的值,具有方向性。测量任何高度,都要有一定的零点作为起算的标准。水位是以基准面为零点,人为规定高于基准面者为正值,低于基准面者为负值,如图2-4-5所示。

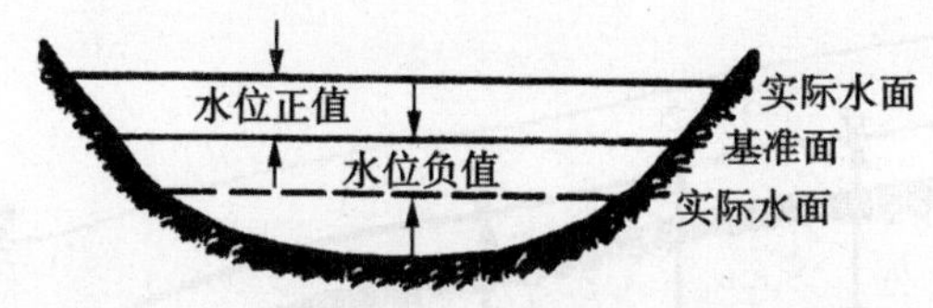

图2-4-5　水位基准面

观测水位的方法有：水尺法、自动记录法。

2. 水位基准面

用于起算水位值的基准面称为水位基准面。由于该基准面的水位值为零，故又称为水位零点。根据需要的不同，水位零点又分为基本零点和当地零点。

1）基本零点

以某一河口附近海域的某一较低的海平面作为零点，称为基本零点，又称绝对零点或绝对基准面。它是某流域（或河段）所有水位站（测站）的统一标准，是为了了解全流域或河段每个测站的水位高度，用于比较和分析整个河段的情况。如长江用的吴淞零点，珠江用的珠江零点，黄河用的大沽零点。

自1957年起，我国统一采用"黄海平均海平面"作为陆地标高的起算面。这个基准面是起算全国"高程"的基本零点，所以该面又称"大地基准面"。该面是根据黄海胶州湾青岛验潮站1950—1956年的潮汐观测资料取其平均值确定的。它位于青岛验潮站零点之上2.38 m。在此基准面以上叫绝对高度，又称为海拔。

2）当地零点

以当地历年来最低水位或接近于该水位的水平面作为零点，称为当地零点，又称测站零点或各港零点。它是根据各河流通航保证率的要求，通过各种方法如最低平均水位法、多年保证率法和频率法等测算出来的。它是为了通航的要求和航运部门应用上的方便而设立的。通常采用每隔一段距离设立一个作为起算当地附近水位的基准面，作为该地的当地零点。我国多数河流各地水位及航行图上所注的水深都是以此面作为起算面，只是各河流根据当地具体情况规定其具体名称和零点高程。

3）基本零点与当地零点的关系

以基本零点起算的水位，称为绝对水位，以该零点确定的高程称为绝对高程。以当地零点起算的水位，称为当地水位，以该零点确定的高程称为相对高程。基本零点与各个当地零点有个高程差，即为各当地零点的高程，如图2-4-6所示。我们只要了解这个差数，就能在实际中加以运用，其表达式如下：

绝对水位 = 当地水位 + 高程

绝对高程 = 相对高程 + 高程

例：已知某日重庆的当地水位为7.20 m，试求当日重庆的吴淞水位。

解：因为重庆的吴淞高程为160.20 m

所以重庆的吴淞水位为7.20 + 160.20 = 167.40（m）

4）高程基准面

自1987年起，我国统一采用"1985国家高程基准面"作为我国陆标高程的基准面，由该基准面起算得到高程通常称"海拔"，例如世界最高的珠穆朗玛峰，海拔为8844.43 m。国家高程

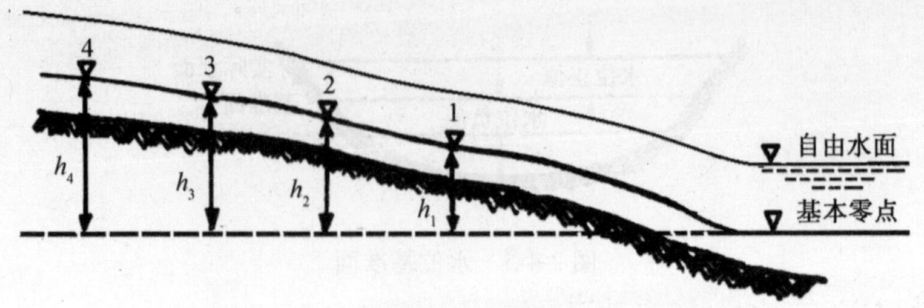

图 2-4-6　当地零点与基本零点的关系

1、2、3、4—当地零点；h_1、h_2、h_3、h_4—各当地零点高程

基准面是根据青岛验潮站的验潮资料统计确定的。

1. 水深与图示水深

从自由水面距离河床底部表面的垂直高度称为水深。因内河河底起伏不平，河槽经常变迁，水位经常涨落不定，故各观测点的实际水深也经常发生变化。水位上升，水深增大；水位下降，水深减小。

为了绘制航道图或航行参考图，标明某处的深度或礁石的高程，不可能用实际水深，因此，绘图用的水深必须以某一基准面为标准起算。某一基准面至河底的深度称为图示水深，或图注水深。该基准面称为深度基准面，又称为绘图基准面。通常规定以基准面为零值，凡在基准面以上的水深取负值，一般称为干出高度，凡在基准面以下的水深取正值，称为图示水深（图注水深），如图 2-4-7 所示。

2. 实际水深的计算

为便于计算，我国内河的水位和水深基准面已统一。这样我们只要知道某日的水位和图示水深，即可求实际水深，其关系式为：

实际水深 = 图示水深 + 水位

例：已知长江某处礁石的图示水深为 -1.2 m，当时当地水位为 4.0 m，礁石上的实际水深是多少？若某轮首吃水为 4.5 m，尾吃水为 5.0 m，当地富余水深规定为 0.3 m，问该轮能否从礁石上安全通过？

解：该礁石的实际水深（H）= 图注水深 + 水位

= 1.2 + 4.0 = 5.2（m）

船舶通过时需要最小安全水深（h）= 船舶最大吃水 + 富余水深 = 5.0 + 0.3 = 5.3（m）

因为 $H<h$，所以该轮不能从礁石上安全通过。

内河航道测量图中的水深，通常以设计最低通航水位即航行基准面作为绘图基面。在求某处实际水深利用其航行时要注意：

（1）冲淤变化较大的河段，因图注水深仅代表航行图出版时的情况，故利用图注水深求实际水深，可能与实际情况不符，仅作参考。

（2）沉船等障碍物残存河底上时间已久，也会有变动现象。

（3）暗礁一般比较稳定，但其面上与周围往往淤积一层泥沙，改变了原有的高度，航行时应放大剩余深度，以保安全。

三、水位管辖方法

每条较长的河流，从上游至下游各地高程差异很大，常分成若干管辖段，每段用一个水位

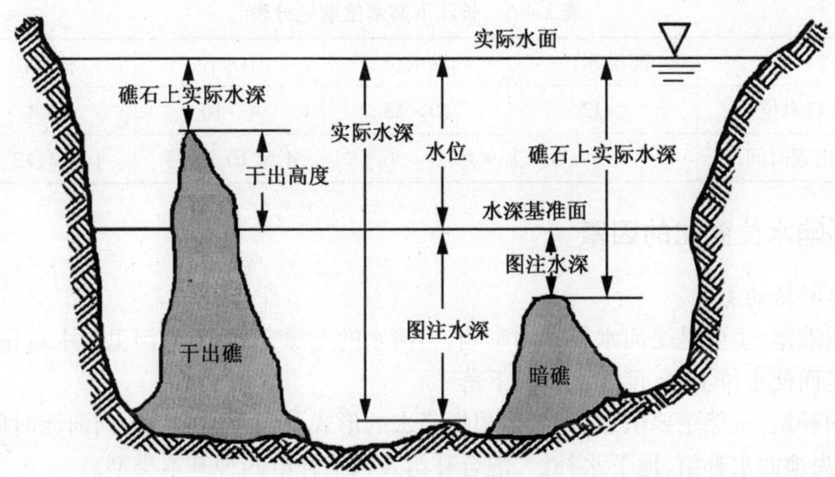

图 2-4-7 水位与水深

表示，这样就能较为正确地反映各段的实际水面位置和推算各段航道内的实际水深，这个水位就叫作该段的关系水位，如长江就是这样划分水位管辖段的。

三峡库区成库前，由于长江上游（川江）比降大，各河段水面比降的变化亦不是均匀一致的，故只有采用数量众多的，即设站密度较大的多把水尺来标示，才能正确地反映出川江各地的水位情况，并据之以计算和反映出各地的实际情况。但长江中、下游则不同，由于中下游水面比降小，各河段水面比降亦比较均匀一致，故设站密度小，全段只设水位站，而不设立航行水尺。

长江干流对水位的观察和使用方法通常有两种：长江中下游各水位站上、下河段各二分之一的距离内使用该站的水位，习惯称“管两头”，这种方法误差相对较小；在川江，船舶多年来习惯上采用“下管上”，即用下游水位站的水位表示上、下两水位站之间的水位。

四、水位期的划分

由于水位受季节、流量大小变化的影响，使水位在一个水位年内呈现有规律的周期性变化，从而引起航行条件的改变，故航道部门及有关单位将一年中的水位变化过程划分为若干具有代表性的典型水位期。

低水位：多年最低水位的平均值，又称枯水位。

高水位：多年最高水位的平均值，又称洪水位。

中水位：多年一切水位的平均值。

最高水位：多年观测中所得的实际最高水位。

最低水位：多年观测中所得的实际最低水位。

水位期是指出现某一水位值这段时期，如出现枯、洪及中水位这段时期就叫枯、洪及中水位期。每条河流及各河段都有它自己的自然特征，因而在水位期的划分上也各有不同。如按月份划分，一般 12 月至来年 3 月为枯水期，其中 1—2 月水位最枯；4—6 月和 10—11 月为中水期；6—9 月为洪水期，其中高洪水期多在 8 月。如按水位数划分，则不同河流在不同的河段上，根据各自的航道水文情况，以某些特定的水位数来划分各水位期。

长江下游各水位期是以汉口水位为标准进行划分的，见表 2-4-6 所示。

表 2-4-6　长江下游水位期划分表

	高洪水位	洪水位	中水位	枯水位
汉口水位/m	≥13	10～13	4～10	≤4
出现时间	6、7、8、9 月		4、5、10、11 月	1、2、3、12 月

五、影响水位变化的因素

1. 河水补给的影响

水位的涨落，主要是受河水补给的影响，当河水的来源充足，流到河里的水量很大时，由于来不及流走而使水位上涨，反之水位就下落。

河水的补给，虽然主要依靠降水，但根据降水的形式及到达地面后流向河流时所经路径的不同，可分为地面水补给、地下水补给、混合补给及人工补给四种基本类型。

2. 风的影响

当风向与流向相反或一致时，将使水位抬高或下降。在河口段，这一影响较为显著。湖泊、水库的水位，一般情况是在下风地区水位上升，上风地区水位下降。

3. 潮汐的影响

通海河流，在其感潮段水位会随着潮汐而发生周期性的涨落变化。

4. 冰的影响

它主要发生在我国北方河流的流冰期，如松花江、黄河等。特别是南北流的河流，流冰期还可能形成冰坝，造成水位的巨大变化。

5. 河槽宽窄、深浅的影响

当两地过水断面不同，若增减同等流量，则河水流过宽深的河槽时，其水位的变化比浅窄河槽要小，这是河槽过水断面发生变化造成的。

6. 支流水位变化的影响

当支流涨水时，会使交汇口附近干流水位提高。支流的水位低于干流时，就会引起向支流倒流现象，而使交汇口附近的干流水位下降，不过由这种情况所引起的水位变化，一般都不大显著。

六、水位变化与船舶航行的关系

水位期不同，航道尺度、供船舶定位的目标就发生变化，影响着船舶航行安全。

1. 枯水期

有良好的岸形凭借，天然标志多；流速慢，不正常水流减少；航道尺度减小。但槽窄水浅，礁石外露，会让困难，不慎就会吸浅吃沙包，搁浅触礁。

2. 洪水期

航道尺度大，但岸坪淹没，引航中失去极其重要的岸形凭借，人工标志也常漂失移位，流速大，不正常水流增多，航行操作难度大。

3. 中水期

一般来说是航道的黄金水道。由于不同水位期，航行条件各异，引航和操作方法也不一样，驾引人员应密切注意水位的变化情况。

七、船舶驾驶员了解水位的目的

(1)水位变化直接影响航道尺度,特别是航道水深,船舶可据此决定载量和调整吃水。

(2)水位变化影响着设标水深,根据水位涨落的情况还能预计航标可能产生变化和航槽是否改变。

(3)根据水位变化航路选择也不同,引航操作方法也可能做相应的改变。

(4)水位变化影响流速和流态,而且流速会影响航速,流压会使船位偏移,流态紊乱时会影响船舶操纵,均要采取相应的操作措施加以克服。

(5)水位变化关系到礁石、沉船等障碍物碍航程度及码头水性变化。

(6)由于水位影响航速,能根据不同水位预计运行时刻和决定使用车速大小。

(7)不同的水位大桥通航桥孔、通航高度及通航船队尺度的规定有所不同;架空电缆的通航高度也有所不同。

(8)选择锚地时既要考虑船舶吃水、锚地水深,也要考虑水位涨落带来的影响。

(9)长期记录水位,还能分析水位涨落的趋势,航道有否淤沙或走沙的可能,以便采取相应的措施。

(10)船舶在山区河流航行,上行船可根据水位确定自行通过滩槽的能力。

第五节　流向与流态

一、流向

(一)流向概念

水流质点的运动方向称为流向,它是指水流去的方向。如东南流,即水向东南方向流去,而不是指水从东南方向流来。

(二)观测流向的方法

河槽中的水流方向是随河槽的形态、水位的不同而发生变化的。观测水流的方向除了用仪器之外,还可用目测。

目测流向的方法主要有:

(1)根据水面漂流物的运动方向,判定该处的表层流向。

(2)根据水流流经航标时,观察航标的船向及其尾部水流迹线的方向。

(3)船舶抛单锚时,观察锚链及船舶的首尾方向。

(4)从河岸形状判断:在顺直河段,流向基本与岸线平行一致;弯曲河段,一般是凸岸水势高,凹岸水势低。水流扫弯,水流从凸岸流向凹岸;弯曲顶点以下,由于超高现象,水流自凹岸流向凸岸。

(5)根据河岸水生植物被水流冲击的倾倒方向判定流向。

(6)根据翻花水在水面漂浮的方向判定流向。

(7)在宽阔或水流较缓的河段不易判定流向时,可根据船舶压舵的情况及偏航的程度或前船尾迹线水流的偏摆来估计流向。

(三)掌握流向的作用

不同的流向对船舶航行时的船位控制、航向偏摆、流压差判断及航速预估(特别是在有潮汐影响的航段)等将产生直接影响,同时采取何种操作方法靠离码头、使用哪一舷靠码头流向因素影响也是至关重要的。所以船舶驾引人员不论在航行或靠离泊,必须注意流向、辨认流向和掌握所处地的水文特征,这对提高操纵船舶的技能,确保船舶航行、靠离泊安全是不可缺少的,“看水走船”这句话就包含有这个道理。

二、流态

水流运动的形态称流态,通常船舶引航中所指的流态是水流的表层形态。流态的好坏不仅关系到航道的变化,还直接影响到船舶的航行。

流态从宏观角度可分为主流和副流两种,从微观角度可分为层流和紊流两种。

通常从表层水流对船舶运动产生作用和影响可分为以下几种流态。

(一)主流

河槽中表层流速较大并决定主要流向的一股水流称主流。

主流在河槽中的位置和流速的大小,随河槽的形态、水位的高低、比降的大小而定,它在河槽中的位置常常与河槽的深泓线相对应。在不同类型的河段中,主流所处的位置是不一样的。

1. 主流位置判断的方法

1)岸形陡缓

陡岸水深,主流靠近陡岸。对比两岸陡缓程度,可估计主流位置是分心、四六分心、三七分心等。

2)河道弯直

顺直宽阔河段,主流带基本位于河心或略偏水深一侧;微弯河段,水流受河床形态的约束,主流稍偏于凹岸;急弯河段,由于弯道环流作用,在凸岸上半段主流偏靠凸岸至凸嘴受阻折向凹岸后,紧沿凹岸下半段扫弯下流。

3)水面色泽、波纹

在晨昏微光斜射水面情况下涨水时主流水面光滑如镜;退水时水色发暗。在流速较大河段,主流两侧波纹对称相似,从两岸向河心细心观察对比就可找到主流所在。

2. 主流对船舶航行的影响

主流是选择航路的依据,由于主流带有宽、窄、弯、直、急、缓,随河槽形态的变化而变化。在宽阔顺直河段,下行船舶应“认主流、走主流”,上行船舶应“认主流、丢主流”,利用主流以提高航速;在弯曲狭窄河段,主流带随河形弯曲,主流两侧出现横向分速水流扫弯而成强横流,同时出现了流势高低,因此,无论上下水航行,应将航路(航迹线)选择在主流上侧航行,即高流势一侧航行。

(二)缓流

主流两侧流速较缓的水流称为缓流。

由于主流带随河槽弯曲而摆动,使两侧的缓流带宽窄不一,且出现强弱不同的横向水流。通常凹岸(或陡岸)一侧缓流较窄,流速稍大,凸岸(或坦岸)一侧缓流流带较宽,流速较缓、流势较高,上行船常利用这侧缓流航行,以提高航速,挂高船位。

(三)急流与埂水

1. 急流

这里所指的急流是指阻滞和妨碍船舶航行的湍急水流,而水力学中的"急流"系指河渠中过水断面上的水深小于临界水深,而平均流速大于临界流速的水流,如图 2-4-8 所示,两者的内涵是有区别的。

2. 埂水

水流受河床形状影响或受礁石等障碍物所阻,在障碍物顶部或稍上处水面隆起成埂状的水流称"埂水",是一种局部的壅水现象。

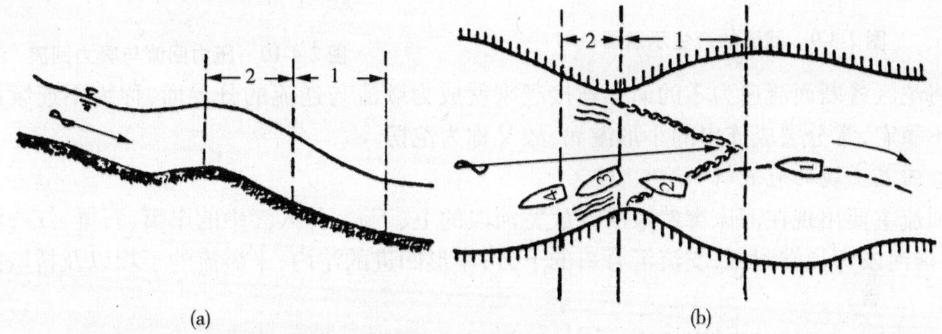

图 2-4-8 急流与埂水

(a)急流与埂水纵断面示意图;(b)急流与埂水平面示意图

1—急流段;2—埂水段

3. 急流和埂水产生的原因和出现的地段

急流和埂水均由于水流受突出地形或水下障碍物阻束,缩小过水断面,形成极短距离内较显著的落差,上游水面平缓,下游呈较大的纵比降,形成跌水及急流。如洪水期峡谷河段中的急流滩段。枯水期宽谷河段中的溪口冲积扇处,即枯水急流滩段。

4. 急流和埂水对船舶航行的影响

根据模型试验证明,船舶通过急流和埂水河段,上行困难,一般不在最大流速段处,而在埂水段处。因为最大流速处,可以通过走沱区躲开急流,但埂水段处除了受水流阻力影响外,还受坡降阻力的影响。上行船舶出角转嘴,船首到达埂水的所在处习称"抵埂"。上行船舶抵埂后停滞不前,习称"吊埂"。船舶出现吊埂时,将船首徐徐外扬,继而调顺船身,使船尾摆脱埂水以外,习称"摺埂"。另外,急流和埂水段,由于流速大,常伴随有泡漩,下行船舶航速快、惯量大,难以控制,极易偏航,易出现险情。

(四)回流

同主流流向相反的回转倒流称为回流。因长江走向是自西向东,故长江的回流又称"西流"。珠江船员称之为倒水。

1. 回流产生的原因

回流的形成是水流受阻分离,其边界层产生脱离后,流线变形,引起了流速、流压的变化。当河水流经狭窄断面或岸嘴之前,受岸嘴所阻,流速降低,压力增大,形成压力回流;在岸嘴外,流速骤增压力降低,至岸嘴以下,河床断面放宽后,流速又渐降低,而压力则渐升高,沱区水流分离，形成吸力回流。过沱区后水流逐渐恢复常态。回流的产生、压力回流及吸力回流如图2-4-9及图2-4-10所示。

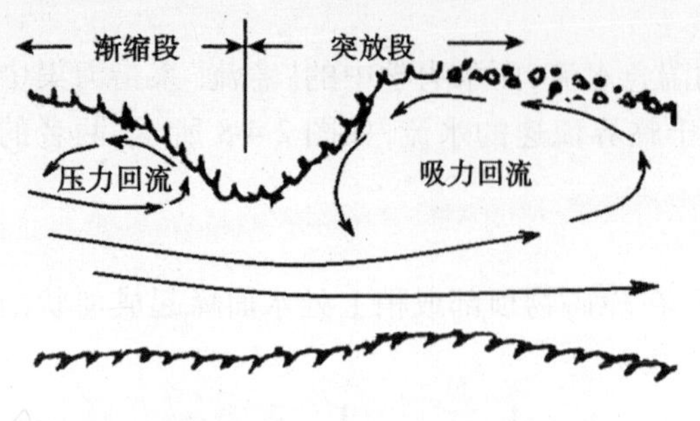

图2-4-9　回流的产生示意图

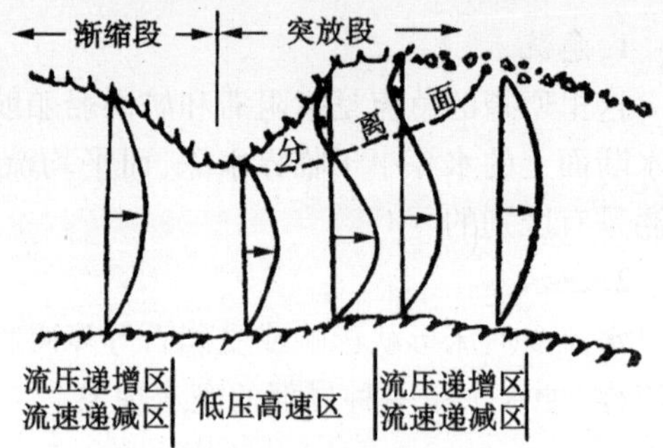

图2-4-10　压力回流与吸力回流

将沱区各断面流速为零的诸点连接起来就成为顺流与逆流的分界面，称为不连续面。该面并不稳定，常分裂成连串的小形漩涡，故又称为沱楞。

2. 回流出现的地段

回流主要出现在河床突然束窄或放宽河段的上、下游；伸入江中的岸嘴、石梁、江心洲的尾部；急弯河段弯顶端附近；支流汇合口的下方；岸形凹进的沱内；未溢流的丁坝以及桥墩的下游等处。

3. 回流对船舶航行的影响

1）对上行船舶航行的影响

上行船舶对回流的利用应考虑回流区的大小、强弱、流线弯顺、流带宽窄等。对面积大而力量弱的回流，上行船可适当利用，以增大航速，提高船舶的过滩能力。对回流面积小、力量强的回流区，上行船舶应避开航行。由于船舶在回流区航行船体两侧受不同流向和流压的水流影响，船向偏摆不定，用舵频繁，航迹线扭摆弯曲；若贪回流过多，使船向与回流流线夹角增大，船尾外舷受回流冲压，致使船舶困边、窝凼，若因扬头过迟，船濒临岸嘴，横向出角，此时船首受斜流及主流冲压，船尾受回流出水推压，使水动力旋转力矩大于转舵力矩，船首横冲彼岸或向下游倒头，船体严重倾斜，而出现这种操作失误称为“打张”，如图2-4-11(a)所示。当发现船舶有打张趋势时，往往操满舵迎流转向，此时船舶转向迟缓，当船尾脱离回流后，船首受披头水冲压，船尾受斜流冲压，使船首急速内转向而触岸，这种操作的失误称“挖岸”，如图2-4-11(b)所示。

2）对下行船舶的影响

在航道条件允许的情况下，下行船舶应避开回流区航行，以提高航速。若在急弯河段中航行，当船舶在扩大航迹线曲率半径，穿越主流，乘迎斜流向凸嘴挂高的过程，航迹带宽度随漂角的增大而增大，船首外舷可利用嘴下回流出水作为支撑点直外舵提尾顺向，缩小航迹带宽度，达到挂高及船向与岸形、流线顺向的目的。如因操作失误，驶入回流过多，船首受回流作用，船尾受斜流作用，两种异向流产生的旋转力矩大于满舵角产生的转船力矩，以致船身打横有掉头之势，称“吊钩”，如图2-4-12(a)所示。

若两种异向流产生的旋转力矩相抗衡，船舶不再回转，但又未能调顺船身，以致斜向直冲岸边的现象，称“打枪”，如图2-4-12(b)所示。以上合称“吊钩打枪”。

若下行船舶，在旋转半径不足的狭窄水域中掉头时可采用船首插回流末端的方法，利用回

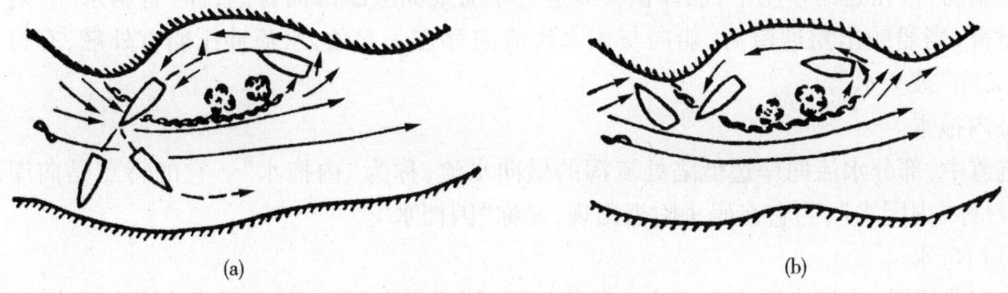

图 2-4-11　打张与挖岸

(a)"打张"示意图;(b)"挖岸"示意图

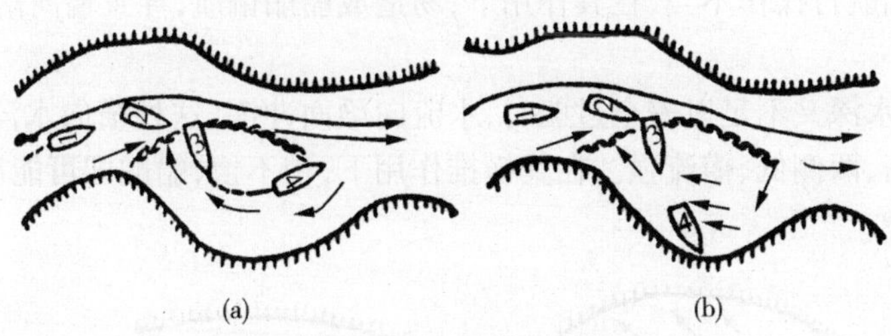

图 2-4-12　吊钩与打枪

(a)"吊钩"示意图;(b)"打枪"示意图

流出水,增大船舶的旋转力矩,缩小旋回圈半径,迅速完成掉头过程,如图 2-4-13 所示。

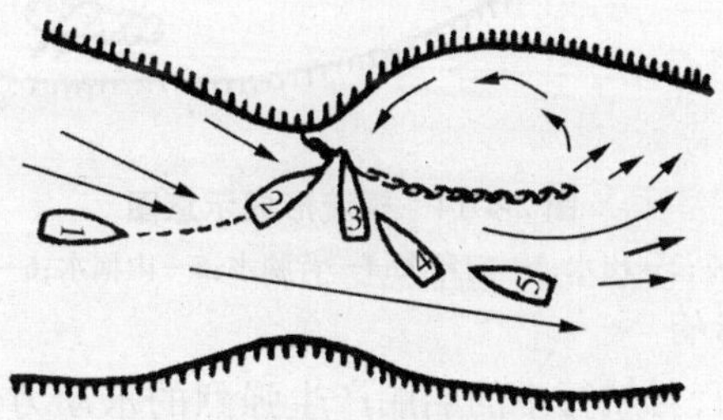

图 2-4-13　利用回流掉头操作示意图

(五)横流

1. 横流的产生与分类

凡水流流向与河槽轴线成一交角具有横向推力的水流统称为横流。横流按出现的地段和对船舶航行的影响,可分为以下几种,如图 2-4-14 所示。

1)斜流

水流受突出地形、岸嘴、石梁所阻,迫使水流汇集成束,从一岸向河心或彼岸斜冲的强力水流。

2)出水

水流冲击岸壁、边滩、石梁等障碍物,从一岸向河心或向彼岸喷射不成流束,面积较宽的水流。若成半边形向外翻滚的水流,称为"出泡"。不论出水或出泡均具有横推力,故又称"护岸水"或"护岸泡"。

3)背脑水与拔头水

背脑水与拔头水同系一种水流,它是水流向岸嘴冲压或向江心洲、石梁脑部冲泻而成。对下行船舶而言,在它的作用下,船体横移而迫近岸嘴或洲滩脑部而背脑,称“背脑水”。对上行船舶而言,当船舶出角迎流后,船向与该水流流向存在一交角,水流冲压船首外舷,有打头之势,故又称“披头水”。

4)内拖水

航道中,部分水流向岸边低陷处流泻的横向水流,称为“内拖水”。它的特点是向岸边困压,故习称“内困水”,当它在码头附近出现,又称“困档水”。

5)扫弯水

在弯曲河段,水流在重力和离心力的作用下,形成单向环流,其表层水流流向凹岸,扫弯而下的水流。扫弯水兼有横流和强流的特性,它的强弱与水流的纵向流速、河弯曲率半径和水深大小有关。如船舶航行操作不当,在其作用下,易造成船舶偏航,导致输向落弯。

6)滑梁水

石梁淹没,但水深又不足以安全过船时,水流向梁面冲泻,这种横向水流,称为“滑梁水”。它的特点是河心高、两侧低、横流强。在其横推作用下,稍不慎,船舶即可能被推离正常航路而有发生事故的危险。

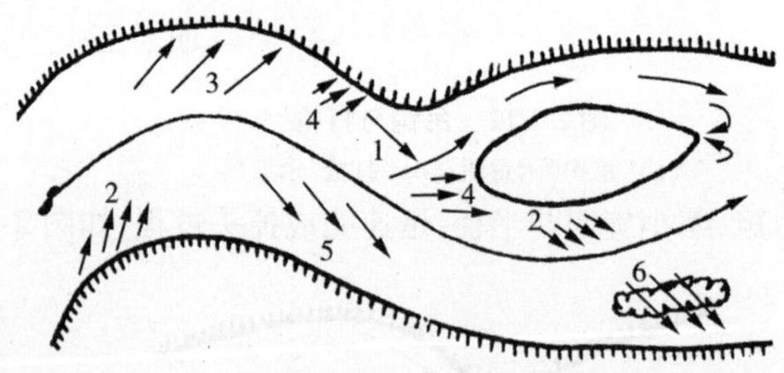

图 2-4-14　横流形成示意图

1—斜流;2—出水;3—扫弯水;4—背脑水;5—内拖水;6—滑梁水

2. 横流对船舶航行的影响

横流具有较强的横推力,对航行中的船舶产生强烈的水动力作用。由于横流形成的原因及其作用于船体部位不同,因而引起船舶偏转或横移的状况也不一样。按对船舶的航行影响可将横流分为局部横流与横流场。

1)局部横流对船舶航行的影响

局部横流多以高流束出现,使船体局部受流力而产生偏转或漂移。这类横流随着船舶前进,横流水动力作用点自船首向船尾方向移动,表现有三个过程:当横流束水动力中心作用于船舶(队)首部位置时,船首顺流方向偏转;作用中心点移至重心时,船体产生横向漂移;作用中心点移至船尾时,船尾顺流方向偏转,如图 2-4-15 所示。为了保证船舶航线的稳定性、克服局部横流对船舶航行的影响,在引航操作中,船首将达横流时,预先向横流偏转一个舵角乘迎横流,此后随着横流作用中心移至船舶重心位置时,将舵回至中间,尔后再操反舵使船尾抵迎,船尾脱离横流后,再将舵回到正舵。这种用舵方法,称为“一舵变三舵,四舵还原”的操作方法。

2)横流区(场)对船舶航行的影响

当横向水流的水域大于一个大型船的长度时,可视为横流区。横流区一般出现在大面积

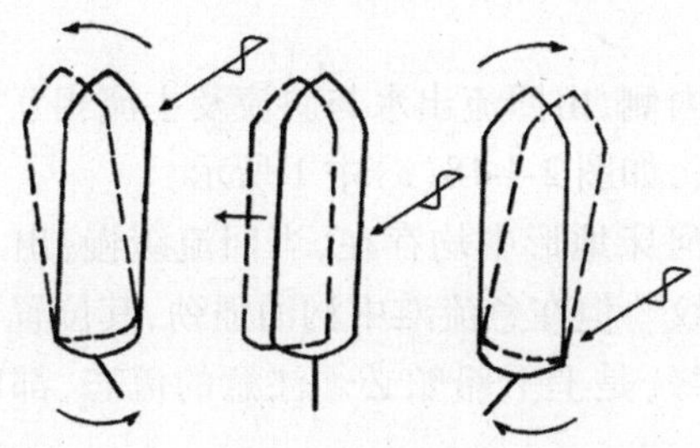

图 2-4-15　局部横流对船舶的影响示意图

的内拖水水域、弯道及滑梁河槽横向分速范围大的地段，或当船舶改变航向过河时，船首向与流向以较大的夹角行驶时。船舶（队）在横流区的实际航迹向是真航向和横流流向的合运动方向。实际航迹向和真航向构成的夹角称"流压差（γ）"，如图 2-4-16 所示。船舶（队）在横流区中航行，船体在流压的作用下，使船舶产生横向漂移，为克服这种漂移，使航迹线与计划航线相一致，应充分估计横流的作用力，预先向横流的上方偏转一个恰当角度（或称迎流角）为偏航留有余地，以使船舶（队）保持在横推力与船舶推进力的合力方向，沿着预定安全航线航行。此种操作方法称为"修正航向，消除流压差法"。

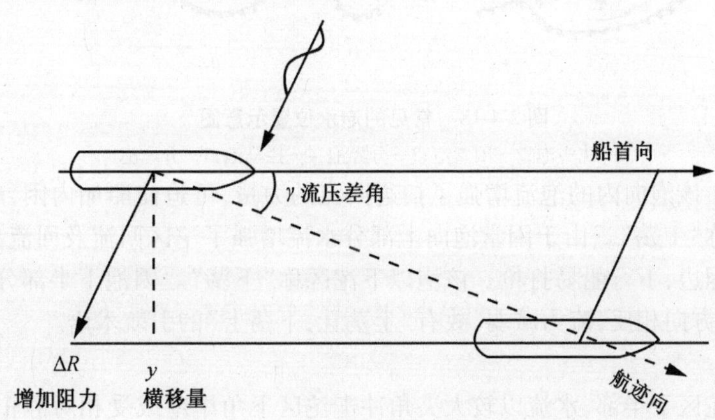

图 2-4-16　横流场中船舶的漂移示意图

流压差的大小，不是一个恒定的常数，它与横流的强度、船舶（队）当时的航速和操纵性能等因素有关：就以横流强度与航速的关系而言，当横流的强度（流压）一定时，增大航速使船舶（队）受流时间缩短，在相同的航程内，会使船舶漂移距离减小，所取的流压差和横移量也小。故船舶通过横流区时常采用加车迎流，达到减小流压差，增大舵效，提高船舶操纵灵活性的效果。

（六）泡水

一种由水下向水面翻涌，中心隆起并向四周辐射扩散的水流称"泡水"或称"上升流"，如图 2-4-17 所示。

1. 泡水的类型

泡水，主要是速度较高的水流受水下障碍物的阻挡，或不同流速、不同流向水流相互撞击，降速增压所形成的上升水流。泡水按其在河槽的位置、形状、翻涌力量强弱及对船舶航行的影响可分为以下几种类型，如图 2-4-18 所示。

1)枕头泡

枕头泡位于滩嘴下夹堰内侧,由回流出水与斜流及主流相互撞击而成的椭圆形泡水,形似枕头,如图 2-4-18(a)中 1 所示。

此泡在任何滩沱相连的河床地形中均存在,当回流缓慢,出水不强时,并不明显,仅有翻花水纹。但在急流滩中汹涌强劲,其位置在沱区上角与主流交汇的滩舌边缘,是上下船舶必须注意的流态,都以此为转向点。

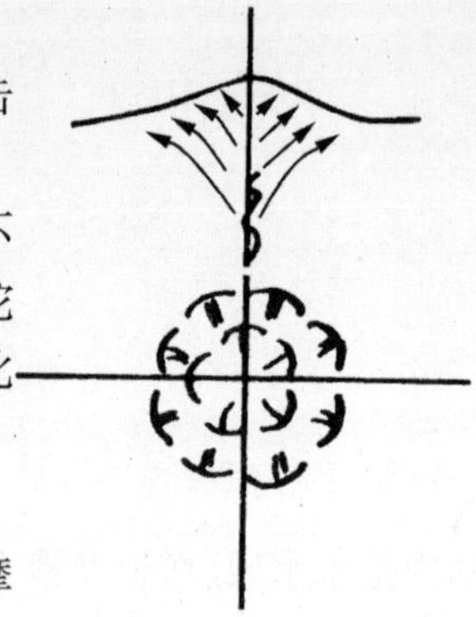

2)困堂泡

困堂泡位于回流区中部,由紊动区内压水流与回流在大范围内摩擦、相互撞击而成的强力泡水,如图 2-4-18(a)中 2 所示。

图 2-4-17　泡水形成示意图

它多出现于沱湾深陡、地形复杂、回流强盛、流线弯曲、沱区水流高度紊乱的沱心。该泡向内的泡流增强了扫边回流的力量,可迫使船舶内困,产生贴岸危险。该泡以上的沱区称“上荡”。由于困堂泡向上部分水流增强了沱区回流及回流出水力量,受其影响的上行船易困边,下行船易打枪。该泡以下沱区称“下荡”。因泡下半部分泡流下冲力是顺向水流,与回流方向相反,流力减弱,故有“上荡让,下荡上”的引航术语。

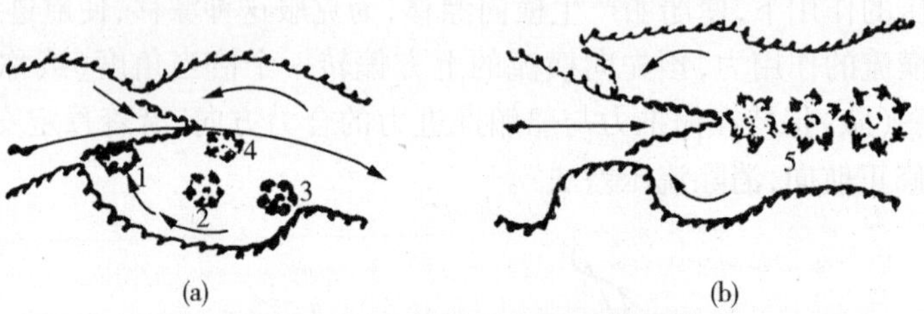

图 2-4-18　常见的泡水位置示意图

1—枕头泡;2—困堂泡;3—分界泡;4—拦马泡;5—分迳泡

3)分界泡

分界泡位于沱区下半部,水流以较大夹角冲击沱区下角岸壁或受相对静止的水流阻挡而反射出水面的泡水,如图 2-4-18(a)中 3 所示。

该泡向上游流动之水流是回流的初始部位,向下游流动之水流,是常流的初始部位,此两种异向水流以此分界,故称“分界泡”。泡力弱者,称“分界水”。

4)拦马泡

拦马泡位于急流滩滩舌下方,由于滩舌高速水流下切,降速增压形成的泡水,其位置正挡下行船航路。如图 2-4-18(a)中 4 所示。

5)分迳泡

分迳泡位于河心主流带上,泡心明显隆起并向两侧滚泻,横推力极强的泡水,如图 2-4-18(b)中 5 所示。它一般不是孤泡出现,而是沿主流带成连串泡,故又称“连珠泡”。未形成泡呈水面背流的,称“分迳水”。

6)卧槽水

两个以上的强烈泡喷毗邻,相互撞击,中间凹陷,伴有漩涡,下吸力极强的低水槽,称“卧槽”。其低陷出水流称为卧槽水。它易使船舶倾斜偏转,应避开航行。

2. 泡水对船舶航行的影响

泡水具有较集中的横推力,对船体一侧具有显著的水动力作用,使船舶发生横倾、偏转和横移。因此,无论上、下行船舶在遇强大泡水或泡群时,应尽量避开航行;若当泡水阻挡航路时,应以适当方式用舵乘迎,以骑泡、穿泡或傍泡而过,如图 2-4-19 所示。傍泡而过可采用一泡四舵(与一舵变三舵四舵还原操作要点相同)的方法。

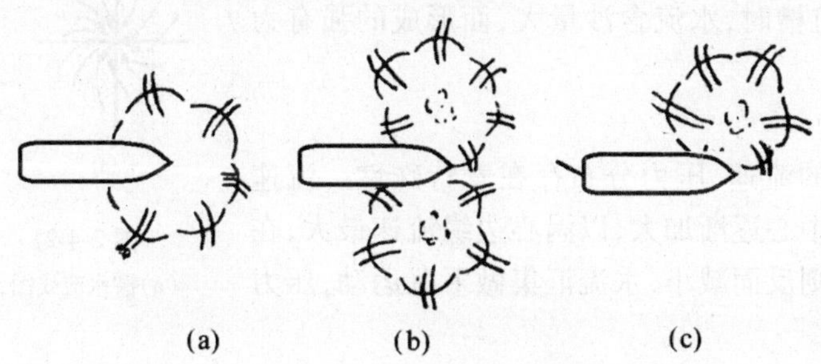

图 2-4-19 泡水航法示意图

(a)骑泡;(b)穿泡;(c)傍泡

(七)花水

水流受阻后降速增压所产生的上升流较弱,水面呈现紊乱或鱼鳞状的水纹称花水,如图 2-4-20 所示。

花水形成的基本原因与泡水相同,花水的强弱与流速的大小、河底糙度及水深大小有关,因此,有“深水花水”和“浅水花水”之分。

1. 深水花水

水流受到障碍物的阻挡,产生的上升流,受纵向水流抑制及水流脉动作用的影响,涌出水面力量微弱,呈现紊乱状如密集的小泡水。一般产生在水深不大的水下障碍物的上方,是障碍物的重要标志。

2. 浅水花水

水流受到河底起伏或障碍物的阻挡,上升流微弱,涌升出水面产生鱼鳞状的细波纹,细波涟漪,闪耀反光,水面状似鱼鳞所覆盖,早晨或傍晚远看,水色暗黑,水纹如麻花铰链。此流态一般产生在水深不大的卵石滩地,是浅区的重要标志。

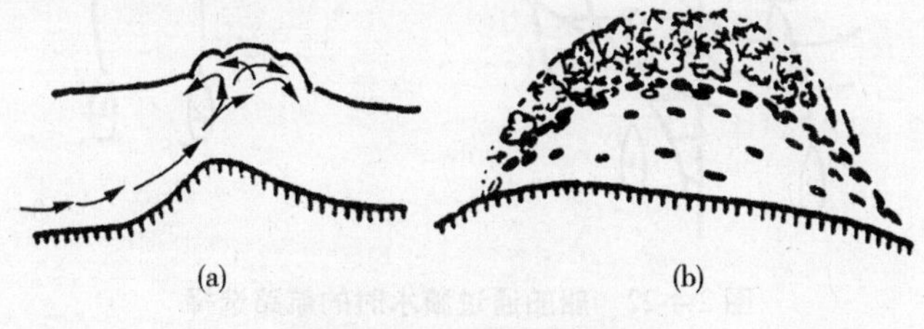

图 2-4-20 花水示意图

(a)深水花水;(b)浅水花水

(八)漩水

漩水是由两股不同流向的水流相汇时形成交界面,交界面附近的水体发生波动摩擦,造成局部水体做垂线轴旋转,这个高速旋转的水体,成为漩涡核心,带动其周围的水做圆周运动。

自边缘向中心的旋转速度逐渐增加,压力急剧降低而产生流压差,形成了旋转力矩。由于存在流速梯度,从而形成由外向内、自上而下凹陷的旋转水流,即漩水。简单描述为漩水就是由外向内、自上而下、水面中心下陷的旋转水流,如图 2-4-21 所示。大面积的漩水,称“漩坑”。在汛末水位下退、水流冲刷淤沙航槽时,水流含沙量大,而形成的强有力的漩水,称“沙漩”。

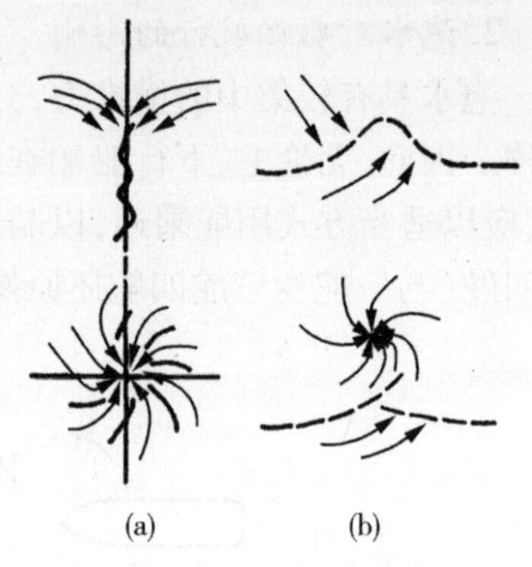

图 2-4-21　漩水示意图

(a)漩水流线图;(b) 漩水形成图

1. 漩水的特征

漩水及其附近的流速、压力分布存在着特殊性。流速由漩水边缘向漩涡中心逐渐加大,以涡心边缘流速最大,在涡心的水流线速度则反而减小,水流汇集做下沉运动,压力也随之降低。

漩水通常不叠加在主流上,而是在主流边缘交界面附近的摩擦层产生,并随主流向下游移动。从产生至逐步增加扩散到逐渐减弱,最后消失。漩水的旋转方向,自流速大的一侧向流速小的一侧旋转,所以居主流左侧者,做逆时针方向旋转,居右者做顺时针方向旋转。在急流滩段和峡谷河段,漩水和泡水常相伴出现。

2. 漩水对船舶航行的影响

漩水对船舶的操纵性影响极大,因为漩水存在着流速压力梯度,船舶从漩水一侧驶过时会发生大角度横向倾斜;若从中心穿过,则发生较大纵摇,且船首沉入水中产生强烈的扭摆和严重的起伏,强大的漩水将使船舶失控。因此,无论上、下行船舶在驶经大的漩水时,应尽可能绕开航行,若航道条件限制,漩水阻挡航路时,必须把航路选择在顺漩水旋转方向一侧,使船位处于漩水的高水势,并在水流做旋转运动时的离心力作用下,船体不易陷入漩涡中心,此种操作方法称为“上顺漩”或“撑漩”,如图 2-4-22 所示。

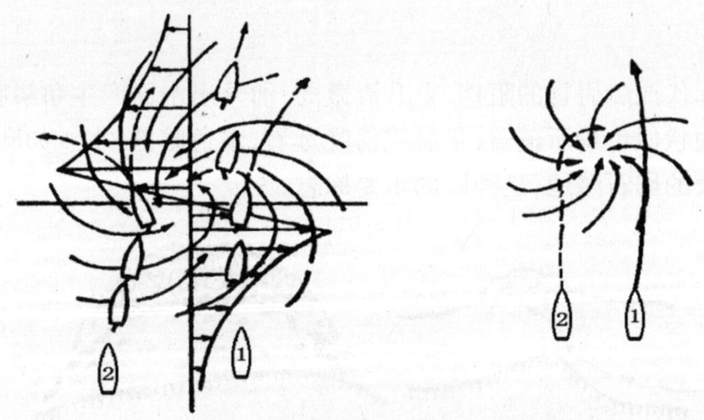

图 2-4-22　船舶通过漩水时的航路选择

1—上顺漩;2—上反漩

(九)夹堰水

两股不同流向的水流汇合时相互撞击,在交界面上呈现涡流浪花的带状水流称为夹堰水。微弱的夹堰水,习称“眉毛水”。珠江船员称此流态为生熟水。

突嘴挑流较强的地方,产生的夹堰水其水纹清晰明显,它标示着主流与缓流的界限。眉毛水是枯水期山区河流的碛坝和平原河流的边滩所挑流的一种常见流态,它标明深水区与浅水区的界限,是上行船舶选择航路和抓点定向的重要标志。

1. 夹堰水的形成及出现的地方

(1)两种不同流向的水流交汇,流速流压发生急剧变化,在交界面处表现出紊乱的流态。这类夹堰水常出现在突嘴下方斜流与回流的交汇处。若突嘴为卵石碛坝或沙滩,因其外流微弱,夹堰水不显著而成月弯形"眉毛水",如图2-4-23所示。

(2)两种流速差异较大的水流交汇时,互相冲击消能,流速、流压急剧变化,面流上表现出涡流浪花带。这类夹堰常出现在河心石梁和江心洲尾部,干、支流汇合处以及枯中水期的对口或错口急流滩的滩舌以下河段,如图2-4-23所示。

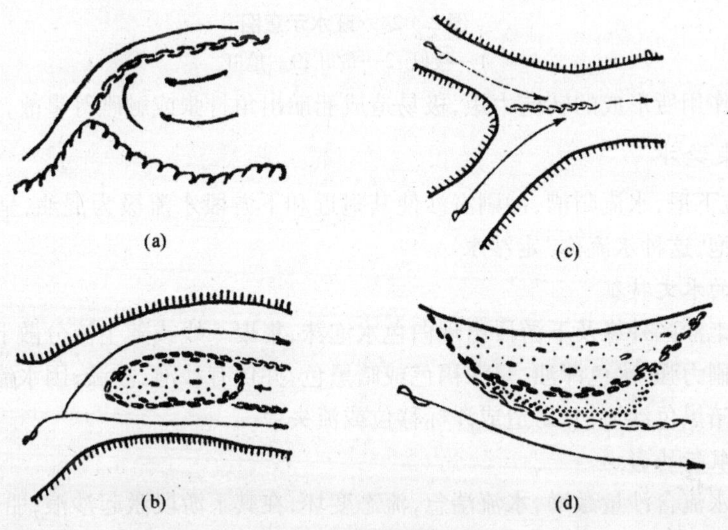

图2-4-23 夹堰水和眉毛水

(a)突嘴下的夹堰;(b)江心洲尾部的夹堰;(c)干支流流交汇处的夹堰;(d)碛坝(边滩)的眉毛水

2. 夹堰水对船舶航行的影响

夹堰水对船舶航行的影响具有两重性。在急流滩,夹堰水内侧有较宽的缓流带时,上行船舶可循夹堰内侧缓流航行,以避开河心高速水流及陡比降,以提高航速和过滩能力;较强的夹堰水伴有泡漩乱流,流速流压梯度差大,船舶航经夹堰水时,船向极易偏摆,船身颠簸起伏,甚至出现歪船扎驳,而且在夹堰处还会激起经久不息的大浪,危及他船航行安全,船舶必要时应绕开航行或减速通过,防止浪损事故发生。

(十)旺水

水流受礁石、流坝或水工建筑物阻挡,在其下游形成的回流、泡漩、夹堰水及缓流等水流的总称为"旺水",这个局部区域称"旺水区",如图2-4-24所示。

虽然旺水区水流紊动,但其尾部存在缓流,为上行船舶提高航速提供了有利条件。上行船舶在利用缓流时,当船头或船队驳首达旺水区分界水(泡漩、回流)时,用舵外扬循夹堰上,这样既利用了缓流,又避免了较大的驶出角,此种操作方法称为"接旺"。如利用缓流过多,超越分界水,深入旺水区,受水动压力的作用,使船舶不能处于正常的船位、航向,谓之"贪旺"。当船体进入强回流内,受回流的推压,舵效降低,操纵困难,被迫用大舵角横向出角,此时,船首尾

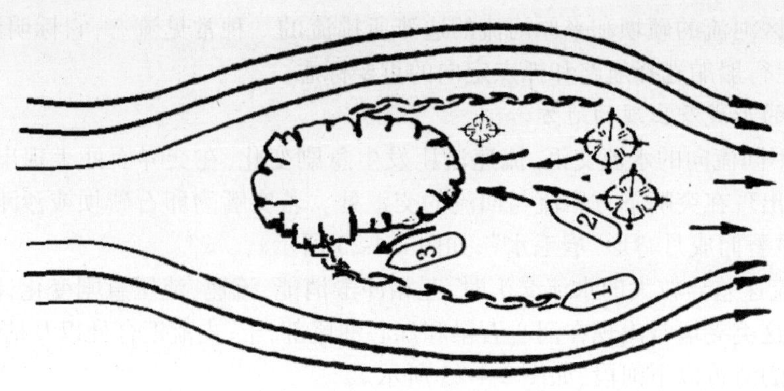

图 2-4-24　旺水示意图

1—接旺;2—贪旺;3—抢旺

受异向流力的作用所形成的转向力矩,极易造成船舶出角打张或触礁等事故,谓之“抢旺”。

(十一)走沙水

汛末,水位下退,水流归槽,冲刷淤沙使其附近和下游段水流极为混浊,呈棕黑色,或出现间歇性的黑沙泡,这种水流称“走沙水”。

1. 走沙水的水文特征

走沙时在走沙区外缘及下游段出现白色水泡沫,集聚一线或随主流分散下流;水流含沙量重,流速大,冲刷力强,水色浑浊,呈深褐色或暗黑色,并伴有沙泡、沙漩;因水流湍急,在浮标尾部出现很长的暗黑色沙浪,并易造成浮标移位或流失。

2. 对船舶航行的影响

走沙水因水流含沙量激增,水流湍急,流态变坏,在其下游段激起沙浪,船舶航行的水阻力增大,航速下降,舵效降低,故上下行船舶均应增大车速,克服航行阻力,提高操纵灵活性。

第六节　潮汐

海面有时候上涨,有时候下落,而且它的涨落变化又是非常有规律的。人们称白天海水涨落为“潮”,晚上海水涨落为“汐”,合称为潮汐。

潮汐是由天体的引潮力产生的。天体的引力与惯性离心力的合力称为引潮力。对潮汐影响大的是月球和太阳的引潮力,其中月球引潮力是产生潮汐的主要力量。

一、潮汐主要术语

(1)高潮:在潮汐升降的每个周期中,海面上涨到最高的位置,称为高潮。

(2)低潮:在潮汐升降的每个周期中,海面下落到最低的位置,称为低潮。

(3)高潮时:平潮的中间时刻称高潮时。

(4)低潮时:停潮的中间时刻称低潮时。

(5)涨潮:海面由低潮上升到高潮的过程,称为涨潮。

(6)落潮:海面由高潮下降到低潮的过程,称为落潮。

(7)涨潮历时:低潮时到高潮时的时间间隔。

(8)落潮历时:高潮时到低潮时的时间间隔。

(9)平潮:涨潮到最高时,有一短暂的时间不涨不落,称为平潮。

(10)停潮:落潮到最低时,有一短暂的时间不涨不落,称为停潮。

(11)高高潮:在一个太阳日内发生的两次高潮中较高的高潮。

(12)低高潮:在一个太阳日内发生的两次高潮中较低的高潮。

(13)高低潮:在一个太阳日内发生的两次低潮中较高的低潮。

(14)低低潮:在一个太阳日内发生的两次低潮中较低的低潮。

(15)早潮:从0点到12点之间发生的高潮(或低潮)称为早潮。

(16)晚潮:从12点到24点之间发生的高潮(或低潮)称为晚潮。

(17)大潮和小潮:海洋里的潮汐是由日、月引潮力共同作用形成的。由于太阳、月球和地球三者的相对位置的变化,因而产生潮汐的每月不等现象。当农历朔(农历初一)、望(农历十五)时,月球的引潮力和太阳的引潮力几乎作用于同一方向,天体引潮力最大,这时海水涨得最高,落得最低,潮差最大,称"大潮",又称"朔望潮"。当上弦(农历初七、八)和下弦(农历二十二、二十三)时,月引潮力和太阳引潮力基本相反,天体引潮力最小,这时海水涨落最小,即潮差最小,称"小潮"。其他日期潮水涨落一般介于大潮与小潮之间,如图2-4-25所示。

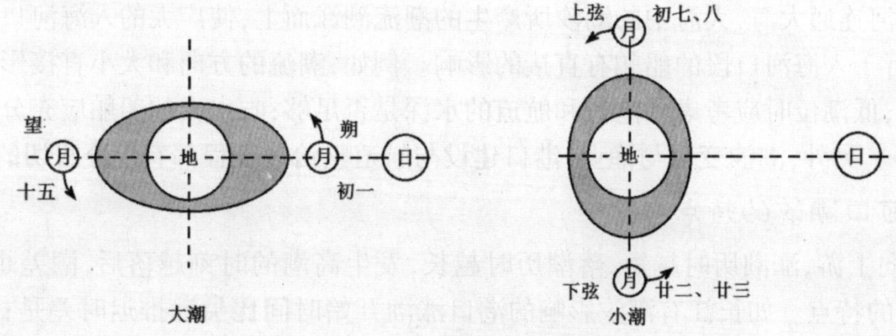

图2-4-25 大潮和小潮

(18)半日潮:在一个太阴日内,出现两次高潮和两次低潮。两次高潮和两次低潮的潮高都几乎相等,涨潮时间和落潮时间也接近相等。

(19)全日潮:在一个太阴日内,仅出现一次高潮和一次低潮。

(20)混合潮:界于半日潮与全日潮之间,有时接近半日潮类型,有时又具有全日潮特征。

(21)潮高:在潮汐涨落的连续过程中,潮高基准面(一般与深度基准面一致)至任一时刻的海面垂直距离。

(22)大潮高:从潮高基准面至平均大潮高潮面的高度。

(23)小潮高:从潮高基准面至平均小潮高潮面的高度。

(24)潮差:两相邻高潮与低潮的高度差。

(25)平均高(低)潮间隙:每天月球中天时刻至高(低)潮时的时间间隔,叫高(低)潮间隙。长期的平均值称为平均高(低)潮间隙。

(26)潮龄:由朔望至其后实际大潮发生的时间间隙。潮龄一般为1~3天。我国沿海实际大潮发生的日期一般在农历初三和十八。

有关潮汐术语的图解如图2-4-26所示。

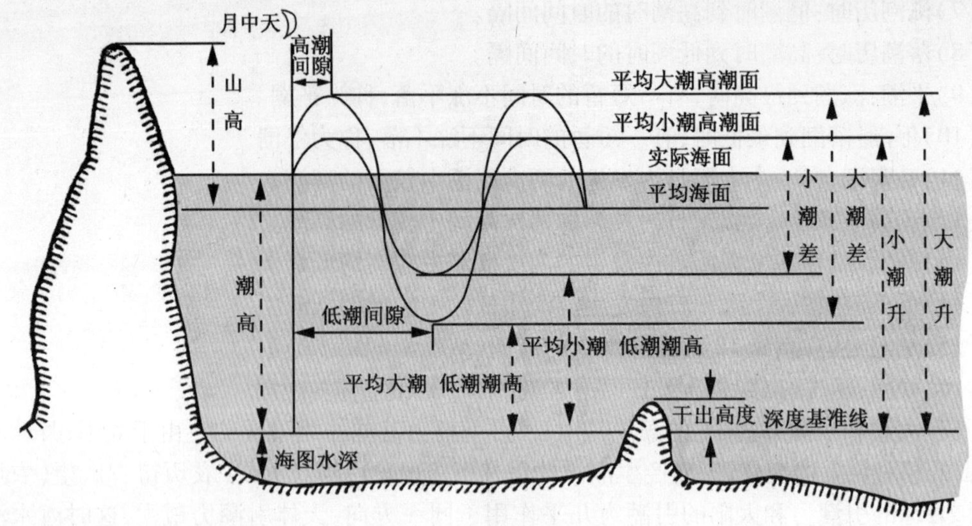

图 2-4-26　潮汐术语图解

二、河口潮汐特点及利用

不少江河连通大海,大海中的潮汐所产生的潮流溯江而上,使广大的入海河口段也产生潮汐,这对航行于入海河口段的船舶有直接的影响。例如,潮流的方向和大小直接影响着船舶的航行和作业;低潮位时应考虑到港口和航道的水深是否足够;吃水大的船舶应充分利用高潮位进江(河)等。另外,潮汐变化与渔业、港口建设与航道整治等工程都有十分密切的关系。

(一)河口潮汐的特点

(1)越向上游,涨潮历时越短,落潮历时越长,发生高潮的时刻越落后,潮差也越来越小。这是最显著的特点。如长江有潮汐影响的港口涨潮开始时间比吴淞推迟时差是:常熟 2 小时 20 分;南通 3 小时 30 分;江阴 5 小时;泰州 6 小时 30 分;镇江 8 小时 30 分;南京 11 小时;芜湖 13 小时。

(2)潮波向上推进到了一定阶段,潮水停止倒灌,此处称为"潮流界";潮波继续上溯,当传播到某一地点时,潮波幅度等于零,水位不再受潮汐影响,此处称为"潮区界",如图 2-4-27 所示。自潮区界至河口均受潮汐的影响,此段称"感潮河段"。

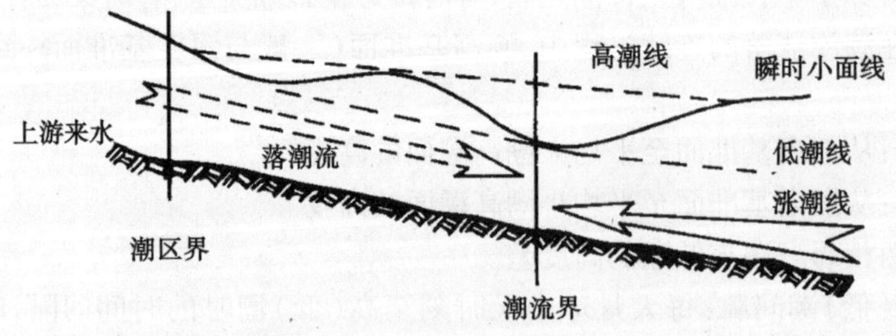

图 2-4-27　潮流界和潮区界示意图

(3)一般愈临近海区,潮差愈大。

(4)同一条河流,潮流界和潮区界的位置并不是固定不变的。与风的方向和大小、河流水位、潮汐的大小有关。如长江的潮流界,高水位时在江阴附近,低水位时在芜湖附近;潮区界高水位时在芜湖附近,低水位时在铜陵附近。

(5)根据潮流界、潮区界的上下推移,涨潮流与落潮流随河流水位而变化。高水位时,涨潮流减弱,涨潮时间退后,历时也短;落潮流相反。当河流低水位时,又有强进口风,则涨潮时间提前,流速增大,历时也长。

(6)潮流在低潮时的转流,河底比水面先转流,弯曲河段的凸岸比凹岸先转流。

(二)潮汐利用

1. 利用潮高

(1)船舶利用潮汐涨落中的水深变化,选择时机通过浅区。

(2)当泊位附近水深不能满足靠泊安全时,利用高潮时机靠泊。

(3)潮位与船锚位的选择、富余水深是否足够有关。

2. 利用潮流

(1)选择航路,上行船可充分利用涨潮流,下行船可充分利用落潮流,提高航速。

(2)利用水流不涨不落或流速很小的时候,通过不正常水流区域。

(3)选择时机进行船舶靠离泊和进出港。

(4)潮流对船锚泊的松锚链长度和进出锚地的方法以及航行中的船位、避让有影响。

(三)潮汐推算

附港潮汐推算:附港涨潮始时记为 T_1,主港涨潮始时记为 T ,主附港潮时差记为 ΔT,则 $T_1 = T + \Delta T$ 。

潮时差:某一地点潮汐的涨始时间比某一规定地点(又称主港、标准港)的涨始时间所推迟的时间称此两点之间的潮时差。

主港(标准港):潮汐表中提供逐日潮汐预报(潮时和潮高)的港口。

1. 利用潮汐表推算潮高,确定船舶安全通过的时间

1)《潮汐表》主要内容

主要有以下两种:

(1)潮高潮时表

预告各主要港口的正点潮、高低潮的潮时和潮高,以便了解各地潮时和潮高,最大限度地提高船舶通过浅水道的能力。

(2)潮流预告表

预告每日的正点潮的流速、涨落潮的最高流速和时间、涨落潮的起始时间,以便船舶推算流速及在引航操作时作为参考。

《潮汐表》上的潮时用北京标准时间,以平太阳日计算(24 h),4 位数表示,左边的两位为时数,右边的两位为分数,如 1106 表示 11 时 06 分。潮高单位为 cm,以 3 位数表示。如潮高在潮高基准面之下时,数字前注“ - ”加以区别,涨潮流数字前加“ - ”号,落潮流延续为 12 h 25 min或以上时称全落潮,以“ * ”表示。农历一栏中,注有“ * ”的数字,表示农历某月初一。

在正常情况下,《潮汐表》预报的内容与实际接近,潮高误差约 ±15 cm,潮时误差约 20 min。但遇特殊天气变化,如台风、寒潮影响时,误差较大,使用时注意。

2)利用网络潮汐资料

目前,可以利用现代化网络资源查询我国沿海及主要入海河口港口的潮汐资料,继而进行有关潮汐推算。主要查询网站有中国海事服务网(cnss. com. cn)及中国港口网(chinaport. com)等。例如在中国港口网查得长江口天生港潮汐资料如图2-4-28所示,根据上图资料进行有关潮汐计算。

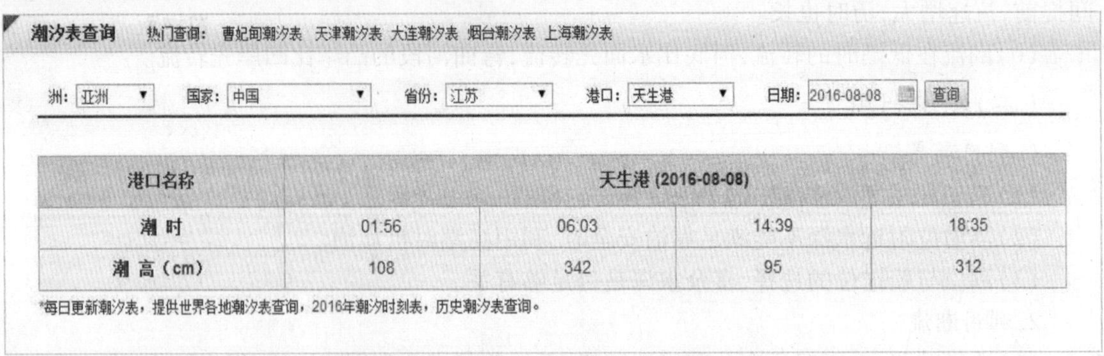

潮汐表查询　热门查询: 曹妃甸潮汐表　天津潮汐表　大连潮汐表　烟台潮汐表　上海潮汐表

洲: 亚洲　国家: 中国　省份: 江苏　港口: 天生港　日期: 2016-08-08　查询

港口名称	天生港 (2016-08-08)			
潮 时	01:56	06:03	14:39	18:35
潮 高 (cm)	108	342	95	312

*每日更新潮汐表,提供世界各地潮汐表查询,2016年潮汐时刻表,历史潮汐表查询。

图2-4-28　天生港某日潮汐查询表列资料

例:天生港某浅水区水深为基准面下2.8 m,某船首吃水为4.6 m,尾吃水为5.0 m,计划于2016年8月8日通过该处,试确定该船上午通过浅区的时间段。(富余水深为0.2 m。)

解:该船通过此浅区需要利用的潮高为5.0 +0.2 -2.8 =2.4(m)

天生港8月8日	潮时	潮高(cm)
第一次低潮	0156	108
第一次高潮	0630	342
第二次低潮	1439	95
第二次高潮	1835	312

①第一次低潮到第一次高潮的涨潮过程中,涨潮率为

$$(3.42 - 1.08)/(0630 - 0156) = 0.52(\text{m/h})$$

②在第一次涨潮中,由第一次低潮潮面到通航潮面尚差潮高为

$$2.4 - 1.08 = 1.32(\text{m})$$

③涨1.32 m需要的时间为

$$1.32/0.52 = 2.54(\text{h}) = 02\text{h}32\text{m}$$

即该日0428(0156 +0232 =0428)后即可通过。

④第一次高潮到第二次落潮过程中,落潮率为

$(3.42 - 0.95)/(1439 - 0630) = 0.30(\text{m/h})$

⑤在第一次落潮中,由第一次高潮潮面到通航潮面需降低潮高为

$$3.42 - 2.4 = 1.02(\text{m})$$

⑥落1.02 m需要的时间为

$$1.02/0.3 = 3.4(\text{h}) = 03\text{h}24\text{m}$$

该船安全通过浅区的截止时间为0954(0630 +0324 =0954)。

所以,该船上午通过浅区的时间段为0428—0954。

同样可以计算第二次低潮到第二次高潮的通过时间(即下午通过时间)。

上述问题也可以通过查阅潮汐表进行有关计算后解决。图2-4-29是吴淞2013年5月的

吴淞

2013年 5月　　北纬:31° 23′ 30″　　东经:121° 30′ 30″

日	期	1	2	3	4	5	6	7	8	9	10	11	12	13	14	15
农	历	22	23	24	25	26	27	28	29	30	*4	2	3	4	5	6
正点潮高	0	092	096	118	155	197	246	299	341	368	379	366	340	297	238	186
	1	178	127	119	136	172	214	255	301	345	376	392	385	362	331	290
	2	280	196	149	136	146	176	217	253	289	332	370	389	388	370	342
	3	343	269	190	148	139	147	171	207	243	271	309	350	373	377	365
	4	367	324	249	172	135	130	142	162	191	227	255	284	321	346	354
	5	358	342	298	224	153	121	118	134	155	175	208	238	261	289	313
	6	311	329	315	271	198	133	112	111	124	148	164	187	215	238	258
	7	259	292	306	294	254	184	122	103	107	115	137	154	169	190	212
	8	207	249	284	297	287	254	191	121	095	102	110	125	142	154	168
	9	166	202	247	284	300	294	269	218	145	099	096	104	115	128	140
	10	130	166	207	253	290	308	309	291	253	188	124	098	100	111	120
	11	100	133	170	213	262	298	316	325	315	285	234	168	123	108	112
	12	082	108	142	179	217	263	301	322	335	333	310	269	215	167	133
	13	103	097	116	150	184	215	252	292	320	337	341	324	288	246	207
	14	163	117	108	119	148	180	207	232	270	307	328	335	325	293	256
	15	234	157	115	107	116	140	167	193	214	244	283	309	318	313	288
	16	281	221	148	108	100	109	131	152	177	200	222	256	282	292	292
	17	285	260	206	139	104	095	101	123	141	159	186	206	229	250	263
	18	262	264	243	193	130	101	095	094	114	132	144	168	188	205	220
	19	222	248	255	239	193	135	108	094	091	103	122	132	149	168	185
	20	180	222	252	263	254	216	151	113	091	088	094	110	122	134	150
	21	147	186	235	271	287	283	254	195	128	094	087	091	102	114	126
	22	123	158	204	257	296	317	319	297	250	178	119	097	096	102	111
	23	100	135	176	227	282	322	347	353	336	302	241	172	130	115	114
高低潮	潮时	0417	0506	0030	0132	0353	0456	0607	0718	0801	0026	0102	0136	0209	0239	0313
	潮高	368	342	115	133	135	121	111	101	095	383	392	393	388	379	366
	潮时	1209	1253	0611	0744	0905	1001	1050	1128	1202	0839	0912	0944	1010	1038	1103
	潮高	081	097	315	298	300	308	317	327	335	094	094	096	100	105	112
	潮时	1637	1740	1359	1528	1618	1700	1739	1824	1936	1237	1312	1347	1420	1459	1538
	潮高	287	265	108	105	099	095	093	092	091	341	341	337	327	313	296
	潮时	2338		1924	2056	2152	2238	2318	2343		2015	2053	2122	2145	2202	2222
	潮高	094		255	271	296	323	348	368		088	087	089	095	102	110

日	期	16	17	18	19	20	21	22	23	24	25	26	27	28	29	30	31
农	历	7	8	9	10	11	12	13	14	15	16	17	18	19	20	21	22
正点潮高	0	149	134	134	145	169	209	265	323	378	412	405	368	283	172	115	113
	1	242	186	152	147	156	182	221	274	335	393	426	418	380	306	208	149
	2	312	273	211	160	149	158	186	228	275	335	396	429	420	381	313	226
	3	338	305	270	212	156	143	153	181	229	272	326	387	420	411	373	308
	4	349	326	286	244	191	143	134	147	174	224	270	315	370	402	393	356
	5	326	326	308	264	215	161	125	124	144	169	216	263	303	348	376	366
	6	279	298	304	291	248	188	131	108	115	141	167	205	249	287	324	345
	7	233	254	279	292	283	243	166	107	096	109	135	165	196	232	268	302
	8	189	216	242	273	294	289	253	168	092	084	105	128	158	187	216	251
	9	153	174	208	242	279	307	306	274	185	089	072	098	120	148	176	205
	10	128	144	168	207	249	291	324	325	296	211	101	065	090	113	138	166
	11	120	125	141	170	211	259	303	339	342	313	237	126	071	086	109	133
	12	121	126	129	144	174	215	265	312	349	355	325	256	155	093	092	110
	13	164	132	130	135	148	177	214	263	316	353	360	332	268	179	118	106
	14	227	185	149	127	134	147	177	209	253	310	350	357	333	274	193	134
	15	252	223	187	138	120	128	142	174	204	239	297	341	348	327	275	200
	16	276	243	208	172	129	112	122	136	168	201	229	281	326	335	316	271
	17	269	262	236	195	153	116	103	116	132	159	194	222	264	307	318	302
	18	236	252	253	235	190	137	102	095	110	128	151	183	213	251	288	301
	19	200	221	249	259	247	200	130	091	087	101	122	145	171	203	242	277
	20	173	196	224	262	282	275	228	138	082	080	093	113	139	166	198	241
	21	141	170	206	243	290	317	314	268	162	080	073	088	106	136	166	203
	22	125	143	177	225	271	322	354	352	311	201	095	071	087	106	137	172
	23	119	132	154	192	247	300	353	387	383	345	246	128	085	094	114	146
高低潮	潮时	0348	0429	0521	0026	0218	0331	0459	0637	0739	0013	0053	0144	0232	0317	0406	0452
	潮高	350	331	310	144	148	139	124	105	088	412	426	431	426	413	393	367
	潮时	1121	1142	1245	0640	0804	0903	0958	1049	1139	0833	0920	1006	1048	1128	1205	1241
	潮高	119	124	128	294	294	307	324	340	352	075	066	064	069	079	092	103
	潮时	1620	1709	1816	1417	1518	1625	1730	1843	1947	1227	1319	1408	1459	1547	1634	1729
	潮高	278	262	254	126	119	110	100	090	080	360	362	357	348	336	321	305
	潮时	2248	2321		1941	2046	2137	2229	2319		2037	2122	2204	2240	2309	2337	
	潮高	119	131		265	292	326	360	390		072	069	071	080	094	110	

图 2-4-29　吴淞潮汐

潮汐资料。如若浅区在吴淞附近，上述情况既可以根据吴淞正点潮时潮高来确定船舶通过浅区时间，也可以根据吴淞当日高低潮潮时潮高计算确定，方法与上述例题一致，不再赘述。

2. 经验方法推算潮时

在没有《潮汐表》的情况下，可利用经验方法推算主港及附港潮时，其方法如下（以长江口为例）。

（1）根据历年资料知道，吴淞口每月农历初一的第一个涨始时间平均是上午0924，即$K=0924$。

（2）由于潮汐主要受月球影响，因此，在推算时应用农历日期。同时，潮汐周期平均是半月重复一次，故农历初一与十六，初二与十七，相应地依此类推，即计算初一的涨始时间，也就是十六的涨始时间。

（3）根据月、地运行相对关系，某地月中天时间逐日推迟0.8 h的原因，以此来推算隔日潮时。

（4）一般为半日潮类型，即在一个太阴日内潮时相隔时间为12 h25 min。

（5）先求出吴淞潮时，再推算各附港潮时。涨潮始时为T，主附港潮时差为ΔT。

（6）计算公式为

$$\text{初一到十五}, T=K+(n-1)\times 0.8+\Delta T$$

$$\text{十六到月底}, T=K+(n-16)\times 0.8+\Delta T$$

例：某船拟定于某年11月19日（农历二十八）上午9时进黄浦江靠十六铺码头，问该船应靠哪一舷？

解：查知，十六铺码头与吴淞口的潮时差为1.0 h，涨潮历时$\Delta t_1=5.4$ h，落潮历时$\Delta t_2=7.4$ h，十六铺码头位于黄浦江的左岸一侧。

十六铺的第二次涨潮始时：

$$\begin{aligned} T &= K+(n-16)\times 0.8+\Delta T \\ &= 0924+(28-16)\times 0.8+1.0=2000\text{（第二次涨潮始）} \end{aligned}$$

十六铺的第一次涨潮始：

$$2000-(\Delta t_1+\Delta t_2)=2000-0524-0724=0712\text{（第一次涨潮始）}$$

当地当日第一次落潮始：

$$0712+0524=1236$$

故当该轮0900进入黄浦江靠十六铺码头之际，该地正处于涨潮期间（0712—1236），按逆流靠码头的原则，该轮应掉头左舷靠泊。

第五章 内河助航标志与内河交通安全标志

内河助航标志和内河交通安全标志是反映航道尺度、确定航道方向、标示航道界限、揭示航道信息、引导船舶安全航行的重要标志。本章主要介绍助航标志的作用、左右岸的确定、涂色与光色的有关规定及各种标志的功能与识别;内河交通安全标志的功能与分类,主要交通安全标志的功能与识别。

第一节 内河助航标志

一、内河助航航标概述

航标是助航标志的简称。内河助航标志(以下简称内河航标)是船舶在内河安全航行的重要助航设施。现行的内河航标是国家技术监督局1993年12月4日批准、1994年9月1日实施的《内河助航标志》(GB5863—93)(共有6章24条6个附录,一个附加说明),并引用GB5864—93《内河助航标志的主要外形尺寸》。该标准适用于中华人民共和国江河、湖泊、水库通航水域所配布的内河航标。个别特殊水域经批准后,可根据具体情况另行规定。

1. 主要功能

标示内河航道的方向、界限与碍航物,揭示有关航道信息,为船舶航行指出安全、经济的航道。

2. 决定河流左、右岸的原则

按水流方向确定河流的上、下游,面向河流下游,左手一侧为左岸,右手一侧为右岸。

对水流流向不明显或各河段流向不同的河流,按下列顺序确定上、下游:

(1)通往海口的一端为下游;

(2)通往主要干流的一端为下游;

(3)河流偏南或偏东的一端为下游;

(4)以航线两端主要港埠间主要水流方向确定上、下游。

3. 航标的涂色原则

需要区分左、右岸的内河航标:左岸为白色(黑色),右岸为红色;不必区分左、右岸的内河航标按背景的明暗确定,其颜色是:背景明亮处为红色(黑色),背景深暗处为白色。

4. 航标灯质三要素

灯光颜色、发光方式和发光周期称为航标灯质三要素。

1）灯光颜色

灯光颜色有红光、绿光、白光、黄光四种。

灯光光色采用原则：左岸光色为绿光（白光），右岸光色为红光。

2）发光方式

发光方式有定光、闪光、莫尔斯光、明暗光（顿光）四种。

定光：工作时间内颜色和亮度不变的长明不断的灯光。

闪光：灯光颜色不变，每隔一定时间亮一次，亮的时间比暗的时间短的灯光。

莫尔斯光：灯标发出的明暗（长短或划点）组成英文字母或数字的莫尔斯符号的灯光，灯光颜色不变。

明暗光（顿光）：灯光颜色不变，每隔一定时间熄灭一次，其熄灭时间比发光时间短的灯光。

3）发光周期

发光周期（凡完成一个循环所需要的总的时间叫一个周期）有 10 s、6 s 两种。对单闪、双闪、明暗光等灯质的闪光周期不得超过 6 s，其他灯质的闪光周期不得超过 10 s。

5. 内河航标灯质规定

（1）内河航标对闪光周期不作统一规定，需要区分同一功能的相邻航示时，可以采用不同的闪光周期。

（2）选用单闪、双闪、顿光等灯质时，其闪光周期不得超过 6 s；选用其他灯质时，其闪光周期一般不超过 10 s。

（3）在确定各种灯质时，其闪光的持续时间不得小于 0.4 s。选用莫尔斯信号闪光时，其长闪光时间应为短闪光时间的三倍，每两次闪光间的间隔时间与短闪光时间相等，每组闪光后的间隔时间不小于长闪光时间。

（4）快闪光的明暗时间相等，其明暗次数每分钟为 60 次。

（5）除采用规定灯质外，可根据具体条件选用 GB5863—93《内河助航标志》中表 4-1 所列的代用灯质，但同一河区的不同种类的航标，其灯质必须明确区分，相邻河区间应注意协调，避免相互混淆或被误认。

6. 内河航标作用距离

内河航标作用距离（又称最小安全航行距离）是指船舶航行时必须离开航标的最小安全横距，或指船舶循航标航行时与浮标或岸标标位处水沫线需保持的最小间距。其起算方法为：岸标的作用距离是从标位（或前标标位）处的水沫线起算；浮标的作用距离是从标位处起算。《内河助航标志》明确了各河区航标主管部门可根据具体情况规定标志的不同作用距离，如长江下游一般岸标的作用距离为 100 m，浮标的作用距离一般为 50 m。

二、内河航标分类、功能及种类

（一）内河航标分类

内河航标按发光和不发光分为昼标和夜标；按设置地点分为岸标和浮标；按功能分为航行标志、信号标志和专用标志。

（二）内河航标功能及种类

1. 航行标志的功能、形状、颜色、灯质

航行标志是指示航道方向、界限与碍航物的标志。它包括过河标、沿岸标、导标、过渡导标、首尾导标、侧面标、左右通航标、示位标、泛滥标及桥涵标共10种。

1)过河标

(1)功能

标示过河航道的起点和终点。指示由对岸驶来的船舶在接近标志时沿着本岸航行,或指示沿本岸驶来的船舶在接近标志时转向驶向对岸。也可设在上、下方过河航道在本岸的交点处,指示由对岸驶来的船舶在接近标志时再驶往对岸。

(2)形状

标杆上端正方形顶标两块,分别面向上、下方航道。如过河航道过长以致标志不够明显时,可在标杆前加装梯形牌,梯形牌面向所标示的航道方向。过河标也可安装在具有浮力的底座上作为浮标设置。

(3)颜色

左岸的顶标和梯形牌为白色(黑色),标杆为白、黑色相间横纹;右岸的顶标和梯形牌为红色,标杆为白、红色相间横纹。梯形牌的颜色也可以按背景的明暗来确定,背景明亮处的左岸为黑色,背景深暗处的右岸为白色。

(4)灯质

左岸的为白色莫尔斯信号“A”(·—)闪光,右岸的为白色莫尔斯信号“N”(— ·)闪光;或者左岸的为白色莫尔斯信号“M”(— —)闪光,右岸的为白色莫尔斯信号“D”(— · ·)闪光。

2)沿岸标

(1)功能

标示沿岸航道所在的岸别,指示船舶继续沿着本岸航行。

(2)形状

标杆上端球形顶标一个。

(3)颜色

左岸的顶标为白色(黑色),标杆为白、黑相间的横纹;右岸的顶标为红色,标杆为红、白相间的横纹。

(4)灯质

左岸为绿色(白色)单闪光;右岸为红色单闪光。

3)导标

(1)功能

由前后两座标志所构成的导线标示航道的方向,指示船舶沿导线标示的航道航行。

(2)形状

前后两座标志的标杆上端各装正方形顶标一块,顶标均面向航道方向。如导线标示的航道过长以致标志不够明显时,可在标杆前加装梯形牌,梯形牌面向所标示的航道方向。

在导线标示的航道内应使船舶在白天看到前标比后标略低,夜间保持后标灯光不被前标遮蔽。前后两标的高差及间距应与导线标示的航道长度相适应,以保持导标的灵敏度。

如设标地点坡度较陡,前后两座标志相差太过大时,可在两标连线之间加设一座形状相同的标志。

(3)颜色

按背景的明暗确定顶标、标杆和梯形牌的颜色，背景明亮处为红色（黑色）、背景深暗处均为白色。红色（黑色）梯形牌中央一道竖条为白色，白色梯形牌中央一道竖条为黑色（红色）。

(4)灯质

前后标均为白色单面定光，如背景灯光复杂，用白光容易混淆时，可用红色单面定光。

4)过渡导标

(1)功能

由前后两座标志组成，标示一方为导线标示的导线航道，另一方为沿岸航道或过河航道，指示沿导线标示的航道驶来的船舶在接近标志时驶入沿岸航道或过河航道，同样也指示航道或过河航道驶来的船舶在接近标志时驶入导线标示的航道。

(2)形状

前标与过河标相同，后标与导标相同，前标的一块顶标与后标的顶标组成导线，前标的另一块顶标面向另一条航道方向。如导线标示的航道过长以致标志不够明显时，可以在标杆前加装梯形牌，梯形牌面向所指示的航道方向。

(3)颜色

前标的标杆与梯形牌的颜色与过河标相同，面向导线标示的航道的顶标与后标的颜色相同，另一块顶标的颜色与过河标相同；后标的颜色与导标相同。

(4)灯质

前标左岸为白色（绿色）双闪光（顿光，又称明暗光），右岸为红色（白色）双闪光（顿光）；后标左岸为白色（绿色）定光，右岸为红色（白色）定光。前后标的光色须一致。特殊需要时，前标也可用定光。

5)首尾导标

(1)功能

由前后鼎立的三座标志组成两条导线分别标示上、下方导线标示的航道方向，指示沿导线标示的航道驶来的船舶在接近标志时转向另一条导线标示的航道。

(2)形状

三座标志中，一座为共用标，与过河标相同，另两座与导标相同。共用标的两块顶标与另两座标志的顶标分别组成两条导线，面向上、下方导线所标示的航道方向。根据航道条件与河岸地形，共用标可位于另两座标的前方、后方、左侧或右侧。如导线标示的航道过长以致标志不够明显时，可以在标杆前加装梯形牌。梯形牌面向导线所标示的航道方向。

(3)颜色

共用标的标杆和梯形牌的颜色与过河标相同，顶标颜色与导标相同，另两座标志的颜色与导标相同。

(4)灯质

共用标的灯质与过渡导标的前标灯质相同，另两座标的灯质与过渡导标的后标灯质相同，但同一导线的前、后标的光色须一致。特殊需要时，各标都可用定光。

6)侧面标

(1)功能

设在浅滩、礁石、沉船或其他碍航物靠近航道一侧，标示航道的侧面界限；设在水网地区优良航道两岸时,标志岸形突嘴或不通航的汊港;指示船舶在航道内航行。

(2)形状

浮标可采用柱形、锥形、罐形、杆形或桅杆装有球形顶标的灯船。需要同时以标志形状特征区分左、右岸两侧时,左岸一侧浮标为锥形或加装锥形顶标,右岸一侧浮标为罐形或加装罐形顶标;也可在左岸一侧浮标加装球形顶标。固定设置在岸上或水中的侧面标(灯桩)可采用杆形或柱形。杆形灯桩需要增加视距时,左岸一侧可加装锥形顶标,右岸一侧可加装罐形顶标。

(3)颜色

左岸一侧为白色(黑色)。杆形灯桩的标杆为白、黑相间横纹,浮标加装的锥形或球形顶标为黑色(白色)。右岸一侧为红色。杆形灯桩的标杆为红、黑相间横纹,浮标加装的罐形顶标为红色。灯船的球形顶标均为黑色。

(4)灯质

左岸一侧为绿色(白色),单闪光或双闪光。右岸一侧为红色,单闪光或双闪光。

7)左右通航标

(1)功能

设在航道中个别河心碍航物或航道分汊处,标示两侧都是通航航道。

(2)形状

浮标可采用柱形、锥形或灯船,灯桩可采用柱形。

(3)颜色

标体每面的中线两侧分别为红色和白色。

(4)灯质

白色(绿色),三闪光。

8)示位标

(1)功能

设在湖泊、水库、水网地区或其他宽阔水域,标示岛屿、浅滩、礁石及通航河口等特定位置,供船舶定位或确定航向。

(2)形状

各种形状的塔形体。

(3)颜色

可根据背景采用白、黑、红色或白、黑(红)色相间非垂直条纹。设在通航河口处,须与“左白右红”原则一致。

(4)灯质

白色、绿色或红色莫尔斯信号闪光,但不得同其他种类的灯质相混淆。标示通航河口的示位标优先选用:左岸白色(绿色)莫尔斯信号“H”(····)闪光;右岸红色莫尔斯信号“H”(····)闪光。

9)泛滥标

(1)功能

设在被洪水淹没的河岸或岛屿靠近航道一侧,标示岸线或岛屿的轮廓。

(2)形状

标杆上端装锥体顶标一个,也可以安装在具有浮力的底座上作为浮标设置。

(3)颜色

左岸为白色(黑色),右岸为红色。

(4)灯质

左岸为绿色(白色),定光;右岸为红色,定光。弯曲河段朝岸上一面的灯光应予遮蔽。

10)桥涵标

(1)功能

设在通航桥孔迎船一面中央,标示船舶通航桥孔的位置。

(2)形状

正方形标牌表示通航桥孔。多孔通航的桥梁,正方形标牌表示大轮通航的桥孔,圆形标牌表示小轮(包括非机动船、人工流放排筏)通航桥孔,大、小轮的具体划分由各地区确定。

(3)颜色

正方形标牌为红色,圆形标牌为白色。

(4)灯质

通航桥孔(或大轮通航桥孔)为红色单面定光;小轮(包括非机动船、人工流放排筏)通航桥孔为绿色单面定光。在通航桥孔迎船一面两侧桥柱上,还可各垂直设置为绿色单面定光桥柱灯二至四盏(按桥柱高度确定),标示桥柱位置。

2. 信号标志的功能、形状、颜色、灯质

信号标志是为航行船舶提示有关航道信息的标志。其包括通行信号标、鸣笛标、界限标、水深信号标、横流标及节制闸标等6种。

1)通行信号标

(1)功能

设在上、下行船舶相互不能通视,同向并驶或对驶有危险的狭窄、急弯航段或单孔通航的桥梁、通航建筑物及施工禁航等需要通航控制的河段,利用信号控制上行或下行的船舶单向顺序通航或禁止通航。

(2)形状

由带横桁的标杆和信号组成,横桁与岸线垂直。悬挂于横桁一端的箭形通航信号,箭头朝下表示允许下行船通航,箭头朝上表示允许上行船通航,禁止通航信号为垂直悬挂两个锥尖朝上的三角锥体。

(3)颜色

标杆与横桁为白、黑色相间的斜纹,箭头或三角锥体为红色,箭杆为黑色(白色)。

(4)灯质

由垂直悬挂于横桁一端的红色、绿色定光灯组成信号:绿灯在上,红灯在下,表示允许下行船通航;红灯在上,绿灯在下,表示允许上行船通航;上、下两盏红灯表示禁止船舶通航。对控制船舶进、出通航建设物的通行信号标,也可在通航建筑物上下两端各设置红、绿单面定光灯一组,灯光面向来船方向,红灯表示禁止船舶通航,绿灯表示允许船舶通航。白天也可用红、绿旗代替红、绿灯。

2)鸣笛标

(1)功能

设在通航控制河段或上、下行船舶不能相互通航的急弯航道的上下游两端河岸上,指示船舶鸣笛。

(2)形状

标杆上端圆形标牌一块,标牌面向来船方向,标牌正中写“鸣”字。

(3)颜色

标杆为白、黑色相间的斜纹,标牌为白色、黑边、黑字。

(4)灯质

绿色、快闪光。

3)界限标

(1)功能

设在通航控制河段的上、下游,标示通航控制河段的上、下界限。设在船闸闸室有效长度的两端时,标示闸室内允许船舶安全停靠的界限。

(2)形状

标示上端装菱形标牌一块,标牌面向来船方向(也可以镶绘在船闸闸墙上)。

(3)颜色

标杆为白、黑相间斜纹,标牌为白底、黑边,中间有黑色横条一道。

(4)灯质

红色快闪光。

4)水深信号标

(1)功能

设在浅滩上、下游靠近航道一侧的河岸,揭示浅滩航道的最小水深。

(2)形状

由带横桁的标杆和号型组成,横桁与岸形平行,号型形状与含义是:符号“▬”、“⧗”、“▲”分别代表数字1、4、6。将上述号型组合悬挂在横杆的两边,从船上看,左边所挂的号型表示水深的“米”数,右边所挂的号型表示水深的“分米”数。

(3)颜色

标杆与横桁为红、白相间的斜纹,号型为黑色(白色)。

(4)灯质

每盏白色定光灯代表数字“1”;每盏红色定光灯代表数字“4”;每盏绿色定光灯代表数字“6”。在河面较窄的河段,也可用水深数字牌和水深数字灯显示。

5)横流标

(1)功能

标示航道内有横流,警告船舶注意。

(2)形状

菱形体安装在具有浮力的底座上,也可在标杆上端安装菱形体顶标设在岸上。

(3)颜色:左岸一侧的顶标为白色或黑色;标杆为白、黑色相间的斜纹。右岸一侧的顶标为红色;标杆为红、黑色相间的斜纹。

(4)灯质

左岸一侧为绿色,顿光;右岸一侧为红色,顿光。

6)节制闸标

(1)功能

设在靠近节制闸上游或上、下游一侧的岸上,也可将灯悬挂于节制闸的上游或上、下游水面上空的架空线上,标示前方是节制闸,防止船舶误入发生危险。

(2)形状

标杆上端装圆形标牌一块,标牌面向上游或上、下游来船方向,标牌上绘有船形图案及禁令标志。

(3)颜色

标杆为红、白色相间斜纹,标牌为白底、红边、黑色船形图案加红色斜杠。

(4)灯质

并列红色定光灯两盏。

3. 专用标志的功能、形状、颜色、灯质

专用标志是为标示沿岸、跨河航道的各种建筑物,或为标示特定水域所设置的标志,其主要功能不是助航的统称为专用标志。专用标志包括管线标及专用浮标两种。

1)管线标

(1)功能

设在需要标示跨河管线(即管道、电缆、电线等)的两端或一端岸上或设在跨河管线上、下游适当距离的两岸或一岸,禁止船舶在敷设水管的水域抛锚、拖锚航行或垂放重物,警告船舶驶至架空管线区域时注意采取必要措施。

(2)形状

两根立柱上端装等边三角形空心标牌一块,设在跨河管线的两端岸上的标牌与河岸平行;设在跨河管线上、下游的标牌与河岸垂直。标示水底管线的三角形标牌尖端朝上,标牌下部写“禁止抛锚”;标示架空管线的三角形标牌尖端朝下,标牌上部写“架空管线”。

(3)颜色

立柱为红、白色相间斜纹,标牌为白色、黑边、黑字。

(4)灯质

标牌的三个顶端各设置白色或红色定光灯一盏。

2)专用浮标

(1)功能

标示锚地、渔场、娱乐区、游泳场、水文测量、水下钻探、疏浚作业等特定水域;或标示取水口、排水口、泵房以及其他航道界限外的水工构成物。

(2)形状

任选。

(3)颜色

黄色。

(4)灯质

黄色,单闪光或双闪光。

第二节 内河交通安全标志

内河交通安全标志是用图形符号、颜色和文字向交通参与者传递与交通有关的信息,用于管理交通的设施。它在规范内河交通行为、促进内河交通安全管理现代化和降低内河交通事故等方面有着极为重要的作用。

现行的《内河交通安全标志》(GB13851—2008)是一个强制性标准。

一、适用范围

适用于内河通航水域,即中华人民共和国境内的江、河流、湖泊、水库、运河内船舶可以航行的水域及其港口;海港设置交通安全标志可以参照;我国与其他国家订有协议的国境河流、设置交通安全标志时,经协商一致,也可以参照。

二、内河交通安全标志的制式

1. 标志的类别

内河交通安全标志分为主标志和辅助标志。

1)主标志

主标志是由图形符号、文字、边框、斜杠、斜线等视觉符号组成,以图像为主要特征的图形标志。主标志有警告标志、禁令标志(有禁止、解除禁止和限制标志 3 个品种之分)、警示标志、指令标志和提示标志 5 类,共 95 个标志。

警告标志——警告注意危险区域或地点的标志;

禁令标志——禁止或限制交通行为的标志,其解除禁止标志则为解除对某种交通行为的禁令的标志;

警示标志——标明设施位置起警示作用的标志;

指令标志——指令实施交通行为的标志;

提示标志——传递与交通有关信息的标志。

2)辅助标志

辅助标志是附设在主标志下,对主标志作用的时间、距离、区域和范围、缘由、船舶种类等作补充说明的标志。辅助标志是不能单独使用的。

2. 标志的形状

1)主标志

主标志的形状为正方形和长方形。标志个体是正方形还是长方形,长方形是竖置还是横置,不按标志类别区分而取决于标志中代表某种含义的图形符号。

2)辅助标志

辅助标志的形状为长方形,长度应与其所附主标志的宽度相等,高度根据内容按规定确定;当内容较多一行排列不下,或因表达内容需要时,可相应增加高度作二行排列。

辅助标志附加在主标志的下部,其上部边框线应紧靠所附主标志边框的下边,边框左、右和下部的衬边应与所附主标志的衬边等宽。

三、标志的识别及认读要领

(一)一般说明

(1)内河交通安全标志构成图案上的文字,除表示航速(km/h)、时间、频道、频率的以外,均应标明其计量单位。计量单位采用国际单位制(SI)单位的国际代号表示;时间采用24小时制用4位数表示,前两位为“时”,后两位为“分”,中间不加“:”;船舶的吨位系指《船舶检验证书》上的“参考载重吨”。

(2)在解释标志含义时述及的“前方”“左侧”“右侧”,均对面向标志者而言,即面向标志者的前面是“前方”,其左手一侧为“左侧”,右手一侧为“右侧”。这同船舶的舷别(左舷或右舷)、河流的岸别(左岸和右岸)和助航标志中的侧面标志(左侧标或右侧标)不是同一个概念。

(3)除有规定“顺航道设置”的以外,其标志板面应与航道中心线成一定夹角:宽阔航道45°~60°,窄航道75°~90°。

(二)各种标志识别、认读要领

1. 警告标志

警告标志的颜色为黄底、黑边框、黑图案(文字),是警告船舶注意危险区域或地点的标志,通常设置在距离其表达对象300~500 m的范围内。驾引人员看到警告标志,应当做好思想和行动上的准备,按照《内河避碰规则》和有关港航规章的规定,实施交通行为。警告标志有“交叉河口”“急弯航道”“窄航道”“紊流(急流、涡流)”“取水口”“渡口”“高度受限”“事故易发区”和“注意危险”等共12种、21个标志。常见警告标志如下:

1)紊流(急流、涡流)标志

标示前方水域水流紊乱,警告船舶谨慎驾驶,注意紊流对船舶操纵的影响。设在水流紊乱航段的两端。

2)取水口标志

标示前方有取水口,警告船舶在规定的距离外通过,且不应在附近逗留或停泊。设在取水口保护架上,或其上、下的适当位置。

3)渡口标志

标示前方有渡口,警告船舶注意渡船动向,主动避让。设在渡口上、下游的适当位置。

4)高度受限标志

标示前方水上过河建筑物的通航净空高度受限,警告船舶应在掌控自身高度的前提下,根据当时水位安全通过。设在通航净空高度未达到GB50139规定的水上过河建筑物上,或其上、下游的适当位置。在高度受限标志附近,应附设“通航净高标尺”。

5)事故易发区标志

标示前方为事故易发区,警告船舶加强瞭望、谨慎驾驶、注意避让。设在事故易发区域的两端。

6)注意危险标志

标示以上警告标志未能包括而需引起船舶警觉的区域。设置在所要标示区域的两端。设置时应附加辅助标志补充说明标示区域的性质。如“交通管制区”“施工区域”或岸边的“残桩”“沉石”“围堰”等。

2. 禁令标志

禁令标志的颜色除个别标志外，为白底、红边框、红斜杠、黑图案（文字），图案压杠；其解除禁止标志为白底、黑边框、黑细斜杠、黑图案，图案压杠；限制标志无斜杠。禁令标志是禁止、限制某些交通行为的标志，其解禁标志是解除禁止的标志。禁令标志不提前设置，禁令和解除禁令都自标志开始发生作用。解除禁止标志因故不能设置时，应在禁令标志下附加说明其作用距离的辅助标志。

禁令标志共 29 种、36 个（其中禁止 18 个、解除禁止 8 个、限制 10 个），常见标志如下：

1）禁止通行标志

由于某些原因，某段通航水域必须禁止船舶通行（双向），就在该区域的两端设置禁止通行标志，船舶不得越过该标志在禁止通行的水域内行驶。

2）禁止掉头及其解禁标志

禁止掉头标志设在禁止掉头区域的两端，标示前方水域禁止船舶掉头。在禁止船舶掉头区域的终点，应当设置解除禁止掉头标志。

3）禁止追越及其解禁标志

禁止追越和并列行为可以分别使用"禁止一切船舶追越"的禁止追越标志或"禁止船队间相互追越（而不禁止其他船舶追越）"的禁止船队间相互追越标志来表达，设在需要禁止追越和并列行驶航段的两端。在禁止追越航段结束的地方，应当设置解除禁止追越标志。这两个禁止标志使用同一个解禁标志。

4）禁止会船及其解禁标志

禁止会船标志设在禁止会船航段的两端，标示前方水域禁止船舶交会，实行单行交通。船舶看到标志，应当按照《内河避碰规则》或当地的特别规定实施交通行为。禁止会船的河段还可以配合使用停航让行标志（指令船舶在标志处停航，等候通行信号或现场指挥）。禁止会船的航段结束，应当设置解除禁止会船标志。

5）禁止并列行驶标志

禁止并列行驶标志设在禁止并列行驶航段的两端，标示前方水域禁止船舶并列行驶。

船舶应当在同前船保持安全距离的情况下尾随行驶。

6）禁止停泊标志

禁止停泊标志顺航道设在禁泊区的中间、一端或两端，标示该区域禁止船舶锚泊或系泊。

7）禁止用锚标志

在水闸、船闸、过河管线等的一定范围内，严禁船舶用锚，这个区域可以用禁止用锚标志标示。在禁止用锚标志标示的范围内，严禁船舶锚泊、抛锚掉头、放倒锚和送流锚（水中或岸上）等一切用锚方式。

8）限制靠泊范围标志

限制靠泊范围标志顺航道设在限制靠泊范围的地方（如在泊位上），表示这里对船舶的靠泊范围有限制，禁止船舶超过标示范围靠泊。限量可以是靠泊的宽度（B），也可以是并靠船舶的艘数，以附加辅助标志标示。这就是说，限制靠泊范围标志必须附加辅助标志；否则，它将无实质内容。

9)限制船舶尺度或吨位标志

为禁令类告示性标志,禁止超过标示数值的船舶进入本港或本航道。设在需要限制船舶最大尺度或吨位的港口或航道的入口处。

3. 警示标志

警示标志的颜色为红白相间的斜纹。标明设施位置起警示作用的标志,共有 2 种、3 个。常见标志如下:

1)桥梁警示标志

设置于桥墩或桥梁上部结构,显示桥墩或通航净空,标明桥下可航行通道或船舶通过的最佳位置。分甲、乙两类,甲类警示标志适用于水中有墩的桥梁,乙类警示标志适用于水中无墩的桥梁;跨度较大、水中有墩的拱形桥梁,可以同时设置甲、乙两类标志。

2)导向标

用于引导船舶的行驶方向。可以设置在:弯曲航道的大弯面;弯曲航道上桥梁的通航孔内侧;丁字交叉河口对应汊河口的岸上。

4. 指令标志

指令标志的颜色为蓝底、白边框、白图案,是指令船舶实施某些交通行为的标志,共 10 种、14 个。常见标志表述如下:

1)分道通航标志

分道通航标志设在实行分道通航水域两端的岸上或通航分隔物上,标示前方水域实施分道通航,船舶应根据自己的行驶方向在规定的分道内行驶。

2)停航受检标志

停航受检标志指令船舶停航接受检查,设在经批准设置的长期或临时检查站的适当位置。国家规定在正常情况下,只有海事管理机构有权指令在航船舶停航接受检查,所以在本标志的下方应当附加"海事"字样的辅助标志。

3)横越区标志

横越区标志是划定横越航道的区域,指令需要横越航道的船舶,只准在本区域越江的标志,设在横越区的两岸。

5. 提示标志

提示标志的颜色为绿底、白边框、白图案(文字),是传递与交通有关的信息,向船舶提供服务的标志,共 14 种、22 个。常见标志如下:

1)允许某些交通行为并标示其区域的标志

允许船舶的某些交通行为并标示其区域的标志有 3 个(靠泊区标志、锚地标志、掉头区标志),它们都顺航道设置在这些区域的中间、一端或两端。

2)场所距离标志

场所距离标志为告示性提示标志,标示某个与内河交通有关的场所(如船舶加油站、航修站、应急站以及船舶污染物接收站等)的方向和距离。顺航道设置在该场所上、下游的适当位置。

3)通航孔编号标志

通航孔编号标志用于标示桥梁通航孔编号。设在有三个及以上通航孔的桥梁的各个通航孔迎船面的正上方。

4)通航净高标尺和闸门槛水深标尺

通航净高标尺和闸门槛水深标尺均由铭牌和标尺组成。通航净高标尺用以显示当时水位水上过河建筑物的实际通航净空高度,设置在水上过河建筑物上或其上、下游显而易见的适当位置。闸门槛水深标尺用以显示当时水位闸门槛上的实际水深,设置在闸门槛上、下游显而易见的适当位置。

5)其他告示性提示标志

告示性标志是以文字为主,辅以或不辅以图形符号,作告示性表述并以告示内容确定类别归属的主标志。交叉河口、航线(道)起讫、岸线使用范围等交通信息,都可以告示性提示标志标示。

6. 辅助标志

凡主标志无法完整表达其规定时,应附加辅助标志。辅助标志的颜色为白底、黑色、黑边框。辅助标志所表述的文字应当简洁、明了、准确、无歧义,需要时可以使用“箭头”等图形符号。

辅助标志附加标示方法有标示时间,标示方向、距离,标示区域、范围,标示缘由,标示船舶种类以及组合标示(需要同时标示上述两种及以上内容时,使用组合标示的方法只使用一块辅助标志)等6种。

7. 可变信息标志

可变信息标志是一种可以改变显示内容的标志。可以显示因航道、船闸、船舶流、交通事故、水上水下施工和气象等情况的变化而改变的管理内容,用于发布航行通(警)告、气象预报、交通信息,以控制船舶航速、流向和流量,更有效地管理交通;结合水位仪,还可以显示水上过河建筑物随时变化着的实际通航净空高度。

可变信息标志一般用于干线航道、干支流交汇水域和通航密集区、交通管制航段以及船闸、港区等重要水域。

可变信息标志的字幕颜色应根据所显示内容的性质遵循下列原则:警告为黄色,禁止、限制为红色,指令为蓝色,提示为绿色。

第六章 航行图与航行安全信息

反映航道及有关陆域的地形、地物、地貌及助航标志的测量图叫航道图。包括航道图内容以及与航行有关的文字材料，供船舶在内河航行使用的图籍叫航行图。航行图是水道图的一种，是按一定的比例尺将河槽形状、水深分布、障碍物位置以及与航行有关的资料等，用各种符号绘制在平面纸上，供船舶航行用的一种地图。图中不能用符号表明的部分，则以文字加以说明。

航行图是船舶驾引人员在航行中必备的重要资料；是船舶驾引人员全面了解和掌握航道情况，正确地选择航路，摆正船位，引导船舶安全航行的重要依据。

第一节 常见图式的识别

一、比例尺

图上线段长度与对应的实际地形长度相比，称为该图的比例尺（又称缩图），它表示航行图的图形与实际地形之间的大小关系，也即图形是按实际地形的多少倍缩小绘制而成的。航行图上常用的比例尺有两种：

1. 数字比例尺

用分数或数字比例形式表示的比例尺叫数字比例尺。为了计算方便，一般比例尺用分子等于1、分母为整数的形式表示，分母表示实际地形长度在图上的缩小倍数。航行图中常用的比例尺有1/25000、1/40000、1/50000等，也可以写成1∶25000、1∶40000、1∶50000的形式，分母愈大，则比例尺愈小；反之，分母愈小，则比例尺愈大。

2. 直线比例尺

在图上用一定线段的长度来表示地面上的实际长度或用直线刻度尺的形式表示的比例尺叫直线比例尺或图示式比例尺。应用数字比例尺需要经常换算，在实际使用时不方便，为了直接而方便地进行图上与实地相应水平距离的换算，可采用直线比例尺，它可以在图上直接量取距离，使用方便，故一般航行图上均采用它，如图2-6-1所示。

在渐长纬度图上，纬度1′的长度表示地理上的1 n mile，所以图上两边纬度分划也是一种比例尺，可直接在航行区域附近的纬度分划上量取实际距离。

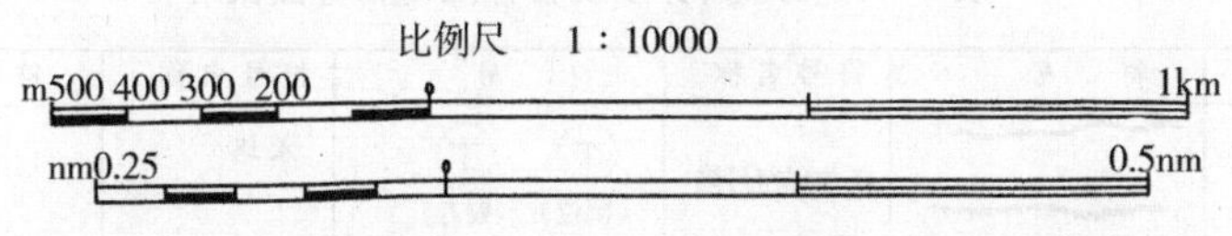

图 2-6-1 直线比例尺

二、图式

航行图上,用来表示各种不同河床、地形、地物、障碍物等要素的符号、缩写、注记和颜色称为图式(又叫图例)。它是人们识别和使用航行图的重要工具,是测图者和使用者沟通的语言。航行图所用的图式大致有水深、水区界限、水区障碍物、航线、水流、助航设备、居民点及地物地貌等。统一标准的图式能够科学地反映实际场地的形态和特征,不同的航行图所用的图式大致相同,但也有个别符号(如等深线)有不同的规定,使用时应予注意。

1. 图式的主要内容

有关图式的主要内容包括水深、水区界限、水流、锚地、港口、水区障碍物、底质等,见表2-6-1,内河助航标志图式见表2-6-2。

2. 重要图式注释

1)水深

航行图上的水深数字主要有:

$\underline{5}_2$——表示绘图基准面以上的水深为5.2 m;

4_1——表示绘图基准面以上的水深为4.1 m。

2)等深线

等深线是指航行图上水深相等的各点连线,根据等深水深大小分别用实线或虚线等方式来表示。

3)礁石

礁石是指水道中突出、孤立的岩石。它可区分为明礁、干出礁、适淹礁和暗礁。

明礁——洪水期露出水面的孤立岩石;

干出礁——绘图基准面以上的孤立礁石,洪水期时淹没,枯水期时露出,数字注记是干出高度;

适淹礁——仅指绘图基准面适淹的礁石;

暗礁——绘图基准面以下的孤立礁石。

4)沉船

沉船分为部分露出基准面上的沉船、深度不明的沉船、测出水深的沉船。

5)障碍物

障碍物是指水域中有碍航行的物体。如水底的桩、柱、管、弃锚等类,均注明性质、深度或高度。对其可靠程度,则用"概位""疑存"注记。

6)险恶地

险恶地是指岩礁、暗礁密布,不能一一测定位置,对航行有极大危险的水域。

表 2-6-1　水深、界限及各种障碍物等图式

符号名称	符　号	符号名称	符　号	符号名称	符　号
岸　线		概位(疑存)礁	(概位)　(疑存)	水塔	
陡　岸				塔形建筑物	
水深数字	5_2(基准面上的水深) 9_2(基准面下的水深)	部分露出基准面上的沉船		宝塔、烟囱	
等深线(m)	5　10	深度不及 6.5m 的沉船			
导航线	260°～80°	深度超过 6.5m 的沉船		教堂、庙宇	
禁区界线				纪念碑	
港　界		深度不明的沉船			
里程线	170	测出水深的沉船	船　(6_3)	山脉	
危险界线					
锚地界线		性质不明的障碍物	碍	铁　路	
				公　路	
卵　石		测出深度的性质不明障碍物	碍　(5_3)	公(铁)路两用桥	
沙　滩					
岩　礁		石　堆		公路桥	
险恶地		漩　涡		小桥	
明　礁		急　流		城镇	
暗　礁		流　向		乡　村	
干出礁		大船锚地		独立村	
适淹礁		小船锚地		雷达站	
明确深度的暗礁	(1_3)	三角点、高程点		气象站	

表 2-6-2 内河助航标志图式

序号	名称		图例 左岸	图例 右岸
1	过河标(设于岸上)			
2	过河标(设于水中)			
3	过河标(装梯形牌)			
4	沿岸标			
			背景深暗处	背景明亮处
5	导标			
6	导标(装梯形牌)			
7	过渡导标			
8	过渡导标(装梯形牌)			
9	首尾导标			
10	首尾导标(装梯形牌)			
11	侧面标	柱形浮标		
		锥形、罐形(设于水中)	锥形	锥形 罐形
		锥形、罐形(设于岸上)	锥形	锥形 罐形
		杆形浮标		
		灯船		
		灯桩	柱形 杆形	杆形 柱形
12	泛滥标(设于岸上)			
13	泛滥标(设于水中)			
14	横流标(设于岸上)			
15	横流标(设于水中)			

序号	名称		图例
16	左右通航标	柱形浮标	
		锥形浮标	
		锥形标(设于岸上)	
		灯船	
		柱形灯桩	
17	示位标		
18	桥涵标	通航桥孔	
		小轮通航桥孔	
19	通行信号标		
20	进出闸信号标		
21	鸣笛标		
22	界限标		
23	水深信号标		
24	节制闸标		
25	指路牌		
26	管线标	水底电缆	
		架空管线	
27	专用标		
28	航道(标)站		
29	航道(标)段		
30	发光标记		

第二节　航行安全信息

一、基本概念

航行安全信息是指利用媒体等手段传递的用以描述水域通航环境状况、与船舶航行及各种水上活动安全有关并直接产生影响的各种消息和情况、情报的总和。

航行安全信息具有显著的行业性、明显的时效性和有限的地域性等特点。航行安全信息的"及时发布、顺畅传播、保证接获、认真处置"对船舶的安全航行具有至关重要的意义。

航行安全信息涵盖的内容很多,涉及的范围很广。如涉及"水深"的航行安全信息通常由航道管理部门发布,但有时是由航道部门测定后,再由水上安全监督部门发布;涉及"碍航物"等方面的航行安全信息则均由水上安全监督部门收集、发布;有些海图出版机关为了便于其出版社的校正,通常向水上安全监督部门索取有关资料定期刊发,也起到了航行安全信息发布和传递的作用。

二、种类

我国水上安全监督部门通常把所发布的航行安全信息分为两支,即把用无线电话、传真、GPS 记录系统、邮件方式发布的称为"航行警告",使停泊在港外或正在航行的船舶抄收;把用信函、公文、布告、报刊、广播、电视等方面发布的称为"航行通告",供停泊在港内或准备离港的船舶读取。

但在实践中,考虑到船舶的流动性,尤其是河船、海船设备的差异性,航行安全信息除了上述发布方式外,还可以通过甚高频无线电话、GPS、AIS 岸台、短信平台、电子江图、交通安全标志等载体发布或承载。

(一)常用的航行安全信息

1. 航行通告

航行通告以书面形式或者通过报纸、广播、电视等新闻媒介发布,传递的信息主要是可能影响船舶航行、停泊安全的施工作业、恶劣天气及功能水域变更、标志的增减、变迁、港航规章的生效或废止等。

2. 航行警告

航行警告以无线电报或者无线电话的形式发布,传递的信息与航行通告类似。

3. 临时警示信息

临时警示信息是由单个 VTS、VHF 岸台、AIS 岸台所发布的临时性、突发性有关航行、停泊安全事项的信息。一般覆盖范围较小,通常局限于某 VTS 中心或 VHF、AIS 岸台所能覆盖的水域。有时,也考虑向特定人群,通过手机短信的形式进行发布。

4. 信息联播

信息联播是由多个 VTS、VHF、AIS 岸台联网发布的与航行、停泊作业安全有关的信息。

5. 公司内部安全信息

公司内部安全信息船舶单位根据本单位所属船舶特点、某一时段存在的问题,制定的通报、注意事项或相关要求并通过畅通有效的途径发布给所属船舶的与航行安全有关的信息。

(二)内河船舶航行安全信息

1. 航道通电

航道通电由航道管理部门将航道及航标设置变化情况用通电的形式发往航区全线,是驾引人员了解航道情况和更正航行图的依据。

2. 航道通告

航道通告是由内河航道管理部门发布的有关航道变化、航标异动及其他航道情况的文告。

3. 航道公报

航道公报是由航道部门汇集航道通电内容按月发布的航道变异资料,主要内容是航道尺度、标志异动及航行注意事项等。

4. 水位通电

水位通电是由管理部门向船舶发布的每天水位数字及其涨落情况。

5. 安全航行通电

安全航行通电是由相关管理部门根据季节、航道、水文、气象变化情况对船舶发布的通电或文件。

6. 内河交通安全标志

《内河交通安全标志》(GB13851—2008)中的可变信息标志是一种可以改变显示内容的标志。它可显示因航道、船闸、船舶流、交通事故、水上水下施工和气象等情况的变化而改变的管理内容,用于发布航行(警)通告、气象预报、交通信息,以控制船舶航速、流向和流量,更有效地管理交通;结合水位仪,还可以显示水上过河建筑物随时变化着的实际通航净空高度。

三、接收及处置航行安全信息

航行安全信息只有在接收后并被正确处置方能发挥其应有的作用。即发布者应做到“及时传递”,接收者应做到“无丢失接收”。航行安全信息能否得到及时、有效、无遗漏的传递,固然与信息传播的方式、手段和途径有关,但归根到底取决于接收终端的设备性能状况、环境条件、操作人员的技术状况及敬业精神。

(1)受规范(公约)约束的船舶应配备合格的接收设备或合格的操作人员,以确保能正确接收到航行安全信息。

(2)船舶单位应提高对航行安全信息的采集、管理工作重要性的认识。及时将收到的航行通告向所属船舶通报并提出相关要求和建议。

(3)船舶应加强管理,提高安全意识,做到抄收后及时在江图上注标,或及时进行传递、贯彻。

(4)船舶收到航行安全信息后,应结合本船技术状况和拟航经水域的情况,制定有效措施。

第七章 气象常识

环绕地球表面的整个空气层称为大气层,简称大气。在大气中发生的各种天气现象,如寒暑、干湿、阴晴、云雾、雨雪、雷电等各种物理状态和物理现象统称为气象。研究气象变化规律的科学称为气象学。气象学的内容非常丰富,大至宏观世界,小到微观世界,都属于其研究的范围。

第一节 气象要素

表征大气状态的物理量和物理现象称为气象要素。如气温、气压、湿度、风、云、雾、降水和能见度等。本节主要讨论风、雾和能见度等要素。

一、风的等级及风的方向

1. 风的定义和等级

1)定义

空气相对于地面或海底的水平运动称为风。

2)风速及风级

风速是单位时间内空气在水平方向上移动的距离。常用的单位有 m/s、km/h 和 n mile/h(kn)。

在日常生活和实际工作中,人们习惯于用风力表示风的大小。风力等级是根据风对地面或海面的影响程度来确定的。目前国际上采用的风力等级是英国人蒲福于 1905 年拟定的,故又称"蒲福风级",从 0 至 12 共分为 13 个等级。自 1946 年以后,风力等级又有修改,并增加到 18 个等级,如表 2-7-1 所示。

表 2-7-1 风力等级表

风级	风名	相对风速				海面状况	海面浪高(m)	
		kn	km/h	m/s	中 数(m/s)		一般	最高
0	无风	小于1	小于1	0~0.2	0.1	平如镜子	—	—
1	软风	1~3	1~5	0.3~1.5	0.2	微波	0.1	0.1
2	轻风	4~6	6~11	1.5~3.3	2.5	小波	0.3	0.3
3	微风	7~10	13~19	3.4~5.4	4.4		0.6	0.6

续表

风级	风名	相对风速				海面状况	海面浪高(m)	
		kn	km/h	m/s	中数(m/s)		一般	最高
4	和风	11～16	20～28	5.5～7.9	6.7	轻浪	1.0	1.5
5	清风	17～21	29～38	8.0～10.7	9.4	中浪	2.0	2.5
6	强风	22～27	39～49	10.8～13.8	12.5	大浪	3.0	4.0
7	疾风	28～33	50～61	13.9～17.1	15.5	巨浪	4.0	5.5
8	大风	34～40	62～74	17.2～20.7	19.0	狂浪	5.5	7.5
9	烈风	41～47	75～88	20.8～24.4	22.6	狂涛	7.0	10.0
10	狂风	48～55	89～102	24.5～28.4	26.5		9.0	12.5
11	暴风	56～63	103～117	28.5～32.6	30.6	非凡现象	11.5	16.0
12	飓风	64～71	118～133	32.7～36.9	34.8		14.0	—
13		72～80	134～149	37.0～41.4	39.5			
14		81～89	150～166	41.5～46.1	43.8			
15		90～99	167～183	46.2～50.9	48.6			
16		100～108	184～201	51.0～56.0	53.5			
17		109～118	202～220	56.1～61.2	58.7			

2. 风向与风压

1)风向

风向指风的来向，如风从东向西吹称为东风。常用16个方位或圆周方位(0°～360°)表示。前者多用于陆上，后者多用于海洋上或高空，如图2-7-1所示。

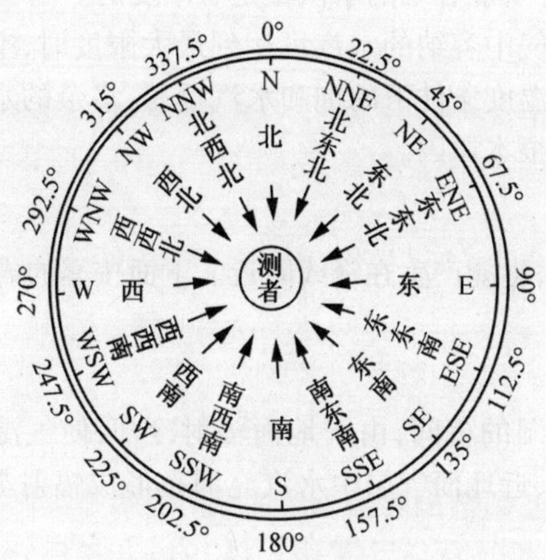

图2-7-1 风向的表示图

2)风压

风吹过障碍物时，在与风垂直方向单位面积所受到的压力称为风压。

3. 风的产生与船风

水平方向上气压分布的不均匀是产生风的直接原因。比如一地的气压高于其周围的气压，那么空气就会从气压高的地区向周围流去而产生了风。这种水平方向上气压分布的不均匀情况，主要是由热力条件所造成的。不同的地方受到太阳光照射不同，或者由于地面组成和形状不同，即使在太阳同样的照射下，也会使气温不同。气温的差异，使有的地方空气膨胀或收减，有的地方有大量空气流入或流出。如果流入大于流出，可使该地区的气压上升；如果流入小于流出,可使该地区气压下降。

船舶航行时,会产生一种从船首方向吹来的风,其风向与航向相同,风速与船速相等。这种风称为船行风(又称船风)。因为有了这种船行风,就使得我们在航行中的船舶上,用仪器测得的风不是真风,而是真风与航行风二者的合成风,称相对风或视风,如图 2-7-2 所示。

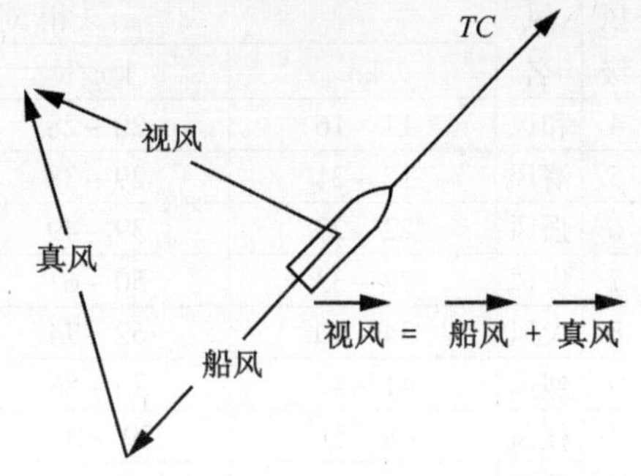

图 2-7-2 船风与视风作用示意图

二、雾

雾是影响能见度的主要因素之一。雾的变化性大,地区局限性也显著,所以较难预报。雾对船舶的活动有着直接的影响,特别是浓雾会使能见度变得十分恶劣,有时即使应用雷达等助航仪器,仍有可能发生偏航、搁浅、触礁和碰撞等海事。因此,船舶驾引人员必须具备有关雾的知识。

(一)雾的形成

当贴近地面或水面的低层空气达到近饱和的状态,而空气中又有吸湿性的凝结核存在时,空气中的水汽就开始凝结成无数小水滴悬浮在空中。当空中的水滴增大,数量增多到影响能见度时就形成了雾。若气温低于零度时水滴就可冻结成冰晶,形成冰雾。

在一定的温度下,空气中所能容纳的水汽量是有限度的。随着气温的升高,空气中所能容纳的水汽量也就增多。当空气中容纳的水汽量达到最大限度时,空气即达到饱和。如果空气中所含的水汽量超过了当时温度条件下的饱和水汽量时,多余的水汽就会凝结出来变成小水滴或冰晶。这就是产生雾的根本原因。

(二)雾的种类

雾既能产生在气团内部,也能产生在锋线附近。下面按雾的成因和特点,介绍河船上常见的几种雾。

1. 辐射雾

在晴朗微风而又比较潮湿的夜间,由于地面辐射冷却,使气温降低到接近露点而形成的雾,称为辐射雾。晴夜、微风、近地面气层中水汽充沛是形成辐射雾的三个主要条件。辐射雾有以下特点:

(1)出现时间

辐射雾一年四季都能产生,但以秋季和冬季最多。夏季辐射雾比较少见。一日之中通常在夜间形成,日出前最浓,日出后低层气温升高,导致雾的消散,风力增加雾也易消散。一般冬季消散慢,夏季消散快。

(2)出现范围

辐射雾一般水平范围不大,厚度较小,并以近地面层的浓度最大。

(3)出现地点

辐射雾主要出现在内陆、沿海地区,沿江或沿海地区产生的辐射雾可随风移往附近的水面,会给内河或沿海航行的船舶带来影响。

2. 平流雾

暖湿空气流经冷的下垫面,从而使水汽发生凝结而形成的雾称为平流雾。平流雾有以下特点:

(1)出现时间

平流雾出现的频率有明显的年变化,即春末夏初多,秋冬少,一日之中任何时刻都可能发生;平流雾通常在阴天有云层时出现;其出现必须有风,但风力以 2 ~4 级为宜。风力增大或减弱会使雾消散。

(2)出现范围

浓度和厚度大,水平范围广,持续时间长。

(3)出现地点

多出现在宽阔的海面上,也会产生于江湖的水面上。

3. 蒸发雾

冷空气流经暖水面时,由于水温高于气温,水面不断蒸发,水汽进入低层而形成的雾,称为蒸发雾。蒸发雾有以下特点:

(1)出现时间

蒸发雾一年之中以晚秋和冬季为最多 ,一日之中多在早晨,持续时间不长,日出后随气温上升而慢慢消散。

(2)出现范围

蒸发雾浓度和厚度不大,范围较小,多数情况贴近水面几米,常常不能遮蔽较高的桅杆。

(3)出现地点

蒸发雾多在河湖上形成。它看起来像是从水面冒出的热气。

4. 山谷雾

夜间冷空气沿谷坡下沉至谷底,当谷底湿度较大时,便发生凝结而形成雾。这种慢慢流出沟谷口而到达江面时便成为妨碍航行的雾称山谷雾。如果谷口河面比较宽阔,由谷口移来的冷空气温度又低,江面水温相对地比较高,这样就形成了蒸发的条件而出现蒸发雾。在这种情况下,山谷雾和蒸发雾将掺合在一起,形成浓雾。弥漫河面,严重妨碍船舶航行。

5. 锋面雾

暖锋前暖气团产生的水汽凝结物,在往地面降落时要穿过较冷的气团,水汽凝结物在冷气团中产生蒸发,当蒸发出的水汽不能被冷空气完全容纳时,就会有一部分又凝结成小水滴或小冰晶悬浮在近地面的低层空气中而形成雾,称为锋面雾。因为这种雾是随降水同来的,故又称水雾或雨雾。

锋面雾对航行的影响仅次于平流雾。锋面雾最常出现于锢囚气旋中和气旋中暖锋接近中心的部分。有时在冷锋前后也可能产生。锋面雾随锋面和降水区的移动而移动,因此在局部持续时间一般较短。但当锋面和降水区移动缓慢或停滞不前时持续时间也会延长。此外,锋面雾出现的时刻和强度变化均不受气温日变化的影响。

三、能见度

1. 能见度的概念

正常目力所能见到的最大水平距离，称为能见度，以 n mile 或 km 为单位表示。能见就是能把目标物的轮廓从天空背景上分辨出来。大气透明度是影响能见度的直接因素，其次是目标物和背景的亮度以及人的视觉感应能力。

如前所述，雾是影响能见度最主要的因素。其他如沙尘暴、烟、雨、雪和低云等也能使能见度变得恶劣。例如，在长江下游地区，秋冬季节船舶航行常见因沙尘暴而使能见度变坏的情况。

2. 能见度的等级

根据能见距离的大小，将能见度分为 0～9 共十个等级，见表 2-7-2。能见度好等级大，能见度差等级小。但在气候资料和世界各国发布的天气报告中，通常能见度不用等级，而以"能见度恶劣"、"能见度中等"和"能见度极好"等用语来表示。

表 2-7-2　能见度等级表

等级	能见距离		能见度鉴定	海上可能出现的天气现象
	(n mile)	(km)		
0	<0.03	<0.05	能见度低劣	浓雾
1	0.03～0.10	0.05～0.2		浓雾或雪暴
2	0.10～0.25	0.2～0.5		大雾或大雪
3	0.25～0.50	0.5～1	能见度不良	雾或中雪
4	0.50～1.00	1～2		轻雾或暴雨
5	1～2	2～4	能见度中等	小雪、大雪、轻雾
6	2～5	4～10		中雨、小雪、轻雾
7	5～11	10～20	能见度良好	小雨、毛毛雨
8	11～27	20～50	能见度很好	无降水
9	≥27	≥50	能见度极好	空气澄明

第二节　天气系统

显示大气中天气变化及其分布的独立系统称为天气系统。天气系统是在三维空间发生的，要使用多种气象图表才能了解其物理结构及其演变规律，不同的天气系统形成不同的天气。通常天气系统有大尺度天气系统和中小尺度天气系统之分。气团、锋、温带气旋、冷高压、副热带高压、热带气旋等都是大尺度天气系统，它们的水平尺度都在几百至几千千米以上，生命期一至几天以上。大气中还有一类空间尺度较小、生命期较短的天气系统称为中小尺度天气系统。中尺度系统的水平范围一般为十几千米至二三百千米，生命期一般为几小时至十几个小时。小尺度系统的水平范围只有几十米至十几千米，生命期只有几分钟至几小时。中尺度系统主要有多单体雷暴、飑线等，小尺度天气系统有雷暴单体、龙卷等。

一、中小尺度天气系统

中小尺度天气系统主要生成在低纬地区和中纬地区的热季，多为强对流天气系统，能产生强烈的阵性大风、阵雨、雷暴和冰雹等不稳定性天气，可以造成不同程度的灾害，对船舶航行有较大影响。一般把雷暴、飑线、龙卷、冰雹等强对流天气统称为雷雨大风天气。

1. 雷暴

雷暴是积雨云中所发生的雷电交加的激烈放电现象，一般伴有阵雨，常与雷雨通称。雷暴是小尺度天气系统，通常把只伴有阵雨的雷暴称为普通雷暴，将伴有暴雨、阵性大风、冰雹、龙卷等强对流天气的雷暴称为强雷暴或强风暴，常见的有飑线、多单体风暴和超级单体风暴等。

产生雷暴的积雨云称为雷暴云或雷暴单体，是小尺度天气系统，其水平尺度 10 km 左右。每个雷暴单体的生命史大致可分为发展、成熟和消散三个阶段。每个阶段持续十几分钟至半小时。天气谚语所说的“隔背不下雨”指的就是这种系统的天气特性之一。

1）雷暴发展阶段

发展阶段即积云阶段。其主要特征是上升气流贯穿于整个云体，地面风一般很弱，低空有向云区的水平辐合气流，促使上升气流发展。

2）雷暴成熟阶段

成熟阶段的特征是开始产生降水。由于云中上升气流不断发展，雨滴不断增大，当雨滴增大到上升气流托不住时，就开始降水，与此同时，在云与地或云与云之间发生大气放电现象，出现闪电和雷鸣。此外，由于降水物的拖曳作用而在其后部出现下沉气流，从而导致地面出现阵性大风。

3）雷暴消散阶段

这个阶段的主要特征是下沉气流占据了云体的主要部分。当雷暴云减弱消散时，其他天气现象也逐渐减弱消失。

2. 飑线

在有利的条件下发展起来的雷暴云，常常不是孤立的单体，而是对流云群，在适当的条件作用下，对流云群可以排列成带状。呈带状分布的雷暴或积雨云带称为飑线。它是比普通雷暴、孤立的强风暴影响范围更大的中尺度对流系统，水平尺度为 150 ~ 300 km，时间尺度为 4 ~ 18 h。在飑线上可出现雷暴、暴雨、阵性大风、冰雹或龙卷等剧烈天气现象。飑线过境时，常会出现风向突变、风速猛增、气温陡降、气压骤升等剧烈天气变化。

3. 龙卷

龙卷是一种破坏力很大的小尺度风暴系统。龙卷是小范围的强烈的空气涡旋，当天气特别闷热的时候，有时从浓厚的积雨云底会伸出一个类似“象鼻状”的云柱。当它伸达地面或水面的时候，常常能吸起大量尘土和水，像神话中描述的“龙吸水”，因而取名为龙卷，如图 2-7-3 所示。按其出现的地点不同，分为陆龙卷和水龙卷两种。产生在陆上的叫陆龙卷，产生在水面的叫水龙卷。

龙卷产生在强烈发展的积雨云底部，出现时往往不止一个。在同一时间里，从同一块云中，可以出现两三个甚至五六个。它们并不是同生同消的，往往是有的刚开始下伸，有的却已经伸达海面或地面，也有的伸伸缩缩，始终不下垂到地面。

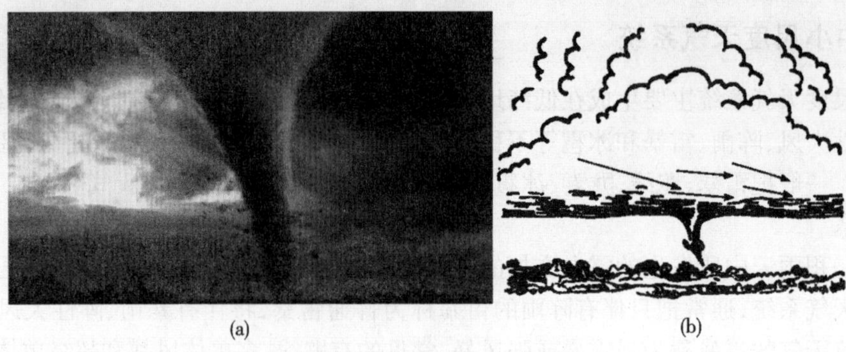
(a) (b)

图 2-7-3 龙卷风形成示意图

(a)龙卷风形成实景图;(b)龙卷风形成示意图

1)龙卷的特点

(1)龙卷生命期短

从开始出现到最终消失,一般只需几分钟,最多也不过数小时。龙卷的移动路径多为直线;移动速度平均为 15 m/s,最快的曾达 70 m/s;所经的路程较短,短的为 30 m,长的 4 ~ 5 km,最常见的是 2.5 km 左右。

(2)龙卷的范围一般比较小

龙卷的水平尺度很小,在地面上,根据龙卷的破坏范围来推测,其直径在几米到几百米之间,最大可达 1 km 左右。在空中,根据雷达探测资料判断,在 2 ~ 3 km 处,大多数龙卷直径为 11 km,越往上直径越大。

(3)龙卷风力甚强

龙卷中心的风速极大。其内部的风速自中心向外增大,通常在距中心 40 m 的区域,风速达到最大,有时超过 100 m/s,甚至达到 175 m/s 以上。

(4)龙卷中心的气压非常低

可低于 400 hPa,甚至达到 200 hPa。正是由于龙卷内部气压很低,空气上升运动很强,使进入其中的水汽迅速凝结,所以龙卷变为象鼻状云柱。这种云柱一般是垂直向下的,但有时因空中风比地面风大,其上部会顺气流方向倾斜。因此根据象鼻状云柱的倾斜方向,可以判断龙卷的移动路径。

(5)龙卷破坏力极强

龙卷内部的云雨分布与台风很相似,好像缩小了的台风。龙卷伸达地面或海面时,有很大的破坏力。例如,1956 年 9 月 24 日,上海出现一次强烈的龙卷,一座三层楼房被吹塌,一座钢筋水泥的四层楼被削去一角,一个重达 11000 kg 的大油桶也被从地上拔起,并抛出 120 m 远。

3)龙卷出现的季节

龙卷在一年及一天任何时间均可发生,陆龙卷多发生在春夏季节,最大值出现在傍晚;水龙卷多发生在夏季,最大值出现在早晨,次之出现在傍晚。

二、大尺度天气系统

(一)寒潮

1. 寒潮标准

寒潮是一种规模较大、势力较强、温度较低的冷空气活动。由于这种冷空气来势凶猛,如汹涌澎湃的潮水一样,所以我国气象工作者称其为寒潮。国际上也有称为寒流或冷波的。目前中国气象局将寒潮标准定义为:未来48小时责任区内最低气温下降8 ℃以上,最低气温4 ℃以下,陆上平均风力5~7级,海区平均风力7级以上。

2. 寒潮源地及季节

北半球最冷的地区在西伯利亚东部,最低气温达-60 ℃以下,南极的气温比北极还低,最低气温达-87 ℃以下。在极地和西伯利亚地带,是一片广阔的冰天雪地,像一个冰窟,当气团冷却堆积,空气密度增大,下沉地面,气压增高,发展到一定程度,就会爆发向南方气压较低的缺口倾斜,从而形成影响我国的寒潮。一次寒潮冷高压的活动过程,平均为7天左右,一年平均有4~5次。我国一年四季都有冷空气活动,但以当年11月至次年4月即冬半年最为频繁,一般多在早春和深秋。

3. 寒潮侵入我国路线

第一条——西路:从西伯利亚西部向南经蒙古西部或新疆北部进入,然后经过河西走廊到甘肃及陕西一带,最后侵入华北、华中、华东、华南和西南等地区。

第二条——中路:从西伯利亚贝加尔湖及蒙古高原进入,经我国东北和内蒙古,而后再进入华北和长江流域。

第三条——东路:从西伯利亚东部南下,经我国东北部地区和日本海、朝鲜进入我国东部近海地区。

4. 寒潮天气特点

冬季,当强大的冷性反气旋侵入我国时,在它的前面形成的冷锋称为寒潮冷锋。当寒潮冷锋经过我国北方时,气温骤降,风向转为偏北,风速猛增,一般可达10~20 m/s,甚至达到25 m/s以上。大风持续时间可达一天以上。

春秋两季冷空气带来的天气是大风、降温、霜冻、扬沙和沙暴等现象,尤其是春季更为严重。夏季,冷空气的强度减弱,不可能达到寒潮标准。

5. 寒潮对船舶航行的影响和预防措施

寒潮带来的大风降温天气,是我国的灾害天气之一,对船舶运输生产影响极大,为保护船舶和船员、旅客的安全,应采取一些预防措施。

(1)扎雪、扎风:大雪会使能见度降低,大风使船舶产生严重偏转和偏移,船舶(队)应根据抗风能力和能见距离情况,不冒险航行,及时选择安全地点停泊"扎雪、扎风",并按规定显示信号,鸣放声号,以策安全。

(2)防滑:对工作地点应及时清扫冰雪,甲板、过道、跳板应铺设防滑物垫,以免发生工伤事故。

(3)防冰:对船舶管系应用保暖材料包扎,并放完余水,防止在管内结冰而胀裂管壁;在北方河流,船舶应尽早做出进坞卧冬准备,防止船舶冻结在航道中途。

（二）热带气旋

热带海洋上的暖性气旋称热带气旋。它是对流层中最强大的风暴，被称为风暴之王。

1. 热带气旋的等级、名称及命名

1）热带气旋等级

国际上根据热带气旋中心附近最大风力对其进行分级，并且按其产生的区域给予不同的名称。中国气象局按中心附近地面最大风速划分将热带气旋分为六个等级：

超强台风（SuperTY）：底层中心附近最大平均风速大于等于 51.0 m/s，即风力 16 级或以上。

强台风（STY）：底层中心附近最大平均风速 41.5 ~ 50.9 m/s，即风力为 14 ~ 15 级。

台风（TY）：底层中心附近最大平均风速 32.7 ~ 41.4 m/s，即风力为 12 ~ 13 级。

强热带风暴（STS）：底层中心附近最大平均风速 24.5 ~ 32.6 m/s，即风力为 10 ~ 11 级。

热带风暴（TS）：底层中心附近最大平均风速 17.2 ~ 24.4 m/s，即风力为 8 ~ 9 级。

热带低压（TD）：底层中心附近最大平均风速 10.8 ~ 17.1 m/s，即风力为 6 ~ 7 级。

2）热带气旋命名方法

我国中央气象台将发生西北太平洋（180°E 以西、赤道以北）上风力大于等于 8 级的热带气旋，从每年 1 月 1 日起按其出现的先后顺序进行数字编号，如 9908 号台风表示 1999 年出现在上述海域的第 8 个台风。从 2000 年 1 月 1 日起，根据联合国亚洲及太平洋经济社会委员会和世界气象组织下设的台风委员会的决定，为有助于公众对热带气旋提高警觉，热带气旋除了传统编号外，西北太平洋和南海地区热带气旋将采用由太平洋沿岸各国人民熟悉的名字命名。新命名系统规定，西北太平洋和南海地区热带气旋的名字共有 140 个，由太平洋沿岸国家和地区各出 10 个，按柬埔寨、中国、朝鲜、中国香港、日本、老挝、中国澳门、马来西亚、密克罗尼西亚联邦、菲律宾、韩国、泰国、美国和越南为序排列（称为热带气旋命名表），列出的每个名字根据热带气旋出现的先后依次、循环使用。

为避免一名多译造成的不必要的混乱，中国中央气象台和中国香港天文台、中国澳门地球物理暨气象台经过协商，已确定了一套统一的中文译名。

从 2000 年 1 月 1 日起，我国中央气象台发布热带气旋警报时，除继续使用热带气旋编号外，还将使用热带气旋名字。

3）除名规定

按照世界气象组织的约定，以后如果某个热带气旋给台风委员会成员造成了特别严重的损失，该成员可申请将该热带气旋使用的名字从命名表中删去（永久命名），即将该热带气旋使用的名字永远命名给该热带气旋，其他热带气旋台风不再使用同一名字，以便在台风气象灾害史上记录标志性的事件。这样的话，就要重新起一个名字加入命名表。

2. 台风

台风的范围以直径表示。一般为 600 ~ 1000 km，最大可以达 2000 km，最小的仅有 100 km。台风的强度以中心气压表示，一般在 990 ~ 940 hPa 之间，强台风在 940 hPa 以下。中心气压越低，中心附近风力越大。台风来临时往往带来强烈的天气变化，如狂风、暴雨、巨浪、风暴潮和龙卷风等等，极易造成生命财产的巨大损失，严重威胁船舶航行安全。因此，掌握其发生、发展及活动规律极为重要。

1. 台风的成因

在热带扰动中,积雨云单体通过凝结释放潜热,使天气有所增暖,这样增暖使地面气温有所降低,从而增强了低空气旋性环流。边界层内摩擦作用使风有向中心的分量,这就增强了低层的辐合。辐合上升引起更多的积雨云形成,释放更多的潜热,从而使地面气压继续下降。如此循环下去,直至发展成台风。

2. 台风的天气结构

一个发展成熟的台风,按其结构和天气现象大致可分为三个区域,即外围区、涡旋区和眼区,如图 2-7-4、2-7-5 所示。

图 2-7-4　台风云图

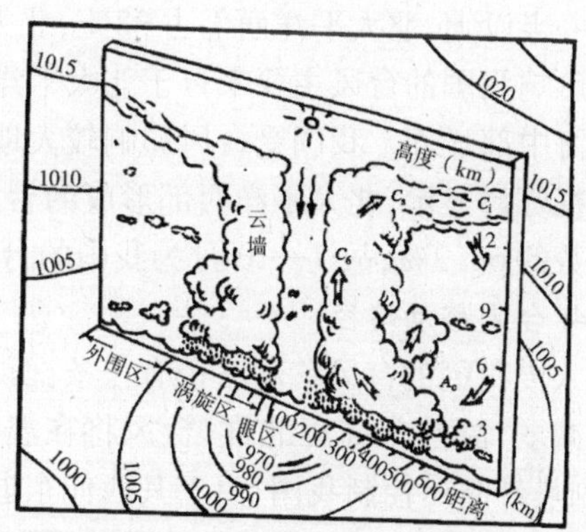

图 2-7-5　台风天气结构

1)外围区

外围区也称为外圈。台风是一个强大的暖性低压系统,中心气压很低。当接近外围区时,当时气压开始缓缓下降。风力逐渐增强,风向转变为受台风环流影响的方向温度升高,湿度增大,使人产生闷热的感觉。天空出现辐射状的高云和积状的中、低云,还有塔状的层积云和浓积云,特别在台风前进的方向上,塔状云更多,而且云体往往被风吹散,成为所谓的“飞云”。偶尔会出现积雨云,产生阵雨。

2)涡旋区

涡旋区也称为中圈。气压急剧下降,风力在开始时比较对称,以后变得不对称,通常在向西移的台风右面是副热带高压,气压梯度较大,风力较强,故有“危险半圆”之称。特别是发展中的台风前进方向的右前方,气压梯度最大,风力最强。一般在台风外围 200 ~ 500 km 半径内,平均风力突然增大,风力可达 12 级以上,近中心最大风力甚至超过 100 m/s。此区由于上升气流强烈,常造成宽数十千米、高达 8 ~ 9 km 的垂直云墙。云墙下常出现狂风暴雨,这是台风中天气最恶劣的区域。

3)眼区

台风眼区也称为内围,其直径一般为 10 ~ 60 km。气压停止下降,降水停止,风力减小到 4 级以下,且眼中有微弱的下沉气流,是少云微风的好天气,但当台风趋于减弱时,台风眼区会出现上升气流,天气反而转坏、云层密布,有时出现降水,台风眼区的海况十分恶劣,常产生金字塔浪,对船舶航行十分不利。

应当指出,在海上台风眼比较明显,到了内陆就看不到台风眼了。台风眼过去后,气压开始上升,又是另一半圆涡旋区的恶劣天气。当气压开始稳定,风速减小,降水停止,才算摆脱了台风的影响。

3. 台风产生的地区和季节

台风的运动,好像陀螺一样,它一边绕着自己中心旋转,一边向前推进。在北半球,台风一边绕着自己中心做逆时针旋转,一边向高纬度推进,其旋转速度水平分速为台风的风速,向前推进的速度为台风移动速度,平均为 20 ~ 30 km/h,最快可达 80 km/h。

台风产生的地区,一般分布在广阔的低纬度(5° ~ 15°)洋面上,全球台风主要源地有 8 个,其中北半球有 5 个,即北太平洋西部、东部、北大西洋西部、孟加拉湾和阿拉伯海;南半球 3 个,即南太平洋西部、南印度洋东部和西部。全球每年平均发生 80 个台风,其中北太平洋占全球总数一半以上,北太平洋西部占 38%,北太平洋东部占 17%。

影响我国的台风主要来自于北太平洋西部,集中在三个区域即菲律宾以东洋面、关东附近和南海中部洋面。我国受台风影响较大地区有东部沿海和南部沿海。

据资料显示,北太平洋西部形成的台风,以 8 月最多,2 月最少,从 7 月到 10 月为全年台风总数的 68.2%,故 7—10 月为我国的台风季节,并以 7—9 月最为集中。

4. 台风移动路径

入侵我国的台风移动路径有三条:西行路径、转向路径和西北路径。自 5 月开始,冷性反气旋减弱,副热带高压北推,台风将在温州以南地区登陆,登陆后迫使其向西行进。至 7—9 月,副热带高压控制我国,由于其西伸东退过程中位置不同,出现台风在温州以北地区登陆;或从温州附近登陆后,一是伸向内陆消失,一是北上从长江口附近出海,或从浙江北部海面掠过等路径。10 月冷性反气旋南下,副热带高压南退,台风登陆将至温州以南地区,如图 2-7-6 所示。

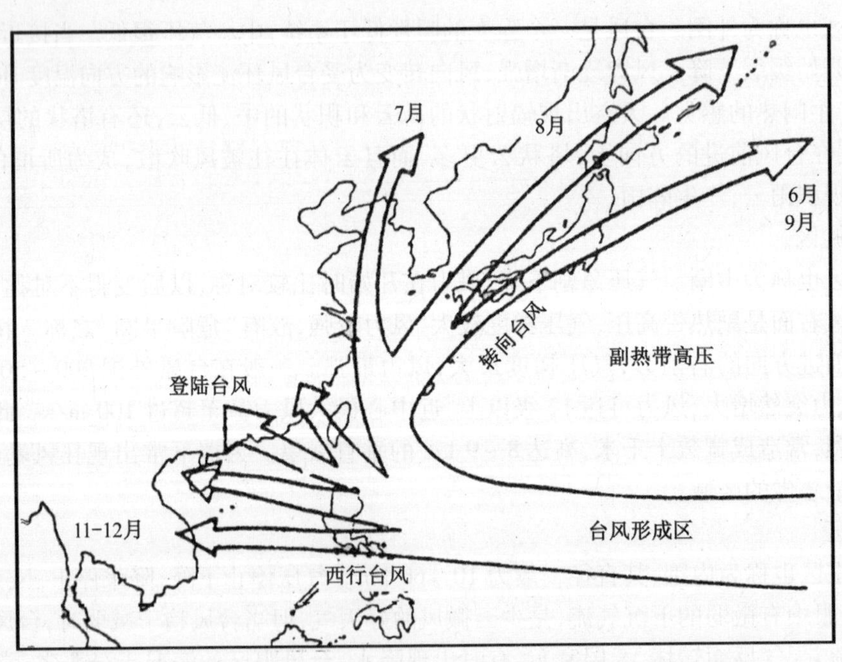

图 2-7-6　台风移动路径

深入内陆的台风路径有以下七条:

(1) 台风穿过台湾省在福州附近再次登陆,经福建北部进入浙江和江西交界处,然后转向，经苏皖南部东北行入海。登陆台风取这一路径的最多。

(2)西行台风进入125°E以西。24°N～26°N后，在浙江南部登陆，穿过江西北部继续西北行，消失在河南省甚至陕西省境内。

(3)经菲律宾西行至南海的台风，或南海生成的台风，沿副高边缘西南气流偏北行，在香港和广州一带登陆，穿过江西、浙江北部，消失于东海、黄海海面。

(4)台风进入125°E，27°N附近，沿副高边缘偏南气流西北行，在上海至苏南一带登陆后，很快转向东北行，消失在朝鲜半岛一带。

(5)台风进入125°E～130°E，28°N～30°N附近后，沿副热带高压脊南侧的偏东气流西行，在苏南一带登陆，消失在安徽南部或江西北部。

(6)台风经巴士海峡西北行，在广东和福建交界处登陆，西北行后消失在两湖盆地。

(7)北上的台风进入东海北部海面，此时副高位置偏北，脊线在35°N附近，台风北上受阻而转向西北行，穿过苏北、山东半岛消失在东北地区。

除了以上七条主要路径，还经常在浙江、福建一带登陆的台风，遇到长江中下游势力较强的高压脊，迫使台风西行，最后消失在两湖盆地。

还有一些台风受各种因素影响，或原地打转，或突然转向。

5. 台风天气特点

1)大风

台风中心附近最大风力一般为8级以上。

2)暴雨

台风是最强的暴雨天气系统之一，在台风经过的地区，一般能产生150～300 mm的降雨，少数台风能产生1000 mm以上的特大暴雨。如1975年第3号台风在淮河上游产生的特大暴雨，创造了中国大陆地区暴雨极值，形成了河南"75·8"大洪水。

3)风暴潮

一般台风能使沿岸海水产生增水，江苏省沿海最大增水可达3 m。如"9608"和"9711"号台风增水，使江苏省沿江沿海出现超历史的高潮位。

6. 内河船舶防台措施

深入内陆的台风对在内河船舶的航行安全影响很大，船舶须采取措施进行防范。

(1)收到台风警报后，应加强组织领导，布置工作。

(2)在航船舶应研究沿途锚地和停泊地，做到心中有数，以便随时就近驶入避风。

(3)港内作业船舶，在能及时做好防台准备工作的原则下，争取风来之前装卸完毕。否则，应停止装卸，集中力量做好防台工作。

(4)防台的准备工作：

①加强水密措施：货舱口舱盖布四周要压牢，而且在上面交叉压上绳索或钢丝绳；通风筒要拿下，插上木塞或用盖盖牢；通行舱口要关好；测水管、污水管等管道螺盖要检查，不使其漏水。

②排水措施：排水口不能堵塞，留在甲板上的纸张、绳屑等杂物要加以清除。检查排水设备，使其保持良好的技术状态。

③固定可移动的物体：船上载有可移动的货物，必须把它移卸舱内，或系绑在船上牢固的物体上。水柜内的水要装满，或将其放空。

④易受破坏的东西要妥为安置。如吊在舷外的舢板(救生艇)，收入船内架上，并系缚牢

固。

⑤机舱的措施:主辅机设备要停止修理工作,保持备用状态。

⑥停泊和航行中的安全措施:收到台风紧急警报,停泊船舶中的船员一律不准离船。停泊在船厂或港口码头的船舶,船员应该服从当地的领导,加强值班工作。同时应备妥主机,保证随时能启动。靠码头的船舶,应在系缆易磨损的地方,卷以麻袋或其他软垫,以免磨断。抛锚的船舶,要补充食品,备足三日以上的储备,这对抛锚在港外的船舶尤其重要。

在港外或在途中的船舶,应该选择避风锚地停泊。顶推或吊拖船队,应解队逐个锚泊。当抛单锚锚泊时,如风力增强,可放长锚链,以增强系留力量。如果认为抛单锚抓力不足时,应抛双锚。此外,在抛锚时应考虑到台风风向的转变,距岸不宜过近,而应留出足够的回旋余地。如抛的是八字锚,其锚链应一长一短,八字口始终对着最大风力的来向,并随着风向的旋转变化,及时进行调整。

如果发现已经走锚,应放链或加锚,增加系留力量;若已采取的措施无效,则应开动主机,起锚,更换位置。如走锚形势急迫,万不得已也可弃锚开航,转移到安全的地方去。

在航行中的船队,万一遇到强风袭来,船长应亲自掌握船队的驾驶,尽力采取各种措施确保安全。如船驳之间加强缆绳的系结和靠把的衬垫,顶推船队必要时可改为单排一列式吊拖,尽量赶到安全避风锚地等。当无法赶到安全锚地时,要立即解队单独抛锚,舱面人员工作,应抓住船上固定物体,稳步慢行,避免被狂风刮落江中。

第三节　灾害性天气预报

船舶驾引人员在航行中,总是时刻警惕地注视着航区内的天气变化,特别是风暴、寒潮、浓雾、雨雪等恶劣天气。驾驶员应充分认识到这些恶劣天气给船舶航行安全可能带来的危害并采取相应的对策。为此,驾引人员应掌握一些灾害性天气预报知识。

一、灾害性天气警报

灾害性天气,是对人民生命财产有严重威胁,对工农业和交通运输会造成重大损失的天气。如大风、暴雨、冰雹、龙卷风、寒潮、霜冻、大雾等。灾害性天气可发生在不同季节,一般具有突发性。灾害性天气警报一般有以下几种:

1. 大风

预计在未来48 h之内,本地平均风力可达6级或6级以上,最大风力在8级以上时,发布大风消息。

2. 消息

大范围灾害性天气(例如台风、寒潮)在48~72 h内将有可能影响本地区,即发布“消息”。

3. 警报

预计灾害性天气在48 h以内将影响本地区,即发布“警报”。

4. 紧急警报

预计灾害性天气将在24 h内影响本地区,即发布“紧急警报”,如“台风紧急警报”。

5. 解除警报

如台风已离开本地,或它的强度已显著减弱,对本地区不再有威胁时,即发布"台风解除警报"。

二、灾害性天气预警信号

灾害性天气预警信号有台风、寒潮、大风、大雾、暴雪、暴雨、高温预警信号等等,这里主要介绍台风、大风、大雾及寒潮等4种预警信号。以下预警信号标准根据2010年发布的《中央气象台气象灾害预警发布办法》中预警信号的发布标准。

1. 台风预警信号

台风预警信号分四级,即台风红色、橙色、黄色和蓝色预警信号。

1)台风红色预警信号

预计未来48 h将有强台风(中心附近最大平均风速14~15级)、超强台风(中心附近最大平均风速16级及以上)登陆或影响我国沿海。

2)台风橙色预警信号

预计未来48 h将有台风(中心附近最大平均风速12~13级)登陆或影响我国沿海。

3)台风黄色预警信号

预计未来48 h将有强热带风暴(中心附近最大平均风速10~11级)登陆或影响我国沿海。

4)台风蓝色预警信号

预计未来48 h将有热带风暴(中心附近最大平均风速8~9级)登陆或影响我国沿海。台风预警信号图标如图2-7-7所示。

图2-7-7 台风预警信号

2. 大风预警信号

大风预警信号分两级,即橙色和黄色预警信号。

1)大风橙色预警信号

预计未来48 h我国海区将出现平均风力达11级及以上大风天气。

2)大风黄色预警信号

预计未来48 h我国海区将出现平均风力达9~10级大风天气。大风预警信号图标如图2-7-8所示。

3. 大雾预警信号

大雾预警信号分两级,即大雾黄色和蓝色预警信号。

1)大雾黄色预警信号

预计未来24 h三个及以上省(区、市)大部地区将出现能见度小于500 m的雾,且有成片的能见度小于200 m的雾;或者已经出现并可能持续。

图 2-7-8 大风预警信号

2）大雾蓝色预警信号

预计未来 24 h 三个及以上省（区、市）大部地区将出现能见度小于 1000 m 的雾，且有成片的能见度小于 500 m 的雾；或者已经出现并可能持续。大雾预警信号图标如图 2-7-9 所示。

图 2-7-9 大雾预警信号

4. 寒潮预警信号

寒潮预警信号分三级，即寒潮橙色、黄色和蓝色预警信号。

1）寒潮橙色预警信号

预计未来 48 h 两个及以上省（区、市）大部地区平均气温或最低气温下降 16 ℃以上并伴有 6 级及以上大风，长江流域及其以北一半以上地区平均气温或最低气温将下降 12 ℃以上，冬季长江中下游地区（春、秋季江淮地区）最低气温降至 4 ℃、局地降至 2 ℃以下。

2）寒潮黄色预警信号

预计未来 48 h 两个及以上省（区、市）大部地区平均气温或最低气温下降 12 ℃以上并伴有 5 级及以上大风，长江流域及其以北一半以上地区平均气温或最低气温将下降 10 ℃以上，冬季长江中下游地区（春、秋季江淮地区）最低气温降至 4 ℃以下。

3）寒潮蓝色预警信号

预计未来 48 h 两个及以上省（区、市）大部地区平均气温或最低气温下降 10 ℃以上并伴有 5 级及以上大风，长江流域及其以北一半以上地区平均气温或最低气温将下降 8 ℃以上，冬季长江中下游地区（春、秋季江淮地区）最低气温降至 4 ℃以下。寒潮预警信号图标如图 2-7-10 所示。

图 2-7-10 寒潮预警信号

第八章 引航基本原理

引导船舶在内河水道中安全航行的技术，称内河引航技术。它是驾引人员根据航道、水文、气象、助航标志等条件和有关规定，结合本船航行与操纵性能，及时对复杂多变的航行条件做出符合客观规律的分析，准确、快速判定船位，采取正确的引航措施，驾驶船舶安全航行。

第一节 航行条件分析

航行条件是指船舶行驶水域内的航道、水文、气象、航标，船舶会让等客观因素的综合构成情况。这些因素虽然错综复杂，但互相联系、互相依赖，并在一定条件下发生变化，而它们的变化及其变化规律与船舶引航密切相关。因此驾引人员必须准确掌握各因素变化规律，了解各类船舶在各种水域中的运动特征，拟定正确航路，及时准确定位，注意船舶会让，以确保船舶安全航行。分析航行条件时，应着重考虑以下几个方面：

一、航道特征

航道特征包括河段的地形地貌、河床形态、航道尺度、支汊河与捷水道的分布及开放水位，汛期漫坪地段及水位，河槽内碍航物分布及碍航程度，滩槽特点，桥梁、船闸限制性航道情况等。

二、水文特征

水文特征包括比降、流速、水位(深)大小，主流、缓流分布，不正常水流特征、分布及其对船舶航行的影响；潮汐变化特征及其对船舶航行的影响等。

三、助航标志

广义的助航标志指可供利用的天然和人工助航标志，包括航标种类、特征、配布原则、方法，设标水深及移动规律；在天然标志中，包括树木、山头、岸嘴、突出的建筑物等。这些标志均可用来作为船舶选择航路、确定船位的参照物。

四、船舶动态

船舶动态是指相遇船舶的种类、性质、大小、操纵性能，活动规律，相遇地点、态势以及相应的避让原则与方法等,以期在引航的同时正确避让。

五、气象特点

分析各地区的降水、雾、风等气象要素,掌握灾害性天气的发生和变化特点,以及对船舶航行的影响。

内河水道航行条件具有多样性和复杂性特点,同时也存在着某些共性特征。无论如何,驾引人员只有在充分掌握航行条件的基础上,才能正确制定相应的引航操作方案,确保船舶航行安全。根据不同的航行条件,我们将内河水道归纳为不同类型的河段分节讲述其引航技术。

第二节　引航基本要领

引航基本要领,是指船舶航行时,经准确分析航行条件后,对航向、航路、船位、转向点、吊向点、会让(即船舶避让方法)等引航要素的选择与控制原则。其实质是船舶航行的准确定位和避让,概括起来讲,就是选好航路、摆好船位、做好避让,并且熟悉航道、选择好航路是基础,掌握船位是关键,正确避让是根本。

一、航路选择

航路是指船舶根据河流的客观规律或者有关规定,在航道中所选择的航行路线。从根本上讲,"有关规定"也要遵循河流的客观规律。航路选择正确与否,关键看是否符合河流的客观规律或者有关规定。

航路的选择,贯穿于船舶航行的始终,是内河引航技术的重点。船舶如因航路选择不当或错走航路而占据他船航路,不仅导致航速降低,引航操作被动繁杂,而且还可能导致碰撞、触礁、搁浅等水上交通事故发生。

内河的船舶航路,根据其实际情况的航线差异,包括水域、航向、位置的差异,习惯与规范间的差异等,可分为顺流航路、逆流航路、过河航路、规定航路(包括平流航路)与推荐航路。不论哪种航路的选择,都必须依照航行条件而决定,而航行条件受水位涨落影响而变化,所以,不同水位期的航路是有差别的,故也有枯水、中水、洪水航路之分。

(一)顺、逆流(顺航道行驶)航路

1. 顺流航路的选择

其基本原则是以主流为依据,将航路选择在主流范围内或航道中间行驶,俗称"找主流,跟主流",如图 2-8-1 所示。其目的是充分利用流速,提高航速,充分体现既经济又安全的原则。所以,在航道条件许可的情况下,如顺直河段,顺流航路尽可能选择在定向距离长的主流位置上,少做折线航行,减少用舵次数,避免航迹线扭摆而增大船舶阻力,但对主流中的礁浅等碍航处,航路应作阶段性的调整,绕避碍航物;对航道狭窄或弯曲系数较大的河段应选择高流势,即挂高航行。这样才能保证在利用主流的同时又能保证船舶航行的安全。

2. 逆流航路的选择

其基本原则是沿缓流或航道一侧行驶,俗称"找主流,去主流",如图 2-8-2 所示。其目的是避开主流,提高航速。而在主流两侧均有缓流区可供利用,需要选择哪一侧缓流区就应综合

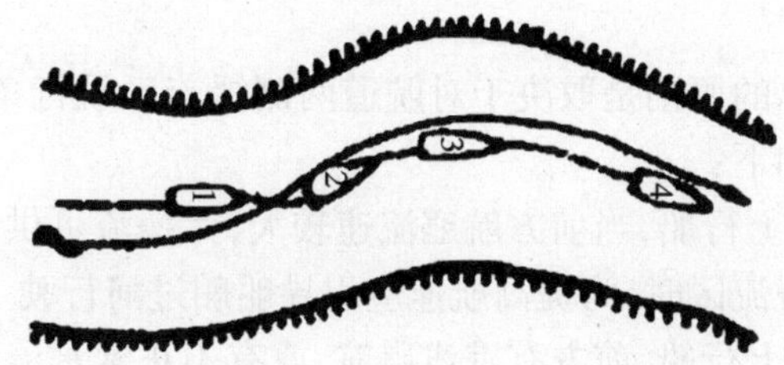

图 2-8-1　顺流航路示意图

比较，优化选择。一是比较缓流区的水深、范围、流速、流态差异；二是比较上、下缓流区之间是否衔接，以尽量减少过河航行。在航道狭窄或弯曲系数较大的河段应以水势高的一侧为要求选择缓流区。总之，选择缓流仍然要遵循安全、经济的原则。

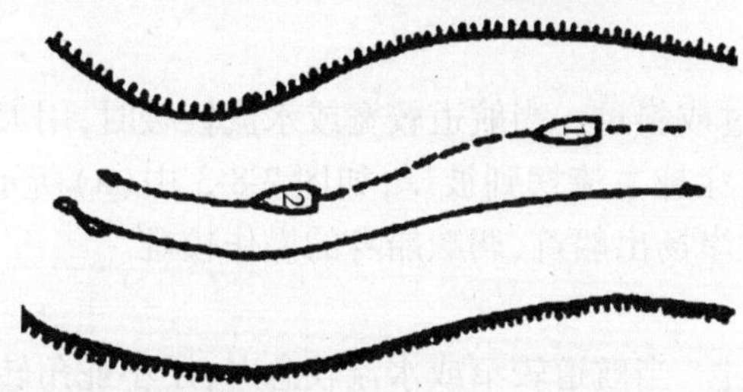

图 2-8-2　逆流航路示意图

3. 顺、逆流航路选择的注意事项

不同类型、大小、吃水的船舶在顺流航路上没有明显区别，而在逆流航路上则表现出了很大的差异。吃水越小的船舶，缓流利用度越大，由此决定了小型船舶在逆流航路选择上的自由度也随之增大；反之，吃水越大的船舶，在逆流航路上的自由度相对减小，所以，大型船舶在航路选择上所受到的限制，包括航道尺度、操作性能、避让等因素的影响和限制，决定了其航路选择需要尽可能控制得精准些。

另外，顺、逆流航行要保证在既定的最佳航路上，还要充分估计风、浪、流航道情况和周围环境的影响，尤其是注意横风横流推压作用、碍航物分布和他船动态等因素的影响。所以，顺、逆流航行，对横向不利因素的作用，要随时消除流压差和风压差，一旦偏离正常航路是非常危险的。例如：山区河流由于航道弯曲、狭窄，主流带窄，横流强，无论顺、逆流航行，船位应置于主流横向分速的上侧，即高流势的一侧航行。不仅如此，顺、逆流航行还应处理好在自身预定航路上与横越船、掉头船、靠(离)泊船、渔船等他船的会让。总之，保证预定航路，克服横向干扰。

(二)过河(横越)航路

顺航道行驶的上行船从航道一侧穿过主流，过渡到航道的另一侧称为过河。把过河的起止点称为过河点，有全年过河点和季节性过河点。把季节性过河点对应的当地水位习惯称为过河水位(范围值)。船舶过河航行是由航道的自然条件所决定的，也是从经济性上合理满足上行船航路选择的需要。山区河流比平原河流过河点的数量多，密度大，且过河水位和过河航行十分复杂。

1. 过河条件

船舶上行是否过河？总的原则是取决于对航道两侧缓流区航行条件的利弊权衡、优化选择的结果。过河条件具体如下：

(1)沿航道一侧行驶的上行船，当前方航道流速较大，无缓流可供利用，或水深不足，而彼岸航道前方有较长距离的缓流区时，为提高航速应引导船舶过河行驶。

(2)沿航道一侧行驶的上行船，前方有礁浅碍航，或有不正常水流，而彼岸航道顺直，且无障碍物或无严重的不正常水流，为确保航行安全，应考虑过河。

(3)在上、下行航线交叉的狭窄航道，其上、下游有宽阔的水域，为避免船舶在此航段相遇，上行船应提前过河到航道的另一侧，主动避让下行船。

2. 过河方法

在过河航段，因航道、水流条件不同，其过河方法也不同。一般有下列几种常用的过河方法(见图 2-8-3)：

(1)大角度过河法

大角度过河法又叫摆过或斜过。当航道较宽或水流较缓时，用大舵角转向，使航向和流向呈较大夹角，船身略成横向穿越主流摆到彼岸，如图 2-8-3 中(a)所示。该方法的优点是穿越动作较快，缺点在于驶过彼岸扬出船首、调顺船身的操作较难。

(2)小角度过河法

小角度过河法又叫顺过。当航道较窄或水流较急时，用小舵角转向，使航向与流向呈较小夹角，夹角大小视航宽和水流流速而定，应避免船身横向，利用水流流压作用，边顶流边顺过对岸，如图 2-8-3 中(b)所示。该方法操作较简单，安全性较好，是一般最常见的过河方法。

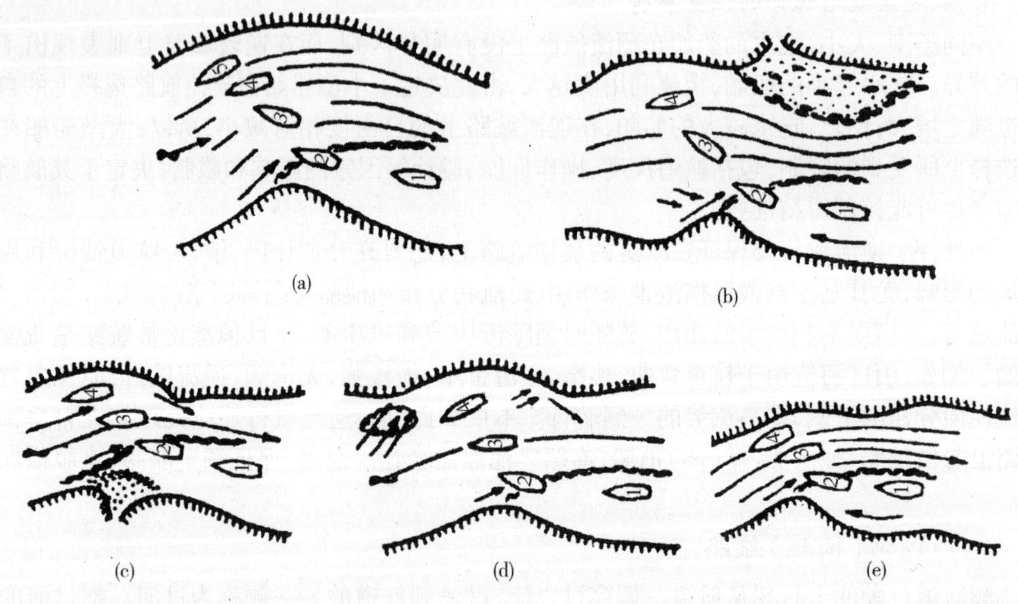

图 2-8-3 过河方法(式)示意图

(a)摆过法；(b)顺过法；(c)盖过法；(d)恰过法；(e)借势过河法

(3)指定目标点过河法

当彼岸过河终止点下方有障碍物或强力急流、内拖水、滑梁水时，为避免过河漂移困岸，摆脱其下方不利影响，要求过河船必须斜向提升过渡到障碍物或险恶流态流上方的指定目标点，该方法叫盖过法，如图2-8-3中(c)所示。

当彼岸过河终止点上、下方均有障碍物或险恶流态流时，要求过河船必须过渡落位于其间的恰当位置上，该方法叫恰过法，如图2-8-3中(d)所示。

指定目标点过河法，要求准确性高，难度大，所以采用该方法时要格外小心。

(4)借势过河法

若过河起点的上方突出岸嘴有强斜流，从岸嘴下方驶出的上行船可利用斜流冲击船舷的水动力与船首前进方向的惯性力构成的上升合力，带动船舶向上游方向横移过河，这种借水动力过河的方法叫借势过河法，如图2-8-3中(e)所示。

该方法是山区河流较特别的一种过河方法，上行船在出角迎流过河时，横移外张迅速，如操作不当，不注意控制斜流的冲击，极易造成"打张"事故。

3. 过河时机

船舶过河时，应遵守当地航路的特殊规定，根据航道和水域的特点掌握过河时机。无论使用哪种过河方法，都应该恰当掌握过河时机。在过河时机上，一方面要根据航道、水流特点决定；另一方面，过河是"横越"行为，所以，过河时还应考虑以不妨碍顺航道行驶船舶为前提。为兼顾船舶避让，过河时机要灵活掌握，必要时提前过河或者延迟过河。由此可知，过河点的位置并不是恒定不变的，过河早迟、高低要灵活运用。

船舶过河穿越主流后，驶近对岸时，也要适时掌握扬出船首时机。如扬出船首过早，不仅损失航速，而且船身难以落位；如扬出船首过迟，就会陷入逼近河岸无出路的困境，即使大角度扬出了船首，也难保船尾不扫岸。所以，船首一旦驶近对岸，要根据岸形、岸距、船岸角度、流态、航速等情况及时外扬，连伸带稳，调顺船身。

(三)平流航路

平流水域就是指流速非常小如湖泊、水库、运河、水网地区等水域。《内河避碰规则》第八条"航行原则"对船舶航路做出了原则性的规定。其中，特别指出"在潮流河段、湖泊、水库、平流区域，任何船舶应当尽可能沿本船右舷一侧航道行驶"。即主、缓流无明显区分水域的"靠右行驶"航路，或称为平流航路。湖泊、水库中，常可分近程和沿岸两条航路。天气好、风浪小时，可走近程航路，径直驶过湖区，以最近航程驶往目的港，这有利于提高船舶营运效率，如条件允许，应尽量选择近程航路。天气不好，风浪较大或船舶条件较差时，就应利用沿岸航路。它虽较为弯曲，航程较远，但由于水深不大，风浪较小，航行比较安全。在起航前，驾引人员应根据当时的天气情况和本船抗浪能力等因素，周密分析，妥善地选定航路。

(四)规定航路与推荐航路

规定航路是指水上法规对某些规定水域的船舶航路做出的专门规定。规定航路既有原则性的，也有具体的。例如，《内河避碰规则》第八条"航行原则"对船舶航路做出了原则性的规定。再如，《长江江苏段船舶定线制规定》根据长江下游的航宽大小，按船舶类型、等级分层次地对船舶航路实行分道通航制、分边通航制，对小型船舶实行了推荐航路、特定航路。此外，有不少港口的"港章"对航经港口水域的航路也有专门规定。

法规中的规定航路是在充分研究了河道的航行条件后的基础上进行的，不但遵循了河流客观规律，而且规范了船舶航行与避让行为，减少了船舶航行的盲目性、随意性，这对防止水上交通安全事故的发生起到了重要作用。

二、船位确定

1. 船位的概念

船舶在航道中的座标称为船位。在内河中,船位是指船舶距某航道起点的千米数,离左(右)岸的横距,以及船首线与计划航线(或岸线)的夹角。

船位是判断船舶是否处于预定航线上、是否安全的依据,又是测算航速的依据,也是继续航行时,选择航线、叫舵时机、用舵多少等决策的前提。所以船位对于航行船舶具有极其重要的意义。

2. "落位"的衡量标准

"落位"是指驾驶人员根据航行条件和船舶性能,采取符合客观实际的引航操作方案,将船位摆在既安全又能提高航速的合理位置上。它是判定船位摆得正确与否的引航专业术语。就顺、逆流航路而言,"落位"应同时满足下列条件。

1)航向与流向间的夹角要小

航向与流向间的夹角要小,尽可能做到航向与流向的平行顺向。一方面相对提高了上、下行船航速,体现了航行的经济性;另一方面,从安全上讲,可以减小因水流作用而发生的漂移和航向不稳定性,确保船舶航行在预定航线上。反之,因夹角增大而不及时修正,不仅损失航速,而且因流压作用产生的漂移危及本船安全,甚至危及他船的安全。故航向与流向间的夹角大小,是衡量船舶落位的基本要素。

2)岸距要适当

岸距是指船舶离岸横距大小。在航行中确定离岸距离时,应考虑航道等级、岸形结构、碍航或可航程度、船舶尺度、船舶操纵性和气象情况等因素。一般地,下行船要参照两岸岸形和船岸横距,而上行船则重点参照沿岸岸形及横距。岸距如何"适当"?以顺向为前提,以主流、缓流的合理利用为依据,如果主流、缓流利用合理,自然这种岸距也就合理。主流、缓流合理利用,不仅是船位问题,也关系到顺、逆流航路的选择问题。以岸距衡量船位,可以看出船位与顺、逆流航路的相互有机统一关系。

岸距的大小,在内河引航中,一般用目测法估计。下行船通常根据河道类型与主流位置,按河宽比表示船位,如"正中分心",意即船舶沿河心行驶;"四六分心","三七分心",意即船舶在河心略偏航道左(右)一侧四成或三成,以此类推。上行船则常以船宽或船长来度量,如离左(右)岸几倍船长或几倍船宽驶过。上行船岸距如结合航标的作用距离,在某些河流是有量化规定的。

3)尽量拉长定向航行距离

在航行条件允许的情况下,船舶尽量作较长距离航行。这样操作可减少用舵次数,缩短航程,提高航速,还可以简化操作,为驾驶员腾出时间考虑安全和避让问题。当然,定向航行距离要长也是相对的,在引航中驾驶人员应尽量解决好定向与转向的矛盾,做到"定向不输向,转向是必须"的原则。

第三节　转向点与吊向点的选择

为了满足船舶选择航路、确定船位的需要，船舶在航行中，用以取向、观向或衡量船舶当时当地所处位置的固定物标称为“点”。这些“点”常指内河引航中的航行参照物，根据不同的用法，可用作为引航中的转向点和吊向点，供船舶航行抓点、吊向所用。

（一）转向点

在内河水道中，由于航道走向的变化，船舶通常是分段定向航行的，从整体上看，航线呈折线。转向点就是船舶利用某固定物标改变航向的转折点。转向点常用一些具有显著特征的物标或流态作参照（转向参照点），如岸嘴、山角、航标等；在水流条件较复杂的河段，也可用各种流态为参照目标，如夹堰水、横流、泡水等，以利用水力支点使船体能圆滑地转向，驶达预定的航路上。从解释上看，转向点虽与转向参照点有一定联系，但二者并不等同。

转向点选择正确与否，对船舶能否“落位”影响较大。在正常航线上航行的船舶提前或滞后转向，均会使船舶不“落位”，有时甚至会导致困难局面，危及船舶安全。故选用转向点，应考虑航道、水流、船舶（队）大小以及操纵性能等因素以确定转向的时机、横距、角度、速率等，从而保证船舶的航迹线在预定的航线上。当发现船舶不落位时，应通过调整转向时机及时纠正，如图 2-8-4 所示。正确航路应处于 A 船的航线上，但行驶于不正常航路上的 B、C 船，因航向、横距不当，如要回到正常航路上，横距小的 C 船可延迟转向，横距大的 B 船可提前转向。

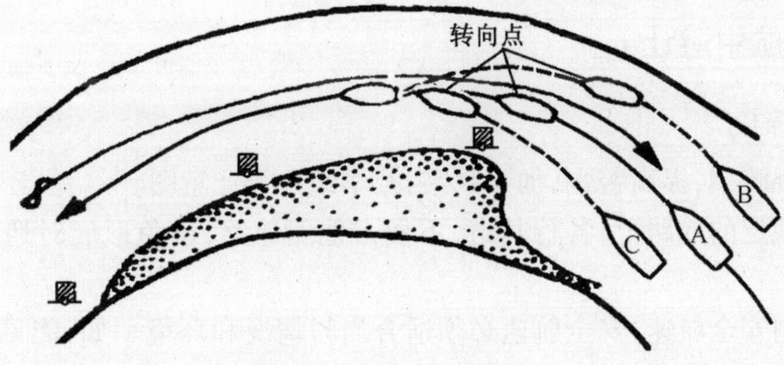

图 2-8-4　转向点与船位

（二）吊向点

船舶保持定向航行时，船首前方的显著物标，称为“吊向点”。船首对准或挂某物标航行，称为“吊向”。

操舵人员通常利用吊向点作为稳向航行的一种可靠依据，检验船舶是否偏离航线。配有罗经的船舶，也可用罗经来校核航向。

所选用吊向点，应是容易辨认物标，轮廓清楚，色泽鲜明，如山头、岸嘴、树木、烟囱、航标等，也可选用流态作吊向点。如所选用的吊向点在夜航也能发挥作用，就更为理想。如果船首对准的正前方缺乏明显的物标时，也可选用附近明显的物标，但须说明将该物标偏置左（右）舷多少度。平时常说“将某物标放在船首左（右）舷多少度”，也是指船首的吊向点位置。

(三)点向结合的运用

点向结合,是指船舶航行时船位与航向相结合,转向点与吊向点相结合,以满足船位和航路的正确需要。转向与吊向的引航操作术语较多。例如,转向术语常有"驾驶台平(过)某物标时转向""船首达某物标时转向""开门转向(船舶在刚驶抵能看清前面转弯航道的具体情况即称开门,此时转向称开门转向)""担腰转向(船舶航行中,以某一岸嘴、浮标、及重点水势,当其接近船舶的中部时开始转向)"等。一旦转向到适当位置时,需稳舵吊(定)向航行,在术语中也常有"吊向""置某物标于左(右)舷多少度"等。因点向结合的需要,故转向与吊向引航术语常结合在一起运用。

第四节　船舶避让

船舶在特定的环境中航行,当与一船或数船相互间存在碰撞危险时,船舶驾引人员应采取有效的措施,以达到避免碰撞的行为或行动称为"避让"。

随着船舶向快速化、大型化发展,以及通航密度的逐年增加,船舶间频繁相遇,发生碰撞的概率也增大。据资料统计,内河船舶水上交通事故,船舶碰撞事故总件数占80%左右。俗话说"三分走船,七分避让",这充分说明避让在安全航行中占有重要位置。那么怎样才能正确避让呢?这就要求驾引人员除了具有高度的工作责任感和良好的驾驶技术外,还应正确理解和熟练掌握《内河避碰规则》,根据水上复杂多变情况及时进行操纵、避让。

一、船舶引航中避让

(一)避让原则

(1)保持正规瞭望,提高警惕,加强联系,及早统一会让意图。

(2)行驶在规定的航路上,各行其道,不侵占他船航路,避免形成对遇或接近对遇而发生碰撞。

(3)正确控制安全航速,安全航速必须适合当时情况和环境。如:能见度不良时不宜高速行驶;在港口、锚地等通航密度大的水域行驶,应当控制航速灵活避让;当对来船动态不明产生怀疑或者声号不统一时,应当立即减速、停车,必要时倒车。

(4)采取任何防止碰撞的行动,应当明确、有效、及早地进行,并应用良好的驾驶技术,直至驶过让清为止。在避让上留有足够的时间和距离,始终把驶过让清作为避让的宗旨。

(5)明确让路船和被让路船的避让关系和责任,正确处理好各类船舶在各种相遇情况下的避让。例如:机动船对驶相遇、追越、横越和交叉相遇;机动船与人力船、渔船相遇;快速船相遇等,这些常见的相遇与避让,驾驶员必须善于熟练处理。

(6)按规定显示号灯、号型和鸣放声号。

(二)判断碰撞危险的方法

(1)船舶对遇时,在夜间能看见正前方或接近正前方来船前后桅灯或推轮白灯与推轮桅灯成一直线或接近一直线,并且同时看到两舷红绿边灯;在日间则能观察到他船前后桅或船队正前首驳锚机房(无人驳中间驳首)与推轮主桅成一直线和接近一直线时,应认为存在碰撞危险。

(2)船舶交叉相遇时,连续观测来船的罗经方位和舷角,如果没有发现明显的变化,两船距离又不断缩小,则与来船必然有碰撞危险;相遇双方相互不明对方的声号、灯号及动态时;因流压、风压,两船即或用舵转向一定角度,但仍拉不开横距,也应认为有碰撞危险。这里要注意的是,交叉相遇对来船桅灯、船队顶推灯与推轮桅灯夹角及舷灯颜色及显示角较为明显,但在大碰角或小碰角时也容易引起错误判断,常会和对遇或追越形势相混淆,以致采取措施过晚或不当而发生碰撞。

(3)船舶追越时,两船在不同距离方位变化率不变,横距又越来越小;追越船,未得到前船同意;两船过于逼近,没有足够的横距;尾随距离太近;被追越船前方有船或接近弯道和转向点;追越船没有完成追越全过程而过早转向横头等等,都应认为有碰撞危险。

(三)避让方式

从微观角度来看,一般有转向让(舵让)、变速让(车让)和转向变速并用让(车舵结合让)三种方式。具体采用哪种避让方法,以当时的情况和环境来决定。

1. 转向避让(舵让)

该方法以改变船舶航向、增大会让横距为手段进行避让。一般在两船形成对遇或接近对遇时,一船正挡另一船航路时或者两船横距过小时采用。用舵转向避让要点如下:

(1)要根据航道条件、环境、来船动态及早进行;

(2)两船相距较近应一次性操舵完成,避免延误时机;

(3)来船动向不明切忌盲目转向;

(4)除非挽救危局,一般不宜使用快车;

(5)风力、流压力对船舶转向的影响应有充分估计;

(6)在窄狭弯曲的航道,上、下行船都应按《内河避碰规则》主动与对方及早统一会让意图;

(7)万一避让不及,双方仍应按《内河避碰规则》要求减轻碰撞。

转向让要控制转向时机和角度,转向角度越大,所占航宽越大,且漂移也增大,加之航宽的限制,所以对此要特别小心谨慎。在紧急转向避让时,转向要迅速果断,同时兼顾船首和船尾。

2. 变速避让(车让)

变速让就是根据当时情况和环境减速、停车、必要时倒车,以此留有充分的时间和距离完成避让。至于加速一般不宜采用,除非在紧迫局面时,即两船已逼近,为迅速拉开两船横距或加大舵压力扬头甩尾,以避免或减轻碰撞。

1)变速避让的优点

采用变速(不包括加速)是船舶会让中最可靠、最有效的避碰措施,其优点体现在以下几方面:

(1)降低相对运动速度;

(2)容许有更多的时间来估计形势;

(3)使思想高度警惕,便于准备、采取多手措施,防止情况突然的变化(如来船机器失灵,紧急变向,受风、流压扬不起头等);

(4)一旦发生碰撞也可以减少撞击力和损失;

(5)便于对方采取相应措施。

2)变速避让的不足之处

(1)效果不如转向显著,尤其是少量的减速由于方位变化小(特别在对遇情况下),使来船不易觉察;

(2)行动不如转向那样迅速,尤其是变速要通过机舱人员操作的船;

(3)由于船舶惯性作用,尤其是吃水深、排水量大的船队,在采取变速后船速的变化非常缓慢。

因此,采用变速的行动应是及早、大幅度和果断的,避免多次小量的变速而贻误时机。

(三)变速转向并用避让(车舵结合让)

该方法汲取了上述两种方法的优点,统计资料表明,船舶采用变速转向并用避让效果最佳。

为了达到迅速、安全、可靠的避碰效果,会让中经常同时采用转向变速的措施,这样可以避免采用单一转向或变速的不足,用舵转向角度的多少以及变速的程度,要视当时具体情况而定,采用时要注意有机的配合。一般,在对来船有怀疑或确定有碰撞危险时应及时减速,在判断来船动向或统一会让意图后,应相应地转向避开,以便有足够的会让余地,当减速或停车后,舵效必然降低,转向的角速度将减慢,此时则必须根据当时的紧迫情况,以决定是继续慢速稳舵,或是以车助舵,加大转向角速度,或是船首让开后迅速反向用舵,加速甩尾安全会让。在转向中减速时要注意适当保持船舶稳向性能,防止发生另外的事故,情况危急要果断地采取倒车动作,并注意倒车过程中船首的偏转方向。双车船可用一顺一倒,有倒车舵船舶可用倒车舵控制船首方向。总之,不论转向或变速的采用“量”均要看当时的航道情况、周围环境、来船类型、相对速度及交角大小而灵活掌舵。

上述仅介绍了船舶避让的基本知识,实际上船舶避碰的内容远不止这些。引航和避让是一个有机整体的两个侧面,相互影响,相互制约,如不善于避让,则不能正常引航。因此,驾驶人员在引航中应始终考虑到船舶避让的问题,它也是引航基本要领的重要方面。

二、航路、船位和避让之间的关系

一般地,航路描述的是船舶航行的路线,是运动船位的轨迹,不同的运动船位构成了不同的航路;船位描述的是船舶航行的位置,随着船舶的运动,船位在发生变化。航路应服从船位,船位须符合航道、水流、气象等客观因素,驾引人员应利用岸形、物标、水流来评估、测定和调整船位。

转向点和吊向点也要紧密结合,没有单纯的转向点,也没有单纯的吊向点,转向后要吊向,吊向后又要转向,如此反复进行,都是为了正确选择航路和摆正船位,两者都必须服从于航路和船位的需要,其实质是船舶在内河水道的定位航行操作。

当正常船位与避让发生矛盾时,应毫不犹豫地服从避让。船舶行驶在理想的正确的既定航路上,但因避让需要改变航路和船位时,应尽力采取有效方法进行避让,不应错误地为了追求船位而延误或不采取避让行动,酿成事故。

引航技术核心在于船舶如何定位航行,无论哪种类型河段的引航操作,掌握了船舶定位航行技术,在很大程度上也就掌握了引航基本要领。

第五节　船舶定线制

一、船舶定线制概述

船舶定线在《国际海上人命安全公约》中称划定航路。船舶定线制的含义是指交通安全主管机关(部门)或技术性组织用法律规定或推荐形式指定船舶在水上某一区域航行时所遵循或采用的航线、航路或通航分道。

二、实施船舶定线制的目的

实施船舶定线制的目的在于改善船舶在交通密集区、有限水域中活动自由受到限制、水深有限或气象条件不佳的区域的航行安全。

三、定线措施

国际上通行的定线措施一般有九种。

1. 分道通航制

它是建立通航分道的具体措施,分隔相反的船舶交通流的一种强制做法。为了构成一个分道通航制,必须采用分隔带或分隔线以及通航分道;为了组织船舶定线制中的交通流,必须对交通流方向作出规定或推荐。具体内容如下:

1)分隔带

分隔带是用来分隔相反或接近相反方向行驶船舶的通航分道或用来分隔通航分道与沿岸通航带或用来分隔同向行驶特殊级别的船舶使用的通航分道的带,如图 2-8-5 中 1 所示。

2)分隔线

在狭窄水道可用分隔线来代替分隔带实行分隔,以便有更多的可航水域供船舶行驶,如图 2-8-5 中 2 所示。

3)障碍物

可用天然的障碍物如岛屿、浅滩或礁石等建立分道通航制,它虽限制船舶的活动自由,但又为相反的交通流提供了天然分隔,而起到建立分道通航制的作用,如图 2-8-5 中 7 所示。

4)通航分道

通航分道为在规定界限内建立单程通航的一种区域,如图 2-8-5 中 3 所示。

5)规定的交通流方向

规定的交通流方向为指示分道通航制中确立的交通运行方向的一种交通流图示,如图 2-8-5 中 4 所示。

6)推荐的交通流方向

推荐的交通流方向是在确立的交通流方向是不可行或不必要的地方指示推荐的交通运行方向的一种交通流图式,如图 2-8-9 中所示虚线箭头。

7)外界线

外界线使用分道通航制的水域的外界线,是一指定的界线,如图 2-8-5 中 5 所示。

8)内界线

在用分隔带时,内界线即是通航分道与分隔带交界的界线;在用分隔线时,其分隔线即是内界线;当采用天然障碍物时,即是供船舶自由航行的水域的边界。

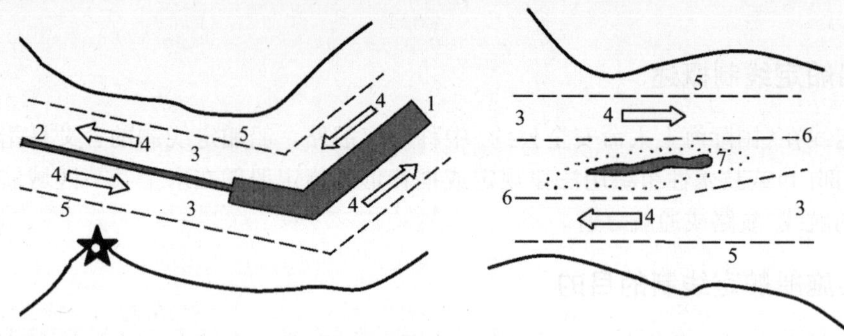

图 2-8-5　分道通航制

2. 沿岸通航带

由一个指定区域构成的一种定线措施。该区域位于分道通航制的向岸一侧边界与邻近的岸边之间,如图 2-8-6 所示。

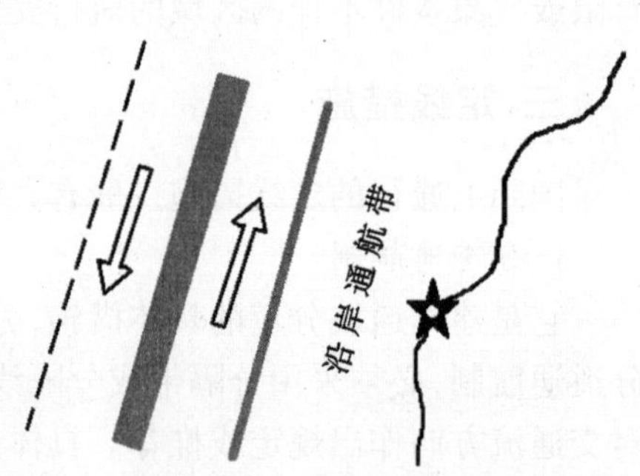

图 2-8-6　沿岸通航带

3. 环行道

由一个分隔点或圆形分隔带和一个规定界限的环行通航分道所组成的一种定线措施。环行道内的交通运行,如公路交叉路口中的转盘,按逆时针方向围绕分隔点或圆形分隔带实行分隔,如图 2-8-7 所示。

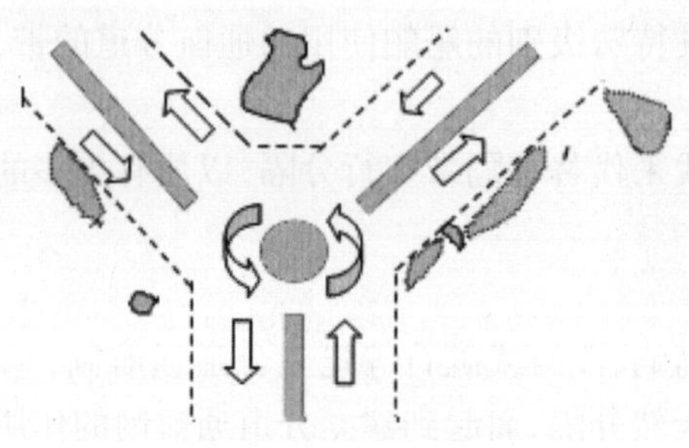

图 2-8-7　环形道

4. 警戒区

由一个区域构成的一种定线措施。在该区域里规定的界限内,船舶必须非常谨慎地驾驶。该区域内可能有被推荐的船舶交通流方向,如图 2-8-8 所示。

5. 双向航路

在规定的界限内建立双向通航航路,旨在为船舶提供通过航行困难或危险水域的安全通道。如图 2-8-9 所示。

6. 推荐航路

为方便船舶通过而设立的未规定宽度的一种航路,通常以中心线浮标作为标志。

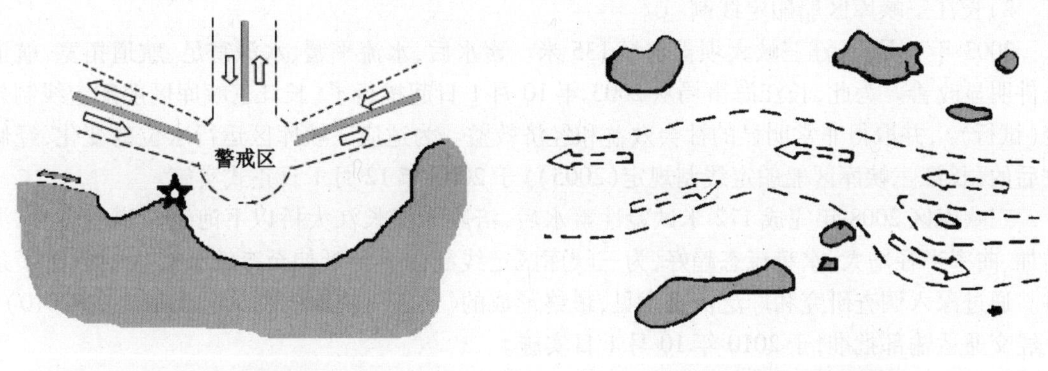

图 2-8-8 警戒区　　图 2-8-9 双向航路

7. 推荐航线

经过特别检验,尽可能保证无危险存在,并建立船舶沿其航行的一种航路。

8. 避航区

由一个区域构成的一种定线措施,在该区域的规定界限内,或是航行特别危险,或是对于避免交通事故特别重要,因而所有船舶或某些等级船舶应该避开。

9. 深水航路

在规定的界限内,河底及江图上所示的水下障碍物已经精确测量,并已清爽的一种航路。

四、船舶定线制在我国的实践

交通部在 70 年代末和 80 年代中期采用分道通航的定线方法,建立了北方沿海、青岛港团岛、大连港大三山水道等一系列船舶定线制度。这些船舶定线制在规范船舶交通流,减少和避免船舶碰撞事故方面发挥了一定的积极作用。

近十多年来,交通运输部把做好我国船舶定线制的规划、研究和实施工作作为推进新安全管理理念的突破口,作为支持地方经济发展的重要举措,加大了对船舶定线制的研究和实施力度。2006 年 8 月,国务院公布的《安全生产"十一五"规划》中明确要"在沿海、内河等重点水域建立船舶定线制"。

交通运输部先后在以下重点水域推行了船舶定线制:

1. 沿海水域船舶定线制

成山角水域船舶定线制;长江口水域船舶定线制;珠江口船舶定线制;老铁山水道船舶定线制;琼州海峡船舶定线制;青岛水域船舶定线制;曹妃甸水域船舶定线制等。

2. 内河水域船舶定线制

1)长江江苏段船舶定线制

长江江苏段上起苏皖交界的慈湖河口,下至苏沪交界的浏河口,主航道全长 360 多千米,是我国内河航运最发达的区域之一。交通部于 2003 年 5 月批复江苏海事局实施《长江江苏段船舶定线制规定》,这是我国内河航运史上有着里程碑式意义的重大变革。该规定遵循大船小船分流、避免航路交叉、各自靠右航行的原则以及实行过错责任的原则。实施以来极大地改善了通航环境,安全形势也明显好转,港航企业和当地经济受益匪浅。该规定后经调整和重新颁布,于 2005 年 10 月 1 日实施。

2)长江三峡库区船舶定线制

2003 年 6 月,长江三峡大坝蓄水至 135 米。蓄水后,水流平缓、水深富足、航道拓宽,航道条件明显改善。为此,长江海事局从 2003 年 10 月 1 日起推行了《长江三峡库区船舶定线制规定(试行)》,并取得非常明显的社会效益和经济效益。为适应三峡库区运行水位的变化,经修改后的《长江三峡库区船舶定线制规定(2005)》于 2005 年 12 月 1 日正式实施。

三峡库区 2008 年完成 172 米试验性蓄水后,涪陵李渡长江大桥以下河道航道变宽、水深增加、曲率半径增大、水势流态趋好,为三峡库区定线制向上游延伸至李渡长江大桥创造了条件。通过深入调查研究和广泛征求意见,最终形成的《长江三峡库区船舶定线制规定(2010)》业经交通运输部批准,于 2010 年 10 月 1 日实施。

三峡库区船舶定线制遵循各自靠右航行、减少航路交叉及过错责任原则。

3)长江安徽段船舶定线制

近年来,在长三角地区外向型经济发展和长江江苏段航路改革效应的推动下,长江干线安徽至江苏南京境内的航运爆发出强劲的发展势头。为此,交通部于 2005 年 10 月 1 日起在长江安徽段部分水域(高安圩至慈湖河口)推行了《长江安徽段船舶定线制规定》,划定了上下行通航分道、深吃水航路、航行警戒区、推荐航路,明确了“各自靠右、大小船分流、减少航路交叉、过错原则”,实现了江苏段船舶定线制的衔接。

为深化长江下游航路改革,打造长江水上安全快速通道,按照“成熟一段、推进一段”的航路改革整体思路,交通运输部决定在《长江安徽段船舶定线制规定》成功实施的基础上,将安徽段船舶定线制适用范围上界向上延伸至安庆钱江嘴,并定于 2010 年 10 月 1 日实施。

五、长江干线已实施的船舶定线制形式的基本特点

(1)实行各自靠右航行原则。即船舶在规定航路范围内各自靠右,交会时互会左舷。

(2)依据航道条件和航船型、船流密度等特点,选择不同的定线制形式。目前长江有分道和分边通航制两种形式。分道通航制主航道按双向、双线设计,基本实现大小船舶分流;分边通航制仅设置两个通航分道,分别供上下行船舶单向行驶,中间设置分隔线。

(3)设置航行警戒区,要求船舶在警戒区航行时需特别谨慎。

(4)取消横驶区,不设置过河标。

(5)明确了横越航路及航行船舶的具体行为和规定。

(6)定线制规定设定了过错责任原则,即重点强调了凡违反本规定而错走航路的行为,不按本规定的要求而进行随意穿越、随意进入、占用通航分道或推荐航路的行为以及乱停泊的行为而引发事故的,无论有何种理由均应负事故的主要责任或全部责任。

(7)定线制以完善的助航设施—航标为基础,准确标示通航分道。

第九章 顺直河段、湖泊、水库、运河及河口段的引航

顺直河段、湖泊、水库、运河及河口段一般具有良好的航行条件,可供利用的有利因素较多,妨碍航行的主要因素多为风浪。在引航操作中,应着重围绕这方面的因素来研讨其引航操作的基本方法和注意事项。

第一节 顺直河段的引航

一、顺直河段的航行条件

顺直河段一般是指在较长距离内其走向顺直或微弯的航道。从船舶驾驶的角度来说,顺直河段的航行条件是最好的。

(一)顺直河段的有利条件

(1)河道顺直,避免了驾驶操作的复杂性;

(2)航道宽度大,水深大,能够充分发挥船舶的效率;

(3)水流平顺,主流一般在河槽中间,水深、流速分布较对称,有利于船舶稳向航行。

(二)顺直河段的碍航因素

(1)河槽中偶尔有礁石碍航。它们有的潜伏水下,有的耸露水面,只是它们仅在受丘陵地带影响的河段里出现。在岸边也可出现山角、矶头、岸嘴、岩脚等石质冲积物。

(2)河槽中常存在着江心洲。它将河槽分隔为几条汊道,航道尺度变小,在其上、下端出现横流,甚至会使行经此处的船舶受不正常水流的影响而发生偏移。

(3)在顺直河段,风的影响比较显著。当大风的风向与水流流向一致时,就会在整个河面上翻起大浪。这对抗浪能力较弱的船舶或船队来说,是一个很大的威胁。

总之,顺直河段内可供引航利用的因素很多,而妨碍航行的主要是风浪问题,引航操作时,应围绕这个方面来考虑。

二、顺直河段引航的基本方法

顺直河段的引航,应强调在安全的前提下尽量提高航速。

（一）恰当用舵

船舶在循直线航行时，即使作短时间的转舵或只转一个很小的舵角，船舶的航速都会因此而有所损失，而旋转与侧移的结果，又必然使航迹形成弯曲。顺直的河槽，弯曲的航线，既延长航时，又降低平均航速，可能形成不得不多操舵进行纠正的恶性循环。同时，增加操舵次数无异增加了操作复杂性，这对航行安全是不利的。因此，在航行中，应少用舵，用小舵角，防止用急舵或大舵角。

（二）选好航向，摆正船位

船舶在顺直河段下水航行中，最理想的是把船位放在主流范围内，并使船舶航向与主流流向平行，得到的航速就将是船的对水航速和主流流速之和。这时可认为船舶充分利用了水流条件，达到最大的对岸航速。如果航向选择不当，船舶航向与主流流向有一个夹角，这时的航速显然要比上述情况时要小。不仅如此，在船舶航向与主流流向间有了一个夹角后，还会使船舶的实际航迹也与主流流向成一夹角。这种情况如持续相当时间，船舶将则不可避免地离开主流范围，而驶入流速较小的缓流区。这对下水船来说是不利的。因此必然随之要操舵转向，以保持在主流内航行，而操舵又将进一步引起航速的损失。

在正确选择航向的问题上，也包括适当拉长定向航距的要求。但在实践中，要求既拉长定向航距，又使航向与流向一致，有时会遇到困难。因为在天然河流中，即使是顺直河段，主流流向与河槽形势有时也不一定完全一致，以致不能做到同时兼顾。这时就应遵循以下原则去处理：在拉长定向航距后，船舶航向仍能基本平行于流向或只有在很少一段时间未能处于平行状态。当河槽的具体形势未具备拉长定向航距的条件时，不宜勉强拉长，以免损失航速。

（三）岸距要适当

船舶航路的离岸距离，一定要取得恰当，这是船舶“落位”的主要要求之一。顺直河段的下水船要紧紧抓住主流，循主流航行；上水船则应尽量避开主流，在缓流中航行。不论上下水船舶，对主流位置的判别都很重要。判明主流位置后，下水船可据之以确定离岸距离。或正中分心，或四六分心或三七分心下驶；上行船就能正确地利用缓流，体现出“抓主流，丢主流”的要求。在充分利用缓流时，上水船也应根据本船的具体情况，恰当地选择岸距。沿岸航行时，引航操作上应充分考虑：岸边障碍物和航标配布情况，风、流压和岸吸、岸推的影响，单船转向时船尾扫岸等情况。

（四）充分利用缓流航道

顺直河段的两岸旁多为缓流航道，是上水船的理想航路位置。但事物总是一分为二的，缓流区内流速虽小，然而水深也小。船舶在浅水航道中航行时，其阻力与在深水航道中航行时的阻力截然不同。这种由于外界条件的变化而引起的阻力差异主要表现为两个方面。其一是由于流场的变化，水深受限制，使得船底与河底之间的间隙变小，当水流流向船舶时，根据伯努利方程可知，船底与河底之间的流速必然增大。其二是由于船底部的阻塞，使一部分水流被挤向船的两舷侧方向流动，从而使船两舷侧流速也增大。总之浅水区船舶周围的流速比深水区船舶周围的大。流速的增大必然使船舶的阻力增加。同时还产生两种现象：其一是由于船底的流速增加，压力降低，从而使船的吃水增加，出现船体下沉现象。因而船底和河底之间的距离，对于在浅水区行驶的船是一个很重要的数据，必须引起重视。其一是由于船体周围的边界层厚度自船首向船尾增加，显然在船底底部和河底的间隙比船首处为小，因此产生尾倾现象。另外还有兴波的变化。由船舶阻力理论我们知道,浅水波和深水波不同,在相同的船速或波速情况下,浅水波的波高比深水波的波高要大。因此航行于浅水中的船舶兴波阻力要比深水中的船舶兴波阻力大。

因此在充分利用缓流时,对于吃水较大的船舶,应注意浅水航行时船舶动吃水的增加及浅水阻力的影响,决不可因贪求缓流而造成得不偿失的结果。

(五)少作过河航行

在顺直河段中选择上水航路时,应尽量少过河。因为过河航行时必须驶过主流区,而横驶会增加航程,增加行驶阻力,增加操作难度。然而由于河槽形势和水流情况等的限制,要完全不作过河航行是不现实的,因此其原则应该是:可过河可不过河时坚决不过河;如果过河后所取得的效果小于因过河航行所受到的损失时也坚决不过河;如果必须过河时,应选择既安全又经济的地点过河。

第二节　湖泊、水库的引航

一、航行条件

(一)湖泊的航行条件

湖区水面宽阔,尤其在洪水期呈现汪洋一片,它对船舶选择航路有利,而且湖区主航道航标配布较为完善,有利于导航。不利的因素主要体现在以下几方面:

(1)船舶航行时通常利用山角、岸形、河口、江心洲等物标引航,而湖区可供定位物标少,故给船舶航行带来困难。

(2)由于湖区水面开阔,船舶航行时受风浪影响较大。

(3)湖中水流流速缓慢,当注入的各支流流向不一致时,湖内流向顺逆不定,且难以辨认,极易使船偏航。

(4)过流湖淤积严重,范围也广,这些地带水草也多,对航行有一定的影响。特别到枯水期时,通航尺度大大减小。

(二)水库的航行条件

水库的航行条件与湖泊有许多相似之处,不同之处在于:

(1)建水库时常遗留一些树桩和残存的建筑物,水下障碍物比湖泊多。

(2)水位变化明显,其变幅较湖泊大,因而航线就随之常变,以调节流量为目的的天然水库更为突出。

(3)水库上游,泥沙大量淤积,航道随之变浅。

(4)水库一般受风浪的影响比湖泊小。

二、湖泊、水库的引航

在湖泊、水库中航行主要考虑的问题是准确地判定好自己的船位,并随时注意天气变化情况,充分掌握本船的抗浪性能,正确地操纵船舶航行。

(一)航路选择

湖泊、水库区常有近程航路和沿岸航路之分,船舶起航前,应根据当时的天气情况、本船的操纵性能等诸因素,妥善地选定好航行线路。当天气好、风浪小时,可选择近程航路,径直驶过湖区,有利于提高船舶营运效率;当天气不好、风浪较大或船舶条件较差时,应选择沿岸航路,其路程虽较远,但风浪较小,比较安全。

(二)掌握船位

在宽阔的湖泊、水库区航行,为了不远离航路或迷航,要随时掌握住本船的船位,特别是在中洪水期能见度较差时。

针对湖泊、水库区特点,常用的定位方法有:

1. 叠标及物标正横法

当船舶对准某一天然(或人工)叠标组航行,如果某一时刻正横于某一标志时,则叠标方位线与该物标正横方位线的交点,就是此时的观测船位。如图 2-9-1 所示,当船舶对准叠标 *AB* 航行时,于某时刻物标 *P* 正横,则方法线 *FAB* 和 *FP* 的交点 *F*,就是此时的观测船位。

2. 两方位法

先选定两个方位分布恰当、固定且便于观测的物标,在同一时刻观测它们的方位,所观测的两条方位线的交点,就是船舶在该时刻的位置,如图 2-9-2 所示。

“两方位法”在湖泊、水库中较为实用。如沿岸的灯塔、山头、岛屿、岸上的明显建筑物等,均可作为观测的物标。为使定位准确,在测定船位时,还必须注意,非固定的物标,如浮标、灯船之类容易移位,不宜作定位之用,并应选择距离近的物标为宜。两物标方位交角宜在 30°至 150°之间,最好是 90°左右,并且应先测方位变化较慢的物标(即靠近船首尾的物标),后观测方位变化较快的物标(正横附近物标)。

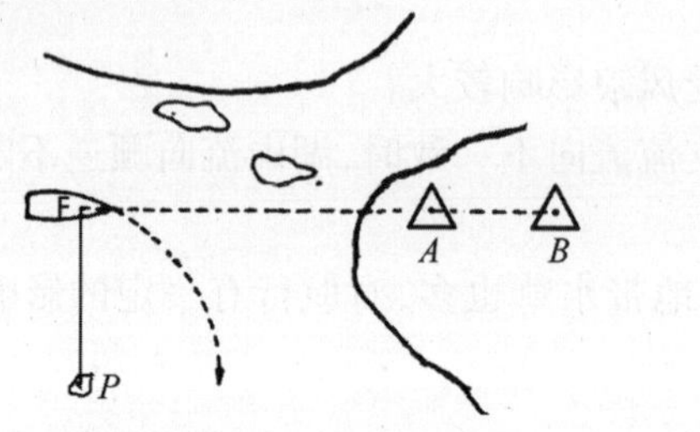

图 2-9-1 叠标及物标正横法

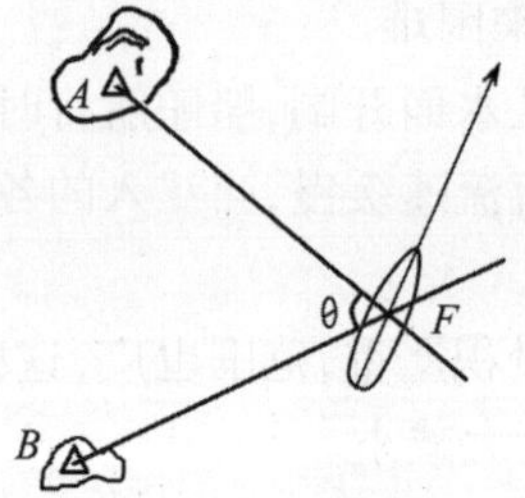

图 2-9-2 两方位法

(三)在风浪中航行

湖泊、水库区水面宽阔,容易形成浪区,风是影响船舶偏航的重要因素。特别是中洪水期,湖滩淹没,水面一望无际,风力 3 ~4 级时,上风一侧若有山岭,虽浪势较平缓,但会出现回风,否则会出现不同程度的翻花浪,湖心和下风侧尤为厉害。影响船舶航行,尤其是小型船队和抗风能力较差的船舶。航行时应注意:

(1)船舶尽量选择小浪区航行。

(2)需要掉头时尽量选择在小浪区进行。

(3)船队引航要求。

顶推船队遇风浪较大时,应改为吊拖形式。吊拖船队以单排或双排为好,若风浪很大,应以单排一列式为宜,以免同排驳船相互碰撞摩擦,并应增大驳船间距,其各驳前后间距应力求调整至能使每一驳船能同时跃上波峰或落入波谷中,以免缆绳受到急剧拉力而绷断,主拖缆应适当放长。受侧风时,应尽量使船队与波浪成小交角斜向航行,切勿横浪。

当船队长度大而航速低时,受风影响偏移很大,在航宽不太大的水面,易出现超出航道界限的危险,当拖顶空载驳船或吊拖尾驳载量小时,这种偏移会更甚。因此在航行中要随时注意观察并及时加之纠正,否则应减拖或"扎风"。两船队对驶或追越时,尤应注意驳船动态,两船队尽量拉开距离,并用甩尾法操纵安全会过。

第三节 运河中的引航

一、运河的航行条件

(1)除河岸偶有下塌的石块、树木等外,运河中碍航物极少。

(2)运河水源主要来自沿线湖泊及河流,其水位受其河湖水位变化的直接影响,并通过涵闸控制,得以保持航行和排灌的正常水位。

(3)运河中的流速除短暂的排洪期流速较大外,平时流速甚小。

(4)运河河道顺直,航道内水深较小,航道宽度也不大,比天然河流小得多。

(5)由于航道尺度小,使船舶行驶阻力增加,航速降低;同时岸吸岸推显著,船舶航行时容易发生偏摆。

(6)运河中通常建有船闸等通航建筑物。

二、运河中的引航

目前,我国各大运河中航行的船舶运输组织形式,既有单船,亦有众多的船队,在引航操作中应根据航行条件和船舶(船队)形式采取相应的操作手段。运河中船舶运输组织形式如图2-9-3 和2-9-4 所示。

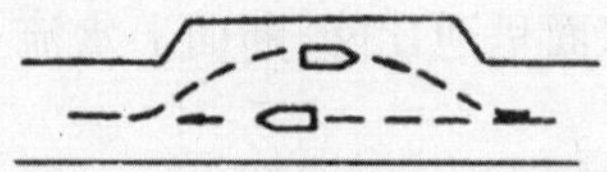

图 2-9-3 单船在运河河段的会让

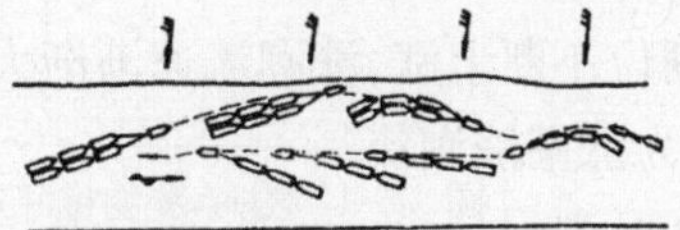

图 2-9-4 船队在运河河段的会让

(1)船舶在运河中航行,必须注意控制船速,以免对其他行船及两岸的船物造成浪损。

(2)在运河中航行时,岸推与岸吸的现象较为显著,应保持适当岸距。

(3)夜间航行背月光一侧的阴影容易使驾驶人员产生错觉,误认为是岸边,因此,驾驶人员要熟悉航道的地形、地物特征,利用前方物标正确引航。

(4)船舶在通过运河弯曲航道时,航路选择应靠凸岸一侧,防落弯。

(5)船舶在运河中航行时特别要注意两船之间的船间效应(船吸与船斥)。两船会遇时一定要注意控制航速和两船之间的横距并及时纠正偏航。会船应尽可能选择在顺直河段和宽阔河段(在长距离的单线河段中,常设置有专供会让用的加宽河段)。

(6)船队在运河中多为吊拖船队,且一般为一列式(一条龙),驳船队之间采用软式系法,两吊拖船队会遇时,一定要注意安全,必要情况下,对驶一定距离后,双方协同“甩尾”操船,继而调顺船队,直至安全驶离。

第四节　河口段的引航

河口段系指河流与其汇入水域相连接的区域。能够通航的河口段包括流入海洋的入海河口、流入干流的支流河口、流入湖泊的入湖河口、流入水库的入库河口。

一、入海河口段的引航

入海河口段,一般是该河流航道尺度最大的河段,但由于受径流、潮流和风浪等因素的影响,航道多淤善变,致使个别河槽水深不足,同时航行条件比较复杂,给船舶航行带来一定困难。

(一)入海河口段的水流特征

入海河口的水流特征,主要表现在潮流界范围内,受潮汐影响,主要流向在涨落两个方向作周期性变化。特别是在转流时刻,流向流速变化复杂。水流的转向,不是在整个断面上同时发生,而是逐渐由河底到水面,从岸边到中心发生的,所以,在转流的时刻,在河流同一断面上,将同时存在方向相反的两种水流,从而产生转潮浪,当有风的影响时,此现象更为显著。

涨落潮过程流速在时间上的变化,在多数河口上,涨潮流的最大流速是在达到平均水位稍后的时间出现,落潮流最大流速是达到平均水位稍前的时间出现,水流转向时间稍迟于最高、最低水位出现时间。涨落潮的一个过程可分为四个时期。

1. 第一时期

当潮波侵入河口之初,水位开始上涨,落潮流的流速递减,但水流方向仍指向海洋,称为涨潮落潮流。此时,在同一过水横断面上,可能出现上下两层方向相反的水流。

2. 第二时期

随着潮位不断上涨,涨潮流速渐渐大于河水流速,水面呈逆比降,断面上水流全都转向上游方向,称为涨潮涨潮流。

3. 第三时期

当海洋已开始落潮,河口内的水位随之下降,涨潮潮流的流速逐渐减弱,但仍大于河水流速,水流方向指向上游,称为落潮涨潮流。此时水面比降仍向上游倾斜,但随后却逐渐趋于平缓。

4. 第四时期

河口水位继续下降,涨潮潮流的流速递减,流向从指向上游转为指向下游,水面比降也转为向下游倾斜,称为落潮落潮流。

在整个涨潮过程中,由于加速度的作用,水流流速方向与水面比降方向不一致。如在落潮涨潮流的最后阶段,水面比降已转为向下游,而水流仍朝上游推进,在涨潮落潮流的最后阶段也有类似情况。

(二)入海河口段的航行条件

入海河口段河面辽阔,航道宽广,航行与避让都有较大的选择余地,航行条件较好。对航行产生的不利因素主要体现在以下几个方面:

1. 个别河段水深不足

河口区一般是每条河流航道尺度最大的河段,河宽、水深,受径流、潮汐和风浪的共同影响,江心洲丛生,且变化多端,深泓线经常摆动,河槽冲淤不定,某些地段泥沙易淤积形成浅区。

2. 可凭借、参照的天然物标较少

河口区航道远离岸线,岸标较少,不易被利用,多以浮标助航,但航标间距较大,能见度不良时,较难发现和识别,若遇大风,因水深、流急、浪高,浮标极易移位和漂失。故船舶均须利用罗经、雷达等仪器助航。

3. 受潮汐影响显著

潮汐可供船舶选择高潮通过浅水区域,利用潮位提高船舶载重能力;潮流可供上行船舶利用涨潮流提高航行速度,缩短航行时间。但是,在潮水初涨时刻,潮波拥入狭窄、浅水的河床,使大量水体集中,流速加快,由于河底的地形抬升,波峰增高加速,峰速赶上谷速,波峰挤压波谷,形成潮浪,称转潮浪或暴涨潮。大潮时的暴涨潮会严重影响船舶的航行安全,如遇大风,并在大风的共同作用下,其危险更大。

4. 河面开阔的深水航道,受风浪袭击危害大,锚泊条件差

大风时期发生的风浪与风向及流向有关,当船舶逆风逆流航行时,风浪大;当船舶顺风顺流航行时,风浪小;当船舶逆风顺流航行,风力大于流力时,风浪更大;当风向与流向垂直,船舶横浪航行时,船队颠簸摇摆激烈,会使船队发生碰撞、断缆和散队,甚至有倾覆的危险。

5. 海雾影响显著

每年南方的暖湿气流,北上我国沿海冷水面上,形成平流雾。雾出现后,遇海风将海雾吹入河口,使河面能见度降低,由于海雾浓度大,发生的范围宽、雾时长,严重影响船舶的航行安全。

6. 通航密度大

大型船舶的通航密度大,操纵能力受到限制的船舶数量日益增加,限于吃水的船舶需等候高潮时刻才能航行,使航道浅区在高潮时限内通航船舶的密度增大。

(三)入海河口段引航方法及有关注意事项

河口区水面广阔,主要依靠浮标指示航道界限,较少岸形可循,船舶必须按罗经或雷达定向航行,否则易迷失方向,偏离航道,造成事故。加之潮汐、风浪等影响显著及航道条件复杂,因此应特别注意。除参照上述有关典型河段的引航操作方法外,还必须掌握下列引航要点:

1. 充分利用潮汐

1)利用潮汐提高航速

只要掌握河口区沿途各地有代表性的潮汐要素,如高低潮时、潮高、流速变化以及该地涨潮流与落潮流的出现时间和持续时间等,就能从以下几个方面加以利用。

(1)要合理掌握开航时间,使船舶在开航后能长时间地顺着潮流航行,最大限度地缩短逆流航行时间。即开航前应当掌握始发港的高低潮时,向上游航行的船舶应在低潮或低潮前开航。若驶向下游,则宜在该港的高潮或高潮之前开航。

(2)要合理掌握航速,即从甲港的高潮时向下游乙港开航后调整航速,使船舶在驶到乙港时恰为乙港的高潮时间,这样又可顺落潮流继续下驶。总之,若航速掌握得当,不论上下水航行都能利用潮流的有利因素,对节约能源、降低运输成本具有重大作用。

(3)慢速船队应合理掌握转流时刻的流速分布规律,调整航路位置,如图 2-9-5 所示。

船舶在落潮落潮流航行时,因落潮流的最大流速,顺直河段在河心一线,弯曲河段在河心偏向凹岸处。所以,上行船的航线应选择岸边或凸岸一侧,而下行船的航线应选择在河心或河心偏向凹岸一侧,如图 2-9-5 中(a)所示。

船舶在低潮转流时航行,因落潮流的最大流速值已降低,而涨潮流先出现在顺直河段的两岸和弯曲河段的凸岸边,故上行航线应选择在岸边或凸岸一侧,下行航线应选择在河心或稍靠凹岸一侧,如图 2-9-5 中(b)所示。

船舶在涨潮涨潮流时航行,因涨潮流的最大流速,顺直河段在河心一线,弯曲河段在河心偏向凹岸处,故上行航线应选择河心或偏向凹岸一侧,下行航线应选择岸边或凸岸一侧,如图 2-9-5 中(c)所示。

船舶在高潮后转流时航行,因涨潮流的最大流速值降低,落潮流先在顺直河段的两岸与弯曲河段的凸岸边出现,故上行航线应选择河心或稍靠凹岸一侧,而下行航线应选择岸边或凸岸一侧,如图 2-9-5 中(d)所示。

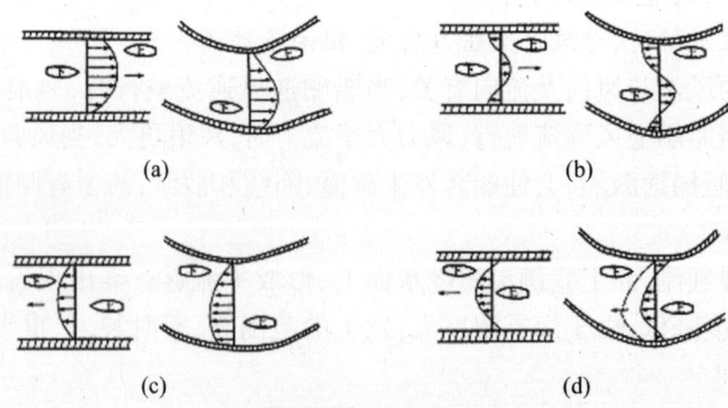

图 2-9-5　转流时刻流速分布规律及航线选择

慢速船队选择上、下航线时,与河岸或障碍物的横距,应根据本船队的吃水、拖带的长度、队形、航速、航道的剩余水深、风向与风力、流向与流速等因素确定,切忌贪图提高航速,所取横距太小,而造成船队擦浅、搁浅、落弯或扫岸等事故。

慢速船队选择转流时刻航行,对转潮浪的影响应有充分估计,并采取相应的措施,以防发生碰撞、断缆、散队以及散队后造成搁浅等事故。

2)利用潮高通过浅水道

利用潮高通过浅水道,发挥船舶最大载重能力,对不同尺度的船舶均有实际意义。合理利用的关键在于正确掌握潮时、潮高及当时当地的气象条件。

2. 正确掌握流速流向

由于河槽平面形状的限制及涨落潮的影响,流向作有规律性的改变,特别是在弯曲河段或分汊口,一般流向与航路的交角较大,遇潮流急涨急落,对船舶推压影响很大,掌握不当,极易偏离航路,造成扫标、触浅甚至碰撞等事故。因此必须掌握关键河段的流向。特别是慢速船队应根据流向、流速的影响,选好转向点,并利用前后浮标观测船位,随时加以修正,使船位始终处于正确的航路上。

3. 充分利用浮标航行

一般采用浮标作为转向点，使用罗经逐个走向航行，将船位保持在计划航线和安全界限内。

当本船驶近河口区第一个浮标时，应先核对该标的标色、编号、灯质和位置，确认无误后，再定向航行至该标。达预定转向点时，驾驶员应负责修正风流压差角，再按照计划航向转向，待新航向稳定后，应立即观测出现在前方的第二浮标，同时可利用前、后浮标连线，检查本船的罗经航向是否正确、罗经差有无变化、风流压差角估计值是否接近实际、本船能否航行在计划航线的安全界线内。使航迹线平行于前后两浮标的连线，发现偏离应及时修正航向，待至第二个转向点，转向下一个浮标航行。

4. 注意风压，摆正船位

河口区河面宽广，不论风来自何方都受一定影响。一般当风力五级以上，且风向与航道走向一致时，则船队不论上水或下水，除应根据抗风能力编组合理队形外，应选择顺风顺流，适当控制航速，尽量赶在转潮前到达目的港或锚地锚泊。横风时应注意风压，始终使航路靠近上风一侧，特别是空载船队更应该注意修正船位，防止困向下风，偏出航道。其他可参照大风浪中航行的操作。

5. 航行注意事项

(1)应使助航仪器始终处于正常状态。特别是罗经、雷达应准确可靠，不致在视线不清时因误差而走出航道。

(2)熟悉航道，熟知航标特征及各标间的航向、航程。

(3)通过每一标志时都应认真核对，防止错认或漏认，应正确估计横距，记录经过时间及航向，并根据本船航速预先估计出到达下一标志的时间。

(4)经常查看前后标志方位，及时判明本船是否偏离航道。

(5)航行时除以前后两标判断船位外，还应注意观察其他浮标或岸标的相对位置，应尽量利用岸上显著的标志核对浮标，以防在浮标发生异常情况或视线不清时走出航道。

(6)驾引人员应注意在平时积累经验，摸出规律，方能在特殊情况下，做到心中有数。

二、支流河口段引航

支流与干流的汇合处，称为支流河口。

(一)支流河口段的航行条件

1. 支流河口流态紊乱

由于干流和支流不同流向的水流相汇，致使支流河口流态紊乱。尤其当水位干流低于支流，支流又逢陡涨水时，支流的流量激增，其强流挤迫干流主流流路，使干流泄水断面急剧收缩，支流河口下方的回流区增大，在两股水流的交界面上，产生了夹堰、泡漩、回流等流态，如图2-9-6所示。这些不正常流态的强度、范围随干支流水位和流量的变化而变化，随支流与干流的交汇夹角大小而变化。支流河口的流态变坏，增大了船舶操作难度，并危及船舶安全。

2. 支流河口流速变化大

干支流交汇水域的流速随干支流水位的变化而变化。当干流水位上涨，支流没有涨水，则支流受干流顶托而水流平缓，甚至干流水倒流入支流；当支流水位上涨，干流没有涨水，则干流

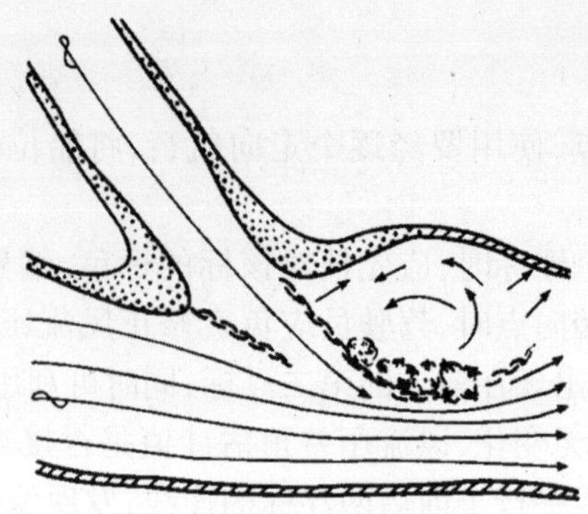

图 2-9-6　支流河口流态示意图

受支流顶托产生壅水,支流流速增大,可能形成吊口水。例如,当长江发水时,在洞庭湖口产生滞流或倒流现象。当洞庭湖水系春汛发水季节,而长江尚未涨水时,湖口的水流特别湍急,出现"吊口水",在泥滩嘴外产生大面积的漩涡。

3. 支流河口易淤积泥沙

流量一般干流大于支流,当干流水位上涨时,支流河口段在一定范围内形成滞流现象,大量泥沙沉积于河口两岸,如图 2-9-7 所示。其淤积程度与水流的含沙量及输沙能力、洪峰发生频率、洪峰稳定时间长短,特别是末次洪峰后的水位退落急缓等有关。如最后一次洪峰发生后,水位急退,来不及冲刷河口,则淤积较严重,尤其是水流含沙量大的支流,有时还需进行疏浚,才能保证通航。

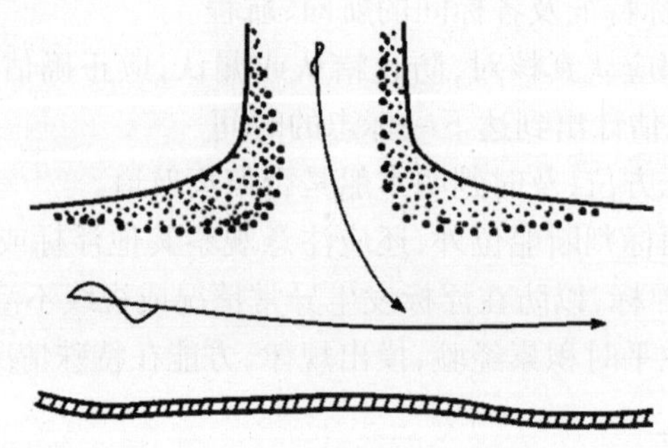

图 2-9-7　支流河口淤积示意图

4. 支流河口航行船舶密度大

支流河口航行通视较差,过往船舶多,会让船行驶困难,极易发生碰撞事故。

(二)支流河口段的引航

根据上述对支流河口航行条件的分析可知,如果干、支流的交角不同,干、支流流量比率及水位变化不同,那么支流河口的流态及泥沙淤积程度等肯定不相同。一般平原河流的支流河口航道尺度大,交汇水域较宽广,水流条件比山区河流的支流河口优越。因此,船舶进出各个支流河口段的航路及航法也不相同。

1. 从支流进入干流

1)出支流进入干流上行

当两河的水流成小夹角交汇时,如图 2-9-8(a)中 1 航线所示,船舶循支流的主流下行,至 1 位时鸣笛示警,稍拉大档子,至口门能见到上沙嘴以上整个水城时,船首达干流水流,迎流转向,以外舷挂常流,丢夹堰乱流于内舷,待整个船身驶上正常水流后,边走边内转向,进入干流上行,当两河的水流成大夹角交汇时,如图 2-9-8(b)中 1 航线所示,船至 1 位,以外舷靠主流下驶,拉大档子后,及时调顺船身,缩小船向与流向夹角迎流出角顺向后进入干流。

2)出支流进入干流下行

当两河水流成小角度交汇时,主流流入角偏靠下岸嘴,船舶应避开下角内拖背脑水势及上嘴夹堰、回流区。船舶循支流下行至河口下角上方,置船位于主流外侧,避让支流口下角背脑水势及沱区紊动水流,循主流流线边走边内转向,进入干流随主流带下行,如图 2-9-8(a)中 2 航线所示。

当两河水流的交角较大时,主流线扫弯,下沱区大,夹堰内侧及沱内流态紊乱。船位应置于主流上侧高流势一侧下行,船首达河口下角挑流,操内舵迎流转向,将内舷挂上夹堰水,操外舵提尾顺向,以外舷挂主流,顺流向驶出交汇水域,如图 2-9-8(b)中 2 航线所示。

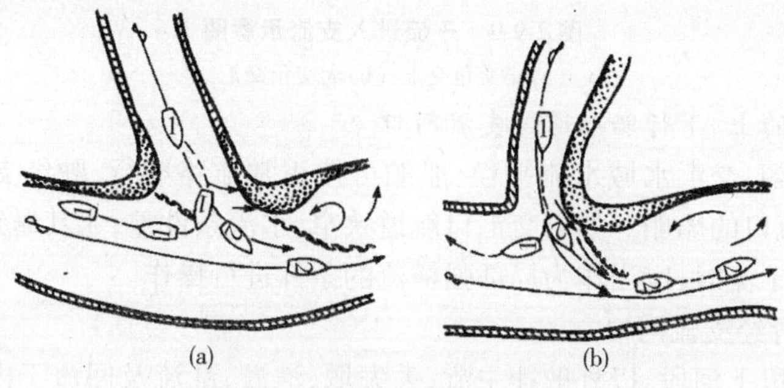

图 2-9-8 支流进入干流示意图

(a)小交角交汇;(b)大交角交汇

2. 自干流进入支流

(1)自干流上行进入支流

当两河的水流成小夹角交汇时,船舶自干流以外舷挂流水上行,达支流来的水流时,操内舵迎流转向,避让河口下角内拖水势,顺向后穿越主流进入支流上方靠岸一侧的缓流上行,如图 2-9-9(a)中 1 航线所示。

当两河的水流成大角度交汇时,船在干流时,以外舷靠主流内侧弱流,丢夹堰内侧泡水、漩涡及沱区强回流于内舷侧,船首达支流来的水流时,操内舵迎流转向,待下岸嘴背脑水不影响时,边走边转向进入支流缓流带上行,如图 2-9-9(b)中 1 航线所示。若下沱区水流较平稳,可利用沱区缓流,以外舷挂夹堰上行,出角迎流顺向后沿主流上侧缓流上行,如图 2-9-9(b)中 2 航线所示。

(2)自干流下行进入支流

当两河水流成小角度交汇时,自干流循主流下行至岸嘴上方,逐步向上方岸嘴挂高转向,以上嘴外夹堰为目标,船首挂上夹堰时回舵稳向,待船体进入支流正常水流后,调整航向,穿越主流,沿主流上侧缓流上行,如图 2-9-9(a)中 2 航线所示。

当两河水流成大角度交汇时,干、支流两种不同流向和不同流速在上嘴外交汇,夹堰流带的水流紊乱。如支流口的河面较为宽阔,水流条件尚好,可仿图 2-9-9(a)中 2 航线进入支流,顺向后,顺过下岸侧,循缓流上行;若支流口狭窄,支流的水流力量强,交汇水域的流态紊乱,自干流下行的船舶,将船置于主流外侧,拉大档子,至上岸嘴上方,向上嘴转舵稍顺成斜向,即

"下尾"(通常指上行船舶过河后,将船头外扬,船尾顺向下游,调直船身的操作过程),降低船舶冲量,落位于夹堰水外侧,然后再操反舵转向,穿越夹堰流带,进入支流口正常水流后,回舵内转向,顺过下岸侧缓流上行,如图 2-9-9(b)中 3 航线所示。

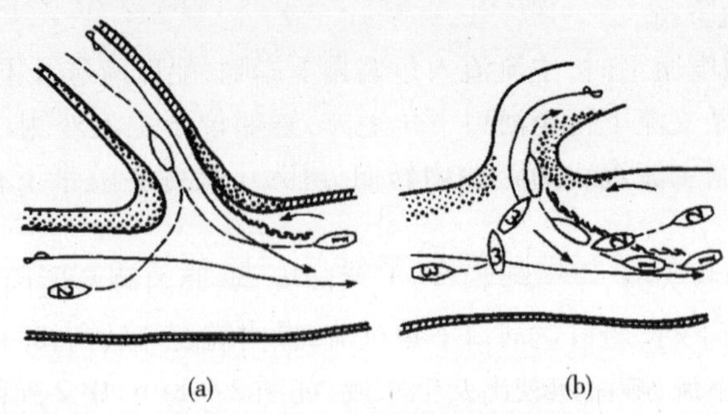

图 2-9-9　干流进入支流示意图

(a)小交角交汇;(b)大交角交汇

3. 航行于干流的上、下行船舶通过支流河口

当干流航道宽阔,交汇水域水流平稳,船舶可按正常航路航行,驶经支流河口时,适当绕开,以避让进出支流口的船舶。如果交汇口航道狭窄、水流条件差,尤其遇到支流涨水,且水流以较大的夹角进入干流时,应当作为局部强横流的条件进行操作。

(1)自干流上行经支流河口

船舶在支流口以下河段,以外舷挂主流,丢失堰、泡漩、乱流及回流于内舷上行,船首将达来自支流的水流时,预先向支流偏转一个角度迎流,以提高船身,防止船舶随流漂移。迎流稳向后,驶过河口,进入干流的上游缓流上行,如图 2-9-10(a)所示。

(2)自干流下行经支流河口

船舶至河口上游干流河段,置船位于主流上侧下行,以支流的水流为目标,逐渐转向,取适当的迎流角,达支流水流时转舵迎流,穿越支流水流后,待船首内舷挂上下沱区夹堰时,操外舵提尾顺向,落位于主流上侧,保持船向与主流的流线顺向下行,如图 2-9-10(b)所示。

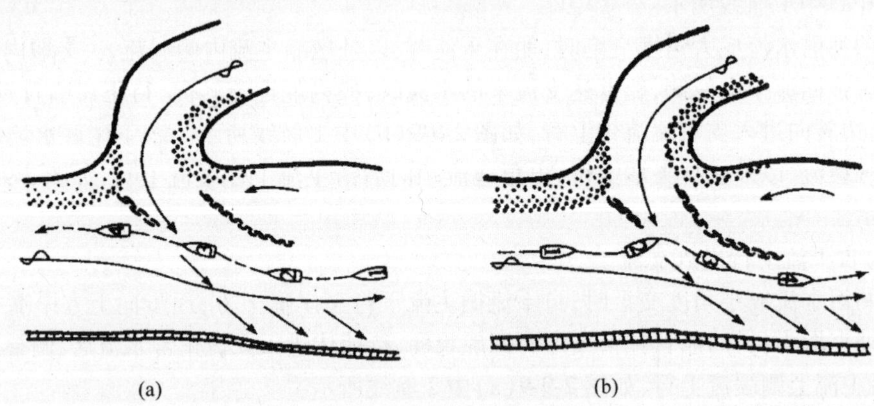

图 2-9-10　干流船舶通过支流河口

(a)上行;(b)下行

(三)支流河口航行注意事项

(1)航行于支流河口的船舶应遵守当地有关规章。由于支流河口航行条件特殊,当地有关部门会对进出干、支流船舶及经过支流河口的船舶做出特殊规定。

(2)支流河口常常流态紊乱,船舶通过时,会掀起大浪,威胁他船航行安全,应适量减速通过。

(3)进出干、支流航行时,船舶调向幅度很大,各类船舶均应根据本船操作特点采取合理的方法,特别是水流较强的支流河口尤为重要,否则会出现翻沉、断缆、散队等事故。

(4)支流河口航行通视差,进出船舶多,船舶航行时应加强瞭望,谨慎驾驶,及早采取明确有效措施,保证安全避让。

三、入湖河口段的引航

我国通航的湖泊,多为“过流湖”,如图 2-9-11 所示。因湖泊的水位总与干流的水位相适应,故对河流的水位有调节作用。各支流或河流上游入湖的河口称为入湖河口,从湖泊流向干流或流向下游河流的河口称为出湖河口。

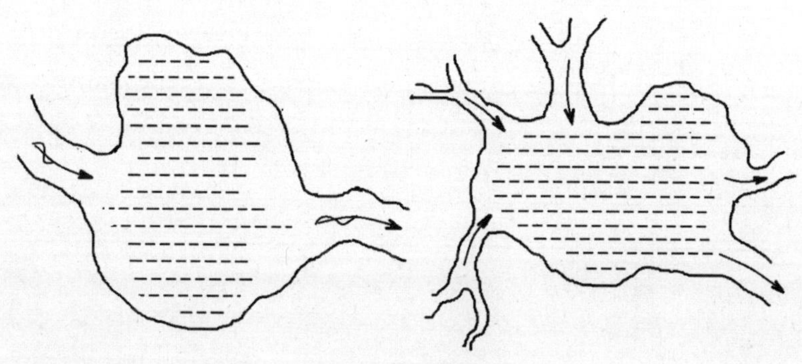

图 2-9-11 过流湖

(一)入湖河口的航行条件

湖泊的水位变化幅度虽不大,但与河流水位间仍存在着差别,即河流水位的上升与下降要快于湖泊,结果使入湖河口在河流水位上涨时,出现较大的流速,支流口就受到一定的冲刷,而当河水流入湖泊后,由于流速骤减而发生大量泥沙淤积,使口外日益淤塞。当河流水位下降时,支流河口段的流速因受湖水的顶托而很微弱,就有较多的泥沙淤积。待下次涨水时,再受冲刷而转入湖内淤积。总的来看,入湖河口附近淤积多于冲刷,以致河口常呈三角洲状态,汊道多而水深与宽度较小,航行较困难。

出湖河口的水位随着干流或下游河流水位的变化而变化。每年大部分时间水是由湖泊流出,河口受冲刷。只有短暂的洪水期间才会有向湖中倒灌现象,这时河口才产生淤积。因此,出湖河口附近的淤积不会多于冲刷,所以出湖河口的河道水深与宽度均较大,航行条件比入湖河口好。

湖泊与人工运河相通的河口淤积现象不明显,但流向往往随着风向的变化而变化,流速也随着风速而变化。在洪水季节,湖水定向流往运河。

流入水库的河口,其航行条件基本与入湖河口相似,只是上游水库的水位变幅较大,受其影响的河口段距离也较长。

(二)入湖河口引航基本方法

入湖河口的引航方法基本上与支流河口相似,但水流的流态没有支流河口那样复杂,故操作较为简便。

第十章 弯曲、浅滩河段的引航

在弯曲航道上,向凹岸推压的扫弯水易使船舶向凹岸贴拢,对航行安全威胁最大;浅滩河段除水深受限外一般存在横流。因此,必须以弯曲、浅滩河段航行条件分析为基础,讨论引航操作的基本方法和注意事项。

第一节 弯曲河段的引航

弯道是天然河流普遍存在的河型。河流的弯曲程度,以弯曲系数表示。弯曲系数愈大,河身愈弯曲。有的河段在洪水期呈顺直外形,到枯水期或中水期,依附在两岸的边滩、心滩和伸入河心的石梁等障碍物露出后,河槽变得左右弯曲而成为弯道。

一、弯曲河段的组成

弯曲河段一般由正反相间的曲率达到一定程度的弯道和介于其间的长短不等的过渡段连接而成的,河道蜿蜒曲折,经常处于演变之中。图 2-10-1 为一弯道段示意图。

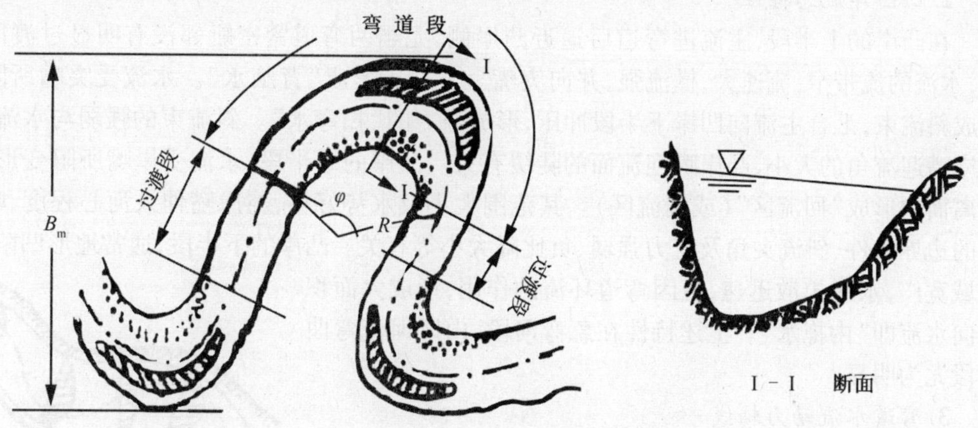

图 2-10-1　弯曲河段示意图

(1)凹岸、凸岸:弯道中水深较大的凹入的一岸称为凹岸,相对水深较浅的凸出的一岸称为凸岸。

(2)弯道段:河道中具有一定曲率的部分。

(3)过渡段:两反向弯道之间的直线段。

(4)曲率半径(R):弯道中心线的圆半径的长度。

(5)弯道中心角(φ):弯道段自进口至出口所包含的中心角。

(6)弯曲系数(K):弯曲航道的实际长度与起止点之间的直线长度之比,或上下两过渡段中点沿弯道中心线的长度与两点之间直线长度的比值。通常所指的弯曲河段,其弯曲系数等于或大于1.5。

(7)弯道摆幅(B_m):相邻两反向弯道外包线之间的垂直距离。

(8)顶冲点:弯道中主流线逼近凹岸的位置。

二、弯曲河段的水流特性

1. 弯道环流(单向环流)

弯道环流是由于弯道水流受重力与离心力的作用,而形成的一种表层水流流向凹岸,底层水流流向凸岸的封闭水流。弯道环流的方向,其上部恒指向凹岸,下部恒指向凸岸,凹岸一侧的水位恒高于凸岸一侧,在其作用下造成凹岸冲刷,凸岸淤积,如图2-10-2所示。

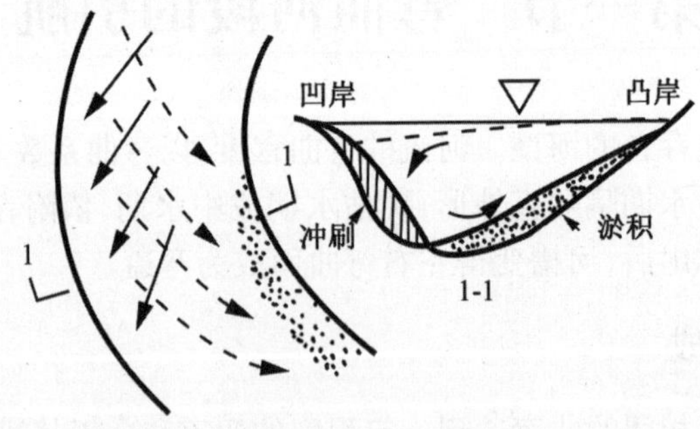

图2-10-2　弯道环流

2. 凹凸岸流态特性

在凸岸的上半段,主流进弯道后逼近凸岸侧,尤当两弯道紧密毗邻没有明显过渡段的弯道,水流的流带窄,流速大,横流强,并向突嘴上方冲压形成“背脑水”。水流受突嘴所阻而收敛成斜流束,汇合主流向凹岸下半段冲压,形成强力的“扫弯水”。斜流束的强弱与水流流力、凸岸嘴迎流角的大小、凸岸嘴迎流面的陡缓有关。凸岸的下半段,水流受岸嘴所阻变形分离,分离面内形成“回流区”(或缓流区)。其范围大小及水势好坏,与岸嘴伸入河心程度、嘴下河床的边界条件、斜流夹角及流力强弱、负比降大小等有关。凸岸的下半段,通常地形凹陷开阔,水域宽广,水流扩散迅速,且因弯道环流的作用,形成大面积横向水流即“内拖水”。上述特性在急弯河段、山区河流弯曲河段尤为明显。

3. 弯道水流动力轴线

河流中各过水断面上最大流速点的连线,称水流动力轴线,又称主流线。它时而靠近此岸,时而靠近彼岸,有时潜入水下,有时涌升水面。水流动力轴线一般与深泓线吻合,如图2-10-3所示。

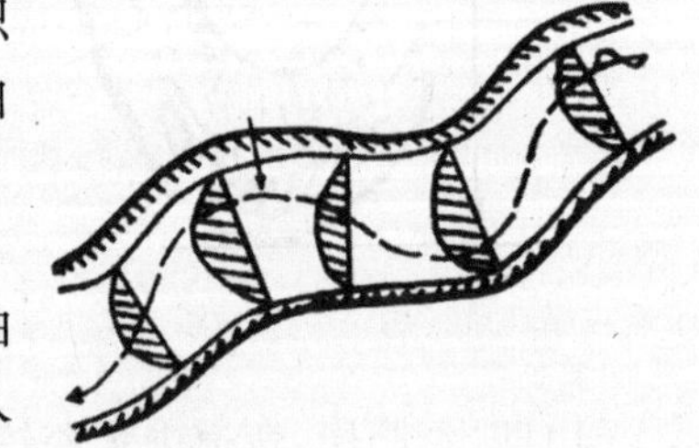

图2-10-3　水流动力轴线

1)弯道水流动力轴线位置特点

(1)沿程变化特点

在天然河弯内,一般在弯道进口段或者在弯道上游的过渡段,主流线常偏靠凸岸一侧;进入弯道后,主流线逐渐向凹岸转移,至弯顶稍上部位,主流线才偏靠凹岸。主流线逼近凹岸的位置叫顶冲点。自"顶冲点"向下相当长的距离内,主流线则贴近凹岸。

(2)随水位变化特点

弯道水流动力轴线随水位的变化而出现"枯水傍岸,洪水居中"的规律,俗称"低水走弯,高水走滩"。这是因为枯水期水流动量小,主流线易于弯曲;洪水期水流动量大,惯性作用强,主流线不易弯曲偏离凹岸。与此相应,"顶冲点"的特点为"枯水上提,洪水下挫",俗称"低水上提,高水下移"。一般低水时顶冲部位在弯顶附近或弯顶稍上,高水时顶冲部位在弯顶以下。

2)弯道水流动力轴线与船舶航行的关系

弯道水流动力轴线位置特点对航行弯道船舶船位控制、航线确定和航法起着决定性的作用。下行船可根据其沿程变化特点确定转向的早迟、在什么位置开始挂高船位、洪水期与枯水期挂高量有何不同等;上行船在枯水期可沿凸岸缓流上驶,采用小弯航法,洪水期(特别是高洪水期)因主流趋中,可将航线选择在凹岸一侧,采用大弯航法等。

三、弯曲河段的航行条件

1. 航道尺度受到限制

弯曲河段航道弯曲,有的甚至狭窄,限制了船舶过弯道的尺度,增加了船舶操作难度。

2. 水深分布不均匀

一般凹岸一侧水深较大,凸岸一侧水深较小。凸岸常淤积边滩,并附有沙嘴、沙角等淤积物,有的潜伏水下伸入河中甚远,上行船舶沿岸航行不慎易吸浅。

3. 流态紊乱

弯曲河段主流流线弯曲,随水位变化;两岸水势有高低之分,常伴有背脑水、扫弯水、斜流和回流不正常水流,对船舶航行安全不利。

四、弯曲河段的引航

(一)弯曲河段引航基本要点

1. 挂高

船舶在弯道中航行,不使船舶落弯是通过"挂高"来实现的。挂高是弯曲河段引航的关键。挂高的含义主要是:以主流为依据,使沿程船位置于主流线的上侧,即高流势一侧航行。其目的:一是为了船舶行经前方航道提高船身,乘迎横流腾出舷角,以求有足够的能力抵御各种水流横推力对船体的影响;二是为了克服船舶在弯道航行做曲线运动时所产生的惯性离心力,水流的压力以及转舵时船体所产生的反移量等影响不至使船舶背脑和落弯。

船舶在弯道中航行,在不同的弯道,应采用不同的漂角(β)去克服不同强度的横流影响。船舶运动轨迹上各点的漂角(β'),应等于平流中的漂角(β)加上横流场中各点所取的流压差角(θ),如图2-10-4所示。航线的曲率越大,航速转向的角度也越大,故在弯道横流场中转向,转向角与流压差角叠加,使航迹线上的漂角大于顺流场中的漂角,漂角越大,航迹带宽度也越大。由漂角产生的航迹带宽度必有一定限值，这就限制了船舶过弯道的尺度和通过能力，增大了大型船队的操作难度，通常船舶过急弯时，总是加车迎流，以减小流压差角，从而缩小漂角，避免航迹带过分增宽。船舶过弯道时的离心力，下行船舶大于上行船舶，所以“挂高”对于下行船舶(队)更为重要。

下行船通过急弯河段的具体操作中，对“挂高”法的应用，可用下例作进一步说明。如图2-10-5所示，当船下驶至弯道上口位置1时，由于有横流向嘴头推压，应把船位放在主流之右(同时也拉大了档子)，但在驶近弯曲顶部附近时(即位置2—4时)，面流向凹岸推压，故又应把船位放在主流之左，这都是“挂高”的体现。如果没有做到这一点，即在凸岸上方时，船位若偏处于主流之左，就可能使船搁浅于凸岸嘴上，如图中位置6，俗称“背脑”。若在弯曲顶部附近的船位偏低，就可能“落弯”，碰撞凹岸(图中位置8)。至于航向问题则必须使船身与岸形吻合，并沿凹岸逐次及时变换(图中虚线所示)。所谓“及时”，就是要避免船向过分指向凹岸而及时转向，略保扬头之势，以防止落弯。但是切忌扬头过甚，而把船头朝向上方岸，造成“逼向”的困难局面(图中位置7)。此时若船速过大，就可能驶入凸岸嘴下方的缓流区或回流区，造成“打枪”(图中位置9)、掉头或搁浅事故。若马力不足船速较慢时，又会发生较大偏移，造成落弯碰扫凹岸的事故。因此，对于船向的选择，应努力使船速与扫弯水流速的合速度方向正好重合于经过妥善选择的航路方向上。当船驶至图中位置5后，就可沿主流下驶。

整个操作过程中，还必须注意下列事项：首先应设法获得储备舵力；其次在驶近上口前，驾引人员必须密切注意船首动态。有些经验不足的舵工，为了保持进弯前的直线航行，而用反舵稳住船首，有时甚至造成相反的转动，这是很危险的。因为下行船通过急弯航道时，对操舵时机的正确掌握极为重要，而上述错误操作，极有可能延误时机，陷船于被动状态而发生事故。

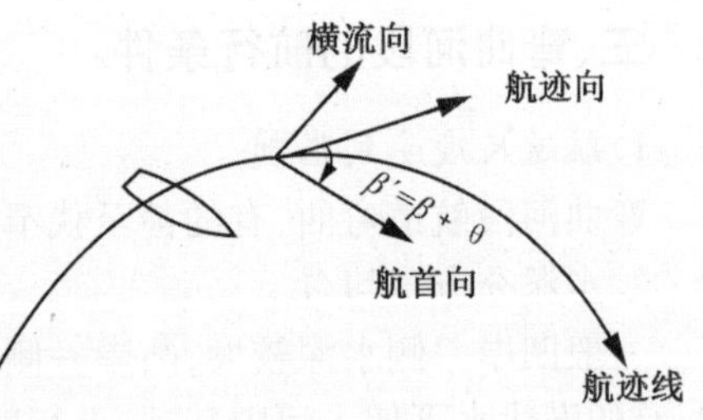

图 2-10-4　船舶在弯道中的运动

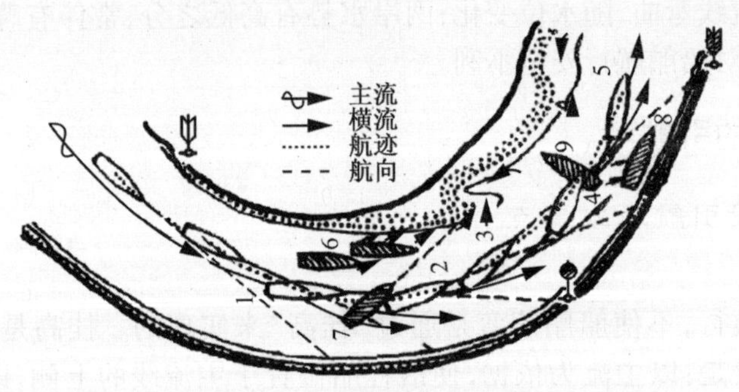

图 2-10-5　下水船弯道航法

2. 减小航迹线曲度(拉大档子、增大航迹线曲率半径)

船舶在弯曲系数较大的弯道中航行，为了克服航道弯曲半径的限制和缩小水流横推力的影响，一般采取“减小航迹线曲度”的方法(如图2-10-6中的1位)，以使航迹线曲度半径大于航道弯曲半径。当船进入弯道后，将船位置于凸岸上半段主流的外侧，俗称“拉大档子”，简称“拉档”。这种操作有以下三个好处：

(1)避免了船舶在凸嘴顶点处的有限水域中进行大角度急迫转向的困难,将难度很大的集中在一点的急迫转向分散到凸嘴上方沿程逐步转向,取得了将“弯道走直”的效果,也易于发现上水船的动态;

(2)为下步迎接凸嘴斜流腾出了角度,以满足船舶首尾线与斜流交角较小的目的;

(3)弯道进口处水流是向凸岸上半段及凸嘴冲压的,将船位置于主流外侧,达到了船位处于高流势的目的,不至于发生背脑险情。

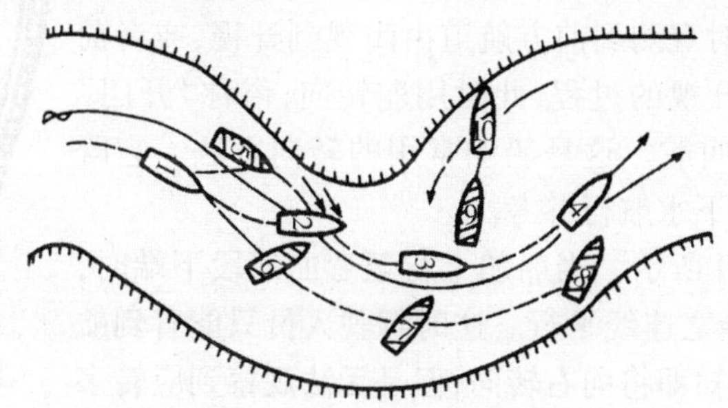

图 2-10-6 弯道下行航法

3. 调整车速,提高回转能力

船舶在通过急弯河段时,应保持有一定的储备回转能力,因为在操作中很可能对转舵的时机掌握得不够恰当,也可能对该河段的流速估计不足,使得回转中不得不临时要求增加回转角速度,如此时无舵角可加,将不可避免地发生事故。这在河槽狭窄无法扩大航路曲度半径的情况下,本操作更为重要。具体方法为:先松车再适当加车。当然提前用舵法(在拉大挡子的前提下)、松减内舷车法(双车船)、驳船帮舵法(船队)等也可提高回转能力。

在弯曲河段凸嘴以上慢车,降低航速,待船即将达凸嘴前,加大车速,提高舵效。螺旋桨排出流的作用,舵力的加大要比航速的加大来得快,来得早,这就为提高舵效与缩小旋回圈直径提供了极为有利的条件。先松车再适当加车的操作方法,有利于通过弯道的最弯部分。

4. 充分利用缓流航道

在弯曲河段,上行船利用缓流航道的意义不仅主要在于流速缓,还因为它紧挨凸岸,航程也近得多,使航行时间大为缩短。但在利用缓流航道时,必须注意以下事项:

凸岸的沙嘴常附有沙齿,这些伸入水下的沙齿对船首排开的水会产生回波,能使船“跑舵”,偏离原航向。吃水较深的船舶还可能发生擦浅事故。因此当船舶上水驶经弯曲河段凸岸时,必须仔细观察有无沙齿,如有的话,就应提高警惕,保持足够的离岸距离和随时注意船头动态。对沙齿的位置和形状可按下面方法辨认。

首先,根据水沫线的形状判定沙齿之概位,如图 2-10-7 所示。一般情况下,当水面有反光时,则在沙嘴上反光消失,并呈暗色,所以在星夜也能利用水沫线的形状来判别沙齿之概略位置。然后进一步仔细观察沙齿上隆起最高的沙脊线走向,我们就能判定沙齿在水下延伸的方向。其次,根据沙齿淹水部分的倾斜程度,概略估计其入水深度,这对选择航路的离岸距离有很大帮助。水下沙齿上的水面情况也有其特色。在沙脊上方水面光润发亮,沙脊下方的水面则发皱,水色较暗。第三,当下行船通过这里时,由于其船首和船尾的散波波峰常与沙齿脊线呈平行之势,在沙齿附近将会激起较大的碎浪,因此当船下行驶过时,就可事先留意观察有沙齿的凸岸沙嘴,认定沙齿的位置,再在上行航行中应用。

沙嘴最末一个齿形物有时能向下延伸很长的距离,这个沙嘴尾部称“沙角”。由于沙角上有横流,下方深潭里又有回流,因此当上行船循缓流驶至沙角附近时,受回流影响,会以较大的速度进入里面搁浅,而且搁得很高,不易脱浅,这种事故称为“钻套”,如图 2-10-8 所示。

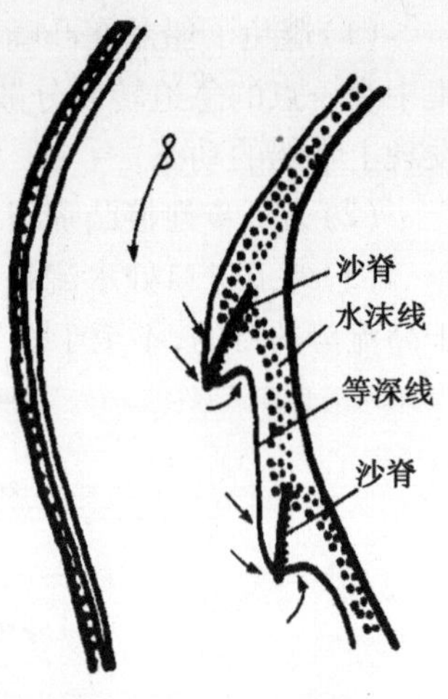

图 2-10-7 沙齿示意图

5.“开门”叫舵

“开门”即船舶航行时观测到前方航道由闭视到开视,或者前方同侧两物标由串视到开视的过程,此时用舵转向,俗称“开门”叫舵。反之也叫“关门”叫舵。这是船舶常用的转向方法。它既可用于上水航行,也可作下水航行参考。

具体操作如图 2-10-9 所示。当船舶上行至弯曲河段下端时,其航向基本与浮标 1#、2#之连线平行。这时驾驶人员只能看到航向 a 前方的航道情况,虽知即将向右转向,但是无法观察到应转多大角度,也难分清弯曲度的缓急,所以称此时的船位正处在“未开门”状态,但当继续行驶抵达浮标 2#时,驾引人员将清楚地看到航道右转的缓急和其他全部有关情况,并获得浮标 2#、3#的连线,此时为“开门”状态。于是就可结合本船回转性能,适当用舵,使船绕 2#浮标回转至浮标 2#、3#之连线的平行线上航行。按此法就能以一定距离逐个地驶过浮标,并在它们所标示的航道界限内安全航行。

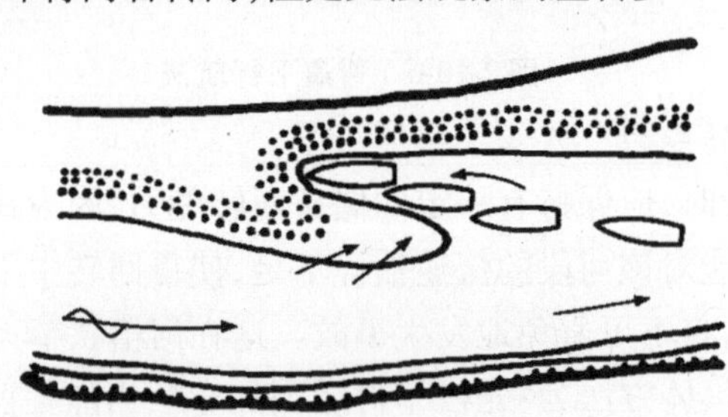
图 2-10-8 钻套示意图

对于下水船来说,由于船舶航速高,不可能逐次地应用上述航法,但是驶过弯曲顶点时,则可利用驾驶台与凸嘴顶点浮标所连成的方位线在航行中不断变化的情况,作为选择操舵时机的具体参考因素。使回转角速度能掌握得更恰当、更正确,也就是说当船舶下行至图 2-10-9 中 E 的位置时,驾引人员能很清晰地看到驾驶台对凸岸嘴的切线 Ee 以左的这段航道的全部情况,即开门后就可选择最合理的回转角速度,从预定的航路下驶。

(二)特殊弯道的引航

在平原河流中,一些河槽宽度大、曲率半径特别小的弯道,因水流的运动惯性作用,主流出现“撇弯切滩”而迫近凸岸,缓流区出现在偏靠凹岸的附近,这种弯道称为特殊弯道。这种类型的弯道基本分为两种情况,即河岸稳定型特殊弯道与河岸不稳定型特殊弯道。

1.河岸稳定型特殊弯道的引航

河岸较为稳定的特殊弯道,不具有因水流漫坪后出现串构或切滩的条件。但因主流靠近凸岸嘴,并冲刷河床,使凸岸侧沿岸水深较大,主流线虽挨近凸岸,但流经的距离不长,在其上、

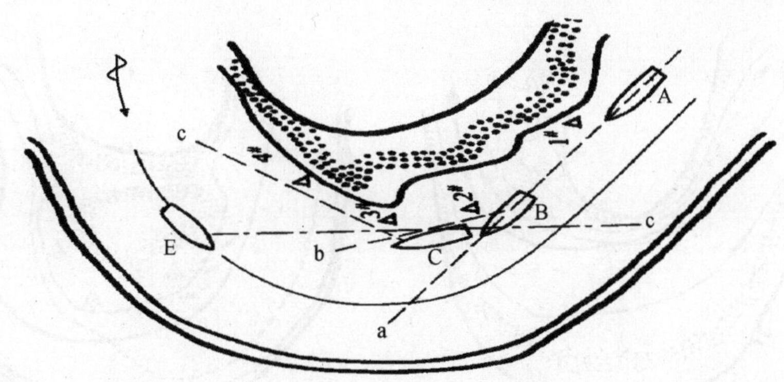

图 2-10-9 “开门”叫舵

下方均为缓流区,凹岸一侧虽有大面积的缓流,但出现泥沙淤积现象,如图 2-10-10 所示。

1)上行船引航方法

此类弯道主流流入角偏靠凸岸,按一般航路的选择原则,船至凸嘴下方应穿越主流,利用凹靠缓流带上行,但这种航法却增大了航程并因两次过河降低了航速,且凹岸因泥沙淤积,航道界限不清,故上行航路选择沿凸岸一侧更为有利,俗称“小弯航法”,如图 2-10-10 中 A 船位线所示。

2)下行船引航方法

船进入弯道后,将船位置于主流外侧航行,扩大航速线的曲度半径后,逐步向凸嘴挂高,操内舵转向,过凸嘴穿越主流,置船位于主流上(内)侧,顺主流驶出弯道下半段,如图 2-10-10 中 B 船位线所示。

2. 河岸不稳定型特殊弯道的引航

河岸不稳定的特殊弯道,凸岸嘴外有大面积低平沙滩,当水流漫滩后,主流出现“撇弯切滩”,甚至迫近凸岸沙嘴,凸嘴沙滩上方出现强横流向滩脑冲压,过凸嘴后主流流向凹岸,并沿凹岸下半段扫弯而下。凹岸下半段有扫弯水,凹岸上半段有缓流,如图 2-10-11 所示。

1)上行船引航方法

可仿一般弯道原则,即船由凸岸下半段主流内侧缓流上行,至凸嘴下穿越主流,置滩嘴急流及脑部背脑水势于内舷,穿越主流摆过凹岸侧扫弯水势上方的缓流上行,俗称“大弯航法”,如图 2-1-11 中 A 船位线所示。若此时紧沿凸嘴上行,则会因嘴外急流及浅水效应双重阻力,大大降低航速,又受滩脑强横流的影响,易导致船身内移而发生搁浅事故。

如因凹岸航道、水流条件不良,则应以外舷挂主流,渐走渐转,待不受滩脑强横流影响时,收回船身后沿凸岸一侧上行。

2)下行船引航方法

因“撇弯切滩”主流偏靠凸岸,故下行船引航方法与河岸较为稳定的特殊弯曲河段下行方法相同。

(三)弯曲河段航行注意事项

(1)凸岸浮标附近的水流流向,在弯段上口附近与正横方向凹岸的岸线基本平行;在弯段上部,逐渐向凹岸一侧产生流压角,向凹岸边推压;在弯段顶端附近,流压角最大;在弯段顶端下,流压角逐渐减小;在弯段下口附近,流压角接近于零,流向基本与凹岸的岸线平行。

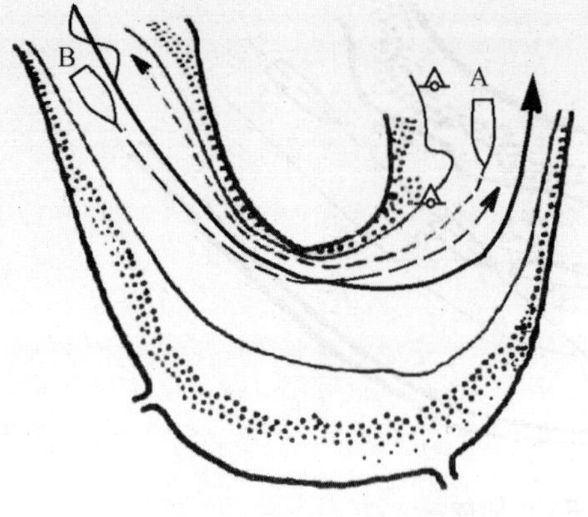

图 2-10-10　河岸稳定型特殊弯道航法

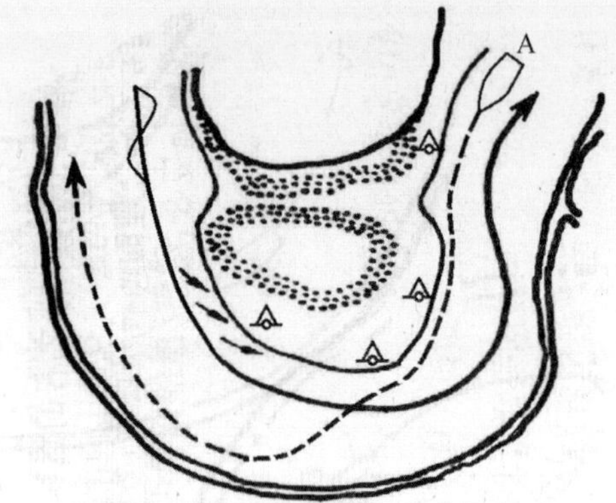

图 2-10-11　河岸不稳定型特殊弯道航法

(2)在弯段顶端的凹岸附近,流态紊乱,流压角大,逆流航行时应提前迎流转向。

(3)在急弯顶端下的凹岸附近,下沉水流很大,小型船舶逆流驶入后,会向航道中间漂移。

(4)弯曲航段航行,船舶之间的通视(相互能见)情况比较差,要利用一切有效手段及早联系,确定会让意图,必要时慢车等候。

(5)在进入急弯段或弯曲顶端附近前,遵守航速规定,提前控速,必要时加车助舵。

(6)尽量避免在急弯段或弯曲顶端附近会船、追越和齐头并进。

(7)遵守其他有关规定。

第二节　浅滩河段的引航

一、浅滩河段组成及类型

(一)浅滩河段的组成

在冲积性平原河流中,由于挟沙水流与可动性河床的相互作用,总有各种不同形式的泥沙淤积体,而连接两岸上、下边滩,隔断上、下深槽的沙埂是常见的泥沙成型堆积体,其水深常比邻近水域的水深小,其水深不足适航要求,称之为浅滩。如图 2-10-12 所示。

通常规范的浅滩一般由上边滩、上深槽、沙埂、下边滩、下深槽 5 个基本部分组成,位于浅滩上游一岸的边滩称为上边滩,其尾部向沙埂延伸的部分称为上沙嘴。位于浅滩下游一岸的边滩称为下边滩,其首部向沙埂延伸的部分称为下沙嘴。与边滩相对应而水深较大的部分称为深槽,位于浅滩上游深槽称为上深槽,位于浅滩下游深槽称为下深槽。若上、下深槽相互交错时,上深槽下部的尖端部分称为尖潭,下深槽上部的尖端部分称为倒套(沱口)。沙埂沿河床横断面方向,其最高处的连线称为浅滩脊或称沙脊。脊线上的最低部分,即沙埂顺水流方向的最深部分,称为鞍槽(鞍凹)。沙埂迎水面的斜坡,称为迎水坡或前坡。背水面的斜坡,称为背水坡或后坡。

(二)浅滩的类型

从船舶驾驶的角度出发,根据浅滩的平面形态特征和航行条件,可将浅滩分为四类:

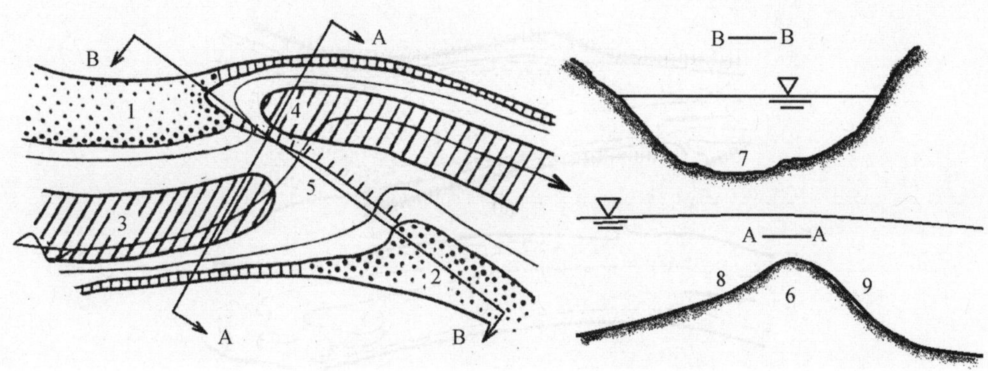

图 2-10-12　浅滩的组成

1—上边滩;2—下边滩;3—上深槽;4—下深槽;5—沙埂;6—沙脊;7—鞍槽;8—迎水坡;9—背水坡

1. 正常浅滩

正常浅滩的主要特点是:边滩和深槽相互对应,上、下深槽相互对峙而不交错,两岸边滩较高。浅滩上水流动力轴线与鞍槽基本一致,流路集中,水流平顺,鞍槽明显,顺直且深,冲淤变化不大。这类浅滩一般对航行妨碍较小,故又称为平滩或过渡性良好的浅滩,如图 2-10-13 所示。

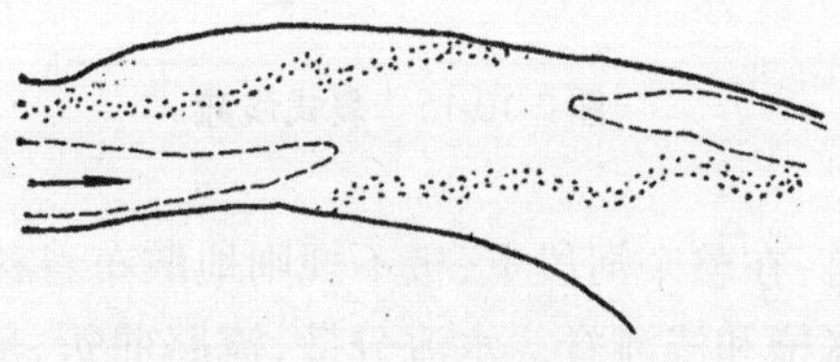

图 2-10-13　正常浅滩

正常浅滩多出现于河槽较窄的微弯性河段,或曲率半径较大的弯曲河段的两个反向弯道之间的长度和宽度比较适宜的过渡段。

2. 交错浅滩

交错浅滩的主要特点是:上、下深槽相互交错,下深槽首部形成窄而深的倒套,横向漫滩水流比较强烈,浅滩脊宽而浅,鞍槽横而窄,或无明显的鞍槽,浅滩冲淤变化较大,航道极不稳定,航行条件差。这类浅滩,又称为坏滩或过渡性不良的浅滩。

这类浅滩形态基本有两种:一种是沙埂较宽,缺口较多,其水流动力轴线的摆移一般随着上边滩的下移而逐步下移,达到一定程度后,突然大幅度上提。另一种是沙埂窄长并与河岸基本平行,往往无明显的鞍槽,其水流动力轴线摆动一般是随上游河岸崩坍变形和上、下边滩发展变化而左右摆动。如图 2-10-14 所示。

交错浅滩多出现在河身宽浅、边滩宽且高程低的微弯河段或弯曲半径很小的两反向弯道间的短过渡段上。

3. 复式浅滩

复式浅滩是由两个或两个以上相距较近的浅滩所组成的浅滩群。其主要特点是:两岸的边滩和深槽相互交错地分布,边滩与边滩之间形成浅滩,上、下浅滩之间有共同的边滩和深槽,上浅滩的下边滩和下深槽就是下浅滩的上边滩和上深槽。这类浅滩一般多出现于比较长的顺直河段或两反向弯道之间的长直过渡段内,如图 2-10-15 所示。

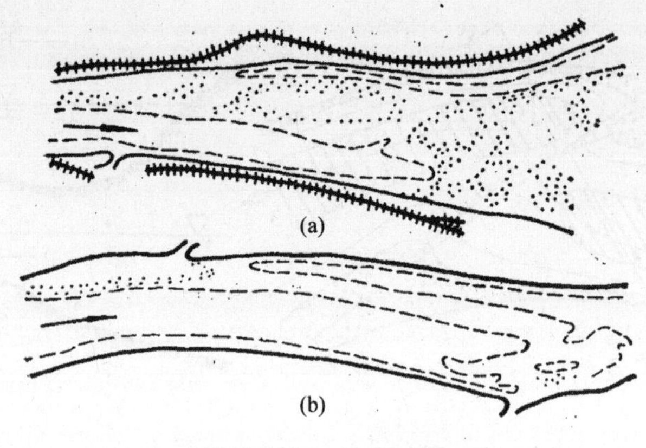

图 2-10-14　交错浅滩

(a)宽浅沙埂;(b)窄形沙埂

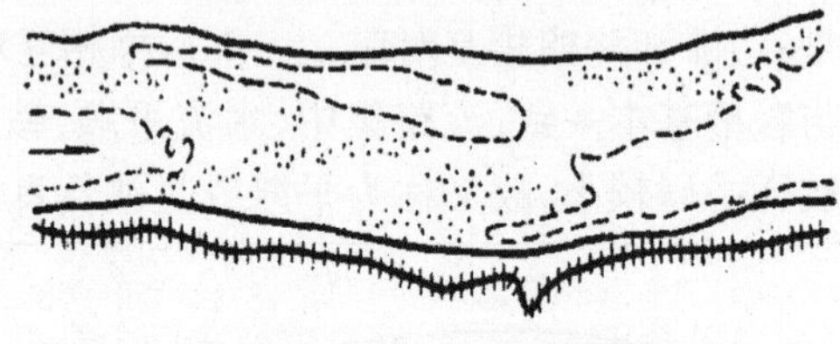

图 2-10-15　复式浅滩

4. 散乱浅滩

散乱浅滩的主要特点是:在整个河段上,极不规则地散布着各种不同形式和大小的江心洲和潜洲,没有明显的边滩、深槽和浅滩脊。水流分散,流路曲折,航道弯曲且极不稳定,水深很小,碍航严重。如图 2-10-16 所示。这类浅滩多出现于河槽放宽段或周期性壅水的区段内以及游荡型河段上。

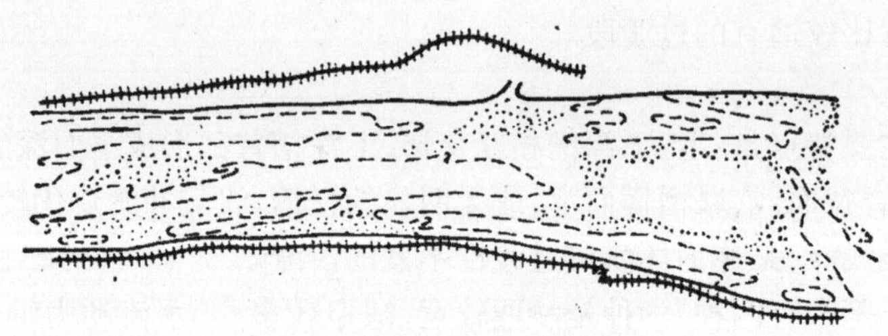

图 2-10-16　散乱浅滩

二、浅滩河段的航行条件

(一)浅滩河段的碍航因素

1."浅"

浅滩河段水深较小。沙脊横亘河槽,隔断了上、下深槽,沙脊上水深不足过船,有碍船舶航行。

2."坏"

浅滩河段流态坏,一般均有横流存在,上下沙嘴刚露出水面时,会产生局部性横流。如果上下沙嘴已淹没水中，而沙脊与河槽中心线的交角又较小，则横流将影响到整个鞍槽，对航行更为不利。

3."弯"

浅滩河段的航道常常是弯曲的。只是弯曲程度不同而已，当弯曲度较大而弯曲方向又多变时，就增加了操作上的困难。

4."变"

有的浅滩经常是在变化的。如散乱型浅滩的高程、深泓线的位置等经常发生变化，所以这种浅滩航道的特点是多变而不易掌握；浅滩在变迁过程中，活动的泥沙往往在航道中形成沙包，这些都会影响安全航行。

不论哪个浅滩，其碍航特点都与上述四个字有关，故对于船舶驶过浅滩河段的基本操作方法，也就应紧紧围绕它们来考虑。

(二)判断浅滩位置的方法

(1)查阅资料：查阅航道图、航路指南、航道公报、航行参考资料等，了解和分析浅滩的组成情况及历年来的变化规律，初步掌握浅滩类型结构及碍航程度。

(2)根据河槽形势与航标配布，实地观察，以掌握泥沙堆积体的分布，河槽的变化与发展，上、下沙嘴的对峙位置。一般航标多设置于上、下沙嘴最窄、最浅、最突出的连线上。既标示出水下的碍航物，也标示了航道的界限。

(3)根据不同的水文、流速、流向等特异的表面流态，判断浅滩的河床形态与水深。如沙脊像一道溢流坝，它使浅滩在其上段壅水，水面比降及流速减小，在沙脊处，比降及流速逐渐增大，水面光滑如镜，到沙脊的后坡，比降增大，水流下切成横轴副流(回波)，水面发皱，水色较暗。如有风时，浅区水面呈现的波纹较深水小，成麻花浪或鱼鳞状浪。

(4)采用测深的方法以校核浅滩中碍航物的位置与高程，掌握浅滩水深的实际分布情况，使船舶能及时调整航向与船位及采取应急措施，同时也可为下次航行提供依据。

三、浅滩河段的引航

(一)浅滩河段引航基本要点

1. 过沙脊的引航操作要点

沙脊是船舶过浅滩时的主要碍航因素。因其处水深最小，而流速最大，加之后坡的回波对船舶产生的横推力，使船体偏转。故驶过沙脊时，应掌握以下引航和操作方法。

1)交角要大

船在驶上沙脊时，要尽量使船舶首尾线与沙脊的夹角大些，最好使之处于垂直状态。这样做一是减小了因后坡回波而引起的偏航，二是可以保证船舶以最小的航迹带通过鞍槽。

因此上行船在将驶进后坡之前，要及时调整船位，如图 2-10-17 所示。当船驶至下沙嘴外缘，如图 2-10-17 中的位置 1 时，用外舵扬头，让开下沙嘴外内拖横流水势，拉大档子，逐步调整船向，至位置 2，将达上、下两过河标连线时，逐步转向，落位于鞍槽中线(即两过河标连线)航路上。当船至沙脊时，使船首尾线与沙脊棱线近乎处于垂直状态，如图 2-10-17 中的位置 3，通过沙脊。若沙脊棱线与流向存在一定夹角，应引导船舶位于高流势一侧，以克服横流的影响，尤其是大型慢速船队，受流时间长，影响更为显著。

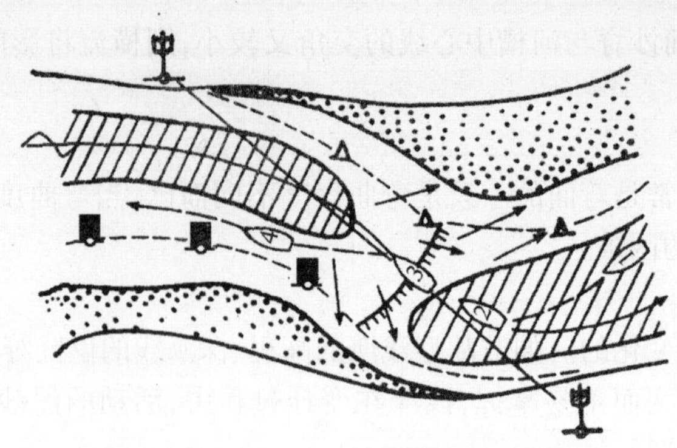

图 2-10-17 船舶过沙脊引航示意图

下水船舶通过沙脊时对所取交角的要求，没有像上水那么严格。因下水船航速较大，惯量也大，沙脊后坡的回波影响不如上水船显著。因此，下水船舶应着重考虑横流的影响，可采取斜交的状态驶过沙脊。

2）力求航向平行于流向

在正常浅滩中，水流流经沙脊时，流向与沙脊棱线几乎垂直，在这种条件下，要求航向与流向相平行，并不存在多大的困难。但是当沙脊由于某种原因而产生局部扭曲，或沙脊棱线与河槽轴线存在着较小的夹角，从而出现横流时，这时力求航向平行于流向，这样既减小航行阻力，也减小横流产生的流压差，以避免航行船舶变向及避免在沙脊处受后坡“回波”的作用，使船体偏转或横移，甚至倒头而发生搁浅事故。

一般来说，满足了1）就能满足2），因为水流经过沙脊时的流向，大致总是与沙脊棱线垂直。当1）和2）相矛盾时，先满足第2）。

3）控制车速和测深

沙脊是整个浅滩水深最小的部位，船舶通过时必须减速并测深。因为从深水进入浅水区时，如果航速快，惯量大，浅水效应显著，动吃水增量也大，船舶易吸浅。船舶过浅脊后，则应加大车速，以提高舵效，利于乘迎横流和转向。这种“早减速，早加车”是船舶过浅区的用车原则。通过测深，可随时掌握浅滩水深变化情况，以利船舶及时调整船位，行驶在水深最大的鞍槽上。

船舶过浅滩时，如何正确处理好航道、水流、航线三者之间的关系是极其重要的。对航道水流条件等了解不够或判断失误，引起操作不当是造成事故的主要原因，如图 2-10-18 所示。为了贪图下沙嘴外的缓流，当船至位置 1 时，未及时将船身引上正常水流，拉大档子，至位置 2 时，船虽已部分驶入常流，但船尾部受下沙嘴横流所牵制，船向与流向间夹角过大，以致船到位置 3 时，船向与流向及与脊线的夹角太大，船首上舷（受流一侧）在沙脊上受高速水流的冲击，下舷（背流一侧）在后坡受“回波”的影响，在这两种外力的共同作用下，使船体急速偏转，如果船舶的主机功率较大，回转性能较好，可用大舵角及变换车速助航的方法，强行使船转向，船位虽有一定偏移，但可待驶过沙脊之后，再调整部位，回到正常航线上来；若是船舶主机功率小或操纵性能很差，即使采取了上述的应急措施，也不能使船转向，船舶必然横向地顺着后坡滑至上沙嘴尾部，在沱口处搁浅，如图 2-10-18 中的位置 4 所示。另外当船舶至位置 2 时，航向不正，与水流或沙脊线的交角不当时，应及时采取扬头顶流及减速的措施，以延长船舶的受流时间，并增长调向时间和距离。若采取以上措施仍达不到要求时，只有尽量取好较合理的交角及保持船舶有足够的剩余水深,不一定强求船位落在鞍槽处,如图 2-10-18 中的位置 5 所示。待驶过沙脊后,再驶回到正确的航线上来。

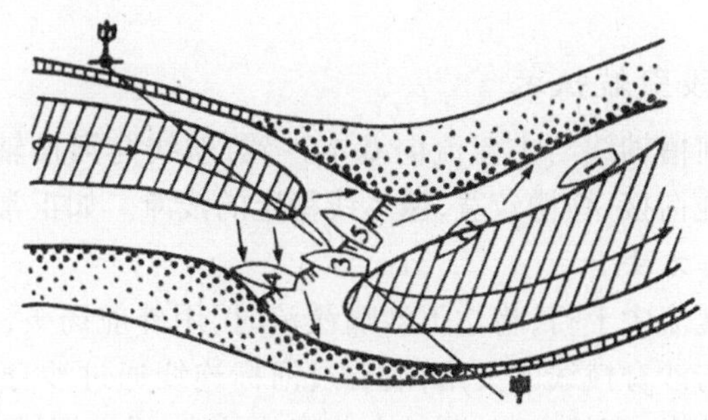

图 2-10-18　过沙脊引航示意图

2. 过横流时的引航操作要点

一般浅滩河段航槽都弯曲狭窄,船舶通过时,在横流的作用下,极易偏航而超出航道界限,发生搁浅事故。

1)浅滩河段的横流特点

当浅滩的上、下沙嘴在水下延伸较远且与水下江心滩交错时,水流在其面上扩散分歧,各支水流的流向与河槽轴线均存在一定的夹角,此类浅滩的横流一般从三个方向流动:在鞍槽的上端,一支水流向上沙嘴尾部推压,注入下深槽的倒套,交错浅滩和复式浅滩有潜滩存在时,其横流夹角增大,流力增强,有时会出现局部强横流,如图 2-10-19 ①所示;在鞍槽中部,一支水流自上深槽纵向下流,向凹岸冲刷成强力扫弯水流,如图 2-10-19 ②所示;在鞍槽下端的一支水流向下沙嘴上方的尖潭推压而成横流,如图 2-10-19 ③所示。

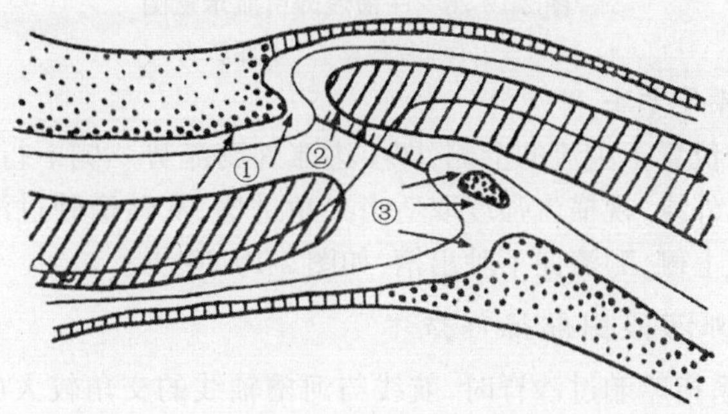

图 2-10-19　浅滩横流示意图

2)引航操作要点

船舶航行于有横流的浅滩河段的引航操作要点,主要是确定航路与航向。在横流中航行时,航路应置于横流的上方;为使航迹线与计划航线相一致,应预先使船首向横流上方偏转一个角度,以抵制横流的作用。

当整个鞍槽为强横流所控制时,操作要点为:首先是船位必须处于横流的上方,航向虽可有一个偏航角以抑制偏移,但绝对不宜过大,必须谨防陷入"逼向"的困境;其次在行驶过程中,横流的推压作用将自这一舷倒转到另一舷侧,驾驶人员稍不注意,就可能形成失去控制的危险局面,因此用舵使偏航角由这一舷转换到另一舷的过程中,当偏航角接近零度(船首尾线与流向一致)时,就应及时回舵控制转势,决不任其自由继续回转,以便及时稳向。尤其是惯性大的大型船舶(队),应舵时间长,如因转向不及时,船舶(队)便会出现随流漂移而失控,发生搁浅散队事故。

(二)一般浅滩河段引航技术

一般浅滩河段系指河槽轴线与主流流向基本一致,航线与河槽轴线交角较小(一般小于30°),上、下弯槽较圆顺地衔接,鞍槽较宽,深泓线稳定的浅滩。如正常浅滩。

1. 上行船舶引航操作方法

船舶位于下边滩的缓流中上行,将达下沙嘴缓流时,用外舵扬头,拉大档子,挂正常流水,逐步修正船向与流向及与沙脊棱线的夹角,沿着过河标连线通过沙脊,根据横流的情况,使船略挂流势较高一侧通过沙脊,穿越主流,顺过上沙嘴的外缘,沿上深槽主流的上侧,即上边摊外缘缓流,取适当的横距上行,如图 2-10-20 所示。

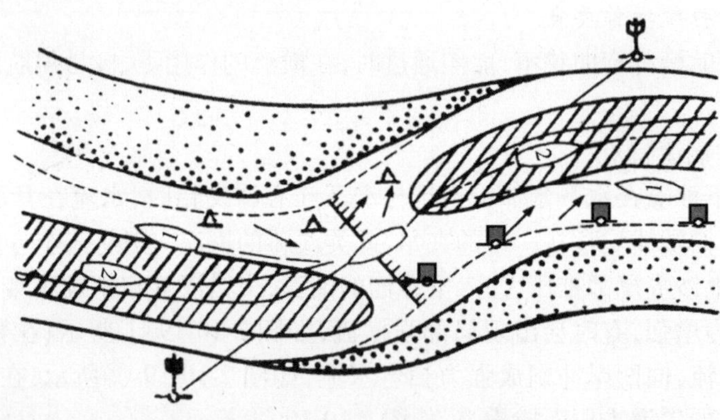

图 2-10-20 一般浅滩引航示意图

1—上行船航线;2—下行船航线

2. 下行船舶引航操作方法

船舶至上深槽,船位置于主流的上侧,即上边滩外高流势一侧下行,至沙脊上流适当拉大档子,略挂上沙嘴浮标外缘,视横流强度取适当夹角进槽,从鞍槽驶过沙脊,及时迎流转向,提高船身,置船位于主流上侧,顺流向下驶出槽,如图 2-10-20 所示。

(三)大交角浅滩河段引航操作技术

大交角浅滩河段系指船舶过沙脊时,航线与河槽轴线的交角较大(一般大于 30°)的交错浅滩或复式浅滩河段,其特点是鞍槽弯曲狭窄,浅滩上有强横流,或整个鞍槽为横流所控制。

1. 上行船舶引航操作方法

当浅滩上为横流所控制时,船舶沿下边滩外缘上行,将至下沙嘴,适当拉大档子,缩小船向与流向的夹角,渐走渐迎流转向,过渡到上边滩尾部外缘,挂横流的上方,使船舶与水流顺向,沿上边滩外缘上行,如图 2-10-21 所示。

2. 下行船舶引航操作方法

沿上深槽主流上侧,将近上沙嘴时,及时拉大档子,迎上沙嘴外横流,挂高船位,然后逐步转向迎下沙嘴外横流,使船位落于下深槽主流上侧,顺流向出槽。当船舶从上深槽高流势一侧通过浅脊过渡到下深槽高流势一侧时,就是从一舷受流转移到另一舷受流,因时间和距离均短,横流较强,夹角也大,故所取的迎流角及转向角速度要恰当。过浅脊时既要防止转向过早,背困下沙嘴，又要防转向迟了，船随流漂移，扬不起头而垮困下深槽凹岸，特别是大型慢速船队更要谨慎操作，如图 2-10-21 所示。

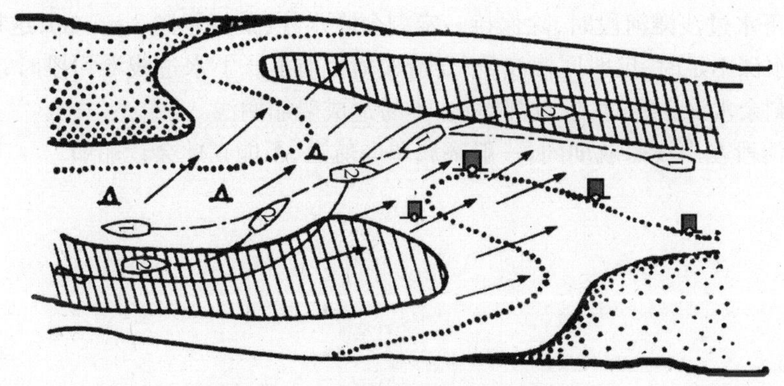

图 2-10-21　大交角浅滩引航示意图

1—上行船航线；2—下行船航线

（四）变迁中的浅滩河段引航操作技术

变迁中的浅滩河段系指具有相当大范围且正在变迁中的浅水河段而言，一般为浅滩成型的前一个阶段，如游荡性浅滩。这类河段的主要特点是：当汛末水位下落至中水期，水流未归槽前，河槽形势随水位下落而处于急剧变化之中，时有沙包出现，时而移位，时而被冲毁。致使深泓线位置、流向等变化无常，无规律性可循，河段普遍水深不足，难以正确地选定航路。船舶通过此类浅滩时，一般应采用下列措施：

1. 减速

船舶于浅水区航行时，除上水船应保持一定进速或冲沙包时需要加速外，一般采取减速操作方法。其目的：一是防止过大的吃水增值；二是在浅水区慢速航行，还可降低航行阻力，避免主机功率无谓消耗；三是减速后有充裕的时间观察航道、水文等实际情况，可及时采取应变措施，调整船位，若一旦发生搁浅事故，可减轻事故的严重程度。

2. 测深

船舶（队）通过测深，使船舶能随时了解浅滩上水深变化情况，以便及时调整船位和选择航路。对于大型船队，若仅靠拖轮测深也不能满足要求时，船队两舷边驳均应派人测深。

3. 冲沙包

沙包是在浅滩河段急剧变化的过程中产生的。因它质地松软，一般承受不住船舶的冲击。船舶在航行时，若判明前方航路上有沙包时，可采用冲沙包的方法通过。冲沙包时，应在船舶接近沙包之前，减速或停车，借船舶的余速，使船首轻微地接触沙包，若感到船体有蠕动，船前跳跃或人体有前倾等征象时，表示已接触沙包，此时应立即开车加大冲击力，将沙包冲毁，可使船舶拖底勉强通过。如果驶近沙包前未减速而以较大前进速度接触沙包，沙包虽然更易被冲毁，但当船体触及沙包的一瞬间，由于惯性太大，船体将发生剧烈震动，可能造成船体受损、货物倒塌、人身撞伤等事故。如是大型船队，则可能造成断缆、散队、搁浅，以致阻塞航道而导致断航。如果冲沙包时的冲击力太小，即与沙包阻力相当，不但不能冲毁沙包，反而使船体搁置在沙包上。船舶在急变的河槽中，一旦搁浅，后果将不堪设想。

（五）船舶通过浅滩河段注意事项

（1）船舶沿浅滩或边滩行驶时，如发现因浅水效应而自动偏转跑航现象时，如偏转一侧有足够水深和航宽,应让其自由偏转到一定程度后才稳向;若在窄、浅槽内发现跑舵现象时,应及时变换车速助舵纠正,以防跨越航道范围而搁浅。

(2)船舶下水过浅滩河段时,除保持一定剩余吃水外,最好尾倾 3 ~ 5 cm,这样不仅便于操作,而且剩余水深不足时,仅船尾擦浅,不会造成横拦航道。上水过浅滩河段时,最好首倾 3 ~ 5 cm,这样当剩余水深不足时,仅首部擦浅,不易造成船舶搁浅。

(3)浅滩河段在出浅碍航期间,一般都属单向航道,不能在此会让船舶。

第十一章 桥区、船闸河段的引航

通过对桥区、船闸河段的航行条件与特点的分析，提出桥区、船闸河段的引航要领与操作注意事项，对桥区、船闸河段船舶安全航行至关重要。

第一节 桥区河段的引航

一、桥区河段的航行条件

桥梁作为水上过河建筑物，虽然沟通了公路和铁路运输，发展了交通，给人们带来了方便，但却给船舶航行带来了以下限制和困难。

1. 航道尺度缩减

航道尺度的缩减，主要表现为航道宽度与桥下通航高度的变化。从图2-11-1中可以看出，该河段未架桥前，具有设标水深的航道宽度为B，但在架设桥梁后，就被缩减到一个桥孔的宽度b，常迫使一些大型船队不得不解队分批通过。桥下通航高度是与水位的升降成反比的，在最高水位期通航高度被缩减到最低程度，常迫使过往船舶倒桅而过。

2. 出现了不正常水流

由于桥墩和桥台的建筑，使河槽的过水断面有所缩减，水流不得畅泄，在桥台和每个桥墩的上方形成壅水，下方出现旺水等不正常水流。有时由于桥台和矶头的挑流，还可能在桥区范围内出现较大的横流区。

3. 流向与桥梁水平垂线交角的影响

桥梁水平垂线与主流流向的夹角（如图2-11-1中θ）不宜太大，否则主流就形成一股强大的横流，使船舶在驶过桥孔的过程中发生显著的偏移，甚至因此而发生事故。船舶在驶过桥孔时，因交角θ而引起的偏移距离，随横流速度、交角θ、航速而变化。船舶实际航迹，是由航速与横流速度的合速度方向决定的，因此航速的变化也可以引起偏移横距的变化，即航速高时偏移量小；反之，则偏移大。

4. 桥区交通安全管理规则的约束

在通航河流建桥后，为保护桥梁建筑及船舶航行安全，都制定有相应的交通安全管理规则。规则对船舶航行作了一些限制和要求，如船舶尺度、能见度、船速等，用船单位一定要严格遵守执行，以策安全。

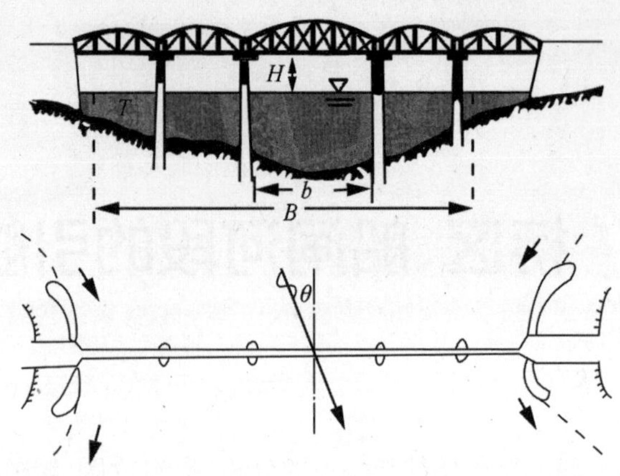

图 2-11-1　桥区通航条件

二、桥区河段的引航

船舶在桥区河段航行,操作难度主要体现在下行过桥,因为船舶下行速度快,桥区河段往往存在有横流,不易控制船位。下行过桥时应充分了解有关的情况,并掌握基本操作方法。

1. 过桥前必须掌握以下情况

(1)桥区航道情况及通航特点。

(2)助航标志的相对位置、灯色、闪次及与桥、岸物标(灯光)在船前进中的相对位移。

(3)桥区航道内流速、流向及其对船队的影响。

(4)各种风向、风力对船队的作用。

2. 下行过桥时基本方法

1)挂高船位、减小与流向的夹角

一般大桥轴线的水平垂线与流向均有一定的夹角。当船舶首尾线与水流方向一致时,下行航速会增大;当两者之间有夹角时,水流将使船位偏移。这种偏移与水位、流速、流舷角、船舶浸水面积、流压中心与重心的相对位置及船舶的航速等有关。在潮流段内,偏移还受潮汐影响。

因此应尽量减小船首尾线与流向的夹角,挂高船位,将航路选择在水势高的一侧。

2)掌握船位,发现异常及时纠正

在过桥过程中,必须密切注意各物标、灯光相对位置的变化,采用"串视(开门)"(当在驾驶台恰能看清前方航道的岸行或驾驶员与前方航道中的两浮标三点成一线时,称为串视,这种情况称为开门)、"闭视(关门)"(当在驾驶台看不见前方航道的岸行或前方航道的浮标时,称为闭视,这种情况称为关门)等方法,结合航向和横距确定船位。一旦发现异常,应迅速判断船位偏移方向,及时纠正,如果船舶输向严重,无法纠正,过桥无把握时,应及时掉头,将船位提高后再掉头下驶。当船舶从大桥上游以一定夹角与大桥斜交过桥时,船头刚达桥墩,应迅速调向摆尾,使船身与大桥成正交通过。如因某种特殊原因,船位横移难以校正,有碰撞桥墩危险时,应果断用舵偏离桥墩,使船沿下流一侧的桥孔过桥,但必须及时报知大桥监督站。

3. 风天过桥时的注意事项

在风力作用下,船舶向下风方向偏转漂移,漂移速度与风速、风舷角、航速、流速、流向、受风面积、船队队形等有关。因此驾驶人员必须认真观察,仔细分析各种现象。

(1) 了解当地气象台站的风情预报及当时的实际风力,当风力超过过桥的规定标准时,应选择安全锚地避风。当风力虽在规定标准的许可范围,但由于船队受风面积大、马力小,无把握过桥时,也应采取抛锚避风措施。

(2) 紧沿桥区航道上风一侧。挂上风的松紧程度,视风力大小、流向大小及方向、船舶操纵性能、负载大小而定。

(3) 发现船位漂移,应立即纠正,多向上风一侧调向,必要时将浮标关在一侧航行。

第二节 进出船闸的引航

船闸是用以保证船舶顺利通过航道上有集中水位落差处的箱形水工建筑物。船闸是拦河建筑物的重要通航设施。

一、船闸的分类

船闸的类型多种多样,按照地理位置和使用性质分为海船闸、河船闸和运河船闸;按照闸室横向平行排列数目分为单线船闸、双线船闸和多线船闸;按照闸室数目纵向排列分为单级船闸、双级船闸和多级船闸(又称为单室船闸、双室船闸和多室船闸),单级船闸构造简单、使用广泛,它的上下游落差一般由几米到20 m,最大可达40 m,当船舶需要通过集中水位落差很大的航道时,一般采用多级船闸,使全部落差分配于多级船闸的几个闸室上,如三峡水利枢纽通航建筑物永久船闸,采用双线连续五级船闸。

二、船闸的组成

船闸主要由闸室、闸首(包括上、下闸首)和引航道(包括上、下游引航道)三部分组成,如图2-11-2所示。

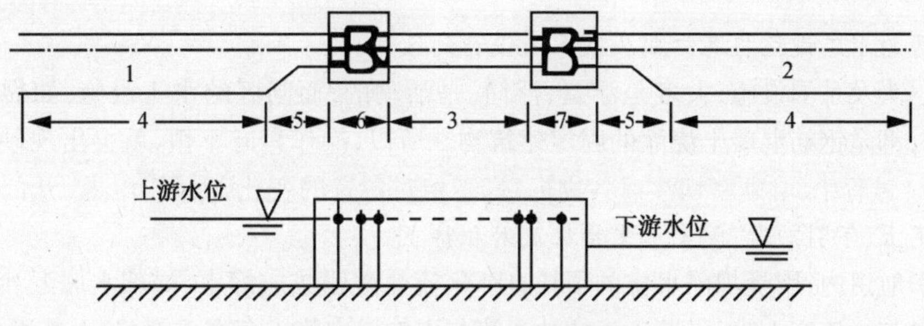

图2-11-2 船闸平面布置图

1—上游引航道;2—下游引航道;3—船闸;4—引航墙;5—导航建筑物;6—上闸首;7—下闸首

闸室也称闸厢,是船闸上、下闸首和左、右闸墙之间的空间,是供过闸船舶停泊、通航使用的。

闸首是将闸室与上、下引航道隔开的挡水建筑物。位于上游的称上闸首;位于下游的称下闸首;位于多室船闸中间的称中闸首。

船闸引航道是连接闸室至主航道,并设有导航、隔流构筑物等,能引导船舶安全进出闸和候闸要求的一段限制性航道。能保证船舶迅速而安全地从闸室到主航道或从主航道到闸室道。与上闸首相连的航道称为上引航道；与下闸首相连的航道称为下引航道。船闸引航道包括导航段、调顺段、停泊段、过渡段和制动段五部分。

三、船闸设备

为了便于船舶迅速和安全地通过船闸，一般的船闸都设有系船设备、信号设备，有的船闸还设有牵引设备。

系船设备是为船舶过闸或等待过闸时系船所用的设备，它有系船桩和系船环两种；信号设备是为了保证和控制船舶安全过闸所用的设备，如号灯、号型、航标等；牵引设备是为了加速船舶进出闸所用的设备，它有电绞盘、电力吊车和电拖车三种。

四、船舶过闸的基本原理

当船舶由下游向上游行驶时，操作程序为：闸室内水位降至与下游水位齐平，然后打开下闸门，船舶进闸，关闭下闸门，充水，待水位升高到与上游水位齐平后，打开上闸门，船舶即可出闸向上游驶去，即“开下闸门→进闸→关下闸门→充水至上水位→开上闸门→出闸”。当船舶由上游向下游行驶时，过闸操作程序则与上水相反，即“开上闸门→进闸→关上闸门→排水至下水位→开下闸门→出闸”。

五、船闸河段的航行条件

1. 航道尺度发生了变化

在天然河流上修建了拦河坝和闸坝设施，坝区的通航宽度比原来的天然河流大大减少，一般上、下引航道和船闸水域都十分狭窄，船首与闸室内本船停靠点之间纵向距离（俗称道子）较短，如葛洲坝水利枢纽的三号闸室有效宽度为 18 m，有效长度为 120 m，对一艘中型客轮来说，两边只有不到 1 m 的间隙，直线距离也有限，这给船舶进入闸室前定位、吊向带来较大难度。

2. 闸区的水工设施与港口码头及系泊设施的区别

港口码头及系泊设施，大多是浮趸、浮筒，是活动的；而闸区的水工设施，如靠船墩、导航墙、闸壁等，都是钢筋混凝土浇灌的固定建筑物。所以，操作稍有不慎，就会出现硬碰硬，使船体受损。

3. 船闸上、下引航道、闸室水文特征及淤积特点

在上引航道内，因受坝前水位的顶托，比降、流速减弱或成静水，局部水域泥沙落淤变浅；在下引航道与干流交汇处，汛期干流挟沙水流与引航道内静水存在重率差，干流浑水以异重流形式潜入下引航道内淤积，使河床变浅，水深不足。在上引航道的分水坝端，每当泄水闸放水分流时，其分流量随流量的变化，产生强弱不同的横流，对船舶进出闸操作产生不同程度的影响。在下引航道内，当闸室放水时，产生水面波动，使下游引航道内等待进闸船舶产生摆荡和垂荡，导致碰撞或擦浅。当闸室内充水或放水时，闸室内水位变化急剧，水流紊动，易使船舶碰擦闸壁。若闸室中线与引航道轴线存在较大交角，船舶进闸遇强横风，因船舶航速低，控制能力差，极易造成碰擦闸门或进不了闸室等现象。

六、船闸河段引航操作要点

由于船闸水域的特殊条件,如何控制速度,如何抓点、定位、取向、取距,如何调顺船身等是船舶通过船闸的关键。在具体操作方面必须掌握好以下三点,方能顺利进闸。

1. 控制航速

如不遇等闸或其他意外情况,在操纵船舶进闸时可借船舶冲程一气呵成。所以,恰如其分地控制航速很重要。船速快了,冲程大,供船只进闸所准备的道子及时间就显得短促,无法使船身置于理想的位置,且向左右用舵调向时,船身摆动幅度大,极易触碰船闸设施。一旦出现危局,除了倒车,没有其他有效办法避免碰撞,但此时倒车的效果在如此短的距离内,也不会起到明显的作用。如果航速过低,则冲程太小,船舶不能滑行至理想的位置。并且舵效微弱,受风力影响明显,难以控制船位,必须借助于车舵,操纵显得比较复杂。

如果操作不太熟练,为保证安全宁可早停车,把航速控制得较常规小一些。若航速显得太慢,可以结合调向需要,用适度左或右单进车以加大速度,并注意及时停车。实践证明:在静水中,用单边车进或倒,除起到制动的作用外,对调向或稳向的效果也比用舵时的效果要明显和及时一些。

2. 准确定位,正确取向

为了使船顺利进闸甚至“空心入闸”,在进闸前,船长必须在有限的道子内定好船位和吊向点。在确定合理的船位和吊向点时,要根据下列三个变化:

(1)闸室二个壁面形状的变化;

(2)本船首与闸室内本船停靠点之间纵向距离,即道子的变化;

(3)本船舷侧与导航墙及其延长线之间距离的变化。

通过这三者的变化及这三者之间相互关系的变化来决定吊向点、动舵时机及用舵角大小,来掌握船舷和导航墙及其延长线之间的距离,目的是定好船位。夜间,当船位稍远,看不清闸室壁面时,可依据船闸上方顺闸壁排列的灯或其他显著物标亮出的角度变化为点,船长站在驾驶台正中全面观察和掌握,同时派一名驾驶员或熟练舵工在驾驶台一侧观察本船舷侧与导航墙及其延长线之间的横距并随时报告,以便船长操纵。进闸时船位的最佳状态应是使船舶的航迹线和闸室中心线重合。但要获得这种最佳状态,在操作过程中,船长还必须准确估计和掌握漂距。

3. 掌握好漂距

常听到一些驾驶员谈道:“明明船进闸时我们船位摆得很好,吊向点也正确,结果还是擦了一下闸壁。”这是由于没有掌握好漂距的结果。漂距是指船舶转向后在某一时间内船舶沿原航向继续滑行的船位至与新航向的实际船位间的横向距离。此漂距要在航向稳定后的一段时间内才会消失,其大小主要与船速、转向角和排水量的大小等有关。长期的实践和观察表明,船舶在主机启动时产生的漂距很小,船在静水中停车调向时产生的漂距较大,且延续的时间较长。目前对漂距的大小只能从反复的实践中去体验,以做出比较正确的估计。由于船闸水域特殊条件的制约,要使船首尾线和闸室中心线重合后空心入室,即使只有几十厘米的漂距,也必须认真对付。

第十二章　急流滩、险槽河段的引航

本章通过对急流滩、险槽河段的航行条件与特点的分析，提出了急流滩、险槽河段的引航方法与操作注意事项。

第一节　急流滩河段的引航

急流滩是指山区河流中由于河流断面急剧变化，导致滩区上下游水位比降达到一定程度而形成碍航状况。

一、急流滩河段航行条件

（一）急流滩的概念

急流滩是山区河流特殊类型的航道，由于两岸有突出地形，河心有障碍物或河床突然地升高等原因，形成卡口，使滩段过水断面过小，水流无法自行将其调整扩大，因而形成陡比降，产生急流，滩嘴下流态紊乱而严重碍航的河段。

（二）急流滩碍航程度与水位的关系

急流滩其碍航程度随着水位的变化而变化，甚至在一定水位时，它不碍航而消滩，所以，急流滩的形成、发展和消失与水位变化非常有关。

1. 成滩水位

成滩水位是急流滩特征水位。当达到此水位时，开始出现滩势，船舶航行感到困难，称为成滩水位。

2. 当季水位

某一滩槽适逢碍航的水位期，当急流滩的滩势达到最急、最凶时的水位或水位范围，称为当季水位。

3. 消滩水位

当水位上升或下降至某一高程，急流滩滩势逐渐减弱，此时的临界水位高程，称为该滩的消滩水位。

（三）急流滩的分类

1. 按急流滩的成因分类

1）基岩急流滩

由于岸边石嘴、山脚、石角伸入江中，当水位淹没后，使其过水断面不适应其通过流量，形成急流滩。

2）崩岩或滑坡急流滩

由于两岸或一岸山岩崩塌坠入江中，堵塞江流，使其过水断面骤减，不适应上游来水量，成为急流而碍航。

3）溪口急流滩

由于两岸溪沟，在山洪暴发时冲出大量泥石，沉积于溪沟口，形成洪积扇伸入江中，堵塞江流而形成急流滩。

4）石梁急流滩

由于河床上的纵向、横向石梁或者河底上凸，在中、枯水位期堵塞江流，而形成急流滩。

2. 按成滩水位期分类

1）枯水急流滩

河底的浅脊岩坎，在枯水期阻滞水流的作用明显，水流从浅槽流入深槽时，如下堤坎，形成急流，特别是在有基岩嘴或溪沟冲积堆的卡口地区，束流成滩的现象更加严重。这类急流滩的特点是，在枯水期时成滩，水位越枯，滩势越凶险；水位上涨，深槽与浅脊之间的水面比降趋于平缓或束流卡口被淹没，河槽断面逐渐扩大，滩势即消失。

2）中水急流滩

在中水期，随着流量的增大，水位的上升，水流受到阻束，产生急流而成滩，特别是该障碍物适淹时，阻水更严重，滩势最凶险，待水位增高，淹没障碍物，其上能过船，河槽放宽，水势畅通，滩势即消失。这种类型急流滩，通常在中水位时成滩，在当季水位期滩势最凶险，高于该水位即漂滩，低于该水位时，滩势消失。

3）洪水急流滩

在洪水期，由于流量猛增，因峡谷河段河床狭窄，泄水不畅，使峡口上方壅水陡增，迫使水流在峡内加速通过，在峡口下方又因河槽放宽，水流倾泻，在峡谷上下口之间形成较大落差，当峡内有岸嘴突出或礁石阻流时，则出现急流。这种类型急流滩一般在洪水期成滩，水位越高滩势越凶，尤其是在涨水头，滩势更凶，只要涨平或退水，上口壅水消失，峡内落差减小，滩势便能减弱，水位退到成滩水位以下时，滩势即可消失。

3. 按急流滩平面形态分类

1）单口急流滩

单口急流滩指一岸岸嘴或石坝、石梁伸入河床，缩窄过水断面，凸岸一侧产生急流埂水，断面横比降向彼岸倾斜，形成水流扫弯的急流滩，如图2-12-1（a）所示。

2）对口急流滩

对口急流滩指两岸岸嘴互相对峙伸入河槽形成卡口；或一岸凸嘴，另一岸有岩脚、卵石坝伸入河槽，形成两岸均有急流埂水，断面横比降由两岸指向河心的急流滩，如图2-12-1（b）所示。

3）错口急流滩

错口急流滩指两岸上、下方相距不远，各有岸嘴伸入河槽，形成急流、埂水上下交错，呈反向弯道水流特征的急流滩，如图2-12-1（c）所示。

4)多口急流滩

多口急流滩是由两个以上的基本滩型紧密连接所组成的滩段,如图 2-12-1(d)所示。

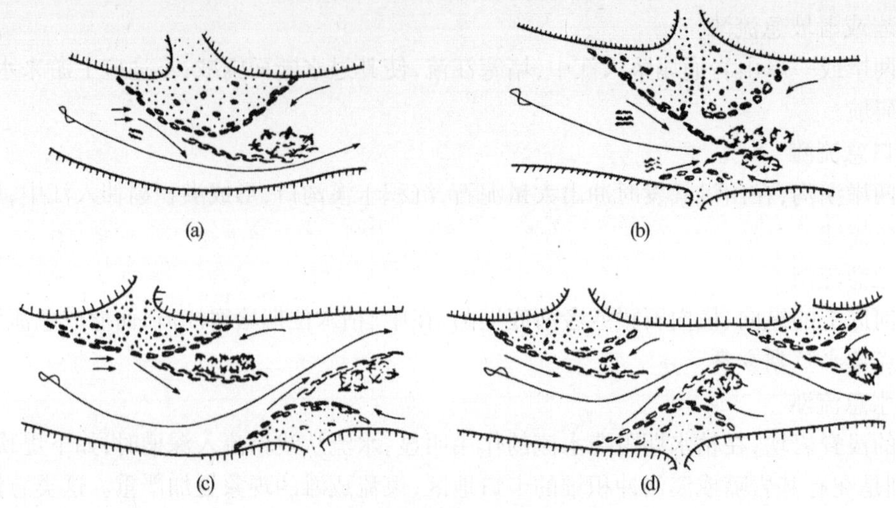

图 2-12-1　急流滩河段平面形态

(a)单口急流滩;(b)对口急流滩;(c)错口急流滩;(d)多口急流滩

(四)急流滩水流条件

1. 纵比降与急流滩阻力

1)纵比降及流速分布

急流滩的纵比降及流速的分布情况,基本可分为三个特征河段,如图 2-12-2 所示。

第一区段(壅水区):水流受下游两岸突出地形约束,在滩口上方,产生壅水,纵比降及流速减小而成缓流,如图 2-12-2(Ⅰ)以上区段。

第二区段(陡比降段):因滩口以下河床下切河面放宽致使水流在滩口上受阻壅高后,又急剧下泄,形成局部陡比降,如图 2-12-2(Ⅰ)—(Ⅱ)之间所示。

第三区段(急流段):由于两岸突嘴挑流,主流收缩呈一束,习称"滩舌"或"剪刀水",河心流速达到最大值,两岸出现大面积回流区,如图 2-12-2(Ⅱ)—(Ⅲ)之间所示。

2)急流滩阻力

上行船舶(队)通过急流滩所受到的阻力由坡降阻力和水流阻力构成。坡降越大,或船舶吨位越大,坡降阻力越大。急流滩上的水面坡降分布,也不是一样大小。它在岸嘴附近较大离外方渐远,坡降也较小。因此,在对口滩,河心一线水面的坡降最小;在错口滩,则以对岸附近的水面的坡降最小;这一较小坡降的存在,为一时难以上滩的船舶提供了有利条件。

2. 横比降分布特点

急流滩水流受突出岸嘴阻挡而收缩集中,在滩口形成斜流束状的强横流,断面上出现较大的横比降。

(1)单口急流滩水面横比降由突嘴向彼岸一侧倾斜;

(2)对口急流滩水面横比降自两岸向河心倾斜;

(3)错口急流滩和多口急流滩水面横比降,由凸岸一侧向对岸倾斜,并具有弯曲河段的水流特征。

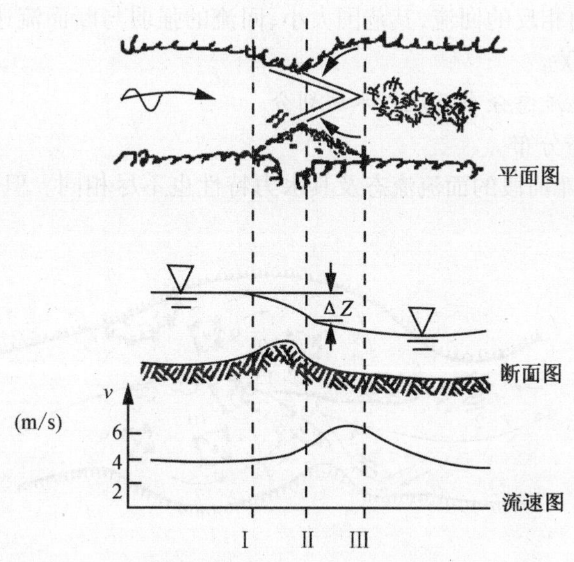

图 2-12-2 急流滩河段纵比降及流速图

ΔZ—水面落差;(Ⅰ)以上壅水段;(Ⅰ)—(Ⅱ)陡比降段;(Ⅱ)—(Ⅲ)急流段

3. 急流滩河段的水流结构

由于水流受突嘴和障碍物阻挡,流束集中后又扩散分离,在滩嘴下形成不同的水流结构,大致可分为主流区、回流区、紊动区等三个区域,如图 2-12-3 所示。

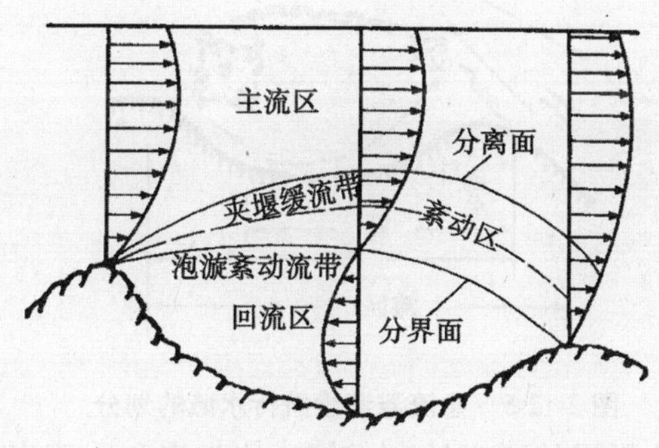

图 2-12-3 急流滩河段的水流结构

1)主流区

主流区因滩段内河床边界条件不同而形成正常主流和变态主流。正常主流是指主流带水面比较平缓,能明显地辨认出其流速较大的水流。变态主流则是指急流下切受滩下相对较缓的水流所阻,降速增压,产生泡漩交混的水流。

2)紊动区(夹堰区)

紊动区即主流区与回流区之间的水域。由于水流相互摩擦、交混,水体扰动较大,流速、流压不均匀,流向多变,泡漩混杂,水面高低悬殊,水流高度紊动的流场,称之为"紊动区"。其水流条件与岸嘴突入河床的倾斜程度有关。

3)回流区

急流滩的水流集中而又扩散后产生变形分离,其流速、流压发生变化,在滩嘴下方凹进沱区内形成的与主流流向相反的回流，其范围大小、回流的强弱与断面流速及流压梯度、河床糙度、沱区水深等因素有关。

4. 急流滩河段面流流态分布及航行水域划分

1）急流滩面流流态分布

因滩形不同，急流滩河段的面流流态及其水力特性也不尽相同。但面流流态分布规律大致如图 2-12-4 所示。

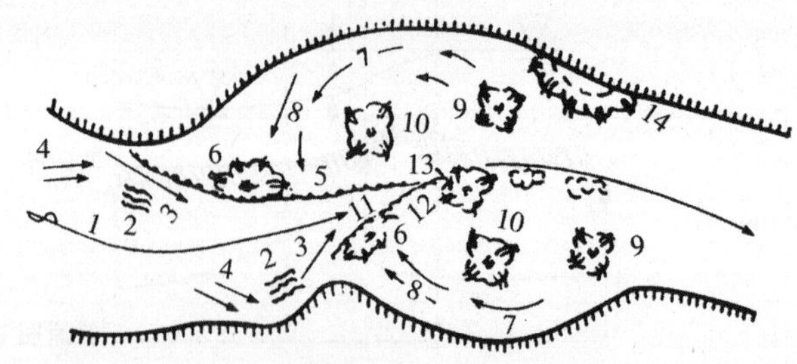

图 2-12-4 急流滩河段面流流态分布图

1—主流；2—埂水；3—斜流；4—披头水；5—夹堰水；6—枕头泡；7—回流；8—回流出水；9—分界泡；10—困堂泡；11—滩舌；12—剪刀夹；13—拦马泡；14—出泡

2）急流滩河段航行水域的划分

急流滩河段航行水域的划分如图 2-12-5 所示。

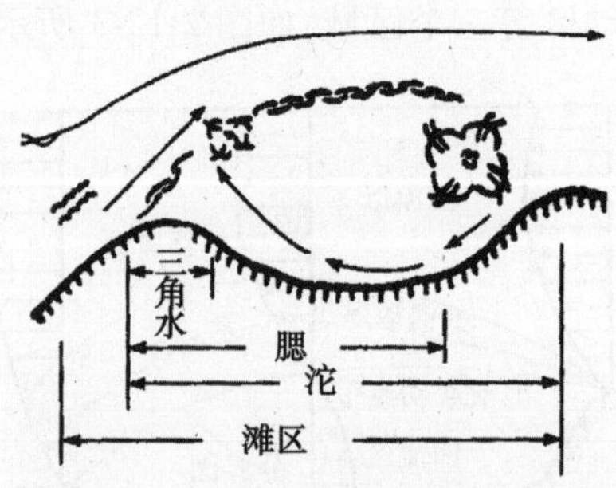

图 2-12-5 急流滩河段航行水域的划分

（1）三角水：滩嘴水流边界层的脱离处，由斜流、枕头泡和回流出水三种不同流向的水流交汇所形成的三角形静水区，又称“三叉水”；

（2）沱：滩嘴以下，河岸凹陷的整个回流、静水、缓流区域；

（3）沱楞：滩嘴下方的沱内，位于夹堰水与回流边缘之间的一束较缓水流，因该束水流位于沱的边缘，故称“沱楞”；

（4）腮：滩嘴下端位于分界水以上夹堰内侧的局部水流，称为“腮”。

二、急流滩河段引航技术

（一）上行航路的选择及操作要领

急流滩河段上行航路及航法的确定，不论单口急流滩、对口急流滩或错口急流滩主要根据主流区、回流区和紊动区三个水域的条件而定。一般有挂主流航法、循夹堰缓流带航法（大包小、外穿里航法）、挂半沱出半腮航法（半腮出角航法）、循分界面航法（里穿外航法）和循回流航法(满腮出角航法),如图 2-12-6 所示。

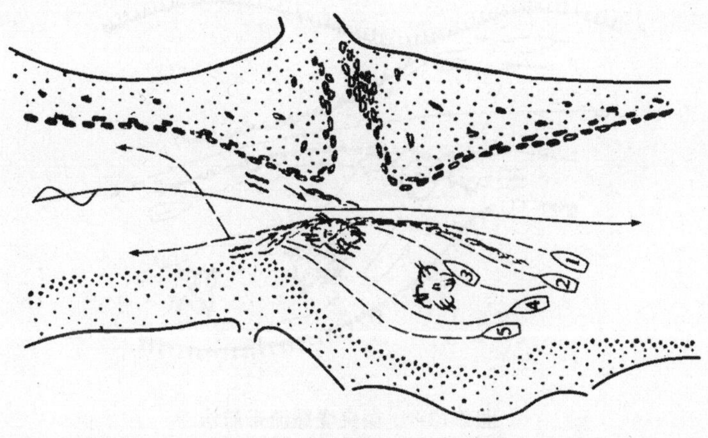

图 2-12-6 急流滩河段基本航线

1—挂主流航法;2—循夹堰缓流带航法;3—挂半沱出半腮航法;4—循分界面航法;5—循回流航法

1. 挂主流航法

当紊动区水流紊动剧烈,不存在夹堰缓流带,沱楞上泡水汹涌,枕头泡内压力强,回流出水无力,上行船舶可选择挂主流流路航行,如图 2-12-7 所示。

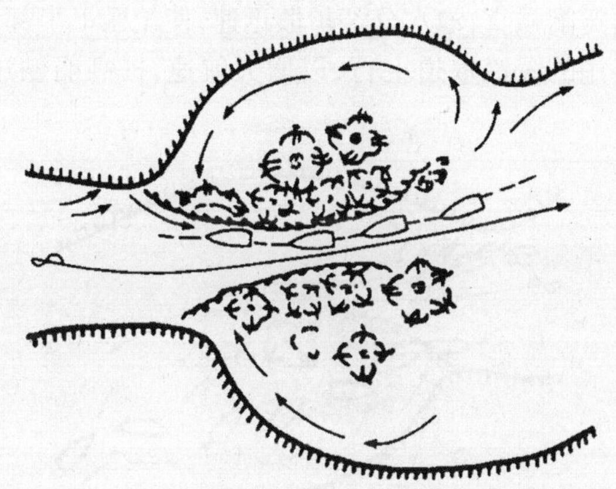

图 2-12-7 挂主流航法

(1)上行船舶将达沱区下角,操外舵,置沱区下角内拖水于内舷,以外弦挂主流,内舷靠沱楞泡水上行;

(2)沿程修正船向与流向的夹角,枕头泡置于本船内舷前方;

(3)达枕头泡,操内舵烹迎泡,达斜流继续操内舵迎斜流驶上滩头,斜流达船中部回舵,并逐渐操外舵,使船首抵迎内压水势,即披头水,尾抵斜流,乘稳后回舵,调顺船身上滩。

2. 循夹堰缓流带航法

也称大包小、外穿里航法。外穿里适用于夹堰缓流带较宽,水流紊动程度和内压力较弱时,上行船舶可利用此缓流带进滩以减小航行阻力,提高上行船舶过滩能力。此航法适用于一般急流滩河段,尤其适用于大型船舶(队)及操纵性能较差的船舶,如图 2-12-8 所示。

(1)船首达沱区下角分界泡(水)操外舵扬头,船首达夹堰操内舵顺向,以外弦挂夹堰,置回流出水及枕头泡于本船内舷前方上行;

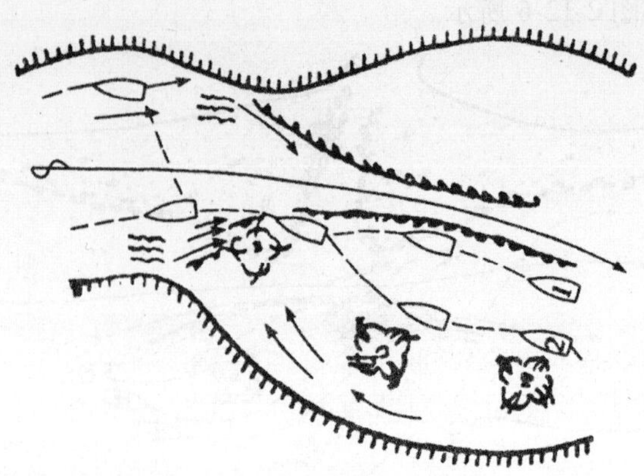

图 2-12-8　循夹堰缓流带航法

(2)渐行渐内转向,逐步缩小船向与流线的夹角,顺向上行,并时以外舵领住沱楞内压水势;

(3)达枕头泡操内舵烹迎泡,达斜流,继续操内舵迎流转向上滩,斜流达船中部回舵,并逐渐操外舵,使船首抵迎内压水势,即披头水,尾抵斜流,乘稳后回舵,调顺船身上滩。

3. 挂半沱出半腮航法(半腮出角航法)

因滩口下游段,河面宽阔顺直,泡水分裂扩散迅速,使沱区下半部水势趋于平稳,内压水势力弱,所以船舶利用下半沱的缓流取道上行,以增大航速,提高船舶过滩能力,如图 2-12-9 所示。

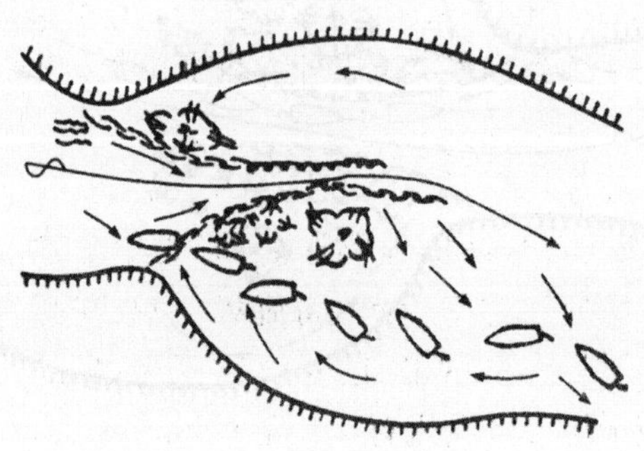

图 2-12-9　挂半沱出半腮航法

(1)船达沱区下角分界泡(水),外舵稍扬,将内拖水置于本船内舷;

(2)过内拖水,操内舵稍收,循下半沱缓流上行,置沱心困堂泡于内舷前方;

(3)将达困堂泡,操外舵扬头,置回流出水和枕头泡于本船内舷前方,循夹堰流带上行;

(4)渐行渐内转向,逐步缩小船向与流向的夹角,并时以外舵领住内压水势;

(5)达枕头泡,操内舵烹迎泡,达斜流,继续操内舵迎斜流转向上滩,随后操外舵领迎披头水,稳向上行。

4. 循分界面航法(里穿外航法)

循分界面航法适用于紊动区及沱楞上泡漩交混,流态险恶,分不清主流流路,而回流沱区大,回流流带宽,又有适航宽度和深度,且回流出水无力,则可选择里穿外航法,以避开主流区的高速水流和紊动区的险恶流态,如图 2-12-10 所示。

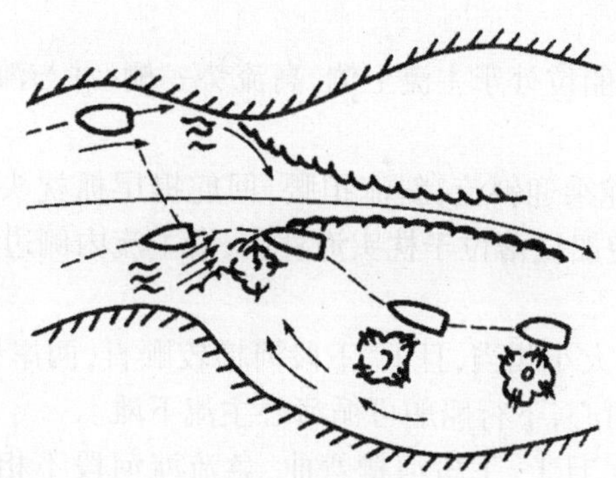

图 2-12-10　循分界面航法

(1)船过分界泡(水)后,操内舵稍收进沱,置回流于内舷,时以外舵领住内压水势;

(2)达沱腰操外舵扬头,置回流出水于内舷前方,枕头泡于外弦前方上行;

(3)达回流出水,操内舵迎流摞开船尾,调顺船身,乘稳水后回舵,借出水的支撑力,用舵外扬,利用船舶的惯性抵迎枕头泡,待船腰至泡流时回舵,借泡力并操内舵迎斜流转向,待船腰平斜流时回舵,继续操外舵,使船首抵迎披头水,船尾抵斜流,船稳住后,回舵调顺船身过滩。

5. 循回流航法(满腮出角航法)

若沱区大,回流面积宽,流线较顺直,三角水域有适航宽度和深度,斜流及披头水与滩嘴的交角较小时,可采用循回流流路进滩,如图 2-12-11 所示。但此航法,由于是从回流出水与枕头泡之间驶出迎斜流上滩,易造成窝凼、困边、出角大张或挖岸等事故,故一般不采用此航法。

图 2-12-11　满腮出角航法

(1)船过分界泡(水)后,操内舵将船收进沱区,以外舷挂回流,置枕头泡于外舷前方,随回流流线渐走渐操外舵扬头;

(2)达回流出水操外舵多扬,与出水保持适当舷角,船首达外射水势时,操内舵迎流摞开船尾,调顺船身,随之借外射水力并操外舵去抵迎枕头泡,稳住船后回舵;

(3)船首达斜流时加操内舵迎流转向,调顺船身上滩。

(二)下行航路的选择及操作要领

由于急流滩的形势及水流特点,下行航路及航法的选择也与一般航道有所区别。原则上应根据急流滩上、下河槽形势和当时的水位、流向、流速来判断河岸水势的高低,下行船则应挂高水势一岸下行,使船位落位于预定航线上。

1. 单口滩

(1)船至滩嘴上方应使船位处于主流上侧,高流势一侧,并与滩嘴斜流取得一个适当的夹角。

(2)船首达斜流,操内舵乘迎斜流,斜流担腰,回舵提尾抓枕头泡为点,内舵迎泡,以内舷挂沱楞,直舵提尾,稳向后使船位落位于枕头泡外侧,沿主流内侧边缘下滩出槽。

2. 对口滩

(1)若对口滩两岸滩嘴大小相当,且上、下段河槽较顺直,两岸横流强弱相当,滩嘴的水面是两岸高,河心低,主流在河心,下行船舶可循河心主流下滩。

(2)若滩嘴大小不相等,且上、下段河槽弯曲,急流滩河段不相等,下行船舶应挂高,其引航要点是:在滩嘴以上将船位摆在水势高的一岸,主流置于外弦,抓水势高的一岸突嘴为点;临近滩嘴前,与滩嘴斜流取得适当的迎流角,达斜流内舵乘迎;当内舷挂上沱楞,直舵提尾,将船位置于主流内侧下滩。

3. 错口滩

错口滩主流流向呈连续反向弯曲,主流经上滩嘴阻束后,直冲下滩嘴迎流面,受下滩嘴挑移再折回本岸。其引航要点是船至上滩嘴上方应使船位处于主流上侧,高流势一侧,并与上滩嘴斜流取得一个适当的夹角,船首达斜流,操内舵乘迎斜流,当内舷挂上沱楞,直舵提尾,借势乘迎下滩嘴斜流,当内舷挂上下滩嘴沱楞时,直舵提尾顺向,将主流置于本船外舷下滩。

4. 多口滩

由于河槽弯曲,滩嘴交错相连,水势曲折,主流时而靠近此岸,时而折向彼岸,形成了多口滩的复杂流态。其引航要领,可仿照错口滩引航方法。

注意事项:下行船舶通过急流滩要防止挂高过早、过多而导致背脑、困角;要防止乘穿枕头泡、挂回流过多而插入回流区或直舵不及时、舵角过小等原因而导致吊钩打枪;要防止乘迎斜流不及时或舵角太小、直舵过早或直舵舵角过大而跨入低水势落弯;下滩或挂沱楞时,若夹堰浪大,应视情况适当减速,以防止舱面进水,船体下沉。

三、危险处境和应急措施

(一)打张

1. 打张的原因

发生打张的原因有多种,一是船舶上驶过急流滩或突嘴时,航法选择不当。如船舶操纵性能较差,却错误地选择满腮出角的航法,以致在出角时,船首受斜流冲压,船尾受回流或泡水顶托,虽用满舵,但其舵压力转船力矩不能抗衡水动力转船力矩,而发生打张;二是用舵不当。如上行船舶出角时,内舵烹枕头泡或斜流用舵不当,致使水动力转船力矩大于或等于舵压力转船力矩,船首向河心下游偏转或稳向冲向彼岸,或者上行船舶在滩嘴下放已形成逼向的不正常局面,为防止窝凼,而向河心操舵过多也会导致打张。

2. 打张的应急措施

上行船舶发生打张危险时可采取如下应急措施:滩口处,若航道宽阔,航宽大于船舶(队)长度,可加大车速并操内满舵,迫使船尾外移,当船腰达斜流时,因水动力作用点移至船舶转心以后,船首会急速向内侧转向,从而扭转打张的局面,但此时应及时回舵,并用反舵,以防止挖岸。在狭窄的滩段,当河面宽度没有船舶回转的余地时,船舶出角发现有打张趋势,若采用加车助舵的方法，这样不仅不能挽救危局，反而会增大冲向队岸的碰撞力，而扩大损失，此时应果断停车、倒车，控制船舶惯性，使船尾在回流区，船首在主流区，利用水动力转向力矩的作用，向下掉头改为下行，待驶至宽阔航道再掉头上驶。若上行船队发现有打张趋势时，应令驳船帮舵，以增加转船力矩，又可以扭转打张的危险局面。

（二）挖岸

1. 挖岸的原因

挖岸往往由于顾虑上行船舶发生打张，在乘迎斜流时用舵过多，未及时回舵推船尾斜流所造成。

2. 挖岸的应急措施

当上行船舶发生挖岸险情时，应设法保证车舵的完好无损，控制船舶，使船首搁于岸边，船尾处于安全水域，然后再采取妥善的脱险方法，退离岸边。

（三）吊钩打枪

1. 吊钩打枪的原因

其原因是下行船舶通过急流滩，用舵乘迎斜流时，舵角过大，船首插入回流过多，直舵不及时或用舵过小，不能调顺船身。

2. 吊钩或打枪的应急措施

当发现下行船舶在挂沱楞后，直舵不当造成“吊钩”或“打枪”事故的隐患时，如航道水流条件允许，可采取加车助舵的措施来扭转危局，若估计加车措施不能奏效，应紧急停车或倒车，控制船舶惯性，借船体所受异向流力所构成的转船力矩，原地掉头为上行，驶至航道宽阔地段再掉头下行。

相关示意图见流态中的“回流”内容。

（四）背脑

1. 背脑的原因

背脑是指下行船舶航经弯曲航道或急流滩，船位偏离正常航线而逼近滩嘴上方或其他障碍物上首，有困触礁之势的一种险情。其原因是：下行船舶过急流滩时，怕落弯，挂高过早，船舶受背脑水的推压所致，如图 2-12-12 所示。

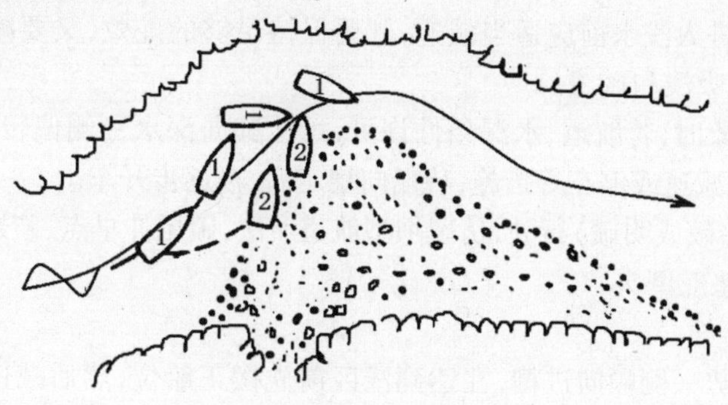

图 2-12-12 背脑

1—正常船位；2—背脑船位

2. 背脑的应急措施

下行船舶航经弯曲航道或急流滩时,应适时适当摆好船位,当发现船舶有向滩嘴背脑的趋势时,应及时用舵抬向避让。

第二节　险槽河段的引航

在山区河流中,通常将狭窄、弯曲、水浅、流急、礁石区等河段上水深较大的可供船舶航行的那部分河床,称为“险槽”或“槽口”。驾驶员通常将急流滩和险槽称为“滩槽”。险槽按水位划分,有枯水险槽、中水险槽和洪水险槽;按碍航特征划分,有弯、窄、浅险槽、航槽流态恶劣的险槽和滑梁险槽。

一、弯、窄、浅险槽河段的引航

(一)弯、窄、浅险槽河段航行条件

弯、窄、浅险槽河段一般出现在枯水期的宽谷河段,尤其是宽浅型河段内,而且多出现在两个反向弯道的过渡段,或因碛坝、礁石等障碍物伸入河槽,相互交错而成。在槽内明暗礁石星罗棋布,有时河面虽较宽阔,但可供船舶航行的航道却甚狭窄,浅区连亘,背脑水、斜流和扫弯水强劲,流态复杂。一般水位越枯航槽越险,但随着水位的上升,因礁石、碛坝的淹没,航道放宽,航行条件逐渐改善,险槽逐渐消失。

弯、窄、浅险槽河段给船舶带来的主要困难是:为了克服船舶的偏转和漂移,需加车助舵。而过浅区时却要减速,以减小动吃水,两者之间相互矛盾,这就要求驾驶人员应根据各险槽的航道特点,熟悉航道水势,因势利导,谨慎操作。

(二)弯、窄、浅险槽河段引航要点

1. 上行

(1)上行船舶进入弯、窄、浅险槽河段时,应将船位置于凸岸高水势一侧的缓流上行。

(2)遇横流时要及时用舵乘迎,使船航行于深槽。

(3)注意由深水进入浅水前应适当减速,既要保持足够的舵效,又要减少船舶动吃水,防止因惯量过大而造成吸浅和搁浅。

(4)发生跑舵现象时,若航道、水深条件许可,可让其向深水一侧偏转,而后再调整船位,必要时可进一步采取减速或停车等措施,待船向稳定后,再逐步开车。

(5)若沿碛坝(暗碛或明碛)行驶,仿碛坝型航道航法,碛尾伸早点、碛翅走开点、碛脑收慢点,以防困碛搁浅或垫舵倒头。

2. 下行

(1)船舶沿高流势一侧顺向进槽,在达到浅区前先摆正船位,然后减速,以降低其前进惯性。

(2)仿碛坝型航道的下行航法,采取“有碛抱碛,无碛抱月”或下行急弯航道的航法,拉大挡子,扩大航迹线曲度半径,采取“挂高”的操作方法,以克服航道曲度半径不足和斜流、扫弯水的影响。

(3)船向与横流流向取适当夹角,既防背脑,又防落湾,以保证船舶的船位沿深漕下行。

(4)船过浅区后,见船体下沉后又抬起,啸水声变大等现象,说明已到深水,即可恢复常车(通常在弯顶处可恢复常车,必要时加车),调整船向,摆正船位下行。

二、滑梁险槽河段的引航

(一)滑梁险槽河段航行条件

1. 河床特点

滑梁险槽是山区河流的宽谷河段的特殊河床之一,在峡谷河段中也偶有出现。由于河床两岸石梁、碛坝、台地或山脚伸入河床,河心的石梁及孤石、岔道的上口及卡口处的尾部等淹没,其上不能过船,存在由河心指向岸边的横向分速水流,产生滑梁水,而形成滑梁险槽。滑梁险槽可分为"单滑梁"和"双滑梁"险槽。单滑梁险槽是指某一岸或河心较低石梁被淹没,形成滑梁水,而另一岸河床较高未淹没的险槽,如图2-12-13(a)所示;双滑梁险槽是指两侧石梁、石盘高程相当,当水流淹没其上不能过船时,水流向两侧漫坪滑梁的险槽,如图2-12-13(b)所示。

2. 水流特点

滑梁险槽的水流特点是河心高,两侧低,横向分速水流强,水流淹到哪里滑到哪里,主流流路清晰,断面上呈水面背流。

在"单滑梁"地段,滑梁一侧横向分速水流较强,未淹没一侧水势高,而且平稳。在"双滑梁"河槽中,水流向两侧滑泻,端面上存在水势高低之分,一般凸岸一侧或地形较高一侧为高水势一方。

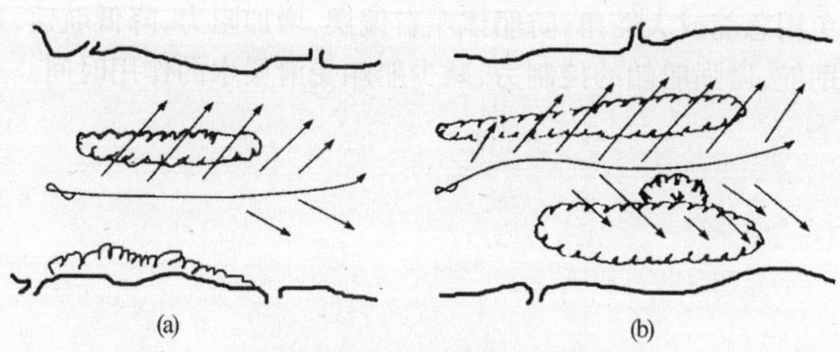

图2-12-13　滑梁险槽河段

(a)单滑梁;(b)双滑梁

在有些较顺直的"双滑梁"河段,因水面背流水底对流的双向环流作用,河心产生上升流,呈现连串泡喷(又称为"分迳泡"),是上、下行船舶引航必须抓的重点水势。有些石梁刚淹没而其上又没有适航水深时,呈现一线夹槽水纹(又称"镶水"),在石梁未淹没部分,由于反击出水与主流的横向水流相互撞击,也呈现一线夹槽水,水面呈下凹曲线,流速较缓,也是上、下行船舶引航所抓的重点水势。有的滑梁险槽河段,在地形凹陷处,水流向其扩散,产生强力内拖水,如图2-12-14所示。

(二)滑梁险槽河段引航要点

无论"单滑梁"或"双滑梁"险槽,上、下行船舶航路基本一致,均应避开滑梁水势强的一侧,选择水势较高一侧航行。

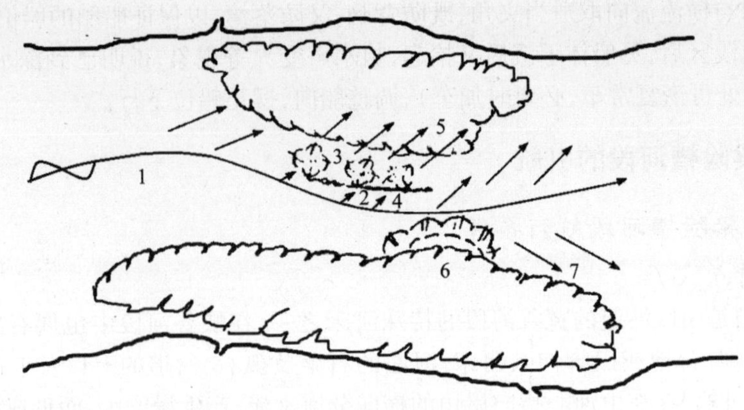

图 2-12-14　滑梁险槽面流流态

1—主流;2—主流横向分速水流;3—下坎泡;4—夹槽水;5—滑梁水;6—反击出泡;7—内拖水

(1)船舶进槽后应抓主流流路或分迳水(泡),参照岸形、流线,使船位沿程处于凸岸高流势、横流上方一侧航行。

(2)滑梁水势越强的地段,越要抓住分迳水,顺主流流线取直分心,保持大向,勤拨小向,防船舶向两岸滑困。

(3)在刚淹没地段高水势一侧呈下坎泡花(或有出泡)时,其外缘呈夹槽水(镶水),应以外弦挂主流,内舷靠镶水上行。

(4)当有强力反击出泡挤迫主流,阻挡航路时,应以适量的舵力乘迎保向,防偏离航路,滑困另一岸。

(5)操作中避免用急舵或大舵角,防船体左右偏摆,增加阻力,降低航速,造成失控。

(6)适当加车助舵,增强船舶的控制力,减少船舶受滑梁水的作用时间。

第十三章 特殊情况下的引航

船舶在水上航行,受客观因素的影响很多,船长和驾驶员在主观上如何适应客观因素的变化,使船舶在各种特殊情况下处于安全航行状态,是极其重要的。这里主要介绍雾天航行的注意事项,突遇浓雾时的应急措施;暴风雨天气的特点及航行注意事项;大风天气风浪特点及航行注意事项;夜间航行条件特点及航行注意事项。

第一节 雾天航行

雾天航行一般分为两种情况,一种是在轻雾中航行,另一种是在浓雾中航行。前者是指能见度在一级雾范围内,雾情变化缓慢,不会突然恶化的情况下航行。如在一般的水雾、雨雾、雪雾、瘴气等天气情况下,且航道宽阔,碍航物少,水流缓慢,前方有可供船舶锚泊的水域,或在湖泊、水库中,船舶仍能继续航行。如航道条件复杂,是多发雾的地区,即便是轻雾,也应认真对待,决不能冒险航行,应果断采取扎雾停泊的措施。后者是指在大型河流的中下游,非港区的宽阔航道内雾情已达到三级雾,配备有良好的导航设备,且操纵灵活的船舶,借助雷达等导航设备定位航行,或船舶本来按轻雾航法航行,经过山溪、沟口或浓雾区时,因突然遇浓雾,一时无法选择锚地抛锚而被迫在浓雾中航行。

一、雾天航行注意事项

(1)驾驶人员对能见度不良要保持高度警惕,时刻做好雾航安全各项准备工作,要及时收听气象预报,掌握各航段雾季的分布、特点、征兆及变化规律,随时注意雾情变化。对各种突发性的视线不良,给船舶造成航行困难时,一定要有应急预案。

(2)按章鸣笛,并报请船长,同时通知机舱备车。

(3)任何情况下都要使用安全航速。

①正确认识安全航速,掌握避让行动的主动权。采取安全航速一是为了既有充分的时间去估计当时的局面,又有足够的余地采取适当而有效的避让行动;二是在紧迫局面情况下或必要时能够在适合当时环境和情况的距离以内把船停住。同时采用安全航速,一定要客观考虑当时能见度不良的程度、通航密度、航道障碍物、港口管理设施的能力、本船助航仪器使用的局限性。

②在穿越港区、锚泊区等船舶密集区时,尤其要注意安全航速,必要时将船速降低到能维

持舵效的最低航速。

③雾航时常施放雾号,要掌握雾笛的传播特性。声音在雾中传播会发生折射现象,仅根据所听到的声音大小和方向很难正确确定音源之所在。

(4)利用一切有效手段保持正规瞭望,及时判断碰撞危险,要做到知己知彼,对新的碰撞态势,能及时作出预测和识别。

①配备足够的、称职的瞭望人员。雾中航行根据船舶类型和水域情况指派瞭头人员,雷达观察员保持连续的不间断的系统观测。在瞭望时一定要保持在能获得瞭望效果的最佳位置。

②坚持利用一切可利用的手段全方位、不间断瞭望。不但用视觉、听觉、望远镜、VHF 等获取周围船舶碰撞危险信息, 还要用一切可定位手段时刻掌握本船船位、船速。

③正确使用各种助航仪器,并要了解各种仪器的局限性、使用特点。使用 VHF 联系时一定要早,避免耽误避让时机;可保持与港口 VTS 的联系, 以得到 VTS 的及时支持。

④要及早发现来船和获取一切有碍航行的信息,以便及早判断碰撞危险,及早避让、争取主动,避免形成紧迫局面或紧迫危险的被动局面。除此之外,还应对可能影响本船采取避让措施的周围其他船舶动态了如指掌,以及本船采取避让行动以后是否与他船形成另一紧迫局面。应密切注意并观察他船在采取避让行动时可能遇到的困难, 对该船可能有采取不协调行动保持应有的戒备。

(5)采取避让的行动, 要早、大、宽、清,避免形成紧迫局面。

避让时坚持早、大、宽、清的原则,"早"指及早地,及早地发现目标(运用一切手段)、判断危险和及早地采取避免碰撞行动;"大"指大幅度的,采取的行动应是大幅度的(视觉和雷达容易察觉到),包括转向和减速;"宽"指宽裕的,交会时两船间的距离应是宽裕的(因环境、地点和人的差异对宽裕的认同不一);"清"指让清,在安全距离上驶过让清(应在整个避碰过程中查核避让行动的有效性)。

在环境条件不允许的情况下, 一定要做到:不论当时船舶的态势如何, 要尽可能地做到及早发现来船,为观察和分析局面、采取避让行动留有充分的时间和余地;牢记双方都有采取避让行动的责任,不可盲目等待观望,贻误避让良机;对来船在特殊情况下可能采取"背离"规则的行动,一定要有应急预案;为避免紧迫局面或紧迫危险局面,采取的避让行动一定保持留有回旋的余地,并认真核查避让行动的效果,不要造成与另一船发生紧迫局面;采取避让行动后,如发现对方采取不协调行动,距离越来越近,而形成紧迫局面,唯一的办法是立即停车,把船停住,并继续观测对方动向,鸣放相应的声号。

(6)发现雾级有向浓雾转化趋势,及早做好锚泊扎雾准备工作。山区河流下行船舶更应准确地掌握船位、航道特征及浓雾区,不能错失掉头的时机和锚地,及时选择锚地扎雾。

二、突遇浓雾应急措施

船舶因突然遇浓雾,一时无法选择锚地抛锚而被迫在浓雾中航行时,除应按照雾天航行要点进行操作外,还应着重采取以下措施。

(1)减速航行。一定要将船舶的速度慢下来,为避免碰撞留有更多时间,便于采取各种操纵措施。船速慢,不仅船位变化慢,而且储备了操纵能力,需要改向时,则可短时间快进车以助舵效,实现在较小的进距上转过较大的角度;当需要制动时,则惯性冲程小,旋回惯性小,便于航向控制。

(2)要用好雷达(对备有雷达的船舶)。驾驶人员会熟练使用雷达定船位、选航向;会使用雷达航行参考图,能准确从雷达荧屏上选择吊向点、转向点,按航道走向及时调整船位,使船舶航行在计划航线上;能从雷达荧屏上区别航道内外动静物标,区别船舶类型、大小、走向,有无碰撞危险;如发现有碰撞危险,应及时用车、舵,采取紧急应变措施

(3)要充分利用 VHF、AIS 等助航仪器,获取他船的早期信息并视情况发布本船雾航警报,以提醒过往船舶注意。对可能有碍航行的船舶应及早协调避让,避免造成行动上的误会。

(4)要服从当地 VTS 的管理,遇到疑难问题可以请求 VTS 的帮助或指导。同时要切记:雾中两船相遇,致有碰撞危险时,无直航船、让路船之分,两船均应及早采取避免碰撞的行动。

(5)及早做好锚泊扎雾准备工作,尽快找到锚地抛锚扎雾。

第二节　雷暴雨大风天气的引航

一、雷暴雨天气特征

雷暴雨天气是一种突发性强、风向急转、雨势猛烈、持续时间短的中小尺度范围的灾害性天气,其风力甚至可达10级以上,突然而来的雷暴雨,使四周漆黑一片,能见度几乎等于零,给内河船舶的安全造成了严重的威胁。

1. 雷暴雨的产生

雷暴产生在强烈的积雨中,是伴有雷鸣和闪电的局地对流性天气。通常有发展、成熟和消亡阶段。

2. 雷暴雨天气发生的地区和季节

雷暴多发生在中低纬度地区,在我国,雷暴雨多发生在中南部及沿海地区,一般是山地多于平源,内陆多于海洋。

雷暴雨天气具有明显的季节性,春夏居多,冬季少见。一般发生在3—10月,多发期为5—9月,尤以6、7、8三月为甚。其中立春至清明前后,雷雨大风发生的时间多在凌晨至上午。立夏至秋末雷雨大风发生的时间常见于午后至深夜。台风来临前也会诱发雷雨大风。

3. 雷暴雨天气的主要特点

(1)来得快,来得猛。雷暴雨带来的是狂风暴雨,常伴有电闪雷鸣。风力通常在7~11级,最大可达12级以上。

(2)风向急转。通常多为微弱的偏南风突然转变为西北大风。

(3)风暴持续时间短,一般为20~30 min。

(4)大风的水平宽度不大,一般为几十千米。但纵向袭击范围可达数百上千千米。

二、雷雨天引航注意事项

(1)船舶航行在雷雨出现的航区,应装有避雷设施,并保证其功能良好。

(2)发现有雷暴雨来临征兆,或航经经常出现雷暴雨的航区,应提前开启雷达、甚高频无线电话,请船长到驾驶台。

(3)雷暴雨来临时,立即减速鸣放雾航声号。利用目测、雷达罗经等一切有效瞭望手段,

加强瞭望。派专人观测雷达、罗经、守听甚高频无线电话、测深,并及时向船长报告船舶动态和河床航道变化情况。必要时停车淌航,阶段性用车助舵调向。对无雷达的船舶,在摸索淌航中,利用闪电的余光抓点定位、掉头、抛锚。上行船宜早抛锚扎雷雨或停车稳舵待航。下行船早选择宽阔水域掉头,选择锚地抛锚。

三、风天引航

1.顺直河段和河口段的风浪特点

(1)顺直河段和河口段的风浪较其他河段为大,且大浪多出现在风、流同向时,如航道为南北向,流向向北,风向为北风,风向与流向相同,但作用力方向相反,为逆流风,此时风与流相撞击,会在整个河段上掀起大浪。

(2)在同等风力下,顺流风的浪小于逆流风的浪。

(3)在同等风力下,下行顶浪航行船舶受浪的影响大于上行顺浪航行的船舶。

(4)下风岸的浪大于上风岸的浪。

(5)深水区浪大、浅水区浪小。

(6)流速大的地方浪大,流速小的地方浪小。

2.风浪中引航的操作要点

在顺直河段或河口段内航行的船舶遇到风浪时,对船舶安全危害较大的一般是顶浪航行(下行)、顺浪航行(上行)和横浪航行(在横越航道或回转掉头时)。

1)顶浪航行

对下行船舶影响最大的是顶浪航行。顶浪航行时,船体前部受波浪的猛烈冲击,振动很大并发生猛烈纵摇,对强度较弱的船可能引起渗漏、变形等事故。船舶受波浪的强力冲击,会产生横摇、纵摇、偏转、甲板上浪、打空车、失速、纵向波浪弯矩、稳性损失和操纵性变差等,严重时还会产生中拱、中垂等有损船体强度的现象。当纵摇周期接近于波浪周期时,则纵摇加剧,并使船首有钻入波峰的危险。

为安全起见,可驶离原航路,以避开大浪区,或将航速降低至能保持或维持舵效的程度,使船舶处于缓速顶风的状态。

如风浪很猛烈,为了防止波浪对船首过分强烈的冲击,可使航向偏离波浪方向20°~40°,作斜向慢速航行。不过这样虽降低了纵摇程度,却出现了相应的横摇。为了使船体均匀受力,船舶走"之"字形,使左右舷轮流受浪。

2)顺浪航行

上行船舶影响显著的是顺浪航行。风浪从后方过来,容易冲击船尾,引起偏转摆动。当波浪速度大于或等于船速时,则船舶将随波而运动,舵效减弱,航向稳定性显著降低。若用大舵角校正,必使船舶摇摆更剧烈。

若航速大于波速,上述现象则不存在。因此,最好能调整航速,使之略大于波速。对一些尾部突出、舵面积较小的船舶,顺浪航行时不易保持航向,这时使航向与波浪成30°角左右航行,可以减少尾部淹水和保持舵效,顺浪航行,不宜采用大舵角转向,要充分注意保持航向,配合使用不同的车速,来增加舵效,应选择不受波浪大角度冲击的航向行使驶。

3)横浪航行

船在横浪中航行,船体将发生横摇。横摇易导致货物移位、产生自由液面等,影响船舶稳性。当船的摇摆周期与波浪周期接近一致时，将产生谐摇现象，使船横摇加剧，甚至有倾覆的危险。在此情况下，必须设法改变航向，以减轻横摇。但在调整航向使船头受浪时，切忌用大舵角，以免造成过大横倾。

船舶在大风大浪中掉头，操舵旋转时因做曲线运动将受到离心力与侧向水阻力所构成的力偶的作用，使船体向外舷倾斜，转舵越急，舵角越大，航速越高，则倾斜越显著。此时若船正处于横浪中，船身还要向波谷一侧倾斜，且还要受到风的压力，横倾就会大大加剧，导致船舶倾覆。

船在风浪中掉头，须先慢车减速，抓住风浪较小时的时机。开始时慢速操中等舵角（15°左右），掉头过程中适时使用快车满舵，加快掉头。

第三节　夜间引航

在夜间，由于受视距影响，距离估计不如白天那样准确；目标的发现不如白天那样及时；航道岸形不如白天那样直观；对他船动向的判断也不如白天那样快而准。所以，船舶在夜间航行时，驾驶台必须保持肃静，集中思想，加强瞭望，谨慎驾驶。

一、夜航的特点

1. 视觉能力减弱

人眼对物体不同亮度之间的区别能力，夜间要大大低于白天。在夜间观察细浅、小黑点或两个物体间的狭窄间隙的能力也要比白天低得多。

人在夜间的辨色力也很差，目标看起来呈灰色，只有亮度不同而已。

2. 气温变化造成视角偏差

夜间气温变化较大。在水面上会产生不同的湿度层，水面湿度和驾驶台湿度不一致，空气的密度也不一样，由于光的折射就引起视距偏差。

1）视物标变远

当水面气温低，眼处气温高时，光线弯曲向下折射，我们看到灯光 A 在 A′的位置，物标的距离仿佛变远了。这种情况多发生在春秋天，使船舶容易误入灯标而发生事故，如图 2-13-1 所示。

2）视物标变近

当水面气温高，眼处气温低时，光线弯曲向上折射，我们看到灯光 A 在 A′的位置，物标的位置仿佛变近了，在这种情况下，驾驶员往往不敢接近物标，造成船不落位而发生事故，如图 2-13-2 所示。

3. 灯光照射所产生的偏差

1）习惯上以灯光明亮判断远近，容易产生错觉

灯光的能见距离（灯光的射程）不仅与它的亮度有关，而且与灯高也是成正比的。内河岸标的设置受地理条件的制约而高低不一，平原河网地带一连看到数座灯标，高低相间，完全依靠亮度确定远近，容易发生切滩的事故。

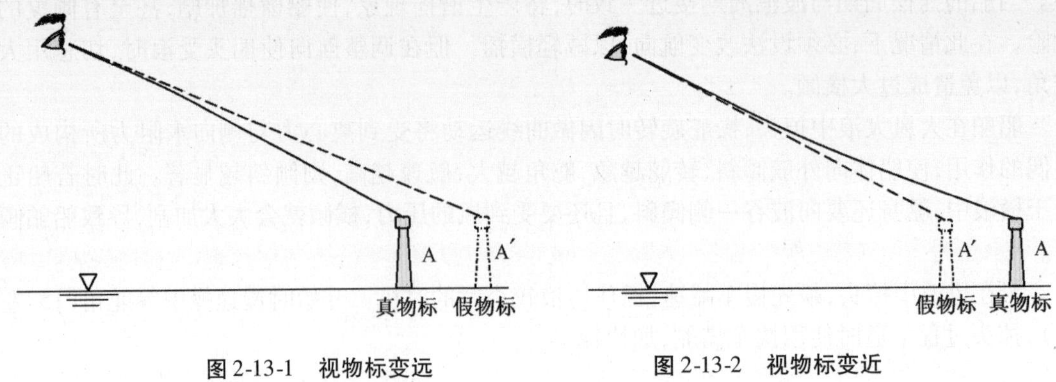

图 2-13-1　视物标变远　　图 2-13-2　视物标变近

2)灯色易于混淆

光有七种颜色,它在大气中有的被吸收,有的被折射。远望时有色灯光可能误认为白色,有时则把白色看成红色。绿光与红光相比,绿光显得昏暗,因此,远望时经常把绿光误认为红光。

3)光圈(光芒)

在强的灯光照射下,首先发现光芒,然后才能看到实光。如果两盏灯的发光亮度大,由于参光作用,两盏灯交织在一起,发现目标就只是光圈。

沿江城镇光力都很强,十分耀眼,航标灯光不容易被发现。

二、夜航中容易出现的问题

1.辨认不清

(1)晴朗的月夜,水呈银白色,沙呈灰白色,二者容易混淆。

(2)在夜间以山尖作为船首物标时,两个相近的山尖很可能辨认错误。

(3)夜间容易把两山之间的平地误认为水池。

(4)不同水道与沟溪容易进错。

(5)河水上涨,水面增宽,原习惯按河宽比行船(如三七分心走),新的水面会引起比例的变化。

2.感觉上的误差

(1)有山影的地方习惯地离暗侧远些,对明侧靠近些,往往造成船不到位而发生事故。

(2)背月一旁常有阴影映入水中,尤其在高的陡岸或傍山的河段这种阴影更为显著。在驶入阴影之前很难认清深浅、岸形和各种物标,在行驶中不能接近,有时造成偏位搁浅。

(3)在夜间,有时对灯光的射程估计错误,在天气坏的黑夜里灯光的射程急剧降低,误认为灯源距离尚远,便漫不经心地接近,造成危局。

(4)在坏天气的黑夜中,能见度极为不良。河岸的轮廓和其他标志,在相当近的距离也难以辨认,以灯光亮度来判明航向和船时尤应谨慎,必要时减速前进,确认清楚后才能继续常速前进。

3.精神紧张、疲劳

(1)夜间遇到坏天气,定位目标甚至岸边均难以辨认时,不熟练的驾驶员容易引起精神紧张,心中无数,把握不了船位、方向,舵令也往往容易搞错。

(2)因连续转舵,或走错船位使用大角度纠正时,因一时失向,船位偏离航线也觉察不出来。

(3)在宽阔的湖面上只抓一个浮标航行时,容易形成打圈,还应该找其他参考目标来确定航线。

(4)夜间值班人员容易困倦,尤其是连续夜航更加劳累。除值班人员外,还应落实协助班人员,以便情况紧急时能采取应急措施。

三、夜航交接班注意事项

据实际情况看,在交接班时间里常常会发生事故。为什么在这段时域容易发生事故?从心理情况分析,在这段时间里,交班者因急着想下班,而注意力分散,对本船的船位、航道情况就不很注意。突遇情况后就手忙脚乱,处理不当而发生事故。对接班者来说,刚好是上班不久,注意力还未完全集中。刚从睡梦中醒来,头脑不很清醒,对环境还需一个适应过程。加之上班不久,对船舶位置及周围情况了解不够,所以常常会造成对航标一时认识不清,走离航道而搁浅,或操纵不当而发生碰撞。

(1)驾驶人员接班前应重温本班夜间所航经河段的航道情况,熟知地形、地物,岸嘴、礁石等碍航物。同时还应根据水位的变化,熟悉航段内的主流、缓流及不正常水流的分布情况,以便选择航路。

(2)驾驶人员应熟记航向和航段标志的配布,能熟知物标(包括显著的天然物标)的位置及特征,并能合理地利用它作为夜航叫舵、转向、校核船位、航向的重要依据。

(3)值班人员在进驾驶台接班前,应于黑暗处闭眼停留片刻,使眼睛适应在黑暗中视物。待交班人交清航道等情况、摆正船位、稳定航向后再接班。禁止交接不清、盲目接班或在避让时交接班。

驾驶台内应避免其他灯光射入而影响值班人员视觉。如需用灯光时,应遮蔽灯光不使其外露,或采用不耀眼的弱光或红色灯光。

四、夜航注意事项

(1)要充分利用望远镜、VHF 等助航设备加强瞭望,在山区河流或狭窄河道,在不妨碍他船航行时,可利用探照灯助航。

(2)随时准确测定船位,掌握好夜航转向点和吊向点,使船舶始终保持在计划航线上或处于“落位”状态。

(3)通过突出的岸嘴、石梁、礁石、急流滩或险槽时,要准确掌握地势、滩情水势,正确使用车舵,安全措施稳妥。夜间绞滩,要分工明确,措施落实。遇陡涨水或本船系重载的上行船队,在航经未设绞滩站的险滩时,要充分考虑本船的过滩能力,以避免船舶吊滩、退滩或失控造成重大事故。

(4)宽阔河段(尤其是入海河口段)的物标、灯标稀少;支汊河口处,灯光混杂;洪水期的漫坪地段,灯标远近相互交错,辨认不清。要熟记每个航标的名称、灯质,两标间距和本船所需的航行时间及相对方位,以确定船位、航向和航道走向,避免失误。

(5)在漆黑的夜晚,近岸航行时,要及时抓住显著物标(地形、地貌)校正船位。船首线略与岸线保持平行,并根据地形特征,及时转舵扬头,岸距应大于日间航行岸距。

(6)在弯曲、狭窄、横流强的河段,切忌会让船舶,应选择在航道较宽、水流情况较好的地点会船。避让他船时应及早鸣笛,显示避让方向的闪光灯,统一会让意图,以便会让船舶双方安全互让。对实行分道航行的河段,严格按规定要求选择会让方向。

当前方航道情况不清、他船动态不明时,应及早停车等候,待弄清情况后,方能续航。尾随船舶应与前船保持较大距离,以防前船动态急变而措手不及,造成紧张的局面或发生碰撞事故。

第3篇

船　艺

船艺,指操纵、使用和管理船舶及其舱面设备的知识和技能。

船艺是内河船舶船长和驾驶员适任培训与适任证书考试的重要内容之一。船艺的内容主要包括甲板设备(系缆设备、锚设备、舵设备等),船体保养,船舶应急(船舶堵漏与船舶应变部署),助航仪器(船用雷达、GPS导航仪、甚高频无线电话、磁罗经、测深仪、船舶自动识别系统)等四个方面。要求船员掌握设备基本结构、工作原理、主要技术规范要求、安全使用及检查保养的知识,并能正确进行操作与管理。通过理论知识的学习和操作技能的训练,培养船员的实际工作能力和良好的技术素质。

第十四章 甲板设备

甲板设备是船舶最基本的操纵设备，主要包括系缆设备、锚设备、舵设备等。本章除了介绍其结构组成外，重点介绍其使用和管理。

第一节 系缆设备

船舶系离码头、浮筒、船坞、他船以及拖带驳船等作业中用来带缆或绞缆的设备称为系缆设备。系缆设备包括系船缆、系缆装置、导缆装置、绞缆机械及相关索具。

一、船用钢丝绳和纤维绳的种类和用途

按缆绳的制作材料不同，分为纤维绳（植物纤维绳和化学纤维绳）、钢丝绳和链条三大类。

（一）钢丝绳的种类和用途

如图 3-14-1 所示，钢丝绳是由许多钢丝搓制而成，先将几根或几十根钢丝搓制成股，再由多股围绕一根绳芯搓制成绳。根据股内相邻层钢丝的接触状态不同，分为点接触、线接触和面接触三种型式。根据不同粗细钢丝组合的股又有外粗式、粗细式和填充式等多种类型。根据股的形状不同又分为三角股、椭圆股和扁股等。钢丝绳强度大，体积小，使用寿命长。凡是需要强度较大的绳缆都采用钢丝绳缆，如拖缆、超重用缆等。

钢丝绳的种类很多，通常按照股内钢丝的粗细和油麻芯的多少不同，分为硬钢丝绳、半硬钢丝绳和软钢丝绳。

1. 硬钢丝绳

它是由 7 股镀锌粗钢丝或 6 股粗钢丝中间夹 1 股油麻芯制成，其特点是丝数少，强度最大，最坚硬，但使用不便。船上常用作静索，如桅杆、烟囱的支索。常用的型号有 7×1、7×7、7×19、7×37 等。

2. 半硬钢丝绳

它是由 6 股钢丝中间夹 1 股油麻芯制成，其特点是丝数多而细，较柔软，便于使用。船上常用作吊货索、吊艇索、保险缆、拖缆或系船缆。常用的型号有 6×19+1、6×37+1 等。

3. 软钢丝绳

它是由 6 股钢丝中间夹 1 股油麻芯，且各股钢丝中间也都夹有细油麻芯制成，其特点是最柔软，重量轻，使用方便，在钢丝绳中强度最小。船上常用作牵引缆、带缆、吊货索、吊艇索。常

用的型号有 6×12+7、6×24+7、6×30+7 等。

从图 3-14-1 中可以清楚显示钢丝绳的股绳结构，例如：

“6×24+7”，表示钢丝绳有 6 股，每股 24 丝，外加 7 个油麻芯。

“股(1+6+12)”，表示每股结构是中心 1 丝，第二层为 6 丝，最外层为 12 丝。

钢丝绳中间的油麻芯的作用是减少钢丝绳内部摩擦，受力时起缓冲作用，增加钢丝绳柔软度，便于使用保养。油麻芯可注油防锈并起润滑作用。

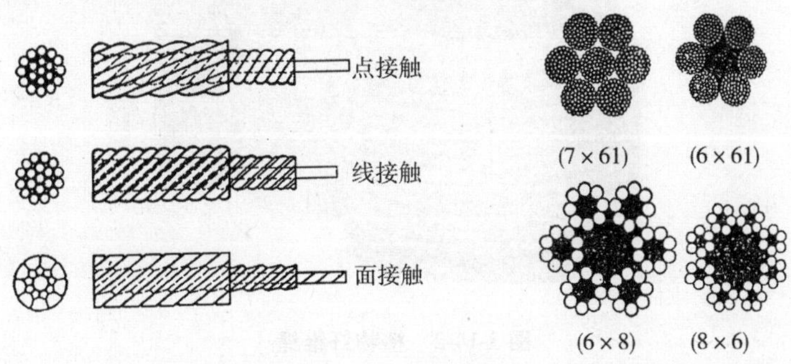

图 3-14-1 钢丝绳的结构

(二)植物纤维绳种类和用途

植物纤维绳是用剑麻、野芭蕉、苎麻和棉花等植物纤维制成的。常采用三股拧绞搓制而成。特点是强度小、易腐烂、但手感较好。常用的有白棕绳、油麻绳和棉麻绳等。植物纤维绳绳捆结构如图 3-14-2 所示。

1. 白棕绳

白棕绳亦称马尼拉绳，是用热带出产的剑麻、龙舌兰或野芭蕉叶等纤维制成的。其纤维质量最好的是乳白色，一般呈浅黄色。白棕绳的优点是坚韧而柔软，耐腐蚀而且有相当程度的浮性和弹性(伸长率为 20%～25%)，故船艇上多采用这种绳。其缺点是，与白麻绳比强度较小，而且受潮后易膨胀(一般为 20%～30%)和发滑，因此不宜做滑车辘绳，可做拖缆和带缆等，一般多用作辅缆。

2. 红棕绳

用棕树的棕丝制成，质轻，吸水率小，受潮后不易腐烂，但强度较小，多用于木船和小轮上。

3. 大麻绳

大麻绳是用大麻的纤维制成的，因应用和制作方法上的不同，又分为白麻绳和油麻绳两种。

1)白麻绳

白麻绳是用大麻的纤维制成的，其强度比白棕绳略大，但易吸水腐烂，天热时易发脆。船上一般只用较小的麻绳作为室内捆绑或帆布镶边用。

2)油麻绳

油麻绳是用大麻的纤维在焦油中浸渍后制成的。它不易吸水腐烂，但浸油后索质变脆，弹性减低，强度减小，重量增加。天冷时绳质变硬，使用不便。船上一般只用小油麻绳作包扎等用。

4. 棉麻绳

是用经过防腐处理的棉、麻纤维混合制成的。其特点是质轻，不易扭结，强度较小。多用作撇缆绳(经过浸渍过淀粉液的棉线制成,直径为6~8 mm,破断强度为200 千克力。柔软、光滑、不易扭结和松散)、旗绳和测深绳。

图 3-14-2　植物纤维绳

(三)化学纤维绳

化学纤维绳是用化学纤维制成的,简称化纤绳。它比同直径的白棕绳轻,但抗拉力却大3倍以上。目前多采用锦纶、涤纶、乙纶、丙纶和维尼纶等合成纤维搓制而成。化纤绳的优点是强度大,约为同样规格的白棕绳的2.5倍,而重量轻20%。现在船上广泛用作拖缆、系缆、小型船舶锚缆及其他一般用缆。

1. 尼龙绳

尼龙绳是化纤绳中强度最大的一种。其特点是耐酸碱、耐油,弹性大,不易疲劳,吸湿性仅次于维尼纶绳。但怕火、不耐磨,受力会伸长。曝晒过久会变黄而使强度下降。尼龙绳表面受摩擦后易起毛,但起毛的粗糙层对其内部有保护作用,可延长其使用寿命。尼龙绳是最早的一种化纤绳,品种最多,用途最广。

2. 维尼纶绳

维尼纶绳由聚乙烯醇缩甲醛纤维制成。其纤维像棉花,耐盐类溶液和油类,对紫外线的抵抗能力很强,长期日晒不易老化,也不易降低强度。软化点虽较高,但当温度达到230 ℃时熔化和燃烧将会同时产生,在绞缆等情况下由于长时间强烈摩擦,缆绳会出现黏合焦黑的现象。其吸水率达10%~12%。回弹性较差,在烤烘或拉长后,缆绳会缩短或拉长而变形。

3. 涤纶绳

涤纶绳由聚对苯二甲酸乙二酯纤维制成,又称特丽纶绳。是化纤绳中比较耐高温和耐气候性较好的一种,其软化点在230~240 ℃,熔点为250~263 ℃,强度仅次于尼龙绳,适于高负荷连续摩擦,吸水率低(0.4%),耐酸性好。但耐碱性差,价格高。多用作拖缆绳。

4. 乙纶绳

乙纶绳由聚乙烯纤维制成。密度0.96,能浮于水面,吸水率特小(0.1%),在水中仍能保持良好的性能。其特点是耐低温、耐化学腐蚀,吸水性差,浮于水面,适宜于水上应用。但它不耐热,不适合在高温场所使用。其触感和白棕绳相似。

5. 丙纶绳

丙纶绳由聚丙烯制成。是目前最轻的缆绳(其密度仅为0.91),能浮于水面。其特点是柔软,吸水性特小(0.1%),耐油及化学腐蚀,最耐脏、耐磨,不易滑动,但耐热性差,软化点为140～160 ℃,不适合在高温场所使用。

此外还有氯纶绳等,其强度不大(与马尼拉绳相似),因此运输船舶上很少使用。

图 3-14-3　船用尼龙绳

二、导缆和系缆装置的型式、作用

为了保证系船缆有效布置和正常受力,船舶必须配置导缆和系缆装置。其在甲板上的布置情况如图 3-14-4 所示。

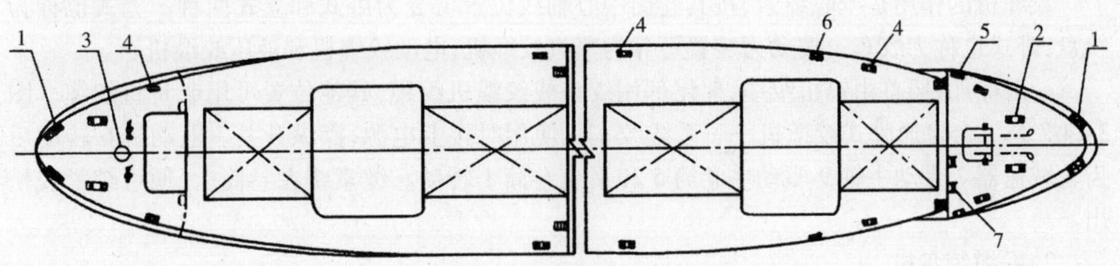

图 3-14-4　系缆设备布置示意图

1—滚轮导缆钳;2、4—带缆桩;3—电动绞盘;5—导缆钳;6—导缆孔;7—缆绳卷车

(一)导缆装置

导缆装置的作用是船舶系泊时将系船缆由舷内导引至舷外,改变缆绳的受力方向,限制其导出位置,减少缆绳磨损及加强舷墙开口处的强度。导缆装置按其具体型式有导缆孔、导缆钳(图 3-14-5)、导向滚柱和滚轮导缆器,以及导向滚轮(见图 3-14-6)等。

导缆器上滚轮的作用是减少磨损,多用于大中型船舶。而导向滚轮的作用是改变进入船内的缆绳方向,使之顺利地通至系缆机械。

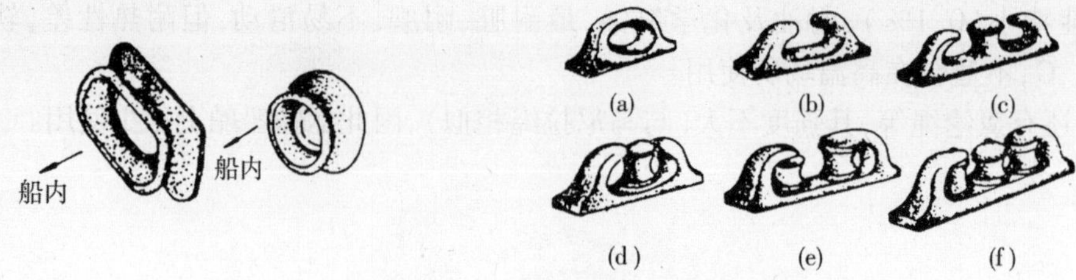

图 3-14-5　导缆孔和导缆钳

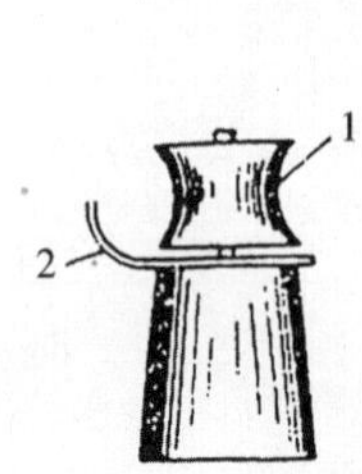

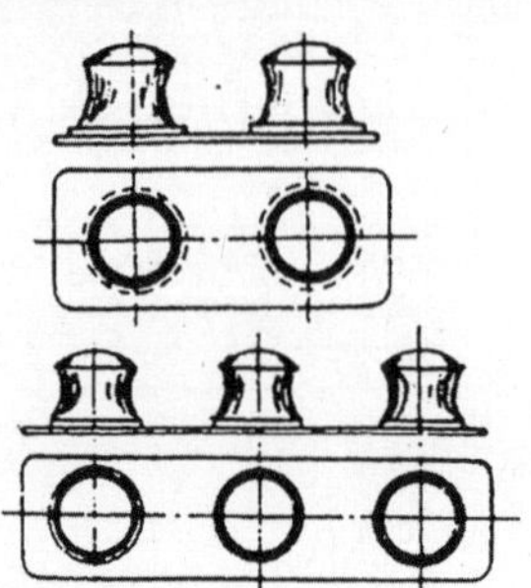

图 3-14-6　导向滚柱和滚轮导缆器
1—滚轮;2—导向板

(二)系缆装置

1. 系缆机械

1)系缆绞车

绞缆机的作用是绞收缆索,按其卷筒中心轴线位置可分为卧式和立式两种。立式也称为绞盘,卧式也称为绞车。按动力装置可分为蒸汽绞缆机、电动绞缆机和液压绞缆机。

一般船舶,船首由锚机绞缆,船尾部用绞盘或绞缆机绞缆,其他位置可用起货机绞缆。图 3-14-7 是一台普通卧式绞缆机——系缆绞车。使用时接上电源,操纵开关。电动机 6 转动后齿轮减速器 7 带动主轴 9 驱动主卷筒 5 和系缆卷筒 1 转动。缆索绕在卷筒上,便可绞紧或松出。

2)系缆绞盘机

绞盘常有人力和电动两种。外形和结构都相似,如图 3-14-8 所示,它是由电动机通过齿轮减速箱带动系缆卷筒转动的。

绞盘的特点是重量轻,占地小,可绞任何方向缆绳,但不能同时收绞两根以上的缆索。适用于中小型船舶。其具体型式有单甲板式、双甲板式和无轴式电动绞盘机三种装置。

3)自动系缆绞车

由于货物装卸、潮汐变化和风浪影响,船舶吃水会发生变化,系缆的张力也会随之变化,需要专人经常检查、调整系缆;否则,会造成船舶远离泊位或断缆事故。

正因如此,目前许多船舶已采用自动系缆绞车。它能自动收放缆绳。图 3-14-9 是电动液压自动系缆绞车的工作原理图。

当缆绳松弛、张力减小时,自动控制压力调节阀 2 动作使压力阀关闭,高压油泵 5 排出高压油进入液压马达 6,驱动转轴和卷筒顺时针方向旋转,将松弛的缆绳绞紧。

当张力达到原规定值时,压力阀又自动开启,压力油大部分经压力调节阀流向储液箱 1,

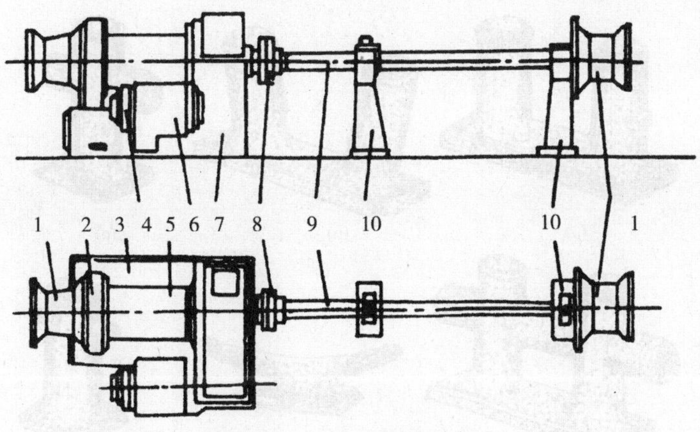

图 3-14-7 电动系缆绞车

1—系缆卷筒;2—樯架;3—底座;4—圆盘刹车;5—主卷筒;6—电动机;7—减速器;8—联轴节;9—主轴;10—轴承座

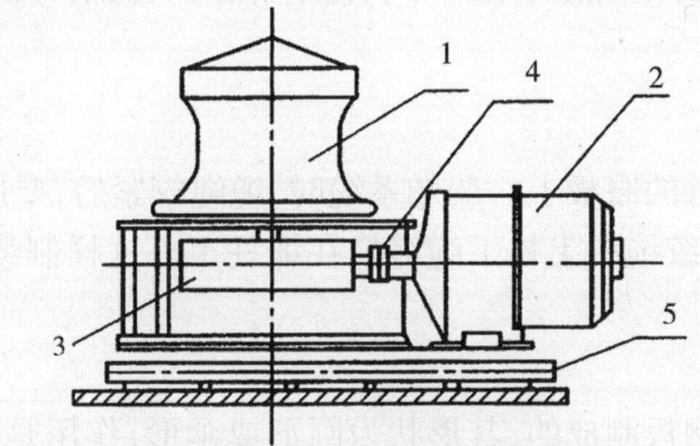

图 3-14-8 电动绞盘机

1—卷筒;2—电动机;3—减速箱;4—联轴节;5—底座

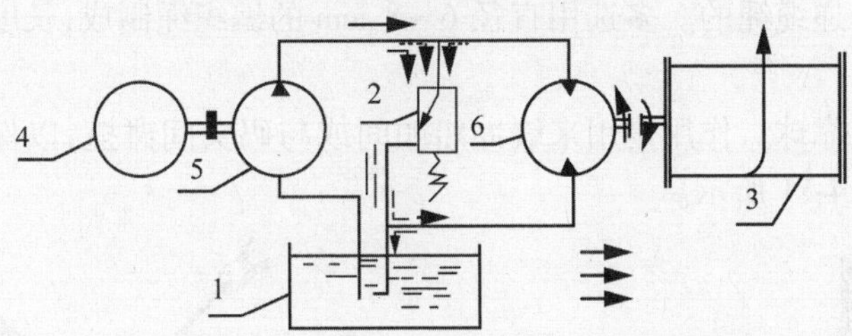

图 3-14-9 电动液压自动系缆绞车工作原理图

1—储液箱;2—压力调节阀;3—滚筒;4—电动机;5—高压油泵;6—液压马达

少量油液进入液压马达补充泄漏的油液量,使卷筒停止转动。

当系统张力大于液压马达内液压制动力时,系缆会拉动马达反转将缆绳松出。液压马达反向排油并与高压液泵排出的油液混合,经压力调节阀向低压液路(虚线所示方向)循环。

2. 系缆桩

作为船舶系结点的系缆桩泛指固定在甲板或舷墙上能系住缆绳的栓柱。它包括:系缆柱(见图 3-14-10)、带缆羊角、系缆穴、制索眼环。

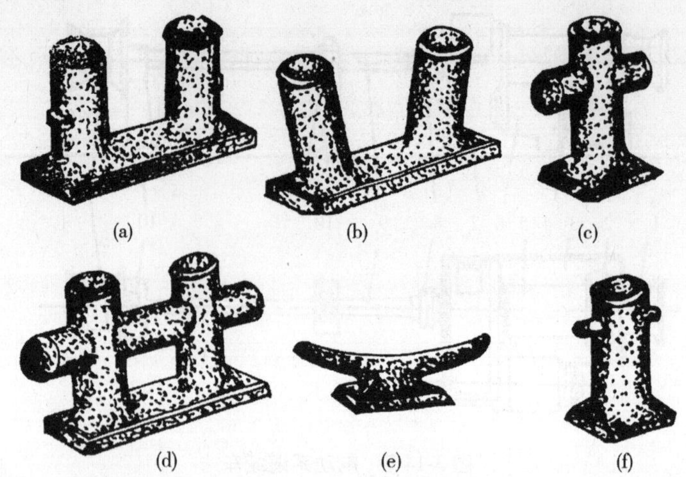

图 3-14-10　系缆桩

(a)双柱系缆桩;(b)斜式双柱系缆桩;(c)单十字缆桩;(d)双十字缆桩;(e)羊角桩;(f)单柱系缆桩

(三)附属装置

1. 制缆索

制缆索固定在缆桩附近的眼板上。船舶系缆时,缆绳绞紧后,要用制缆索在缆绳上打个止索结将缆绳暂时拦住,再从绞缆机上松下缆绳挽在缆柱上。这样制缆索就起了防止缆绳松回的作用。

2. 挡鼠板

挡鼠板是用塑料或薄钢板制成的,其形状为圆形或伞形,作用是防止老鼠穿过,以防疫病传染。

3. 撇缆绳

撇缆绳是用来传递缆绳的。多选用直径 6 ~ 8 mm 的编织绳制成,长度不少于 30 m。

4. 碰垫

碰垫俗称靠把或靠球。作用是用来缓冲船舶间或与码头间碰撞,以保护船舷。多用橡胶或圆木制成,如图 3-14-11 所示。

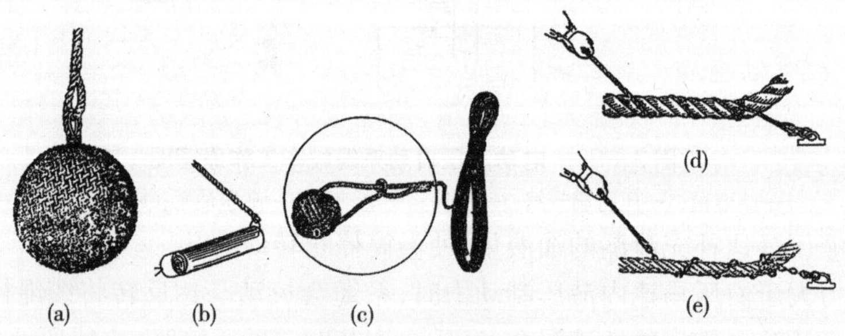

图 3-14-11　碰垫、撇缆和制缆索

(a)软碰垫;(b)硬碰垫;(c)撇缆;(d)纤维制缆索用法;(e)链条制缆索的用法

第二节 锚设备

锚设备是甲板设备之一,是船舶操纵的重要设备,其布置如图 3-14-12 所示。船舶为了装卸货物、避风、等泊位、检疫和候潮等都需要在锚地抛锚停泊,即系泊用锚。锚设备的重要作用可以概括为:锚泊、操纵、制动、脱浅。

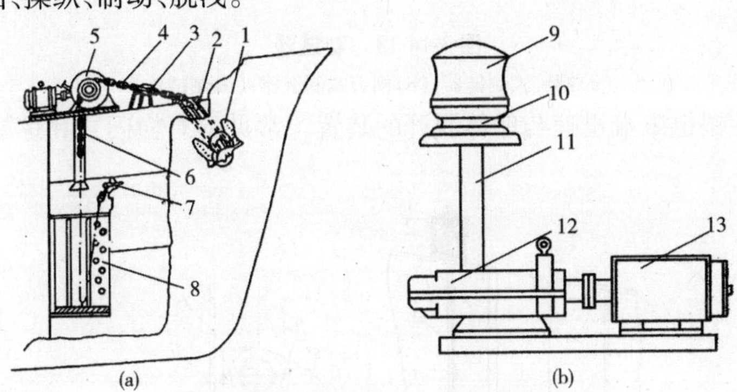

图 3-14-12 锚设备布置图

(a)卧式锚机;(b)立式锚机

1—首锚;2—锚链筒;3—制链器;4—锚链;5—锚机;6—锚链管;7—弃链器;8—锚链舱;9—卷筒;10—链轮;11—立轴;12—减速器;13—电动机

一、锚设备的组成

(一)锚设备的组成与作用

锚设备是由锚、锚链、锚链筒、制链器、锚机、锚链管、锚链舱和弃链器等组成的,如图 3-14-12 所示。

1. 各部件的作用

(1)锚:产生抓驻力。

(2)锚链:主要用来连接锚和船体,传递锚的抓力。卧底与悬垂的锚链也能产生一定的系留力。

(3)锚链筒:锚链进出和收藏锚干的孔道,由甲板链孔、舷边链孔和筒体三部分组成。筒体内设有冲水装置,甲板链孔处设有防浪盖,舷边链孔做成能窝藏锚头和锚爪的锚穴。

(4)制链器:锚泊时用以刹紧锚链,将锚链的拉力传递到船体,不使锚机受力,从而保护锚机。航行时用以夹住锚链,防止锚链滑出。常用的制链器有螺旋式、闸刀式和制链钩三种,如图 3-14-13 所示。

(5)锚机:抛、起锚的机械装置,也可兼作绞缆之用。

(6)锚链管:锚链进出锚链舱的孔道,在锚机链轮的下方,正对着锚链舱的中央,其直径为链径的 7 ~ 8 倍。锚链管的甲板管口有防水盖,开航后应盖拢,以防甲板上水进入锚链舱。

(7)锚链舱:存放锚链的处所,一般设在防撞舱壁之前,锚机下面,首尖舱的上部或后部。其形状为方形或圆形。圆形锚链舱的直径约为链径的 30 倍,可自动盘放而不必人工排链。

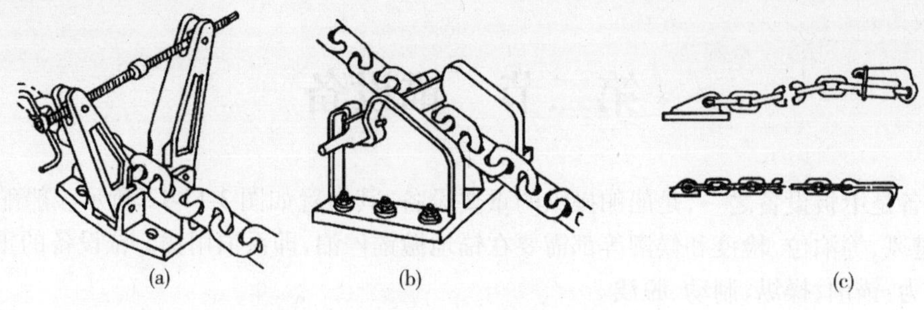

图 3-14-13　制链器

(a)螺旋式制链器;(b)闸刀式制链器;(c)制链钩

(8)弃链器:使锚链末端迅速与船体脱开的装置。常见的有横闩式和螺旋式弃链器,如图 3-14-14 所示。

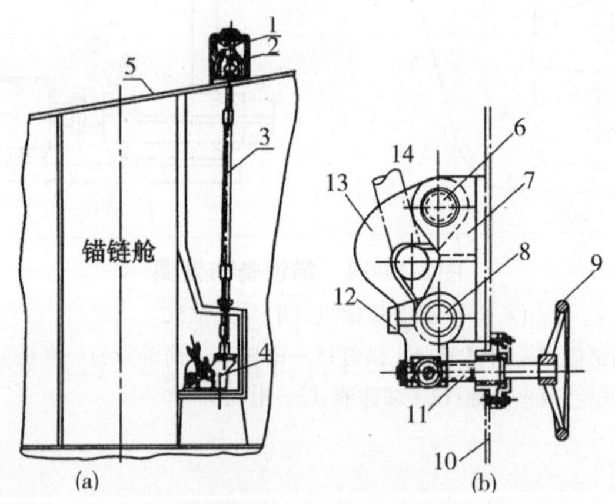

图 3-14-14　弃链器

(a)甲板操纵弃链器;(b)弃链器

1—操纵手轮;2—罩板;3—操纵杆;4—弃链器;5—上甲板;6—销轴;7—座架;8—销轴;9—手轮;10—舱壁;11—螺杆;12—制动器;13—脱钩;14—末端链环

此外,在锚链舱外设有一手摇泵,用以排出锚链舱内的积水。

2. 锚设备的基本性能要求

(1)锚应有足够的抓力,锚链应有足够的长度,以保证在锚泊时固定牢靠,即使在强风急流的情况下船舶也不发生移动。

(2)能随时迅速将锚抛出,以便船舶遇到险情时,能够利用锚做紧急制动。

(3)能迅速起锚和收锚上船,保证船舶从固定停泊状态迅速转入航行状态,以应变突然海损事故的发生及救助其他遇难船舶的行动。

(4)航行中,能将锚牢固地收藏在船上,即使船舶在风浪中颠簸摇摆也不易滑落。

上述各项要求是互相制约与协调的,例如既要能可靠收藏又要迅速抛出;既要有稳定的抓驻力又要能迅速地起锚等。所以锚设备的各项装置的技术性能必须综合兼顾上述的各项要求。

(二)锚的种类与特点

按锚的结构和用途,锚的种类可分为有杆锚、无杆锚、大抓力锚和特种锚等。当前在内河营运船舶上,船首锚普遍采用无杆锚,而船尾锚有时采用有杆锚或燕尾锚。

1. 有杆锚

有杆锚也称海军锚，如图 3-14-15(a)所示。其特点是：一爪入土，抓力较大，一般为锚重的 4～8 倍。但此种锚的另一爪朝上而露出河床底面，易缠住锚链，浅水区还有可能刮坏船底，且有横杆而不便收藏，因而多用作尾锚、备用锚和小型船舶上。抓底过程如图 3-14-15(b)所示。

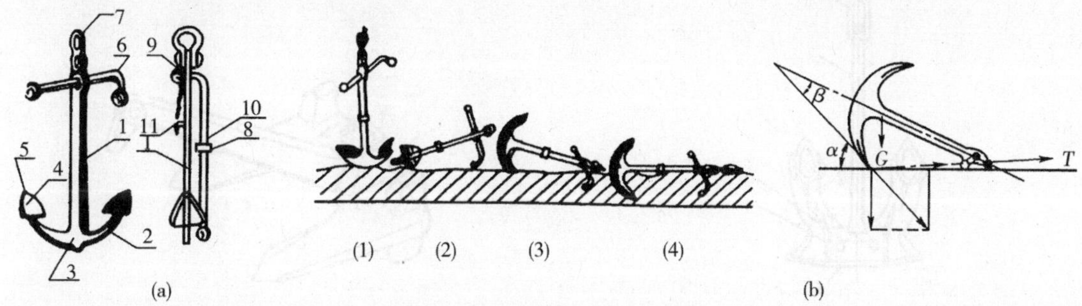

图 3-14-15　海军锚及抓底过程

(a)海军锚的结构；(b)抓底过程

1—锚干；2—锚臂；3—锚冠；4—锚爪；5—锚爪尖；6—横杆；7—锚卸扣；8—横杆挡环；9—垫圈；10—销孔；11—楔子

2. 无杆锚

1)霍尔锚

霍尔锚也称山字锚。常见的为霍尔锚和斯贝克锚，属活动锚爪(沿锚干前后回转约 45°)的无杆锚，如图 3-14-16(a)所示。无杆锚的特点：能把锚干收进锚链筒内，因此可以充当首锚，抓土时没有锚爪露出海底。但其抓重比仅为 3～5 倍，需通过增加锚重来弥补。抓底过程如图 3-14-16(b)所示。斯贝克锚以及中远公司设计的尾翼式锚皆为霍尔锚的改良型。

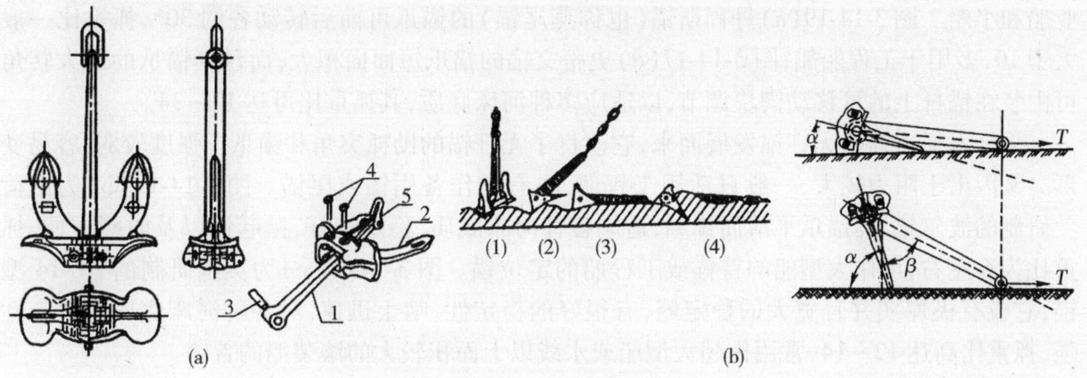

图 3-14-16　霍尔锚及抓底过程

(a)霍尔锚的结构；(b)抓底过程

1—锚干锚臂；2—锚爪；3—小轴；4—横销；5—锚卸扣

2)斯贝克锚

斯贝克锚是霍尔锚的改良型，收锚时其锚爪自然向上，并且一接触船壳即翻转，不会损伤船壳板，如图 3-14-17 所示。

3)尾翼式锚

1998 年 6 月 2 日，一种新型的船用锚——尾翼式中远(ZY)锚，获得我国专利局给予的专利。这是我国船用锚第一次获得国家专利，它结束了我国全部使用外国锚型的历史。尾翼式锚的结构特点是助抓突角宽厚,锚头重心低;其操作特点是入土阻力小,入土性能和稳定性好,抗浪击,容易冲洗干净。其抓力、稳定性等各方面性能均优于霍尔锚和斯贝克锚,更符合商船对船用锚的多方面性能要求,如图 3-14-18 所示。

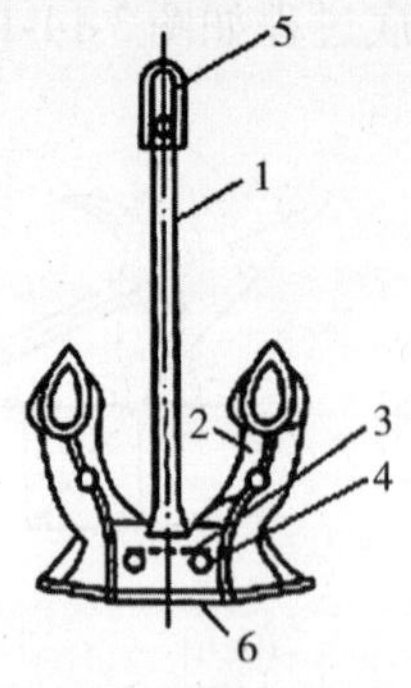

图 3-14-17　斯贝克锚

1—锚干;2—锚爪;3—销轴;4—横销;
5—锚卸扣;6—助抓突角

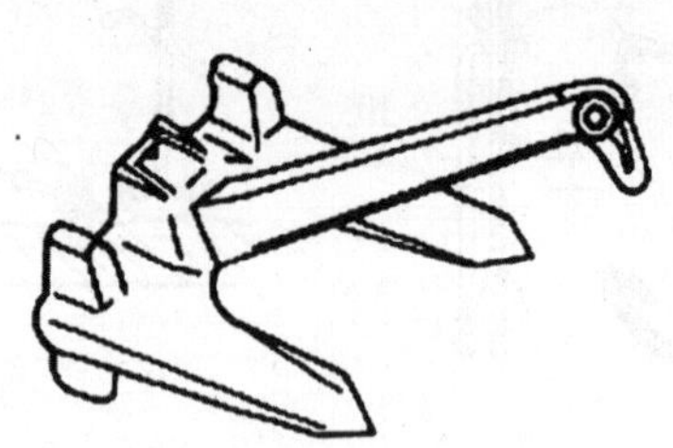

图 3-14-18　尾翼式锚

3. 大抓力锚

大抓力锚分为有杆大抓力锚与无杆大抓力锚,其特点是锚爪宽而长,啮土深、稳定性好,从而获得较大的抓力,抓重比大。用大抓力锚作首锚时,锚重量大多取相应普通首锚重的 75%即可。

有杆大抓力锚结合了有杆锚和无杆锚的优点,为有杆转爪锚,在其锚头处设有稳定杆,以保证锚抓底的稳定性,这种锚一般用于较松软的河床底质,且收藏不便,所以较适宜于工程作业船和小船。图 3-14-19(a)丹福斯锚(也称燕尾锚)的锚爪可前后转动各约 30°,抓重比一般大于 10,多用于工程船舶;图 3-14-17(d)史蒂文锚的锚爪短而面积大,而且其锚爪的最大转角可由装在锚杆上的可移动锲块调节,以适应多种河床底质,其抓重比可达 17 ~ 34。

无杆大抓力锚由无杆锚发展而来,它改良了无杆锚的助抓突角和锚爪。强度较弱,容易变形。又因出土阻力较大,一般只适用工程船,也有的作备用锚或尾锚。图 3-14-19(b)为由荷兰研制的波尔锚,其锚爪平滑而锋利,适应各种河床底质,稳定性好,抛起锚以及收藏方便,抓重比为 6 左右,可作大型船的首锚或工程船的定位锚。图 3-14-19(c)为英国研制的 AC-14 型锚,它设有极厚实并且宽大的稳定鳍,有很好的稳定性,啮土迅速,对各种河床底质的适应性强,抓重比高达 12 ~ 14,常用作超大型船或水线以上面积较大的滚装船的首锚。

4. 特种锚

特种锚的形状与普通锚不同,以适应其特殊用途。常用于浮筒、浮标、灯船、浮船坞和浮码头等永久性系泊,有伞形锚、螺旋锚、单爪锚、菌形锚及供破冰船用的冰锚等,如图 3-14-20 所示。

二、锚链的组成与标记

(一)锚链的种类

1. 按结构分类

锚链按结构可分为无档链和有档链两种。同样尺寸的有档链环比无档链环的抗拉强度大,伸长变形小,且锚链堆叠时不易发生绞扭。故船上一般采用有档链,无档链一般用于小船

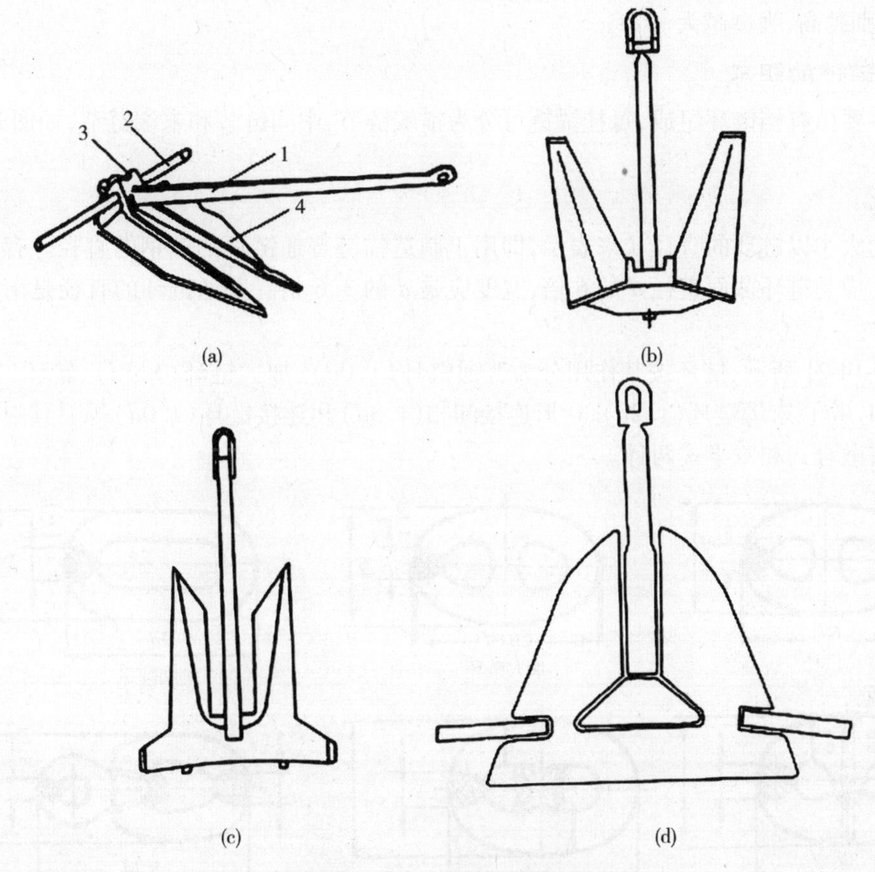

图 3-14-19 各种大抓力锚

(a)丹福斯锚;(b) 波尔锚;(c)AC-14 型锚;(d)史蒂文锚

1—锚干;2—横杆;3—锚冠;4—锚爪

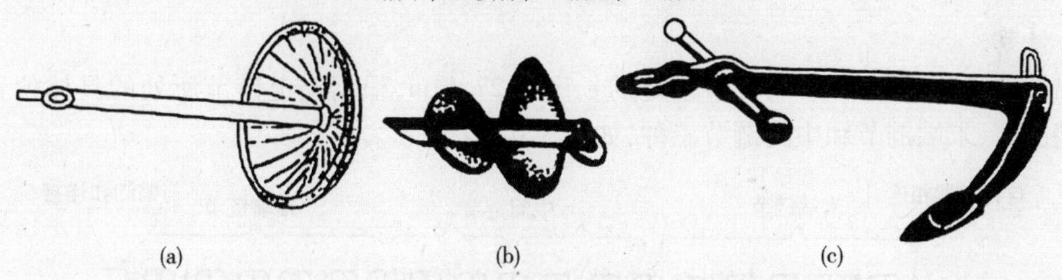

图 3-14-20 特种锚

(a)伞形锚;(b) 螺旋锚;(c)单爪锚

上。

2. 按制造方法分类

可分为铸钢锚链和电焊锚链。铸钢锚链是以碳素钢铸成的,强度高、刚性强、变形小、耐磨、撑档不易松动、使用年限长又能大规模生产。其缺点是工艺复杂、成本高、耐冲击性能差。电焊锚链是用圆钢弯制焊接而成,采用碳弧焊技术,工艺先进、成本低、质量高。

3. 按钢材级别分类

我国生产的有档链分为 CCSAM1(Ⅰ级链钢)、CCSAM2(Ⅱ级链钢)和 CCSAM3 三级(Ⅲ级链钢)。级别越高,强度越大。

（二）锚链的组成

锚链主要由有档链环组成,每挂锚链可分为锚端链节、中间链节和末端链节,如图 3-14-21 所示。

1. 链环

锚链的大小以链环的直径 d 来表示,即用于制造锚链普通链环的圆钢的直径。有档普通链环的长度应是链环截面直径 d 的 6 倍,宽度应是 d 的 3.6 倍。普通链环的直径是衡量锚链强度的标准。

如图 3-14-21 所示,链环按其作用分为普通链环(1.0d)、加大链环(1.1d)、转环(1.2d)、末端卸扣(1.4d)、末端链环(1.2d)、U 形连接卸扣(1.3d)和连接链环(1.0d)等。其中常见的连接链环有散合式和双半式两种。

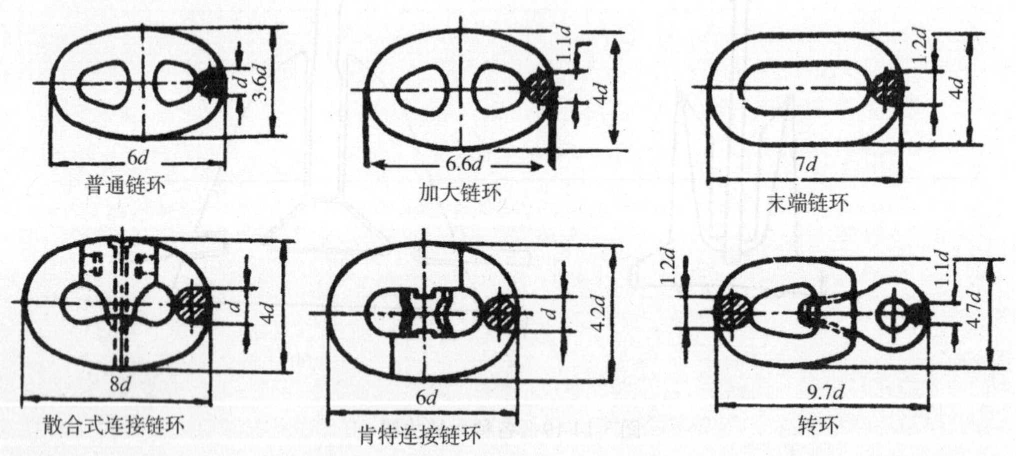

图 3-14-21　链环

2. 链节

锚链的长度以节为单位,每节锚链的长度为 27.5 m,根据锚链链节所处的具体位置可分为锚端链节、末端链节和中间链节三种,如图 3-14-22 所示。

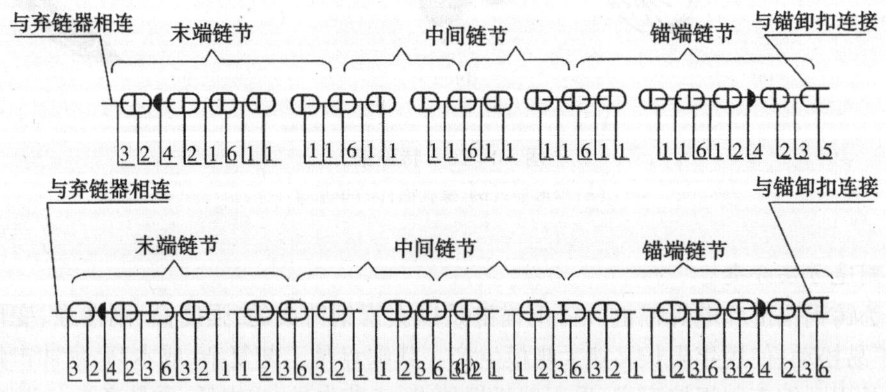

图 3-14-22　锚链组成示意图

1—普通链环;2—加大链环;3—末端链环;4—转环;5—链端卸扣;6—连接卸扣

(1)锚端链节

锚端链节由锚卸扣、末端卸扣、末端无档链环、加大链环、转环和普通链环等组成。在第一节锚链前加上一段锚端链节,其中的转环能防止锚链扭结。锚卸扣与锚干相连时,将卸扣的横销朝向锚,以便锚干顺利收入锚链筒内。

(2)末端链节

末端链节由滑钩、末端转环、加大链环和普通链环等组成。在锚链的最后一节加上一段末端链节,其中也有转环,然后与弃链器相连。转环的环栓应朝向锚链的中央。

(3)中间链节

常见的中间链节由连接链环和普通链环组成,也有的是由普通链环、加大链环、末端无档链环和连接卸扣组成。节与节之间用连接卸扣连接时,为了使锚链的强度得到平顺过渡而改善锚链的结构,在各链节的末端设置一个加大链环和一个无档末端链环。此时应将卸扣横销朝向船内,以保证连接卸扣能平卧着通过锚机链轮。

船上至少应配备一个锚卸扣和四个连接链环或连接卸扣,还应配备一个系浮筒用的大卸扣。

(三)锚链标志

在抛起作业时,为了能迅速识别锚链长度(节数),在每节连接链环附近的有档环上作标志,如图 3-14-23 所示。其方法为:在第一节与第二节锚链之间的连接链环(或卸扣)的前后第一个有档环的撑档上各绕以 10 ~20 圈经过热处理以后的 4 ~6 mm 的金属丝(或钢皮),并将该链环标志处以内(至连接链环)涂以白色水线漆,连接链环涂红漆;在第二节与第三节锚链之间的连接链环(或卸扣)的前后第二个有档链环的撑档上各绕以 10 ~20 圈经过热处理以后的 4 ~6 mm 的金属丝,并将该链环标志处以内(至连接链环)涂以白色水线漆,连接链环涂红漆。以此类推至第五与第六节之间。自第六节(第十一节)开始又重复第一至第五节的标志方法。最后一至二节,可涂红或黄漆等醒目的标志,作为预示锚链即将至末端的危险警告。

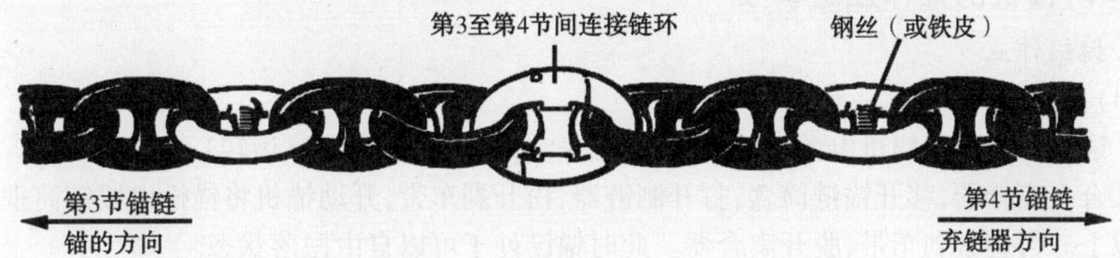

图 3-14-23　锚链链节标志示意图

三、锚机操作注意事项

(一)锚机的种类与结构

锚机按其链轮轴线的布置方向可分为卧式和立式两种,商船上一般采用卧式锚机。而立式锚机也称作绞盘,它的动力部分设在甲板下面,以节省甲板面积,军舰上多采用立式锚机。近年来一些大型船舶也采用立式锚机。电动卧式锚机与锚链绞盘示意图分别如图 3-14-24 和图 3-14-25 所示。

锚机按动力不同分电动锚机、液压锚机两种,除了动力不同以外,其他构造大致相同。

1. 电动锚机

图 3-14-24 为电动卧式锚机的结构示意图。电动卧式锚机的工作原理是电机转动后通过蜗轮传动,使小齿轮驱动与主轴装在一起的大齿轮转动。主轴上套有两个链轮,可以用离合器自由地与主轴连接或脱开,每个链轮上装有带式制动器,用以控制链轮在主轴上的转动。起锚时接上离合器,链轮利用主轴的动力将锚绞起;抛锚时脱开离合器,在锚和链的重力作用下,则链轮在主轴上自由转动,将锚和链抛出。电动立式锚机的工作原理与电动卧式锚机基本相同,其结构示意图如图 3-14-25 所示。

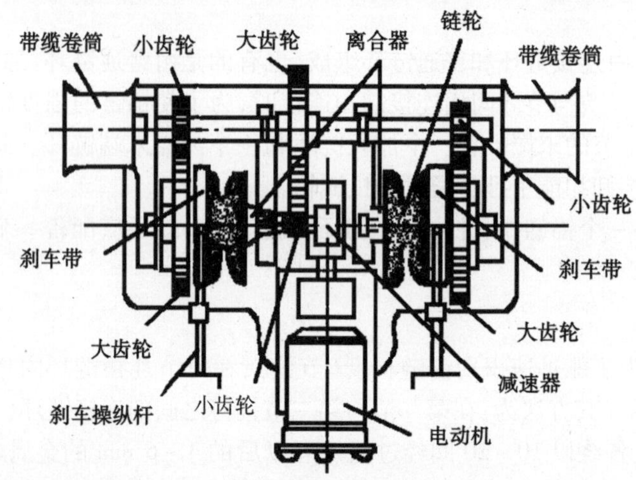

图 3-14-24　电动卧式起锚机

2. 液压锚机

液压锚机也叫电动液压锚机,它是以电动机带动油泵,用高压油驱动油马达,再经减速器(也可不设减速器)带动传动齿轮,使锚机运转。

(二)锚机的操作注意事项

1. 抛锚作业

(1)备锚

①通知机舱接通锚机电源,冬季要提前温车。试验锚机(空车试运转)。

②合上离合器,移开锚链筒盖,打开制链器,松开刹车带,开动锚机将锚松出锚链筒垂挂在水面以上。再刹紧刹车带,脱开离合器。此时锚已处于可以自由抛落状态。

③准备好锚球或锚灯。此时锚已备妥。

(2)抛锚

①抛锚时机:当船舶略有退势时,抛锚时船舶应适当后退。若船不后退,松出的锚链会堆积在锚上,绞缠锚爪。若船后退太快,松出的锚链就会刹不住而发生断链、丢锚的事故。

②得到抛锚口令后,甲板作业的现场指挥人员(如驾驶员或水手长)应立即观察舷外锚的下方有无船舶靠近,然后迅速指示锚机操作员松开刹车带,让锚凭借重力下落。待锚着底后(链轮上的锚链会出现瞬间松弛),用刹车刹住抛链,并立即升起锚球或开启锚灯。

当松出 1.5 ~2 倍水深的链长时,应刹住锚链,利用船的拉力使锚爪抓入泥中。为防止将锚拉走而破坏抓土,必须在锚链尚未完全被拉直时再松出一段锚链(约半节),然后再刹一下刹车。如此松松刹刹,反复进行,以刹减船速,确保锚能良好地抓土直到松出所需的链长为止。

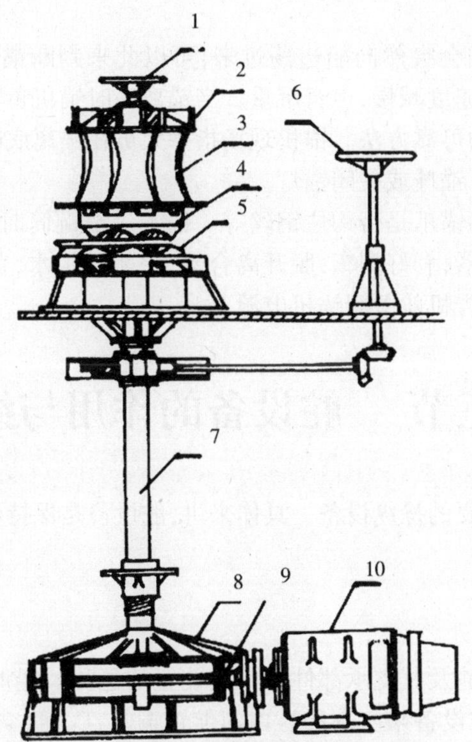

图 3-14-25 锚链绞盘

1—离合器手轮;2—手推棍插孔;3—系缆滚筒;4—离合器;5—链轮;
6—刹车手轮;7—传动轴;8—蜗轮;9—蜗杆;10—电动机

③按计划松出足够的锚链长度后,如果锚链向前拉紧,并有规律地在水面上下抬动,则说明锚已抓牢;反之,锚链虽然吃紧,但不在水面抬动,且时而发生抖动,则说明锚正在水底拖动,应立即报告船长。

④抛锚过程中甲板作业的现场指挥人员必须将锚链方向通过 VHF 或手势(夜间可用手电光)报告船长。锚机操作手敲钟,报告出链长度。

⑤水深超过 25 m 时,为防止锚对海底的冲击力过大以及锚链松出太快,抛锚时须用锚机将锚送至距河床底面 10 m 左右,再自由抛下。若水深超过 50 m,则须用锚机将锚一直松到底,然后再用刹车慢慢松出锚链。深水抛锚时船速一定要十分缓慢,每次松链只能几米。宁可多松几次,防止一次松多了刹不住而造成断链事故。

2. 起锚作业

(1)准备工作

通知机舱接通电源并供给甲板水(冬天要提前供电以便暖车)。试验锚机,合上离合器,松开制链器及刹车。

(2)绞锚

得到起锚命令后,甲板现场操作指挥人员根据锚链受力情况指示锚机操作员用适当的速度绞锚,并随时将锚链方向报告船长,以钟声表示锚链在水中的节数。如果锚链绷得较紧,这时不可硬绞,待船向前移动后再绞。若锚链横过船首,收绞时会使锚链受力过大,锚机也会超负荷。应报告驾驶台以便使用车舵配合,将船逐渐领直后再绞。

(3)锚离底的判断

在锚爪离底的瞬间,锚会突然向船边荡过来,可以此来判断锚是否离底。锚爪将要出土时,锚机的负荷相对最大,速度减慢,声音沉重。当锚离底时锚机负荷突然降低,锚机转速由慢到快,这也是判断锚离底的可靠方法。锚机现场指挥人员在锚离底时向驾驶台报告,锚机操作员立即敲一阵乱钟,并降下锚球或关闭锚灯。

锚出水后,要注意观察锚爪是否钩住钢丝等。锚干进锚链筒时,注意锚爪翻转情况,应使锚爪贴紧船舷。上好制链器,刹好刹车,脱开离合器,关闭甲板水,盖上锚链筒防浪盖,罩好操纵装置,封好锚链管口,通告机舱关闭锚机电源。

第三节　舵设备的作用与组成

舵设备是船舶一项重要的操纵设备。具体来讲,舵设备是保持和改变船舶运动的方向,操纵船舶的主要设备。

一、舵设备的作用

舵设备从组成上讲是舵及其支承部件和操舵装置的总称。船舶在航行过程中,保持航向或改变航向,主要是依靠舵设备来实现的。内河航道遍及江、河(含运河)、湖泊和水库,航道变迁、航行条件复杂。对于航行于运河、水库等相对顺直航道的船舶应将保证航向作为操舵环节的重点;对航行于山区自然航道中的狭窄水道或港内作业的船舶,则需要常用舵角作较为频繁的航向变更;船舶需要紧急避让时,则需用大舵角来做紧急旋回。

作为船舶主要操纵设备,舵设备性能应满足以下功能要求:

(1)在任何情况下能可靠地和不间断地工作。

(2)在一般情况下操微小舵角(3°~5°)就能纠正航向偏差,保持直线航行。

(3)在一定舵面积和舵角下,能提供大的舵压力和转船力矩,使船舶应舵快,旋回圈小。

(4)具有辅助操舵装置,能在应急情况下迅速由主操舵装置转换为辅助操舵装置(即应急操舵装置)。

二、舵设备的组成

内河船舶舵设备由操舵装置(操舵器)、传动装置、动力装置(舵机)、转舵装置和舵装置五个主要部分组成,如图 3-14-26、3-14-27 所示。

(一)舵

1. 舵的种类

(1)按剖面形状分为平板舵和流线型舵,如图 3-14-28 所示。

(2)按舵杆轴线位置分为不平衡舵、平衡舵、半平衡舵,如图 3-14-29 所示。

(3)按舵的支承方式分为半悬挂舵、悬挂舵、多支承舵、双支承舵,如图 3-14-29 所示。

(4)特种舵:内河船舶为了满足在操纵上的特殊需要,如增加舵效、提高推进效率以及改善大型船舶低速航行时的操纵性能等,配备了特种性能舵。

①襟翼舵:由主舵和副舵两叶组成,转舵时主副舵的转角不同,增加舵剖面的拱度,能产生

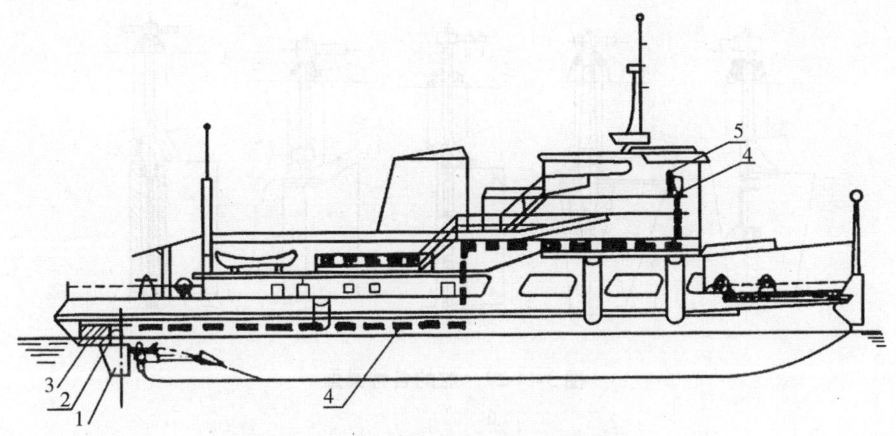

图 3-14-26 舵设备组成部分示意图

1—舵;2—转舵机构;3—舵机;4—操舵机构;5—操舵器

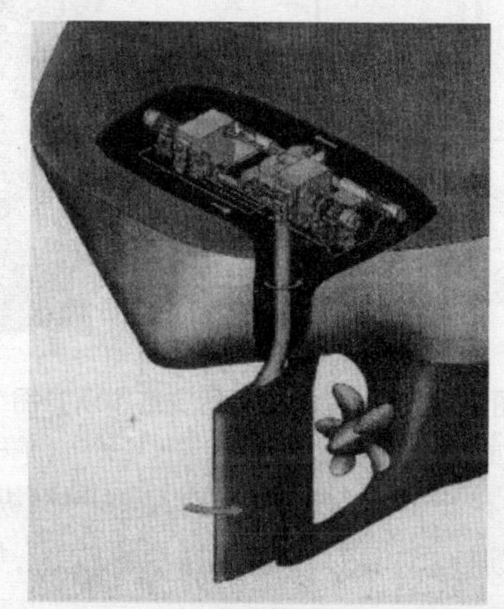

图 3-14-27 舵设备组成部分示意图(船尾舵机房和舵)

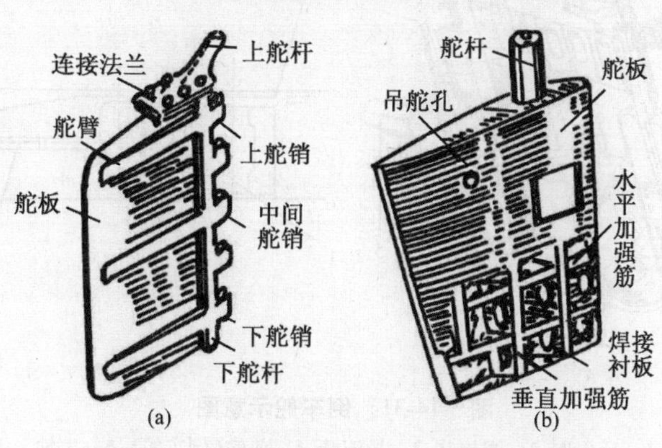

图 3-14-28 平板舵和流线型舵的对比结构

(a)平板舵;(b)流线型舵

更大的流体动力,提高了舵效,如图 3-14-30 所示。

②倒车舵:许多推(拖)轮为了增强舵效提高操纵性能,在设置导流管的螺旋桨的前面和

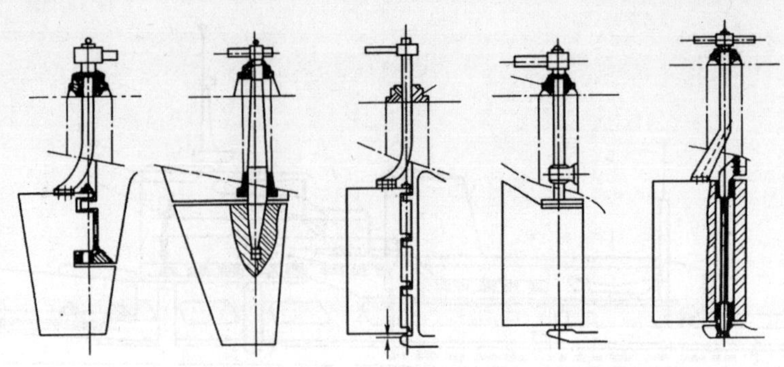

图 3-14-29　舵的各种类型

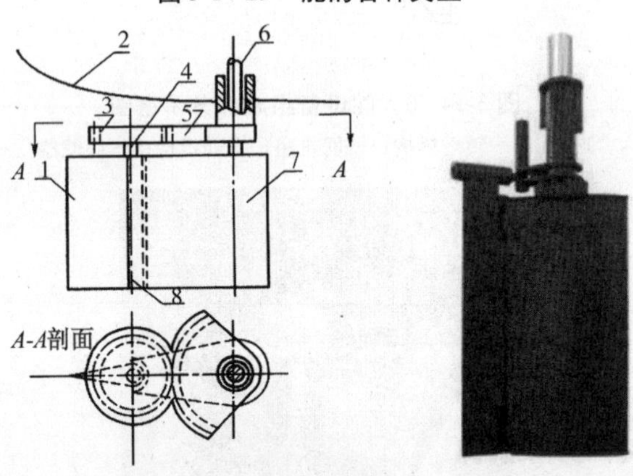

图 3-14-30　齿轮式襟翼舵结构示意图

1—舵;2—船体;3—行星齿轮;4—尾舵杆;5—太阳齿轮;6—主舵杆;7—主舵;8—铰链

后面都设置舵,从而实现了推轮在正航和倒航时都有良好的操纵舵效。满足了推(拖)轮既有高度的倒车能力,又能使船队后退运动时有可靠的操纵性要求,如图 3-14-31 所示。

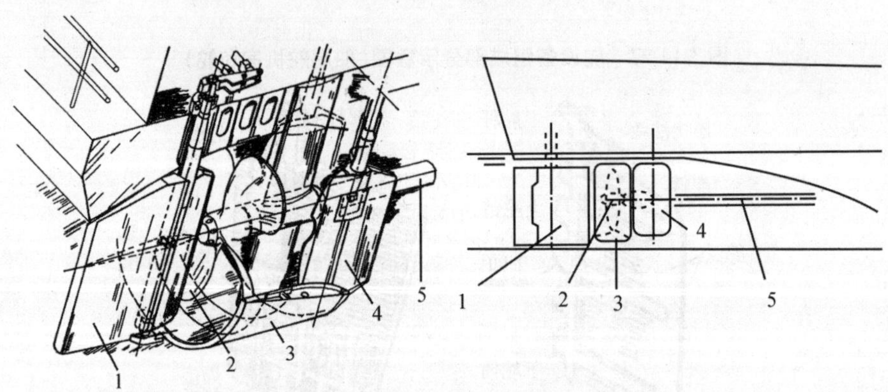

图 3-14-31　倒车舵示意图

1—后主舵;2—螺旋桨;3—导流管;4—前舵(倒车舵);5—主轴

此外,还有整流帽舵、反应舵、转动导流管、首部侧推器、Z 形推进器(又称全向推进器)等,这里不再一一介绍。

2. 舵的结构

目前,内河船舶普遍采用流线型的平衡舵结构,其舵叶面积有 20% ~30% 在舵杆轴线之前，即平衡度为20%～30%。

舵的结构由舵叶、舵杆和舵承三部分组成。如图3-14-32和3-14-33所示为空心舵轴的流线型平衡舵结构状态示意图。

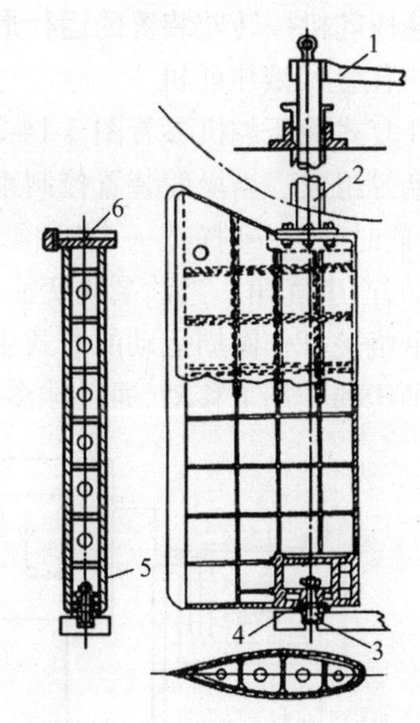

图3-14-32 流线型舵叶结构图

1—舵柄；2—舵杆；3—舵叶；4—止推环；5—可拆小门；6—键

（二）舵机

目前，内河船舶的舵机一般分为电动舵机、液压舵机两大类。电动舵机一般仅被小型船舶所采用，而现代大中型船舶绝大多数均采用转矩大、噪声小的液压舵机。下面就电动舵机和液压舵机作简单介绍。

1. 电动舵机

如图3-14-34所示，由操舵装置控制系统控制的电动机，带动蜗杆、蜗轮。因为齿轮和蜗轮同轴，所以带动舵扇。舵扇是松套在舵杆上的，它的转动牵拉缓冲弹簧而推动舵柄。因舵柄用键套在舵杆上，所以舵柄转动就使舵偏转。缓冲弹簧用以吸收波浪对舵的冲击力。

这种用舵扇、缓冲弹簧来转动舵的装置，称为齿扇式转舵装置。舵扇下面通常装设楔形块，起刹车作用。停泊时打上楔形块可刹住舵扇，防止舵受波浪冲击而损坏舵机。

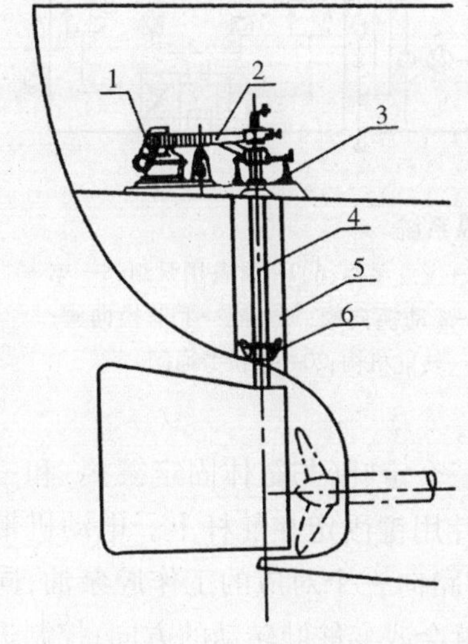

图3-14-33 舵杆装置示意图

1—电动舵机；2—舵扇；3—上舵承；4—舵杆；5—舵杆套管；6—下舵承

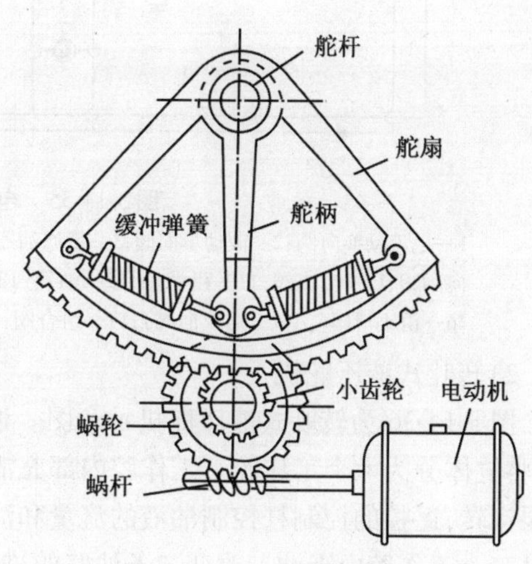

图3-14-34 电动舵机

2. 液压舵机

液压舵机是当前内河船舶广泛采用的舵机结构型式，具有体积小、重量轻、转矩大、噪声小以及便于管理等优点。根据油液的不可压缩性以及流量、流向和油压的可控性，使动能转化为液压能，液压能再转化为机械能，从而达到转舵之目的。在转舵次数频繁的情况下，它比电动舵机具有较高的可靠性。

液压舵机按转舵装置的运行形式不同,常见的有往复式和转叶式两种。

1)往复式液压舵机

往复式液压舵机参看图3-14-35的相应部分。往复式液压舵机的转舵机构由油缸、柱塞和舵柄等组成。当操舵装置控制系统启动电机带动变量泵时,变量泵从一对(或一个)油缸中抽油,同时向另一对(或一个)油缸中输油,从而推动柱塞直线运动并使舵柄带动舵杆绕其轴线转动,产生舵角。当油泵改变输油方向时,舵就反向转动。转舵机构将柱塞的直线运动转换为舵柄绕舵杆作圆周运动的方式主要有滑式、滚轮式与摆缸式三种,其中滑式的工作原理是柱塞在油压的作用下移动,通过球窝关节带动舵柄从而转动舵叶。滑式广泛用于大中型船舶。

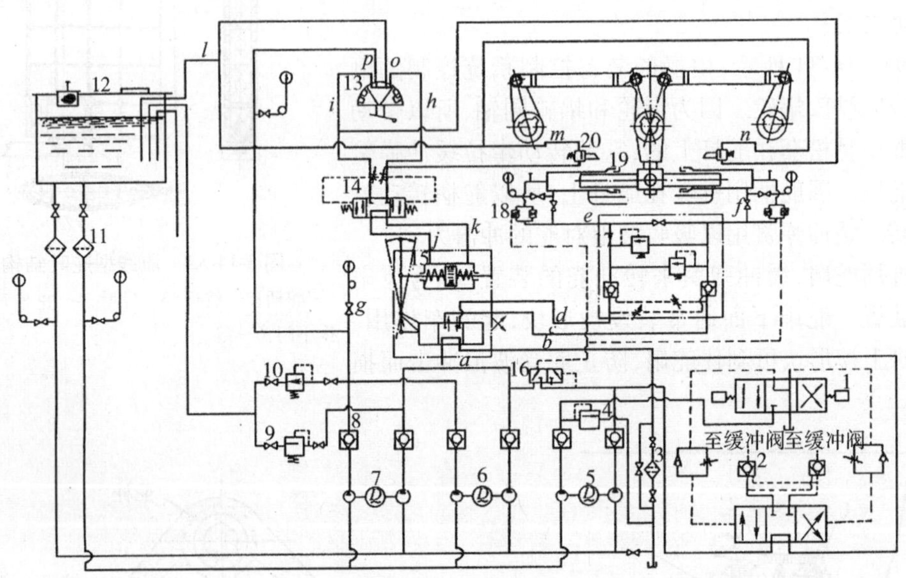

图3-14-35 电动液压舵操纵系统

1—电液动换向阀;2—液动单向阀;3—精滤油器;4—溢流阀;5—应急泵组;6、7—常备用泵组;8—单向阀;9、10—溢流阀;11—粗滤油;12—油箱;13—操纵阀;14—液动换向阀;15—液—手动换向阀;16—滑动滑阀(二位三通换向阀);17—组合阀;18—缓冲阀;19—转舵机构;20—限位旁通阀

2)转叶式液压舵机

图3-14-36为转叶式液压舵机示意图。油缸体内有三个定叶(与缸体固定镶接)和三个转叶,将缸体分为六个工作腔。工作腔内部充满油液。转叶用键固定在舵杆上。电动机带动变量泵运转,遥控的控制杆控制油液的流量和流向,通过管路向三个对应的工作腔泵油,同时从另外三个工作腔内吸油。改变二条油路的进出油方向,就会改变舵叶转动的方向;控制进油量的大小就可控制转舵角度的大小。

(三)操舵装置控制系统

操舵装置有人力舵的操舵装置和机动舵的操舵装置两种,下面分别就其作用及结构特点进行介绍。

1.人力舵的操舵装置

人力舵适用于小型船舶及驳船,其作用是将驾驶室发出的操舵动作通过传动装置直接控

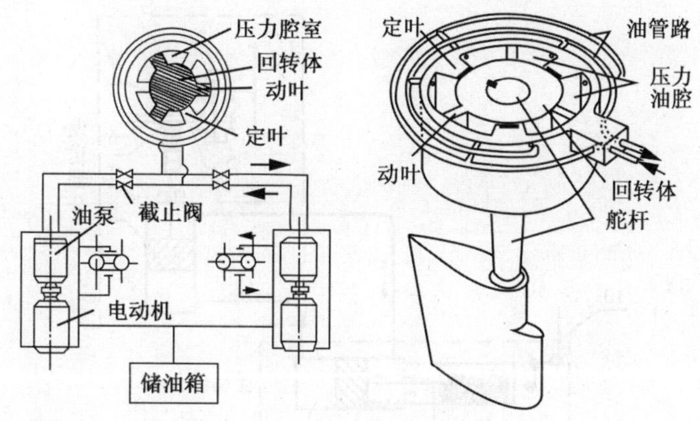

图 3-14-36　转叶式液压舵机原理图

制舵柄或舵扇转动。人力舵的操舵装置如图 3-14-37 所示。

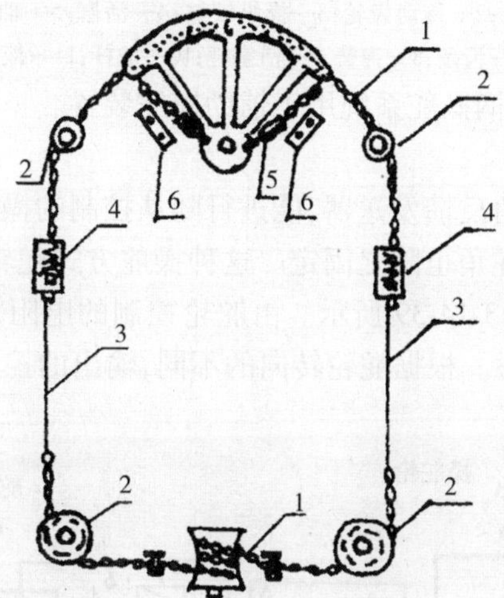

图 3-14-37　人力舵的操舵装置

1—舵链;2—导向滑车;3—钢质拉杆;4—缓冲弹簧;5—松紧螺旋扣;6—舵角限位器

2. 机动舵的操舵装置

机动舵适用于大、中型船舶。其操舵装置的作用是:从驾驶室发出操舵动作,通过传动装置遥控舵机工作。机动舵的操舵装置主要有液压操舵装置及电操舵装置两种。

1)液压操舵装置

液压操舵装置适用于中型船舶。它利用液油作为传递能量的介质。液压操舵装置有人力液压操舵装置及电动液压操舵装置两种类型。其特点是:工作平稳,准确性高,但当船体变形时,液管也容易变形和破裂,故仅适用于中型船,如图 3-14-38 所示。

2)电动操舵装置

大中型船舶多采用电操舵装置,因它工作可靠,轻便灵敏,维修方便,不受船体变形的影响,并有利于操舵自动化,电操舵装置可用于遥控电动舵机或电动液压舵机工作。

采用电操舵装置的船舶,一般都有两套独立操舵系统的线路布置,当一套操舵系统发生故障后,立即可以转换另一套操舵系统。这两套系统称为随动操舵系统和手柄操舵系统。随动

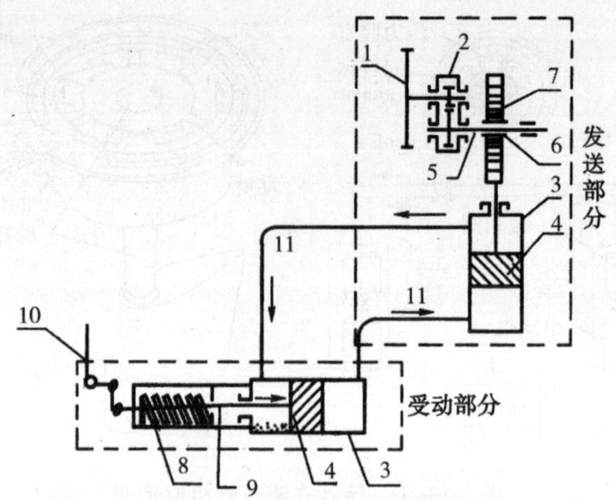

图 3-14-38　液压操舵装置

1—舵轮；2—传动齿轮；3—操纵液缸；4—活塞；5—轴；6—小齿轮；7—齿条；8—弹簧；9—活塞杆；10—舵杆；11—液压管路

操舵系统用于主操舵装置，手柄操舵系统用于辅助操舵装置。

(1)随动操舵系统

随动操舵系统是装有舵角反馈发送器，能进行随从控制的操舵系统。操舵时，转动舵轮随之转出舵角，舵轮停止转动，舵角也随之固定。这种操舵方式舵轮转动的角度和舵叶偏转的角度是一致的，其工作原理如图 3-14-39 所示。由舵轮控制的电阻滑动触臂 L_1 可在电桥电阻 r_1 上移动，电阻 r_1 和 r_2 组成电桥。根据舵轮转向的不同，输出的控制电压分别控制继电器 $J_{左}$ 或 $J_{右}$ 工作。

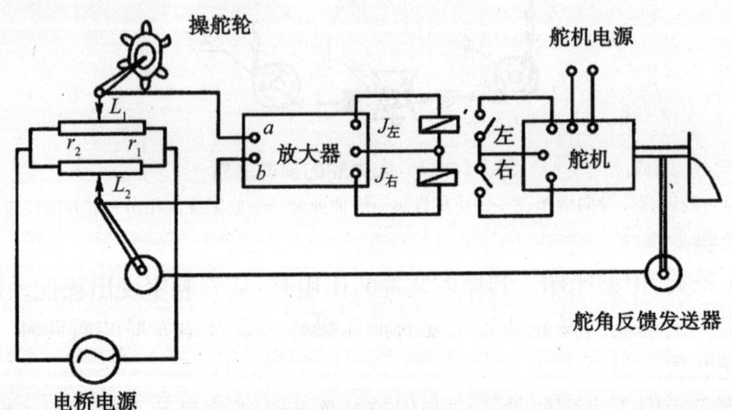

图 3-14-39　随动操舵系统

(2)手柄操舵系统

如图 3-14-40 所示，手柄操舵系统是直接控制继电器使舵机转动的系统。它没有舵角反馈装置，操舵手柄相当于继电器的开关。操舵时，当舵角指示器上到达所需舵角时，要立即将手柄回复中央位置。

目前大多数船舶采用电力控制主、辅操舵装置。它便于遥控，可进行双套独立操舵系统的布置。它不受船体变形及环境温度的影响，工作可靠，维修管理方便，有利于操舵自动化的实现。

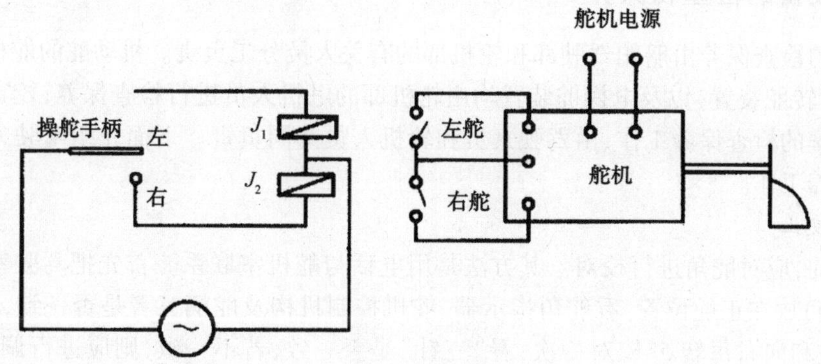

图 3-14-40　手柄操舵系统

(五)极限舵角限位器

航行中船舶使用的最大有效舵角，一般流线型舵为 32°，平板舵为 35°。为了防止在操舵时实际舵角太大而超过有效舵角，在操舵装置的有关部位设置舵角限位器。舵角限位器有机械、电动等多种类型。机械舵角限位器可以设在舵叶上或下舵杆与舵柱的上部，如图 3-14-41 所示。

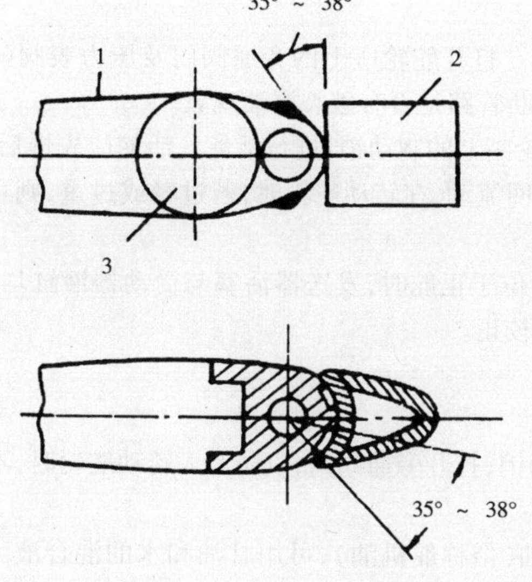

图 3-14-41　舵角限位器

1—舵;2—尾柱;3—舵杆

另外，还有在舵柄两侧极限舵角位置处装设角铁架。当舵转到满舵时，舵柄被角铁架挡住，不能继续转动。电动舵角限位器为装于舵柄两侧极限位置的开关。当舵转到满舵时，舵柄与其相连的装置使开关处于断路位置，与开关串联的舵用电机即停止向某一舷继续转动。当舵机电机反转时，舵柄或与其相连的装置和开关脱离接触，开关即在弹簧的作用下回到通路位置。

三、舵设备的检查和保养

舵设备的检查保养由船舶驾驶部和轮机部的有关人员分工负责。机动舵的舵机和舵机室内设备(包括转舵装置)以及电操舵装置均由轮机部的电机人员进行检查保养;校正舵角以及液压操舵装置的检查保养工作,由驾驶人员和轮机人员共同负责。下面介绍驾驶人员对舵设备的检查保养工作。

1. 舵角校正

在开航前,应对舵角进行校对。其方法是用电话与舵机室联系。首先把驾驶室的操舵器(舵轮或手柄)放在正舵位置,看舵角指示器、舵机控制机构及舵柄三者是否一致,俗称"对三针"。再向左和向右每转5°校对一次,看"三针"是否一致,若不一致,则应进行调整和校正。现在以机械舵角指示器为例:若舵角指示器与后两者(舵机控制机构及舵柄)不吻合,则将舵扳在正舵,使舵柄舵角为0°,再将机械舵角指示器的指针也拨到0°使三者一致;当舵柄位于正中位置时,舵机上和驾驶室的舵角指示器的偏差,应不超过1.5°。如系电动舵角指示器,则不超过1°。

2. 液压操舵装置的检查保养

液压操舵装置工作平稳,准确性高,内河船舶广泛采用。液压操舵装置在使用期间应做好以下检查保养工作。如发现故障,应通知轮机部进行检查和排除。

1)开航前的准备

(1)将舵置于正舵位置。打开舵轮座上的旁通阀门及压力表阀门,查看两压力表的指针所指的压力是否一致,以判断管路是否有破裂漏油现象。

(2)关旁通阀,拉开舵轮座上的制动销,进行活舵。活舵应先慢后快。尤其在冬天活舵时间应长一些,使液油反复巡回流动,在转动舵轮时,若过轻或过重,则可能有故障,应通知机舱检查。

(3)校对舵角。当舵叶位于正舵时,发送器活塞与受动器液缸均应位于中央位置。如不在正中位置,应打开旁通阀校正。

2)停泊时的工作

(1)将舵放于正舵位置。

(2)插上舵轮座上制动销,打开旁通阀门,以防有人转动舵轮时,不致带动舵机转动。

3)舵机液油的补换

液压操舵装置的液压油(俗称舵机油),可用甘油和水的混合液。冬季环境温度较低,应选用凝固点较低的液压油。每次加油或换油时,应注意把管路中的空气排干净,以免产生空舵现象。

3. 舵杆的损耗极限和修理要求

《内河船舶法定检验技术规则》对舵杆损耗极限和修理要求有如下规定:

(1)舵杆的最大蚀耗应不超过原直径尺寸的7%,超过此极限时,允许堆焊并光车修理。但施焊前应预热,焊后作退火处理。

(2)舵杆弯曲挠度≤1 mm/m时,允许冷压校直;大于1 mm/m时,须加热校直,但加热温度应不超过650 ℃。

(3)舵杆的扭转角大于10°并有裂纹或扭转角大于30°时应换新。小于上述损坏程度可重开键槽修理。

(4)舵杆有横向裂纹时,应予以换新。

第十五章 船体保养

船体保养即有关船体、甲板、甲板设备和舱室等的清洁、除锈、涂漆、润滑加油等维护保养工作。加强船舶的维护保养工作，是为了保持船舶良好技术状态、发挥其使用效能、降低修理费用、延长使用年限的重要环节。因此，船体保养工作是船员实施船舶管理的一项经常性的工作。

第一节 防锈与除锈方法

现代船舶均系钢铁建造，船舶锈蚀不可避免。一般钢质船舶如不采取防锈措施，不到几年就可全部锈烂报废。但是如果保养得好，则能使用长达几十年。因此，为了防止船体及其他金属构件表面锈蚀，在进行涂漆保养前，都要除锈。即使涂漆后一旦发现再度锈蚀，也要及时地进行清除。

一、船体锈蚀原因与防锈方法

(一)船体锈蚀的原因

现代船舶大多系钢质结构，船体与水、空气等介质接触，由于这些介质中含有氧气和酸碱等物质，这些物质会与钢质的船体发生化学反应或电化学反应而造成化学腐蚀或电化学腐蚀，即船体锈蚀。简言之，船体锈蚀是船体由于与外部介质发生化学作用或电化学作用而引起的破坏现象。

1. 化学腐蚀

化学腐蚀是金属与周围介质直接发生化学作用而引起的腐蚀。它主要包括金属在干燥气体中的腐蚀、金属在非电解质溶液中的腐蚀和金属遇腐蚀性物质的腐蚀。氧化是金属最常见的化学腐蚀。

2. 电化学腐蚀

电化学腐蚀是指金属与电介质发生电化学作用而发生的腐蚀。电化学腐蚀的产生必须具备以下两个条件：

(1)有电位不同的两种金属相接触或有电位不同的同一种金属，如表 3-15-1 所示。

表 3-15-1 几种金属的标准电极电位

电极反应	电极电位(V)	电极反应	电极电位(V)
镁 $Mg \rightarrow Mg^{++} + 2e$	-2.34	铬 $Cr \rightarrow Cr^{+++} + 3e$	-0.71
铝 $Al \rightarrow Al^{+++} + 3e$	-1.67	铁 $Fe \rightarrow Fe^{+++} + 3e$	-0.036
铅 $Pb \rightarrow Pb^{++} + 2e$	-0.126	铜 $Cu \rightarrow Cu^{++} + 2e$	+0.345
锌 $Zn \rightarrow Zn^{++} + 2e$	-0.762	银 $Ag \rightarrow Ag^{+} + e$	+0.799

(2)被电解液浸湿。

钢质船舶电化学腐蚀比化学腐蚀更为普遍、厉害,而且电化学腐蚀与化学腐蚀往往是同时进行的。

3. 生化腐蚀

由于水生生物寄生在钢质船体上,产生排泄物,其化学成分对船体表面产生的腐蚀。生化腐蚀与船舶污底现象有直接关系。

船体保养的实践证明钢质船体的电化学腐蚀比化学腐蚀有更大的危害性。

(二)船体防锈方法

1. 电化学保护法

电化学保护法具体实施时,常采用保护板法(亦称电极防护法或牺牲阳极保护法)。即在船体构件上(如船尾螺旋桨附近的尾轴架和船壳外板等处)安置电位比钢铁低的小块锌板或镁板,使电化学腐蚀集中在锌或镁板上,以减轻钢铁船体和构件的腐蚀。在修船时必须检查保护板腐蚀情况,决定是否换新。

2. 涂层保护法

涂层保护法即在钢铁表面涂装涂料、油脂、水泥或塑料薄膜等非金属保护层,使金属表面和外界的电解液等腐蚀性物质隔开而避免腐蚀。最常见的是涂以涂料(俗称船用油漆)。也曾试验在油船的货油舱内壁搪一层塑料薄膜,效果很好。

有些船用钢铁用品还在其表面镀一层抗腐蚀性较强的金属保护层(如锌、铝、铜等),如钢丝绳镀锌等。

二、船体除锈方法

1. 手工敲铲除锈工具与除锈方法

1)手工除锈的主要工具

用手工除锈工具敲击、铲刮、磨刷钢材表面,除去锈层、旧漆和污物的方法,适用于小面积、拐角以及不易使用各种机械除锈的金属面。常用的手工除锈工具有敲锈锤、铲刀、刮刀、钢丝刷等,如图 3-15-1 所示。

(1)敲锈锤:两端有互相垂直的刀口,可用于敲除厚锈。直刀口用于敲直缝的锈,横刀口用于敲除横缝的锈。

(2)铲刀或刮刀:用于除薄锈和旧漆。目前船员多采用锋钢刀口的铲刀,工作效率较普通铲刀高。

(3)钢丝刷:用于除薄锈和锈粉。

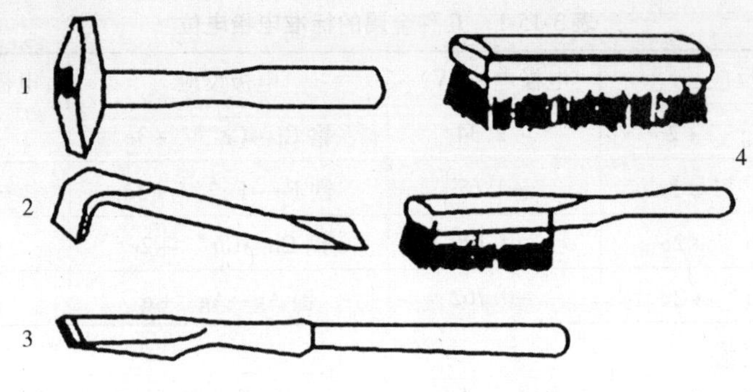

图 3-15-1　手工除锈工具

1—敲锈锤;2—刮刀;3—铲刀;4—钢丝刷

2)手工除锈注意事项

(1)准备好工具。铲刀要磨快,榔头把装紧,榔头两端的刀口不能太钝,也不能太锋利。

(2)敲锈用力要适当。既要把锈敲除,又不能损坏钢板和留下刀痕,尤其在敲水线下和焊缝等处的锈时更要小心,避免敲出漏缝。

(3)注意安全。敲锈时人与人不要相距太近,不要面对面敲铲,敲锈时必须戴上防护眼镜和防护手套。

(4)从上到下、从里到外依次清除彻底,不要遗漏。

(5)除锈后应及时涂漆。如当天不能涂底漆可先涂漆油,以防生新锈。

2. 机械除锈设备与除锈方法

用机械冲击、磨刷、敲打金属面除去锈层、旧漆和污物的方法,一般有两种方式:

1)电动除锈

电动除锈是借助电力或压缩空气带动不同工具敲打金属面,达到除锈的目的,如风动砂轮除锈、电动除锈机除锈等。

2)抛丸除锈

抛丸除锈是用压缩空气将固体颗粒或高压水流直接喷射金属表面,以冲击和磨刷方式达到除锈的目的,如喷丸(砂)除锈、抛丸除锈、高压水除锈等设备。机械除锈的效率高,适用于大面积除锈,被船舶修造厂广泛应用。

3. 化学除锈法

化学除锈习惯称法为酸洗除锈。金属的锈蚀产物主要是金属的氧化物(碱性氧化物),化学除锈就是利用酸液与这些金属氧化物发生化学反应,从而除掉金属表面的锈蚀产物。

第二节　船用涂料的性能和施工方法

用于船舶及水运工程结构物各部位,满足防水、耐大气腐蚀和水生动植物附着及其他特殊要求的涂料的统称。它是一种具备保护和装饰作用的工程材料,属高分子胶体化合物。一般由油料、树脂、颜料、辅助材料等成分组成,即主要成膜物质(油料和树脂)、次要成膜物质(颜料)和辅助成膜物质(如稀料、催干剂等)三部分。由于早期多采用天然树脂和动植物油脂作为主要原料,故称为“油漆”。随着科学技术的发展,各种有机合成树脂的广泛应用,油漆原料已趋向少用或不用天然树脂,使油漆的品种增加,油漆这一名词已不能概括所有产品,因而统称为"涂料"更准确。但对具体涂料的命名,除粉末涂料外,内河船员仍习惯采用"油漆"一词。

一、船用涂料的性能

目前船上使用的保养漆按主要成膜物质的构成常见有三类,分别为醇酸漆、绿化橡胶漆及环氧漆。

(一)常用船用涂料的性能

船用涂料只是涂料品种中的一小部分,按其性能、使用部位和用途可分为以下几种:

1. 水线漆

水线漆是用于船舶空载水线和重载水线间的船壳外板部分的涂料,由酚醛漆料或氯化橡胶液等加防锈填充料制成。其具有干燥快、附着力较好、漆膜坚韧、抗油污、耐干湿交替、耐气候性好、耐水的侵蚀和浪的冲击、耐摩擦等特点。一般水线漆有酚醛漆、醇酸漆、丙烯酸树脂漆、氯化橡胶漆等,防污水线漆有氯化橡胶类油漆、乙烯类油漆等。如天津灯塔牌 F41-31 各色酚醛水线漆具有良好的耐水性,耐机油性能,耐干湿交替性能,与酚醛、醇酸底漆具有良好的配套性和层间附着力且具有良好的施工性能。

2. 甲板漆

甲板漆是用于船舶甲板上的防护涂料。其由酚醛或醇酸、环氧等漆料,加入填充料及颜料等制成。具有很好的附着力,耐摩擦、耐日晒、耐海水、耐洗刷和耐化学腐蚀等,如酚醛甲板漆、醇酸甲板漆、环氧树脂甲板漆、丙烯酸树脂甲板漆、氯化橡胶甲板漆等。常用的酚醛甲板漆型号多为 F42-31(各色酚醛甲板漆),具有良好的耐磨性、耐洗刷性、耐水性和耐油性、附着力和流平性,适用于船舶钢铁或木质甲板上。

3. 船壳漆

船壳漆是用于船壳重载水线以上部分,用酚醛树脂或醇酸树脂与干性油等配制而成。其具有附着力强,漆膜光亮,耐气候性好,能经受风雨、日晒,具有柔韧性和快干等特点。如醇酸船壳漆、氯化橡胶船壳漆、丙烯酸树脂船壳漆、环氧树脂船壳漆、乙烯类船壳漆等。常用的 F43-31 各色酚醛船壳漆由酚醛树脂、干性植物油合成的漆料、耐磨性优良的颜料、体质颜料、催干剂及溶剂等组成,具有良好的耐磨性、耐洗刷性、耐水性、耐油性、附着力和流平性等特点。

对于船舶上层建筑及居住舱室的涂料,要求装饰美观,室外部位的漆膜还应有良好的耐气候性。铜质面一般用防锈漆打底,再选配 F04-1 各色酚醛磁漆,F03-1 各色醇酸磁漆罩面。室外部位最好用醇酸磁漆罩面,以保证其耐气候性。室内木质面可涂 F60-1 各色酚醛防火漆。室内地板可选用 F80-1 酚醛地板漆。船舶各舱室不得使用硝酸纤维或其他易燃物为基料的油漆。

4. 船底漆

船底漆是用于船体轻载水线以下部分,包括舵叶、导流管等长期浸没于水中部位的涂料。其具有防锈、防污、耐久、快干、附着力强等特性。船底漆包括以下三种:

1)打底漆

打底漆在除净铁锈的船底钢板上涂刷两度。其具有防锈、防水、防盐分渗透和附着力强等特性,如磷酸锌防锈漆、锌黄防锈漆、红丹防锈漆等。常用的是铝粉沥青船底漆(L44-1)。

2)船底防锈漆

船底防锈漆是涂刷在底漆与防污漆之间的媒介层。其漆膜坚韧,能和底漆、防污漆牢固附着,并具有良好的防水性,隔绝铝粉打底漆和含铜绿的防污漆的接触,以免发生电化学作用而影响其效果,如沥青船底防锈漆、氧化橡胶船底防锈漆、环氧沥青船底防锈漆等。常用的防锈漆有沥青船底漆(L44-2)、氯化橡胶防锈漆等。

3)船底防污漆

船底防污漆是涂在船底最外层的掺有化学毒素的涂料。涂料中掺有氧化亚铜、氧化汞等毒素,防止海生物附着船体繁殖,如溶解型——沥青系氧化亚铜防污漆;接触型——氯化橡胶;乙烯类氧化亚铜防污漆;扩散型——有机锡防污漆;自抛光防污漆——有机锡高聚物防污漆等。常用的防污漆有沥青防污漆(L40-1)、松香防污漆(T40-3)等。

5. 水舱漆

水舱漆是涂施于船舶水舱部位的涂料。用以防止水舱钢板锈蚀,保证食用水的质量。常用的水舱漆是无溶剂环氧树脂水舱漆。内河船舶的水舱防锈一般采用搪水泥浆的方法。水泥浆通常采用500号或600号水泥调制,水泥与水的比例为3:1。

6. 油舱漆

油舱漆是油轮货油舱或船舶自用燃料的油舱的防腐蚀涂料。石油及其产品中的有机酸和硫腐蚀力较强,货油舱经常与压载水交替装载,或用高温高压水洗舱,都会加速油舱的腐蚀。因此,要求油舱漆具有附着力好、耐腐蚀、耐油和耐冲击的特性,如环氧树脂油漆、聚氨酯油漆等。专用的环氧油舱漆有H54-2铝色环氧沥青耐油底漆(即834环氧铝粉油舱漆)和H54-1环氧沥青耐油漆(即835环氧铁红油舱漆)。两者应配套使用。

7. 烟囱漆

烟囱漆是船舶烟囱用的防腐蚀涂料。漆膜在高温中长时间不脆裂脱落,一般由酚醛、醇酸等树脂漆料加入铝粉、石墨等耐热颜料制成。船用铝粉漆(又称银粉漆)是用30%的铝粉和70%的清漆,再加入少量的稀释剂(松香水)调制而成的。

8. 防火漆

防火漆是涂层不易燃烧或能延缓燃烧的涂料。用酚醛树脂或氯化橡胶与醇酸树脂配制而成,或用四氯化苯酐醇酸为漆料加入锑白粉配制而成。防火漆遇热分解产生不能燃烧的气体或气泡,可起隔离作用,阻止或延缓燃烧,保护涂层下面的物体。常用于涂刷船舶旅客舱室和仪器设备。

9. 沥青漆

沥青为黑色发亮的固体或半固体物质,有天然沥青、石油沥青和煤焦沥青等,能溶于苯类及石油剂中。沥青清漆也称黑水罗松,是用松香改性酚醛树脂、干性油、溶剂和催干剂等制成,漆膜坚韧光亮,耐水、耐酸碱,但不耐热、不耐光,船上多用于涂刷货舱、锚、锚链、锚链舱等。

10. 清漆

清漆又称假漆,是不含颜料的透明漆。涂于物面上能显出物面原来的底纹。根据所用原料不同可分为油质清漆和醇质清漆等。

1)油质清漆

油质清漆俗称凡立水,含有油、树脂和溶剂。将油和树脂熬炼成均匀的液体,再加溶剂和催干剂制成。如酚醛清漆、醇酸清漆等。

2)醇质清漆

醇质清漆是将树脂溶于醇类溶剂而制成。最常见的是虫胶清漆。虫胶清漆也称泡立水,是用虫胶片与酒精调制成的。一般调配的比例是在1 kg酒精中调入200 g虫胶漆片。其漆膜透明、光亮、快干,但不耐热,可作室内木器用漆。

(二)船用颜料的性能

颜料的种类很多,按其作用可分为以下四类:

1. 着色颜料

着色颜料在涂料中的主要作用是着色和遮盖物面,并能提高漆膜的耐久性、耐气候性以及增强漆膜的强度。船舶涂料中常用的着色颜料有钛白粉、锌钡白、氧化锌、铅铬黄和群青等。

2. 防锈颜料

防锈颜料在涂料中的主要作用是保护金属表面,以达到防锈、防止其受大气、海水等侵蚀。船舶涂料中常用的防锈颜料有红丹、锌铬黄、氧化铁红、含铅氧化锌、铝粉等。

红丹是一种橘红色的粉末,是铅的氧化物,一种碱性颜料。在油漆中能和亚麻仁油酸结合生成铅皂,可提高漆膜的抗水性、防锈性。红丹有化学抑锈作用,在钢铁表面具有很好的防锈能力。当它和钢铁表面接触时生成铅酸铁,使钢铁表面钝化而不易锈蚀,但红丹不能作为铝等轻金属表面的防锈颜料。

3. 体质颜料

体质颜料又称填充料,是加入涂料中用以改进漆膜的物理、化学、光学性能并能降低其成本的一种固体物料。船舶涂料中常用的体质颜料有滑石粉(硅酸镁粉末)、重晶石粉(硫酸钡粉末)、石粉(碳酸钙粉末)和石膏粉(硫酸钙粉末)等。

4. 防污颜料

防污颜料建立在松香黏合剂的基础上,用氧化亚铜作为主要成分的颜料,加入涂装于船底和水下设施的涂料中,防止船舶污底和水生物寄生在船体等水下设施上对钢质船体(构件)形成腐蚀。使用防污颜料的涂料通常被称为防污漆,主要有传统型防污漆、释放型防污漆、烧蚀型防污漆、自抛光防污漆和自释放型防污漆等几种。

(三)辅助成膜物质

船用涂料中的辅助成膜物质一般由稀释剂、增塑剂、催干剂等辅助材料构成。如稀释剂是用于溶解或稀释树脂、沥青、油类、硝化纤维等挥发性有机物质,可降低涂料的黏度,以满足涂刷或喷涂的要求。稀释剂多为具有挥发性能的液体,在施工干结成膜过程中,全部挥发掉。故在涂料组成中,又称为挥发部分。船用涂料中常用的稀释剂有松香水、松节油、二甲苯、煤焦稀释剂、硝基漆稀释剂和乙醇等。

二、船舶涂料的施工方法

船用涂料的施工方法有刷涂、喷涂、浸涂、电泳涂等。内河船员施工主要采用手工刷涂。在施工时必须熟悉相关施工要领。

(一)涂面处理

涂漆前必须对涂物的表面进行正确的处理,才能保证涂料的附着力、使用寿命和美观。这对整个涂料施工的质量影响很大。

钢铁表面在涂漆前必须除锈去污。要求较高的涂面还要将缝隙及凹陷处用油灰填平,干后磨平、磨光,然后才能涂底漆。涂漆前还必须将其表面用干布或棉纱抹干净,如有油渍可用棉纱沾汽油擦除。

木质面在涂漆前必须干燥。如果木质面在未干前就涂漆,其水分蒸发会引起漆膜起泡。

木质面在涂漆前一般必须先刮灰、打磨,然后才能涂漆。也有先涂一度底漆以后再刮灰的。调油灰的方法很多,常用的油灰是用石膏粉和熟桐油等调制而成的,称为桐油灰(也称为桐油泥子)。调配比例是:石膏粉 3 kg、厚漆 2 kg、光油(熟桐油)1 kg、松香水或汽油 0.6 kg 调合后,最后加水调成。

常用的刮灰工具有牛角刮刀、钢皮刮刀和刮灰板等,如刮圆角面可用橡胶刮刀。一般对木质面的缝、眼、截面和粗糙面都应刮灰填平,要求较高的涂面还可以进行满刮,即全部刮一遍。

当油灰全部干透后,必须用砂纸打磨,可用 1 号或 0 号砂纸包小木块顺木纹打磨。将物面磨光以后,就可以涂底漆。

(二)涂面施工作业

1. 刷涂法

1)刷涂工具选择

在船舶涂料的施工中,刷涂法是人工使用漆刷进行刷涂的一种作业。漆刷是用猪鬃或其他兽类的毛制成的。常用的漆刷有各种尺寸的扁刷、圆刷、笔刷、弯头刷及滚筒刷等。扁刷应用较普遍,用扁刷涂刷,漆膜刷纹整齐。滚筒刷多用于船壳和甲板等大面积的涂面,涂刷效率高,涂面刷纹差。圆刷目前使用较少,常用作绑在长杆上刷高、远处。笔刷用来写水尺、载重线标志及船名等。弯头刷用来涂刷难涂的角落和缝隙。各种漆刷如图 3-15-2 所示。

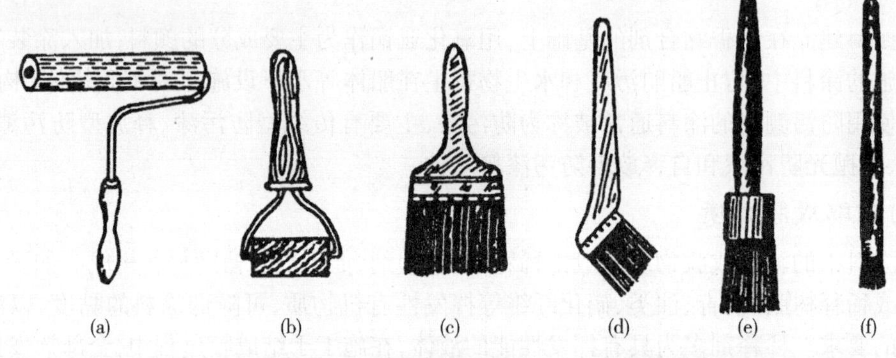

图 3-15-2 各种漆刷

(a)(b)滚筒刷;(c)扁刷;(d)弯头刷;(e)圆刷;(f)笔刷

2)刷涂施工方法要领

(1)涂油漆时,漆刷蘸油漆不宜太多,只蘸刷毛的 1/3 至 1/2 即可,特别是涂刷仰面时更应少蘸。为避免油漆下滴,漆刷蘸漆后,应让它滴一下,然后轻轻转动,将刷毛朝上拿离漆桶。涂刷几次后,将漆刷在漆桶边刮几下,以防油漆流到柄上。每蘸一次漆的涂刷面积要适当,一般应先将油漆在一定面积内涂布均匀,然后再整顺刷纹。

(2)涂刷油漆的施工次序是:由上而下,由左向右,先里后外,先难后易,要留有退路。

(3)涂刷油漆时,为使漆膜刷纹整齐,应做到三顺,即一要顺水,如涂刷船壳外部采用左右横刷漆纹，这样可以减少船舶在航行中的阻力，如涂刷上层建筑则采用上下涂刷的垂直漆纹，这样在雨天或清洗油漆面时，水容易流下，平时也不易积聚灰尘；二要顺纹，如木质涂面上的漆纹应顺着木纹涂刷；三要顺光，如舱室内天花板的漆纹，应按照光线的方向涂刷，纵向或横向要一致，不可有的纵向，有的横向，影响整齐美观。

(4)若涂面上需要涂刷两种不同颜色的油漆，例如船壳轻重载水线交接处、上层建筑的下部与甲板交接处等必须刷直。一般先刷上部的浅色漆，后刷下部的深色漆。

(5)施工表面要全部涂刷到，在洞眼、凹缝、凸出处，要用漆刷垂直旋涂，不使漏涂或积聚过多油漆而流挂、起皱。

(6)如用滚刷滚涂船体、甲板、围壁等大面积涂面时，应将滚刷在盛有油漆的桶内或带孔平盘上滚动蘸漆，再移至施工面上，以轻微压力滚动，使施工面构成一均匀涂层。要防止滚刷蘸漆过多，移刷时油漆滴落下来，污染水面和甲板，也要避免油漆未涂布开，堆积在小面积内使漆膜加厚而不干或形成流挂、起皱等缺陷。涂刷大面积时，可两人或多人配合操作，以缩小同一环境的施工时间差异。

(7)刷第二道漆时必须在第一道漆干透后才能进行。一般油漆需4 h达到表面干燥，24 h达到实际干燥。

(8)涂刷时注意随时摇动桶内的油漆，防止颜料沉淀。

(9)涂漆时应采用“多度薄涂”方法。度数愈多，每度愈薄，质量愈好。如果一度涂得太厚，会产生流挂、刷痕太重和龟裂现象。漆膜涂得太薄，会影响美观和效果。

2. 喷涂法

1)喷涂工具

喷涂法是利用空气压缩机产生的具有一定压力的气流，经喷枪的喷嘴喷出时，将喷液喷成雾状，均匀地涂盖在涂面上的一种涂料施工方法。其特点是施工效率高，适用于喷涂大面积的涂面。对于有缝隙或小孔、凹凸不平的涂面，都能得到均匀分布的涂层，且涂面光滑美观。喷涂工具如图3-15-3所示。

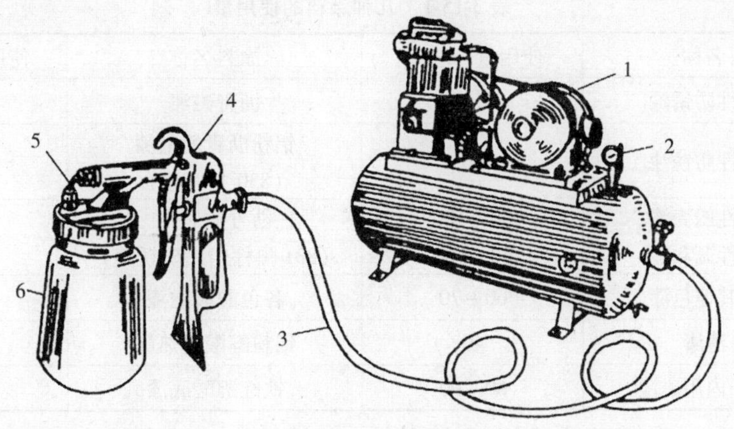

图3-15-3 喷涂工具

1—空气压缩机；2—压力表；3—软管；4—喷枪；5—喷嘴；6—漆瓶

2)喷涂施工方法要领

(1)喷涂最好用硝基漆，若使用油基漆，应多加些漆油和松香水稀释，使其具有5% ~

7.5%的黏度。

(2)喷枪应与涂面保持20 cm左右的距离,压缩空气的压力应保持在$(7.8\sim3.9)\times10^5$ Pa之间。如距离太近,涂面会产生流挂现象;距离太远会发生喷雾干结,使涂面产生漆粒的缺陷。

(3)喷涂前应试喷,若表面成橘皮状时应减少压力,或再加一些稀释剂,待漆膜呈平整光滑时再向工作面上喷涂。

(4)喷涂时,应从上向下喷成一条带状直到下边缘为止,然后将喷枪向右移动,再自上而下喷成第二条漆带,以此类推。相邻喷头要重叠约三分之一,喷枪移动速度要均匀。

(5)喷涂完毕,应立即用稀释剂将喷枪中的残漆洗净;否则,油漆干燥后会使喷嘴堵塞,无法使用。

3. 揩涂法

揩涂法是人工使用纱布球揩涂漆的一种作业方法。纱布球用纱布包以棉花或废丝头、细麻丝、海绵等制成。

4. 刮涂法

刮涂法是用刮刀进行手工涂刮漆液的作业方法。适用于厚浆漆液或泥子,在面积不大的范围上施工。如刮涂甲板防滑漆。

5. 静电喷涂法

在静电场的作用下,使涂料的微粒带电,被吸附在施工面上成膜的作业方法。

(三)涂料施工中的用量估算与注意事项

1. 涂料用量的计算方法

各种涂料的黏度不同、密度不同、覆盖力不同、涂刷技术不同,因而单位面积的用量也不同。一般在平滑钢板上刷涂,每千克油漆可涂盖10 m²左右,旧钢板涂刷面积要少些;滚涂涂盖面积要比刷涂少6%~10%。各种涂料的单位面积用量可参阅涂料产品说明书。表3-15-1是几种常用漆的单位面积使用量,供参考。

表3-15-1 几种涂料的使用量

涂料名称	使用量(g/m²)	涂料名称	使用量(g/m²)
红丹油性防锈漆	200~240	沥青磁漆	≤40
铁红油性防锈漆	80	铝粉沥青船底漆(830打底漆)	≤55
各色油性船壳漆 白色油性调和漆	80~100 80~100	沥青船底漆(831黑棕船底防锈漆)	≤70
油性漆其他色漆	60~70	各色醇酸磁漆	50~80
酚醛清漆	40	铝粉醇酸耐热漆	40~60
各色酚醛内用磁漆	60~90	铁红醇酸底漆	≤150

2. 船舶涂料施工的注意事项

(1)防止中毒。尤其在舱内施工应注意通风,人员在舱内施工的时间不能过长。应避免皮肤沾上油漆。使用有毒的油漆时,应按规定戴上防毒口罩和封闭式眼镜。施工人员进食前,须用肥皂洗手及做好面部卫生。

(2)防止失火。涂料和溶剂都是易燃品,在存放涂料和施工等场所禁止使用明火。凡是沾过油漆和松香水的棉纱头不能乱丢,以防自燃。

(3)注意安全。进行舷外高空作业应严格遵守操作规程,系好安全带。在甲板边缘工作应面向舷外,防止失足落水。用舢板或浮筏在船外水面涂刷船体,应备有救生圈等救生设备,工作艇、筏必须系结牢固。

(4)收工前应做好收尾工作,把剩漆集中在一个漆桶,以免几个漆桶的油漆都结皮,漆刷应浸于水中,以免干结。

(5)新漆刷在使用前,应先用热水浸透,以防刷毛脱落。

第十六章 船舶应急

船舶应急工作是指船舶为适应各种可能发生的紧急情况(如海损事故等)而必须开展的各项应急应变工作,要求船员必须掌握应变知识,熟练操作应变系统、设备和器材,明确自身应变职责,训练有素。主要有船舶消防、船舶救生(包括弃船求生和人落水救助)、油污染处置、船舶堵漏和综合应变等应急安全工作。本章主要介绍船舶堵漏和船舶应变部署。

第一节 船舶堵漏

当船舶由于碰撞、触礁、搁浅、爆炸等原因而使船体破损进水时,会有使船舶丧失浮性和稳性而导致沉没的危险。因此,当船舶发生海损事故造成船体破舱进水时,及时采取正确的抢险措施,正确进行堵漏,才能避免沉没。利用船舶专用器材堵塞破损漏洞的各种应急措施,称为船舶堵漏。

内河船舶由于尺度小、隔舱少、储备浮力不大,一旦破舱进水则来不及堵漏。因此,根据内河航道的特点,多采取就近抢滩搁浅的方法,以挽救船舶,防止完全沉没水中或倾覆,但仍须进行自救。船舶堵漏工作亦称进水抢险工作,进水抢险的任务由驾驶人员和轮机人员共同承担。

一、堵漏器材的种类

船舶堵漏器材,根据船舶破损情况及堵漏方法的不同,常用的堵漏器材有如下几种:

1. 堵漏毯

堵漏毯又称防水席,船舶破损时,用以从舷外遮挡破洞,限制进水流量,是为进一步采取堵漏措施而使用的临时应急器材。堵漏毯有轻型和重型两类。尺度规格一般有 2 m×2 m、2.5 m×2.5 m 和 3 m×3 m 等。轻型堵漏毯由三层 2 号帆布重叠,按经纬缝法制成。四周有白棕绳,并嵌有眼圈供连接绳索用。备有四根钢管,必要时可插入堵漏毯中特制的夹袋内,使用时防止堵漏毯被压吸入破洞。重型堵漏毯是用钢丝编制成的正方形网,两面都用帆布缝牢,其中一面有绳绒附着物,四周有钢丝绳。使用时以绳绒一面紧贴漏洞以增加水密程度。重型堵漏毯大而重,操作不便。一般船上都备有 2.5 m×2.5 m 的轻型堵漏毯,如图 3-16-1 所示。

2. 堵漏板

堵漏板是用以堵周围平整的中小型破洞、裂口的板件,由两层木板以纹理纵横交叉的方式重叠钉成。规格大小不一,但宽度须小于肋骨间距,厚度应随规格的增大而增大,一般船舶备

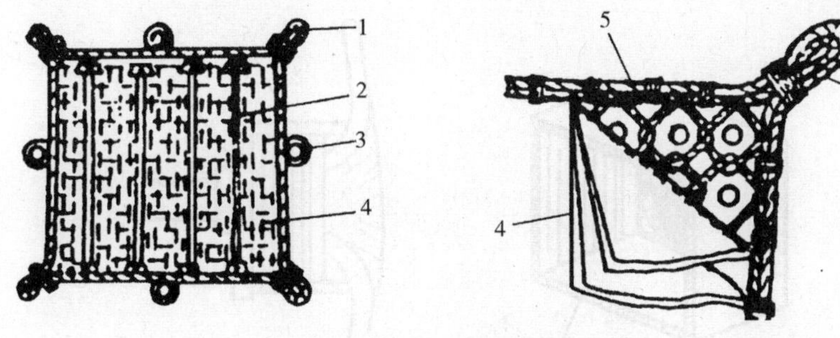

图 3-16-1　堵漏毯

1—绳环;2—钢管;3—眼圈;4—帆布;5—钢丝网

有 300 mm×300 mm×10 mm 以下的木板制成的堵漏板。堵漏时,应在板和破洞间放置软垫,以增加水密程度。也可在板中先钻好孔,然后用堵漏螺丝杆扣紧在破损部位。因结构不同,堵漏板分为软边堵漏板、活页堵漏板等,如图 3-16-2 所示为软边堵漏板,图 3-16-3 所示为活页堵漏板。

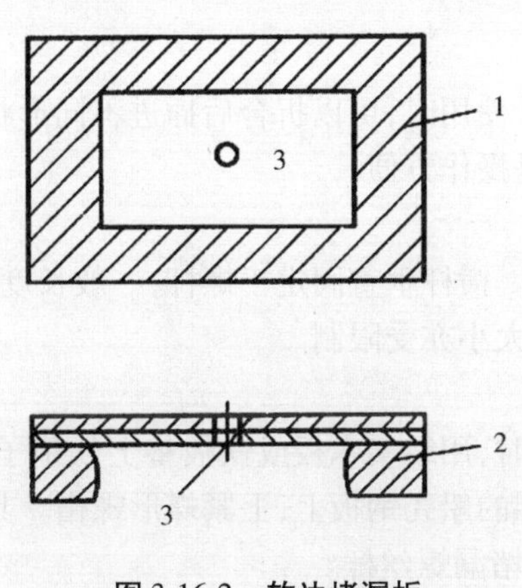

图 3-16-2　软边堵漏板

1—堵漏板;2—软垫;3—孔眼

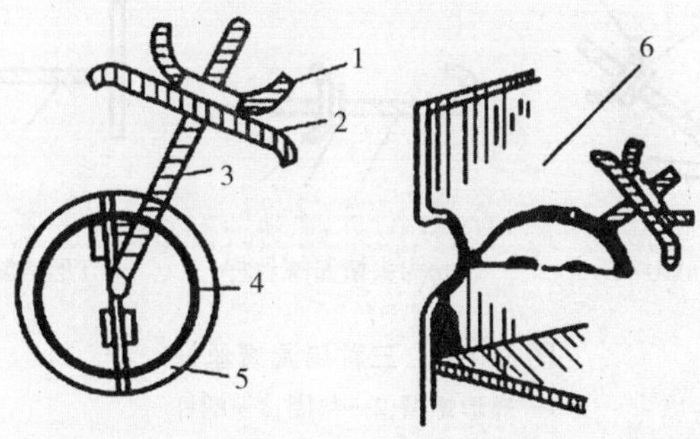

图 3-16-3　活页堵漏板

1—蝶形螺帽;2—撑架;3—活动螺杆;4—橡皮衬垫;5—堵漏板;6—船壳板

3. 堵漏盒

堵漏盒是用木材或钢板制成的无底方盒,开口的四周镶有橡皮垫,上盖板中间开有小孔以便与螺丝杆连接,适用于船舶破洞向舱内翻卷的洞口。使用时将堵漏盒盖住洞口,并用支柱或螺丝杆固定。钢板堵漏盒必要时可用角铁焊牢在船体上,如图 3-16-4 所示。

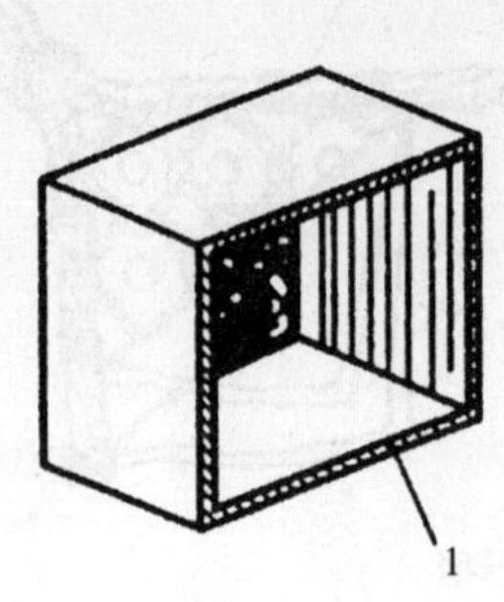

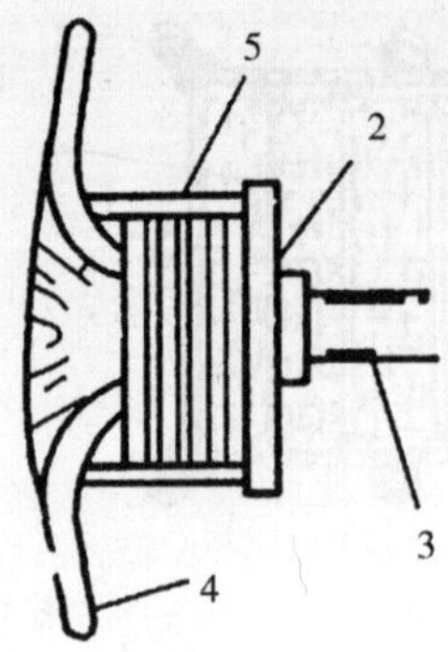

图 3-16-4　堵漏盒

1—橡皮垫;2—垫木;3—支柱;4—船壳板;5—堵漏盒

4. 堵漏螺丝杆

堵漏螺丝杆是在船舶破损堵漏时,用以固定和扣紧堵漏板或堵漏盒的螺杆夹紧器。其有下列几种:

1)活动堵漏螺丝杆

在螺杆一端装设活动横杆,使用时,可以折合后插进不同形状的破洞。一般螺丝杆与横杆的长度均为 600 mm。其特点是操作方便。

2)T 形堵漏螺丝杆

其用途与活动螺丝杆相似。横杆垂直固定于螺杆,一般长度仅为 500 mm。缺点是横杆不能活动,操作不便,堵塞漏洞的大小亦受限制。

3)钩头堵漏螺丝杆

螺杆前端弯成钩形。使用时,用结实木板或铁板垫上软垫子,选几个适当的位置钻孔,将钩头穿出孔外,钩在漏洞外周围的船壳钢板上,上紧蝶形螺帽。其特点是便于堵塞卷边向舷外的漏洞。图 3-16-5 所示为三种堵漏螺丝杆。

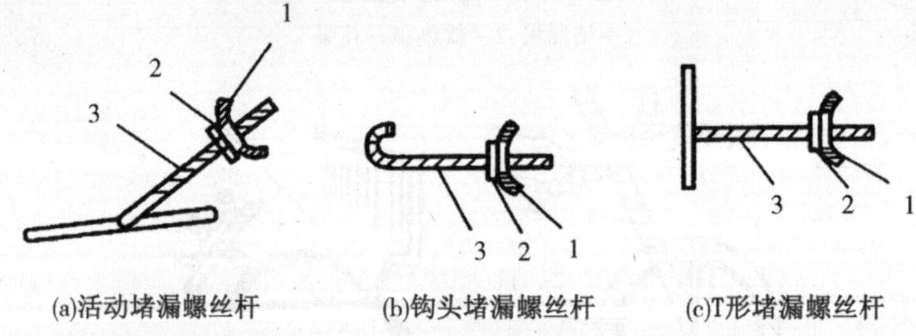

(a)活动堵漏螺丝杆　(b)钩头堵漏螺丝杆　(c)T形堵漏螺丝杆

图 3-16-5　三种堵漏螺丝杆

1—蝶形螺帽;2—垫圈;3—螺杆

5. 堵漏木塞

堵漏木塞是以质软、不易劈裂的椽木或杉木制成,用来堵塞 5 ~ 150 mm 的圆形或近似圆形的破洞、铆钉孔或破损管的器材,使用时便于打紧,被水浸泡膨胀后将卡得更紧,不易滑脱。堵漏木塞分平头和尖头两种。木塞顶角以 5°为宜,如图 3-16-6 所示。

6. 堵漏木楔

堵漏木楔是用以垫塞支撑柱两端和船体结构间的空隙、加固堵漏器材或堵塞船体裂缝的木楔，用松木等轻质木料制成，分尖头和平头两种。木楔角度不宜过大，一般以 5°为宜，否则能使缝隙继续扩展，并且在受到震动时或在水的压力下容易发生松脱，如图 3-16-7 所示。

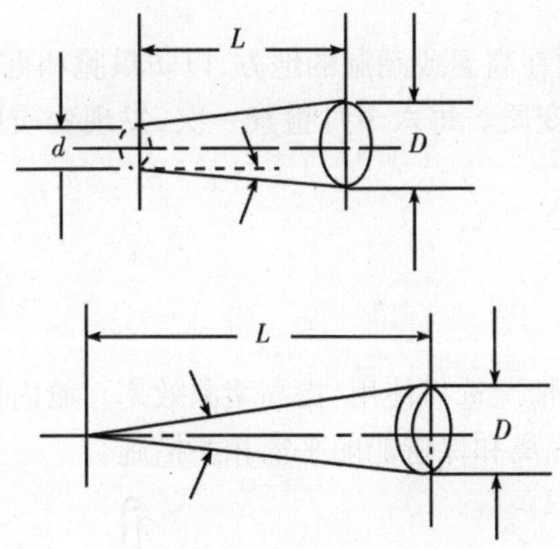

图 3-16-6 堵漏木塞

(a)平头堵漏木塞；(b)尖头堵漏木塞

L—木塞长度；D—大头直径；d—小头直径

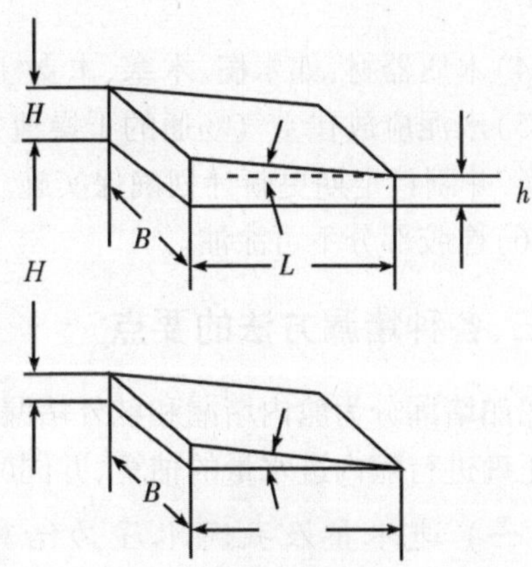

图 3-16-7 堵漏木楔

(a)平头堵漏木楔；(b)尖头堵漏木楔

L—木楔长度；B—木楔宽度；H—大头厚；h—小头厚

7. 堵漏支撑柱

堵漏支撑柱是用于临时支撑堵漏器材的木柱，一般与堵漏垫木、堵漏木楔等配合使用。堵漏支撑柱一般为用松木制成圆形或方木的长条木材，要求干燥、无裂缝、无虫伤、端部平整，如图 3-16-8 所示。

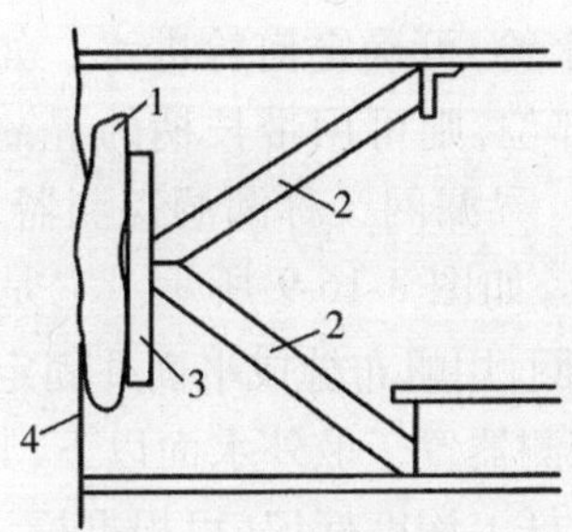

图 3-16-8 堵漏支撑柱

1—软垫；2—堵漏支撑柱；3—堵漏垫板；4—船壳板

8. 堵漏垫板

堵漏垫板是垫在堵漏器材背面或下面的木板，如图 3-16-8 中 3 所示。一般厚 25 ~ 50 mm。其作用是加强堵漏用具的强度，并使支撑柱顶端的力平均分布在堵漏用具上；或使支撑柱底端力平均分布在甲板及其他支撑结构上。

二、堵漏器材的保管要求

船舶配备的堵漏器材必须妥善保管，即使“备而不用”也必须“常备不懈”。其保管要求如下：

(1)对堵漏器材的保管实行“三专”，即指定专人负责保管和保养各种堵漏器材；堵漏器材存放在专门规定的地点；任何堵漏器材专用于船舶堵漏，平时不准移作他用。

(2)对铁制堵漏器材,应经常保养,防止生锈,活动部分应经常加润滑油,以保持灵活。

(3)所有纤维材料,如堵漏毯、帆布、麻絮、棉絮、破布等,要经常暴晒、通风,保持干燥,防止霉烂。

(4)木质器材,如木楔、木塞、木支柱等,不可存放在高温或潮湿的地方,以防烘脆和霉烂。

(5)水泥应放在空气畅通的干燥地方,以防受潮变质。每六个月检查一次,发现变质应立即更换,并制订定期更新计划确保实施。

(6)橡胶部分不可涂油。

三、各种堵漏方法的要点

船舶堵漏分为舱内堵漏和舷外堵漏,视船舶破损情况选择使用,提高堵漏效率。舱内堵漏必须正确进行舱内进水量的估算,并同时采取排水、隔离和保持船舶平衡相关措施。

(一)进水量及孔洞水压力估算

何处破损进水,进水量及孔洞水压力的判断,可用听、看、测等方法来判断:

(1)双层底舱进水,空气管和测水管会有出气声;大舱进水可从舱口听到流水声;邻舱进水可根据敲击舱壁板发出的声音来判定水位。

(2)在舱内可查看到水位的动向;当进水水位超过破口时,水面会冒出气泡,从气泡的位置可确定破口的肋骨号数;由气泡的大小和间隔时间可推测破洞的大小。

(3)全面测量各污水沟和压水舱,可确定何舱进水。如舱内装满了货物,无法测定破口的确切部位,则可用带长柄的寻漏网或薄铁板在舷外水面下探测破口位置。寻漏网又称漏洞探测器,是从舷外探查船体漏洞准确位置的工具,如图3-16-9所示。它是以直径5 mm的铁丝做成直径0.5 m的圆圈,用帆布缝成平面并固定于刻有深度标记的长竹竿上。使用时,从甲板上顺着船舷把漏洞探测器置于舷外水面以下,紧贴船壳板上下左右移动,感觉有吸扰现象时,即为漏洞所在。察看杆上深度标记(可根据标记高度估算出孔洞水压力大小)及该处肋骨号数,便是漏洞准确位置。

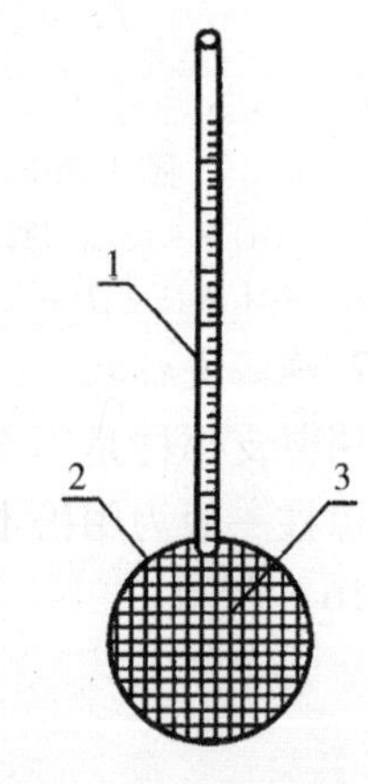

图3-16-9　寻漏网

1—提竿;2—框圈;3—帆布网

(二)排水和保持船舶平衡的方法

1. 排水方法

发现船体破损进水后,应立即通知机舱对破损舱室进行排水。一般舱底水系统的排水能力由排水总管的内径大小来确定。平时应对排水总管单位时间的排水能力有明确的数据概念,以方便应急时进行估算。

例如,根据相关估算,若排水总管内径为100 mm,则每小时可排水56.6 t,每秒钟可排水0.015 t。显然排水量是有限的。在严重破损而堵漏未及时奏效的情况下,单靠舱底泵排水是无济于事的,所以堵漏工作必须分秒必争,破损后应立即把漏洞堵上,或没有全部堵住,只留下一个小洞。例如破洞中心至水面高度在3 m,破洞面为0.1 m^2,进水速度约为0.5 t/s。如果将破洞面积限制到0.01 m^2,则漏洞进水速度只有0.05 t/s左右,这样就能用排水泵来控制,然后进一步把破洞堵好。

2. 保持船舶平衡的方法

船体破损进水后如发生过大的横倾或纵倾,易使船舶丧失稳性而发生倾覆的危险。船舶驾驶人员必须密切注视是否发生倾斜,及早采取措施,保持船舶平衡。通常有下列三种方法:

1)移载法

利用燃油和水来调整倾斜,即将油水驳到破漏的相反一侧。这种方法不消耗储备浮力,但必须配备强大的动力,否则效率较低。

2)排出法

用抛弃燃油和水来调整倾斜,即将倾斜一侧油舱或水舱内的油、水排出。这种方法同样需要强大的动力。抛弃时首先考虑上层的和自由液面较大的,以保证稳性。

3)灌注法

向破损舱室对称位置的舱室内灌水。此法效率高,但损失储备浮力,只适用于水密分舱多的船舶。灌注时,先灌低的、小的舱室。

以上三种方法也可先后采用或同时采用,进行综合平衡。当船舶处于紧急倾覆危险状态时,宁可消耗储备浮力以换取稳性来赢得时间,以便抢救文件和贵重物品以及放下救生工具救助人员脱险。

(三)堵漏方法与要点

1. 舷外堵漏法

1)堵漏毯堵漏法

先将堵漏毯的正面朝上铺在破口上方的甲板上,将堵漏毯底索(附有链条)自船首套到船底,沿两舷拉到破洞处。前后张索由舷侧绕过船首与船尾并固定在船首尾的甲板上。将底索的一端和堵漏毯一角的眼环相连,在相对的一舷绞收底索的另一端,使堵漏毯沿船舷缓缓沉入水中。此时堵漏毯另一角的管制索控制毯的下沉深度,直到盖住破洞处,然后固牢管制索,并收紧底索和前后张索即可阻止水进舱内。方法示意图如图 3-16-10 所示。

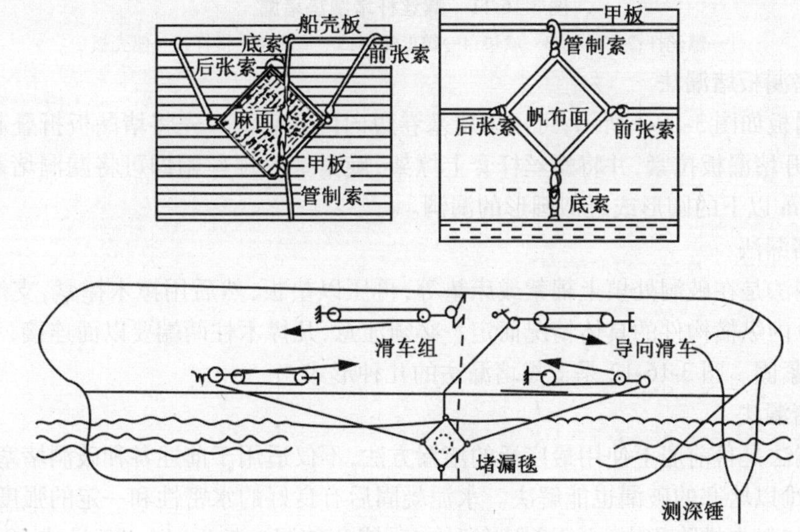

图 3-16-10　堵漏毯堵漏示意图

2)空气袋堵漏法

船舶破损时,用以堵漏水线附近漏洞的充气袋形堵漏用具叫空气袋,用坚韧的橡胶帆布或等效材料制成,有球形和圆柱形两种。袋面有突出的打气气嘴。使用时把袋塞入漏洞,利用潜水空气泵将空气打入袋内,空气膨胀后即将漏洞口严密地堵住,可以抵挡浪涌冲击力,减少进水量。

3)瓦斯袋堵漏法

瓦斯袋是用坚韧的橡胶帆布或其他等效材料制成的,为圆球形,袋里有一产生 CO_2 气体的药筒,当受到摇动后立即放出 CO_2,将瓦斯袋膨胀起来以堵住漏洞。为了预防瓦斯袋因压力过大而破裂,袋上还装设有一安全保险阀。

2. 舱内堵漏法

1)螺丝杆堵漏垫堵漏法

将一个直径 360 mm,厚 140 mm 的圆形软垫和两块同样直径的厚木垫板穿在一根活动螺丝杆上,将螺丝杆的横杆与螺丝杆并拢成一直线,伸出漏洞外,再使横杆张开,紧靠外板,旋紧蝶形螺帽,压紧软垫以堵塞漏洞,如图 3-16-11 所示。

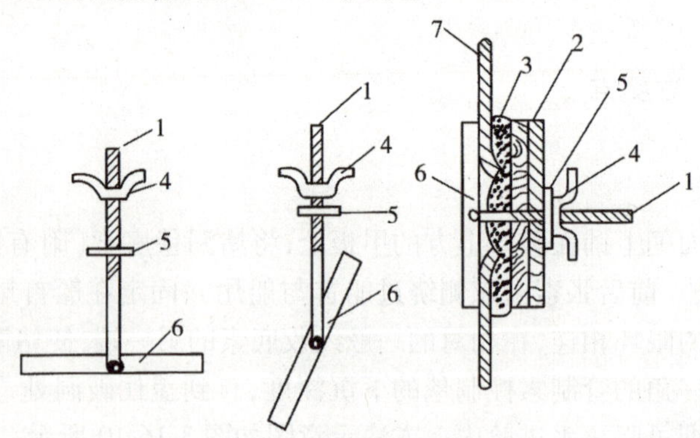

图 3-16-11　螺丝杆堵漏垫堵漏

1—螺丝杆;2—垫板;3—软垫;4—蝶形螺帽;5—垫圈;6—横杆;7—船壳板

2)活页堵漏板堵漏法

活页堵漏板如图 3-16-3 所示,可用来堵塞卷边向内的破洞。先将堵漏板折叠起来送出漏洞外,然后打开堵漏板拉紧,并将螺丝杆套上撑架,旋紧蝶形螺丝帽即可将漏洞堵塞。一般用于直径 300 mm 以下的圆形或近似圆形的漏洞。

3)支撑堵漏法

支撑堵漏法是在破洞处填上棉絮或床垫等,再压以垫板,然后用撑木撑紧,支撑方式是按破洞位置和舱内纵横构件的具体情况而定。必须注意,凡撑木柱两端要以面连接,不能以线连接,否则撑不紧固。图 3-16-12 是支撑堵漏法的几种形式。

4)水泥堵漏法

水泥堵漏法是目前船上使用最广泛的堵漏方法,不仅适用于前述各种破洞堵塞,而且对于舱角、角钢等难以堵塞的破漏也能解决。水泥凝固后有良好的水密性和一定的强度。

水泥堵漏时,先排除积水,再用前述各种方法堵塞破洞。然后,以 400 号或 500 号优质水泥、黄沙、盐或小苏打,按三者 1:1:1% 的比例加水调拌成水泥浆,倒入特制的水泥模板框箱内捣固。倒入时,可择水弱处先填、逐步包围,形成一股或二股水时,用竹筒斜插进去,作为泄水

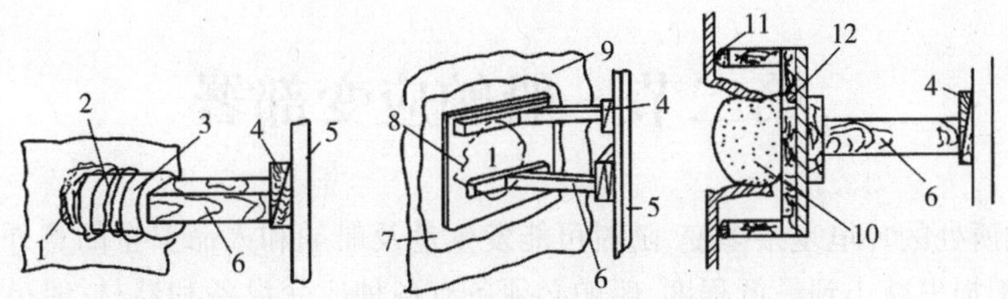

图 3-16-12 支撑堵漏法示意图

1—破口;2—棉絮;3—木塞;4—木楔;5—辅助支柱;6—支柱;7—床垫;8—堵漏板;9—船壳板;10—填料;11—软边;12—堵漏筒

管,把水引出箱外;而后将箱内水泥捣实,待约 24 小时,水泥凝结或竹筒中余水流净,用木塞裹上棉絮把竹筒堵死即告完成。水泥模板框箱是按破洞处的船体具体情况制成的无底无盖的长方形木框,也可能是仅由三个面构成的“[”形框架,如图 3-16-13 所示。

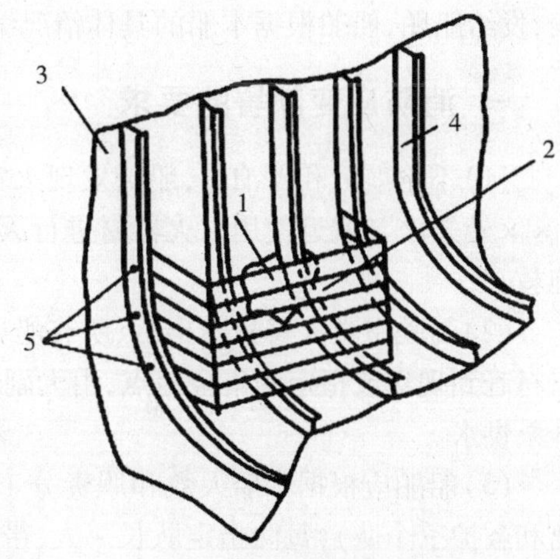

图 3-16-13 水泥堵漏法

1—漏洞;2—水泥模板框箱;3—外板;4—肋骨;5—固定用螺丝

5)各种小洞堵漏法

(1)用布或棉絮包住木塞,塞住洞口,用木锤打紧,在敲打时,不能用力过大,以防把木塞打碎,如图 3-16-14 所示。

(2)用浸过油漆的小块棉絮塞入洞内,再配以大小适宜的堵漏盒箱,紧贴漏洞处,然后用撑木支紧固定好,如图 3-16-12(c)所示。

(3)遇不规则洞孔,可先用适当木塞塞牢,再用不同的木楔裹上浸过油漆的布或棉絮,一一塞满空隙。

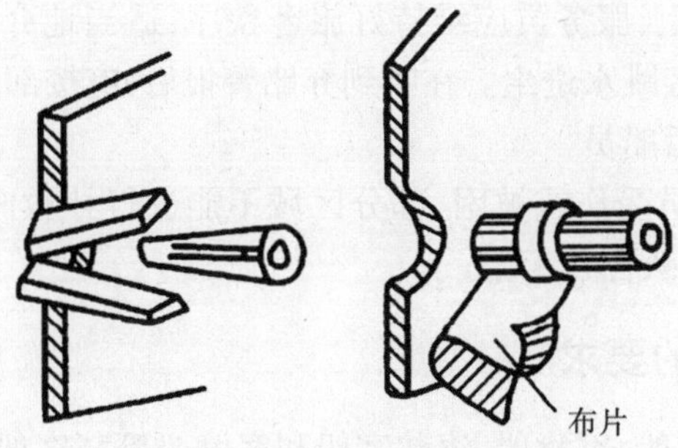

图 3-16-14 木塞堵漏法

6)裂缝堵塞法

先在裂缝两端各钻一个小孔,用浸过油漆的破布或棉絮包裹木楔,然后用锤子一个一个地顺次打入裂缝,直到全部漏水现象消失为止。

第二节　船舶应变部署

由于船舶所处的环境复杂多变,随时可能发生危及船舶和人命安全的意外事故。为了避免严重后果,把损失减小到最低程度,船舶必须备有各种应变设备和器材;船员必须掌握应变知识,能熟练操作应变系统、设备和器材,明确自身应变职责,训练有素;船舶必须制定出一整套的应变部署以保证船舶在发生各种事故和应急时,能有条不紊地迅速施救,减小事故损失。

船舶应变部署是内河航运企业管理上的重要制度。航运主管部门统一制定了应变部署表,发给船舶,船舶根据本船的具体情况编排分工,填入应变部署表,公布施行。

一、消防应变部署的要求

(1)不论航行和停泊中,船员发现火灾时,应立即按响警铃向驾驶室报警,同时大声呼喊"××处失火",就近使用灭火器材进行灭火,驾驶室或值班人员应迅速向全船发出警报,组织施救。

(2)驾驶室救火警报发出后,所有船员(除值班者外)应按部署规定,在2 min内携带救火器材赶到现场或指定的集合地点,由大副或值班驾驶员统一指挥,机舱值班人员应在5 min内开泵供水。

(3)船舶应根据本船人数和职责分工,按部署表编队(消防应变部署一般分编成消防、隔离和救护三个队),每队指定队长一人,带领并指挥本队救火。

(4)航行中发生火警时,船长(三类船舶为驾驶员)应首先弄清风向和着火部位,迅速将船舶航向转到适当方向,使火势背风,避免蔓延。当火势有继续扩大危及旅客、船员生命安全时,应立即在附近安全地带触坡或搬滩收船,并一面组织救生撤离旅客,一面继续扑火。

(5)救火应变中,船员应全力扑灭火灾,未得到救生弃船命令不得擅离岗位。船长在组织指挥施救的同时,还应安排做好救生弃船的准备。

(6)在客船或客货船上,服务员应维持好旅客秩序,适当地介绍火情及施救情况,说服旅客不要惊慌乱动,禁止旅客跳水逃生。在听到弃船警报后,应按部署组织旅客转入弃船救生应变,撤离的顺序是先旅客后船员。

(7)应变中如部分人员受伤或被困,部分区域不能进行扑救时,需下令变换队形,指定某队协助另一队或参加另一队合并工作。

二、救生应变部署的要求

(1)救生应变,系指客船、客货船、滚装客船和客渡船等载客船舶发生重大海损事故时,遇他船来救或自行搬滩收船时,先将旅客撤出险境的一种措施。船员除参加护送旅客离船者外,均应留船抢险,未得弃船命令不得擅离岗位。

(2)船长(三类船舶为驾驶员)为了保障旅客生命安全,应在指挥船员抢险的同时保障旅客有序撤离船舶。船长发出救生警报后,所有船员穿好救生衣,听候命令。除护送旅客撤离的人员外,船员按应变部署要求继续进行抢险工作,并做好弃船准备。服务员协助旅客穿好救生衣引导旅客至适当地点准备离船,并向旅客交代安全注意事项。

(3)救生艇放下时,艇内仅留两人,其余人员由搭乘甲板上下。每一艘救生艇的正副艇长,负责维持艇内秩序,所有艇员及旅客必须服从其指挥,不得携带行李,入艇后禁止喧哗及乱动。

(4)船舶发生重大海事,经最大努力进行施救,仍不能挽救危局,有立即倾覆、沉没或火灾蔓延危及旅客或船员生命安全时,船长(驾驶员)需下令弃船。

(5)船长(驾驶员)下令弃船后,应变部署表内指定的人员应分别携带所分管的重要资料、现金账册等,报务员应拍完求救电报,经船长(驾驶员)同意后,方可离开岗位;机舱值班人员应在船长(驾驶员)两次完车通知后,方可离开岗位。如遇车钟损坏,则以口令宣布。船长(驾驶员)必须待全船旅客、船员离船后,最后离船。

三、人员落水部署的要求

(1)人员落水营救任务主要由驾驶部人员承担,在值班驾驶员的直接指挥下,由甲板部人员执行。船上的救生艇必须处于能迅速收放,随时可以使用的良好状态。警报发出后,救生舢板或救生艇应于 10 min 内降至水面。

(2)船员发现有人落水时,应立即投下救生圈或其他浮具营救,同时向驾驶室高呼"有人从××舷落水"(兼用手势表示,表示方法为先将两手上举,然后以一只手指向人落水的一方)或用哨子发出警报(吹口哨三长声,接吹一短声或两短声表示右或左舷),并派专人跟踪瞭望。

(3)驾驶室闻报发现有人落水后,应立即就近投下救生圈,同时甩开船尾,发出人员落水报警信号,派专人于高处瞭望,夜间应打开探照灯寻找。执行营救人员应迅速放出救生艇,船艇之间须以各种方法保持通信联络,以免船舶与救生艇操纵配合不力而发生危险。

(4)在营救过程中,船长(三类船舶为驾驶员)一方面要进行营救,一方面要注意本船的安全,以防顾此失彼,扩大损失。

当船舶因海事导致严重险情,如碰撞后导致大量进水、起火爆炸,人员落水甚至伤亡等,除上述应变部署需要执行之外,总指挥(船长或驾驶员)还应做出综合部署,全面调整和安排人员,制订周密计划,以应对当时的严重局面。

四、油污染应变部署的要求

溢油污染是指船舶在装卸货作业过程中,由于操作不当产生油品溢出流入江中,或是加装润燃油不慎将油流入江中,或是船舶碰撞、触礁导致船体破损使货物及燃润油流入江中而造成的污染。船舶应根据交通运输部 2016 年 5 月 1 日起施行的《中华人民共和国防治船舶污染内河水域环境管理规定》第五章的相关要求制定油污染应变部署。

1. 事故报告要求

船舶发生油污事故或可能发生油污事故时,船长或负责管理该船的其他人员需立即向最近的海事管理机构报告(呈报"船舶污染报告书"),内容包括船名、船籍港、船舶吨位、污染事故发生时间、地点、油品污染物名称和数量、油污染事故的详细经过和污染情况。根据需要及时做出补充报告,以便对初始报告做进一步补充,或提供有关油污事态发展信息。

向周围其他船舶发出应急报警信号,并在船舶与船舶之间、船舶与岸上主管机关之间连续依次联络。

2. 应急处置要求

1)操作性溢油

船舶在加装燃油作业期间,因管系泄漏、舱柜满溢、船体泄漏等原因而发生溢油,应立即采取以下措施:

(1)立即停止有关操作,关闭所有有关阀门。

(2)发出溢油报警信号,实施最初的溢油应急反应程序,防止溢油扩散,实施溢油回收。

(3)将事故情况通知供油船(设施)。

(4)查明泄漏的原因,进行溢油清除工作。

(5)将溢油驳入空油舱或其他燃油舱。

(6)清理中收集的残油应妥为保管,以待日后处理。

(7)如果溢油较大,仅由本船船员组织反应难以获得理想效果,应通过代理或公司联系专业清除队伍予以协助。溢油妥善处置后,必须得到当地主管当局的允许,方能继续进行正常作业。

2)海损事故性溢油

船舶发生搁浅、火灾/爆炸、碰撞、船体损坏、严重横倾等海损事故造成或可能造成溢油事故,应立即采取以下措施:

(1)发出应急警报,实施应急反应程序,同时对海损事故和溢油事故做出应急反应。

(2)根据船舶所发生的事故类型针对性地开展船舶受损情况、溢油情况、天气情况、水域环境情况等方面的调查。

(3)按应变部署表规定的人员职责,采取措施控制排放:船长(驾驶员)任总指挥,主要负责操控船舶、对外联系等工作;驾驶员(应变部署表中指定人员)任现场指挥,主要负责向船长(驾驶员)报告险情,现场指挥施救等工作;轮机长(轮机员或指定人员)主要负责管系阀门的关闭、消防泵启动等工作。

(4)如果溢油量较大,仅由本船船员组织反应难以获得理想效果,应通过代理或公司联系专业清除队伍予以协助。

五、各项应变警报的规定

1. 应变警报规定

为通知船员和旅客在紧急情况时迅速抵达应变岗位或集合地点,我国统一规定了各项应变警报信号。相关规定如表3-16-1所示。

表3-16-1 内河船舶常用应变警报信号

警报类型	声号	信号时长要求
弃船	·······—— (内河水域亦有沿用·······——)	连放一分钟
救生	——·——·	连放一分钟
进水	—— ——·	连放一分钟
人落水	—— —— ——	连放一分钟
人自左舷落水	—— —— ——··	
人自右舷落水	—— —— ——·	

续表

警报类型	声号	信号时长要求
救火	· · · · · · · · · · · · ★ ★ ★ ★ ★ ★ ★ ★ ★ ★	连放一分钟
前部失火	一阵乱钟后接敲 ★	鸣放三次
中部失火	一阵乱钟后接敲 ★ ★	鸣放三次
后部失火	一阵乱钟后接敲 ★ ★ ★	鸣放三次
机舱失火	一阵乱钟后接敲 ★ ★ ★ ★	鸣放三次
上甲板失火	一阵乱钟后接敲 ★ ★ ★ ★ ★	鸣放三次
解除警报	——————————	连放一分钟
油污警报	· ——— ——— ·	连放一分钟

注:表中"·"表示汽笛、警报器、哨鸣一短声;"——"表示一长声;"★"表示钟声。

各种应变信号须由汽笛施放,同时应补充其他电动信号。所有这些信号均应由驾驶台操纵或发出。

进行应变演习的警报信号,为避免其他船舶误会,只限于用口令、哨子、警铃和广播来表达。实际遇险时,应按有关规定使用信号。

2. 报警方式与报警设备

常用的报警方式与报警设备如图 3-16-15 和图3-16-16所示。

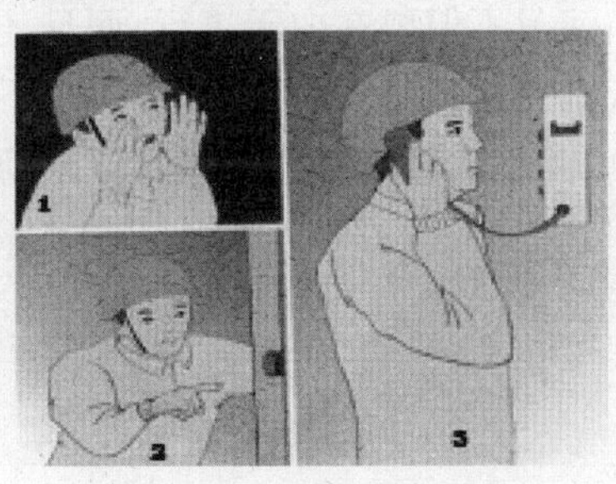

图 3-16-15 常用报警方式

1—呼叫报警;2—按警报按钮报警;3—电话报警

报警开关触点

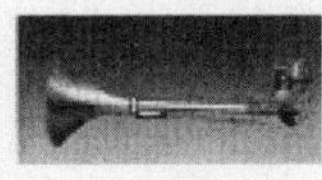

报警发声器具

图 3-16-16 常用报警器具(设备)

六、船舶应变部署演习规定及注意事项

船舶平时按船舶应变部署表定期举行应变演习，才能做到在发生意外时临危不乱。平时定期按照部署表举行各项应变演习，还可以达到检验应急设备实际性能的效果。

(1)结合演习检验消防、救生、堵漏、油污染处置等各种器材与设备是否处于良好状态。

(2)培养全体船员熟练地操作和使用各种器材与设备。

(3)船舶应变部署所规定的各项任务，如救火、救生、人落水营救、油污染等应变项目，一般每月应至少演习一次，并将演习结果详细记入航行日志，包括演习的时间、内容、人员赶到现场的时间、救生艇下水和消防水龙出水的时间、检查设备的情况等。

(4)演习前五分钟应悬挂演习信号(“UY”信号旗组)。

(5)港内演习时必须事先征得海事管理机构允许方可举行，并须遵守港章。

(6)演习前应向旅客作一次普遍宣传，如因演习的宣传不够而造成旅客遇演习发生惊慌失措甚至酿成人命死伤事件者，船长、驾驶员及客运负责人应负责任。

(7)应对应变演习提出明确的质量要求，进行严格的考核，并拟定相应的考核标准，规定达标的期限。

(8)船员不但须熟悉本身在应变中的任务，还要求能代理任何一人的任务，在救火演习中，船长或驾驶员可假想部分人员受伤或被困，部分区域不能进行扑救时，可下令变换队形，指定某队协助或参加另一队。

演习时一定要从实际出发，可以是单项的，也可以是综合的。例如由消防转入救生，或由消防转入堵漏，再转入救生等。演习不但要在白天进行，而且还要在黑夜进行。领导要以身作则，严格要求。每次演习后应认真总结，发扬成绩，克服缺点，不断提高。在演习中检查出的有关器材与设备问题，应立即解决，并记入航行日志和演习记录簿。

第十七章 助航仪器

内河船舶常用的助航仪器主要有船用雷达、全球卫星定位系统、甚高频（VHF）无线电话、船舶自动识别系统（AIS）、磁罗经等。本章主要介绍船舶助航仪器设备的正确使用方法，为内河船舶提供良好的助航保障条件。

第一节 甚高频无线电话的使用注意事项

甚高频段（Very High Frequency，VHF）无线电波的频率范围为30～300 MHz。国际规定：甚高频水上移动业务电台的频率在156～174 MHz。甚高频（VHF）无线电话是利用甚高频段的无线电波在空间中传播来进行语音通信的一种工具。

内河船用甚高频（VHF）无线电话主要用于：船舶与沿航线港口做进、出港联系；船舶与沿航线航标站联系航道情况；船舶之间作航行、避让联系；本船队之间的作业联系以及其他通信联系（如应急、呼救等）。因此，它也是沟通船—船、船—岸、岸—船以及本船队之间近距离信息联系的一种助航仪器。

由于港岸噪声干扰较严重，所以，目前内河船舶使用抗干扰能力强，采用空间波传播（视距传播）的调频式甚高频无线电话来进行近距离的通信与助航联系，在保证船舶安全、可靠助航联系的同时，也为船舶的近距离通信提供了便利。

一、正确使用船用甚高频无线电话

（一）船用甚高频无线电话的主要性能

内河船用甚高频无线电话（简称VHF）的型号很多。操作面板上的开关、控制旋钮的布局和数量也各不相同，但其主要功能大体相近，简述如下。

1. 单工和双工工作状态

1）单工

对通信的每一时刻，通信只沿一个方向进行，即使用VHF中，在接收时不能发射；在发射时不能接收；只能在对方发话完毕后，才能向对方发话。通常单工通信时收、发信号采用同一频率，这样的工作方式可以节省有限的频带资源。

2）双工

双方能同时发送和接收彼此信号。即使用VHF中，在接收对方信号的同时可以将自己的信号发射给对方；在发射信号时也能接收对方的信号。进行双工通信必须要具备两个频率，即收、发信号采用异频。

2. 静噪控制

调整静噪控制旋钮，可以控制静噪电平，以便消除噪声。应调整适当（以刚好消除噪声为好），因为在降低噪声的同时也要降低接收信号的灵敏度。

3. 双重守候功能

按 16 频道优先的原则，可以自动监听 16 频道和另外任意选定的一个频道的信息（16 频道为国际通用遇险及安全呼救频道）。

4. 大、小功率发射控制

可以通过发信功率键来选择是大功率发射还是小功率发射。一般在近距离或港内通信时，采用小功率发射，避免无线电波间的相互干扰和减少耗电量；距离较远或信号较弱时，采用大功率发射。

（二）船用甚高频无线电话的面板操作事项

内河中小型船舶配置的甚高频（VHF）无线电话操作面板布置比较简单，如图 3-17-1 所示。

图 3-17-1　船用甚高频（VHF）无线电话

1. 面板上各开关、按钮、旋钮及指示灯的作用

（1）照明亮度控制旋钮：控制面板灯及键盘照明亮度。

（2）静噪控制旋钮：控制静噪电平，在逆时针最大位置时，无静噪。

（3）音量控制旋钮：控制接收话音的音量输出。

（4）16 频道按钮：使用该按钮会强行选出 16 频道。

（5）双守候按钮（DW）：使用该钮时，按照 16 频道优先的原则，守候 16 频道和任一所选频道，此时静噪控制无效。

（6）选择频道/输入按钮：频道选择按钮有 0、1、2、3、4、5、6、7、8、9 共十个，根据频道序号，可按相应数字按钮，然后再按输入按钮（E）即可达到所选频道。

（7）发信功率转换按钮（1/20）：按此钮可选择大、小发信功率。

（8）直流电源通/断开关：开关置于 ON 时，电源接通；置于 OFF 时，则电源断开。

（9）扬声器通/断开关：当使用手机时，开关就断开扬声器。

(10)频道显示器:指示频道序号。

(11)双工指示灯:在双工频道时,指示灯自动照亮 DUP 字母。

(12)发信指示灯:发信时,红色 XMIT 字母被照亮。

(13)发信功率指示灯:指示发信功率,小功率时黄色 1 W 字母被照亮,无指示时发射功率为 20 W。

(14)双重守候指示灯:在双重守候工作状态时,黄色 DW 字母被灯照亮。

(15)话筒插座:便于插接外接话筒。

(16)直流电源插座:用于接入直流电源(本机使用 13.2 V 直流电源)。

(17)天线插座:连接天线用(同轴电缆阻抗为 50 Ω),为了能有较大的通信范围,尽可能设置天线的高度。注意切忌在无天线或不合适的天线连接下进行发射。

2. 操作方法

(1)开机前应接好天线、送受话器和直流电源。

(2)打开电源开关,开关接通后,机器自动在 16 频道上工作,调节"音量"旋钮到适当位置。

(3)顺时针方向旋转噪声抑制旋钮,直到扬声器中噪声最小,不要调过此点,否则弱的话音信号将被削掉而造成收不到微弱信号。

(4)值守或通话:

①在 16 频道上通话:按 16 频道按钮或将选频/输入按钮置于 16 频道,该频道数显示在显示器上。

②其他频道通话:

- 用选频/输入按钮选择新需频道;
- 用发信功率转换按钮选择发信功率(1 W 或 20 W);
- 通话:在双工频道时,双工指示器亮,若选非规定频道,频道指示器闪烁并将设置于 16 频道。

(5)双重守候:

用选频/输入按钮选择所需频道。按双重守候(DW)按钮,双重守候功能根据 16 频道优先和自动监听 16 频道及另一所选频道。使用该功能时,静噪控制失效,发射机停止发射。此时若要通话,必须按所需频道按钮。

双重守候时听到岸台或他船呼叫需要回答时的操作:

①听到岸台或他船台在 16 频道呼叫时,频道显示 16,这时仅需将 16 频道按钮按一下,再按 E 按钮,即可回答。

②当听到他船台在 6 频道呼叫,频道显示 6,这时仅需先按 6 频道按钮,再按 E 按钮,即可回答。

(三)甚高频无线电话通信要求

1. 船舶无线电通信设备配备要求

在内河航道沿线,船舶甚高频无线电话与沿岸各港、航单位,重要的交通地点以及各船舶之间,都可进行通信和航行等工作联系。航行中的船舶可随时与附近的港口、码头、信号台、安全监督站、物质部门、调度及附近的船舶直接通话,形成内河甚高频无线电话专用网,这个网主要包括:

(1)基地台(岸台)。

(2)移动台(船台):

①船舶无线电话台:从事水上移动业务的船舶无线电话台。

②船上无线电话台(对讲机):用于船舶内部通信、母船与救生器之间的通信或船队中船舶之间通信,也可用于进行操纵和靠离泊指挥通信的低功率移动无线电话台。

2. 甚高频无线电话通信程序

1)甚高频无线电话通信方式

(1)各移动台(船台)安装的甚高频无线电话,在相同的通信频道上具有相同的发射和接收频率,故船台与船台之间只能在单工频道上进行单工通信。

(2)船台与基地台(岸台)之间,在设置的双工频道上接收和发射频率刚好相反且接收和发射频率不相同,可以进行双工通信,在设置的单工频道上也可进行单工通信。

(3)无线电对讲机主要用于船舶内部的通信,母船与救生艇或顶推拖带船舶之间的通信,具有体积小、携带方便的特点。

2)甚高频无线电话通信

(1)16 频道是无线电话国际遇险、安全和呼叫频道(单工频道);还可用于呼叫与回答。

(2)6 频道(156.3 MHz)是船舶间安全会让专用频率,其他电台和业务不得使用。

(3)8 频道(156.4 MHz)是长江航道信号台专用频率,其他电台和业务不得使用。

(4)专用话台与船台之间的通信应在专用话台核定的工作频率上呼叫和工作。

(5)船舶进入港区与或近距离通话时应放在"小功率"1 W 位置,以避免对其他通信的影响。

3. 船舶航行时甚高频无线电话的使用注意事项

(1)船舶停靠码头后不需使用时,可以关机(如需再用,也可随时开机通话)。

(2)严禁通过甚高频无线电话聊私话,通话要简明扼要,仅限于船舶安全、航运生产等业务,防止泄漏国家机密。

(3)使用船用甚高频无线电话,必须根据有关无线电话管理文件有关规定办理。

二、甚高频无线电话维护保养注意事项

船用甚高频无线电话在湿度大、温差变化范围较大和震动的环境中工作,因此在日常的维护、保养中应特别注意以下几点:

(1)开机前,必须接好天线、送(受)话器和直流电源。

(2)使用中应做好防水、防潮、防震和防尘工作。

(3)保持机器的清洁,随时检查主机到各部分电缆的接头接触是否良好。

(4)避免受阳光直接照射,每周至少通电保养一次。

(5)更换保险不能超过规定值。

第二节　船用雷达使用注意事项

船用雷达是一种通过发射无线电波和接收回波,对物标进行探测和测定其位置的设备,用

于发现江面、河面或海面上的物标,并测定物标在水平面上的方位和距离。它可帮助船员瞭望,防止船舶发生碰撞;可根据其测定物标的方位和距离来确定船舶的位置;还可通过对物标类型的识别和运动参数的分析、测定,引导船舶航行。它是为保证船舶安全、可靠航行提供服务的重要的助航仪器。

一、雷达装置的组成及工作原理

(一)雷达装置的基本组成部分及作用

船用雷达的型号很多,但基本组成部分均可用图 3-17-2 所示的方框图来表示。包括:天线、发射机、接收机、收发开关、显示器、定时电路和电源等。各部分作用及相互关系简述如下:

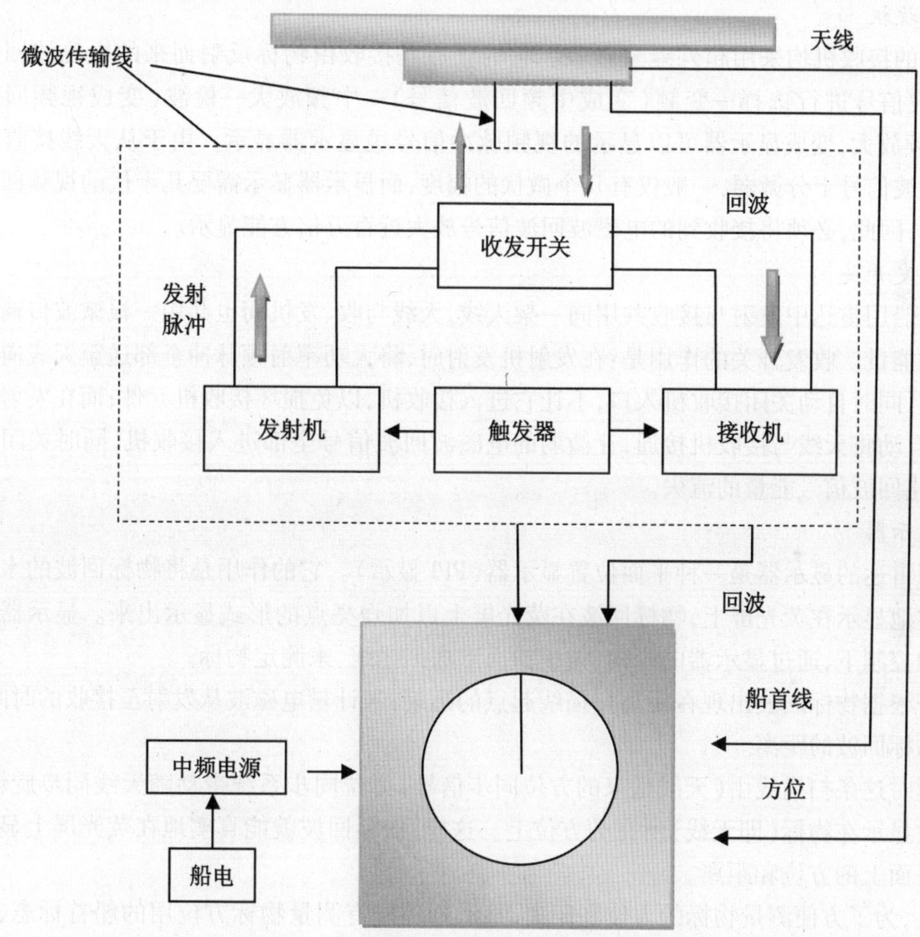

图 3-17-2　雷达基本组成

1. 天线

雷达天线是一种方向性很强的天线(水平波束宽度小于 3°;垂直波束宽度为 15° ~30°)。它把发射机经波导馈线送来的射频脉冲的能量聚成很细的波束向天线所指的方向辐射出去,即定向发射;同时,也只接收从该方向物标反射回来的回波信号,并再经波导馈线送入接收机,即定向接收;且雷达的发射机、接收机共用同一架天线,即收、发共用。

船用雷达天线由驱动电机带动匀速旋转,转速一般为 15 ~30 r/min。天线在旋转过程中向显示器发出船首位置信号，即船首标志，并向显示器发出天线偏离船首方向的角度位置信号，即方位同步信号。

2. 发射机

发射机的任务是在触发脉冲的控制下产生一个具有一定宽度（每次发射持续时间为0.05 ~ 2 μs）、一定重复频率（与触发脉冲一致，400 ~ 2000 Hz）和足够功率（瞬时功率可达3 ~ 75 kW）的发射脉冲（或称射频脉冲）信号。

射频脉冲的振荡频率很高（3 cm 波雷达工作在 X 波段，9300 ~ 9500 MHz；10 cm 波雷达工作在 S 波段，2900 ~ 3100 MHz），由磁控管产生，并且射频脉冲信号需经波导馈线送往天线向外发射。

3. 接收机

雷达的接收机均采用超外差式接收。它的任务是接收由物标反射而来的电磁波回波信号，对回波信号进行选择—变频（变成中频回波信号）—中频放大—检波（变成视频回波信号）—视频放大，变成显示器可以显示的视频脉冲信号送显示器显示。由于从天线接收来的电磁波回波信号十分微弱，一般仅有几个微伏的幅度，而显示器显示需要几十伏的视频回波信号的幅度，因此，必须将接收到的电磁波回波信号放大近百万倍方能显示。

4. 收发开关

由于船用雷达中发射与接收共用同一架天线，天线与收、发机间也共用一根微波传输线传送电磁波能量。收发开关的作用是：在发射机发射时，将大功率射频脉冲全部送至天线向外辐射电磁波，同时自动关闭接收机入口，不让它进入接收机，以免损坏接收机元件；而在发射结束时，又能自动将天线与接收机接通，让微弱的电磁波回波信号全部进入接收机，同时关闭发射机，以防止回波信号能量的流失。

5. 显示器

船用雷达的显示器是一种平面位置显示器（PPI 显示）。它的作用是将物标回波的水平面位置真实地显示在荧光屏上，物标回波在荧光屏上以加强亮点的形式显示出来。显示器在触发脉冲的控制下，通过显示器的径向、匀速扫描形成扫描线，来测定物标。

①可根据物标回波出现在距离扫描线起点的远近，来计量电磁波从发射至接收的时间，并计算出物标回波的距离。

②同时这条扫描线由（天线送来的方位同步信号）方位同步系统带动随天线同步旋转，将物标回波显示在物标（即天线）所在的方位上。这样，物标回波就能真实地在荧光屏上显示出它在水平面上的方位和距离。

此外，为了方便测量物标的方位和距离，显示器还配有测量物标方位用的船首标志、电子方位标志，测量物标距离用的固定距离标志、活动距离标志等。

6. 定时电路

定时电路又称触发脉冲发生器。其任务是每隔一定时间产生一个作用时间极短的窄脉冲（触发脉冲，宽度可忽略）分别送到发射机、接收机和显示器。它控制发射机开始发射电磁波的时刻及每秒钟发射的次数；同时，控制显示器的扫描，使发射机通过天线开始发射电磁波的时刻与显示器开始扫描的时刻保持严格的同步关系；还可在有波浪回波干扰时控制接收机对近距离回波的放大量，以便消除波浪回波对雷达回波图像的影响。

7. 雷达电源

雷达的电源均采用独立的电源供电,作用是把各种船电变换成雷达所需的具有稳定、可靠和相互干扰小的专用电源。考虑到各种因素的影响,雷达大多采用中频电源供电,电源频率一般在400~2000 Hz。

(二)雷达的方位和距离分辨力的概念

1. 雷达方位分辨力

雷达方位分辨力是指在雷达屏幕上将同一距离、不同方位的两个邻近物标的回波图像分辨开来的能力。以能分辨两个独立物标间的最小方位夹角来表示,夹角越小,雷达方位分辨力越高;夹角越大,则雷达方位分辨力越低。

影响雷达方位分辨力的主要因素是:雷达天线的水平波束宽度(即电磁波束在水平面内的夹角)和显示器荧光屏上光点的几何尺寸。显然,天线的水平波束宽度越窄,雷达方位分辨力越高;荧光屏上光点的几何尺寸越小,雷达方位分辨力也越高。

2. 雷达距离分辨力

雷达距离分辨力是指在雷达屏幕上将同一方位上的两个邻近目标回波图像分辨开来的能力。以能分辨两个独立物标间的最小距离来表示,间距越小,雷达距离分辨力越高;间距越大,则雷达距离分辨力越低。

影响雷达距离分辨力的主要因素是:雷达发射脉冲的宽度(即每次发射所持续的时间)、接收机性能和显示器荧光屏上光点的几何尺寸。

当两个物标间的距离小于发射脉冲宽度的一半时间内电磁波所传播的距离时,两个物标回波将会发生重叠,即后一个物标回波的前沿将追上前一个物标回波的后沿,所以发射脉冲的宽度越窄,雷达距离分辨力越高。

若接收机放大物标回波信号后,产生了失真使回波信号拖长,也会造成前、后两个物标回波的重叠,所以接收机性能越好(通频带宽度越宽,失真越小)。雷达距离分辨力越高。

荧光屏上光点的直径在不同的量程挡代表不同的距离,所以,一方面,光点的几何尺寸越小雷达距离分辨力越高;另一方面,在近量程挡观测物标,雷达距离分辨力也越高。

(三)雷达盲区的测定方法

1. 雷达盲区

雷达盲区是指位于雷达天线辐射角下缘而雷达发射的电磁波辐射不到的区域,如图3-17-3所示。

理论计算方法为:

$$R = H\cot\frac{\theta}{2}$$

式中:R——雷达盲区半径(m);

H——雷达天线在水面上的高度(m);

θ——雷达天线的垂直波束宽度(即电磁波束在垂直面内的夹角)。

2. 实际测试盲区的方法

当本船锚泊时,选择雷达近距离量程挡,开启雷达。用小艇缓慢地沿本船船首方向向外驶离本船,这时,测试人员应密切注意观察雷达屏幕,当荧光屏上第一次出现小艇回波影像时,测

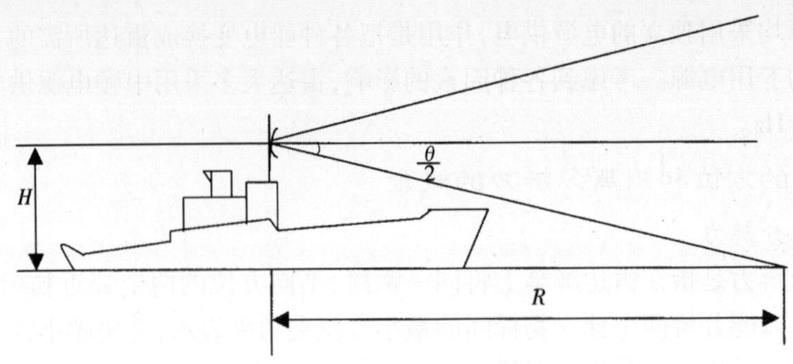

图 3-17-3　雷达盲区

出小艇至本船间的距离，这就是盲区半径；或者用小艇从远方向本船船首方向驶来，测试人员以同样的方法观察雷达荧光屏上小艇的回波影像，当小艇回波第一次在雷达荧光屏上消失时，测出这一距离，同样也是盲区半径。为了测试准确可反复测定几次。

实用中，雷达的盲区半径与船舶吃水有关，因为不同的吃水，天线高度就不一样，雷达的盲区半径也不同，应按空载、半载、满载分别测试。当测定与计算不一致时，应以实测为准。

（四）雷达阴影扇形的测定方法

1. 雷达扇形阴影区

雷达电磁波束在传播路途中被本船上的（如桅杆、烟囱等）高大建筑物（障碍物）阻挡或吸收，使雷达无法探测到这些遮蔽物体后面的其他物标，因而，在雷达荧光屏上对应的区域形成了探测不到物标的扇形暗区，这种扇形暗区称为雷达扇形阴影区。

2. 测定扇形阴影区的方法

（1）在本船船舶平面图上，过雷达天线一点作各妨碍雷达电磁波直线传播的建筑物的切线，其两条切线之间的区域即为阴影扇形。实际中，由于电磁波传播时存在一定程度的绕射现象，使得实际的阴影扇形比图示的要小一些。

（2）用小艇驶出本船盲区之外，缓慢地绕本船航行一圈，这时测试人员应密切注意观察雷达屏幕。小艇的回波在障碍物遮挡的方位上会突然消失；而在其他方位上小艇的回波将会显示在雷达荧光屏上。测出小艇回波消失的方位范围即为该障碍物的阴影扇形。

（3）在风浪中航行时，荧光屏中心附近会出现一定范围的波浪回波影像（光点）。由于在近距离时波浪干扰会更显著，测试人员可在近距离量程挡测出在波浪干扰中的黑暗扇形方位范围，即为阴影扇形。

（五）雷达假回波的概念，产生假回波的原因

雷达假回波是指雷达荧光屏上显示的由物标产生但不代表物标正确位置的回波。

由于雷达技术上的某些缺陷和电磁波传播的某些物理现象，在雷达观测中，有时同一个物标在荧光屏上多处显示，或者显示的回波并不是物标的真实位置。这种多余的和不正确的回波影响了雷达对物标回波的正常观测，称为假回波。常见的雷达影像假回波按产生的原因不同可分为间接反射假回波、多次反射假回波、旁瓣假回波和二次扫描假回波等。

1. 间接反射假回波

由于本船上的烟囱、桅杆或其他高大建筑物阻挡了雷达发射的电磁波向前传播，从而在其

阻挡物的后方形成扇形阴影区;同时,这些高大建筑物又能反射雷达发射的电磁波,将电磁波(反射波)间接的辐射到物标,物标回波又再经高大建筑物间接反射回天线。

这样,对同一个物标,雷达电磁波可能会有两条不同的传播路径:一条是直接从天线到物标的路径;另一条是经过上述反射体间接反射后再到达物标的路径。

因此,一个物标在荧光屏上可能产生两个回波亮点,一个是真回波,一个是在上述反射体的方位上出现的,距离等于反射体至物标的距离与反射体至天线的距离之和的假回波,称之为间接反射假回波,简称间接假回波。

间接假回波与真回波的主要区别在于假回波的距离和方位与真回波均不同,假回波的方位为间接反射体所在方位,相距本船距离比真回波略偏大;假回波常常出现在扇形阴影区。

2. 多次反射假回波

雷达电磁波在本船两侧近距离内遇到强反射体(如船舶、建筑物等),于是,在本船与强反射体之间发生多次往返反射,均被雷达天线接收而产生的假回波,称为多次反射假回波。

多次反射假回波的特点是:假回波的方位与真回波一致;假回波在真回波外侧、距离与真回波成数倍处,连续出现几个等间距、强度逐个变弱的假回波。

因此,可根据多次反射假回波的上述影像特征予以识别或通过适当地降低增益减弱假回波影像。

3. 旁瓣假回波

由雷达电磁波波束的旁瓣(最大的旁瓣与主瓣方位相差90°)辐射到近处强反射物标所产生的假回波,称旁瓣假回波。

旁瓣假回波的特点是:假回波到本船的距离与真回波相同;假回波的方位与真回波相差90°,且其强度比真回波弱得多。

一般情况下,电磁波波束的旁瓣很弱,旁瓣假回波也很弱。可适当降低增益或加大波浪抑制来消除或减轻其影响,随着本船的运动,外界条件和相互位置发生变化,这种假回波很快会自行消失。

4. 二次扫描假回波

当出现超折射现象非常强烈的气象时(电磁波传播形成大气波导),雷达的探测距离将大大增加。如果远处物标回波往返回天线的时间大于雷达脉冲重复周期时,则由雷达第一次发射产生的物标回波将在雷达第二次扫描时显示,因而形成的假回波称为二次扫描假回波。

二次扫描假回波的特点是:假回波显示的方位是物标的真实方位,但显示的距离与真物标的实际距离相差一个对应量程挡的距离。

改变量程(从而改变脉冲重复周期)时,二次扫描假回波图像的距离会改变、变形或消失。因此,可用改变量程的方法来识别二次扫描假回波。

二、雷达的操作及物标识别

(一)雷达面板上各开关、控制旋钮的作用

内河船用雷达的型号繁多,显示器操作面板上的开关、控制旋钮的布局和数量也各不相同,但其主要开关和控制旋钮的作用及其用法大体上是相同的。

驾驶人员必须熟知各开关、控制旋钮的功用及操作要领,因为能否充分发挥雷达的性能,很大程度上依赖于各开关、控制旋钮的操作是否正确适当。如操作不当,不但不能充分发挥雷

达的性能，而且还会影响设备的使用寿命，甚至损坏设备。

1. 控制电源的开关

1）船电闸刀

船电闸刀开关设在雷达电源处或机舱配电间。在不用雷达或在雷达机内进行维修保养时，应断开船电闸刀。

2）雷达电源开关

雷达电源开关设在显示器面板上，用于控制雷达电源的通断，电源开关有三个位置：

（1）断开——整个电源切断。

（2）等待——低压电源供电。此时除发射机特高压电源外，全机已供电。

（3）发射——整个电源供电（低压和高压）。此时发射机加上特高压，雷达开始发射电磁波。

一般情况下，低压供电需经过 2 ~ 5 min 的时间，使雷达发射机中的磁控管阴极充分预热后，才能让雷达发射电磁波，否则，将影响雷达发射机磁控管的使用寿命。为此船用雷达中均设有延时保护电路，通过倒计时的方法来控制特高压加入的时间。

2. 调节图像的控制旋钮或开关

1）辉度旋钮

辉度旋钮用来控制扫描线的亮暗，开关机前或转换量程前，应先关至最小，开机后应调到扫描线将亮未亮的状态。

2）聚焦旋钮

聚焦旋钮用来控制扫描线和距离标度的粗细，应调到光点最小、图像最清晰为止。

3）增益旋钮

增益旋钮用来控制回波和杂波的强弱，增加回波强度。可用来调整接收机中放放大量，以控制回波和杂波的强弱。应调到屏上刚好出现噪声杂波斑点，此时物标回波与杂波的对比清楚最强，而又能最大限度地放大弱小物标的回波信号，但在观测远距离或弱物标回波时可适当增大增益。

4）调谐旋钮

调谐旋钮用来控制回波的出现和亮暗，可用来微调接收机本振频率，使本振频率与回波信号频率之差为固定雷达的中频，从而使屏上回波图像出现得最多、最清晰。雷达开机工作稳定后或在工作过程中必要时应重调该钮，以保持图像清晰。很多型号的雷达设有自动频率控制电路，即自动调谐，当“手动/自动”开关置于“自动”时，调节本振频率的任务由电路自动完成。

5）脉冲宽度选择开关

脉冲宽度选择开关用来控制雷达发射脉冲的宽度，可用来选择发射脉冲的宽度，以适应远、近量程不同的使用要求。一般远量程选用“宽”脉冲发射，近量程选用“窄”脉冲发射。有些型号的雷达则不单独设此开关，而是根据所选的量程开关自动转换发射脉冲的宽度。

3. 调节抑制杂波干扰图像的控制旋钮

1）雨雪抑制旋钮

雨雪抑制旋钮用来减小雨、雪干扰波的影响，可用来抑制雨、雪等大片连续的干扰回波，也可增加距离分辨力。使用该旋钮时应根据回波图像来酌情调节，达到既去除雨雪干扰杂波，又不丢失雨雪中物标回波的效果。

2)波浪抑制旋钮

波浪抑制旋钮用来减小波浪干扰波的影响,可用来调整一个随时间按指数规律变化的脉冲电压的幅度,以控制中放增益,使中放的近距离增益大大减小,而随着距离的增加便逐渐恢复正常,达到抗波浪干扰的目的。

该控钮应酌情调节,使用该旋钮时应根据回波图像来酌情调节,力求达到既抑制波浪干扰,又不丢失近距离波浪中的小物标回波的效果。

4. 辅助调整控制旋钮或开关

1)中心调节旋钮

中心调节旋钮用来控制扫描线起始点位置,可用来调整扫描中心在屏幕上的位置,有上下和左右两个旋钮。当用中心显示时,应使扫描中心与机械方位盘的中心标志相重合。

2)船首线标志开关

船首线标志开关用来控制船首标志线的显示。

3)照明旋钮

照明旋钮用来控制照明灯的亮暗。

4)中心扩大开关

中心扩大开关用来控制并扩大扫描中心的范围,可用来控制扫描中心,使其扩大为一个圆,以增加近距离目标的方位分辨力。

5. 测距控制旋钮或开关

1)量程选择开关

量程选择开关用来选择雷达观测的距离范围,可用来转换雷达观测的距离范围。通常,在狭窄水道,进出港时用近量程挡,而在开阔水域用远量程挡;并根据航行航道情况适时地转换到恰当的量程挡。为了能够分辨清楚、测量准确,应选择合适量程,使欲测目标显示在$\frac{1}{2}\sim\frac{2}{3}$扫描线长度的区域为宜。

2)固定距标辉度旋钮

固定距标辉度旋钮用来控制固定距标圈的亮暗,不用时,应关至最小,以保持屏面清晰。

3)活动距标辉度旋钮

活动距标辉度旋钮用来控制活动距标的亮暗,不用时,应关至最小,以保持屏面清晰。

4)活动距标测距器控钮

活动距标测距器控钮用来控制活动距标圈的距离,距离读数随活动距标圈位置的改变而改变。

6. 测方位的控钮或开关

1)方位标尺旋钮

方位标尺旋钮用来测量方位或舷角的度数,可用来控制刻在透明方位盘上的方位标尺线方位,用来测量物标回波的方位(或舷角),还可用方位标尺线及其上的平行线估算距离和代作避险线等。

2)电子方位线开关

电子方位线开关用来控制电子方位线的有无,不用时应关掉,以保持屏面清晰。

3)电子方位线旋钮

电子方位线旋钮用来测量物标的方位或舷角,可用来调节电子方位线出现的位置(360°旋转),测量物标回波的方位(或舷角)。

(二)雷达的操作程序

掌握正确的操作雷达操作方法,可以迅速地在荧光屏上获得清晰的图像,不仅便于辨别和观测,而且可以延长雷达的使用寿命,避免意外损坏。目前内河船舶主流雷达面板图如图3-17-4所示。

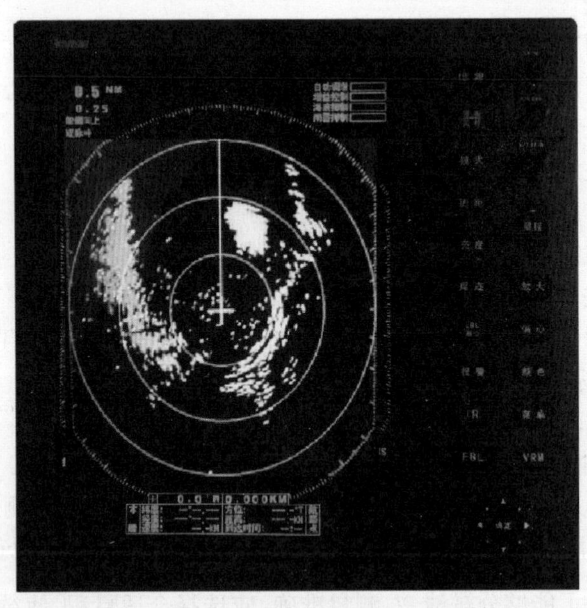

图3-17-4 内河船舶雷达显示器面板图

1. 开机前的准备工作

(1)天线附近是否有人或妨碍天线旋转的障碍物。

(2)检查显示器面板,将以下主要控制旋钮放在最小位置:增益、海浪抑制、雨雪抑制和各种辉度旋钮反时针旋到底(至最小位置)。

(3)将雷达电源开关放在断开位置。

2. 开机的基本操作步骤

原则:先低压后高压。

(1)合上船电闸刀,启动雷达电源。

(2)接通雷达电源开关(先置于等待位置"STAND-BY",等待3分钟,再置于"ON"位置),雷达低压电源全部得电,显示器面板照明灯亮,调节照明旋钮使亮度适当。

(3)接通天线开关,天线即旋转。

(4)控制量程选择开关,根据需要选择合适量程。

(5)顺时针调节辉度旋钮,使扫描线亮度出现在将亮未亮状态(调到刚好看不见状态)。

(6)顺时针调节固定距标辉度旋钮,使固定距标圈亮度适当。

(7)调节聚焦旋钮,使固定距标圈最细。

(8)调节中心调节旋钮,使扫描起始点对准荧光屏中心。

(9)调节增益旋钮,使荧光屏上噪声斑点出现在将亮未亮的状态。

(10)在雷达电源接通 2 ~5 min 后,将雷达电源开关置于发射位置,雷达整个电源全部得电(低压和高压)。此时发射机加上特高压,雷达开始发射电磁波。

(11)调节调谐旋钮,使回波信号最强,屏幕上回波图像多而清晰。必要时应配合调节增益、聚焦及辉度旋钮,使屏面背景衬托回波最好。

(12)有雨雪干扰时,可酌情调节雨雪抑制旋钮,抑制雨雪干扰。

(13)当出现波浪干扰时,可酌情调节波浪抑制旋钮,加以适当抑制,并可同时调节增益旋钮,减小雷达接收机的增益,进一步抑制波浪干扰。

(14)要观测船首方向附近物标时,可将船首线标志开关关掉,显示器将不显示船首标志线。

(15)若要粗测物标距离,可打开固定距标。用开固定距标进行测量。

(16)若要精测物标距离,可打开活动距标。用开活动距标进行测量。

(17)若要测方位,可转动方位手轮,使方位指针与物标一致即可在固定刻度盘上读取物标舷角。

(18)测方位时,也可打开电子方位线,用电子方位线进行测量。

(19)暂时不用雷达时,应将雷达电源开关从发射置于等待位置(断开高压),让雷达发射机暂时停止发射,减小损耗,以备随时使用。

3.关机的基本操作步骤

原则:先高压后低压。

(1)关高压,将雷达电源开关从发射置于等待位置("STAND-BY")(断开高压)。

(2)将辉度、增益、雨雪抑制及海浪抑制旋钮反时针旋到底(至最小位置)。

(3)将天线开关切断。

(4)将关雷达电源开关从等待位置置于断开位置。

(5)断开船电闸刀。

(三)物标的回波特征与雷达图像的关系

一般情况下,竖立的、光滑的、良导体的物标是对雷达电磁波的反射能力较强的物标,雷达能较好地接收物标的回波,并能反映物标的回波图像。

反之,物标反射电波的能力就弱。如平缓的沙滩,其表面粗糙会对雷达电磁波产生散射现象,雷达天线只能获得很少的物标回波能量,其回波图像也难以在荧光屏上显示出来,即使加大增益也只能显示出微弱的图像,并且比实际物标要小很多。

物标表面形状对雷达电磁波反射性能也有很大的影响:由三个相互垂直的平板构成的"角反射体"其反射性能较好;球形物体(如球形浮标、球形油罐等)其反射性能差;圆柱形物体(如烟囱、系船浮筒等),水平方向的反射与球形物体相似,而垂直方向的反射与平板物体相似;锥形物体(如灯塔、锥形浮标等)其反射性能很差。

(四)物标图像识别方法

在雷达荧光屏上,除了能够显示各种真实的物标回波外,还可能显示各种由物标产生但不代表物标正确位置的假回波(前面已讨论),以及出现一些干扰杂波,从而妨碍雷达的正常观测。因此分析、掌握各种物标回波、干扰杂波的形成原因、图像特征及其抑制方法对观测者来说是十分重要的。

1. 波浪干扰的图像特征及抑制方法

由波浪反射雷达电磁波,而在雷达荧光屏上产生了波浪干扰杂波,形成荧光屏上本船周围内的鱼鳞状闪亮斑点。

图像特征:

(1)图像显示不稳定。

(2)回波光点以本船为中心分布,随距离的增加而减弱。

(3)船舶受风一侧干扰较重。

抑制方法:出现波浪干扰时,可调节"波浪抑制"旋钮,或适当降低增益可减少波浪干扰的影响,但波浪干扰严重时,近距离的弱小目标的反射回波难以显示。

2. 雨雪干扰的图像特征及抑制方法

由雨雪反射雷达电磁波,而产生宽干扰脉冲,在雷达荧光屏上形成无明显边缘的、疏松的棉絮状连续亮斑区。(有时含水量较高的云层,若高度较低被雷达波束扫到,也会在屏上产生类似于雨雪干扰那样的连续亮斑区。)

图像特征:

(1)中、小雨的图像是在整个雷达屏幕上出现微弱而密集的麻点。

(2)大雨的图像为大块片状,不很明亮,边缘模糊。

(3)暴雨及雨团,图像亮度大,有明显的界线,形状不断变化且不断地移动。

抑制方法:出现雨雪干扰时,可调节"雨雪抑制"旋钮,并结合使用"增益"旋钮和"波浪抑制"旋钮来减轻其影响;还可转动"调谐"旋钮提高效果。暴雨及雨团的干扰最为严重,当发现大块雨团回波朝船首方向移动时,可抓紧雨团回波未遮盖前方航道前的时机,观察航路和周围船舶动态,必要时可慢车、停车,待雨团过后再继续前进。

3. 雷达同频干扰

由邻近船舶或港口同波段雷达发射的电磁波进入本船雷达天线而产生的干扰,称为同频雷达干扰。

图像特征:

(1)当用远量程挡观测时,同频干扰在雷达荧光屏上显示由小光点连成的螺旋形曲线。

(2)当用近量程挡观测时,同频干扰在雷达荧光屏上显示由小光点连成的辐射状径向射线。

抑制方法:当出现雷达同频干扰时,用近量程观测,可减小其影响。(有些型号的雷达装有同频雷达干扰抑制器,可打开面板上的控制开关,即可消除。)

4. 对运动物标的识别方法

(1)在雷达屏幕上观察到航道中有一块状且有运动速度的图像,则可能是顶推船队。

(2)在雷达屏幕上观察到航道中有一椭圆形且运动速度较快的图像,则可能是大型单船。

三、雷达的日常维护、保养

1. 雷达的日常维护、保养

(1)严格遵守开、关机程序。根据雷达型号的不同,在通电 2 ~ 5 min 后,倒计时完毕或发射指示灯亮后，才能将雷达开关从“等待”转到“发射”位置。

(2)当湿度超过80%或温度低于-20 ℃时，在开机之前应先开“加热”开关，待升温干燥后再开机。

(3)保持收发机和显示器的清洁。高压导线和低压导线不应太近，以防发生打火和电晕。

(4)荧光屏要避免受阳光或灯光直接照射，平时不用时，应用罩子罩好。

(5)雷达的开机间隔时间不应超过一周。

2. 雷达的定期维护、保养

在对雷达进行定期维护、保养工作时，应切断雷达的总电源，并且在雷达电源总开关处和显示器上挂警告牌禁止开机。在维护收发机和显示器时，应先将高压储能器件对地放电，防止高压触电。

1)雷达天线的维护、保养工作

(1)辐射窗每半年用清水软布清洁一次，油污不能用酒精以外的清洁剂。

(2)每半年检查一次天线底座、波导连接和水密情况，并用厚白漆封固。

(3)天线电动机应保证水密并经常清洁直流电动机，应定期更换炭刷。

(4)波导管、天线外罩、机座等每半年除锈涂油漆保养一次，但不得在天线辐射窗上涂油漆。

(5)防止撞击波导，注意变形开裂等异常情况。

(6)齿轮箱定期加注防冻润滑油。

2)收发机的维护、保养工作

(1)每三个月检查一次各种电缆接头和连接器是否牢固可靠。

(2)每三个月检查一次雷达的工作情况(测试电表数据)，每次测试应在雷达工作半小时后进行，使雷达各项指标在正常范围内。

(3)每半年用软毛刷清除一次收发机箱内的灰尘。

(4)收发机正常而回波明显减弱，检查波导管内是否积水。

(5)当更换磁控管后，应“预热”半小时以上再加高压，或按该磁控管的技术要求进行“老练”。

(6)更换主要部件后应调试并做好记录。

3)显示器的维护、保养工作

(1)每半年用软毛刷清除一次显示器内部灰尘。

(2)用干软布轻轻抹去荧光屏的表面灰尘。

(3)检查各连接电缆和插头是否牢固可靠并保证接触良好。

(4)当发现高压帽周围打火时，应在对地充分放电后，再用蘸有无水酒精的软布清除高压帽周围的尘污。

(5)旋转线圈式应定期按规定加油和去污。

4)雷达电源(中频逆变器)的维护、保养工作

(1)每三个月应检查一次各种电缆接头是否牢固可靠。

(2)定期用软毛刷去除逆变器内的灰尘。

第三节　卫星导航定位系统使用注意事项

卫星导航定位系统现在主要有美国的 GPS 系统、中国的北斗系统(2020 全球覆盖)、欧盟研制和建立的伽利略卫星导航系统(Galileo Satellite Navigation System)和俄罗斯的 GLONASS 系统。这里主要介绍目前主流的 GPS 定位系统。全球定位系统(Global Positioning System,GPS)是一种利用多颗中高距轨道卫星,测量其距离与距离变化率来精确测定用户位置(三维)、速度和时间等参数的现代卫星导航系统,对船舶导航、仪器使用、交通管制、大地测量以及精密授时均有重要意义。卫星导航定位系统的卫星分布示意图如图 3-17-5 所示。

目前,内河船舶应用 GPS 技术来帮助船舶导航、定位以及港航管理等等。GPS 系统为监测船舶动态、保证船舶的安全航行提供了支持,是一种重要的助航仪器。

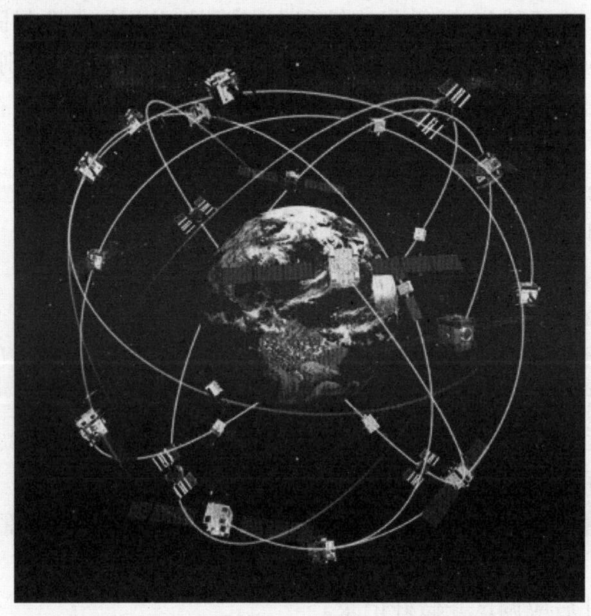

图 3-17-5　卫星导航定位系统的卫星分布示意图

一、GPS 的主要功能

1. GPS 概述

GPS 是由美国研制的导航、授时和定位系统。它由空中卫星、地面跟踪监测站、地面卫星数据注入站、地面数据处理中心和数据通信网络等部分组成。用户只需购买 GPS 接收机,就可免费获得导航、授时和定位服务。

2. GPS 的优点

1)全球地面连续覆盖

由于 GPS 卫星数目较多,且分布合理,所以地球上任何地点均可同时观测到至少 4 颗卫星,从而保障了全球、全天候连续的三维定位。

2)功能多、精度高

GPS 可为多类用户连续提供动态目标的三维位置、三维速度和时间信息。

3)实时定位

利用 GPS 可以实时地确定运动目标的三维位置和速度,由此既可以保障运动载体沿预定航线运行,也可以实时地监视和修正航行路线,并可以选择最佳航线。

3. 基于 GPS 的船舶定位监控系统

船载终端接收 GPS 卫星每秒钟发来的定位数据,并根据来自 3 颗以上不同卫星发来的数据计算自身所处的位置坐标,将该位置连同船舶的状态、报警器和传感器输入等信息发送到监控指挥中心,经过监控中心计算机处理后,与计算机系统上的电子地图进行匹配,并在地图上显示坐标的正确位置。

指挥控制中心可清楚及时掌握船舶的动态信息(位置、速度、报警、统计和分析等),同时中心也可以对船舶进行指挥调度(语音通话、发送交通和调度信息、救援和违章警告等)。在遇到紧急情况时,可以通过船载终端(其面板如图 3-17-6 所示),采用手动或自动报警,将船舶所在位置、报警类型等数据发送到控制中心,经计算机处理后,将船舶精确位置显示在电子地图上,并向海事、救助等机构报告,以实施紧急救援。

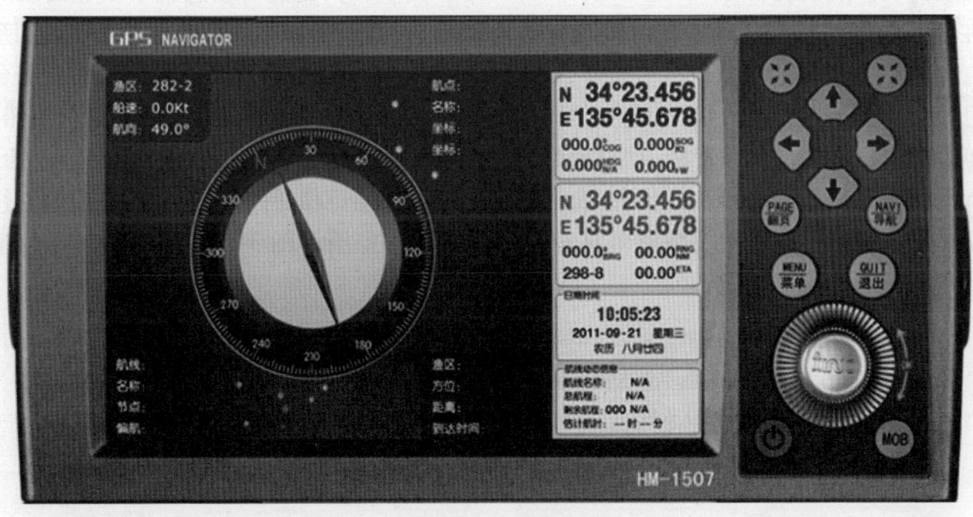

图 3-17-6　船用卫星导航仪面板图

二、GPS 设备使用注意事项

(1)登录和注销

船只出航时必须向监控中心登录,归航时向监控中心注销。

(2)监控

当发生以下情况时,监控中心对船只实施监控。

①与规定的行驶路线误差超过了允许的范围;

②船只在行驶过程中停留时间超过了监控中心允许的时间;

③监控中心较长时间无法接收到船只的信号;

④监控中心收到求助信号。

(3)紧急报警功能

遇到紧急情况时,通过船载终端向监控中心报警。

(4)行驶记录功能

按照预定的时间间隔,定时记录船只运行情况,包括时间、经纬度、速度、方向、水位等。

(5)导航功能

配备了导航软件和电子地图的船载终端可以实现导航功能。

(6)数据管理

①对用户信息数据的管理;

②对船舶信息数据的管理;

③对短消息或其他信息数据的管理。

第四节 船舶自动识别系统

船舶自动识别系统(Automatic Identification System, AIS),是随着信息技术产业的发展而出现在航运领域的新型应用系统。该系统集信息采集处理、无线电数据传输、地理信息系统(GIS)于一体,其发展给船舶航行安全带来极大的保障。AIS设备具有发送和接收船只综合航行信息(航行船舶即时速度、航向、改变航向率、航迹、告警信息等动态信息;船名、呼号、船长、船宽等静态信息;吃水、装载货物、目的港等航次信息和安全信息)的功能,能直观地在AIS显示屏上看到周围航行船只的航行状态;能了解自己与其他船只相遇的交会点,提供船舶航行避碰提醒。海事部门可通过相关数据信息对船舶实施即时监管。图3-17-7所示为AIS信息服务平台主页布局图。

图3-17-7 AIS信息服务平台主页

一、AIS 的组成、操作方法

AIS 系统由岸基(基站)设施和船载设备共同组成,是一种新型的集网络技术、现代通信技术、计算机技术、电子信息显示技术于一体的数字助航系统和设备。

(一)AIS 的主要功能

AIS 将船舶的标识信息、位置信息、运动参数和航行状态等与船舶航行安全有关的重要数据,通过 VHF 数据链路广播给周围的船舶,以实现对本航区船舶的识别和监视。

(二)船载 AIS 的基本构成

船载 AIS 由内置的 GPS/DGPS 接收机、VHF 数据通信机、通信控制器、船舶运动参数传感器接口、数据接口、内置完整性测试模块和最小键盘与显示单元等构成,如图 3-17-8 所示。

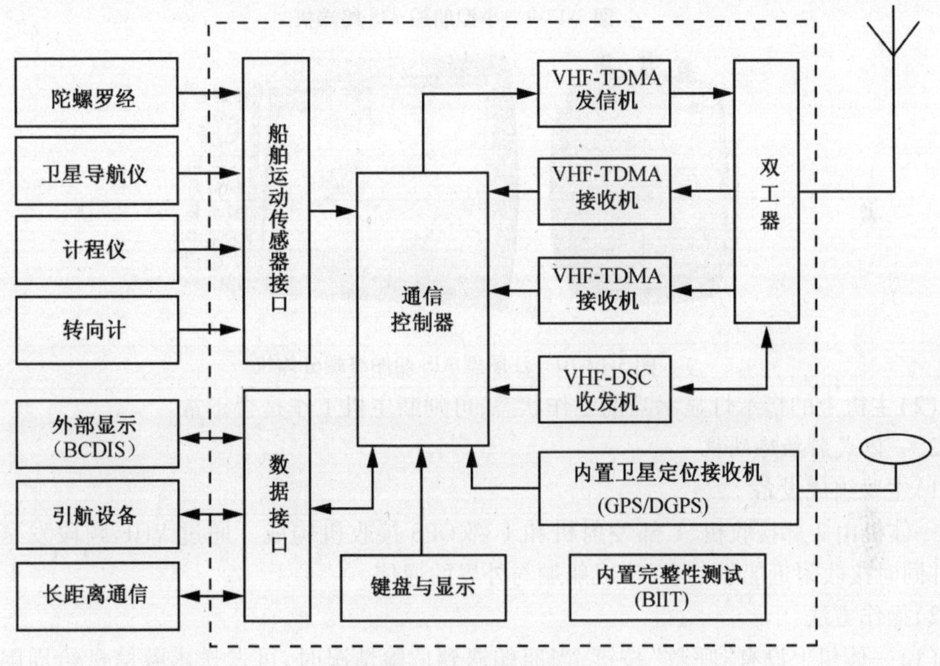

图 3-17-8 AIS 系统框图

船载 AIS 终端设备有分体式和一体式两种型式:

1. 分体式船舶终端机

1)主要组成设备

(1)AIS 主机:由 2 部接收机、1 部发射机和 1 部 GPS 接收机构成,其面板操作图如图 3-17-9 所示。通过 VHF 频段发送本船信息,并同时接收附近船舶信息,形成船舶与外界的通信。

(2)江图型终端机:显示本船及接收到的周围装有 AIS 设备的船舶位置和该船信息,其构成如图 3-17-10 所示。

2)操作方法

(1)主机上设有“呼救”按键,当船舶遇到危险情况时,可发送求救信息给周围的船舶(信息内容包括本船 MMSI 号和救难信号“MAYDAY”)。

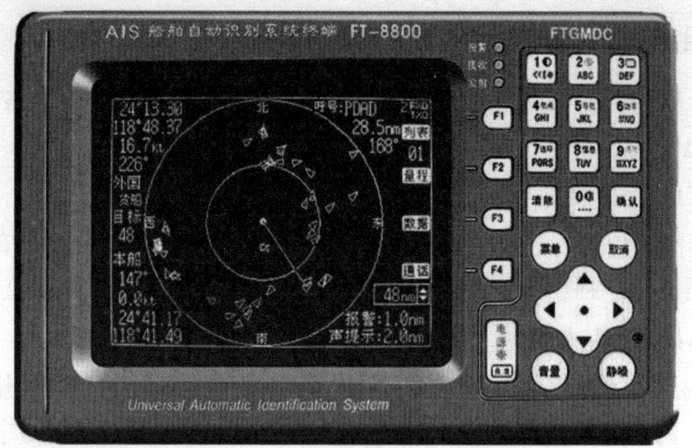

图 3-17-9　小型船舶 AIS 终端机

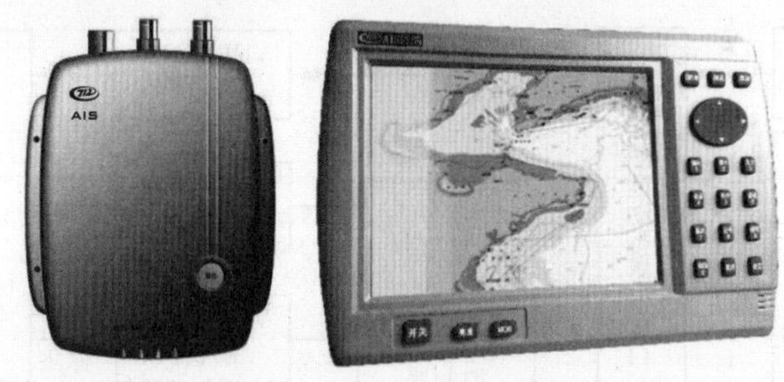

图 3-17-10　江图型 AIS 船舶终端分体机

(2)主机上的指示灯显示当前工作状态,可判断主机工作是否正常。

2. 一体式船舶终端机

1)主要组成设备

一体机由 2 部接收机、1 部发射机和 1 部 GPS 接收机构成。通过 VHF 频段发送本船信息,并同时接收附近船舶信息,形成船舶与外界的通信。

2)操作方法

(1)一体机上设有“呼救”按键,当船舶遇到危险情况时,可发送求救信息给周围的船舶(信息内容包括本船 MMSI 号和救难信号“MAYDAY”)。

(2)一体机上的指示灯显示当前工作状态,可判断主机工作是否正常。

(3)一体机可显示本船及接收到的周围装有 AIS 设备的船舶位置和该船信息(对于已离开接收范围的船舶,15 分钟后自动从海图上清掉)。

(三)船载 AIS 各组成部分的作用

1. AIS 内置卫星定位传感器

AIS 内置卫星定位传感器主要用于提供通信链路同步定时和船舶对地运动参数,它是系统外接卫星定位系统的补充。

2. 船舶运动参数传感器接口

经此接口与船桥上安装的 GPS 接收机、罗经、计程仪和船舶转向仪相连,收集它们提供的各种船舶运动信息:船位、航向、航速、船舶转动方向和转向率。

3. 数据接口

数据接口将 AIS 通过数据接口和电子江图显示与信息系统或雷达相连。该接口不仅能够输出本船的运动参数和接收到周围船舶的信息，而且能接收来自显示终端的控制指令和发送报文。

(四) AIS 传输的信息

1. 船舶静态信息

(1)水上移动通信业务标识码(Maritime Mobile Service Identity, MMSI,由 9 位阿拉伯数字组成)，用于船舶识别的船舶标识码。

(2)呼号和船名。

(3)IMO 编号。

(4)船长和船宽。

(5)船舶类型。

(6)GPS 天线位置。

以上信息都与船舶自身特征有关，一般是采用人工输入的方式设置的。由于船载卫星定位接收机输出的定位点是定位天线的位置，因此为了准确地表示船型，必须标明定位天线相对于船舶的位置，具体如图 3-17-11所示。参数 A、B、C、D 为确定天线位置的坐标。

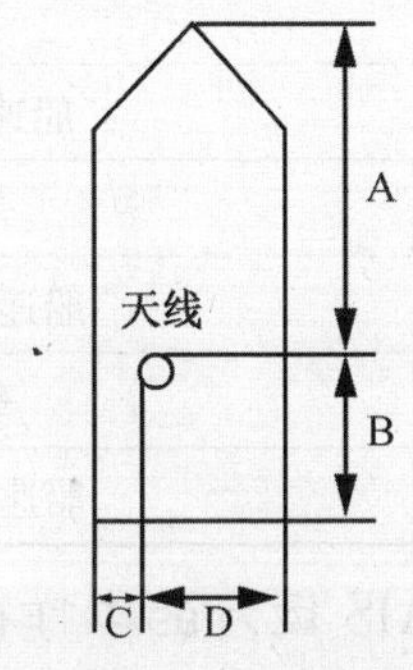

图 3-17-11 AIS 天线的位置坐标

2. 船舶的动态信息

(1)船位。

(2)协调世界时。

(3)对地航向。

(4)对地速度。

(5)船首向。

(6)航行状态。

(7)转向率。

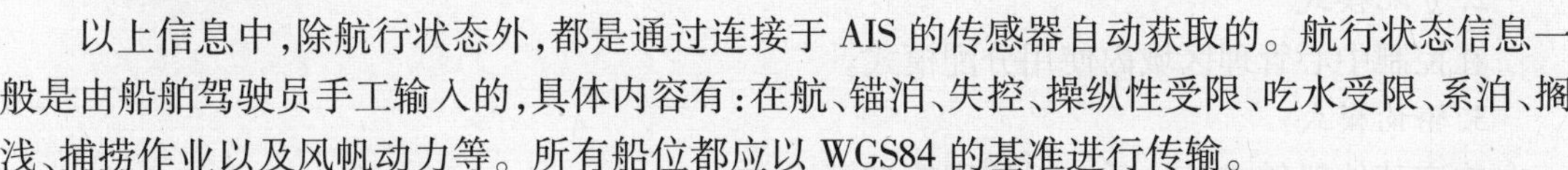

以上信息中，除航行状态外，都是通过连接于 AIS 的传感器自动获取的。航行状态信息一般是由船舶驾驶员手工输入的，具体内容有：在航、锚泊、失控、操纵性受限、吃水受限、系泊、搁浅、捕捞作业以及风帆动力等。所有船位都应以 WGS84 的基准进行传输。

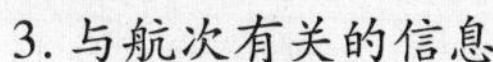

3. 与航次有关的信息

与航次有关的信息是指每个航次前必须要求船舶驾驶员手工输入的信息，具体包括：

(1)船舶吃水。

(2)危险品。

(3)目的港和预计到达时间。

(4)计划航线。

(5)在船人数。

与航次有关的信息一般是通过船岸数据交换方式向航行途经海事部门报告的。

4. 与安全有关的信息(B 类不强制要求)

与安全有关的信息是指船舶为了航行安全向周围船舶和岸台发出的广播信息或是点对点

的通信信息,常以短信息的方式传输。

(五)AIS传输信息的更新率

AIS信息更新率和船舶动态信息更新率如表3-17-1和表3-17-2所示。

表3-17-1 AIS信息更新率

静态信息	开机2分钟内自动发射,以后每6分钟广播一次或根据要求更新
动态信息	2秒到3分钟之内广播一次,取决船速和航向变化率
与航次有关的信息	每6分钟广播一次或根据要求更新
与安全有关的信息	手动编辑,即时发射

表3-17-2 船舶动态信息更新率

船舶状态	报告间隔
锚泊	3分钟
船速0~26 km/h	12秒
船速0~26 km/h并转向	4秒
船速26~43 km/h	6秒
船速26~43 km/h并转向	2秒
船速大于43 km/h	3秒
船速大于43 km/h并转向	2秒

(六)AIS运行的工作模式

1. 自主和连续模式

在通常情况下,AIS应当工作在自主和连续的模式下,这也是该系统的缺省工作状态。在这种模式下,系统可以自行确定其位置信息的发射时间表,自动解决与其他电台在发射时间上的冲突。

2. 分配模式

在控制中心管理区域内使用分配模式。

3. 轮询模式

响应其他船舶或基站呼叫时使用轮询模式。

(七)AIS的局限性

船舶驾驶员应时时意识到其他船舶尤其是游艇、渔船以及一些岸基台站(包括VTS中心)可能没有配备AIS。而且船舶驾驶员还应时时意识到在某些情况下装配在其他船舶上的AIS可能依据船长的专业判断而被关闭。此外,船舶驾驶员不应假定从其他船舶接收的信息与本船提供的同样信息的质量和准确性是一样的。本船的AIS的广播信息可能出现误差,工作状态应定期检查。

二、使用AIS信息的注意事项

(1)要求常开机。如船长基于安全的原因关机,应将关机的原因和时间记录在相关的记录簿中。

(2)船长或船长授权人员(一般为驾驶员)要常用VHF对讲机或AIS设备的短信息功能与附近的船舶沟通,询问本船的AIS信息对方能否收到;同样如遇他船询问也应给予回答,并记录在相关的记录簿中(因AIS设备存在本船不广播AIS信息,而能接收对方AIS信息,系统不报警的问题)。

(3)驾驶员间交接班时也应该交接AIS设备工作是否正常及本船输入的信息是否正确,并记录在相关的记录簿中。

(4)因为东西方文化的差异和汉语拼音与英语发音的区别,部分汉语拼音很难被外国人正确读出,要求船舶操作人员了解本船可能被呼叫的名称,并及时应答。

(5)正确使用和发布与安全有关的短消息,对于收到的短消息也应认真阅读和处理。

(6)AIS设备密码的存取。有些AIS设备有两个密码,一个密码是用于更新船舶动态信息、与航次有关的信息和与安全有关的短消息,该密码由船长或船长授权的人(一般是驾驶员)妥善保管;另一个密码可用于更新船舶静态信息,应由船公司管理层保管。

三、AIS升级

(一)AIS升级的意义

(1)通过禁止用户随意更改AIS设备静态数据,使得AIS船台(船舶终端)静态数据与船舶实际数据保持一致,从而使船岸/船船之间的数据交换和读取更加真实。其功能实现模式与内容如图3-17-12所示。

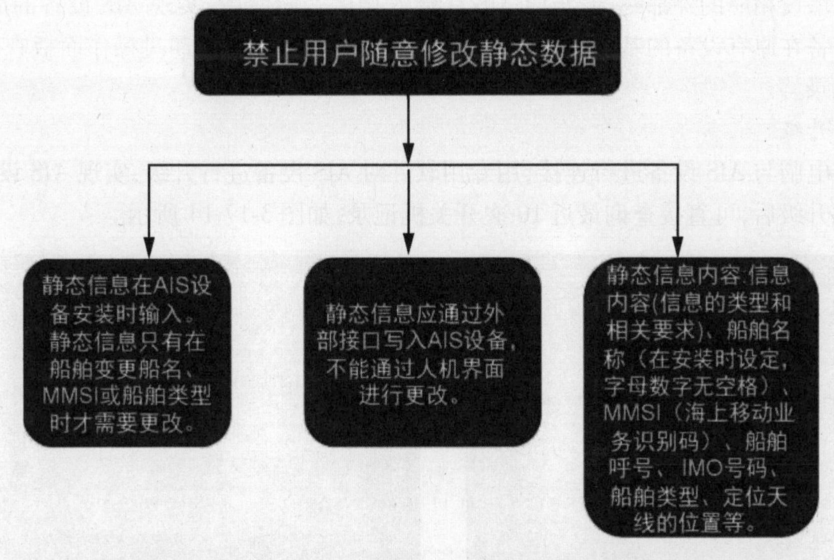

图3-17-12 AIS禁止用户随意修改静态数据功能方框图

(2)通过记录开关时间提供查询开关时间的功能,进一步限制船方随意关闭AIS设备,逃避海事监管的行为。为随意开关AIS设备的违章行为提供取证依据。其功能实现模式与内容如图3-17-13所示。

(3)持续稳定、真实可靠的AIS船台数据信息为充分发挥智慧海事监管平台效能,开展船舶远程管控提供基础信息保障。

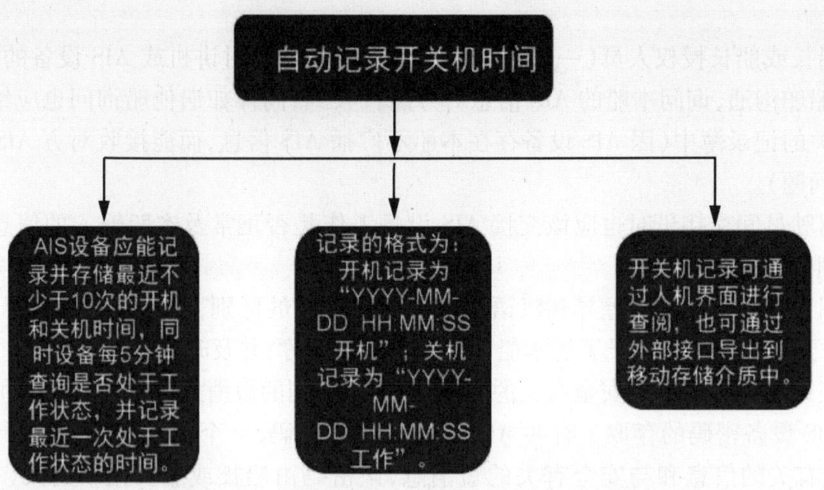

图 3-17-13　AIS 自动记录开关机时间功能方框图

（二）AIS 升级的对象

（1）100 总吨以上的内河船舶（除液货船舶外）。

（2）所有液货船舶。

（三）升级方法

1. 硬件升级

在船上增设相应的外部终端，与原 AIS 终端连接后共同使用，实现 AIS 设备的固化升级。升级后的设备在原有设备的基础上增加了开关机记录查询功能，可通过操作面板查询最近 10 次开关机记录。

2. 软件升级

现场将电脑与 AIS 设备进行连接，用专用软件对 AIS 设备进行升级，实现 AIS 设备的固化升级。软件升级后，可直接查询最近 10 次开关机记录，如图 3-17-14 所示。

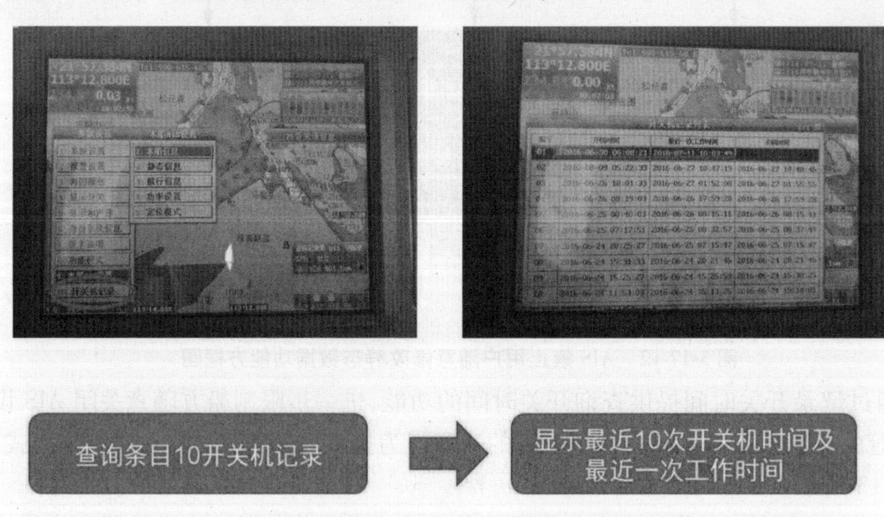

图 3-17-14　AIS 查询最近开关机时间功能示例图

(四)处罚

自2016年8月1日起,对未进行AIS静态信息固化升级、静态信息不准确、随意关机等情况的船舶,海事机构按照《中华人民共和国内河海事行政处罚规定》第十七条的规定从严处罚。

第五节　磁罗经的使用与保养

磁罗经是由我国古代四大发明之一指南针演变发展而来的船舶助航仪器,用以指示航向和观测物标方位。它是根据在水平面内自由旋转的磁针因受地磁场作用而具有稳定指示磁北方向的特性制成的。磁罗经具有不依赖电源、指向灵敏、工作可靠、构造简单、价格低廉和管理维护方便等优点,适用于经常作复杂机动航行的内河船舶。

一、磁罗经使用的基本要求

(一)磁罗经的基本结构

船用磁罗经由罗盆(由罗盘、罗经液体及罗盆本体组成)、自差消除器(由纵横磁棒架、垂向铜管、软铁片及软铁片盒、软铁柱(佛氏铁)等组成)和方位圈等主要部件组成,如图3-17-15所示。

1. 罗盆

罗盆装在罗经上座的减震器上。它是罗经的指向机构,是罗经的心脏部分。罗盆结构如图3-17-16所示。

1)罗盘(罗经卡)

罗盘是指示方向的灵敏部件,由刻度盘、磁针(或环形磁钢)、浮室和轴帽组成。国产LCL-190和LCL-165罗经的刻度盘直径分别为190 mm和165 mm。

2)罗盆本体

罗盆壁由黄铜制成。罗盆有互相贯通的上下两室。上室底部中央装有轴针,其末端由90%铱和10%铂的合金制成。轴针通过罗盘的轴帽将罗盘支承在罗盆上室内,并使罗盘能自由旋转。

2. 自差消除器

自差消除器的作用是消除船磁对罗经的影响。

1)纵横磁棒架

纵横磁棒架是位于罗经柜内,用于放置消除半圆自差用的磁棒。

2)垂直铜管

在罗经柜内正中间有一垂直铜管,用于放置消除倾斜象限自差用的垂直磁棒。

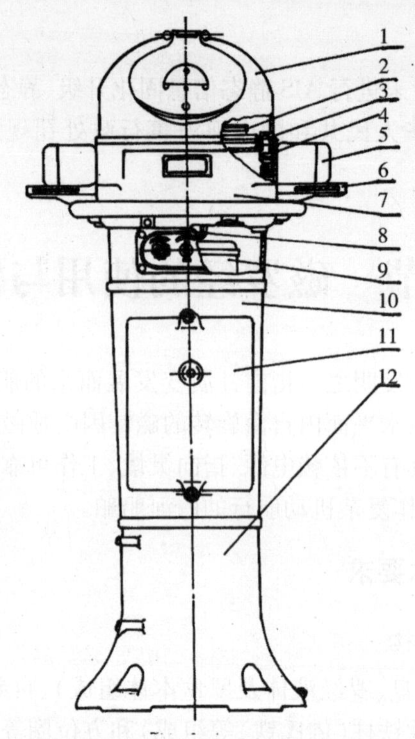

图 3-17-15　船用磁罗经的一般结构

1—罗经罩;2—罗盆;3—常平环架;4—减震器;5—软铁片盒;6—上座臂;7—上座;8—照明灯;9—电磁补偿器;10—罗经柜;11—柜门;12—底座

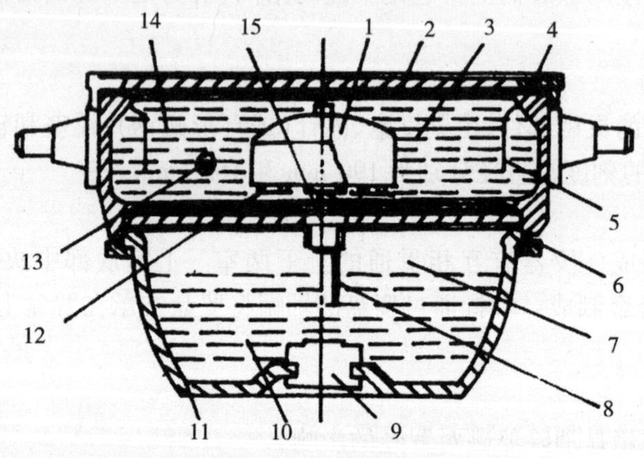

图 3-17-16　罗盆结构

1—浮室;2—玻璃盖;3—上室;4—铜压圈;5—基线;6—透明玻璃;7—下室;8—毛细管;9—换轴针螺钉;10—液体;11—玻璃盆;12—磁针;13—液体注入孔;14—刻度盘;15—轴针

3)软铁片盒

软铁片盒是位于罗经上座的两臂上,用于放置消除象限自差用的软铁片。根据需要,可将不同数量的软铁片以对称位置分别插入两个软铁片盒内。为了达到微调要求,软铁片盒可以左右移动,也可以纵放或横放,但自差校除完毕后,必须将软铁片盒固定。

4)软铁柱(佛氏铁)

在罗经柜正前方有一直立铜管,内装分节圆铁柱,用来消除烟囱等垂直软铁对罗经的影响。

3.方位圈

方位圈用抗磁性黄铜制成,是罗经的附件,在观测物标方位和消除自差时使用。

(二)磁罗经的日常检查

1.检查罗经的灵敏度

可在船固定于码头,船上、岸上机械不工作且自差不大的情况下检查。先观看基线所指的度数,然后用小铁块吸罗盘(罗经卡)偏转2°~3°,等铁块拿开后,看罗盘能否回到原处,如偏离超过0.2°,则表示轴针或轴帽已磨损,应更换轴针或轴帽。

2.检查浮室是否漏水

如罗盘倾斜,多半是由于浮室漏水引起的。检查时用手压罗盘使之倾斜片刻,松手后如罗盘仍倾斜在手压的方向,说明浮室漏水,可倒出浮室内的漏水后用焊锡修补。

3.检查有无气泡

罗经盆内出现气泡会影响罗经指向及盆体平衡,必须消除。如罗经盆内产生大量气泡,大多是由于橡皮垫圈失效造成的,应更换垫圈。少量气泡可通过注液孔灌注罗经液消泡。罗经液用45%的酒精及55%的蒸馏水调制而成。

4.检查罗经卡的轴心是否位于罗盆中心

旋转罗盆时,若罗盘边缘与罗盆内壁间距不相等,则说明罗盘轴心偏离罗盆中心。若偏离过大以致罗经卡碰擦罗经盆,应修理轴针和轴帽。

5.检查基线

罗盘不能碰擦基线,如四根基线,则相邻两根基线应准确相隔90°。

6.检查校正磁棒是否生锈和失磁

在校正罗经时检查,若磁棒生锈和失磁应换新。

(三)向位换算与方位修正

1.航向变换

船舶首尾线向船首方向的延长线叫做航向线(CL)。从磁罗经的刻度盘中心到船首基线的连线即代表航向线。真北线(ON_T)、磁北线(ON_M)、罗北线(ON_C)分别与航向线(CL)交成一顺时针夹角,它们分别叫做真航向(TC)、磁航向(MC)、罗航向(CC),如图3-17-17所示。

从航道图上量取的航向和绘制在航道图上的航向线的航向都是真航向,而操纵船舶时执行的总是罗航向。此外,船舶驾驶人员还要用到磁航向的换算。因此,三种航向之间的换算是日常航行作业的常规业务工作。三种航向的区别在于计算基准不同,由图3-16-16所示航向换算公式为:

$$TC = MC + Var$$

$$MC = CC + \delta$$

$$\begin{aligned} TC &= CC + \Delta C \\ &= CC + Var + \delta \end{aligned}$$

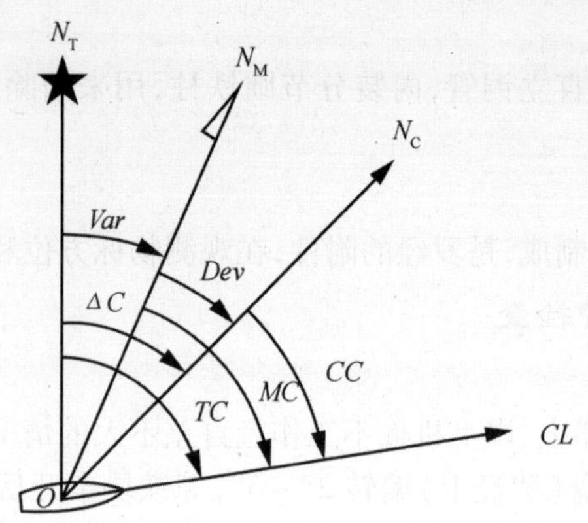

图 3-17-17　船舶真航向、磁航向和罗航向关系示意图

（四）方位修正

船舶航行中常利用物标方位定位，同时观测两个或三个物标的罗方位，将它们换算为真方位后在江图上绘出方位线，其交点就是观测时的船位。河船虽然一般不测定船位，但可采用观测叠标方法测定罗经差或自差。观测叠标方位，就是当前后两个物标相互重叠时进行观测，这时叠标的真方位（*TB*）是一个定值，可从航道图上量取，而测得的方位是罗方位（*CB*），经过磁方位（*MB*）等修正换算即可求得罗经差，如图 3-17-18 所示，航向换算公式为：

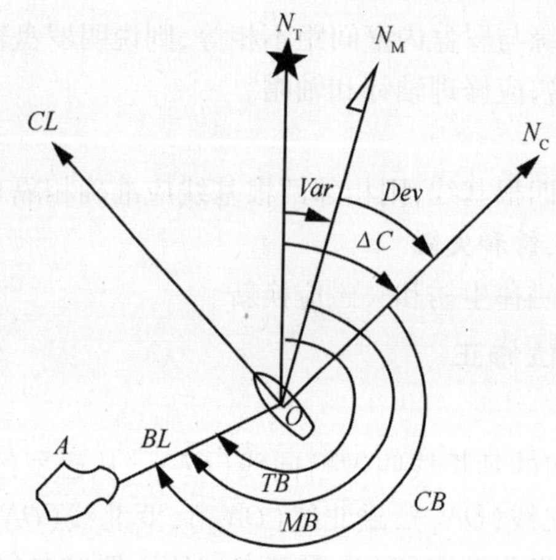

图 3-17-18　船舶真方位、磁方位和罗方位关系示意图

$$
\begin{aligned}
TB &= CB + \Delta C \\
&= CB + Var + \delta + Dev \\
&= MB + Dev
\end{aligned}
$$

注意：方位与航向无关，但是罗经自差与航向有关。因此计算时必须根据观测的罗航向查取自差表或自差曲线。图 3-17-17 和图 3-17-18 中 *Var* 表示磁差、*Dev* 表示自差、ΔC 表示罗经差。

二、磁罗经的维护保养

(1)经常保持清洁。罗盆轴、常平环、减震系统等活动摩擦部分应经常加油保持润滑。

(2)防止受高温退磁。标准罗经应避免太阳曝晒,不用时除盖上罗经罩外,还应加盖帆布罩。

(3)防止震动退磁。不许敲击磁罗经,驾驶室内及附近也不能敲击和敲锈,避免磁罗经受震动。

(4)保持罗经指向准确。罗经校正后,不许移动磁棒、软铁球(片)及佛氏铁等校正器,罗经柜门应锁紧。不许带铁器进驾驶室,以免影响罗经的准确性。

(5)定期检查罗经是否有气泡、底脚钉是否松动等,冬季还应防冻,保持罗经技术状态良好。

(6)磁罗经应安装于观测方便之位置。操舵罗经根据需要可安装于纵中剖面上或其附近一侧。安装于纵中面上的罗经称为正装罗经,装于纵中面附近的罗经称为偏装罗经。罗经的指向基线应与纵中面重叠或平行,其误差应小于0.5°。

(7)磁罗经应保持正平、牢固。罗经柜的轴线应与船的水平剖面相垂直,罗经底座应用垫板和铜螺钉固牢。

(8)磁罗经周围经常移动的物体如门窗等,应避免用铁材。

(9)磁罗经与带磁性器件如扬声器、雷达、回声测深仪、电动操舵器、探照灯、栏杆、支柱等,均应保持一定距离。

(10)靠近磁罗经的电线应双线并列,避免电磁对罗经的影响。

第4篇

造船大意

造船大意一篇，主要介绍船舶尺度及主要标志、船舶稳性、船舶抗沉性、船舶检验知识，为船长、驾驶员在日常船舶管理过程中了解和掌握造船相关知识打下基础。

第十八章 船舶尺度及主要标志

本章主要介绍船舶主要尺度的定义与作用、船舶主要尺度与航行性能的关系、船舶水尺标志与载重线标志的识别方法。

第一节 船舶尺度

船舶尺度,是表示船体外形的尺度,即船的长、宽、深及吃水等。它是根据各种船舶规范和船舶在营运中使用上的要求定义的。按照不同的用途,常以船型尺度、登记尺度和船舶最大尺度来表示该船的尺度。如图 4-18-1 所示。

一、主要尺度的定义及作用

一般民用运输船舶是由四个部分组成的,即主体部分、动力部分、设备与系统部分和上层建筑部分。船舶主体系指船舶主甲板以下的船体。上层建筑是主甲板以上各种围蔽建筑物的统称,主要包括船楼及甲板室。上层建筑用以布置船员和旅客工作、生活的房间以及安置各种装置与设备等。动力部分系指船舶产生原动力的机械设备和产生推进力的推进设备等,主要包括主发动机、推进器及其他辅助装置和设备。设备与系统部分中,设备包括锚设备、舵设备、起货设备、系泊设备、拖顶设备、救生设备、消防设备等;系统包括舱底水系统,压载系统,供水、卫生及泄水系统,暖气及通风系统,油船的货油系统等。

船舶与陆地上的工程建筑物不同,它航行在水中,经常会遇到狂风骇浪或急流险滩,因此要求船舶坚固耐用、性能良好、造型美观、经济合理,在江河湖海中能高速、平稳地航行。

船舶的航行性能是指船舶在水中平衡和运动的规律,它包括浮性、稳性、抗沉性、快速性、操纵性和耐波性。而船舶的各项航行性能均与其尺度大小和船体形状密切相关,特别是与船舶水下部分的线型密切相关。

船舶的主要尺度(简称主尺度)是表示船体外形大小的基本量度,包括船长、船宽和船深。按照不同的用途,主尺度可分为船型尺度、最大尺度和登记尺度三种。

1. *船型尺度*

船型尺度也称为计算尺度或理论尺度。船型尺度是从船体型表面(内表面)上量取的,主要用于船舶的航行性能,如浮性、稳性等计算。

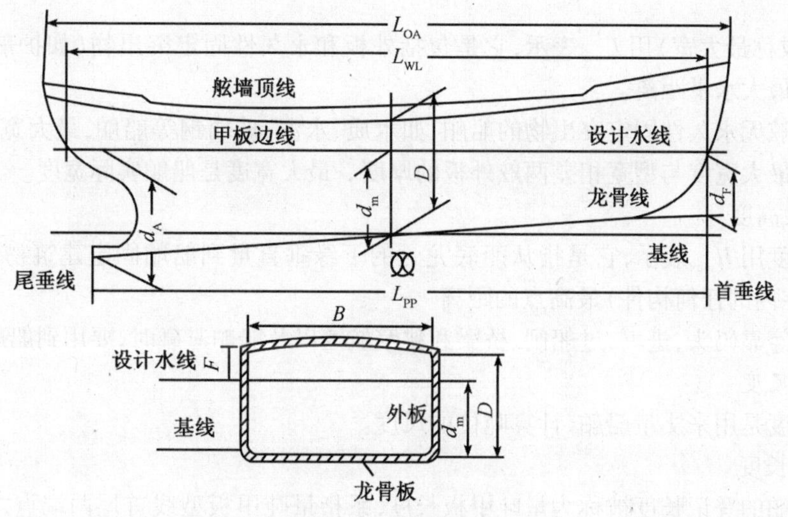

图 4-18-1 船型尺度示意图

1)船长

船长通常指垂线间长(或垂线间长),用 L_{pp} 表示。它是船舶首垂线与尾垂线之间的水平距离。

首垂线是通过设计水线与首柱前缘交点的垂直线。

尾垂线是通过设计水线与舵柱后缘交点的垂直线,无舵柱的船是以舵杆中心线为尾垂线。

2)型宽

型宽用 B 表示,它是船长中点处,船体型表面之间垂直于中线面的最大水平距离。

3)型深

型深用 D 表示,它是指在船舶中横剖面处,自龙骨线沿垂直于基平面的方向量至船舶主甲板边线下缘的距离。

4)型吃水

型吃水用 d 表示,它是自龙骨线(龙骨上缘)沿垂直于基平面的方向量至某一水线的距离。通常指在中横剖面处,按上述方法量至设计水线的距离。在首垂线处量得的型吃水称为首吃水,用 d_F 表示;在尾垂线处量得的型吃水称为尾吃水,用 d_A 表示。按下式计算出的吃水称为平均吃水,用 d_m 表示,也即船长中点处的吃水。

$$d_m = \frac{d_F + d_A}{2}$$

5)干舷

干舷用 F 表示。它是指船中处从甲板边线上缘向下量至载重线上边缘的垂直距离。可用公式 $F = D - d$ 近似求得,仅相差一个干舷甲板的厚度。

2. 最大尺度

1)全长

全长(或称最大长)用 L_{OA} 表示,它是船舶最前端与最后端之间包括外板和两端永久性固定突出物(如顶推装置等)在内的水平距离。

2)全宽

全宽(或称最大宽)用L_{max}表示,它是包括外板和永久性固定突出物(如护舷材、水翼等)在内的船舶最大水平距离。

对于两舷无永久性固定突出物的船舶,如木质、水泥、玻璃钢等船舶,最大宽度等于型宽,钢质船舶的最大宽度与型宽相差两舷外板的厚度。最大宽度是船舶实际宽度。

3) 最大高度

最大高度用H_{max}表示,它是指从船底龙骨的下缘垂直量到船舶固定建筑物(包括固定的桅、烟囱等在内的任何构件)最高点的距离。

船舶在停靠码头,进坞,过船闸、桥梁和狭窄航道以及船舶避碰时,要用到船舶最大尺度。

3. 登记尺度

登记尺度是用来丈量船舶、计算吨位的尺度。

1)登记长度

内河船舶的登记长度被称为量吨甲板长度,系指量吨甲板型线首尾两端点之间的最大水平长度。量吨甲板系指相邻满载水线以上的第一层全通甲板。如量吨甲板有台阶时,则取其低者,并作延伸线进行量计,见图4-18-2。

2)登记宽度

登记宽度是指在船舶中剖面型线的最大宽度。对金属外板的船舶,应量至两舷外板的内表面;对非金属的船舶,应量至两舷外板的外表面。对内河船舶又称船宽,也就是船舶的型宽。

3)登记深度

登记深度对内河船舶又称型深。对金属外板的船舶,系指在中横剖面处,从龙骨板上表面量至量吨甲板在船舷处的下表面的垂直距离;对非金属外板的船舶,此垂直距离应包括船底板的厚度。

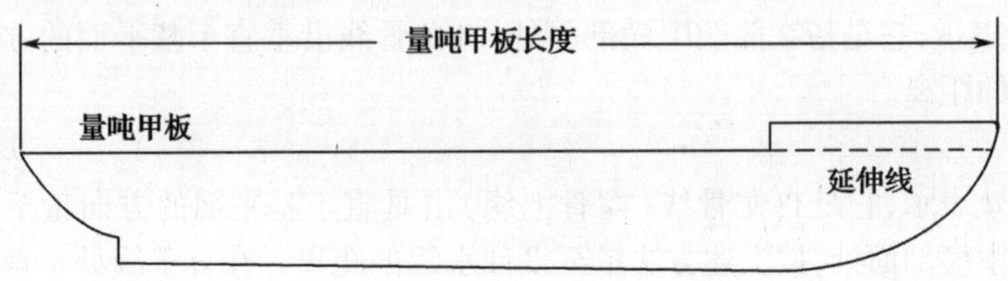

图4-18-2　船舶登记尺度的量取

二、主要尺度与船舶性能的关系

为表示尺度对船舶性能的影响,又要排除船舶尺度大小不同的干扰,一般就可用船型尺度各参数之间的比值来进一步说明船体的几何特征。现介绍与船舶航行性能有密切关系的几个主尺度比。

1. 长宽比L/B

此比值对船舶的快速性影响很大。比值越大,船就越瘦长,快速性就越好。

2. 型深吃水比D/d

型深吃水比对船舶抗沉性影响较大。比值大,则干舷高,储备浮力大,抗沉性好。在装载量一定的情况下,若比值过大,则船舱容积就会有浪费。

3. 船宽吃水比 B/d

船宽吃水比对船舶的稳性、快速性、耐波性等都有影响。一般来说，比值大，稳性好，耐波性差。比值过大或过小，都会引起阻力的增加，故对于快速性，有一定的适宜范围。

4. 船长吃水比 L/d

船长吃水比对船舶的操纵性有影响。比值大，回转性差。

5. 船长型深比 L/D

船长型深比对船舶的稳性和船体强度有影响。比值小，稳性和强度偏好。

总体来说，船体是一个在船中附近比较丰满，而向首和尾逐渐瘦削的流线型体。船体表面应尽可能光顺，以减少航行时的船体阻力。

反映船体几何形状的一些名词术语有：

甲板线——甲板边线和甲板中线的统称。甲板边线是型表面上甲板与外板的交线；甲板中线是甲板型表面与中线面的交线。

舷弧——甲板边线向首尾逐渐昂翘的纵向曲度。在首垂线处的舷弧称为首舷弧；在尾垂线处的舷弧称为尾舷弧，其值一般较首舷弧小。

脊弧——甲板中线向首尾昂翘的纵向曲度。

梁拱——甲板的横向拱度，也就是甲板中线比其左右两舷的甲板边线的高出值。

甲板的舷弧和梁拱，有利于减少甲板上浪，使甲板上水自首尾流向船中，且自甲板中线流向两舷，便于排出舷外。

龙骨线——船体型表面的底部与中线面的交线。

平行中体——在船中前后有一段横剖面形状与中横剖面相同的船体。在船中前的船体称为前体；在船中后的船体称为后体。

舭部——船底和船舷之间的连接部分。

第二节　水尺和载重线标志识别方法

一、水尺的概念与标记方法

1. 水尺的概念

水尺是表示船舶实际吃水的永久性标志。

船舶吃水是一项重要的浮性指标，驾驶员必须掌握船上重量的改变及舷外水密度的改变对船舶吃水的影响。

装卸货物均会改变船舶的浮态及吃水。当装运货物时，船舶吃水会增加，而卸除货物时，船舶吃水则会减少。同时，还要看“装”或“卸”的位置在船上的什么地方，从而造成首尾吃水的不同，或造成左右舷吃水的不同。

随着航运的发展，内河船入海、海船进江已是常见的了。这些船舶经常航行于不同水质、不同密度的水域中。密度的不同，必将引起船舶吃水的变化。海水和淡水的密度是不同的。标准海水密度为 $\rho_s = 1.025\ t/m^3$，标准淡水密度 $\rho_0 = 1.000\ t/m^3$。

由于排水量不变，海水密度大，海水排水体积就小，其海水吃水较小；淡水密度小，淡水排水体积较大,其淡水吃水较大。因此,船舶由海水进入淡水,吃水会增加;船舶由淡水进入海水,吃水会减小。

通过查看水尺,能清楚地确定船舶各方的吃水。

船舶在营运中,经常需要了解实际吃水及其变化,为此在船体首、尾和船中两舷侧的船壳板上绘有表示吃水的表尺,称为水尺。如图 4-18-3 所示的水尺一般从龙骨底缘量起。

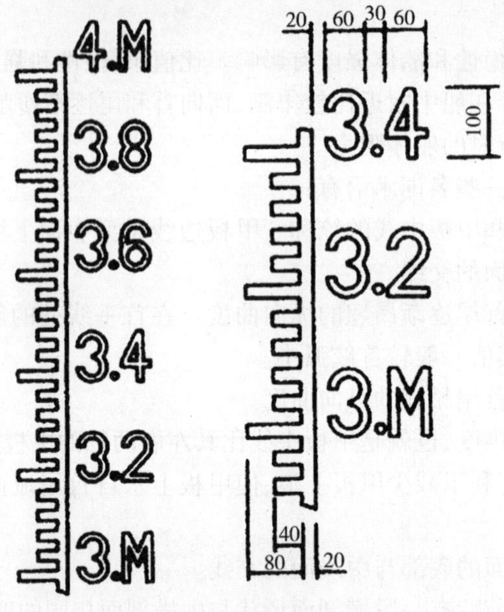

图 4-18-3　水尺标志

2. 船舶水尺标志说明

(1)在船长中点两舷勘绘水尺标志时,应在离载重线圆环中心向左600 mm 处,如图4-18-4所示。

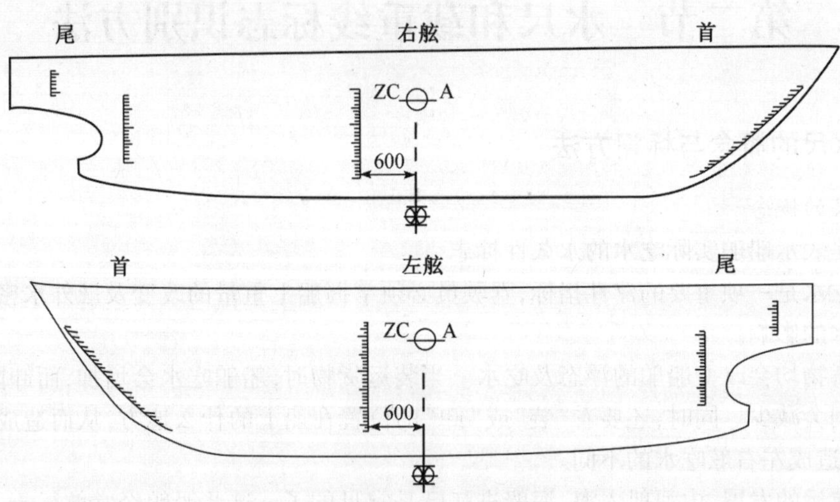

图 4-18-4　水尺标志勘绘位置示意图

(2)水尺一般应从龙骨板底缘量起,至少从实际空船吃水下面 0.2 m 处绘起,当空船吃水为 0.6 m 时,水尺至少应从 0.4 m 绘起,但必须保证空船时(包括纵倾情况)能正确表明实际的吃水。

(3)水尺数字及标线尺寸如图 4-18-3 所示,线粗为 20 mm,字高为 100 mm,字宽 60 mm。

(4)吃水到达水尺数字下缘时,表明该数字即为所示的吃水。

(5)首尾水尺标志应尽可能勘绘在首尾垂线处,当勘绘有困难时可根据实际情况平行延伸勘绘成阶梯状,尾部可加焊一扁钢,将水尺勘绘在扁钢上或舵叶后缘适当位置。

二、水尺的读取方法

读取吃水时,看水面与水尺数字下缘相切的位置。例如公制水尺,当水面处于"0.8"字体的下边缘时,吃水为 0.8 m;当水面位于"0.8"字体一半处时,吃水是 0.85 m;当水面处于"0.8"字体的上边缘时,吃水为 0.9 m。

三、载重线标志

(一)载重线标志的作用

船舶在航行时,由于本身兴波和外界干扰,浮力与重力经常是不相等的。为取得平衡,就处于不断地升降和浮沉运动之中。由不平衡到平衡,又从平衡至不平衡,循环往复,以至无穷。船舶在风浪中航行时,由于甲板上浪而增加船舶重量,船舶一旦发生海损事故造成船内进水也会增加船舶重量。船舶在风浪中摇荡也会增加船舶吃水。因此,为了保证船舶和人员、财产的安全,要求船舶能够提供足够的浮力。满载吃水线以上水密船体容积所具有的浮力称为储备浮力,如图 4-18-5 所示。

凡是船体内水线以上的水密容积,都可称为储备浮力。其大小可用干舷的尺度来衡量,干舷越大,则船舶的储备浮力也越大。

载重线标志是指船舶在不同季节和不同航区的各种最大吃水标志。它是在保证船舶水上航行安全的情况下所规定的船舶安全装载极限。

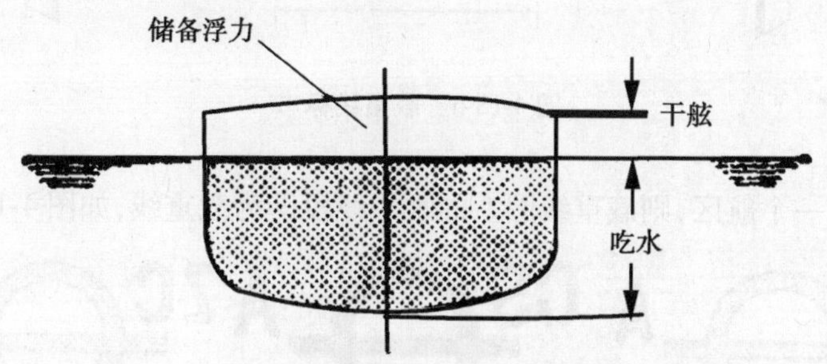

图 4-18-5　船舶储备浮力、干舷及吃水的关系示意图

储备浮力的大小与船舶大小、类型、航区和航行季节等因素有关。内河船的储备浮力一般为其满载排水量的 10% ~15%。油船因其本身的特点,其储备浮力比一般干货船小。

储备浮力的大小是用干舷来表示的。干舷越大,储备浮力越大;干舷越小,储备浮力越小。

为了确保船舶具有足够的储备浮力,通过勘绘干舷高度以限制船舶的吃水。船舶在任何情况下,都不得使其实际干舷小于规定的最小干舷。

为了保证船舶在各种不同条件下安全航行,同时又最大限度地利用船舶的装载能力,就需要根据不同条件规定各类船舶在不同航区、航段和不同风浪条件下的干舷大小。船舶主管机关“中国船舶检验局”（或“中国船级社”）是通过在船体上勘绘载重线标志来规定干舷大小的。

（二）载重线标志的内容和识别方法

1. 载重线标志基本构成与识别

载重线标志由甲板线、载重线圈及各载重线组成，如图 4-18-6 所示。下面介绍内河船舶的载重线标志。

1）载重线圈

载重线圈是由一个外径为 250 mm、线宽 25 mm 的圆圈和与圆圈相交的一条水平线段组成的。水平线段长 400 mm、宽 25 mm，其上缘通过圆环的中心。圆圈中心位于船长中点，其至甲板线上缘的垂直距离等于所核定的船舶主要航区的干舷。在圆圈的左侧绘有字母“ZC”（或“CS”），表示勘定干舷的主管机关是“中国船舶检验局（或“中国船级社”）。在圆圈右侧绘有字母“A”等，表示船舶的主要航区的级别代号。

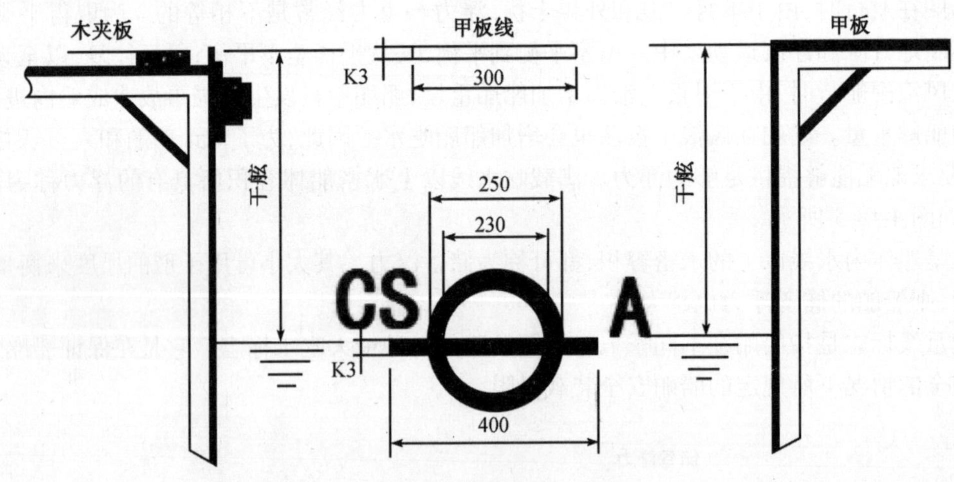

图 4-18-6　载重线标志

2）载重线

如果船舶仅有一个航区，则载重线圈上的水平线段即为载重线，如图 4-18-7 所示。

图 4-18-7　A 级和 B 级航区的载重线圈

船舶适航于数级航区或航段时，则在载重线圈的右端向上或向下画一垂直线，由此垂直线分别向右引出一条水平线段，以表示其他各级航区相应的载重线，如图 4-18-8 所示。船舶实际勘绘的数级航区或航段的干舷相同时，则用相应航区的字母并列表示，如图 4-17-9 所示。

2. 附加载重线标志

勘绘附加载重线的船舶，其附加载重线标志如图 4-18-10 所示。由载重线标志的右端向

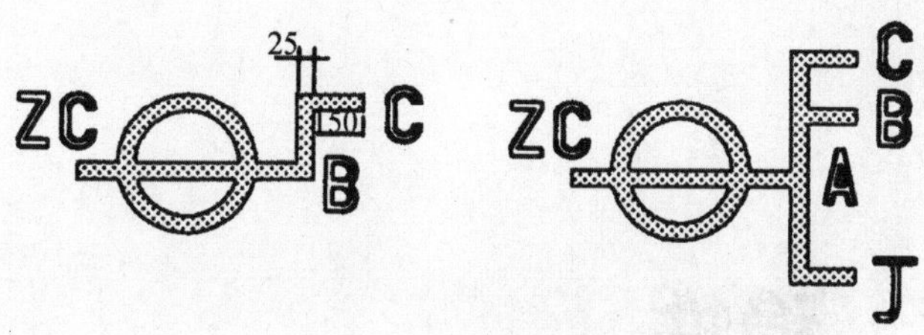

图 4-17-8　数级航区的载重线标志

图 4-18-9　数级航区干舷相同船舶的载重线标志

下(或向上)画一宽 25 mm 的垂直直线,再由此垂直直线分别向右引长 150 mm、宽 25 mm 的水平线,以表示其他各级航区(航段)的附加载重线。

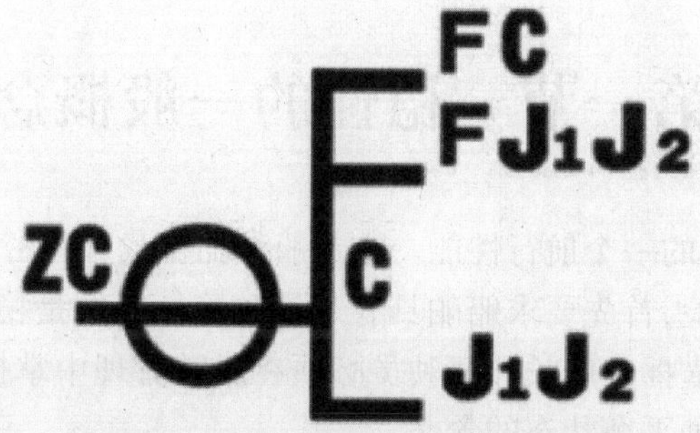

图 4-18-10　船舶附加载重线标志

各附加载重线均以线段上边缘为准。附加载重线标注的符号由字母“F”和航区(航段)字母组成。标“FA”的线段,表示 A 级航区附加载重线;标“FB”的线段,表示 B 级航区附加载重线;标“FC”的线段,表示 C 级航区附加载重线;标“FJ1”的线段,表示 J1 级航段附加载重线;标“FJ2”的线段,表示 J2 级航段附加载重线。附加载重线标志如图 4-18-9 所示。

第十九章 稳性

船舶在航行、停泊和作业中，经常受到风、浪等外力作用而发生倾斜，直接影响船舶的安全。船舶能承受多大的外力作用？船舶受外力作用会不会倾覆？如何保证船舶安全、稳定航行？这些都是船舶稳性问题。船舶是否具有稳性，有哪些因素影响船舶稳性的大小，提高船舶稳性应采取什么措施等都是稳性研究的主要问题。稳性是船舶在营运过程中，船员直面的船舶安全问题之一。

第一节 稳性的一般概念

稳性是船舶非常重要的一个航行性能。它与船舶配积载有着密切的关系。为了保障航行安全，防止发生翻船的危险，首先要求船舶具有足够的稳性。但是稳性不宜过大，因为稳性过大，会使船舶发生剧烈的横摇。船长和驾驶员必须在船舶管理中掌握稳性的概念和稳性衡准的要求、充分理解船舶三种平衡状态的含义。

一、稳性的概念

船舶稳性，即船舶受外力作用离开平衡位置而产生倾斜，当外力消除之后能够自行地回复到原平衡位置的性能。这是一切船舶必须具备的性能。

船舶在各种外力的复合作用下产生倾斜后，船舶依靠其本身所具有的性能回复到原平衡位置。因此，可以说船舶一般都是处于这种平衡与不平衡的往复运动之中。为了船舶的安全，船舶必须具有良好的回复到原平衡位置的能力，并将这一能力形成稳性目标要求，即所谓稳性衡准。

二、船舶的平衡状态

船舶有了浮性，在水中就会呈一种平衡状态，但这种平衡状态是否具有稳定性，可作如下分析。

图 4-19-1(a)所示的船舶无外力矩作用，其初始的平衡状态为正浮于水线 WL 处，重力 W 和浮力 D 大小相等、方向相反，并作用在垂直于 WL 的同一条直线上，船处于正浮状态。

当船舶受外力矩(一般称为倾斜力矩，用 M_{F} 表示)作用后，将发生倾斜(图中假设为右倾)。船舶横倾 θ 后，重力作用点(即重心 G)一般认为保持不变，而浮力作用点(即浮心 B)将

向倾斜一侧移动到 B_1，如图 4-19-1(b)所示。船舶倾斜前后浮力作用线的交点 M 称为稳心。船舶倾斜后，当重力和浮力不在同一垂线上时，两力将形成一个力矩，称为稳性力矩(或复原力矩)，用 M_S 表示。

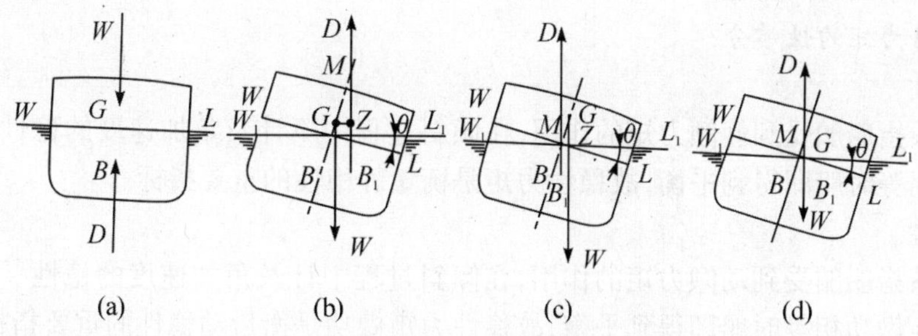

图 4-19-1　船舶的平衡状态

(a)正浮；(b)稳定平衡；(c)不稳定平衡；(d)随遇平衡

船舶在水中的平衡状态与稳性力矩的方向有关，可分为三种：

1. 稳定平衡状态

如图 4-19-1(b)所示，如果重心 G 点在稳心 M 点之下，重力和浮力所形成的力矩 M_S 和倾斜力矩 M_F 方向相反。当 M_F 消除后，将 M_S 使船舶回复到初始平衡位置，所以称倾斜前船舶的平衡状态为稳定平衡状态。

2. 不稳定平衡状态

如图 4-19-1(c)所示，如果重心 G 点在稳心 M 点之上，重力与浮力所形成的力矩 M_S 与 M_F 方向相同，将使船舶进一步倾斜，称此时船舶的平衡状态为不稳定平衡状态。

3. 随遇平衡状态

如图 4-19-1(d)所示，如果重心 G 点与稳心 M 点重合，重力与浮力作用于同一垂线上，M_S 为零。当 M_F 消除后，船舶不会回复到原来位置，也不会继续倾斜，将保持在倾斜角 θ 位置上，船舶的这种平衡状态为随遇平衡状态，也称中性平衡状态。

以上三种平衡，仅有船舶重心 G 点低于稳心 M 点表达船舶的平衡是稳定的。为了保证船舶的安全，必须使船处于稳定平衡状态，即使船舶重心 G 点低于稳心 M 点。

三、稳性的分类

在稳性问题研究中，为了使计算简化和得到较明确的稳性影响因素，将稳性问题作如下分类：

1. 按倾斜方向分

1)横稳性

横稳性指船舶绕纵向轴(x 轴)横倾(即向左舷或右舷一侧的倾斜)时的稳性。

2)纵稳性

纵稳性指船舶绕横向轴(y 轴)纵倾(即向船首或船尾的倾斜)时的稳性。

2. 按倾角大小分

1)初稳性

初稳性也称小倾角稳性，指船舶倾斜角度很小时的稳性。实际中指倾角小于或等于 10°(或主甲板边缘开始入水前)时的稳性。

2)大倾角稳性

大倾角稳性指船舶倾斜角度较大时的稳性。实际中指倾角大于10°或主甲板边缘入水或舭部开始露出水面时的稳性。

3. 按作用力矩的性质分

1)静稳性

静稳性系指船舶受到静倾力矩的作用,在倾斜过程中不计及角加速度的稳性。稳性力矩和倾斜力矩相等时船即得到平衡,故稳性力矩是衡量静稳性的重要指标。

2)动稳性

动稳性系指船舶受到动倾力矩的作用,在倾斜过程中计及角加速度的稳性。稳性力矩做功和倾斜力矩做功相等时船即得到平衡,故稳性力矩做功是衡量动稳性的重要指标。

对于一般船舶,船长远大于船宽,故纵稳性远好于横稳性。因此,在船舶稳性衡准中通常所说的稳性够不够所指即横稳性。

第二节　船舶积载与稳性的关系

一、船舶配积载的概念

在船舶货运管理中,船舶配积载是指配载和积载两个概念。航运中将编制船舶装货计划的工作叫作配载,而将实际装船的工作称为积载。“配载”是“积载”的前提和依据,“积载”是“配载”的继续和具体实施。因此,“配载”与“积载”是既紧密联系又有区别的两个工作阶段。

1. 船舶配载

船舶配载是根据货物的品种、数量、体积、重量以及到达港口先后次序等因素,在保证船舶安全、充分发挥船舶载运能力的前提下将货物正确合理地分配到船舶各个部位,并绘制船舶配载图。船舶配载图是装货港指导装船的重要文件。

2. 船舶积载

船舶积载是在保证船舶安全、货物完整无损、充分发挥船舶运输能力、有利加速船舶周转和港口装卸作业的前提下,将货物正确、合理地装到船上各个部位,并绘制船舶积载图。船舶积载图是卸货港卸货的依据,由承运船舶理货员在装船理货完成后绘制并经船长或大副签字认可的,是货物在船上的实际位置图。

二、船舶配积载的基本要求

(1)充分利用船舶装载能力。

(2)确保船舶强度不受破坏。

(3)保证船舶具有适度的稳性和吃水差。

(4)保证货物运输质量。

(5)满足中途挂靠港装卸货的要求。

(6)便于装卸,缩短船舶在港停泊时间。

(7)正确合理地实现舱面积载。

三、船舶积载与稳性的关系

船舶在使用过程中，由于旅客的上下，货物的装卸以及燃料、粮食、淡水的消耗与补充，结冰、进坞、搁浅等情况的存在，船舶的实际装载量是不断变化的，这些变化必将引起船舶稳性的变化。其中，由于船舶积载变化对稳性的影响是船员经常面对的具体问题。为了保证船舶航行安全，就必须掌握船舶在各种装载情况下的稳性衡准与计算。船舶装载情况，具体来讲就是指船上载荷的装卸、移动、自由液面的变化等等。掌握它们对初稳性的影响，对确保营运船舶安全是至关重要的。

（一）装卸作业对稳性的影响

船上装卸大量货物时，可根据装卸后船舶的排水量，查静水力曲线图等资料，求得船舶新的吃水和新的初稳性高度。装卸载荷的特点是船舶的排水量将发生变化，装卸的位置也直接影响船舶的浮态。

在船上装卸少量载荷（不超过排水量的10%）时，船舶的排水量和重心都将发生变化，从而导致浮态及初稳性的变化，且浮态及初稳性的变化随载荷装卸的位置不同变化是不同的。

一般来说，装载载荷的位置越低，船舶重心高度越小，初稳性高度越大，故稳性越好；反之，若装载载荷的位置偏高，船舶重心升高，初稳性高度减小，则稳性变差。如果是卸载，则卸载位置越高，重心高度越低，稳性改善程度越高；若卸载位置偏低，重心将相对升高，则初稳性度就会减小，稳性随之变差。所以装货配载时，应注意其对重心、浮态的影响，力求重物低放、均匀对称布置。卸货时，应采用先上后下的顺序。

（二）移动载荷（货物）对稳性的影响

1. 载荷竖移

载荷向上移动，船舶重心提高，浮态不变，但初稳性高度会减小；载荷向下移动，船舶重心降低，浮态也不变，初稳性高度会增大。因此可通过载荷的竖向移动来调整船舶的初稳性高度。

载荷的竖向移动对纵稳性高度的影响很小，可以忽略不计。

2. 载荷横移

载荷的水平横移可使船舶产生横倾角。船上习惯将船舶右倾时的横倾角定为正，那么产生左倾时，其横倾角就为负。可见，通过载荷的水平横移来调整船舶的横向浮态是非常实用的。如果船舶有了初始横倾角，与正浮时相比所具有的稳性范围就减小了，显然载荷横移对稳性是不利的。所以船舶开航时，应努力消除初始横倾。

3. 载荷纵移

载荷的水平纵移可使船舶产生纵倾角，通过载荷的水平纵移，可以使船舶的首、尾吃水和吃水差得以调整。首倾时的纵倾角为正，尾倾时的纵倾角为负。

船舶的实际纵倾程度应根据驾驶员的航行需要来调整。

如何理解船上载荷的移动对船舶稳性和浮态的影响呢？

船上载荷的竖向移动和左右的横向移动对船舶稳性均会产生影响。由于船舶纵稳性高度值较横稳性高度值大许多，故载荷移动对稳性的影响，主要是载荷垂向和横向移动对横稳性的影响。

船上载荷的竖向移动，不影响船舶浮态；载荷水平横移时，要产生横倾，向左移产生左倾，向右移产生右倾；载荷纵移后船舶产生纵倾，引起首、尾吃水的变化，向前移产生首倾，向后移产生尾倾。

（三）流动货物对稳性的影响

液体散装货物、固体散装货物及悬吊货物统称为流动货物，其对稳性的影响如下：

1. 液体散装货物对稳性的影响

1）自由液面概念及其对稳性的影响

船上的液体舱柜，如油舱、淡水舱、压载水舱等，若未装满或在航行中有部分消耗，当船舶倾斜时，舱内的液体也将跟着倾斜，以使液面保持水平状态。这种可以自由流动的液面称为自由液面。当液体流动后，其体积形状相对于原状态发生了变化，因而它的重心必向倾斜一侧移动，这种情况相当于船上载荷的移动，其结果必将造成船舶稳性的下降。我们把这种自由液面对初稳性的不良影响称为自由液面影响，其主要危险在于横稳性方面，当自由液面很大时，由于横向惯性矩也很大，严重时可能使船舶的横稳性高度变为负值而造成船的倾覆。

自由液面对稳性的影响总是不利的，总是使初稳性高度减小。其影响值的大小与舱内液体的重量无关，而与排水量、舱内液体的密度和自由液面面积惯性矩有关。

自由液面对初稳性高度的影响值可在有关船舶资料中查得。

2）减小自由液面对初稳性有害影响的措施

自由液面对船舶稳性的有害影响，应尽量减小其影响。如果在液舱内设置水密纵舱壁，以矩形液舱为例，这样可以得到如下结论：用平行于倾斜轴的纵舱壁将液舱分为 n 等分后，其自由液面对稳性的不利影响将减为原来的$\frac{1}{n^2}$。另外在船舶营运的过程中，使用液舱时应尽可能将其装满或放空，以减少具有自由液面的舱柜数。

为了减少自由液面对初稳性的有害影响，可采取如下措施：

（1）根据 CCS 规定，当液体舱柜装充率达 98% 以上时，可不计自由液面对初稳性的影响。因此应尽量将液体舱柜装满。

（2）根据 CCS 规定，当舱柜内的剩余液体量不超过舱容的 5% 时可不计自由液面对初稳性的影响。因此对未装满的液舱可尽量采用抽空并舱的措施。

（3）船舶建造时，对大型液货舱，采用水密纵舱壁的结构将舱容纵向分隔，其减小自由液面影响的效果非常明显。这也要求船员不得随意在水密纵舱壁上开洞、开孔，以保证船舶的稳性。同理也不得随意在水密横舱壁上开洞、开孔，以保证船舶的抗沉性。

2. 固体散装货物对稳性的影响

1）固体散装货物的概念、特点及对稳性的影响

固体散装货物是指不需要包装，散装在船甲板上或船舱中的大宗块状、颗粒状和粉状货物，如煤、砂石、粮食、矿砂、水泥等。为了降低运输成本和提高装卸效率，往往采用散装的方法来运输。这类货物的装卸需要有相应的码头装卸设备，有的还需要特殊的运输工具——散装货船（如内河常用甲板干散货船），交通运输部还对“川江及三峡库区”这类运输船制定了标准船型主尺度。

固体散装货物对船舶稳性影响的原理与液体货物的相类似，但是，它比存在自由液面的液体货物更难以估计。因为散装货物的颗粒间具有摩擦力，而这种摩擦力却因货物种类的不同

而不同。它的存在使散装货物的表面不一定与水平面平行,它能使颗粒在一定的坡度时保持不流动状态,当这坡度再增至超过它的静止极限角时,颗粒就会突然开始流动。这个静止的极限坡度是取决于船舶摇摆剧烈程度的。

这些固体散装货物,如果没有装满船舱或者虽已装满,但是,由于船舶在航行时的运动和机器的振动产生下沉现象,使舱间上部仍留出一定的空间,这样就会使这些散装货物表面部分随船舶的倾侧而引起流动的可能。通常,散装货物装满船舱以后,经过航行往往在上部空余出占船舱5% ~8%的体积。

正是因为固体散装货物具有表面流动性,所以它比自由液面更难于估计、更为危险。因为,当货物随船舶倾侧而流向倾侧的一侧后,可能就不会恢复原来状态。好像在船上移动重物一样,把船压歪了,使船形成倾侧的平衡状态。这时,船舶的稳性就要按新的平衡位置来讨论。如果散装货物连续几次向船舷同一侧流动,将会使船舶倾侧很大一个角度,甚至倾覆。

内河固体散装货物运输有相当一部分是由甲板货船承担的。甲板货船满载时,干舷较小,重心较高,稳性余量较小。稍有风浪或甲板货船稍有横摇,江水就会浸上甲板,浸入散货中,致使散货与甲板间摩擦力减小,使固体散装货物更容易移动。在大风浪中,由于上述原因,加之驳船摇荡加剧,极易导致固体散装货物大规模移动,严重危及船舶安全。因此,甲板货船装运固体散装货物时,较一般船舶具有更大的危险性。长江上就曾多次发生散货甲板货船在大风浪中货倾船翻的恶性事故,应引起驾驶员的足够重视。

2)减小固体散装货物对稳性影响的措施

为了减小固体散装货物对船舶稳性的影响,保证船舶航行安全,一般装载固体散货的舱口货船都采用纵隔板法或罐舱法(如图4-19-2所示)。不过固体散装货物的流动因仅限于货舱的表面,故只需用可移动的木板插入一定深度,做成纵隔板形式即可。而罐舱法是在甲板上围着货舱口做成一个相当于船舱容积10% ~15%的围壁。固体散装货物一直装到该舱装满为止。这样,当船舶在航行中,船舱内颗粒下沉时所形成的空隙,即由罐舱内的散装货物填满广使船舱随时呈灌满的状态而消灭舱内颗粒流动的可能。同时可考虑改进固体散货船货舱结构,如设置翼舱(如图4-19-2所示),以减小固体散装货物移动距离;限制固体散装货船的载货量,杜绝超载等。对运载大宗固体散装货物的船舶特别是内河甲板货船的稳性提出较高的要求,加强对船员的安全教育和指导。

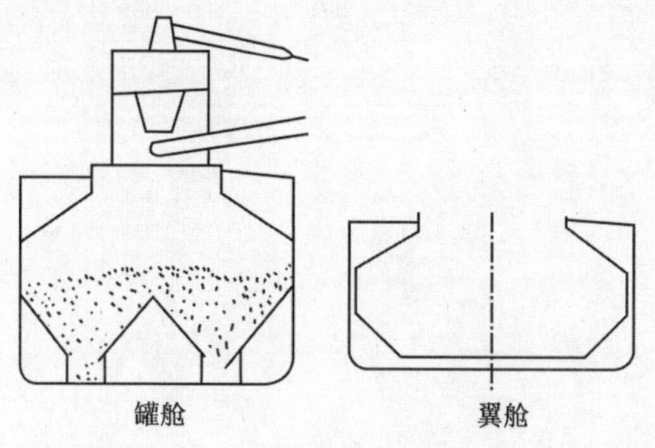

图4-19-2 固体散装货船的罐舱与翼舱结构示意图

3. 悬吊货物对稳性的影响

悬吊货物对稳性的影响与液体散装货物、固体散装货物的情况类似。

船上的悬吊货物本身不会引起船的倾斜，但它将随船倾斜而摆动，与自由液面的移动相仿，从而对初稳性产生不利的影响。悬吊货物摆动的实际效果相当于构成了一个横倾力矩，从而使船舶原有的稳性力矩减小，其减小的程度与货物悬吊的长度有关，悬吊越长，对稳性的影响的不利程度越大。将这类货物的悬吊长度缩短，甚至完全固定住而没有悬吊长度，是最有效的措施。

第二十章 抗沉性

船舶抗沉性又称船舶不沉性,由斯捷潘·奥斯波维奇·马卡洛夫提出。内河船员必须充分理解抗沉性的概念,认识船舶的浸水形式及对浮态和稳性影响,具备基本的抗沉知识,为正确管理和使用船舶关闭设备与应变部署打下良好基础。

一、船舶抗沉性的概念

船舶由于碰撞、触礁等原因,会造成船体破损,舷外水进入船舱,使船舶重量增加,造成船体下沉的现象,它与破损位置、破损程度、破损时间长短、采取的排堵措施有关,最终有可能使船舶丧失浮性而沉没。同时因进水不对称等原因使船舶倾斜,导致船舶稳性被削弱,甚至会造成船舶因丧失稳性而倾覆。

船舶在航行、停泊和作业中,因海损事故一舱或数舱破损浸水后仍能保持一定的浮性与稳性而不至于沉没和倾覆的能力称为抗沉性。

二、船舶抗沉性的实现

抗沉性直接关系到船舶海损后的生命力,从而关系到船东财产和旅客、船员的生命安全,因此是一种重要的航行性能。当然,各类船舶由于遭遇海损的可能性以及危害的严重性不同,对抗沉性的要求也就不同。一般来讲,货船抗沉性低于客船,客船的低于军舰,内河船低于海船。

船体内部由水密舱壁和水密甲板分割成若干独立的水密舱室。当船舶遭遇海损使某舱室浸水后,由于舱壁的阻挡,浸入的水不致漫溢到整个船体,船舶则靠水线以上的水密部分所提供的储备浮力来弥补浸水舱室所损失的浮力,以获得一定的浮性及稳性。由此可见,抗沉性是通过水密舱壁的布置和储备浮力来实现的。但是,为保证抗沉性而过多地设置水密舱室也是不适宜的,因为这样会造成船上机械、装置及设备等在布置上的困难,实用中也很不方便,而且又增加了船体的重量。因此我们要全面考虑,合理地设置水密舱壁。

根据有关规范的规定,合理设置水密横舱壁进行船舶分舱,就是分舱制。一舱制是在正常情况下一个船舱破损进水后不致沉没;二舱制是相邻两个舱进水后船舶不会沉没;三舱制是相邻三个舱进水后船舶不会沉没。

三、船舶储备浮力与抗沉结构要求

储备浮力是指满载水线以上主船体水密部分的体积,它不仅是抗沉性所必需的,对稳性及淹湿性(在风浪中船舶甲板淹湿与飞溅的程度)等亦有很大影响。储备浮力通常以满载排水体积的百分数表示,其大小视船舶的类型、航区以及运载货物种类而定,内河船舶一般为10%~15%,海船一般为20%~50%,而军舰则往往在100%以上。

大、中型船舶一般都设置双层底(外底、内底)(见图4-20-1),其中一个重要作用就是万一外底破损时,其内底还可保证水不至流入船内(设置双层底还对降低船舶重心、提高船舶总强度、储放燃油和淡水等也有好处)。

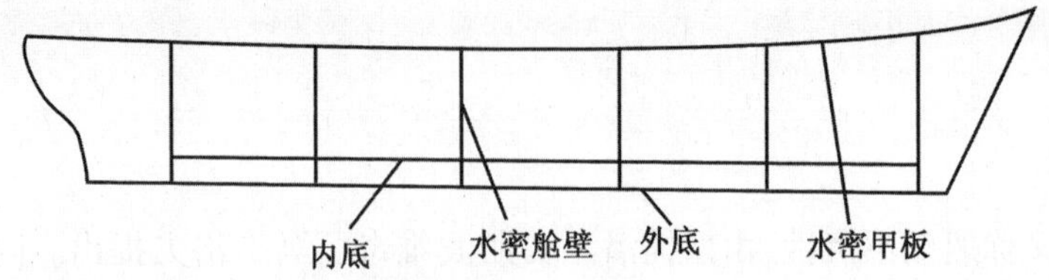

图4-20-1 水密舱壁和双层底

船舶破舱后"不沉"或"保持一定浮态及稳性"的含义是什么?

规范规定:在船侧由舱壁甲板上表面的边线以下76 mm处绘制一根曲线,称为安全限界线,船舶浸水后不超过此限界线则认为是安全的。这表明规范要求船舶破舱浸水后至少要有76 mm的干舷,所有与限界线相切的水线表示船舶破舱后允许的最高水线,称为极限破舱水线,如图4-20-2所示。

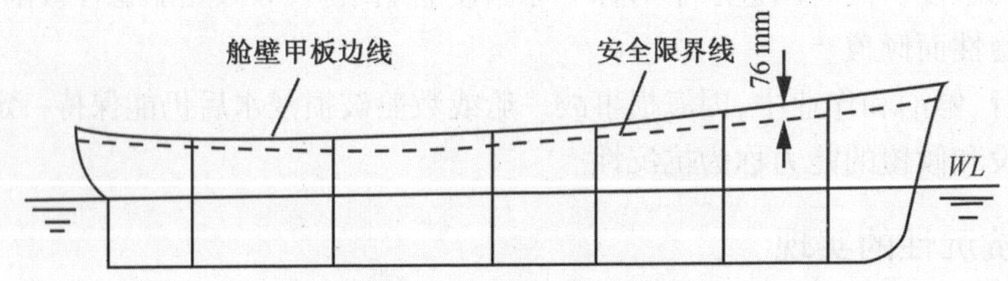

图4-20-2 安全限界线

《钢质内河船舶建造规范》和《内河船舶入级规则》中,在具体的结构方面也有一些专门要求,以利于内河船舶的抗沉性保证:

(1)如船长大于40 m,常年航行于J级航段的自航船应设置双层底。双层底可采用阶梯形式,并尽量由防撞舱壁延伸至尾尖舱壁。若设置双层底确有困难,可在舭部设置防撞边舱,机舱外的舱室有困难不设防撞边舱时,应予以特殊考虑,并应取得船检部门的同意。

(2)船长大于30 m的船舶,在船首应设置一道水密舱壁,其位置一般在距首垂线(0.05~0.1)L范围内,舱壁的高度应延伸至干舷甲板或首升高甲板。船长小于或等于30 m的船舶的防撞舱壁距首垂线的距离应不大于3 m。在尾端也应设置一道水密舱壁,其高度应延伸至干舷甲板或尾升高甲板。

(3)船舶应在船首设置水密防撞舱壁和在船尾设置水密尾尖舱舱壁,船长大于30 m的船舶的机舱前后壁以及船长小于等于30 m的船舶的机舱前壁应为水密舱壁。

(4)横向舱壁的间距应不大于舱深的6倍。

(5)防撞舱壁上禁止开门或人孔。其余水密舱壁上一般不应开门或人孔,如必须开时,应经船检部门同意,并应保证水密。A、B级航区客船及J级航段的船舶,不应在水密舱壁上开门。

(6)当管子、排水管和电缆等通过水密舱壁时,应设有保证该舱壁水密完整性的装置。船长 40 m 及以下船舶,舵链、车钟链、主机操纵线等穿过水密舱壁时,应沿干舷甲板下表面敷设。

应指出,船舶在海损以后是否会倾覆或沉掉,在一定程度上还与船上人员采取的措施有关,例如进行排水堵漏、抛弃船上移动载荷等。有时为了减少船的倾斜,常常采用故意灌水到对应的舱室里去的办法,调整淹水舱,改善破损船的浮态和稳性。

船员应具有基本的抗沉性知识,在日常工作中主动维护船舶的水密性,确保船舶安全。

第二十一章 船舶检验

船舶检验是指海事局认可的船舶检验机构按照国际公约和国家规范与规则的要求，对船舶的设计、制造、船用材料、机电设备、安全设备、技术性能及营运条件等所进行的审核、测试、检查和鉴定的总称。船舶检验是对船舶技术状态进行鉴定和监督的过程，船舶只有经过检验，才能取得相应的船舶技术证书。因此，船舶检验的意义在于使船舶处于良好的技术状态，以保证船舶安全航行，为办理船舶登记、保持航区、降低保险费率、索赔、处理海事等提供依据，保证政府对船舶的管理和控制。船员通过对船舶检验基础知识的学习，掌握船舶检验的种类、特点、要求及营运船舶定期检验的间隔期限，配合海事机构对船舶的管理和控制，确保船舶处于适航状态。

第一节　船舶检验的种类、间隔期限、证书分类

《中华人民共和国内河交通安全管理条例》第六条第一款规定：船舶必须经海事管理机构认可的船舶检验机构检验并持有合格的船舶检验证书，方可航行。我国交通运输部 2016 年 5 月 1 日起实施的《船舶检验管理规定》和国家海事局实施的《内河船舶法定检验技术规则》对内河船舶检验的种类、间隔期限、证书分类等都有明确规定。

一、船舶检验的种类

船舶检验按其性质可分为入级检验、法定检验和公证检验三大类。

（一）入级检验

入级检验是指应船舶、水上设施的所有人和经营人自愿申请，按照拟入级的船舶检验机构的入级检验技术规范（如中国船级社《内河船舶入级规则》），对船舶、水上设施进行的检验，并取得入级船舶检验机构签发的船级证书和入级标识。入级检验是船舶所有人为了投保、索赔和处理海事纠纷的便利而自愿进行的技术鉴定性检验，船级检验通常由船舶所有人自愿选择船级社进行。中国籍船舶、水上设施经入级检验符合相关的检验技术规范要求并取得法定检验证书的，船舶检验机构方可签发入级检验证书或者技术文件。

1. 入级检验的类型与范围

（1）建造入级检验和初次入级检验。

（2）特别检验和年度检验。

(3)坞内检验、螺旋桨轴检验、尾轴检验和锅炉检验。

船舶入级的范围包括船体（包括设备)、船舶机械（包括电气设备)和货物冷藏装置,凡符合中国船级社《钢质内河船舶入级规则》与《钢质内河船舶建造规范》或等效要求者,CCS 将授予相应的船舶并载入 CCS 的船舶名录。船舶如未能取得船体(包括设备)入级时,船舶机械(包括电气设备)也不能入级。船舶在营运中必须遵守规定的装载（包括核定的载重线)和附加标志限制的条件,并应进行正常的运行和 CCS 批准的船舶运行的环境条件。

2. 入级检验的对象

除另有规定外,下列中国籍内河船舶,必须向 CCS 申请入级检验:

(1)载重量 1000 吨及以上的油船;

(2)滚装船、液化气体运输船和散装化学品运输船。

3. 保持船级的定期检验种类

已在 CCS 入级的船舶,为保持其已获得的船体级和机械级,必须按 CCS 规定履行下列保持船级的各种定期检验:

(1)年度检验;

(2)坞内检验;

(3)特别检验;

(4)螺旋桨轴和尾管轴检验;

(5)锅炉检验;

(6)蒸汽管检验;

(7)惰性气体系统检验。

(二)法定检验

法定船舶检验是船旗国政府法律、法规规定的监督检验,由政府指定的验船师或授权的组织和人员执行。

法定检验的依据是船旗国政府颁布的法律、法规和批准或接受的国际公约以及据以制定的规范与标准。法定检验包括三个阶段:

(1)审查批准船舶设计图纸;

(2)船舶建造中的检验;

(3)船舶投入营运后的定期检验。

法定检验是政府为保证船舶安全而强制实施的,是国家主管机关按有关规定要求对船舶结构、稳性、锅炉及其他受压容器、主辅机、电气设备、无线电通信设备、救生消防设备、航行设备、信号设备、防止污染设备和载重线等进行的技术监督检验,是对船舶管理和控制的手段。

(三)公证检验

公证检验是船级社应客户的申请,指派验船师对所申请检验的项目进行的一种证明客观技术状况的检验。公证检验包括海损检验、索赔检验、起租退租检验、船舶状况检验、货损检验等。

公证检验中,验船机构以第三者(公证独立)的身份对某种情况进行鉴定认可,出具有证明效力的一种检验。如船舶发生海损、机损事故后,受船方或保险公司的申请,或制造厂商为了推销其产品的申请,进行原因分析,确定损坏部位范围和损坏修理工程项目内容或产品安全性的检验。船舶检验部门进行公证检验后所提出的报告,可以作为交接、计费、理算、索赔等行为或产品技术鉴定的有效凭据。

除上述的公证检验外,船舶的起(退)租检验、对船存油、水数量的测定、核定废钢船钢铁重量等,均属于公证检验范围。

二、船舶证书

船舶证书(即船舶技术证书)是证明船舶技术状况的文件。船舶只有通过相应的船舶检验,才能取得必要的技术证书或保持技术证书继续有效。船舶经建造检验、初次检验、换证检验、特别定期检验和试航检验合格后,应签发相应证书。临时检验合格后,如有必要,亦应签发相应证书,证明其符合我国政府的有关法令、条例和中国海事局有关规定与标准要求,适合在预定用途的内河水域航行、停泊和作业。

(一)证书分类

目前在法定检验合格后应签发下列相应的法定证书。

1. 法定证书簿的格式

1)格式 ZSB-1 证书簿

适用于船长 30 m 以上的自航船和主机单机额定功率 220 kW 以上(或主机总额定功率 440 kW)的船舶。

2)格式 ZSB-2 证书簿

适用于船长 10m 及以上至 30 m、单机功率 220 kW 及以下的自航船舶和船长 10 m 以上的非自航船舶。

2. 船舶主要的法定证书

(1)内河船舶适航证书;

(2)内河船舶吨位证书;

(3)内河船舶载重线证书;

(4)内河船舶防止油污证书;

(5)内河船舶乘客定额证书;

(6)内河船舶装运危险货物适装/推或拖证书;

(7)内河船舶散装运输危险化学品适装证书;

(8)内河船舶散装运输液化气体适装证书;

(9)高速船安全证书;

(10)浮船坞安全证书;

(11)免除证书;

(12)内河船舶防止生活污水污染证书;

(13)内河船舶防止垃圾污染证书。

(二)证书的有效期

1. 船舶吨位证书

船舶吨位证书是船舶检验部门根据船舶吨位丈量规范进行丈量、核定并签发的,一般长期有效。

2. 船舶载重线证书

船舶载重线证书是船舶检验部门根据船舶稳性和载重线规范核定并签发的，一般长期有效。

3. 船舶适航证书

船舶适航证书是船舶检验部门对船舶检验合格后签发的证书，该证书有一定的有效期限。

4. 乘客定额证书

乘客定额证书是船舶检验部门根据船舶乘客定额与舱室设备规范核定并签发的，规定船舶允许载客人数的证书。该证书一般长期有效。

5. 临时乘客定额证书

客船如因特殊需要除固定的载客处所取得乘客定额外，还可利用其他非固定载客处所载客，以及货船因特殊需要，利用装货处所载客，均需向船检部门申请临时乘客定额。船检部门经过丈量后，签发临时乘客定额证书。该证书除规定临时乘客定额外，还规定了航行区段和航行期限，超区、逾期失效。

6. 内河船舶装运危险货物适装/推或拖证书

内河船舶装运危险货物适装/推或拖证书有效期一般在单航程内。如果船舶在短期内连续装/推或拖运固定货品，则可根据船舶技术状况适当延长有效期，但最长不超过三个月；对于在固定的装货处所载运固定货品，且其航线固定的船舶，可签发有效期最长不超过一年的有效期。该证书与船舶适航证书一并使用方为有效。

7. 内河船舶散装运输化学品适装证书

内河船舶散装运输化学品适装证书有一定的有效期限，并与船舶适航证书一并使用方为有效。

8. 防止油污证书

220 kW 及以上的船舶须持有船舶检验部门核发的防止油污证书，该证书签发后应进行年度检验，22 kW 以下采用简易有效设施贮存含油舱底水的小功率船舶，可免除防止油污证书的要求，进行船舶检验时，注意检查其简易有效设施的可靠性，检验合格后应在“适航证书”上签注。

9. 油污损害保险及证书

自 1980 年 10 月 1 日起我国航行国内航线载运 2000 t 以上散装货油的船舶，如已投保油污险，海事机构可按规定给予办理油污损害民事责任保险或其他财务保证证书。如尚未投保，作为临时措施，船舶所有人需到船籍港海事管理机构办理油污损害民事责任信用证书，该证书有效期为三年，但船舶更换所有人，该证书即自行作废，须由新的船舶所有人重新办理。

内河船舶适航证书、内河船舶载重线证书、内河船舶防止油污证书有效期限不超过表 4-21-1 中换证检验的间隔期；免除证书的有效期限应不超过与其相关证书的有效期。

（三）证书的发放、保存与保持证书有效性的条件

1. 证书的发放、保存

(1)船舶检验机构应将各种法定证书(正本)发放给申请人。

(2)船舶检验机构应将各种法定证书(副本)保存备查。

(3)船上应妥当保存所持有的各种有效法定证书，并随时可供检查。

2. 保持证书有效性的条件

(1)船舶已按规定进行检验和证书签署，并处于良好技术状态，适用于预定用途。

(2)船舶按证书限定的航区和条件进行营运或作业。

第二节　我国内河营运船舶的法定检验

中华人民共和国海事局是对我国内河航行船舶执行法定检验的主管机关。根据中华人民共和国交通运输部颁布的《船舶检验管理规定》(交通运输部令 2016 年第 2 号)和中华人民共和国海事局发布的《内河船舶法定检验技术规则》的规定，凡在我国内河航区(包括江河、湖泊和水库)航行，船长大于 10 m 的民用营运船舶（但帆船、运动竞赛艇除外)，都应该按照内河营运船舶的技术监督检验的范围、内容和要求进行检验，以保持安全航行和作业的技术条件。

一、法定检验的概念

(一)法定检验的概念

法定检验是指船旗国政府或者其认可的船舶检验机构按照法律、行政法规、规章和法定检验技术规范，对船舶、水上设施、船用产品和船运货物集装箱的安全技术状况实施的强制性检验。法定检验必须由政府主管机关或其授权的组织或个人进行，法定检验大多由政府授权船级社进行，中华人民共和国海事局是中国船舶法定检验的主管机关。

法定检验主要包括建造检验、初次检验、定期检验、临时检验、拖航检验、试航检验等。

1. 建造检验

为了使船舶满足《钢质内河船舶建造规范》及相关规定的要求，验船机构对新建船舶，从审查设计图纸和技术文件开始，在船舶建造过程中进行检验、试验和试航，直至签发各种船舶证书为止的一系列工作称为船舶建造检验。对入级船舶，建造检验又称为建造入级检验。

影响船舶建造质量的因素概括起来主要有五个方面，即船舶设计、船舶审图、船舶建造、建造检验、船用产品质量。这五个方面是船舶建造质量的五个质量链环，环环相扣，任何一个环节出现问题都会影响到船舶建造质量。船舶设计的责任在设计单位，船舶建造的责任在造船企业，船用产品质量的责任在产品厂家，而船舶审图和建造检验的责任在船舶检验机构。

2. 初次检验

初次检验是船舶在投入营运之前，对与某一特定证书涉及的所有项目进行一次完整的检查和必要的试验，以保证这些项目符合有关法规的要求，并且能满足船舶要从事的营运业务。对船舶入级的检验，又称为初次入级检验。申请初次检验时，须将该船原有船舶证书、证明文件及有关技术资料提交验船机构审查。对要求取得船级的船舶，初次检验的项目、内容和要求，验船机构将根据船舶的具体情况，按《内河船舶入级规则》的规定办理。《1974 年国际海上人命安全公约》和《1966 年国际船舶载重线公约》规定，船舶投入营运以前的检验，也称初次检验。初次检验包括新船的初次检验、现有船舶的初次检验。

船舶处于下列情况之一时，应申请初次检验：

(1)外国籍船舶改为中国籍船舶；

(2)体育运动船艇、渔业船舶改为本法规适用的船舶；

(3)营运船舶检验证书失效时间超过一个换证检验周期的；

(4)老旧运输船舶检验证书失效时间超过一个特别定期检验周期的。

3.定期检验

验船机构对营运中的船舶按规定的间隔期限对其有关航行安全的项目所进行的检验。目的在于检查船舶的技术状况及主要部分的损耗程度，以确定是否具备保持安全航行所必需的技术条件。除初次检验外，规定相隔一定期限的检验，均称为定期检验。定期检验合格后，应签发和签署相应的船舶证书。

4.临时检验

在下列情况下，根据船舶营运具体要求进行全面的或部分的检验，以确保其处于良好状态，并且适合船舶预期的营运业务。

(1)因发生事故，影响船舶适航性能；

(2)涉及影响船舶航行安全的修理或者改装，但重大改建除外；

(3)改变证书所限定的航区/航段；

(4)存在重大安全缺陷影响航行和环境安全，海事管理机构责成的船舶缺陷整改；

(5)变更船名、船籍港；

(6)船舶检验机构签发的证书失效时间不超过一个换证周期；

(7)变更国内船舶检验机构；

(8)船舶展期。

5.拖航检验

我国管辖水域内对移动式平台、浮船坞和其他大型船舶、水上设施进行拖带航行，起拖前应当申请拖航检验。

6.试航检验

在船舶试航前的检验，确认其处于良好状态，适合于船舶预期的试航。

(二)法定检验的要求

法定检验要求对船舶结构、稳性、锅炉及其他受压容器、主辅机、电气设备、无线电通信设备、救生消防设备、航行设备、信号设备、防污染设备和载重线等进行技术监督性质检验，以达到对船舶进行管理和控制的要求。

1.建造检验

船舶建造或者重大改建，应向建造或者改建地船舶检验机构申请建造检验。建造检验的范围有以下四个方面：

(1)审查船舶的有关图纸资料和技术文件，以证实构造、机械和设备满足特定证书的有关要求。

(2)检查构造、机械和设备以确保其材料、尺寸、建造和布置都与批准的图纸、图表、说明书、计算书和其他技术文件相符，并且工艺和安装在各方面都令人满意。

(3)核查所有证书、记录簿、操作手册以及特定证书所要求的其他须知和文件都已放置于船上。

(4)现有船舶重大改建时，对重大改建及其相关部分应按建造检验的要求进行检验。

2.初次检验

(1)审查船舶的有关图纸资料和技术文件，以证实结构、机械和设备满足特定证书的有关要求。

(2)确认与船舶安全有关的检验和试验报告,以及主要的产品证书。

(3)签发各种法定证书的检验中对换证检验的范围进行一次全面检查确认其符合法规的有关规定。其中尚应包括船底外部检查、稳性校核和锅炉检验。必要时,应进行确认试验和/或检验。

(4)对于检验证书失效时间超过一个换证检验周期的营运船舶或检验证书失效时间超过一个特别定期检验周期的老旧运输船舶,初次检验完成后,新的检验周期按照原证书检验周期计算。

3. 定期检验

船舶投入营运后,应申请定期检验。定期检验包括换证检验、中间检验、年度检验、船底外部检查和特别定期检验。接受定期检验的船舶应予适当维修保养,以使船舶的技术状况处于良好状态,并适合预定用途。

1)换证检验

在船舶证书到期之前,对与特定证书有关的项目进行检验以确保其处于良好状态,并且适合船舶预期的营运业务,并颁发一份新证书。

换证检验是定期对船体、轮机、电气及其他设备进行全面和详细的检查,其目的在于查明各部分的蚀(磨)耗及损坏程度,确定能否保持安全航行作业的技术条件。

2)中间检验

在两次换证检验中间实施,对与特定证书有关的指定项目进行检验,以确保其处于良好状态,并且适合船舶预期的营运业务。

3)年度检验

对与特定证书有关的项目进行总体检查,以确保其处于良好状态,并且适合船舶预期的营运业务。

中间、年度检验是定期对船体、机轮、电气及其他设备进行检查和了解使用情况。其目的在于查明船舶是否能继续安全航行。

4)船底外部检查

对船舶水下部分和有关项目进行的检查,以确保其处于良好状态,并且适合船舶预期的营运业务。

内河营运船舶在换证检验间隔期内应至少进行两次船底外部检查,其中一次应结合换证检验进行,另一次一般结合中间检验或在两次中间检验之间进行,且两次船底外部检查的间隔期不超过换证检验间隔期的 2/3。高速船应每年进行一次船底外部检查。

5)特别定期检验

对于《老旧运输船舶管理规定》中涉及内河船舶,船舶所有人或经营人应按该规定要求向船舶检验机构申请特别定期检验。实施老旧运输船舶检验时,按其船舶种类达到规定的船龄之日起,对与特定证书有关的项目进行检验,以确保其处于良好状态,并且适合船舶预期的营运业务,并颁发一份新证书。

二、内河营运船舶法定检验间隔期限要求

内河营运船舶法定检验间隔期限要求如表 4-21-1 所示。

表 4-21-1 内河营运船舶法定检验间隔期限

船舶种类	换证检验次数 / 间隔期限(年) / 检验种类	第一次	第二次	第三次	第四次及以后各次
客船、餐饮趸船、油船(包括沥青船)、油推(拖)船、化学品船、液化气体船	换证检验 中间检验 年度检验	6 3 1	6 2 1	6 2 1	4 2 1
高速船	换证检验 中间检验 年度检验	4 2 1	4 2 1	4 2 1	4 2 1
以上未包括的其他自航船	换证检验 中间检验 年度检验	6 3 1	6 3 1	6 3 1	4 2 1
油驳、油趸、车客渡驳	换证检验 中间检验 年度检验	8 4 2	8 4 2	4 2 1	4 2 1
非自航工程船	换证检验 中间检验 年度检验	8 4 —	8 4 2	8 2 —	4 2 —
以上未包括的其他非自航船	换证检验 中间检验 年度检验	8 4 —	8 4 2	8 2 —	6 2 —

根据船舶的技术状况,验船部门可以缩短相应检验的间隔期限。

船舶的特别检验和中间检验一般应结合进坞或上排进行。经验船部门同意,中间检验和非机动船的第一次特别检验可在水上进行。年度检验时可允许在水上进行,但必须处于空载状况。

趸船(包括油趸,但不包括由旧船改造的趸船)的前两次特别检验可在水上进行。但在实际检查过程中若发现危险的隐患时,则必须上排或进坞消除隐患。

船舶的特别检验一般不应展期。如船东提交检验确有困难时,可向验船部门申请展期。对申请展期的船舶,验船师应登船作临时检验。展期一般不得超过 3 个月。船舶中间/年度检验可在证书到期前后 1 个月内进行。

第5篇

职务与法规

了解内河船舶船员职务与法规对于提高船员的专业素养，增强法制观念，掌握航运规章制度，树立“安全第一”思想，提高遵纪守法的自觉性具有重要的作用。本章主要介绍我国正在实施的内河交通安全管理法律、法规以及航运企事业单位有代表性的安全管理规章制度。

第二十二章 船员职责

《中华人民共和国船员条例》对船长、驾驶员的职责作了明确规定,内河船员的职务职责与船舶类型、船舶等级、船舶航行区域、船舶最低安全配员等密切相关。目前我国航运企业、船员管理公司、船东在建立船舶安全管理体系时,将船员职务职责、操作规程以文件形式加以明确规范,以确保船舶航行、停泊和作业安全。

第一节 船长的主要职责

船长是船舶安全的第一责任人,应对船舶的安全生产、技术业务和行政管理统一领导、全面负责。根据《中华人民共和国船员条例》的有关规定,结合内河船舶实际情况,船长在管理和指挥船舶时的主要职责体现在以下 9 个方面。

(1)保证船舶和船员携带符合法定要求的证书、文书以及有关航行资料,并负责接受海事管理机构的有关安全检查。

(2)负责编制船舶应变部署,制订船舶应急计划并保证其有效实施。

(3)保证在开航时,船舶处于适航状态,船员处于适任状态并按照规定保障船舶的最低安全配员,保证船舶的正常值班。

(4)执行海事管理机构有关水上交通安全和防治船舶污染的指令,船舶发生水上交通事故或者污染事故的,向海事管理机构提交事故报告。

(5)对本船船员进行日常训练和考核,在本船船员的船员服务簿内如实记录船员的服务资历和任职表现。

(6)船舶进港、出港、靠泊、离泊,通过交通密集区、危险航区等区域,或者遇有恶劣天气和海况,或者发生水上交通事故、船舶污染事故、船舶保安事件以及其他紧急情况时,应当在驾驶台值班,必要时应当直接指挥船舶。

(7)保障船舶上人员和临时上船人员的安全。

(8)船舶发生事故,危及船舶上人员和财产安全时,应当组织船员和船舶上其他人员尽力施救。

(9)弃船时,应当采取一切措施,首先组织旅客安全离船,然后安排船员离船,船长应当最后离船,在离船前,船长应当指挥船员尽力抢救航海日志、机舱日志、油类记录簿、无线电台日志、本航次使用过的航行图和文件,以及贵重物品、邮件和现金。

第二节 驾驶员的主要职责

船舶驾驶员在履行职责时,根据《中华人民共和国船员条例》的有关规定,结合内河二、三类船舶实际情况,船舶驾驶员的主要职责可分别表述如下。

一、二类船舶驾驶员主要职责

船舶驾驶员应在船长的领导下,按规定持有有效的船员适任证书和证件,主要承担航行、停泊值班职责和船舶管理职责。

(1)掌握船舶的适航状况和航线的通航保障情况,以及有关航区气象、海况等必要的信息,负责航行值班,对本班的航行安全负全部责任。

(2)负责停泊值班,应经常巡视船舶及周围环境,注意船位、信号(灯号)、系泊设备是否正常;检查值班、护船人员是否在岗、在船;掌握水情气候变化,采取安全措施,对船舶停泊安全负责。

(3)负责货物装卸、旅客上下的安全管理工作及船舶签证等工作。

(4)遵守船舶的管理制度和值班规定,按照水上交通安全和防治船舶污染的操作规则操纵、控制和管理船舶,如实填写有关船舶法定文书,不得隐匿、篡改或者销毁有关船舶法定证书、文书。

(5)参加船舶应急训练、演习,按照船舶应变部署的要求,落实各项应急预防措施。

(6)遵守船舶报告制度,发现或者发生险情、事故、保安事件或者影响航行安全的情况,应当及时报告。

(7)船舶发生事故,危及船舶上人员和财产安全时,负责现场指挥,在不严重危及自身安全的情况下,尽力救助遇险人员。

(8)不得利用船舶私载旅客、货物,不得携带违禁物品。

(9)按规定记载航行日志。

二、三类船舶驾驶员主要职责

根据《船舶最低安全配员规则》的要求配员后,三类船舶驾驶员是船舶安全管理的第一责任人,应对船舶的安全生产、技术业务和行政管理统一领导、全面负责。

(1)遵守国家法律、法令和劳动纪律以及有关船舶的各项规章制度,坚决执行"安全第一,预防为主"的方针,确保船舶运输安全和货物装卸的安全监督工作。

(2)在航行中,保持正规瞭望,及时掌握航道、航标、航行信号、水文、气象、来往船舶动态和周围环境,结合本船操纵性能,采取一切有效措施,保证航行安全。

(3)船舶进出港、靠离泊位、系解浮筒、抛起锚、过船闸及大桥和险要地段及天气恶劣或情况复杂时,应亲自指挥操作。

(4)按时对各项设备的运行情况进行巡回检查,对柴油机及其他装置应密切监视,做到能及时发现和排除故障,保障机电设备安全运行。

(5)发现其他船舶遇险或求救时,除非本船正处在危险中,均有责任采取积极措施参与施救，并及时正确报警。

(6)认真记录航行日志，按《船舶检验管理规定》和《内河船舶法定检验技术规则》的要求申办船舶检验，保管船舶证书和办理船员证书。

第二十三章 船舶安全管理规章制度

内河船舶安全规章制度是随着我国内河航运的发展，为满足健全和统一内河船舶管理的要求而逐步形成的。船舶安全管理规章制度对加强船舶安全管理的基础建设、明确值班岗位职责、提高值班船员素质起到了良好的促进作用。本章主要介绍船员值班职责和航行日志记载规则与要求。

第一节 船员值班职责

《中华人民共和国内河船舶船员值班规则》(以下简称“值班规则”)已于2015年11月3日经第20次部务会议通过(交通运输部令2015年第20号)，自2016年5月1日起施行。值班规则第三章对内河船舶驾驶员值班职责作了明确规定，共39条内容。

一、值班安排与瞭望要求

(一)值班安排

(1)驾驶值班安排应当适应船舶所处状态、环境、条件。

(2)船长在确定值班船员组成时，应当考虑下列因素：

①24小时有人值守；

②天气、能见度情况、白天及夜间的驾驶要求差异；

③船舶特性、船舶操纵性能、船舶尺度、驾驶台结构和指挥位置的视野、航经特殊水域和临近航行危险等可能引起的额外工作量；

④雷达、电子定位仪、船舶自动识别仪(AIS)等助航仪器、操纵装置、报警系统等影响船舶安全航行的设备的使用和工作状态；

⑤驾驶台内的机舱控制装置、警报和指示器及其使用程序和局限性；

⑥值班船员对船舶设备、装置的熟悉程度及操作能力；

⑦值班船员的适任能力及经验；

⑧必要时召唤待命人员立即到驾驶台协助的可能性；

⑨所载货物的性质和状况、旅客的数量和位置；

⑩特殊的操作环境对航行值班的特别要求。

(二)瞭望

(1)驾驶值班船员应当充分利用视觉、听觉及其他一切有效手段始终保持正规瞭望,同时在规定的频道上守听甚高频(VHF)电话,必要时做好记录,掌握来往船舶动态和周围环境情况,以便对局面和碰撞危险做出充分的估计。

夜间、能见度不良及其他特殊情况下应当加强瞭望。

(2)驾驶值班船员应当掌握船舶自动识别仪(AIS)的安全使用方法,保持该设备处于常开工作状态并及时更新信息。

二、航行中值班驾驶员职责

(1)值班驾驶人员应当使用安全航速。

值班驾驶人员应当充分掌握在任何吃水情况下本船的冲程等操纵特性,并考虑船舶可能具有的其他不同操纵特性。

(2)值班驾驶人员应当结合本船操纵性能,正确使用操纵设备和助航仪器,并掌握发生紧急情况时的应急措施。必要时,应当果断使用车、舵、锚以及声光信号装置。

(3)值班驾驶人员应当熟练使用雷达等助航仪器,并符合以下要求:

①遇到或者预料到能见度不良或者在通航密集水域航行时,应当使用雷达,并注意其特性、效率和局限性。

②使用雷达时,应当选择合适的量程,仔细观察显示器,确保及早进行系统的分析。

③应当确保所使用的雷达量程以足够频繁的时间间隔进行转换,以便及早地发现物标。应当考虑微弱或者反射力差的物标可能被漏掉。

④熟练使用其他助航仪器判断局面和航行危险。

(4)值班驾驶人员应经常检查操纵设备、助航仪器是否处于正常状态,号灯、号型和旗号是否正确显示,发现异常,及时采取措施。

(5)值班驾驶人员在值班期间,应当随时掌握船位和航速,确保本船行驶在正确的航线上,并注意在适当的时候使用测深仪器和设备。

值班驾驶人员应当给其他值班船员适当的指令和信息,并监督操作指令是否正确执行。

(6)船长在驾驶台但未声明亲自操纵时,值班驾驶人员应当正常履行值班职责。船长接替操纵后,值班驾驶人员仍负有协助的责任。

(7)夜间航行时,如有必要,船长应当签署夜航命令,值班驾驶人员应当认真执行。

(8)遇到下列情况时,值班驾驶人员应当及时采取措施,并立即报告船长:

①能见度不良;

②对通航条件有疑虑;

③对船长指令有疑问;

④遇恶劣天气威胁航行安全;

⑤发现遇险信号或者危及航行安全的可疑物;

⑥主机、舵机或者其他主要的操纵设备和助航仪器发生故障;

⑦发生碰撞、触礁、搁浅、火警、人员落水、环境污染、船舶进水等紧急情况;

⑧出现危及航行安全的其他情况。

出现上述⑤至⑧项情形的,还应当及时报告事发地海事管理机构。

(9)值班的普通船员应当正确执行船长、值班驾驶人员下达的操作指令,对指令有疑问或者出现不能执行指令的情况时应当立即报告。

三、停泊中值班驾驶员职责

(1)驾驶值班船员应当认真执行有关安全规章制度,掌握在船人员动态和值班任务执行情况,经常巡视船舶,了解周围情况,维持船上的正常秩序。

(2)值班驾驶人员负责与港口联系,了解货物装卸、旅客上下和燃料、水补给进度,并掌握船舶吃水、浮态、强度和稳性等情况。

(3)驾驶值班船员应当经常检查舷梯、锚链、跳板以及安全网,及时调整系缆。

(4)系泊中,驾驶值班船员应当注意系缆受力和他船靠离情况,了解风、流、水位等情况,发现异常,及时采取措施。

(5)锚泊中,驾驶值班船员应当了解潮汐、水流、水深、底质、气象及周围环境等情况;并应当保持正规瞭望,注意下列情况,以便及时采取措施:

①是否走锚;

②周围锚泊船及附近航行船舶动态;

③风、浪、流、水位及潮汐的变化情况;

④本船货物和旅客的状态;

⑤并靠船舶的系缆及其他安全设施状况。

(6)本船或者他船走锚,或者过往船舶距离本船过近出现危险局面时,值班船员应当果断采取有效措施,并立即报告船长或者值班驾驶人员。

(7)船舶修理时,值班船员应当督促从事高空、舷外、临水、明火作业以及封闭舱室内工作人员严格执行相关安全制度。

(8)发现火情、人员落水、环境污染、船舶碰撞等紧急情况时,值班船员应当立即发出警报信号,报告船长,按应变部署全力施救。必要时请求救助。

四、作业中值班驾驶员职责

(1)船舶所有人、船舶经营人、船舶管理人和船长应当制定保证货物作业和旅客安全的制度。

负责计划和实施装卸货物、上下旅客作业的值班船员应当识别和控制特定风险,确保作业的安全实施。

(2)船舶载运危险货物、污染危害性货物或者旅客时,船长应当做出保障货物、旅客和环境安全的值班安排。

(3)在作业期间、船舶开航前和航行中,值班驾驶人员应当亲自或者安排其他人员对旅客情况、货物积载、系固状况、船舶强度和稳性进行检查和判断,并采取必要的措施保障旅客、货物和船舶安全。

五、航行与停泊中值班驾驶员交接班内容

(1)接班船员应当提前15分钟到达值班岗位,熟悉情况,做好接班前的准备工作。

为保证交接班时船舶航行的安全,规则要求接班驾驶员提前15分钟到达驾驶室,熟悉情

况后做好接班前的准备工作。应该说,这是根据驾驶员的交通特性所决定的,船舶夜间行驶时,驾驶室是没有灯光的,驾驶员由明亮的地方进入到驾驶室有一个适应过程,这种由明到暗的适应叫"暗适应"。另外,驾驶员全面了解有关情况也需要一定时间。

(2)航行中值班驾驶人员交接班时应当交接清楚下列事项:

①航道、船位、航向、航速、水位、水流、潮汐、气象等情况;

②号灯、号型、旗号、声响设备及助航仪器状况;

③过往船舶动态;

④助航仪器获取的重要信息和无线电话联系情况及双方已明确的会让意图;

⑤本船(或船队)吃水及操纵性能;

⑥航行信息、通电、通告及船长指示;

⑦客、货船的中途上下旅客及货物装卸情况;

⑧船队在中途加拖、解拖及变更队形的情况;

⑨旅客、货物状态检查和全船巡视情况;

⑩本班内发生的重要事项及下一班需要继续完成的事项;

⑪有关航行安全的其他情况。

(3)停泊中驾驶值班船员交接班时应当交接清楚下列事项:

①气象、水位、水流、潮汐、系缆、本船周围情况;

②船位、锚位、出链长度、受力及偏荡情况,走锚的情况及采取的措施;

③货物装卸作业、旅客上下、船舶吃水、强度和稳性等情况及港方要求;

④有关防风、防火、防盗、防洪、防污染、防冻、防流冰等安全措施;

⑤检修工作的进度及问题处理;

⑥本船显示的号灯、号型及有关信号;

⑦发生的事故及需要注意的事项;

⑧船长指示;

⑨在船人员动态和值班任务执行情况;

⑩其他注意事项和措施。

(4)发生下列情形时,暂不进行交接:

①正在避让或者处理紧急事项;

②航行时正在通过桥区水域、危险航道、进出船闸或者正在转向;

③接班船员对交接事项不明或者有疑虑;

④交接班时间已到但无人接班;

⑤交班船员认为接班船员状态不适合接班。

出现上述④、⑤项情形的,交班船员应当报告船长。

(5)交接班过程中的安全责任由交班船员负责,交接清楚后双方在航行日志上签字。交接过程如有争议,由船长协调解决。

第二节　航行日志记载规则

航行日志是船舶运行全过程的原始记录，是船舶法定文件之一，它真实记载了船舶航次任务、气象、水位、潮汐情况，航行中的各种情况，停泊时、修理时的详细事项，为分析各种事故原因提供可靠的原始依据，也为编制航次总结，总结航行经验、教训提供资料。因此，为统一规范内河船舶“航行日志”格式及其记载内容，加强内河船舶管理，交通部于1992年8月31日发布了《内河船舶航行日志记载规则》（以下简称“记载规则”）。

记载规则主要内容包括总则、记载规定、记载内容和附则，共四章二十一条。

一、记载规定

（1）航行日志应依时间顺序连续记载，不得间断，内容应当明确反映出船舶航行、停泊、作业或修理的基本情节。交接班时，应当在紧接本班记载内容的后面签字。

（2）航行日志使用不褪色的蓝色或黑色墨水填写，字体端正清楚，语句简明，不得涂抹、撕毁、添页，不留空行、空页；如记事栏填写满格，可翻页继续填写。

如果记错，应当在错写字句标以括号并画一横线（被删字句仍应清晰可见）。然后在括号后面或上方重写，并签字。

若有漏记，应当在漏写字句的相应位置补写，并签字。

（3）计量单位一律采用国家法定计量单位。

（4）驾驶员必须亲自指导水手（或舵工）做好航行日志的记载工作，并对记载内容负责。交班时，应当在紧接本班记载内容的后面签字。

（5）船长对航行日志的记载全面负责，并应当经常检查、指导航行日志记载。每个航次结束后或停泊时的每旬末要进行审阅并签字。

二、记载内容

1.航次任务应记载的内容、事项

1）航次序号

航次序号是指船舶年度实际完成的从始发港到达终点港运行全过程的顺序编号。从始发港到终点港为一个航次，再从终点港返回为另一个航次。第一个航次记为“1次”。

2）起止港口

起止港口是指船舶完成航次任务的始发港口和终点港口。在记载时，为记载快速方便，如果有港口城市简称的，可用城市简称，但不能随意使用。例如，始发港是重庆，到达港是上海，可记为“渝申”或“渝—申”。

3）一般运输或特殊任务

一般运输系指根据船舶本身用途所担任的载客或载货等任务。特殊任务一般系指担任军运、施救、抢险、救灾、抢修助航设施等任务。

2. 气象、水位、潮汐应记载的内容、事项

1)气象

气象包括天气实况及能见度、气温、气压、风向、风力等内容。一般根据天气预报和实际观察的天气现象记载。

2)水位

水位包括“水位公报”,直接观读水尺以及浅槽水深。单位为米(m),准确到厘米(cm),并用箭头朝向表示涨(↑)、箭头朝下表示落(↓)、平(—)。

3)潮汐

潮汐指潮流河段的潮流情况。

3. 航行中应记载的内容、事项

(1)驾驶室与机舱对时的时间和校正数据。

(2)用车及变化情况以及主机转换变速的时间、事由。离泊时,从备车开始至正常行驶,包括“备车、回铃、第一次用车、正常行驶”的时间;靠泊时,包括“备车、回铃、第一次减速、完车”的时间;减速防浪的记载应包括开始减速时间、实际减速时间、实际使用的车速及说明具体减速事由。

(3)到、离港的时间和港名。港名可用港口城市简称。

(4)船舶驶过重要地点(或标志)、桥梁、船闸的时间、名称、航向。对于船舶航行区域的经常行驶航线的重要地点(或标志)、桥梁、船闸的记载可进行预先确定。

(5)会让船名、时间、地点、何舷通过及会让情况;发现航标的变异,碍航漂浮物和其他异状物的时间、名称、地点、采取的措施,感潮河段的潮流情况。船舶会让记录是航行日志的一项重要记载,尤其是两船相遇有碰撞危险存在的时候,记载时,应使用简明、正确的文字按本规则要求将整个会让情况表达清楚。

(6)舱水测量情况。

(7)装运危险货物时,巡回安全检查的时间及检查的情况。

(8)雷达的启动、关闭时间,无线电话的重要通话内容、时间。

(9)避风、避雾、避洪峰、候潮和绞滩的时间、地点。

(10)罗经校正的时间、地点。

(11)应变演习的时间、地点、类别和实绩。

(12)发生事故隐患的时间、地点、种类和应急措施。

(13)发生水上交通事故的经过、措施、结果及有关情况。

(14)其他需要备查的事项。

上述(7)至(14)项的记载,是当该项事件发生时才记载,且必须记载。

4. 停泊时应记载的内容、事项

(1)停泊时间、泊位名称、移泊时间和事由;锚泊时的锚地名称、抛锚只数、出链长度、水深、底质、抛妥或起锚开始和完毕的时间,锚泊或起锚的事由。

(2)发现走锚的时间,采取的措施。

(3)他船靠离本船的时间、船名、数量。

(4)清舱、洗舱、熏舱、验舱、测爆的舱名号、时间、地点、施工作业单位。

(5)排污、倾废的时间、地点、数量。

(6)被滞留的原因、时间、地点和执法机关。

(7)其他需要备查的事项。

5. 作业时应记载的内容、事项

(1)客、货载量情况及变化情况,燃料和清水的储备量、港名、上下客和装卸货的时间。上下客和装卸货应使用关联记载方法记载。

(2)危险、贵重、涉外货物装卸时间、港名、安全措施。

(3)首尾吃水、船体横倾度。吃水以米(m)为单位,准确到厘米(cm)。船体横倾度以驾驶室倾斜仪的读数为标准记载。

(4)被拖船名、载量、最大吃水、编组队形及其总长度、总宽度。对于船队的队形,可在航行日志上以示意图表示。

(5)编解队的时间和港(地)名。

6. 船舶检修或修理情况

7. 卧冬船的修理记载事项

8. 其他需要备查的事项

第二十四章 内河交通安全管理条例

随着我国市场经济体制的建立,水上交通安全管理体制的改革必须适应内河航运发展的需要。2002 年 8 月 1 日开始实施的《中华人民共和国内河交通安全管理条例》(以下简称“内安条例”),从内容上、结构上充分体现了内河水运行业市场经济条件下内河交通安全宏观管理的客观要求。

内安条例的主要内容包括总则、船舶(包括浮动设施)和船员、航行停泊与作业、危险货物监管、渡口管理、通航保障与救助、事故调查处理、监督检查、法律责任和附则等,共十一章九十条。

第一节 船舶和船员

一、船舶的概念

船舶是指各类排水或者非排水的船、艇、筏、水上飞行器、潜水器、移动式平台以及其他水上移动装置。

二、船舶航行必须具备的条件

(1)经海事管理机构认可的船舶检验机构依法检验并持有合格的船舶检验证书;

(2)经海事管理机构依法登记并持有船舶登记证书;

(3)配备符合国务院交通主管部门规定的船员;

(4)配备必要的航行资料。

中华人民共和国船舶海事局是执行船舶法定检验的监督机构。1993 年 2 月 14 日,国务院第 109 号令发布的《中华人民共和国船舶和海上设施检验条例》第四条规定,中国船级社(CCS)经中国海事局授权,可以代行法定检验。2004 年 5 月 10 日,中国海事局委托中国船级社代行船舶法定检验协议签署。这体现着中华人民共和国政府将悬挂中国国旗的国内航行船舶的法定检验权,正式以法律的形式委托给中国船级社。同时,中国海事局向 CCS 颁发了 A 类“中华人民共和国船舶检验机构资质认可证书”和“中华人民共和国船舶检验机构法定检验质量管理体系证书”。

持有合格的船舶检验证书是船舶航行必须具备的首要条件,未持有合格的检验证书,属违法行为。包括下列情形：

(1)未持有检验证书；

(2)检验证书过期失效；

(3)检验证书损毁、遗失但不按规定补办；

(4)检验证书所载内容与船舶实际状况不相符。

持有合格船舶登记证书是船舶航行必须具备的条件之一，未持有合格的登记证书，属违法行为。包括下列情形：

(1)未持有登记证书；

(2)登记证书过期失效；

(3)登记证书损毁、遗失但不按规定补办。

安全配员是船舶航行必须具备的重要条件，船舶未按照国务院交通主管部门的规定配备船员擅自航行，属违法行为。包括下列情形：

(1)未按照船舶最低安全配员证书的规定配备合格的船员；

(2)未按照船舶最低安全配员证书的规定配备足数的船员；

(3)未持有船舶最低安全配员证书；

(4)未持有有效的船舶最低安全配员证书；

(5)所配备的船员未携带有效的船员职务证书；

(6)未按照船员值班规定安排船员值班或者实施值班；

(7)所配备的船员在船值班期间，饮酒影响安全值班；

(8)所配备的船员在船值班期间，服食违禁药物影响安全操作；

(9)船舶未按照国务院交通主管部门的规定配备船员擅自航行的其他情形。

配备必要的航行资料是船舶航行必须具备的条件，未配备必要的航行资料，属违法行为。包括下列情形：

(1)未取得有效船舶所有人、经营人安全营运与防污染管理体系符合证明和船舶安全管理证书；

(2)船舶所有人、经营人隐瞒事实或者提供虚假证据性资料的，或者以其他不正当手段骗取船舶安全管理证书；

(3)伪造、变造船舶所有人、经营人安全营运与防污染管理体系审核的符合证明或者船舶安全管理证书；

(4)转让、买卖、租借、冒用船舶所有人、经营人安全营运与防污染管理体系审核的符合证明或者船舶安全管理证书；

(5)使用伪造、变造的船舶所有人、经营人安全营运与防污染管理体系符合证明或者船舶安全管理证书；

(6)未按照规定申请审核安全营运与防污染管理体系符合证明或者船舶安全管理证书。

三、船舶的义务

船舶除应具备上述条件外，按内安条例规定还应当：

(1)保持适于安全航行、停泊或者从事有关活动的状态。

(2)船舶、浮动设施的配载和系固符合国家安全技术规范。

四、船员的任职条件和义务

船员经水上交通安全专业培训，其中客船和载运危险货物船舶的船员还应当经相应的特殊培训，并经海事管理机构考试合格，取得相应的适任证书或者其他适任证件，方可担任船员职务。

严禁未取得适任证书或者其他适任证件的船员上岗。

船员应当遵守职业道德，提高业务素质，严格依法履行职责。

未经考试合格并取得适任证书或者其他适任证件，属违法行为。包括下列情形：

(1)未经水上交通安全专业培训并取得相应合格证明；

(2)未持有船员适任证书或者其他适任证件；

(3)持有的船员适任证书或者其他适任证件与其服务的船舶种类、航区、等级、职务不相符；

(4)持有的船员适任证书或者其他适任证件失效；

(5)在客船(客货船、客渡船、滚装客船、高速客船)和载运危险货物船舶等特殊种类船舶上任职，未经相应的特殊培训并取得合格证明；

(6)未按照规定持有船员服务簿；

(7)以考试舞弊、欺骗、贿赂等不正当手段取得船员适任证书或者其他适任证件。

五、船舶证书、船员证书或者其他适任证件的管理

禁止伪造、变造、买卖、租借、冒用船舶检验证书、船舶登记证书、船员适任证书或者其他适任证件。

第二节　航行、停泊和作业

一、船舶航行应遵守的规定

(1)船舶在内河航行，应当悬挂国旗，标明船名、船籍港、载重线。

经海事管理机构依法进行船舶所有权登记后，即取得船舶国籍，船舶从日出到日落应当悬挂国旗。船名、船籍港、载重线是船舶的重要标志，应在船舶的规定位置标明，尤其是船名标志应标明在船舶的显著位置，并应保证昼夜24小时正常显示。

(2)按国家规定应当报废的船舶，不得航行。

按国家规定应当报废的船舶，已经不具备适航条件，无法保证船舶航行安全。

(3)船舶在内河航行，应当加强瞭望，注意观察，并采用安全航速航行。船舶在限制航速的区域和汛期高水位期间，应当按照海事管理机构规定的航速航行。

(4)船舶在内河航行时，应按避碰规则有关规定进行航路的选择。

(5)船舶在内河航行时，应当谨慎驾驶，保障安全；对来船动态不明、声号不统一或者遇有紧迫情况时，应当减速、停车或者倒车，防止碰撞。严格按避碰规则的规定进行避让。

(6)船舶进出内河港口，应当向海事管理机构办理船舶进出港签证手续。

(7)船舶进出港口和通过交通管制区、通航密集区或者航行条件受限制的区域,应当遵守海事管理机构发布的有关通航规定。任何船舶不得擅自进入或者穿越海事管理机构公布的禁航区。

关于船舶进出港口应当遵守的有关通航规定,是指为生产和安全的需要而制定颁布的综合性管理的“港口管理规定”或某一方面的专项规定,如长江干线上的《武汉港码头靠泊暂行规定》。

交通管制区是主管机关根据某一段内的航道及水文气象条件、航行环境等因素,对船舶航行、停泊和作业等行为从法律上加以规范,其主要内容有:船舶动态报告;航速控制;上、下行船舶或不同等级船舶的航路指定;横驶区、等候区、掉头区、锚地或停泊区的划定;特殊信号的显示规定等等。划定交通管制区是为了改善航行秩序,减少水上交通事故,提高航道的通过能力。随着安全管理手段的改善与进步,我国内河的部分地区,例如长江干线的南京至浏河口,建立了以港口雷达监视手段和现代化通信为主要硬件的船舶交通管理系统(VTS)。在建立了船舶交通管制(管理)系统的地区,其交通管制(管理)区的规定,纳入“系统”的软件,成为其法规子系统。由于“系统”监测手段的先进和完善,交通管制(管理)区的规定得到更好的贯彻执行。

内河条件受限制的水域,一般有弯曲、浅窄的航段及有跨河建筑物的水域等。当航道因弯曲、浅窄而不能满足双向通航的要求时,则实施单向通航的规定。对跨河建筑物,根据其形式、特点及其所在水域的环境,制定相应的安全管理规定。例如在桥梁水域内,对上下行通航桥孔、船舶的通过尺度、下行时控制能力、上行时的航速、桥梁水域的避让行动、通过时的流速(或水位)及风向、风力限制、通过桥梁船舶的安全准备工作等方面做出规定,以保障船舶和桥梁的安全。

禁航区是指在通航水域内,由于水下存在对船舶可能造成损害的障碍物等,或因军队、国家安全需要等原因而划定的禁止船舶驶入的水域。

(8)从事货物或者旅客运输的船舶,必须符合船舶强度、稳性、吃水、消防和救生等安全技术要求和国务院交通主管部门规定的载货或者载客条件;任何船舶不得超载运输货物或者旅客。

船舶不具备安全技术条件从事货物、旅客运输,属违法行为,包括以下情形:

①不遵守船舶、设施的配载和系固安全技术规范;

②遇有不符合安全开航条件的情况而冒险开航;

③超过核定航区航行;

④未按照规定拖带或者非拖船从事拖带作业;

⑤未经核准从事大型设施或者移动式平台的水上拖带;

⑥未持有“乘客定额证书”;

⑦未按照规定保障人员上、下船舶、设施安全;

⑧未按照“船舶安全检查通知书”的处理意见纠正缺陷;

⑨船舶不具备安全技术条件从事货物、旅客运输的其他情形。

超载运输货物、超定额运输旅客,属违法行为,包括以下情形:

①超核定载重线载运货物;

②集装箱船装载超过核定箱数;

③滚装船装载超出检验证书核定的车辆数量；

④未经核准乘客定额载客航行；

⑤超乘客定额载运旅客。

(9)船舶在内河通航水域载运或者拖带超重、超长、超高、超宽、半潜的物体，必须在装船或者拖带前24小时报海事管理机构核定拟航行的航路、时间，并采取必要的安全措施，保障船舶载运或者拖带安全。船舶需要护航的，应当向海事管理机构申请护航。

二、船舶停泊应遵守的规定

(1)船舶应当在码头、泊位或者依法公布的锚地、停泊区、作业区停泊；遇有紧急情况，需要在其他水域停泊的，应当向海事管理机构报告。

(2)船舶停泊，应当按照规定显示信号，不得妨碍或者危及其他船舶航行、停泊或者作业的安全。

(3)船舶停泊，应当留有足以保证船舶安全的船员值班。

船舶在内河航行、停泊或者作业，不遵守航行、避让和信号显示规则，属违法行为，包括以下情形：

①未采用安全航速航行；

②未按照规定的航路或者航行规则航行；

③未按照规定倒车、掉头、追越；

④未按照规定显示号灯、号型或者鸣放声号；

⑤未按照规定擅自夜航；

⑥在规定必须报告船位的地点，未报告船位；

⑦在禁止横穿航道的航段，穿越航道；

⑧在限制航速的区域和汛期高水位期间未按照海事管理机构规定的航速航行；

⑨不遵守海事管理机构发布的在能见度不良时航行规定；

⑩不遵守海事管理机构发布的有关航行、避让和信号规则规定；

⑪不遵守海事管理机构发布的航行通告、航行警告规定；

⑫船舶装卸、载运危险货物或者空舱内有可燃气体时，未按规定悬挂或者显示信号；

⑬未在规定的甚高频通信频道上守听；

⑭未按照规定进行无线电遇险设备测试；

⑮船舶停泊未按照规定留足值班人员；

⑯不遵守航行、避让和信号显示规则的其他情形。

第三节　通航保障

一、航道及助航标志管理

任何单位和个人发现下列情况，应当迅速向海事管理机构报告：

(1)航道变迁，航道水深、宽度发生变化；

(2)妨碍通航安全的物体;

(3)航标发生位移、损坏、灭失;

(4)妨碍通航安全的其他情况。

海事管理机构接到报告后,应当根据情况发布航行通告或者航行警告,并通知航道、航标主管部门。

二、航行通告(航行警告)

航行通告是指海事管理机构以书面形式(文书或登报)或无线电通信方式向船舶驾驶人员提供有关航行安全的紧急或临时性重要信息的一种公告形式。通常情况下,以无线电形式发布的称为航行警告,以书面形式发布的称为航行通告。

海事管理机构在发布的航行通告(航行警告)中,一般要告知有关施工作业或活动的时间、内容等,还会对船舶提出具体要求。如对水上、水下施工作业区,则要求过往船舶与施工船舶保持一定距离,或减速或在指定时间,或按现场监督人员的指挥通过。航行船舶应按时收听航行警告,并遵守其要求和规定。

第四节 救助

关于救助,我国《海上交通安全法》《海商法》及有关国际公约均称为海难救助,习惯上,在我国内河也称海难救助(或称水上救助)。海难,在内河是指船舶、浮动设施发生碰撞(包括触损或浪损)、触礁或搁浅、火灾或爆炸、风灾、沉没等事故造成人命、财产损害或使其处于危险状态中。如发生事故的船舶、浮动设施等自身的力量不足以制止人命、财产损害的扩大或解除不了危险状态,需要外部力量予以解救,此即为海难救助。对已经发生人命、财产损害的,具有救助的紧迫性,对于处在危险虽不一定具有紧迫性但如不解救,则可能或必然发生人命、财产的损害,故仍需进行救助。

一、遇险船舶、浮动设施的义务责任

(1)船舶、浮动设施遇险,应当采取一切措施自救。

对船舶、浮动设施所发生的险情进行自救,是船员的职责和义务,《内河船舶船员职务规则》规定了船员在人命、船舶、货物受到危险威胁时负有制止与救助的责任。并且规定对内河船舶常易发生的几种险情,即起火、人落水、船体破损进水制定应变部署,并进行演习,以提高应变能力。这是为船舶在一旦发生上述险情时,能迅速有序地进行自救。在船舶处于其他危险状态时,亦须积极自救,即令不可抗力也应采取紧急措施尽量减少人员伤亡和财产损失。

(2)船舶、浮动设施发生碰撞事故,任何一方应当在不危及自身安全的情况下,积极救助遇险的他方,不得逃逸。

按本条例的规定,对于碰撞事故,任何一方不论其受损情况如何,在不危及自身安全的情况下,积极救助遇险的他方,属强制性规定。

不积极施救,属违法行为,包括下列情形:

①船舶、浮动设施遇险后,不积极采取一切有效措施进行自救;

②船舶、浮动设施发生碰撞等事故后，在不危及自身安全的情况下，不积极救助遇险他方；

③附近船舶、浮动设施遇险，或者收到求救信号后，船舶、浮动设施上的船员或者其他人员未尽力救助遇险人员。

(3)船舶、浮动设施遇险，必须迅速将遇险的时间、地点、遇险状况、遇险原因、救助要求，向遇险地海事管理机构以及船舶、浮动设施所有人、经营人报告。

本条例要求船舶、浮动设施遇险后，必须迅速报告，其目的是及时组织救助，避免或减少损失；及时进行调查处理，查明原因，分清责任，便于对事故进行分析以达到宏观控制和预防目的，是当事人的义务，是强制性的要求。

船舶遇险后未履行报告义务，属违法行为，包括下列情形：

①船舶、浮动设施遇险后，未按照规定迅速向遇险地海事管理机构以及船舶、浮动设施所有人、经营人报告；

②船舶、浮动设施遇险后，未按照规定报告遇险的时间、地点、遇险状况、遇险原因、救助要求；

③发现其他船舶、浮动设施遇险，或者收到求救信号，船舶、浮动设施上的船员或者其他人员未将有关情况及时向遇险地海事管理机构报告。

(4)必须服从海事管理机构的统一调度和指挥。

组织指挥海难救助，是海事管理机构的职责和义务，《海上交通安全法》《对外国籍船舶的管理规则》中都有明确的规定。

二、遇险现场和附近的其他船舶、有关单位及人员的义务责任

(1)船员、浮动设施上的工作人员或者其他人员发现其他船舶、浮动设施，或者收到求救信号后，必须尽力救助遇险人员，并将有关情况及时向遇险地海事管理机构报告。

对遇险船舶、浮动设施的人员救助，是遇险现场和附近的其他船舶、有关单位及人员应尽的基本义务。关于人命救助，我国已加入的《1974 年国际海上人命安全公约》《联合国海洋法公约》等国际公约均规定了船长对遇险人员进行救助的义务。本条例是内河交通安全管理的基本法规，对内河的人命救助也做出了相应的规定，明确了内河船舶对人命救助的义务。这不仅符合国际通常的做法和要求，也符合我国社会主义的道德规范要求。

(2)遇险地县级以上地方人民政府收到海事管理机构的报告后，应当对救助工作进行领导和协调，动员各方力量积极参与救助。

海难救助是我国政府应尽的国际主义和人道主义义务，是一项需搜救部门快速反应的政府行为，实施海难救助需迅速动员社会各方面力量，除了充分发挥专业救助力量的作用外，更重要的是搜救部门要加强与当地政府的联系，在实施搜救的过程中要依靠当地政府，协调社会各方力量，快速、有效地对遇险人员、遇险船舶实施救助。

(3)船舶、浮动设施遇险时，有关部门和人员必须积极协助海事管理机构做好救助工作。遇险现场和附近的船舶、人员，必须服从海事管理机构的统一调度和指挥。

第五节 事故调查处理

水上交通事故的调查处理是海事管理机构的一项重要职责,本条例仅作了原则性规定。依据本条例的规定要求,我国制定了具体的事故调查处理法规——《中华人民共和国内河交通事故调查处理规定》,该规则对内河交通事故调查处理的适用范围、调查处理的内容及程序等作了详细的规定。

一、船舶的义务

(1)船舶、浮动设施发生交通事故,其所有人或者经营人必须立即向交通事故发生地海事管理机构报告,并做好现场保护工作。

(2)接受海事管理机构调查、取证的有关人员,应当如实提供有关情况和证据,不得谎报或者隐匿、毁灭证据。

阻碍、妨碍内河交通事故调查取证,属违法行为,包括下列情形:

①未按照规定立即报告事故,影响调查工作进行;

②事故报告内容不真实,不符合规定要求,影响调查工作进行;

③事故发生后,未做好现场保护,影响事故调查进行;

④在未出现危及船舶安全的情况下,未经海事管理机构的同意擅自驶离指定地点;

⑤未按照海事管理机构的要求驶往指定地点影响事故调查工作;

⑥拒绝接受事故调查或者阻碍、妨碍进行事故调查取证;

⑦因水上交通事故致使船舶、设施发生损害,未按照规定进行检验或者鉴定,或者不向海事管理机构提交检验或者鉴定报告副本,影响事故调查;

⑧其他阻碍、妨碍内河交通事故调查取证的情形。

谎报、匿报、毁灭证据,属违法行为,包括下列情形:

①隐瞒事实或者提供虚假证明、证词;

②故意涂改航行日志等法定文书、文件;

③其他谎报、匿报、毁灭证据的情形。

二、其他

(1)地方人民政府应当依照国家有关规定积极做好内河交通事故的善后工作。

(2)特大内河交通事故的报告、调查和处理,按照国务院有关规定执行。

第六节 相关术语解释

(1)内河通航水域,是指由海事管理机构认定的可供船舶航行的江、河、湖泊、水库、运河等水域。

(2)船舶,是指各类排水或者非排水的船、艇、筏、水上飞行器、潜水器、移动式平台以及其他水上移动装置。

(3)浮动设施,是指采用缆绳或者锚链等非刚性固定方式系固并漂浮或者潜于水中的建筑、装置。

(4)交通事故,是指船舶、浮动设施在内河通航水域发生的碰撞、触碰、触礁、浪损、搁浅、火灾、爆炸、沉没等引起人身伤亡和财产损失的事件。

第二十五章 船舶管理

船舶管理以《中华人民共和国船舶最低安全配员规则》和《中华人民共和国船舶安全检查规则》的相关要求为基础，重点介绍船舶最低安全配员管理和船舶安全检查等内容，为保障船舶的适航状态形成管理机制。

第一节 船舶最低安全配员规则

为确保船舶的船员配备足以保证船舶安全航行、停泊和作业，防治船舶污染环境，我国交通运输部颁布了《中华人民共和国船舶最低安全配员规则》（简称“配员规则”）。该规则于2004年8月1日起开始实施。2014年9月5日交通运输部令2014年第10号发布实施的《关于修改〈中华人民共和国船舶最低安全配员规则〉的决定》，增加了“关于中国籍船舶配备外国籍船员应当遵守的有关规定”。目前，配员规则的主要内容包括总则、最低安全配员原则、最低安全配员管理、监督检查和附则，共五章二十八条。

一、船舶最低安全配员原则

（1）确定船舶最低安全配员标准应综合考虑船舶的种类、吨位、技术状况、主推进动力装置功率、航区、航程、航行时间、通航环境和船员值班、休息制度等因素。

（2）船舶在航行期间，应配备不低于按本规则附录一、附录二、附录三所确定的船员构成及数量。高速客船的船员最低安全配备应符合交通部颁布的《中华人民共和国高速客船安全管理规则》（交通部令2006年第4号）的要求。

（3）本规则附录一、附录二、附录三列明的减免规定是根据各类船舶在一般情况下制定的，海事管理机构在核定具体船舶的最低安全配员数额时，如认为配员减免后无法保证船舶安全时，可不予减免或者不予足额减免。

（4）船舶所有人可以根据需要增配船员，但船上总人数不得超过经中华人民共和国海事局认可的船舶检验机构核定的救生设备定员标准。

二、船舶最低安全配员管理

（1）中国籍船舶配备外国籍船员应当符合以下规定：

①在中国籍船舶上工作的外国籍船员，应当依照法律、行政法规和国家其他有关规定取得

就业许可。

②外国籍船员持有合格的船员证书，且所持船员证书的签发国与我国签订了船员证书认可协议。

③雇佣外国籍船员的航运公司已承诺承担船员权益维护的责任。

(2)中国籍船舶应当按照本规则的规定，持有海事管理机构颁发的船舶最低安全配员证书。

(3)船舶所有人应当在申请船舶国籍登记时，按照本规则的规定，对其船舶的最低安全配员如何适用本规则附录相应标准予以陈述，并包括对减免配员的特殊说明。

海事管理机构应当在依法对船舶国籍登记进行审核时，核定船舶的最低安全配员，并在核发船舶国籍证书时，向当事船舶配发船舶最低安全配员证书。

(4)在境外建造或者购买并交接的船舶，船舶所有人应持船舶买卖合同或者建造合同及交接文件、船舶技术和其他相关资料的副本(复印件)到所辖的海事管理机构办理船舶最低安全配员证书。

(5)海事管理机构核定船舶最低安全配员时，除查验有关船舶证书、文书外，可以就本规则第六条所述的要素对船舶的实际状况进行现场核查。

(6)船舶在航行、停泊、作业时，必须将船舶最低安全配员证书妥善存放在船备查。

船舶不得使用涂改、伪造以及采用非法途径或者舞弊手段取得的船舶最低安全配员证书。

(7)船舶所有人应当按照本规则的规定和船舶最低安全配员证书载明的船员配备要求，为船舶配备合格的船员。

(8)船舶所有人应当在船舶最低安全配员证书有效期截止前一年以内，或者在船舶国籍证书重新核发或者相关内容发生变化时，凭原证书到船籍港的海事管理机构办理换发证书手续。

(9)证书污损不能辨认的，视为无效，船舶所有人应当向所辖的海事管理机构申请换发。证书遗失的，船舶所有人应当书面说明理由，附具有关证明文件，到船籍港的海事管理机构办理补发证书手续。

换发或者补发的船舶最低安全配员证书的有效期，不超过原发的船舶最低安全配员证书的有效期。

(10)船舶状况发生变化需改变证书所载内容时，船舶所有人应当到船籍港的海事管理机构重新办理船舶最低安全配员证书。

(11)在特殊情况下，船舶需要在船籍港以外换发或者补发船舶最低安全配员证书，经船籍港海事管理机构同意，船舶当时所在港口的海事管理机构可以按照本规定予以办理并通报船籍港海事管理机构。

三、船舶最低安全配员监督检查

(1)中国籍、外国籍船舶在办理进、出港口或者口岸手续时，应当交验船舶最低安全配员证书。

(2)中国籍、外国籍船舶在停泊期间，均应配备足够的掌握相应安全知识并具有熟练操作能力能够保持对船舶及设备进行安全操纵的船员。

无论何时，600 总吨及以上(或者 441 千瓦及以上)内河船舶的船长和大副，轮机长和大管轮不得同时离船。

(3)船舶未持有船舶最低安全配员证书或者实际配员低于船舶最低安全配员证书要求的,对中国籍船舶,海事管理机构应当禁止其离港直至船舶满足本规则要求;对外国籍船舶,海事管理机构应当禁止其离港,直至船舶按照船舶最低安全配员证书的要求配齐人员,或者向海事管理机构提交由其船旗国主管当局对其实际配员做出的书面认可。

(4)对违反本规则的船舶和人员,依法应当给予行政处罚的,由海事管理机构依据有关法律、行政法规和规章的规定给予相应的处罚。

第二节　船舶安全检查规则

为了严格执行《中华人民共和国海上交通安全法》《中华人民共和国海洋环境保护法》《中华人民共和国内河交通安全管理条例》等法律、行政法规和我国缔结、加入的有关国际公约,规范船舶安全检查活动,保障水上人命、财产安全,防止船舶造成水域污染,交通运输部颁布了《中华人民共和国船舶安全检查规则》(简称“安全检查规则”)。该规则于2010 年3 月1 日起开始实施。

安全检查规则的主要内容包括总则、船舶安全检查和处理、船旗国监督检查记录簿和港口国监督检查报告使用规定、法律责任和附则,共五章三十六条。

一、船舶安全检查和处理

1. 船舶安全检查的种类

船舶安全检查分为船旗国监督检查和港口国监督检查。

船旗国监督检查是指对中国籍船舶实施的船舶安全检查;港口国监督检查是指对航行、停泊、作业于我国港口(包括海上系泊点)、内水和领海的外国籍船舶实施的船舶安全检查。

2. 船舶安全检查的内容

船舶安全检查的内容包括:

(1)船舶配员。

(2)船舶和船员有关证书、文书、文件、资料。

(3)船舶结构、设施和设备。

(4)载重线要求。

(5)货物积载及其装卸设备。

(6)船舶保安相关内容。

(7)船员对与其岗位职责相关的设施、设备的实际操作能力以及中国籍船员所持适任证书所对应的适任能力。

(8)船员人身安全、卫生健康条件。

(9)船舶安全与防污染管理体系的运行有效性。

(10)法律、行政法规、规章以及国际公约要求的其他检查内容。

3. 检查方法

(1)检查人员实施船舶安全检查,在登轮后应当向船方出示有效证件,表明来意。先进行初步检查,对船舶进行巡视,核查船舶证书、文书和船员证书。图 5-25-1、5-25-2 所示为船舶文书检查和船舶装载情况现场检查。

有下列情形之一的,检查人员应当对船舶实施详细检查,并告知船方进行详细检查的原因:

①巡视或者核查过程中发现在安全、防污染、保安、劳工条件等方面明显存在缺陷或者隐患的。

②被举报低于安全、防污染、保安、劳工条件等要求的。

③两年内未经海事管理机构详细检查的。

④中华人民共和国海事局要求进行详细检查的。

(2)检查人员实施详细检查时,船长应当指派人员陪同。陪同人员应当如实回答检查人员提出的问题,并按照检查人员的要求测试和操纵船舶设施、设备。

图 5-25-1　船舶证书、文件检查

图 5-25-2　船舶装载情况现场检查

4. 处理

(1)检查人员应当运用专业知识对船舶存在的缺陷做出判断,并按照有关法律、行政法规或者国际公约的规定,提出下列一种或者几种处理意见:

①开航前纠正缺陷。

②在开航后限定的期限内纠正缺陷。

③滞留。

④禁止船舶进港。

⑤限制船舶操作。

⑥责令船舶驶向指定区域。

⑦驱逐船舶出港。

⑧法律、行政法规或者国际公约规定的其他措施。

(2)船舶有权对海事管理机构实施船舶安全检查时提出的缺陷以及处理意见当场进行陈述和申辩。海事管理机构应当充分听取船方意见。

(3)实施船旗国监督检查结束后,检查人员应当签发船旗国监督检查记录簿。

检查人员应当在船旗国监督检查记录簿中标明缺陷及处理意见,签名并加盖船舶安全检查专用章。对于缺陷处理意见为滞留的,检查人员应当在船旗国监督检查记录簿中注明理由。

(4)船舶以及相关人员应当按照海事管理机构签发的船旗国监督检查记录簿的要求,对存在的缺陷进行纠正。

中国籍船舶的船长或者履行船长职责的船员应当对缺陷纠正情况进行检查，并在航行日志中进行记录。

(5)船舶在纠正导致海事管理机构采取“滞留”“禁止船舶进港”“限制船舶操作”“驱逐船舶出港”处理措施之一的缺陷后，应当向海事管理机构申请复查。对其他缺陷纠正后，船舶可以自愿申请复查。

(6)海事管理机构可以根据需要对缺陷纠正情况进行跟踪检查。

对已经纠正的缺陷，经复查或者跟踪检查合格后，检查人员应当在船舶安全检查报告中签名并加盖船舶安全检查复查合格章，海事管理机构应当及时解除相应的处理措施。

(7)船舶存在可能影响水上人命、财产安全或者可能造成水域环境污染的缺陷和隐患的，船员及其他知情人员应当向海事管理机构举报。

(8)海事管理机构应当建立健全船舶安全检查信息公开制度，并接受社会公众和有关方面的咨询和监督。

(9)船舶安全检查不免除船舶、船员及相关方在船舶安全、防污染和保安等方面应当履行的法定责任和义务。

二、船旗国监督检查记录簿使用规定

(1)中国籍船舶应当随船携带船旗国监督检查记录簿。

船旗国监督检查记录簿由船舶或者其所有人、经营人、管理人向海事管理机构申请换发、补发。

船旗国监督检查记录簿使用完毕或者污损不能继续使用的，应当申请换发，并交验前一本船旗国监督检查记录簿。因遗失或者灭失等原因申请补发的，应当书面说明理由，附具有关证明文件，并提供最近一次对其实施船旗国监督检查的海事管理机构名称。

(2)船旗国监督检查记录簿应当连续使用，保持完整，不得缺页、擅自涂改或者故意毁损。

使用完毕的船旗国监督检查记录簿应当妥善保管，至少在船上保存两年。

(3)除海事管理机构外，任何单位、人员不得扣留、收缴船旗国监督检查记录簿，也不得在船旗国监督检查记录簿上签注。

(4)船舶不得涂改、故意损毁、伪造、变造船旗国监督检查记录簿，不得以租借、骗取等手段冒用船旗国监督检查记录簿。

三、法律责任

(1)违反安全检查规则，有下列行为之一的，由海事管理机构对违法船舶或者其所有人、经营人、管理人处1000元以上1万元以下的罚款；情节严重的，处1万元以上3万元以下的罚款。对违法人员处100元以上1000元以下的罚款；情节严重的，处1000元以上3000元以下的罚款：

①拒绝或者阻挠检查人员实施船舶安全检查的。

②弄虚作假欺骗检查人员的。

③未按照船旗国监督检查记录簿的处理意见纠正缺陷或者采取措施的。

④船舶在纠正按照本规则规定应当申请复查的缺陷后未申请复查的。

⑤未按照本规则规定将船舶在境外接受检查和处罚的情况向船籍港海事管理机构报告

的。

⑥涂改、故意损毁、伪造、变造船旗国监督检查记录簿的。

⑦以租借、骗取等手段冒用船旗国监督检查记录簿的。

(2)中国籍船舶未按照规定携带船旗国监督检查记录簿的,海事管理机构应当责令改正,并对违法船舶处1000元罚款。

第二十六章 船员管理

为了加强船员管理,提高船员素质,维护船员合法权益,保障水上交通安全,通过实施《中华人民共和国船员条例》(简称"船员条例")、《中华人民共和国内河船舶船员适任考试和发证规则》(简称"考试规则")、《中华人民共和国内河船舶船员值班规则》(简称"值班规则")、《中华人民共和国船员注册管理办法》(简称"注册办法")、《中华人民共和国船员违法记分办法》(简称"违法记分办法")等法规,为内河船舶的船员管理形成了一系列行之有效的规章制度体系。

第一节 船员条例

我国"船员条例"于2007年3月28日经国务院第172次常务会议通过(国务院令第494号)以后,已经从2007年9月1日起施行。为内河船员注册、任职、培训、职业保障以及提供船员服务等活动提供了依据。国务院交通主管部门主管全国船员管理工作。国家海事管理机构依照船员条例统一实施船员管理工作。

一、船员注册和任职资格

(一)申请船员注册应具备的条件

(1)船员条例所称的船员,是指依照本条例经海事管理机构注册,取得船员服务簿的人员,包括船长、高级船员、普通船员。

(2)申请船员注册,应当具备下列条件:

①年满18周岁(在船实习、见习人员年满16周岁)但不超过60周岁。

②符合船员健康要求。

③经过船员基本安全培训,并经海事管理机构考试合格。

④申请注册国际航行船舶船员的,还应当通过船员专业外语考试。

申请船员注册,可以由申请人或者其代理人向任何海事管理机构提出书面申请,并附送申请人符合本条例规定条件的证明材料。

(3)船员服务簿:

对符合船员注册条件的人员,海事管理机构应当给予注册,发给船员服务簿。船员服务簿是船员的职业身份证件,应当载明船员的姓名、住所、联系人、联系方式以及其他有关事项。

船员服务簿记载的事项发生变更的，船员应当向海事管理机构办理变更手续。

（二）任职资格规定

(1)参加航行和轮机值班的船员，应当依照本条例的规定取得相应的船员适任证书。

(2)申请船员适任证书，应当具备下列条件：

①已经取得船员服务簿；

②符合船员任职岗位健康要求；

③经过相应的船员适任培训、特殊培训；

④具备相应的船员任职资历，并且任职表现和安全记录良好。

(3)申请船员适任证书，应当向海事管理机构提出书面申请，并附送申请人符合本条例规定的证明材料。对符合规定条件并通过国家海事管理机构组织的船员任职考试的，海事管理机构应当发给相应的船员适任证书。

(4)船员适任证书应当注明船员适任的航区(线)、船舶类别和等级、职务以及有效期限等事项。

(5)船员适任证书的有效期不超过5年。

(6)中国籍船舶的船长和高级船员应当由中国籍船员担任；确需外国籍船员担任高级船员的，应当报国家海事管理机构批准。

(7)曾经在军用船舶、渔业船舶上工作的人员，或者持有其他国家、地区船员适任证书的船员，依照本条例的规定申请船员适任证书的，海事管理机构可以免除船员培训和考试的相应内容。具体办法由国务院交通主管部门另行规定。

二、船员职责

(1)船员在船工作期间，应当符合下列要求：

①携带本条例规定的有效证件。

②掌握船舶的适航状况和航线的通航保障情况以及有关航区气象、海况等必要的信息。

③遵守船舶的管理制度和值班规定，按照水上交通安全和防治船舶污染的操作规则操纵、控制和管理船舶，如实填写有关船舶法定文书，不得隐匿、篡改或者销毁有关船舶法定证书、文书。

④参加船舶应急训练、演习，按照船舶应急部署的要求，落实各项应急预防措施。

⑤遵守船舶报告制度，发现或者发生险情、事故、保安事件或者影响航行安全的情况，应当及时报告。

⑥在不严重危及自身安全的情况下，尽力救助遇险人员。

⑦不得利用船舶私载旅客、货物，不得携带违禁物品。

(2)船长在其职权范围内发布的命令，船舶上所有人员必须执行。

高级船员应当组织下属船员执行船长命令，督促下属船员履行职责。

(3)船长管理和指挥船舶时，应当符合下列要求：

①保证船舶和船员携带符合法定要求的证书、文书以及有关航行资料。

②制订船舶应急计划并保证其有效实施。

③保证船舶和船员在开航时处于适航、适任状态，按照规定保障船舶的最低安全配员，保证船舶的正常值班。

④执行海事管理机构有关水上交通安全和防治船舶污染的指令，船舶发生水上交通事故或者污染事故的，向海事管理机构提交事故报告。

⑤对本船船员进行日常训练和考核，在本船船员的船员服务簿内如实记载船员的服务资历和任职表现。

⑥船舶进港、出港、靠泊、离泊，通过交通密集区、危险航区等区域，或者遇有恶劣天气和海况，或者发生水上交通事故、船舶污染事故、船舶保安事件以及其他紧急情况时，应当在驾驶台值班，必要时应当直接指挥船舶。

⑦保障船舶上人员和临时上船人员的安全。

⑧船舶发生事故，危及船舶上人员和财产安全时，应当组织船员和船舶上其他人员尽力施救。

⑨弃船时，应当采取一切措施，首先组织旅客安全离船，然后安排船员离船，船长应当最后离船。在离船前，船长应当指挥船员尽力抢救航海日志、机舱日志、油类记录簿、无线电台日志、本航次使用过的航行图和文件，以及贵重物品、邮件和现金。

(4)船长、高级船员在航次中，不得擅自辞职、离职或者中止职务。

(5)船长在保障水上人身与财产安全、船舶保安、防治船舶污染水域方面具有独立决定权，并负有最终责任。

船长为履行职责，可以行使下列权力：

①决定船舶的航次计划，对不具备船舶安全航行条件的，可以拒绝开航或者续航。

②对船员用人单位或者船舶所有人下达的违法指令，或者可能危及有关人员、财产和船舶安全或者可能造成水域环境污染的指令，可以拒绝执行。

③发现引航员的操纵指令可能对船舶航行安全构成威胁或者可能造成水域环境污染时，应当及时纠正、制止，必要时可以要求更换引航员。

④当船舶遇险并严重危及船舶上人员的生命安全时，船长可以决定撤离船舶。

⑤在船舶的沉没、毁灭不可避免的情况下，船长可以决定弃船，但是，除紧急情况外，应当报经船舶所有人同意。

⑥对不称职的船员，可以责令其离岗。

三、船员培训和船员服务

申请在船舶上工作的船员，应当按照国务院交通主管部门的规定，完成相应的船员基本安全培训、船员适任培训。

在危险品船、客船等特殊船舶上工作的船员，还应当完成相应的特殊培训。

四、船员职业保障

(1)船员用人单位和船员应当按照国家有关规定参加工伤保险、医疗保险、养老保险、失业保险以及其他社会保险，并依法按时足额缴纳各项保险费用。

船员用人单位应当为在驶往或者驶经战区、疫区或者运输有毒、有害物质的船舶上工作的船员，办理专门的人身、健康保险，并提供相应的防护措施。

(2)船舶上船员生活和工作的场所，应当符合国家船舶检验规范中有关船员生活环境、作业安全和防护的要求。

船员用人单位应当为船员提供必要的生活用品、防护用品、医疗用品，建立船员健康档案，并为船员定期进行健康检查，防治职业疾病。

船员在船工作期间患病或者受伤的，船员用人单位应当及时给予救治；船员失踪或者死亡的，船员用人单位应当及时做好相应的善后工作。

(3)船员用人单位应当依照有关劳动合同的法律、法规和中华人民共和国缔结或者加入的有关船员劳动与社会保障国际条约的规定，与船员订立劳动合同。

船员用人单位不得招用未取得本条例规定证件的人员上船工作。

(4)船员工会组织应当加强对船员合法权益的保护，指导、帮助船员与船员用人单位订立劳动合同。

(5)船员用人单位应当根据船员职业的风险性、艰苦性、流动性等因素，向船员支付合理的工资，并按时足额发放给船员。任何单位和个人不得克扣船员的工资。

船员用人单位应当向在劳动合同有效期内的待派船员，支付不低于船员用人单位所在地人民政府公布的最低工资。

(6)船员在船工作时间应当符合国务院交通主管部门规定的标准，不得疲劳值班。

船员除享有国家法定节假日的假期外，还享有在船舶上每工作 2 个月不少于 5 日的年休假。

船员用人单位应当在船员年休假期间，向其支付不低于该船员在船工作期间平均工资的报酬。

第二节　船员适任考试和发证规则

目前正在实施的“考试规则”于 2015 年 11 月 3 日经第 20 次部务会议通过，交通运输部令 2015 年第 21 号，自 2016 年 5 月 1 日起施行。“考试规则”要求内河船舶船员适任考试和发证应当遵循公平、公正、公开、便民的原则；考试机构和发证机构应当建立健全适任考试、发证的各项制度，并及时向社会发布相关信息，为船员参加适任考试和办理适任证书(样式如图 5-26-1 所示)提供便利。

一、船员适任证书申请与签发

(1)适任证书载明的内容：

船员适任证书由国家海事管理机构统一印制，应包括下列内容：

①持证人姓名、性别、出生日期。

②证书类别、编号。

③持证人职务资格、适任的航区(线)。

④证书签发日期和有效期截止日期。

⑤发证机构。

⑥其他需要规定的内容。

(2)适任证书的分类：

在内河船舶担任船长和驾驶部职务船员的适任证书分类如下：

图 5-26-1　内河船舶船员适任证书、船员服务簿样式

①一类适任证书:1000 总吨及以上的内河船舶以及 500 千瓦及以上的内河拖轮;

②二类适任证书:300 总吨及以上至 1000 总吨的内河船舶以及 150 千瓦及以上至 500 千瓦的内河拖轮;

③三类适任证书:300 总吨以下的内河船舶以及 150 千瓦以下的内河拖轮。

(3)船员职务的设置:

①一类适任证书:船长、大副、二副、三副;轮机长、大管轮、二管轮、三管轮;

②二类和三类适任证书:船长、驾驶员;轮机长、轮机员。

(4)内河船员适任证书类别的确定:

①在内河船舶担任船长和驾驶部职务船员的适任证书类别按照船舶总吨位确定,其中在拖(推)轮担任船长和驾驶部职务船员的适任证书类别按照拖(推)轮的主推进动力装置总功率确定。

②担任轮机部职务船员的适任证书按照船舶主推进动力装置总功率确定。

(5)取得适任证书应当具备的条件:

①已经取得船员服务簿(样式如图 5-26-1 所示);

②符合国家海事管理机构规定的内河船舶船员适任岗位健康标准;

③经过与所申请适任证书类别、职务资格相对应的内河船舶船员适任培训;

④通过国家海事管理机构规定相应科目的内河船舶船员适任考试;

⑤具备本规则附件规定的内河船舶船员有效水上服务资历,并且任职表现和安全记录良好。

(6)曾经在海船、军事船舶或者渔业船舶上任职的人员具备下列条件的,可以申请相应的适任证书:

①符合国家海事管理机构规定的内河船舶船员适任岗位健康标准;

②在海船、军事船舶或者渔业船舶上的水上服务资历能够与本规则规定的水上服务资历

相对应,且任职表现和安全记录良好;

③通过国家海事管理机构规定科目的内河船舶船员适任考试。

(7)在内河危险品船、客船等特殊船舶上任职的船员,除应当具备适任证书规定的条件外,还应当完成相应的特殊培训并取得培训合格证明。

(8)在1000总吨及以上至3000总吨内河船舶任职的船长、驾驶部职务船员,满足以下条件后,才能在3000总吨及以上内河船舶上任职:

①在1000总吨及以上至3000总吨内河船舶实际担任相应职务不少于12个月;

②通过相应的实际操作考试。

(9)已经取得适任证书,申请延伸航区(线)的,应当通过所申请航区(线)的适任考试。

(10)适任证书的有效期:

适任证书的有效期不得超过5年。

持证人在适任证书有效期届满前1年内向具有原适任证书发证权限的发证机构申请适任证书重新签发的,除应当符合内河船舶船员适任岗位健康标准且任职表现和安全记录良好外,在适任证书有效期内的水上服务资历还应当符合下列情形之一:

①任职与其适任证书所载类别、职务资格相对应,累计不少于12个月;

②任职与其适任证书所载类别、职务资格相对应,自申请之日起向前计算6个月内累计不少于3个月;

③适任证书持证人的任职与其适任证书所载类别相对应,但职务低一级,或者与其适任证书所载职务资格相对应,但类别低一级,累计不少于12个月。

(11)有下列情形之一,持证人向具有原适任证书发证权限的发证机构申请适任证书重新签发的,除应当符合内河船舶船员适任岗位健康标准外,还应当通过国家海事管理机构规定的同类别同职务资格的内河船舶船员实际操作考试:

①持证人在适任证书有效期届满后5年内申请重新签发;

②持证人在适任证书有效期届满前1年内申请重新签发,但不具有规定的水上服务资历。

持证人在适任证书有效期届满5年后向具有原适任证书发证权限的发证机构申请适任证书重新签发,除应当符合内河船舶船员适任岗位健康标准外,还应当通过国家海事管理机构规定的同类别同职务资格的内河船舶船员适任考试。

(12)适任证书的补发:

适任证书损坏、遗失需补发的,持证人应当向原发证机构申请;适任证书被依法扣留期间,持证人不得申请补发适任证书。

(13)适任证书的申请:

初次申请适任证书或者申请改变适任证书所载类别、职务资格的,可以向具有相应发证权限的发证机构提出申请,并提交下列材料:

①内河船舶船员适任证书申请表;

②申请人身份证明;

③船员服务簿;

④最近2年内的符合内河船舶船员适任岗位健康标准的体检证明;

⑤符合要求规格和数量的照片;

⑥内河船舶船员适任培训证明;

⑦内河船舶船员适任考试成绩证明。

按照“考试规则”第十二条规定申请适任证书的，即曾经在海船、军事船舶或者渔业船舶上任职的人员申请适任证书的，可以向任何有相应类别适任证书发证权限的发证机构提交“考试规则”相关条款规定的材料（即①～⑦项），以及其在海船、军事船舶或者渔业船舶上的服务资历、任职表现和安全记录证明。

申请适任航区（线）扩大或者延伸的，应当向负责相应航区（线）发证工作的发证机构提交上述①、②、⑦项规定的材料。

申请适任证书重新签发的，应当提交上述①、②、③、④、⑤项规定的材料；需要通过内河船舶船员适任考试的，还应当提交相应的考试成绩证明。

申请适任证书补发的，应当向原发证机构提交下列材料：

①内河船舶船员适任证书申请表；

②申请人身份证明；

③适任证书遗失申请补发的，应提交适任证书遗失情况说明；

④适任证书损坏申请补发的，应提交适任证书原件。

(14)隐瞒有关情况或者提供虚假材料申请适任证书的，发证机构不予受理或者不予签发适任证书，并给予警告，申请人在1年内不得再次申请与前次申请类别、职务资格相同的适任证书。

(15)被海事管理机构依法吊销适任证书的，自被吊销之日起2年内，不得申请适任证书。

二、适任考试

(1)内河船舶船员的适任考试分为理论考试和实际操作考试。

理论考试（理论考试标准考场如图5-26-2所示）应当以理论知识为主要考试内容，重点对内河船舶船员专业知识的掌握和理解程度进行测试。实际操作考试（模拟器操作考试如图5-26-3所示）应当通过对相应船舶、模拟器或者其他设备的操作等方式，对内河船舶船员专业知识综合运用、操作及应急等能力进行技能测评。

(2)适任考试大纲、考试科目和考场规则由国家海事管理机构组织制定并公布。

(3)申请参加适任考试的人员应当向具有相应考试权限的考试机构提交下列材料：

①适任考试报名表，主要包括考生基本情况、报考适任证书类别、职务资格、航区（线）、任职资历等内容。

②申请人身份证明。

③船员服务簿。

④符合要求规格和数量的照片。

(4)考试机构应当于适任考试开始之日5日前向报名参加适任考试的人员发放考试通知书，告知考试的时间、地点以及查询考试成绩的途径等事项。

(5)适任考试任一科目不合格的，可以自初次适任考试通知书签发之日起3年内申请补考；逾期不能通过全部科目理论考试和实际操作考试的，所有科目理论考试和实际操作考试成绩失效。

(6)考试机构应当在理论考试或者实际操作考试结束后30日内公布考试成绩。合格的适任考试成绩自初次适任考试通知书签发之日起5年内有效。

图 5-26-2　船员考试理论考试标准考场

图 5-26-3　船员考试实际操作考试模拟器操作考场

“考试规则”明确指出，具有船员培训资质，且教学内容满足内河船舶船员适任考试大纲要求的全日制中等职业及以上的教育机构，其船舶驾驶类和轮机类专业毕业考试可以替代相应的内河船舶船员理论考试。符合“考试规则”规定的教育机构的船舶驾驶类和轮机类毕业生符合船员适任岗位健康标准，且具备“考试规则”附件所规定相应的船舶水上服务资历，持有船员服务簿，并通过实际操作考试的，可以直接申请一类三副适任证书或者二、三类驾驶员适任证书以及一类三管轮适任证书或者二、三类轮机员适任证书。

第三节 船员值班规则

为了加强内河船舶船员值班,规范船员值班行为,保障内河交通安全,保护内河水域环境,根据《中华人民共和国内河交通安全管理条例》《中华人民共和国船员条例》等有关法律、行政法规制定的内河船舶船员"值班规则"已于2015年11月3日经第20次交通运输部部务会议通过(交通运输部令2015年第20号),自2016年5月1日起实施。以下是"值班规则"的主要内容(不包括有关"驾驶值班"和"轮机值班"的规定)。

一、熟悉与遵守规则

(1)船舶所有人、船舶经营人、船舶管理人和船长应当按照船舶安全配员的相关规定配备合格船员,确保指派到船上任职的船员熟悉船上相关设备、船舶特性,熟知本人职责和值班要求,有效履行安全、防污染等职责。

(2)船长及全体船员在值班时,应当遵守有关船舶航行安全和防治船舶污染水域的相关规定和标准规范。

二、值班一般要求

(1)船舶所有人、船舶经营人、船舶管理人和船长应当编制船舶值班制度,公示在船舶的显著位置,并要求全体船员遵守执行。

船长应当安排合格船员值班,明确值班船员职责。值班安排应当符合保证船舶、货物、人员安全及保护水域环境的要求,考虑值班船员资格和经验,根据情况合理安排值班船员,并保证值班船员得到充分休息,防止疲劳值班。

(2)内河货船在航行中的驾驶值班安排应当符合以下要求:

①3000总吨及以上内河货船,驾驶值班每班至少2人,其中至少1人是船长或者是大副、二副、三副;

②1000总吨至3000总吨内河货船,驾驶值班每班1人,须是船长或者是大副、二副、三副,夜间及能见度不良时,需增配1名普通船员;

③未满1000总吨内河货船,驾驶值班每班至少1名船长或者驾驶员。

(3)内河货船在航行中的轮机值班安排应当符合以下要求:

①500千瓦及以上内河货船,轮机值班每班至少1人须是轮机长或者大管轮、二管轮、三管轮;

②未满500千瓦内河货船,轮机值班每班至少1名值班船员。

(4)内河客、渡船在航行中的驾驶值班安排应当符合以下要求:

①1000总吨及以上内河客、渡船,驾驶值班每班至少2人,其中至少1人是船长或者是大副、二副、三副;

②300总吨至1000总吨内河客、渡船,驾驶值班每班至少1名船长或者驾驶员,夜间及能见度不良时,需增配1名普通船员;

③未满300总吨内河客、渡船,驾驶值班每班至少1名船长或者驾驶员。

(5)内河客、渡船在航行中的轮机值班安排应当符合以下要求：

①500 千瓦及以上内河客、渡船，轮机值班每班至少 1 人须是轮机长或者大管轮、二管轮、三管轮；

②未满 500 千瓦内河客、渡船，轮机值班每班至少 1 名轮机长或者轮机员。

(6)船舶停泊时应当留有足以保证船舶安全的船员值班，确保满足应对可能发生的紧急情况的需要。其中，1000 总吨及以上货船和 300 总吨及以上客船停泊时应当留有一个航行班的驾驶和轮机人员值班。

(7)值班船员对船舶安全负责，但不免除船长的安全责任。

船员在值班期间不得安排影响其值班的其他工作。

(8)值班船员应当遵守下列驾驶台和机舱资源管理要求：

①值班船员应当正确接收和处置气象、水文、周围船舶动态等与航行安全有关的信息；

②值班船员应当保持通信沟通联络有效畅通；

③值班船员对值班安全产生怀疑时，应当立即告知船长、轮机长、负责值班的高级船员；

④值班船员应当按照要求记录值班期间发生的重要事项。

(9)船长应当根据航次任务做好开航准备工作，包括备好本航次所需的燃料、备品等。

3000 总吨及以上内河货船和 300 总吨及以上内河客船应当制订航行计划。航行计划至少应当包括和考虑出发港、目的港、航程、连续航行时间限制、航经水道、重要桥梁、交通管制区、天气情况等事项和要素。

(10)船长应当对值班情况进行监督检查，及时发现并纠正船员的不良操作行为。

在遇到能见度不良、恶劣天气、航行条件复杂等可能影响船舶安全的情形时，船长应当亲自操纵船舶或者监督航行。

(11)值班船员应当按规定升降国旗，正确显示号灯、号型和旗号，不得擅离岗位，不得从事与值班无关的事项。

值班船员应当按规定记载航行日志、轮机日志等法定文书。船长、轮机长应当按规定进行审核并签名。

船舶航行和作业期间，舱面人员进行临水作业时应当规范穿着救生衣。

(12)严禁船员酗酒，值班船员在值班前 4 小时内及值班期间禁止饮酒，且值班期间血液中的酒精浓度不得超过 0.05% 或者呼吸中酒精浓度不高于 0.25 mg/L。

严禁值班船员服用可能导致不能安全值班的药物。严禁船员有吸毒行为。

(13)危险货物运输船舶值班船员，除执行本规则外，还应当遵守危险货物运输的有关规定。

三、驾驶、轮机联系制度

1. 开航前

(1)船长应当提前将预计开航时间通知轮机长，轮机长应当向船长报告主要机电设备情况、燃润油料存量。

(2)开航前，值班驾驶人员应当会同轮机值班船员核对船钟、车钟、舵等，并将核对情况记入航行日志、轮机日志。

(3)主机冲车、试车前，轮机值班船员应当征得值班驾驶人员同意。主机备妥后，机舱应当及时通知驾驶台。

2. 航行中

(1)驾驶台和机舱应当每日定时校对时钟并互换船舶位置、存油、存水量等信息。

(2)船舶需要备车航行时,驾驶台应当提前通知机舱准备。如遇恶劣天气等突发情况,轮机值班船员接到通知后应当尽快备妥。

(3)因机电设备故障不能执行航行命令的,轮机值班船员应当立即通知驾驶台,轮机长应当立即报告船长,并组织抢修。

故障发生和排除情况应当记入航行日志和轮机日志。

(4)轮机值班如进行调换发电机、并电等需要暂时停电的,应当事先征得驾驶台同意。

(5)轮机值班船员应当立即执行驾驶台发出的紧急指令。

(6)抵港前,轮机长应当将本船存油情况报告船长。

3. 停泊中

(1)抵港后,船长应当告知轮机长本船的预计动态,动态如有变化应当及时通知。机舱检修影响动车的设备,轮机长应当事先将工作内容和所需时间报告船长,取得同意后方可进行。

(2)值班驾驶人员应当将装卸货情况适时通报轮机值班船员。在装卸重大件、包装危险品或者使用重吊之前,值班驾驶人员应当通知轮机长派人检查起货机等设备,必要时还应当派人值守。

(3)因装卸作业造成船舶过度倾斜,影响机舱设备正常运行的,轮机值班船员应当通知值班驾驶人员采取措施予以纠正。

(4)对船舶压载的调整以及可能涉及水域污染的任何操作,驾驶部和轮机部之间应当建立起有效的联系制度,包括书面通知和相应的记录。

(5)加装燃油前,轮机长应当将本船的存油情况和加装计划告知值班驾驶人员,以便计算稳性、水尺和调整吃水差。

四、法律责任

(1)船员有下列行为之一的,依据《中华人民共和国船员条例》第五十七条,由海事管理机构处以1000元以上1万元以下罚款;情节严重的,并给予暂扣船员服务簿、船员适任证书6个月以上24个月以下直至吊销船员服务簿、船员适任证书的处罚:

①未保持正规瞭望。

②未正确履行值班职责。

③未按照要求值班交接。

④不采用安全航速。

⑤不按照规定守听航行通信。

⑥不按照规定测试、检修船舶设备。

⑦发现或者发生险情、事故、保安事件或者影响航行安全的情况未及时报告。

⑧未按照规定填写或者记载有关船舶法定文书。

(2)船长有下列情形之一的,依据《中华人民共和国船员条例》第五十八条,由海事管理机构处以2000元以上2万元以下罚款;情节严重的,并给予暂扣船员适任证书6个月以上24个月以下直至吊销船员适任证书的处罚:

①航行条件复杂和情况紧急时未亲自操纵船舶或者监航。

②未根据航次任务落实好开航前的各项准备工作。

③未按规定保障船员充分休息。

④安排船员值班期间承担影响其值班的其他工作。

第四节　船员注册管理办法

为规范船员注册管理,交通运输部根据《中华人民共和国船员条例》制定《船员注册管理办法》于2008年2月27日经第4次部务会议通过(交通运输部令2008年第1号),自2008年7月1日起施行。

船员注册,是指海事管理机构根据申请人的申请,经依法审查,对符合船员注册条件的予以登记,签发船员服务簿,准许申请人从事船员职业的行为。中华人民共和国海事局负责统一实施全国船员注册管理工作。负责管理中央管辖水域的海事管理机构和负责管理其他水域的地方海事管理机构,依照各自职责具体负责船员注册以及相关管理工作。

一、船员注册的申请和受理

(1)船员注册申请可以向任何海事管理机构提出。船员注册申请表如表5-26-1所示。

船员注册申请可以由申请人本人提出,也可以由船员服务机构、船员用人单位代为提出。

(2)申请船员注册,应当具备下列条件:

①年满18周岁(在船实习、见习人员年满16周岁)但不超过60周岁。

②符合船员健康要求。

③经过内河船舶船员基本安全培训,并经海事管理机构考试合格。

(3)申请船员注册,应当提交下列材料:

①船员注册申请。

②居民身份证复印件。

③船员体格检查表。

④近期直边正面5厘米免冠白底彩色照片2张。

⑤内河船舶船员基本安全培训合格证明复印件。

申请人在提交居民身份证、内河船舶船员基本安全培训合格证明等复印件时,应当同时向海事管理机构出示原件。

(4)船员注册的申请和受理工作应当按照《交通行政许可实施程序规定》的有关要求办理。

(5)海事管理机构应当自受理船员注册申请之日起10日内做出注册或者不予注册的决定。对符合本办法规定的,应当给予船员注册,并签发船员服务簿。对不符合本办法规定的,应当退回申请材料并书面说明理由。

(6)海事管理机构应当对船员赋予唯一的注册编号。业经注册的船员不得重复申请船员注册。

表 5-26-1　船员注册申请表

<table>
<tr><td>姓 名</td><td></td><td>性 别</td><td></td><td>出生日期</td><td>年 月 日</td><td rowspan="3">近期直边正面5厘米免冠白底彩色照片</td></tr>
<tr><td>身份证号码</td><td colspan="5"></td></tr>
<tr><td>国 籍</td><td></td><td>出生地</td><td></td><td>联系单位</td><td></td></tr>
<tr><td>持证人住所</td><td colspan="2"></td><td>单位电话</td><td colspan="3"></td></tr>
<tr><td>联系人</td><td></td><td>联系电话</td><td></td><td>初次注册日期</td><td></td><td>文化程度</td></tr>
<tr><td>注册类别</td><td colspan="2">□内河 □国内海船 □国际海船</td><td>注册形式</td><td colspan="3">□初次注册 □注册变更 □注销注册</td></tr>
<tr><td>服务簿签发形式</td><td colspan="3">□注册签发 □正常换发 □损坏换发 □遗失补办</td><td>原服务簿印刷号</td><td colspan="2"></td></tr>
<tr><td>船员信息变更情况</td><td colspan="3">□住所 □联系人 □联系电话</td><td>旧版服务簿号码</td><td colspan="2"></td></tr>
</table>

<table>
<tr><td colspan="8">服 务 资 历</td></tr>
<tr><td>船 名</td><td>职 务</td><td>任 职 日 期</td><td>总吨</td><td>主机功率（千瓦）</td><td>船舶或主机种类</td><td>航区</td><td>船舶单位</td></tr>
<tr><td></td><td></td><td>自 年 月 日
至 年 月 日</td><td></td><td></td><td></td><td></td><td></td></tr>
<tr><td></td><td></td><td>自 年 月 日
至 年 月 日</td><td></td><td></td><td></td><td></td><td></td></tr>
<tr><td></td><td></td><td>自 年 月 日
至 年 月 日</td><td></td><td></td><td></td><td></td><td></td></tr>
<tr><td></td><td></td><td>自 年 月 日
至 年 月 日</td><td></td><td></td><td></td><td></td><td></td></tr>
<tr><td></td><td></td><td>自 年 月 日
至 年 月 日</td><td></td><td></td><td></td><td></td><td></td></tr>
</table>

<table>
<tr><td rowspan="3">培训考试情况</td><td>内河基本安全培训合格证印刷号</td><td></td><td>签发机关</td><td></td><td>发证日期</td><td></td></tr>
<tr><td>熟悉和基本安全培训合格证印刷号</td><td></td><td>签发机关</td><td></td><td>发证日期</td><td></td></tr>
<tr><td>船员专业外语合格证明编号</td><td></td><td>签发机关</td><td></td><td>发证日期</td><td></td></tr>
<tr><td colspan="7">申请人声明：
本人对以上填写内容的真实性负责，如有不实，愿意承担相应的责任。
申请人（个人）：　　单位经办人：　（盖章）
年　月　日</td></tr>
</table>

续表

<table>
<tr><td colspan="3">以下内容由海事机构填写</td></tr>
<tr><td colspan="3">海 事 机 构 审 批 意 见</td></tr>
<tr><td>受理意见：
签字：
年 月 日</td><td>审核意见：
签字：
年 月 日</td><td>审批意见：
签字：
年 月 日</td></tr>
<tr><td rowspan="4">船员注册记录</td><td colspan="2">船员注册登记（档案）号码：</td></tr>
<tr><td colspan="2">船员服务簿印刷号码：</td></tr>
<tr><td colspan="2">制证日期：　制证人：</td></tr>
<tr><td colspan="2">校核日期：　校核人：</td></tr>
<tr><td colspan="3">附送材料：
1. 有效身份证件及其复印件 □
2. 海员体格检查表或内河船员体格检查表 □
3. 两张近期直边正面 2 寸免冠白底彩色照片 □
4. 船员熟悉和基本安全培训合格证及其复印件 □
5. 申请注册国际航行船舶船员的，还应当提供船员专业外语考试合格证明及复印件 □
6. 申请船员服务簿损坏补发者应交回被损证书（如需） □
7. 其他有关材料及其复印件（培训证明、遗失公告等）（如需） □
8. 委托证明及委托人和被委托人身份证明及其复印件（委托时） □</td></tr>
<tr><td>填表说明</td><td colspan="2">船员注册、注册变更、注销注册、船员信息变更、船员服务簿换发（补办）均用此表。
船员初次注册，“服务资历”栏可不填写。
船员服务簿换发时，可将原服务资历按等级职务合并时间填写在“服务资历”栏内。</td></tr>
<tr><td>备注</td><td colspan="2"></td></tr>
<tr><td></td><td></td><td></td></tr>
<tr><td colspan="3">中 华 人 民 共 和 国 海 事 局 制</td></tr>
</table>

二、船员注册的变更和注销

(1)有下列情形之一的,船员应当在6个月内向管理本人注册档案的海事管理机构申请办理船员注册变更手续:

①船员服务簿中记载的事项发生变化。

②相貌发生显著变化。

海事管理机构应当将变更情况在船员服务簿中作相应记载或者换发新船员服务簿。

(2)船员有下列情形之一的,海事管理机构应当注销船员注册,并予以公告:

①死亡或者被宣告失踪的。

②丧失民事行为能力的。

③依法被吊销船员服务簿的。

④本人申请注销注册的。

船员在劳动合同期间发生①项、②项情形的,船员服务机构或者船员用人单位应当向海事管理机构报告,并提交相关证明材料,由海事管理机构核实后依法予以注销。海事管理机构吊销船员服务簿的决定,应当向管理该船员注册档案的海事管理机构通报。

(3)申请人被依法吊销船员服务簿的,自被吊销之日起5年内不予重新注册。

三、船员服务簿管理

(1)船员服务簿是船员的职业身份证件,任何单位或者个人不得冒用、出租、出借、伪造、变造或者买卖。

船员在船工作期间应当携带船员服务簿。

(2)船员服务簿应当载明船员的姓名、性别、国籍、出生日期、住所、联系人、联系方式以及其他有关事项。

海事管理机构应当在船员服务簿中记载船员的安全记录、累计记分情况和违法情况。

(3)船员上船任职后和离船解职前,应当主动将船员服务簿提交船长办理船员任职、解职签注。

船长应当为本船船员办理船员任职、解职签注,并在船员服务簿中及时、如实记载其服务资历和任职表现。

船长的任职签注由离任船长负责签注,船长的解职签注由接任船长负责签注。

因船舶新投入运行、报废等特殊情况无离任或者接任船长时,船长的任职、解职,在境内由船舶靠泊地海事管理机构签注;在境外由船长本人签注。

(4)船员服务簿记载页满或者损坏的,应当到管理本人注册档案的海事管理机构办理换发事宜,并提交下列材料:

①船员服务簿换发申请。

②近期直边正面5厘米免冠白底彩色照片2张。

③记载页满或者损坏的船员服务簿。

(5)船员服务簿遗失的,应当到管理本人注册档案的海事管理机构办理补发事宜,并提交下列材料:

①船员服务簿补发申请。

②相应证明文件。

③近期直边正面 5 厘米免冠白底彩色照片 2 张。

第五节　船员违法记分管理办法

为了增强船员遵守法律意识,减少人为因素对水上交通安全的影响,防治船舶污染水域,根据《中华人民共和国船员条例》等有关法律和法规制定的《船员违法记分管理办法》于 2015 年 10 月 20 日发布,自 2016 年 1 月 1 日起施行。船员违法记分是指船员违反水上交通安全和防治船舶污染水域法律、行政法规行为实施的累计记分;中华人民共和国海事局负责统一实施全国船员违法记分管理工作;各级海事管理机构,依照各自职责负责具体实施船员违法记分工作。

一、船员违法记分周期和分值的确定

(1)船员累计记分周期(即记分周期)为 1 个公历年,满分 15 分,自每年 1 月 1 日始至 12 月 31 日止。

(2)根据船员违法行为的严重程度,一次船员违法记分的分值为:15 分、8 分、4 分、2 分、1 分五种。船员违法记分的具体分值标准如表 5-26-2 和表 5-26-3 所示。

二、船员违法记分的实施

(1)船员违法记分由船员违法行为发生地的海事管理机构管辖。船员违法行为发生地,包括船员违法行为的结果发现地、初始发生地和过程经过地。

海事管理机构对船员违法记分管辖发生争议的,报请共同的上一级海事管理机构指定管辖。海事管理机构对不属其管辖的船员违法记分案件,应当移送有管辖权的海事管理机构;受移送的海事管理机构如果认为移送不当,应当报请共同的上一级海事管理机构指定管辖。

(2)海事管理机构发现船员存在依法应当实施船员违法记分行为的,应当进行调查,并听取当事人的陈述申辩。

船员违法行为事实清楚、证据确凿的,具有管辖权的海事管理机构应按照本办法对其实施船员违法记分,并予以相应记载。

(3)船员一次存在两种以上违法行为的,应当分别计算,累计记分分值。

对存在共同违法行为的船员,应当分别实施船员违法记分。

对船员的同一违法行为,不得给予两次及以上船员违法记分。

(4)船员在一个记分周期内累计记分达到 15 分的,最后实施船员违法记分的海事管理机构应当扣留其船员适任证书,责令其参加为期 5 日的水上交通安全、防治船舶污染等有关法律、行政法规的培训(以下简称“法规培训”)并进行相应的考试。

船员在一个记分周期内累计记分未达到 15 分的,记分分值重新起算。

(5)船员在一个记分周期内累计记分两次及以上达到 15 分,或在连续 2 个记分周期内分别达到 15 分,或连续 2 个记分周期内累计记分达到 40 分的,最后实施船员违法记分的海事管理机构应当扣留其船员适任证书,责令其参加法规培训和考试,考试内容除理论部分外,还包括船员适任能力考核。

三、法规培训和考试

(1)船员需参加法规培训的,可向最后被实施船员违法记分地、船员注册地或船员适任证书签发地的海事管理机构报名。海事管理机构收到船员的报名后,对符合上款规定的应在15个工作日内组织培训。

(2)法规培训应包括水上交通安全和防治船舶污染等管理法规、安全知识的教育和海事案例等内容。

(3)被扣留船员适任证书的船员经相应考试合格后,海事管理机构应发还其船员适任证书,记分分值重新起算。

(4)被扣留船员适任证书的船员未经考试合格的,不得在船舶上继续服务。

表5-26-2 内河船舶船员水上交通安全类违法记分分值标准

代码	行为名称	对象	分值	法律依据
21001	在船在岗期间饮酒,体内酒精含量超过规定标准的;在船在岗期间,服用国家管制的麻醉药品或者精神药品的	饮酒者、食药者	15	《船员条例》第二十条
21002	船长在弃船或者撤离船舶时未最后离船的	船长	15	《船员条例》第二十二条第(九)项
21003	由他人代替参加考试或者代替他人参加考试的	当事船员	15	《内河交通安全管理条例》第九条
21004	船舶、浮动设施发生水上交通事故后逃逸的	船长	15	《内河交通安全管理条例》第四十六条第二款
21005	转让、买卖或租借船员适任证书的	当事船员	15	《内河交通安全管理条例》第十三条
21006	发现或者发生险情、事故、保安事件或者影响航行安全的情况未及时报告的	船长	8	《船员条例》第二十条
21007	在遇险现场和附近的船舶、船员不服从海事管理机构的统一调度和指挥的	船长及值班驾驶员	8	《内河交通安全管理条例》第四十九条第二款
21008	船舶、浮动设施未持有检验证书,擅自航行或者作业的	船长	8	《内河交通安全管理条例》第六条第(一)项、第七条第(一)项
21009	滚装船装载超出检验证书核定的车辆数量的	大副或责任驾驶员	8	《内河交通安全管理条例》第二十一条第二款
21010	超乘客定额载运旅客的	船长	8	《内河交通安全管理条例》第二十一条第二款
21011	船舶遇有不符合安全开航条件的情况而冒险开航的	船长	8	《内河交通安全管理条例》第八条第一款
21012	船舶超过核定航区航行的	值班驾驶员	8	《内河交通安全管理条例》第八条第一款
21013	船舶未按照规定拖带或者非拖船从事拖带作业的	船长	8	《内河交通安全管理条例》第八条第一款
21014	引航员在引领船舶时,未持有相应的引航员适任证书的	当值引航员	8	《船员条例》第九条第一款
21015	船舶无正当理由进入或者穿越禁航区的	船长	8	《内河交通安全管理条例》第二十条第二款
21016	船员未遵守值班规定,擅自离开工作岗位的	当事船员	8	《船员条例》第二十条

续表

代码	行为名称	对象	分值	法律依据
21017	船员考试作弊的	作弊船员	8	《内河交通安全管理条例》第九条
21018	超核定载重线载运货物的;不遵守船舶、设施的配载和系固安全技术规范的	大副或责任驾驶员	4	《内河交通安全管理条例》第八条、第二十一条
21019	未按照规定擅自夜航的	船长	4	《内河交通安全管理条例》第十七条第四款
21020	引航员未按照水上交通安全和防治船舶污染操作规则引领船舶的	当值引航员	4	《船员条例》第二十条第(三)项
21021	船员利用船舶私载旅客、货物或者携带违禁物品的	责任船员	4	《船员条例》第二十条第(七)项
21022	未按照规定保障船舶的最低安全配员的	船长	4	《船员条例》第二十二条第三项
21023	船舶进出港口和通过交通管制区、通航密集区或者航行条件受限制区域,未遵守海事管理机构发布的有关规定的	船长	4	《内河交通安全管理条例》第二十条第一款
21024	不遵守海事管理机构发布的在能见度不良时航行规定的	值班驾驶员	4	《内河交通安全管理条例》第十七条第四款
21025	未按照规定申请引航的	船长	4	《内河交通安全管理条例》第十九条、《危险化学品安全管理条例》第六十一条第二款
21026	未按照规定悬挂国旗,标明船名、船籍港、载重线,或者遮挡船名、船籍港、载重线的	船长	4	《内河交通安全管理条例》第十四条第一款
21027	在内河通航水域,未按照规定进行试车、试航,并进行备案的	船长	4	《内河交通安全管理条例》第二十八条第(四)项
21028	船长、高级船员在航次中,擅自辞职、离职或者中止职务的	当事船员	4	《船员条例》第二十三条
21029	未如实填写或者记载有关船舶法定文书的,或者隐匿、篡改、销毁有关船舶法定证书、文书的	当事船员	4	《船员条例》第二十条
21030	船舶烧焊或者明火作业,不按照规定备案的	船长	2	《内河交通安全管理条例》第二十八条第(四)项
21031	船员在船工作期间未携带规定的有效证件的	未带证船员	2	《船员条例》第二十条第(一)项
21032	游艇操作人员操作游艇时未携带合格的适任证书的	操艇员	2	《游艇安全管理规定》第十五条第三款
21033	未采用安全航速航行的	值班驾驶员	2	《内河交通安全管理条例》第十五条第(一)款
21034	未按照规定的航路或者航行规则航行的	值班驾驶员	2	《内河交通安全管理条例》第十六、十七条
21035	载运或者拖带超重、超长、超高、半潜的物体,未申请或者未按照核定的航路、时间航行的	值班驾驶员	2	《内河交通安全管理条例》第二十二条
21036	未按照规定倒车、掉头、追越的	值班驾驶员	2	《内河交通安全管理条例》第十七条第四款
21037	船舶在内河航行、停泊或者作业,不遵守海事管理机构发布的有关航行、避让和信号规则规定的	值班驾驶员	2	《内河交通安全管理条例》第十七条第四款
21038	船舶在内河航行、停泊或者作业,不遵守海事管理机构发布的航行通告、航行警告规定的	值班驾驶员	2	《内河交通安全管理条例》第十七条第四款
21039	不按照规定保持船舶自动识别系统处于正常工作状态,或者不按照规定在船舶自动识别设备中输入准确信息,或者船舶自动识别系统发生故障未及时向海事机构报告的	值班驾驶员	2	《内河交通安全管理条例》第十七条第四款
21040	游艇的航行水域超出检验证书所确定的适航范围	操艇员	2	《游艇安全管理规定》第十七条第一款

续表

代码	行为名称	对象	分值	法律依据
21041	船舶在内河航行、停泊或者作业,未在规定的甚高频通信频道上守听的	值班驾驶员	2	《内河交通安全管理条例》第十七条第四款
21042	在内河通航水域,在非锚地、非停泊区进行编、解队作业,不按照规定备案的	船长	2	《内河交通安全管理条例》第二十八条第(四)项
21043	应申请许可证而未取得,擅自进行水上水下活动的	船长	2	《内河交通安全管理条例》第二十五条第一款
21044	在内河通航水域检修影响船舶适航性能设备,不按照规定备案的	船长	2	《内河交通安全管理条例》第二十八条第(四)项
21045	在内河通航水域或者岸线上进行有关作业或者活动未经批准或者备案,或者未设置标志、显示信号的	值班驾驶员	2	《内河交通安全管理条例》第二十五条、第二十八条和第二十九条
21046	在内河通航水域检修通信设备和消防、救生设备,不按照规定备案的	船长	1	《内河交通安全管理条例》第二十八条第(四)项
21047	游艇未在海事管理机构公布的专用停泊水域或者停泊点停泊,或者临时停泊的水域不符合《游艇安全管理规定》的要求的	操艇员	1	《游艇安全管理规定》第二十条

表 5-26-3　内河船舶船员防治船舶污染类违法记分分值标准

代码	行为名称	对象	分值	法律依据
22001	船舶发生污染水域事故,未按照污染事故应急计划的程序和要求,采取相应措施的	船长	15	《水污染防治法》第六十八条《防治船舶污染内河水域环境管理规定》第四十五条
22002	向水体倾倒船舶垃圾或者排放船舶的残油、废油的	大副或轮机长,及责任船员	15	《水污染防治法》第五十二条
22003	船舶发生污染水域事故,未立即向最近海事管理机构如实报告的	船长	8	《水污染防治法》第六十八条《防治船舶污染内河水域环境管理规定》第四十五条
22004	船舶排放含油污水、生活污水,不符合船舶污染物排放标准的	船长、大副或轮机长,及责任船员	8	《水污染防治法》第五十二条第一款
22005	船舶未持有有效的防污证书、防污文书,或者不按照规定记录操作情况的	船长、轮机长,以及责任船员	4	《水污染防治法》第五十三条
22006	载运危险化学品的船舶在内河航行、装卸或者停泊,未悬挂专用的警示标志,或者未按照规定显示专用信号的	值班驾驶员	4	《内河交通安全管理条例》第三十三条、《危险化学品安全管理条例》第六十一条
22007	船舶载运危险化学品进出内河港口,未将有关事项事先报告海事管理机构并经其同意的	船长	4	《内河交通安全管理条例》第三十二条、《危险化学品安全管理条例》第六十条第一款
22008	未经作业地海事管理机构批准,船舶进行残油、含油污水、污染危害性货物残留物的接收作业,或者进行装载油类、污染危害性货物船舱的清洗作业的	船长	4	《水污染防治法》第五十五条第一款第(一)项
22009	未经作业地海事管理机构批准,船舶进行散装液体污染危害性货物过驳作业的	船长	4	《水污染防治法》第五十五条第一款第(二)项

注:船舶未配备某一职务船员或该职务船员的职责与通常职责不符的,对实际履行该职务职责的船员实施记分。船员在船职务职责未明确的,对船长实施记分。

第二十七章 内河交通事故调查处理

内河船舶通航管理主要是对内河水域通航河段通航和水域施工安全及水上交通秩序的维护管理。本章主要通过对《中华人民共和国内河交通事故调查处理规定》(简称“事故调查处理规定”)的解析说明内河船舶通航管理的重要性。

内河交通事故调查处理依据《中华人民共和国内河交通事故调查处理规定》(简称“事故调查处理规定”),于2006年11月9日经第15次部务会议通过(交通部2006年第12号令),自2007年1月1日起施行。2012年3月14日,交通运输部以2012年第3号部令发布关于修改《内河交通事故调查处理规定》的决定,对原规定中第二十一条第(五)项内容进行了修改。

一、内河交通事故的定义、分类标准及调查处理依据

(1)本规定所称内河交通事故是指船舶、浮动设施在内河通航水域内航行、停泊、作业过程中发生的下列事件:

①碰撞、触碰或者浪损。

②触礁或者搁浅。

③火灾或者爆炸。

④沉没(包括自沉)。

⑤影响适航性能的机件或者重要属具的损坏或者灭失。

⑥其他引起财产损失或者人身伤亡的交通事件。

(2)内河交通事故按照人员伤亡和直接经济损失情况,分为小事故、一般事故、大事故、重大事故和特大事故。小事故、一般事故、大事故、重大事故的具体标准按照交通部颁布的《水上交通事故统计办法》的有关规定执行。

(3)内河交通事故的调查处理,应当遵守相关法律、行政法规的规定。特大事故的具体标准和调查处理按照国务院有关规定执行。

二、内河交通事故报告

(1)船舶、浮动设施发生内河交通事故,必须立即采取一切有效手段向事故发生地的海事管理机构报告。报告的主要内容包括:船舶、浮动设施的名称,事故发生的时间和地点,事故发生时水域的水文、气象、通航环境情况,船舶、浮动设施的损害情况,船员、旅客的伤亡情况,水域环境的污染情况以及事故简要经过等。

海事管理机构接到事故报告后,应当做好记录。接到事故报告的海事管理机构不是事故

发生地的，应当及时通知事故发生地的海事管理机构，并告知当事人。

（2）船舶、浮动设施发生内河交通事故，除应当按本规定进行报告外，还必须在事故发生后24小时内向事故发生地的海事管理机构提交内河交通事故报告和必要的证书、文书资料。

引航员在引领船舶的过程中发生内河交通事故的，引航员也必须按前款规定提交有关材料。特殊情况下，不能按上述规定的时间提交材料的，经海事管理机构同意，可以适当延迟。

（3）内河交通事故报告应当包括下列内容：

①船舶、浮动设施概况（包括其名称、主要技术数据、证书、船员及所载旅客、货物等）。

②船舶、浮动设施所属公司情况（包括其所有人、经营人或者管理人的名称、地址、联系电话等）。

③事故发生的时间和地点。

④事故发生时水域的水文、气象、通航环境情况。

⑤船舶、浮动设施的损害情况。

⑥船员、旅客的伤亡情况。

⑦水域环境的污染情况。

⑧事故发生的详细经过（碰撞事故应当附相对运动示意图）。

⑨船舶、浮动设施沉没的，其沉没概位。

⑩与事故有关的其他情况。

（4）内河交通事故报告内容必须真实，不得隐瞒事实或者提供虚假情况。

三、内河交通事故调查

（1）船舶、浮动设施发生内河交通事故，有关船舶、浮动设施、单位和人员必须严格保护事故现场。除因抢险等紧急原因外，未经海事管理机构调查人员的现场勘查，任何人不得移动现场物件。

（2）海事管理机构接到内河交通事故报告后，应当立即派员前往现场调查、取证，并对事故进行审查，认为确属内河交通事故的，应当立案。海事执法人员现场执法组织方式如图5-27-1所示。

图5-27-1 海事机构执法人员接到事故报告并实施现场指挥

（3）调查人员执行调查任务时，应当出示证明其身份的行政执法证件。执行调查任务的人员不得少于两人。当事人有权依法申请与本次交通事故有利害关系或者有其他关系，可能影响事故调查处理客观、公正的调查人员应回避。

(4)发生内河交通事故的船舶、浮动设施及相关单位和人员应当接受和配合海事管理机构的调查、取证。有关人员应当如实陈述事故的有关情况和提供有关证据,不得谎报情况或者隐匿、毁灭证据。

(5)根据事故调查的需要,海事管理机构可以责令事故所涉及的船舶到指定地点接受调查。当事船舶在不危及自身安全的情况下,未经海事管理机构批准,不得驶离指定地点。

(6)根据调查工作的需要,海事管理机构可以行使下列权力:

①勘查事故现场,搜集有关证据。

②询问当事人及其他有关人员并要求其提供书面材料和证明。

③要求当事人提供各种原始文书、航行资料、技术资料或者其影印件。

④检查船舶、浮动设施及有关设备、人员的证书,核实事故发生前船舶的适航状况、浮动设施及有关设备的技术状态、船舶的配员情况以及船员的适任状况等。

⑤对事故当事船舶、浮动设施、有关设备以及人员的各类证书、文书、日志、记录簿等相关违法证据可以依法先行登记保存。

⑥核查事故所导致的财产损失和人身伤亡情况。

海事管理机构在进行调查取证时,可以采用录音、录像、照相等法律、法规允许的调查手段。

(7)调查人员勘查事故现场,应当制作现场勘查笔录。勘查笔录制作完毕,应当由当事人在勘查笔录上签名。当事人不在现场或者无能力签名的,应当由见证人签名。无见证人或者当事人、见证人拒绝签名的,调查人员应当在勘查笔录上注明。

(8)调查人员进行询问调查时,应当如实记录询问人的问话和被询问人的陈述。询问笔录上所列项目,应当按规定填写齐全。

询问笔录制作完毕,应当由被询问人核对或者向其宣读,如记录有差错或者遗漏,应当允许被询问人更正或者补充。

询问笔录经被询问人核对无误后,应当由其签名,拒绝签名的,调查人员应当在询问笔录上注明。

(9)调查人员进行询问调查,有权禁止他人旁听。

(10)海事管理机构根据调查工作需要,可依法对事故当事船舶、浮动设施及有关设备进行检验、鉴定或者对有关人员进行测试,并取得书面检验、鉴定或者测试报告作为调查取得的证据。

(11)有关单位、人员对事故所导致的财产损失应当如实向海事管理机构备案登记。

(12)事故调查、取证结束,应当通知当事人,并及时返还或者启封所扣留、封存的各类证书、文书、日志、记录簿等。

(13)任何单位和个人不得干涉、阻挠海事管理机构依法对内河交通事故进行调查。

四、内河交通事故处理

(1)对内河交通事故发生负有责任的单位和人员,有关主管机关应当依据有关法律、法规和规章给予行政处罚。涉嫌构成犯罪的,移送司法机关处理。

(2)根据内河交通事故发生的原因,海事管理机构可责令有关船舶、浮动设施的所有人、经营人或者管理人对其所属船舶、浮动设施加强安全管理。有关船舶、浮动设施的所有人、经营人或者管理人应当积极配合,认真落实。对拒不加强管理或者在期限内达不到安全要求的,海事管理机构有权采取责令其停航、停止作业等强制措施。

第二十八章　内河船舶防污染管理

船舶防污染管理着重介绍《中华人民共和国水污染防治法》《中华人民共和国防治船舶污染内河水域环境管理规定》等相关法律、法规对船舶防污染管理的刚性要求，规范船舶防污染工作的日常管理。

第一节　水污染防治法

为了防治水污染，保护和改善环境，保障饮用水安全，促进经济社会全面协调可持续发展，由中华人民共和国第十届全国人民代表大会常务委员会第三十二次会议于 2008 年 2 月 28 日修订通过的《中华人民共和国水污染防治法》（简称“水污染防治法”），自 2008 年 6 月 1 日起施行。水污染防治法适用于中华人民共和国领域内的江河、湖泊、运河、渠道、水库等地表水体以及地下水体的污染防治。

一、船舶污油水排放要求和排放标准

1. *船舶污油水的排放要求*

船舶排放含油污水应当符合船舶污染物排放标准。从事海洋航运的船舶进入内河和港口的，应当遵守内河的船舶污染物排放标准。

船舶的残油、废油应当回收，禁止排入水体。

船舶装载运输油类或者有毒货物，应当采取防止溢流和渗漏的措施，防止货物落水造成水污染。

2. *船舶污油水的排放标准*

根据《中华人民共和国环境保护法》《中华人民共和国水污染防治法》和《中华人民共和国海洋环境保护法》的要求，我国现已制定了《船舶污染物排放标准》(GB3552—83)，于 1983 年 4 月 9 日发布，1983 年 10 月 1 日起实施，该标准适用于中国籍船舶和进入中华人民共和国水域的外国籍船舶。其中，对船舶在内河水域的污油水排放标准为：船舶含油污水（油船压舱水、洗舱水及船舶舱底污水）的含油量最高允许排放浓度为 15 mg/L。含油污水系指含有原油和各种石油产品的污水。

二、船舶排放污染设备配置要求

（1）船舶应当按照国家有关规定配置相应的防污设备和器材，并持有合法有效地防止水

域环境污染的证书与文书。

船舶进行涉及污染物排放的作业,应当严格遵守操作规程,并在相应的记录簿上如实记载。

(2)港口、码头、装卸站和船舶修造厂应当备有足够的船舶污染物、废弃物的接收设施。从事船舶污染物、废弃物接收作业,或者从事装载油类、污染危害性货物船舱清洗作业的单位,应当具备与其运营规模相适应的接收处理能力。

《中华人民共和国水污染防治法实施细则》第十九条规定:“在内河航行的船舶,其防污设备应当符合国家船舶防污结构与设备规范的规定,持有船舶检验部门签发的合格证书。船舶无防污设备或者防污设备不符合国家船舶防污结构与设备规范规定的,应当限期达到规定的标准。”为此,中华人民共和国船舶检验局于 1987 年公布了《内河船舶防污染结构与设备规范(防止油类污染部分)》,该规范规定在我国内河水域航行的民用船舶,其防止油污结构和设备应符合下列要求,并经船检部门检验,取得船检部门颁发的防止油污证书。

(3)装设油水分离设备和排放控制系统:

①船舶主柴油机总功率等于或大于 440 kW 的船舶,建造时至少应装设一套油水分离设备;船舶主柴油机总功率等于或大于 220 kW 但小于 440 kW 的新船,应于船舶建造时,至少装设一套额定处理量为 0.1 m^3/h 至 0.25 m^3/h 的小船油水分离设备,如图 5-28-1 所示。

②安装在船上的油水分离设备,应有船检部门颁发的型式检验证书或船用产品证书。

③油水分离设备应能在船舶长期处于横倾 10°、纵倾 5°的状况下正常工作。其处理水的排放应能手动控制。

④油水分离设备的安装位置应尽可能远离振源,应留出足够的通道和空间。

⑤若船舶装有油分报警装置,则该装置应保证在处理水的含油量超过 15 mg/L 的排放控制规定时,能发出警报。对未设油分报警装置的船舶,应加强处理水的取样化验。

⑥装有油水分离设备的船舶,应设置污油舱(柜),用于贮存污油(如图 5-28-1 所示)。

图 5-28-1 油水分离与贮存设施实景图

(4)装设污油水舱(柜):

①船舶主柴油机总功率小于 220 kW 的船舶,若未装设油水分离设备,则应设有污油水舱

(柜)用以贮存含油舱底水,定期排放至接收设备,禁止将污油水直接排放舷外。

②船舶主柴油机总功率小于22 kW的船舶,经船检部门同意,可采取其他简易有效设施贮存含油舱底水。

③污油水舱(柜)和污油舱(柜)的结构应满足规范的有关规定。

(5)泵、管路和排放接口的布置:

①船舶应设有排放管路用于排放含油舱底水或污油至接收设备(或简易有效设施),该管路不得兼做他用。

②排放管路的连接管应设有标准排放接口。

③泵、管路的布置应符合相应的要求。

(6)油船的附加要求:

①油船不应在货油舱中装载压舱水,特殊情况下装载于货油舱的压舱水,应排放到接收设备,严禁排往水域。

②油船的洗舱水应排放到接收设备,严禁排往水域。

③油船洗舱时,如洗舱水不能立即排到接收设备,则应设有足够容积的污油水舱或指定一个货油舱作为污油水舱,以便留存所有洗舱水。

(7)其他要求:

①为保证油水分离设备长期有效的使用,严禁机舱舱底水中混入洗涤剂、清洗剂等物质。必要时,海事机构可取样化验。

②船舶甲板动力机械应设置油盘,防止泄漏的残油污染水域。

③舵机舱、轴隧及动力机械泄漏的残油应引入污油水舱(柜)或污油舱(柜)中,禁止排往舷外。

④废机油和机器清洗油应妥善处理,禁止排往舷外;油水分离设备的滤芯等油污物,应妥善保存于船上或用合适的方法予以处理,严禁排入水域。

三、船舶进行可能发生污染的作业要求

船舶进行下列活动,应当编制作业方案,采取有效的安全和防污染措施,并报作业地海事管理机构批准:

(1)进行残油、含油污水、污染危害性货物残留物的接收作业,或者进行装载油类、污染危害性货物船舱的清洗作业;

(2)进行散装液体污染危害性货物的过驳作业;

(3)进行船舶水上拆解、打捞或者其他水上、水下船舶施工作业。

在渔港水域进行渔业船舶水上拆解活动,应当报作业地渔业主管部门批准。

第二节　防治船舶污染内河水域环境管理规定

为防治船舶及其作业活动污染内河水域环境,保护内河水域环境,根据《中华人民共和国水污染防治法》《危险化学品安全管理条例》等法律、行政法规,由交通运输部制定颁布的《中华人民共和国防治船舶污染内河水域环境管理规定》(简称"船舶防污规定")于2015年12月

15 日经第 25 次部务会议通过(交通运输部 2015 年第 25 号令),自 2016 年 5 月 1 日起施行。

防治船舶及其作业活动污染内河水域环境,实行预防为主、防治结合、及时处置、综合治理的原则;交通运输部主管全国防治船舶及其作业活动污染内河水域环境的管理;国家海事管理机构统一负责全国防治船舶及其作业活动污染内河水域环境的监督管理工作;各级海事管理机构依照各自的职责权限,具体负责管辖区域内防治船舶及其作业活动污染内河水域环境的监督管理工作。

一、一般规定

(1)中国籍船舶防治污染的结构、设备、器材应当符合国家有关规范、标准,经海事管理机构或者其认可的船舶检验机构检验,并保持良好的技术状态。

船舶经船舶检验机构检验可以免除配备相应的污染物处理装置的,应当在相应的船舶检验证书中予以注明。

(2)船舶应当依照法律、行政法规、国务院交通运输主管部门的规定以及中华人民共和国缔结或者加入的国际条约、协定的要求,具备并随船携带相应的防治船舶污染内河水域环境的证书、文书(图 5-28-2 为船舶常见防污染文书与证书样本)。

图 5-28-2　船舶防污染文书与证书样本

(3)船员应当具有相应的防治船舶污染内河水域环境的专业知识和技能,熟悉船舶防污染程序和要求,经过相应的专业培训,持有有效的适任证书和合格证明。

从事有关作业活动的单位应当组织本单位作业人员进行防治污染操作技能、设备使用、作业程序、安全防护和应急反应等专业培训,确保作业人员具备相关防治污染的专业知识和技能。

(4)150 总吨及以上的油船、油驳和 400 总吨及以上的非油船、非油驳的拖驳船队应当制定船上油污应急计划。150 总吨以下油船应当制定油污应急程序。

150 总吨及以上载运散装有毒液体物质的船舶应当按照交通运输部的规定制订船上有毒液体物质污染应急计划和货物资料文书,明确应急管理程序与布置要求。

400 总吨及以上载运散装有毒液体物质的船舶可以制定船上污染应急计划,代替船上有毒液体物质污染应急计划和船上油污应急计划。

水路运输企业应当针对所运输的危险化学品的危险特性,制定运输船舶危险化学品事故应急救援预案,并为运输船舶配备充足、有效的应急救援器材和设备。

(5)依法设立特殊保护水域涉及防治船舶污染内河水域环境的,应当事先征求海事管理机构的意见,并由海事管理机构发布航行通(警)告。设立特殊保护水域的,应当同时设置船舶污染物接收及处理设施。

在特殊保护水域内航行、停泊、作业的船舶,应当遵守特殊保护水域有关防污染的规定、标准。任何在内河水域航行、停泊和进行相关作业的船舶,都不得违反法律、行政法规和国务院交通主管部门的规定,向内河水域排放污染物。

禁止船舶在内河水域载运法律、行政法规和国务院交通主管部门规定的不得在内河水域运输的危险化学品。禁止船舶在内河水域使用焚烧炉。

(6)船舶或者有关作业单位造成水域环境污染损害的,应当依法承担污染损害赔偿责任。

通过内河运输危险化学品的船舶,其所有人或者经营人应当投保船舶污染损害责任保险或者取得财务担保。船舶污染损害责任保险单证或者财务担保证明的副本应当随船携带。通过内河运输危险化学品的中国籍船舶的所有人或者经营人,应当向在我国境内依法成立的商业性保险机构和互助性保险机构投保船舶污染损害责任保险。具体办法另行制定。

(7)船舶污染事故引起的污染损害赔偿争议,当事人可以申请海事管理机构调解。在调解过程中,当事人申请仲裁、向人民法院提起诉讼或者一方中途退出调解的,应当及时通知海事管理机构,海事管理机构应当终止调解,并通知其他当事人。

调解成功的,由各方当事人共同签署船舶污染事故民事纠纷调解协议书。调解不成或者在3个月内未达成调解协议的,应当终止调解。

二、船舶污染物的排放和接收

(1)在内河水域航行、停泊和作业的船舶,不得违反法律、行政法规、规范、标准和交通运输部的规定向内河水域排放污染物。不符合排放规定的船舶污染物应当交由港口、码头、装卸站或者有资质的单位接收处理。

(2)禁止船舶向内河水体排放有毒液体物质及其残余物或者含有此类物质的压载水、洗舱水或者其他混合物;禁止船舶在内河水域使用焚烧炉;禁止在内河水域使用溢油分散剂。

(3)150总吨及以上的油船、油驳和400总吨及以上的非油船、非油驳的拖驳船队应当将油类作业情况如实、规范地记录在经海事管理机构签注的油类记录簿中。

150总吨以下的油船、油驳和400总吨以下的非油船、非油驳的拖驳船队应当将油类作业情况如实、规范地记录在轮机日志或者航行日志中。

载运散装有毒液体物质的船舶应当将有关作业情况如实、规范地记录在经海事管理机构签注的货物记录簿中。

船舶应当将使用完毕的油类记录簿、货物记录簿在船上保留3年。

(4)船长12米及以上的船舶应当设置符合格式要求的垃圾告示牌,告知船员和旅客关于垃圾管理的要求。

100总吨及以上的船舶以及经核准载运15名及以上人员且单次航程超过2千米或者航行时间超过15分钟的船舶,应当持有船舶垃圾管理计划和海事管理机构签注的船舶垃圾记录簿,并将有关垃圾收集处理情况如实、规范地记录于船舶垃圾记录簿中。船舶垃圾记录簿应当随时可供检查,使用完毕后在船上保留2年。

上述规定以外的船舶应当将有关垃圾收集处理情况记录于航行日志中。

(5)禁止向内河水域排放船舶垃圾。船舶应当配备有盖、不渗漏、不外溢的垃圾储存容器或者实行袋装,按照船舶垃圾管理计划对所产生的垃圾进行分类、收集、存放。

船舶将含有有毒有害物质或者其他危险成分的垃圾排入港口接收设施或者委托船舶污染物接收单位接收的,应当提前向对方提供此类垃圾所含物质的名称、性质和数量等信息。

(6)船舶在内河航行时,应当按照规定使用声响装置,并符合环境噪声污染防治有关要求。

(7)船舶使用的燃料应当符合有关法律法规和标准要求,鼓励船舶使用清洁能源。

船舶不得超过相关标准向大气排放动力装置运转产生的废气以及船上产生的挥发性有机化合物。

(8)自疫区船舶的船舶垃圾、压载水、生活污水等船舶污染物,应当经检疫部门检疫合格后,方可进行接收和处理。

(9)船舶污染物接收单位在污染物接收作业完毕后,应当向船舶出具污染物接收处理单证,并将接收的船舶污染物交由岸上相关单位按规定处理。

船舶污染物接收单证上应当注明作业双方名称、作业开始和结束的时间、地点,以及污染物种类、数量等内容,并由船方签字确认。船舶应当将船舶污染物接收单证与相关记录簿一并保存备查。

三、船舶作业活动的污染防治

(1)从事水上船舶清舱、洗舱、污染物接收、燃料供受、修造、打捞、拆解、污染清除作业以及利用船舶进行其他水上水下活动的,应当遵守相关操作规程,采取必要的防治污染措施。

船舶在港从事前款所列相关作业的,在开始作业时,应当通过甚高频、电话或者信息系统等向海事管理机构报告作业时间、作业内容等信息。

(2)托运人交付船舶载运具有污染危害性货物的,应当采取有效的防污染措施,确保货物状况符合船舶载运要求和防污染要求,并在运输单证上注明货物的正确名称、数量、污染类别、性质、预防和应急措施等内容。

曾经载运污染危害性货物的空容器和空运输组件,在未彻底清洗或者消除危害之前,应当按照原所装货物的要求进行运输。

交付船舶载运污染危害性质不明的货物,货物所有人或者其代理人应当委托具备相应技术能力的机构进行货物污染危害性评估分类,确定安全运输条件,方可交付船舶载运。

(3)船舶载运污染危害性货物应当具备与所载货物危害性质相适应的防污染条件。

船舶不得载运污染危害性质不明的货物以及超过相关标准、规范规定的单船限制性数量要求的危险化学品。

(4)船舶运输散发有毒有害气体或者粉尘物质等货物的,应当采取封闭或者其他防护措施。

从事前款货物的装卸和过驳作业,作业双方应当在作业过程中采取措施回收有毒有害气体。

(5)从事散装液体污染危害性货物装卸作业的,作业双方应当在作业前对相关防污染措施进行确认,按照规定填写防污染检查表,并在作业过程中严格落实防污染措施。

(6)船舶从事散装液体污染危害性货物水上过驳作业时,应当遵守有关作业规程,会同作业单位确定操作方案,合理配置和使用装卸管系及设备,按照规定填写防污染检查表,针对货物特性和作业方式制定并落实防污染措施。

(7)船舶进行下列作业,在长江、珠江、黑龙江水系干线作业量超过300吨和其他内河水域超过150吨的,港口、码头、装卸站应当采取包括布设围油栏在内的防污染措施,其中过驳作业由过驳作业经营人负责:

①散装持久性油类的装卸和过驳作业,但船舶燃油供应作业除外;

②密度小于1(相对于水)、溶解度小于0.1%的散装有毒液体物质的装卸和过驳作业;

③其他可能造成水域严重污染的作业。

因自然条件等原因,不适合布设围油栏的,应当采取有效替代措施。

(8)从事船舶燃料供应作业的单位应当建立有关防治污染的管理制度和应急预案,配备足够的防污染设备、器材和合格的人员。

从事船舶燃料供受作业,作业双方应当在作业前对相关防污染措施进行确认,按照规定填写防污染检查表,并在作业过程中严格落实防污染措施。

(9)从事船舶燃料供受作业的水上燃料加注站应当满足国家规定的防污染技术标准要求。

水上燃料加注站接受燃料补给作业应当按照污染危害性货物过驳作业办理相关手续。

(10)水上船舶修造及其相关作业过程中产生的污染物应当及时清除,不得投弃入水。

船舶燃油舱、液货舱中的污染物需要通过过驳方式交付储存的,应当遵守污染危害性货物过驳作业管理要求。

船坞内进行的修造作业结束后,作业单位应当进行坞内清理和清洁,确认不会造成水域污染后,方可沉坞或者开启坞门。

四、船舶污染事故应急处置

(1)船舶发生污染事故,应当立即就近向海事管理机构如实报告,同时启动污染事故应急计划或者程序,采取相应措施控制和消除污染。在初始报告以后,船舶还应当根据污染事故的进展情况做出补充报告。

海事管理机构接到报告后应当立即核实有关情况,按规定向上级海事管理机构和县级以上地方人民政府报告。海事管理机构和有关单位应当在地方人民政府的统一领导和指挥下,按照职责分工,开展相应的应急处置工作。

(2)发生污染事故的船舶,应当在事故发生后24小时内向事故发生地的海事管理机构提交船舶污染事故报告。因特殊情况不能在规定时间内提交船舶污染事故报告的,经海事管理机构同意可以适当延迟,但最长不得超过48小时。

船舶污染事故报告应当至少包括以下内容:

①船舶的名称、国籍、呼号或者编号。

②船舶所有人、经营人或者管理人的名称、地址。

③发生事故的时间、地点以及相关气象和水文情况。

④事故原因或者事故原因的初步判断。

⑤船上污染物的种类、数量、装载位置等概况。

⑥事故污染情况。

⑦应急处置情况。

⑧船舶污染损害责任保险情况。

(3)船舶有沉没危险或者船员弃船的,应当尽可能地关闭所有液货舱或者油舱(柜)管系的阀门,堵塞相关通气孔,防止溢漏,并向海事管理机构报告船舶燃油、污染危害性货物以及其他污染物的性质、数量、种类、装载位置等情况。

(4)船舶发生事故,造成或者可能造成内河水域污染的,船舶所有人或者经营人应当及时消除污染影响。不能及时消除污染影响的,海事管理机构可以采取清除、打捞、拖航、引航、过驳等必要措施,发生的费用由责任者承担。

依法应当承担前款规定费用的船舶及其所有人或者经营人应当在开航前缴清相关费用或者提供相应的财务担保。

五、船舶污染事故调查处理

(1)船舶污染事故调查处理依照下列规定组织实施:

①重大以上船舶污染事故由交通运输部组织调查处理。

②重大船舶污染事故由国家海事管理机构组织调查处理。

③较大船舶污染事故由直属海事管理机构或者省级地方海事管理机构负责调查处理。

④一般等级及以下船舶污染事故由事故发生地海事管理机构负责调查处理。

较大及以下等级的船舶污染事故发生地不明的,由事故发现地海事管理机构负责调查处理。事故发生地或者事故发现地跨管辖区域或者相关海事管理机构对管辖权有争议的,由共同的上级海事管理机构确定调查处理机构。

(2)事故调查机构应当及时、客观、公正地开展事故调查,勘验事故现场,检查相关船舶,询问相关人员,收集证据,查明事故原因,认定事故责任。

船舶污染事故调查应当由至少两名调查人员实施。

(3)证据可能灭失或者以后难以取得的情况下,事故调查机构可以依法先行登记保存相应的证书、文书、资料。

(4)船舶污染事故调查的证据种类包括:

①书证、物证、视听资料、电子数据;

②证人证言;

③当事人陈述;

④鉴定意见;

⑤勘验笔录、调查笔录、现场笔录;

⑥其他可以证明事实的证据。

(5)船舶造成内河水域污染的,应当主动配合事故调查机构的调查。船舶污染事故的当事人和其他有关人员应当如实反映情况和提供资料,不得伪造、隐匿、毁灭证据或者以其他方式妨碍调查取证。

船舶污染事故的当事人和其他有关人员提供的书证、物证、视听资料应当是原件原物,不能提供原件原物而提供抄录件、复印件、照片等非原件原物的,应当签字确认;拒绝确认的,事故调查人员应当注明有关情况。

(6)有下列情形的,事故调查机构可以按照规定程序组织各级海事管理机构和相关部门开展船舶污染事故协查：

①污染事故肇事船舶逃逸的。

②污染事故嫌疑船舶已经开航离港的。

③辖区发生污染事故但暂时无法确认污染来源，经分析过往船舶有事故嫌疑的。

(7)事故调查处理需要委托有关机构进行技术鉴定或者检验、检测的，事故调查机构应当委托具备国家规定资质要求的机构进行。

(8)事故调查机构应当自事故调查结案之日起20个工作日内制作船舶污染事故认定书，并送达当事人。

船舶污染事故认定书应当载明事故基本情况、事故原因和事故责任。

自海事管理机构接到船舶污染事故报告或者发现船舶污染事故之日起6个月内无法查明污染源或者无法找到造成污染船舶的，经船舶污染事故调查处理机构负责人批准可以终止事故调查，并在船舶污染事故认定书中注明终止调查的原因。

六、法律责任

(1)违反规定，有下列情形之一的，由海事管理机构责令改正，并处以2万元以上3万元以下的罚款：

①船舶超过标准向内河水域排放生活污水、含油污水等。

②船舶超过标准向大气排放船舶动力装置运转产生的废气。

③船舶在内河水域排放有毒液体物质的残余物或者含有此类物质的压载水、洗舱水及其他混合物。

④船舶在内河水域使用焚烧炉。

⑤未按规定使用溢油分散剂。

(2)违反规定第十四条、第十五条、第二十一条有下列情形之一的，由海事管理机构责令改正，并处以3000元以上1万元以下的罚款：

①船舶未按规定如实记录油类作业、散装有毒液体物质作业、垃圾收集处理情况的。

②船舶未按规定保存油类记录簿、货物记录簿和船舶垃圾记录簿的。

③船舶在港从事水上船舶清舱、洗舱、污染物接收、燃料供受、修造、打捞、污染清除作业活动，未按规定向海事管理机构报告的。

(3)违反规定第八条、第二十一条、第二十四条、第二十七条、第三十一条，有下列情形之一的，由海事管理机构责令改正，并处以1万元以上3万元以下的罚款：

①港口、码头、装卸站以及从事船舶修造、打捞等作业活动的单位未按规定配备污染防治设施、设备和器材的。

②从事水上船舶清舱、洗舱、污染物接收、燃料供受、修造、打捞、污染清除作业活动未遵守操作规程，未采取必要的防治污染措施的。

③运输及装卸、过驳散发有毒有害气体或者粉尘物质等货物，船舶未采取封闭或者其他防护措施，装卸和过驳作业双方未采取措施回收有毒有害气体的。

④未按规定采取布设围油栏或者其他防治污染替代措施的。

⑤采取冲滩方式进行船舶拆解作业的。

(4)违反规定第七条、第二十条、第二十五条、第二十六条，有下列情形之一的，由海事管

理机构责令停止违法行为,并处以5000元以上1万元以下的罚款:

①从事有关作业活动的单位,未组织本单位相关作业人员进行专业培训的。

②船舶污染物接收单位未按规定向船方出具船舶污染物接收单证的。

③从事散装液体污染危害性货物装卸、过驳作业的,作业双方未按规定填写防污染检查表及落实防污染措施的。

(5)违反规定第十条,船舶未遵守特殊保护水域有关防污染的规定、标准的,由海事管理机构责令停止违法行为,并处以1万元以上3万元以下的罚款。

(6)船舶违反规定第二十三条规定载运污染危害性质不明的货物的,由海事管理机构责令改正,并对船舶处以5000元以上2万元以下的罚款。

(7)船舶发生污染事故,未按规定报告的或者未按规定提交船舶污染事故报告的,由海事管理机构对船舶处以2万元以上3万元以下的罚款;对直接负责的主管人员和其他直接责任人员处以1万元以上2万元以下的罚款。

七、相关名词术语

1. 有毒液体物质

排入水体将对水资源或者人类健康产生危害或者对合法利用水资源造成损害的物质。包括在《国际散装运输危险化学品船舶构造和设备规则》的第17或18章的污染种类列表中标明的或者暂时被评定为X、Y或者Z类的任何物质。

2. 污染危害性货物

直接或者间接地进入水体,会损害水体质量和环境质量,对生物资源、人体健康等产生有害影响的货物。

3. 特殊保护水域

各级人民政府按照有关规定划定并公布的自然保护区、饮用水源保护区、渔业资源保护区、旅游风景名胜区等需要特别保护的水域。

4. 水上燃料加注站

固定于某一水域,具有燃料储存功能,给船舶供给燃料的趸船或者船舶。

第6篇

轮机常识

轮机常识主要通过对船舶动力装置、船舶辅机与机舱管理、船舶电气、船舶应急设备等机舱设施、设备及相关管理要求的介绍，使甲板部（驾驶部）船员掌握必要的轮机管理基础知识，为实际船舶管理工作中的轮机、驾驶工作有效配合打下基础。

第二十九章 船舶动力装置

船舶动力装置是为了保证船舶正常营运而设置的动力设备，主要介绍船舶柴油机、汽油机以及电力推进装置的基本结构、工作原理以及日常的运行管理等内容，使驾驶部船员了解船舶动力装置的主要功用及运行管理要求。

第一节 柴油机常用名词

柴油机是以柴油或劣质燃油为燃料压缩发火的往复式内燃机，是目前船舶应用最为广泛的动力装置，柴油机基本结构参数如图 6-29-1 所示。

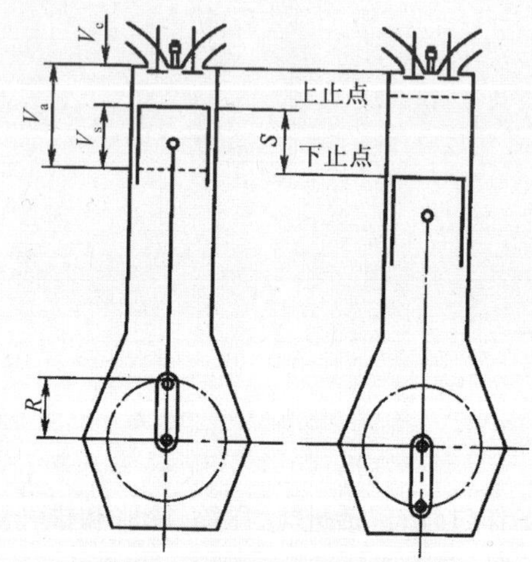

图 6-29-1 柴油机基本结构参数

（1）上止点（Top Dead Center，简称 TDC）：活塞在汽缸中运动的最上端位置，也就是活塞离曲轴中心线最远的位置。

（2）下止点（Bottom Dead Center，简称 BDC）：活塞在汽缸中运动的最下端位置，也就是活塞离曲轴中心线最近的位置。

活塞在上、下止点时将改变其运动方向，此瞬间的活塞速度为零，所以称为上（下）止点或死点。

（3）行程（Stroke，*S*）：指活塞从上止点移动到下止点间的直线距离。活塞移动一个行程，相当于曲轴转动180°(曲轴转角),所以行程S等于曲轴回转半径(曲柄半径R)的两倍,即$S=2R$。

(4)缸径(Diameter, D):汽缸的内径。

(5)压缩室容积V_c:活塞在上止点时,活塞顶、汽缸盖底面与汽缸套表面之间所形成的空间容积,又称燃烧室容积或汽缸余隙容积。

(6)余隙高度(顶隙):上止点时活塞最高顶面与汽缸盖底平面之间的垂直距离。

(7)汽缸工作容积(V_s):活塞在汽缸中从上止点移动到下止点时所扫过的容积,即

$$V_s = \frac{\pi D^2}{4} \cdot S$$

(8)汽缸总容积(V_a):活塞在汽缸内位于下止点时,活塞顶以上的汽缸全部容积,亦称汽缸最大容积,显然

$$V_a = V_c + V_s$$

(9)压缩比(ε):汽缸总容积与压缩室容积的比值,亦称几何压缩比或理论压缩比,即

$$\varepsilon = \frac{V_a}{V_c} = \frac{V_c + V_s}{V_c} = 1 + \frac{V_s}{V_c}$$

压缩比是指活塞从下止点运动到上止点时,把缸内空气压缩了多少倍,表示缸内工质被压缩的强烈程度,压缩比大说明缸内空气被压缩得厉害,压缩终点的温度和压力就高,以利于燃油的燃烧和柴油机的启动,并可提高热效率。

第二节 四冲程柴油机工作原理

一、工作原理

柴油机的基本工作原理是采用压缩发火方式使燃料在缸内燃烧,以高温、高压的燃气作工质,在汽缸中膨胀推动活塞往复运动,并通过活塞-连杆-曲柄机构将往复运动转变为曲轴的回转运动,从而带动工作机械。

根据柴油机的工作特点,燃油在柴油机汽缸中燃烧做功必须通过进气、压缩、燃烧、膨胀与排气五个过程。包括进气、压缩、混合气形成、着火、燃烧与放热、膨胀作功和排气等在内的全部热力循环过程,称柴油机工作过程;包括进气、压缩、膨胀和排气等过程的周而复始的循环叫工作循环。

如果柴油机工作循环的五个过程是通过进气、压缩、膨胀和排气四个行程来实现的(曲轴转动720°),这种活塞在四个行程内完成一个工作循环的柴油机叫作四冲程柴油机。曲轴与凸轮轴的转速比为2∶1。

二、工作过程

图6-29-2中的四个简图分别表示四个活塞行程的进行情况以及活塞、曲轴、气阀等部件的有关动作位置。

(一)第一冲程——进气冲程

空气进入汽缸时相应的活塞行程。

作用:汽缸吸入新鲜空气。

活塞从上止点下行,进气阀 a 打开。由于汽缸容积不断增大,缸内的气体压力降低。由于进入汽缸的新鲜空气流经进气管、进气阀时存在一定的阻力,进气压力线(1—2)低于大气压力线,依靠汽缸内气体压力与大气压力的压差,将新鲜空气经进气阀吸入汽缸。进气阀一般在活塞到达上止点之前一定角度即提前打开(曲柄位于点 1),下止点之后一定角度延迟关闭(曲柄位于点 2)。到下止点时,缸内气压为 0.08 ~ 0.095 MPa,温度一般为 30 ~ 70 ℃,此时,排气阀和喷油器均关闭。曲柄转角 φ_{1-2}(图中阴影线所占的角度)表示进气持续角 $\Delta\varphi_i$,一般为 220° ~ 250°。

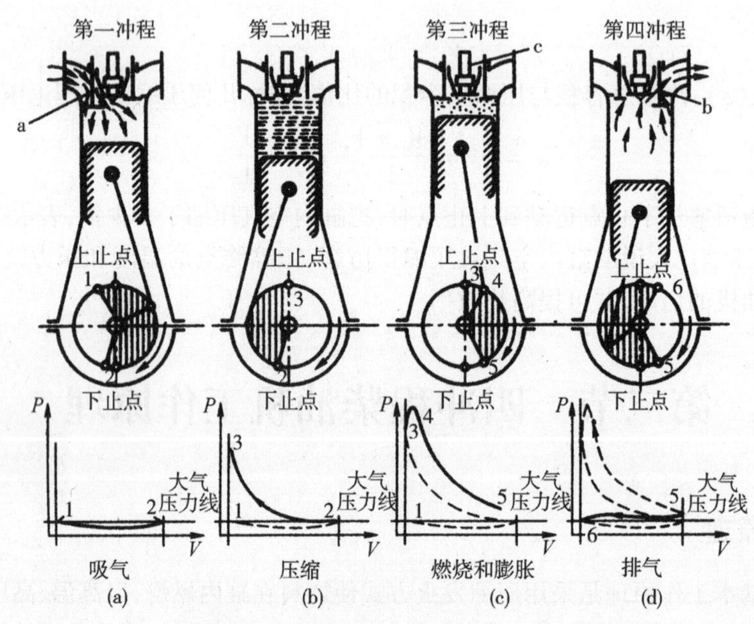

图 6-29-2　四冲程柴油机的工作原理图

(二)第二冲程——压缩冲程

工质在汽缸内被压缩时相应的活塞行程。

作用:吸入汽缸的气体被压缩,产生高温、高压气体。

活塞从下止点向上运动,自进气阀 a 关闭(点 2)才开始压缩,一直到上止点(点 3)为止。第一行程吸入的新气经压缩后,压力增高到 3 ~ 6 MPa,温度升高到 600 ~ 700 ℃,此温度可以保证喷入汽缸的雾状燃油自燃(燃油的自燃温度为 210 ~ 270 ℃)。压缩终点的压力和温度分别用符号 p_c 和 T_c 表示。在压缩过程的后期,由喷油器(c)喷入汽缸的燃油与高温空气混合、加热,并自行发火燃烧。曲柄转角 φ_{2-3}(图中阴影线所占的角度)表示压缩过程,一般为 140° ~ 160°。

(三)第三冲程——燃烧和膨胀冲程

工质在汽缸内燃烧膨胀时相应的活塞行程。

作用:气体膨胀做功。

活塞在上止点附近，由于燃油强烈燃烧，使汽缸内的气体温度和压力急剧升高，压力一般为5～8 MPa，甚至高达15 MPa以上，温度约为1400～1800 ℃或更高些。在此压力推动活塞下行，带动曲柄转动，从而输出机械功。燃烧时产生的最大压力称为最大爆发压力 P_Z，它一般出现在上止点后的某一曲柄转角位置上（一般在上止点后10～15）。汽缸内的最高温度 T_z 一般出现在上止点后的某一曲柄转角位置上（一般不超过上止点后40°）。由于汽缸容积逐渐增大，压力下降，在上止点后某一时刻（点4）燃烧基本结束。膨胀一直到排气阀b开启时结束，膨胀终了时的汽缸内的气体压力一般为250～450 kPa，气体温度一般为600～700 ℃。与进气阀相同，排气阀b总是在下止点前提早开启（点5）。曲柄转角 φ_{3-4-5}（图中阴影线所占的角度）表示燃烧和膨胀过程，一般为130°～150°。

（四）第四冲程——排气冲程

燃烧后的废气从汽缸内排出时相应的活塞行程。

作用：做完功的气体排出。

在上一行程末活塞尚在下行，排气阀b开启，废气靠汽缸内外压力差经排气阀排出，废气的压力迅速下降。当活塞经下止点上行时，废气被活塞推挤出汽缸，此时的排气压力略高于大气压力（一般为1.05～1.1倍大气压），且是在压力基本保持不变的情况下进行的。为了尽可能将废气排除干净，排气阀一直延迟到上止点后（点6）才关闭。曲柄转角 φ_{5-6}（图中阴影线所占的角度）表示排气持续角 $\Delta\varphi_e$，一般为230°～260°。

进行了上述的四个行程，柴油机就完成了一个工作循环。当活塞继续运动时，另一个新的循环又按同样的顺序重复进行，以维持柴油机的连续运转。

四冲程柴油机每完成一个工作循环，曲轴需要回转两转（720°），活塞运行四个行程。每个工作循环中只有第三行程（膨胀行程）是做功的，其他的三个行程都是为膨胀行程服务的，都需要消耗能量。柴油机常做成多缸的，这样进气、压缩、排气行程需要的能量借助其他正在做功的汽缸或飞轮来供给。如果是单缸的柴油机，则由相对较大的飞轮来提供。

第三节　其他动力装置

一、汽油机工作原理及维护保养

汽油机与柴油机在结构上的不同包括多了一套点火系统和油气混合装置即化油器。图6-29-3为汽油机的结构图。

（一）汽油机工作原理

其简单工作原理是实现燃油和空气的雾化、混合，并将其压缩到一个密闭汽缸中使可燃混合气着火，燃烧膨胀产生相当大的力推动活塞下行，并通过曲柄连杆机构将活塞的直线运动变成曲轴的旋转运动而输出动力。为了保证工作循环的继续进行，还必须将燃烧产生的废气排出汽缸，为下一循环的进行做好准备，每一工作循环经历了4个冲程，曲轴回转两周。

汽油机与柴油机的工作原理基本相同，其不同点在于：

（1）在进气冲程，汽油机进气是油和气的混合气，而柴油机进气是新鲜空气；

(2)压缩冲程，其压缩比汽油机(6~10)比柴油机(14~22)小；

(3)燃烧膨胀冲程，膨胀比汽油机比柴油机小，膨胀终了温度汽油机比柴油机高。

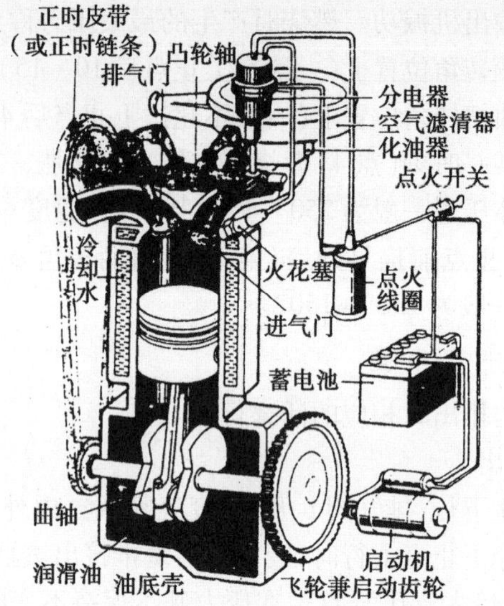

图 6-29-3 汽油机结构图

(二)汽油机维护保养要求

(1)汽油机外部及周围必须保持清洁，定期清洁或更换空滤器。

(2)检查汽油机各附件、部件的连接处及汽油机在机架上的紧固处，不能有松动现象。

(3)整个油路上的接头要保持密封，不得有渗漏现象。

(4)经常注意保持机油油面处于油塞两刻度线之间。

(5)使空气滤清器处于良好状态，保持进气清洁。

(6)经常注意排气烟色、调速器是否灵活、转速是否稳定，发现问题应及时停机进行调整或更换。

(7)注意汽油机的声响，当发现有不正常情况时，必须立即停机进行检查并排除。

(8)定期更换机油，检查气体门与挺杆间隙是否符合规定，清洗沉淀杯和化油器浮子室，清除火花塞积炭等。

二、电力推进装置基本结构及维护保养

(一)电力推进装置基本结构

船舶电力推进装置是指采用电动机带动螺旋桨来推进船舶运动的装置。如图 6-29-4 所示，电力推进装置一般由下述几部分组成：螺旋桨、电动机、发电机、原动机以及调节控制设备。其中原动机 Y 将燃料的化学能转变为机械能，发电机 G 将原动机供给的机械能转化成电能，电动机 M 将电能再转化为机械能以带动螺旋桨 J 推动船舶运动。电力推进的原动机可以采用柴油机、蒸汽轮机和燃气轮机。发电机可以采用直流或交流发电机。电动机可以采用直流或交流的同步或异步电动机。

电力推进具有的优点包括：操纵灵活，机动性好；易于获得理想的拖动特性，提高船舶的技

术性能;推进装置总功率可以由几个机组承担,增加了设备选择的灵活性,提高了船舶的生命力;原动机同螺旋桨间无硬性连接,有利于减低振动,降低噪声,可使原动机与螺旋桨分别处于各自最佳转速下工作;使主轴长度大大缩短,动力装置的布置更加灵活。但电力推进装置的重量大,中间损耗大,初投资大,需要维修管理人员的技术水平高。

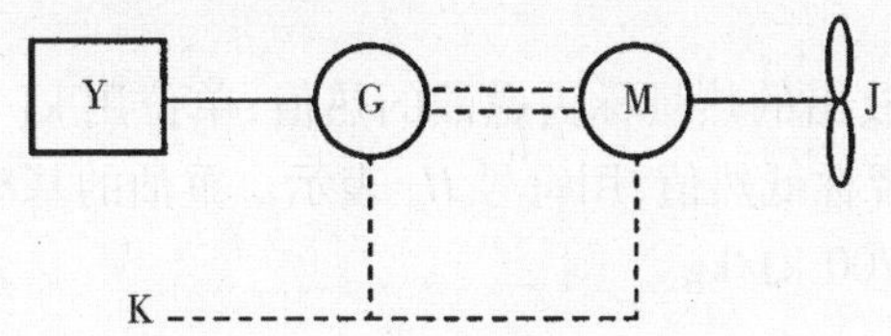

图 6-29-4 电力推进装置简图

Y—原动机;G—发电机;M—电动机;J—螺旋桨;K—调节控制设备

(二)电力推进装置维护保养要求

(1)保持整个装置清洁而干净。

(2)保证原动机及各部件与系统连接坚固。

(3)油、水、气量在规定的要求范围内。

(4)各系统进行定期的保养,如滑油滤器、空滤器等的更换。

(5)在工作过程中,应对油温、水温、排气温度等进行严密的监督并记录。

(6)经常性对发电机与电动机的电压、电流、工作温度、轴承温度和负荷大小进行监视,防止超负荷工作。

(7)定期对发电机与电动机绝缘性能进行测量。

(8)定期向各轴承、传动装置添加润滑油,保证润滑良好。

第四节 燃、润油料基本知识

一、燃油

(一)燃油的主要性能指标

燃油是船舶最重要的物料,其性能指标对柴油机动力装置的工作性能产生重大影响。船舶燃油主要特性指标大致可分为三类:

影响燃油燃烧性能的指标,如十六烷值、柴油指数、热值和黏度等。

影响燃烧产物成分的指标,如硫分、灰分、沥青分、残炭值、钒和钠含量等。

影响燃油管理工作的指标,如闪点、密度、凝点、倾点、浊点、水分、机械杂质等。

船舶燃油的使用和管理中经常涉及下列几个性能指标。

1. 影响燃油燃烧性能的指标

1)十六烷值

十六烷值是评定燃油自燃性能的指标。其定义为在标准的四冲程柴油机上,将所试柴油的自燃性(通常以滞燃期长短计量)同正十六烷(十六烷值定为100)与α甲基萘(十六烷值定为0)的混合液相比较,当两者相同时,混合液中的正十六烷的容积百分比即为所试验燃料的十六烷值。

柴油机对燃油的十六烷值要求:通常,高速柴油机使用燃油的十六烷值在45~60;中低速柴油机在40~50;对于燃用重油的大型低速柴油机,其十六烷值应不低于25。

2)热值

1 kg燃油完全燃烧时放出的热量称为燃油的热值,单位用kJ/kg表示。其中不计入燃烧产物中水蒸气的汽化潜热者称低热值,用符号H_u表示。重油的基准低热值$H_u=42000$ kJ/kg,轻油的基准低热值$H_u=42700$ kJ/kg。

3)黏度

燃油在管路中输送的流量和压差、燃油在喷射时的雾化质量、燃油对喷油泵偶件的润滑能力等都与黏度有密切关系。液体的黏度值有绝对黏度和条件黏度(又称相对黏度)两种表示法。绝对黏度表示内摩擦系数的绝对值,相对黏度是在一定条件下测得的相对值,并因测定仪器而异。属于绝对黏度的有动力黏度和运动黏度;属于相对黏度的有恩氏黏度、赛氏黏度和霍氏黏度。

(1)动力黏度

动力黏度是两个相距为1 cm、面积为1 cm^2的液层,相对运动速度为1 cm/s时所产生阻力的数值。工程单位制为g/cm·s,国际单位制为Pa·s,1 Pa·s=10 g/cm·s。

(2)运动黏度

运动黏度是动力黏度与同温度下液体密度之比。国际单位制为m^2/s或mm^2/s。通常在实际中使用厘斯(cSt——工程单位),1 cSt $=10^{-6}$ $m^2/s=1$ mm^2/s。

(3)恩氏黏度

恩氏黏度是200 cm^3液体在特定温度下,从恩氏黏度计流出所需的时间与蒸馏水在20 ℃时流出相同体积所需的时间之比。它是一个无因次量,符号为°E。恩氏黏度曾是我国和部分欧洲国家常用的黏度表示法。

(4)赛氏黏度

赛氏黏度是液体在37.8 ℃(100 ℉)温度下从赛氏黏度计流出60 cm^3所需的时间(s)。

赛氏黏度和雷氏黏度是美英国家常用黏度表示法。各种黏度表示法的换算关系如下:

恩氏黏度(°E)=0.132×运动黏度(mm^2/s);

雷氏黏度(s)=4.05×运动黏度(mm^2/s);

赛氏黏度(s)=4.62×运动黏度(mm^2/s)。

ISO规定,自1977年10月开始采用50 ℃时的运动黏度值(mm^2/s)作为燃油的黏度值。

4)密度

燃油在温度t(℃)时单位体积的质量称密度ρ_t,常用单位是kg/m^3或g/cm^3。在20 ℃时的密度称标准密度ρ_{20}。燃油的密度随温度而变,其温度修正公式如下:

$$\rho_t=\rho_{20}-0.000672(t-20)$$

2.影响燃烧产物成分的指标

1)硫分

燃油中所含硫的质量分数叫硫分。燃油中含硫的危害如下:

(1)液态的硫化物(如硫化氢等)对燃油系统的设备有腐蚀作用。

(2)燃烧产物中的 SO_3 和水蒸气(H_2O)在缸壁温度低于其露点时,会生成硫酸附着在缸壁表面产生强烈的腐蚀作用。由于这一腐蚀只发生在低温条件下,故称为低温腐蚀。

(3)燃烧产物中的 SO_3 能加速碳氢化合物聚合而结炭,而且此结炭较硬,不易清除。

(4)硫燃烧后产生的 SO_2 是柴油机排放的主要有害成分。

2)灰分

灰分是在规定条件下燃油完全燃烧剩余物的重量百分比。燃烧后残存的灰分中含有的各种金属氧化物,可造成燃烧室部件的高温腐蚀和磨料磨损,加剧汽缸的磨损。

3)钒、钠含量

燃油中所含钒、钠等金属的质量浓度用 10^{-6}(ppm)表示。钒以金属有机化合物形式存在于原油中。一般其熔点最低,仅为 300 ℃左右。当排气阀和缸壁温度过高而超过这些化合物的熔点时,它们就会熔化附着在金属表面上,与金属表面发生氧化还原反应而腐蚀金属。由于这种腐蚀只发生在高温条件下,故称为高温腐蚀。由此,为了控制此种腐蚀,应限制排气阀和缸套表面的最高温度。

4)沥青分

沥青分表示沥青占燃油重量的百分数。沥青是多环的大分子量芳香烃,悬浮在油中呈胶状。沥青不易燃烧,导致滞燃期长,产生后燃,冒黑烟;使用中易形成沉积胶膜和结炭,增加磨损并使喷油器偶件咬死。

5)残炭值

燃油在隔绝空气条件下加热干馏,最后剩下的鳞片状炭渣物就是残炭。残炭占试验油重量的百分数称残炭值。残炭值表示燃油燃烧时形成结炭、结焦的倾向,并不表示形成结炭的数值。残炭值中包括了机械杂质和灰分。当燃用残炭值较大的燃油时,将在燃烧室产生较多的结炭使热阻增加,引起过热、磨损,缩短柴油机的维修周期。

3. 影响燃油管理工作的指标

1)闪点

燃油在规定条件下加热到它的蒸汽与空气的混合气能同火焰接触而发生闪火时的最低温度称闪点,根据测试仪器的不同,分为开口闪点和闭口闪点。闭口闪点低于开口闪点。闪点是衡量燃油挥发成分产生爆炸或火灾危险性的指标。按国内外船舶建造规范规定,船舶使用的燃油闭口闪点不得低于 60 ℃,从防爆、防火的观点出发,在低于燃油闪点 17 ℃的环境温度倾倒燃油或敞开容器才比较安全。

2)凝点、倾点和浊点

凝点、倾点和浊点都是说明燃油低温流动性和泵送性的重要指标。

燃油在试验条件下冷却至液面不移动时的最高温度称为凝点。燃油的凝点取决于它的成分和组成结构。对于含石蜡较多的燃油在低温下由于石蜡结晶而形成网状晶架,从而使燃油失去流动性,称为结构凝固;对于含石蜡较少的燃油,在低温下由于黏度增大而失去流动性,称黏温凝固。

燃油尚能够流动的最低温度称为倾点。

燃油开始变混浊时的温度称为浊点。

通常,燃油的浊点高于凝点 5 ~ 10 ℃;倾点高于凝点 3 ~ 5 ℃。燃油的温度低于浊点时将使滤器堵塞,供油中断。燃油温度低于凝点时,将无法泵送。实际使用中,浊点是比凝点更重要的指标。燃油的使用温度至少应高于浊点3~5 ℃。

3)机械杂质和水分

燃油中所含不溶于汽油或苯的固体颗粒或沉淀物的质量分数称为机械杂质。轻质燃油不允许含机械杂质,重质燃油允许含有少量机械杂质。

燃油中的水分以容积百分数表示。燃油中的水分能降低燃油的低热值,破坏正常发火,甚至导致柴油机停车。如含有海水将会造成腐蚀,加剧缸套磨损。因此应限制燃油中的水分,尤其对轻柴油应限制其水分不大于痕迹(即不大于0.025%)。

在船舶上可以使用燃油净化措施降低燃油的机械杂质和水分。

(二)燃油的选用

1.轻柴油

我国生产的轻柴油有国家标准规定。轻柴油产品按凝点不同分为10号、0号、-10号、-20号及-35号五个等级,也就是说它们的凝点分别高于10 ℃、0 ℃、-10 ℃、-20 ℃和-35 ℃。所以选用轻柴油要根据当地冬天最低环境温度而定,一般最低环境温度应高出凝点温度5 ℃以上。

轻柴油是质量最好、价格最贵的柴油机燃料,适用于高、中速柴油机。救生艇柴油机一般选用-10号轻柴油,应急发电柴油机和高速发电柴油机可选用0号轻柴油。

2.重柴油

按国家标准规定,重柴油按凝点不同分为10号、20号及30号三个牌号。重柴油的主要特点是凝点高。使用重柴油的柴油机应有完善的预热设备,低速及民用中速大功率柴油机由于经济关系,一般都燃用价格低廉的重柴油。一般10号重柴油适用于500~1000 r/min的中速机,20号重柴油适用于300~700 r/min的柴油机,而30号重柴油适用于300 r/min左右的柴油机。

3.重油(燃料油)

重油按80 ℃时的运动黏度分为20、60、100及200四个牌号,可供船舶锅炉使用。

4.船用燃料油

船用燃料油由渣油、重油与重柴油调制而成,专供远洋船舶使用。目前尚无国家标准,一般执行炼油厂与有关单位商定的协议标准,也可自行调制。

二、润滑油

(一)润滑油理化性能指标

1.颜色

润滑油的颜色与基础油的精制深度及所加的添加剂有关。在使用或贮存过程则与油品的氧化、变质程度有关。如呈乳白色,则有水或气泡存在;颜色变深,则氧化变质或污染。

2.黏度

黏度是润滑油最重要和最基本的性能指标。大多数润滑油都按运动黏度来划分牌号。润滑油的黏度越大,所形成的油膜越厚,有利于承受高负荷,但其流动性差,这也增加了机械运动的阻力,或者不能及时流到需要润滑的部位,以致失去润滑作用。

3 黏温特性

温度变化时,润滑油的黏度也随之变化。温度升高则黏度降低,反之亦然。润滑油黏度随温度变化的特性称为润滑油的黏温特性,它是润滑油的重要指标之一。

表示润滑油黏温特性的方法有两种:一种是黏度比,另一种是黏度指数。黏度指数是由两种标准油的假定黏度指数演算而得的。一种油的黏度指数值越大,表示它的黏度随温度的变化越小,通常认为该油品的黏温特性越好。

4. 凝点和倾点

凝点是指在规定的冷却条件下油品停止流动的最高温度,一般润滑油的使用温度应比凝点高 5 ~7 ℃。

倾点是油品在规定的条件下冷却到能继续流动的最低温度,也是油品流动的极限温度,故能更好地反映油品的低温流动性,实际使用性比凝点好。润滑油的最低使用温度应高于油品倾点 30 ℃以上。

5. 闪点

闪点是表示油品蒸发性的一项指标。油品蒸发性越大,其闪点越低。同时,闪点又是表示石油产品着火危险性的指标。在选用润滑油时,应根据使用温度和润滑油的工作条件进行确定。一般认为,闪点比使用温度高 20 ~30 ℃即可安全使用。

6. 酸值

酸值指中和 1 g 油样中全部酸性物质所需的氢氧化钾的毫克数,单位是 mg KOH/g。对于新油,酸值表示油品精制的深度或添加剂的加入量(当加有酸性添加剂时);对于旧油,酸值表示氧化变质的程度。一般润滑油在贮存和使用过程中,由于在一定的温度下与空气中的氧发生反应,生成一定的有机酸,或由于碱性添加剂的消耗,油品的酸值会发生变化。因此,酸值过大说明氧化变质严重,应考虑换油。

7. 水溶性酸碱

这主要用于鉴别油号在精制过程中是否将无机酸碱水洗干净;在贮存、使用过程中,有无受无机酸碱的污染或因包装、保管不当而使油品氧化分解,产生有机酸类,致使油品产生水溶性酸碱。一般地讲,油品中不允许有水溶性酸碱,否则,与水、汽接触的油品容易腐蚀机械设备。

8. 机械杂质

机械杂质是润滑油中不溶于溶剂的沉淀物或胶状悬浮物的含量。它们大部分是砂石和铁屑之类,或由添加剂带来的一些难溶于溶剂的有机金属盐。机械杂质将加速机械设备的正常磨损,严重时将堵塞油路、油嘴和过滤器,破坏正常润滑。此外,金属碎屑在一定的温度下对油起催化作用,会加速油品氧化变质。

9. 水分

水分指润滑油中含水量的质量分数。润滑油中的水分,一般以三种状态存在:游离水、乳化水、溶解水。润滑油中水分的存在会破坏润滑油膜,使润滑效果变差,加速有机酸对金属的腐蚀作用,还会使添加剂(尤其是金属盐类)发生水解反应而失效,从而产生沉淀,堵塞油路,妨碍润滑油的循环和供应。此外,在使用温度接近凝点时,会使润滑油流动性变差,黏温性能变坏。当使用温度高时,水汽化,这不但破坏油膜而且产生气阻,影响润滑油的循环。

10. 灰分

灰分是指在规定的条件下,灼烧后剩下的不燃烧物质,以质量分数表示。灰分一般是一些金属元素及其盐类。对基础油或不加添加剂的油品来说,灰分可用来判断油品的精制深度。

对于加有金属盐类添加剂的油品(新油),灰分就成为定量控制添加剂加入量的参照,此时的灰分不是越少越好,而是不得低于某个指标,如内燃机油的产品标准中,既规定了基础油的最高灰分,又规定了最低灰分。

(二)润滑油的选用

船舶润滑油品种很多,主要分为四类:

Ⅰ类:汽缸油,用于大型低速十字头式柴油机活塞与汽缸套之间的润滑。

Ⅱ类:系统油,用于大型低速十字头式曲轴箱润滑。

Ⅲ类:中速机油,用于中速筒状活塞式柴油机润滑。

Ⅳ类:其他小品种油,用于不同机械不同部位的透平油、液压油、冷冻机油、齿轮油、压缩机油、导轨油、尾轴管油等。

前三类主要用于船舶主柴油机和发电柴油机,占船用润滑油总用量的90% ~95%,Ⅳ类仅为5% ~10%。

国产润滑油品牌主要有:昆仑(中石油)、长城(中石化)。国外润滑油品牌主要有:Exxon Mobil(美国)、Shell(荷兰)、Total(美国)、Castrol(英国)、Bp(英国)。

第五节　主推进装置的运行管理

一、柴油机的运行管理

船舶在航行中,务必保证柴油机可靠并经济地工作,最大限度地延长其使用寿命。为此,要求轮机管理人员能正确操纵和严格管理好柴油机。

(一)开航前的准备(备车)

开航前的准备是船舶技术管理的重要环节之一,运营船舶都必有这一过程。其目的是使柴油机装置处于随时可启动和投入运行状态。一般来说,开航前的准备工作需1 ~2 h完成。由于机型不同,装置中各系统组成有别,加上气候情况,备车的工作量和顺序也不尽相同。备车的基本内容有:

1.暖机和油料的加热

若外界气温较低时,主机停机后应注意保持机舱温度,主机启动前要做暖机工作。暖机之目的是使柴油机易于启动,减小活塞和汽缸套等机件的热应力以及硫化物对缸套内壁及活塞顶部的腐蚀。暖机则靠加热冷却水和滑油,并使其在柴油机中循环来完成。在启动柴油机前2 h,应逐渐加热冷却水和滑油。当其温度达到20 ~30 ℃时,可启动冷却水循环泵和滑油泵,使水、油在柴油机中循环,并继续加热水和滑油,一直至机器升温,冷却水及滑油的温度达到正常运行为止。使用重质燃油时,需预先加热燃油,使其保持一定流动性。

2.各工作系统的准备

为了使柴油机能启动并投入正常运行,柴油机各工作系统,如燃油、滑油、冷却水、空气压缩机等各系统应处于正常工作状态。

燃油日用油柜加温,使油温达到正常运行所需温度,对油柜放残。开车前,启动低压燃油输送泵,驱赶系统空气,将泵调至规定压力,使燃油在日用油柜与喷油泵循环,对油泵进行加热。

滑油系统的温度和压力应处于规定值,并注意油柜油位是否正常。

冷却水系统的膨胀水柜水位及各阀门位置正确,冷却水已在机器内循环,并且其压力和温度应符合正常要求。

按规定将压缩空气启动系统的空气瓶打满,压力达 3 MPa,并泄放瓶内残水及油,打开气瓶出口与主启动阀间的有关阀门,打开汽笛出口阀,供驾驶台使用。

供电系统也要准备好。因为在备车过程中,机舱要启动空压机、应急鼓风机,绞缆机、锚机也要开动,所以此时应加开一部发电机,保证电力供应。

3. 试车

在上述工作准备完毕后,通常在开航前 15 ~ 30 min 进行试车。试车前驾驶员应检查船首、船尾情况,确认正常后试车方可进行,其程序如下:

1)转车

利用撬车装置或盘车机转动柴油机两圈以上,其目的是检查各运动部件和轴系回转情况及缸内有无大量积水。

2)冲车

转车若曲轴回转自如,脱开盘车机,在切断燃油供应情况下,利用压缩空气驱动柴油机,吹除缸内杂质、积油和积水,从而检查启动系统工作是否正常。

3)试车

冲车正常后,关闭示功阀,正倒交替启动,供油发火,各运转几转。在这一过程中机舱用车钟向驾驶室通知机器正倒车动向,只有驾驶室回了车钟后,才可按车钟指示进行每一项操作。双主机时,两台应同时试车,并一正一倒,然后交换方向进行。试车的目的是检查启动、换向、燃油系统、油量调节机构及调速器等是否正常,各缸发火是否正常及运转中有无异响。当试车完毕后,机舱即可将车钟放回停车位置,表示试车结束。至此,备车工作宣告完毕,驾驶台随时可用车。

(二)运行中的工作

当接到驾驶室的车钟命令开动机器,在船舶进出港、移泊、浅水及狭窄航道的航行中,柴油机工况多变,轮机人员必须进行正确的操纵及管理。

起航和加速中不要突然加大油门,以防柴油机超负荷。

倒车操作时,为避免柴油机超载,倒车启动油门不可过大,其加速过程不宜过快。

船舶航行于浅水区,鉴于船舶阻力大,必须降油门运行,以防主机超载。

在大风浪中航行,为防止主车飞车和超载,务必把设定飞车转速降低及降油门运行。

船舶从起航到船舶定速,时间不可过短,通常主机运行 1 ~ 2 h 后方可满载运行。在这一过程中,应逐渐加速,不可将油门立即拉到满载位置,以免引起柴油机超热负荷,缸套产生裂纹。

船舶在正常航行中,轮机人员应按时检查并记录柴油机装置中各部分压力和温度及注意机器运行情况,发现不正常状态必须及时处理,如减速或停车时,应先通知驾驶室,亦可先处理然后立即通知。当驾驶室要改变机器转速或停车时,也应提前通知机舱,以便于做必要的准备工作。若情况紧急,也可先发停车命令,机舱即可停车。

(三)到港后的工作

船舶抵达港口,驾驶室通知完车后,主机停止工作,但滑油和冷却水系统应继续运行,待机器温度较为均匀地下降,其系统方可停止。燃油系统及空气启动系统在主机停车后即可停止工作,并关闭其相应阀门。

到港后,应根据航行中发现的柴油机装置问题及时进行检查并作相应处理。同时,还需根据停港时间,按照检修周期规定,对机器及其系统进行检修,为下次航行做好充分准备。

二、各种航行条件下主机的操纵

船舶需在各种要求和外界各种自然条件下航行,要能正确地操纵主机,必须了解各种航行条件下主机的运转状况。

(一)船舶在起航时主机的操纵

船舶起航时,其瞬时船速为零,然后逐渐增加。待船速增加后,再逐渐增加供油量。

(二)船舶加速过程主机的操纵

当船舶驶离港口后,需加大供油量以提高转速,使船全速航行。在这一过程中若主机操纵不当会引起主机超载。加速过程中主机的正确操纵应该是缓慢加大供油量,主机转速、船的航速成比例地增大。

(三)船舶转弯时主机工况

船舶转弯时,由于船舶阻力增加,螺旋桨转速下降,主机在供油量不变的情况下,其转速会自动降低,而转弯结束之后又恢复原值。所以船舶转弯时,柴油机转速下降也不应加大供油量。倘若主机装有全制式调速器,船舶转弯时,供油量会自动加大,此时应限制供油量,以防主机超载。

(四)船舶由深水进入浅水和大风浪中航行主机的工况

船舶由深水进入浅水航行时,摩擦阻力增大,供油量虽然不变,但柴油机转速、船的航速都会自动下降。船舶在大风大浪中航行,船舶的空气阻力、波涛阻力均会增加。为保证既定航线,舵须偏转一个角度,这又使船的阻力增大。同时,大风浪中螺旋桨工作于斜水流之中,使桨效率变低。上述种种均使得螺旋桨特性曲线变陡,主机及船速自然下降。由此可见,在船舶由深水进入浅水区域和在大风浪中航行时,航速下降为正常现象,船舶不应保持原来船速航行,以防主机超载。

(五)主机换向及船舶倒航时主机工况

船舶靠离码头或遇到避碰的紧急情况时,需改变主机转向,使前进船舶迅速停下改为倒航,或与此相反。为安全起见,换向时应尽快使主机反转,并且尽量不使主机超载。

一般主机停车后等到螺旋桨自行停止后再开倒车,这样主机才不会超载,但船舶惯性滑行距离可能为船长的5~6倍,这么大的滑行距离对于避碰的紧急情况而言是危险的。为尽快使主机开出倒车,阻止船舶前进,应采用压缩空气制动法停车。

压缩空气制动法:当船全速前进中需后退时,立即将操纵手柄移至停车位置,当螺旋桨转速降至额定转速的60%~70%后,可将操纵手柄移到倒车位置,当换向机构换向完毕,即可倒车启动。压缩空气按倒车定时进入汽缸,可强制主机停止转动。若一次不成功,必须停车,待船速进一步降低后，再次以此法制动一次。螺旋桨从正转降为零，又变倒转后，将手柄朝加油方向移动。此时，主机倒车运转，但必须注意的是，即使已开出倒车，也只能低速运行。

船舶倒航时，由于船舶阻力大，螺旋桨效率低，所以螺旋桨特性曲线变陡。为使倒航时主机不至于超载，必须使倒车最大转速不超过额定转速的70% ~80%，具体情况视排烟温度来确定。

第三十章 船舶辅机与机舱管理

船舶辅机是指除了主机以外的船舶所有辅助机械和设备。大部分集中于机舱,少部分则布置于甲板上。其主要内容包括以下几方面:船用泵、液压甲板机械、空气压缩机械、制冷和空调装置、辅助锅炉、海水淡化装置、防污染装置等设备和设施。机舱管理则是根据船员岗位职责要求,依据相关管理制度与技术规范对机舱设备与设施实施运行管理与使用保养与维护。

第一节　离心泵、往复泵、齿轮泵的基本结构与应用

一、船用泵的功用、分类与性能参数

(一)船用泵的功用

泵是用来提高液体机械能(位能、动能、压力能)并输送液体的设备,在现代船舶上有着十分广泛的应用。

(二)船用泵的分类

1. 按泵的应用或输送工质分类

1)船舶主、辅动力装置用泵

船舶主、辅动力装置用泵有燃油泵、滑油泵、海水泵、淡水泵、舵机或其他液压甲板机械中的液压泵、锅炉给水泵、制冷装置中的冷却水泵、海水淡化装置中的海水泵和凝水泵等。

2)船舶安全及生活设施用泵

船舶安全及生活设施用泵有舱底水泵、压载水泵、消防水泵、日用淡水泵、饮用水泵、热水循环泵;还有兼作压载、消防、舱底水泵用的通用泵等。

3)特殊船舶专用泵

某些特殊用途的船舶,还设有为其特殊营运要求而设置的专用泵,例如油轮的货油泵、挖泥船的泥浆泵、打捞船上的打捞泵、喷水推进船上的喷水推进泵等。

2. 按泵的工作原理分类

1)容积式泵

依靠工作部件的运动,造成泵工作容积的周期性变化来向液体提供压力能,并吸入和压出液体。根据运动部件的运动方式不同提高分为往复泵和回转泵(齿轮泵、螺杆泵、叶片泵、水环泵等)两类。

2)叶轮式泵

叶轮式泵依靠叶轮带动液体高速回转把机械能传递给所输送的液体。根据叶轮和流道的结构不同分为离心泵、轴流泵、混流泵和漩涡泵等。叶轮式泵主要使液体的速度能增加并部分转换成压力能。

3)喷射式泵

喷射式泵依靠工作流体产生的高速射流引射需要排送的流体,然后通过动量交换向其传递能量并将其排出。根据所用工作流体不同有水喷射泵、空气喷射器、蒸汽喷射器等。

(三)船用泵的性能参数

为了表明泵的性能,便于比较和选用,在泵的铭牌和说明书上通常给出以下性能参数:

1. 流量

流量是指泵单位时间内所排送的液体量,分为体积流量和质量流量。体积流量用 Q 表示,单位是 m^3/s、L/min 或 m^3/h,公式计算用 m^3/s。质量流量用 G 表示,单位是 kg/s、kg/min 或 t/h。

2. 扬程

扬程俗称压头,是指单位重量液体在泵的吸、排口间增加的机械能(单位:N·m),用 H 表示,单位为 m(液柱),可由 N·m/N 导出。

3. 功率和效率

功率有输出功率和输入功率之分。

1)输出功率

输出功率又称有效功率,是指泵在单位时间内实际传给排出液体的能量,用 P_e 表示,单位是 W 或 kW。

2)输入功率

输入功率也称轴功率,即单位时间内原动机传给泵轴的功率,用 P 表示。

3)效率(总效率)

效率是指泵的输出功率和输入功率之比,即 $\eta = P_e/P$。

4. 转速

泵的转速是指泵轴每分钟的回转数,用 n 表示,单位是 r/min。

5. 允许吸上真空高度

允许吸上真空高度是指泵在额定工况下保证不发生汽蚀时泵进口处能达到的最大吸入真空度,用 H_s 表示,单位是 MPa。

二、泵的基本结构与应用

(一)离心泵

1. 离心泵的基本结构和工作原理

离心泵属于叶轮式泵,在船舶上应用最广,根据其安装形式分为立式和横卧式两种;按泵壳的形式分为蜗壳式和叶轮式两种,按级数又有单级和多级之分。

图 6-30-1 为蜗壳式离心泵结构图,从图中可知,蜗壳式离心泵由叶轮 1、叶片 2、泵壳 3、吸入接管 4 和扩压管 5、泵轴 6 及轴封等组成。叶轮用键和固定螺帽 7 固定在泵轴 6 的一端,轴

的另一端穿过填料函伸出泵壳由原动机驱动右旋回转，固定螺帽 7 通常采用左旋螺纹，以防反复启动因惯性而松动。

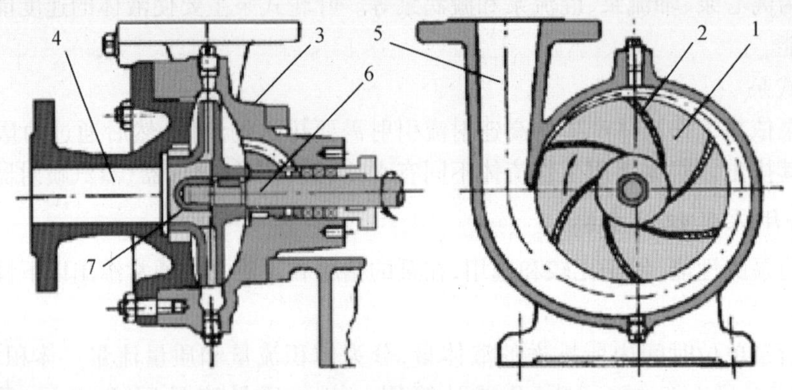

图 6-30-1　单级蜗壳式离心泵结构图

1—叶轮；2—叶片；3—泵壳；4—吸入接管；5—扩压管；6—泵轴；7—固定螺帽

图 6-30-2 为离心泵工作原理图。在泵内充满水的条件下，离心泵工作时，高速旋转的叶轮及其叶片带动叶间的液体一起回转，在离心力作用下，液体从叶轮的中心向四周甩出，然后由具有渐扩截面的泵壳流道汇集，经扩压管降速，将其中的大部分的速度能变成压力能（以减少因高流速而造成的阻力损失），从排出管排出。与此同时，叶轮中心处形成一定的真空，液体在吸入液面和叶轮中心处形成的压力差作用下吸入离心泵叶轮。只要叶轮能保持匀速的回转，离心泵就可以连续不断地吸排液体。

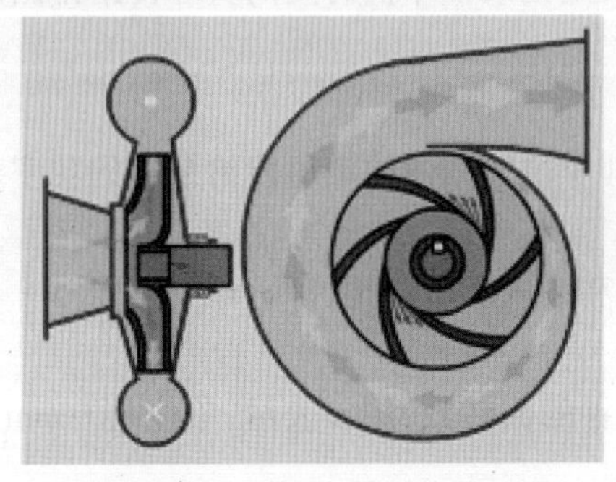

图 6-30-2　离心泵工作原理图

2. 离心泵的工作特点与应用

离心泵的工作原理和结构决定了它有以下特点：

（1）吸排连续，排量均匀，适用范围广。

（2）转速高，可直接与原动机相连，尺寸小，重量轻，造价低。

（3）可抽送含杂质的污水，易损件少，管理和维修简便。

（4）泵的流量随工作压头而变，便于调节流量。

（5）泵能产生的额定压头主要决定于叶轮的外径和转速，单级泵特别适用中、大排量和中压头。离心泵能产生的最大压头为“封闭”压头，其值有限，故无须设安全阀。

（6）离心泵的轴功率，在流量为零时最小，故适宜封闭启动。

(7)无自吸能力,但采用专用的抽空装置和特殊的泵壳结构,其也可具有自吸能力。

目前,船上的海/淡水泵、压载泵、消防泵等大部分泵都用离心泵。现代船舶用深井式离心泵作为主机滑油泵。

(二)往复泵

1. 往复泵的基本结构与工作原理

图6-30-3是单缸双作用往复泵的工作原理图,它主要由活塞、泵缸、吸入阀和排出阀等部件组成。

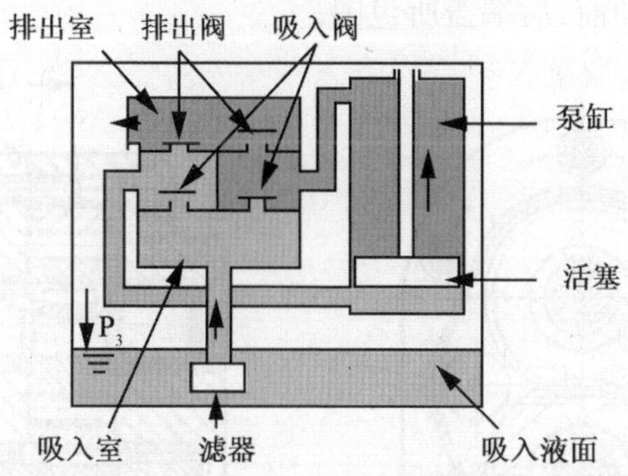

图6-30-3 单缸双作用往复泵工作原理图

当活塞从下向上运动时,泵缸上腔容积减少,上腔和与之相通的阀箱中层内的气体压力随之升高,顶开右侧排出阀,经阀箱上层排出室的排出管排出。相反,泵缸下腔容积增大,下腔和与之相通的阀箱中层内的气体压力降低,阀箱下层吸入室中的气体顶开左侧吸入阀,进入泵缸。于是吸入室和吸入管中压力也就降低,液体在吸入液面上的气压作用下,将沿吸入管上升。当活塞反向向下运动时,代之开启的是右侧吸入阀和左侧排出阀,而前述开启的吸、排阀将关闭,泵经吸、排口的吸排方向不变。这样活塞连续往复运动,吸入管中气体将不断被排往排出管,最后液体将进入泵缸,泵就开始排送液体。

往复泵曲轴每转吸排液体的次数称为作业数。上述往复泵每一往复行程活塞两侧各吸排一次液体,是双作用泵。每一往复行程吸排一次液体,是单作用泵。由两个双作用泵缸或三个单作用泵缸组成的往复泵称为四作用泵和三作用泵。

2. 往复泵的工作特点及应用

(1)有自吸能力,即启动时,自身能抽除泵内与吸入管路中的空气吸上液体的能力。

(2)理论流量与工作压力无关,取决于转速、缸径、活塞行程和作用次数。

(3)额定排出压力与泵的尺寸和转速无关。

(4)流量不均匀。

(5)转速不能太高。电动往复泵的转速一般在200~300 r/min,最高不超过500 r/min。

(6)不宜输送含有固体杂质的液体。

(7)结构较复杂,易损件较多。

往复泵属于容积式泵,具有较强的自吸能力,在船上一般用作舱底水系统的污水泵和油水分离器的输送泵。

(三)齿轮泵

1. 齿轮泵的基本结构和工作原理

齿轮泵是常见的回转式容积泵,其主要工作部件是互相啮合的齿轮。按其啮合的方式可分为外齿轮泵、内齿轮泵以及转子泵等,按齿轮的形式可分为直齿轮泵、斜齿轮泵以及人字齿轮泵等。

图6-30-4为国产CB-B型外啮合齿轮泵的结构图。图中互相啮合的主动齿轮和从动齿轮结构相同,分别用键安装在平行的主动轴和从动轴上,而两轴的两端则由滚针轴承支承。齿轮的齿顶和端面分别被泵体和前、后端盖所包围。

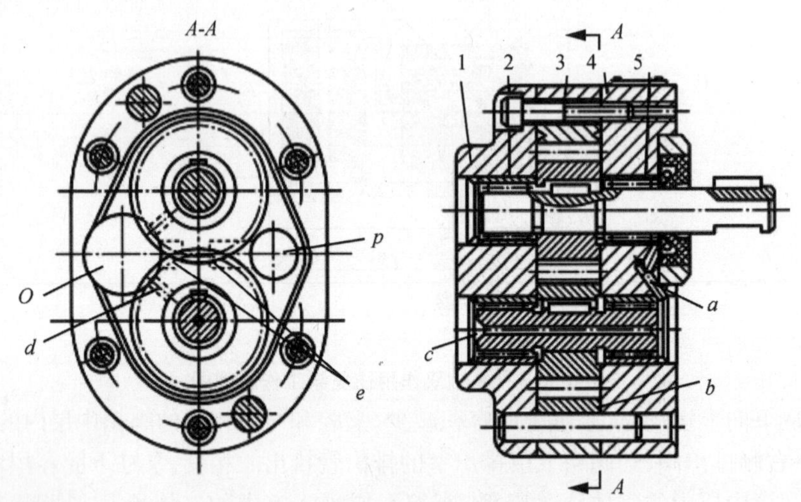

图6-30-4　CB-B型外啮合齿轮泵结构图

1—后端盖;2—滚针轴承;3—泵体;4—前端盖;5—传动轴

a、*c*、*d*—孔道;*b*、*e*—卸荷槽

图6-30-5为外啮合齿轮泵工作原理图。主、从动齿轮分别被齿轮泵泵壳和两侧端盖所包围,形成密封空间,啮合的齿轮又把密封空间分割为左右两个舱室。当主动齿轮和从动齿轮旋转时,齿轮轮齿退出啮合的一侧工作容积将增加,压力将降低,从而将液体吸入齿谷空间并随齿轮旋转被带到另一侧;齿轮轮齿进入啮合的一侧工作容积将减少,被齿谷带来的液体就被挤出泵壳上的出口,这样便形成了连续吸入与排出。

显然,齿轮轮齿退出啮合的一侧为吸入侧,进入啮合的一侧为排出侧。

2. 齿轮泵的工作特点与应用

(1)具有容积式的共同特性(能自吸、可产生很高的压力、理论流量与工作压力无关)。

(2)齿轮泵的吸、排方向取决于原动机的回转方向,故齿轮泵不能反转。

(3)流量连续,但存在脉动。流量脉动率与齿数和齿形有关,齿数多,脉动率小。

(4)主、从动齿轮存在不平衡径向力。这是由于沿主、从动齿轮圆周液压分布不均匀所致。工作压力越高,不平衡的径向力就越大。常采用缩小排油口油液的作用面积,以减小径向力。

(5)结构简单,价格低廉。

(6)摩擦面较多,且密封间隙较小,宜输送润滑性的油液。

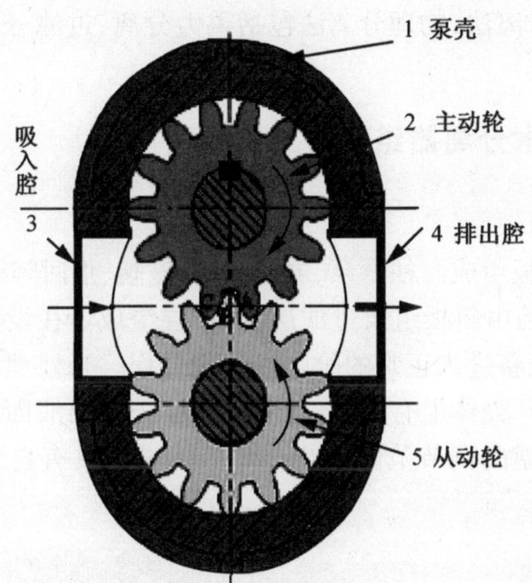

图 6-30-5 外啮合齿轮泵工作原理

齿轮泵属于回转式容积泵，在船上一般用作燃油驳运泵、燃油输送泵、燃油增压泵以及滑油驳运泵等。

第二节 船用油水分离器

一、船舶油污水处理的方法

（一）油水分离器配置要求

根据《内河船舶法定检验技术规则(2011)》及相关修改通报的要求，除按规则规定设置污油水舱(柜)，将含油舱底水贮存在船上，排放给接收设备的船舶外，主辅柴油机总功率220 kW及以上的船舶，至少装设一套油水分离设备，该设备应按国际海事组织所推荐的规格进行设计、制造和试验，并取得认可；主辅柴油机总功率在22 kW及以上但不足220 kW的船舶，至少装设一套额定处理量为0.04 m^3/h的油水分离设备，该设备的试验条件应符合海事局的相关规定，并经认可。

凡150总吨及以上的油船和400总吨及以上的其他船舶，应配有海事局规定的油类记录簿和船上油污应急计划。

（二）船舶油水分离的方法

我国有关船舶防污染法规规定，船舶排放的处理水含油量不应超过15 ppm，凡150总吨及以上的油船和400总吨及以上的非油船，机舱必须设置油水分离装置和油分浓度报警器。机舱含油污水经油水分离器分离处理，使其油分浓度小于15 ppm(1 ppm等于百万分之一，即10^{-6})再排放到舷外，当油分浓度大于15 ppm时，油分浓度报警器发出警报，并自动关闭舷外排出阀或停止污水泵运转。

油水分离的方法很多，但基本上可分为物理分离法、化学分离法和电气分离法三种。在船上油水分离多采用物理分离法,物理分离法包括重力分离、过滤分离、吸附分离、离心分离、气浮分离和超声波分离等。

二、ZYF-Z-1 型油水分离器结构与工作原理

(一)结构特征

设备主要由壳体、盖板组成。柱塞泵、电控箱、电磁阀、止回阀等配套件及管路均与壳体组成整体,见图 6-30-6。内腔由斜板组及过滤层、滤料层组成。在设备顶部装有液位电极,通过电气控制箱控制系统使设备进入正常的舱底水处理过程。当处理水超标时,设备自动进入反冲洗,反冲洗水返回舱底。壳体上有液位计,便于观察壳体内液面状况。壳体装有电加热器,有温度计自动控制,工作温度调节范围为 5 ~ 40 ℃。设备具有自动、手动反冲洗功能和有自动、手动排油功能。

图 6-30-6 ZYF-Z-1 型油水分离器

(二)工作原理

设备管路安装就位后,接通电源,启动设备,反冲水进口的电磁阀自动打开。反冲水进入主壳体,直至设备充满清水。

设备充满清水后,设备自动进入分离工况:柱塞泵启动,排放水电磁阀打开,其余电磁阀关闭,舱底水经滤器泵入设备,进行舱底水的粗分离;由于油水比重不同,大油滴逐渐地浮至设备顶部;含有小颗粒油的舱底水向下进入特制的斜板组,在内部进行聚集分离,形成较大的油滴浮上顶部;含有细小颗粒油的舱底水继续向下进入有聚丙烯颗粒组成的过滤层;然后再进入有两组多层滤料包组成处理罐,进行舱底水聚集分离净化,经处理后符合排放标准的水排至舷外,见图 6-30-7。

当分离出的污油在设备顶部聚集到一定高度(液位)时,设备自动进入排油工况:柱塞泵停止运转,排放水电磁阀关闭,处理后的排放水停止排放;反冲水电磁阀及排油电磁阀打开,反冲水进入腔体,使油层上浮;污油在反冲水向上压的过程中,从设备顶部排出壳体,流入集油柜;当污油层排完后,设备自动进入分离工况。

当排放水超标,舱底水报警装置(油分浓度计)报警时,设备自动进入反冲洗工况;这时柱塞泵停止运转,反冲水进口电磁阀及反冲洗排放水电磁阀打开,其余电磁阀关闭;反冲水对主壳体及相应管路进行冲洗,反冲洗水自动返回舱底;反冲洗时间由时间继电器控制,反冲洗时间到达设定的时间,并且排放水达标,设备自动进入分离工况。

设备的排油功能及反冲洗功能均具有自动和手动两种控制转换形式。

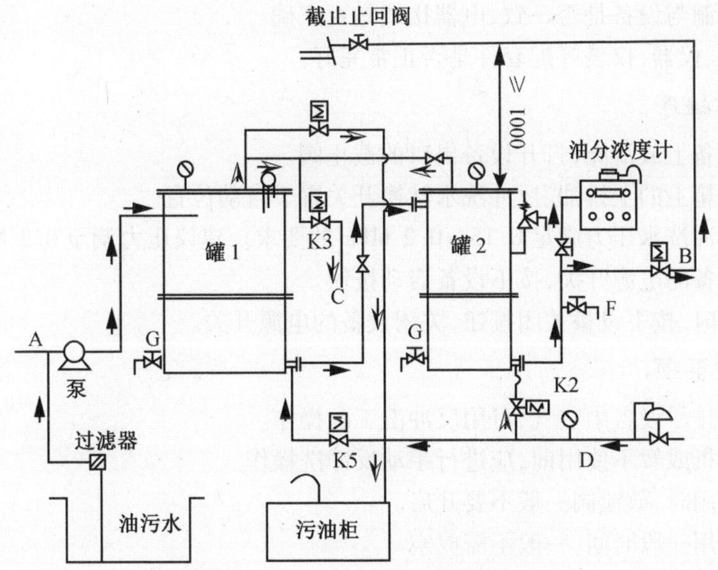

图 6-30-7 ZYF-Z-1 型油水分离器流程图

A—油污水进口；B—处理后合格水排放；C—污油出口；D—反冲水进口；E—反冲洗水出口；F—取样用考克；G—放泄口截止阀

（三）油分浓度监测装置（15 ppm 报警装置）

公约规定，船舶油水分离器必须在有油分浓度监测装置时才能使用，以便对排放水的含油浓度、排放总量及瞬时排放率进行测定、记录和控制。若排放水中含油浓度超过规定的标准，检测器就发出声光报警，并自动切断舷外排放。轮机人员应立即检查舱底水处理系统的工作情况，并排除故障，直到水中含油浓度符合标准为止，见图 6-30-8。

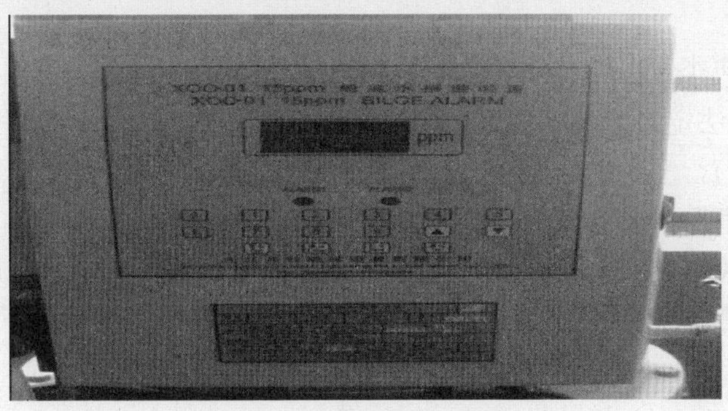

图 6-30-8 XCO-01 型油水报警装置

三、油水分离器的管理

（一）使用前的准备、检查

（1）设备在使用前，应仔细阅读操作规程，并了解和熟悉本设备的基本结构和各配套件的位置和作用。

（2）检查设备管路连接是否正确，无渗漏。

(3)检查电制与设备是否一致,电器接线是否正确。

(4)检查泵、仪器、仪表等配套件是否正常完好。

(二)操作程序

(1)关闭设备上放泄阀;打开设备出口的截止阀。

(2)将电控箱上的上排油、反冲洗水转换开关置于自动位置。

(3)调整反冲洗水压力满足 0.15 ~0.2 MPa 的要求。建议压力调至 0.2 MPa。

(4)打开设备的电源开关,按下设备启动按钮。

(5)需停机时,按下设备关闭按钮,关闭设备的电源开关。

(三)注意事项

(1)为尽快排尽设备中空气,可用反冲洗工况操作。

(2)设备停机或暂不使用前,应进行手动反冲洗操作。

(3)设备使用时,放泄阀一般不要开启。

(4)设备停用一段时间,一般不需放空。

(四)维护与保养

1. 日常维护与保养

定期清洗液位电极(设备暂停时进行),每月至少清洗一次;定期进行润滑和保养,详见泵的使用说明书;定期清洗预过滤器。

2. 长期停放时的维护与保养

当设备长期停止工作时,应冲洗干净并放尽设备中的水,泵的运转部分注上润滑油。未油漆的金属表面用油封保护。每半年保养一次。

四、污水(油)柜的应用

(一)设置污油水舱(柜)

根据《内河船舶法定检验技术规则(2011)》及相关修改通报的要求,相关船舶应该按规则规定设置污油舱(柜)。

1. 航行于三峡库区和京杭运河的船舶

航行于三峡库区和京杭运河的船舶应设置污油水舱(柜),将含油舱底水贮存在船上,排放给接收设备。严禁将污油水直接排往舷外,污油水舱的容积应满足以下要求:

$$V = 2\frac{0.6p + 35}{24}t(L)$$

其中:P——船舶主/辅柴油机总功率(kW);

t——船舶计划排放污油水的时间间隔(h)。

2. 其他航区的船舶

其他航区的船舶若港口设有污油水接收设备,根据设备的接收能力,到港船舶可设置污油水舱(柜)。严禁将污油水直接排往舷外。

3. 主辅机总功率低于 22 kW 的船舶

主辅机总功率低于 22 kW 的船舶可采用经同意的其他简易有效的设施储存含油舱底水,定期排放给接收设备,严禁将污油水直接排放舷外。

（二）污油水的接收

船舶污油水的接收必须由具备海事、港口、海关、环保、边防等有关部门颁发的污油水接收作业资质，并符合海事、港口、海关、环保、边防等有关部门的要求，具备污油水接收能力（车、船、设备），不延误船期，妥善处理有关部门审批、许可等手续，能够确保作业顺利进行的单位实施。并和船公司签订相应的污油水接收协议，明确船舶油柜的清洗、机舱污油水的回收、物料供应和船舶维修工作等各个环节的责任和义务。污油水接收单位保证污油水作业完成后及时为船舶提供海事局出具的中英文版的“船舶残油接收处理证明”，并有义务协助甲方船舶做好海事部门要求的油类记录簿签注工作。

接收方负责向海事局办理清洗油舱、接收污油水、物料供应和船舶维修作业的手续和有关准备工作，负责进行测爆、办理明火作业许可证和出具污油水接收证明。

第三十一章 船舶电气

内河船舶驾驶部船员应当掌握船舶电气的基础知识，提高船舶安全管理水平。船舶电气主要介绍船舶安全用电常识、柴油机电系的基本组成及功用、蓄电池的正确使用与测量方法及日常维护管理等相关内容。

第一节 船舶安全用电常识

如果缺乏安全用电常识或对电气设备的使用管理不当(主观原因)，触电事故特别容易发生。在客观上电气设备的绝缘损坏使不带电的物体带电，这是发生触电的最大隐患。环境条件对造成触电事故有着重要影响，人体任何两点直接触及(或通过导电介质连通)不同电位的带电体都可能发生触电事故。钢质船舶整个建筑是一个良导体，且空间狭窄，设备密布，人体经常碰触到电气设备的金属壳体或构架。加之高温、潮湿等恶劣环境条件，容易造成绝缘损坏或安全接地因腐蚀或锈蚀而失去保护作用。因此，船舶属于触电危险场所，需要特别重视船舶安全用电常识的学习和普及。

一、船舶用电知识

(一)人体触电电流与安全电压

1. 人体触电电流

触电对人体伤害的程度与通过人体电流的大小、种类、路径和持续时间有关，电流的大小决定于人体两点的接触电压和人体电阻。人体总电阻是皮肤角质层电阻和体内电阻之和。皮质电阻为 40 ~ 100 kΩ，而体内电阻仅为 600 ~ 800 Ω，但皮肤潮湿、不洁净或有伤口时，皮质电阻可下降到 1 kΩ 左右。因此人体电阻不是固定的常数，而且实际触电时的人体电阻和电流还与人体的触电部位、接触面积和接触紧密程度等有关。

直流电对人体血液有分解作用，交流电对人的神经有破坏作用，通常交流电对人体的伤害程度要大于直流电。

危险的触电电流(交流)通过人体，首先是使肌肉突然收缩，使触电者无法摆脱带电体，以至麻痹中枢神经，导致呼吸或心脏跳动停止。通过人体 0.6 ~ 1.5 mA 的工频交流电流时开始有感觉；8 ~ 10 mA 时手已较难摆脱带电体；几十毫安通过呼吸中枢或几十微安直接通过心脏均可致死。因此电流通过人体的路径不同，其伤害程度不同。手和脚间或双手之间触电最为危险。

触电伤害程度还与交流电流频率有关,50 Hz 或 60 Hz 的工频电流对人体的伤害最大。当频率增高到 2000 ~ 2500 Hz 时,对人的危害性降低。频率再增高时,电流对人的伤害程度就大大降低。

安全电压是指对人体不产生严重反应的接触电压。根据触电时人体和环境状态的不同,其安全电压的界限值不同。

2. 安全电压

(1)国际上通用的可允许接触的安全电压分为三种情况:

①人体大部分浸于水中的状态,其安全电压小于 2.5 V;

②人体显著淋湿或人体一部分经常接触到电气设备的金属外壳或构造物的状态,其安全电压小于 25 V;

③除以上两种情况以外,对人体加有接触电压后,危险性高的接触状态的安全电压小于 50 V。

(2)我国根据发生触电危险的环境条件将安全电压分为三个类别,其界限值分别为:

①特别危险(潮湿、有腐蚀性蒸汽或游离物等)的建筑物中,为 12 V。

②高度危险(潮湿、有导电粉末、炎热高温、金属品较多)的建筑物中,为 36 V。

③没有高度危险(干燥、无导电粉末、非导电地板、金属品不多等)的建筑物中,为 65 V。

安全电压是相对的,在某种状态或环境下是安全的,当状态或环境发生变化时就可能是危险的。特别是触电作用时间,其是触电安全的重要因素,即使是可摆脱的电流,若在 20 ~ 30 s 内未能摆脱,也会由于电流的热效应、化学效应等,使人体发汗,电阻下降,以及产生一系列的病理变化,仍会造成伤亡事故。

(二)触电的急救措施

发现有人遭受触电伤害时,应设法迅速切断电源。如果人在高处触电,切断电源时,还应采取安全措施,防止触电者松手后从高处坠落,造成摔伤。

如触电者伤害较轻,神志清醒,只有心慌、无力、肢体发麻等感觉时,可让其在通风处静卧休息,一般在 2 ~ 3 h 后即可恢复。

如触电者伤害较严重,出现失去知觉、停止呼吸、心脏停止跳动等现象,则应及时采取人工呼吸和人工心脏按压进行抢救,并及时护送到医院救治。

(三)安全用电规则

(1)工作服应扣好衣扣,必要时扎紧裤脚,不应把手表、钥匙等金属带在身边,工作时应穿电工绝缘鞋。

(2)检查自己的工具是否完备良好,如各种钳柄的绝缘、行灯、手柄、护罩等,如发现有欠缺,应及时更换。

(3)电气器具的电线、插头必须完好,插头应与插座吻合,无插头的移动电器不准使用,36 V以上的电器外壳必须安全接地。

(4)不要先开启开关后接电源(指手提电器),禁止用湿手或在潮湿的地方使用电器或开启开关。

(5)在任何线路上进行修理时,应从电源进线端拿走熔断器,并挂上警告牌。修理完毕后，在通电前应先查看相关线路上有无其他人在工作，确定无人后，才可装上熔断器，合上开关。

(6)换熔丝时，一定要先拉断开关，并换上规定容量的熔丝，不得用铜丝或其他金属丝代替。

(7)检查电路是否带电，只能用万能表、验电笔和灯，在未确定无电前不能进行工作，带电作业必须经由电气负责人批准，作业时必须有两人一同进行。在带电作业时，尽可能用一只手触及带电设备及进行操作。

(8)在带电设备上严禁使用钢卷尺等金属尺进行测量工作。

(9)高空作业(离地 1 m 以上)时，应系安全带，以防失足或触电坠落，同时要注意所携带的工具、器材，防止失手落下伤人和损坏设备。

(10)在维修和检查有大电容的电气设备时，应将电容器充分放电，必要时可先予以短接。

(11)在机舱工作时，应有适当的照明，所用灯具电压应符合安全标准。

(12)工作完毕后，应检查清点工具，不要遗留。特别是在配电板、发电机等重要设备附近工作时更应注意。另外，工作完毕后应注意把不必要的灯或未燃尽的火熄灭。

(13)严禁使用四氯化碳作为清洁剂。

(四)触电原因、预防措施

1. 触电原因

主要是缺乏安全用电意识；违反操作标准或误操作；遇到紧急修理情况，紧张过度，举措失当，意外触及带电体而触电；电器设备年久失修，绝缘破坏，且未妥善接地，人体接触到此类设备的金属外壳而触电。

2. 预防措施

强化安全用电意识；强化应急应变能力的训练；沉着冷静，忙而不乱；严格遵守安全操作规程；做好电器设备的维修保养工作，发现问题及时解决。

二、船舶电气设备防火、防爆常识

为了防止电气设备引起的火灾，在设计、制造、安装和使用船舶电气设备时，应按规范规定和国家船用电工专业有关标准的规定进行，主要做好下列安全防范工作。

(1)电气设备应由耐久、滞燃和耐潮的材料制成。

(2)电器设备的连接和紧固等要牢固，应有防止其受震动而脱落的措施。电器设备的金属外壳应有可靠的接地设备。

(3)要严格按照环境条件选择电气设备和电缆的防护形式。处于易燃易爆场所，必须使用防爆式电气设备。

(4)电气设备的操作手轮或手柄的温度不得超过 60 ℃。当电气设备的外壳温度超过 80 ℃时，应采取防护措施。

(5)调节电阻，启动电阻，电器器具等在工作时能产生高温的电气设备，安装时应有防止导致附近物体过热或起火的措施。

(6)电气设备和电缆，不应直接安装在船壳板上，防止机械碰伤，破坏绝缘。

(7)限制电气设备的负荷量及电缆的载流量在额定值以下，不得长期超载运行。

(8)按要求定期测量绝缘电阻，发现绝缘电阻下降到最低要求值以下时，应查明原因，及时处理。

(9)注意日常维护、保养和清洁工作,及时排除电机及电器等的故障。

第二节　柴油机电系的基本组成及功用

一、柴油机电系的基本组成

柴油机电系的组成如图6-31-1所示。其主要组成部件包括蓄电池1、调节器9(节压器、限流器、断流器)、充电发电机13、启动机2和启动按钮4等。

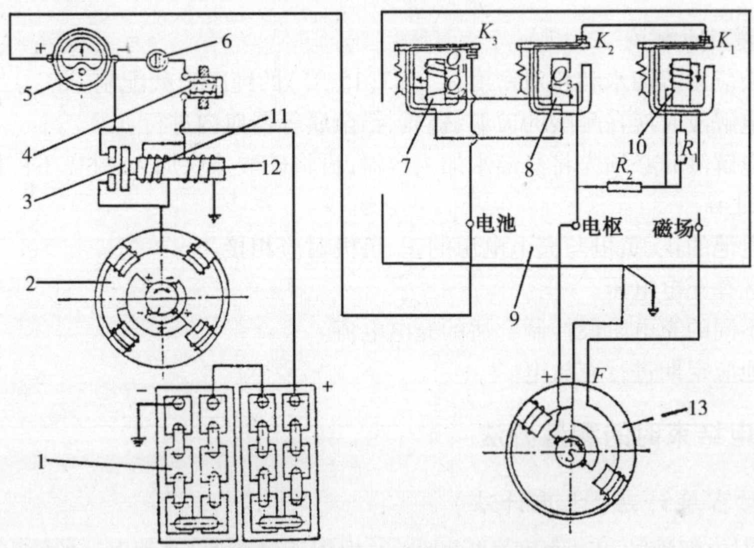

图6-31-1　6135G柴油机电系线路图

1—蓄电池;2—启动机;3—电磁开关;4—启动按钮;5—电流表;6—电路钥匙;7—断流器;8—限流器;9—调节器;10—节压器;11—吸引线圈;12—保位线圈;13—充电发电机

二、各组成部分的功用

(一)蓄电池

蓄电池为启动电动机提供电源。

(二)继电调节器

继电调节器保证充电发电机对蓄电池充电过程的可控性。

(1)节压器:保证充电发电机发出的电压能符合蓄电池的标定值。

(2)限流器:保证充电电路中的充电电流满足标定值。

(3)断流器:保证蓄电池的供电电流不会逆流到发电机端。

(三)充电发电机

充电发电机是在柴油机正常运转时能对蓄电池提供稳定的充电电流和标定的充电电压。

(四)启动电动机

启动电动机在通电状态时旋转并通过驱动机构的作用,保证柴油机正常启动。

(五)控制按钮

控制按钮是接通蓄电池与启动电动机线路的控制开关。

第三节　蓄电池的正确使用、测量方法及日常维护管理

一、蓄电池的正确使用

1. 配制和灌注电解液

(1)电解液应用蒸馏水和相对密度为1.83(15 ℃)的纯净硫酸配制。

(2)配制电解液时应在耐酸的玻璃、瓷质、铅金属等器皿内进行。

(3)配制电解液时必须先将蒸馏水加入容器,再将硫酸徐徐加入,并需不停搅动。

2. 充放电过程

(1)将蓄电池的正、负极与充电电源的正、负极对应相接。

(2)注意选择充电电压。

(3)根据不同的充电阶段控制合适的充电电流。

(4)蓄电池应定期进行充放电。

二、充放电结束时的测量方法

(一)相对密度计法(比重计法)

用比重计对电解液的相对密度进行测量,并根据所测数值,对蓄电池的放电情况做出正确的判断:

(1)测得的比重计读数值在1.25~1.30时,表明蓄电池的电量“已充足”。

(2)测得的比重计读数值在1.15~1.25时,表明蓄电池的电量“存一半”。

(3)测得的比重计读数值在1.10~1.15时,表明蓄电池的电量“已用完”。

(二)放电仪法

放电仪法是指用放电仪在强电流情况下放电,测出此时蓄电池的端电压,根据所测数据判断蓄电池的放电程度,具体判断方法如下:

(1)测得单格电压,放电仪读数为1.7~1.8 V时,表明蓄电池已充足电。

(2)测得单格电压,放电仪读数为1.6~1.7 V时,表明蓄电池已放电25%。

(3)测得单格电压,放电仪读数为1.5~1.6 V时,表明蓄电池已放电50%。

(4)测得单格电压,放电仪读数为1.4~1.5 V时,表明蓄电池已放电75%。

三、蓄电池的日常维护管理

(1)蓄电池应置于干燥通风处,且场所温度保持在20 ℃,并距离热源1 m以上。

(2)注液孔盖应旋紧密封,并注意螺帽上的通气孔应保持畅通。

(3)长期不用时,应每半月进行一次维护充放电。

(4)应经常检查电解液的相对密度。

(5)定期检查电解液的液面高度(高出极板 15 mm),及时补充蒸馏水。

(6)定期检查蓄电池极柱和连接线的紧密性,并对极柱表面涂以凡士林油防腐。

(7)不得将金属物体置于蓄电池上,以免造成蓄电池短路。

第三十二章 船舶应急设备

船舶应急即船舶进入或临近进入某种事故或紧急状态所采取的应对措施和行动的活动过程。船舶应急的目的是使海上人命、财产及海洋环境能摆脱或远离事故危险,尽快恢复安全状态。船舶应急通过应急设备的有效使用来实现。内河船舶常用的应急设备包括应急舵机、应急电源、消防泵、水密门等。

第一节 船舶应急设备的种类

机舱应急设备的种类按功能可分为:应急动力设备、应急消防设备、应急救生设备和其他应急设备。它们是在机舱主设备出现故障或因其他因素而无法启动时保证船员和船舶安全的重要设备。

一、船舶应急的基本条件

船舶要实现成功的应急必须具备四个基本条件。

(1)完备的船舶应急设备与设施。

(2)训练有素的人员。

(3)高效的应急预案。

(4)正确果断的指挥和组织,良好的群体协作和配合。

二、船舶应急设备分类与组成

船舶应急设备按其功能不同可分为下列几种。

1. 主要应急设备

主要应急设备包括应急电源、应急操舵装置、油路紧急切断装置、脱险通道、风机油泵速停装置、通风筒挡火板及机舱天窗应急关闭装置等。

2. 其他应急设备

1)应急动力设备

应急动力设备包括应急电源、应急空气压缩机等。

2)应急消防设备

应急消防设备包括应急消防泵、燃油速闭阀、风油应急切断开关、通风筒防火板和机舱天窗应急关闭装置等。

3)应急救生设备

应急救生设备包括救生艇发动机和脱险通道(逃生孔)等。

4)机舱进水时的应急设备

机舱进水时的应急设备包括应急舱底水吸口及吸入阀、水密门等。

第二节 应急舵机、应急电源、消防泵及水密门

一、应急舵机

1. 应急舵机的作用

应急操舵装置用于主操舵装置损坏或失灵后,在应急情况下操纵船舶。为了保证航行安全,除主操舵装置能正常工作外,应急操舵装置也必须能在应急情况下正常地工作。

2. 应急舵机的使用要点

(1)每艘船舶应配置主操舵装置和辅(应急)操舵装置,并且两者之一发生故障时不会导致另一装置不能工作。

(2)应急操舵装置应能于紧急时迅速投入工作,并能在船舶最深航海吃水和以最大营运航速一半前进时,在60 s内将舵自一舷15°转至另一舷15°。

(3)应急操舵装置,小型船舶可由人力操纵,较大船舶应由动力操纵。

(4)应急操舵装置,既能在舵机室操纵也能在驾驶室操纵。

(5)驾驶室与舵机室之间应备有通信设施。

在驾驶室进行应急操舵时,要求在主操舵不能正常操舵时应能立即转换为应急操舵。在舵机室进行应急操舵时,应先将操纵系统与驾驶台脱开,使用通信设施,根据驾驶人员下达的操舵命令,轮机人员在舵机室进行人力操舵。

二、应急电源

1. 应急电源的作用

应急电源是在船舶主发电机故障而造成全船停电时,能自动接通供临时照明和一些设备的用电。应急电源可由一台应急发电机或一组有足够容量的蓄电池组供电。对于内河船舶,基本是以蓄电池组为应急电源,主要供应急照明、航行电子设备用电和应急操舵装置用电等。

2. 应急电源的使用要点

(1)一切客船和500总吨及以上的货船均应设独立的应急电源。

(2)应急电源应布置于经船级社同意的最高一层连续甲板以上和机舱棚以外的处所,使其确保当发生火灾或其他灾难致使主电源装置失效时能起作用。整个应急电源的布置应能在船舶横倾22.5°和纵倾10°时仍起作用。

(3)应急电源可以是发电机——由一台具有独立的冷却系统、燃油系统和启动装置的柴油机驱动。原动机的自动启动系统和原动机的特性均应能使应急发电机在安全而实际可行的前提下尽快地承载额定负载(最长不超过45 s),如图6-32-1所示。

(4)应急电源也可以是蓄电池组,当主电源供电失效时,自动连接至应急配电板。它应能承载应急负载而无需再充电,并在整个放电期间保持其电压在额定电压的 ±12% 之内,如图6-32-2所示。

图 6-32-1　应急发电机

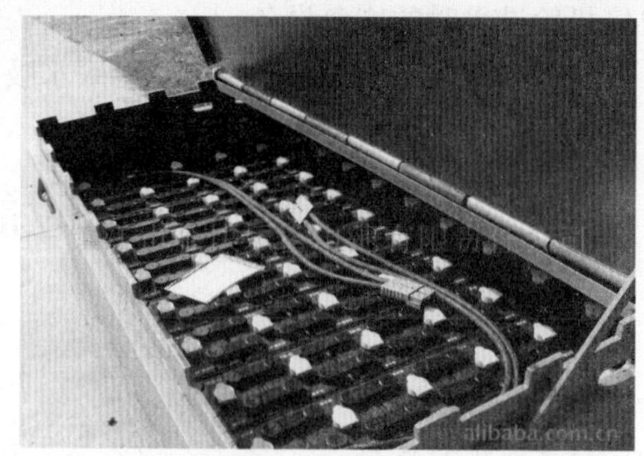

图 6-32-2　应急蓄电池组

(5)应急电源功率应满足 SOLAS 公约和船级社对不同类型船舶的规定。

(6)应急照明即船上常称小应急,是由蓄电池供给的低压照明电。

三、消防泵

1. 消防泵的作用

消防水泵,俗称救火泵,是由独立的机械驱动,提供消防水用于灭火的水泵。当机舱进水、失火或全船失电时,用来提供消防水的设施。2000 总吨以下船舶的应急消防泵可为可携式,常采用汽油机驱动的离心泵,2000 总吨及以上船舶应设固定式动力泵。固定式应急消防泵应设在机舱以外,其原动机为柴油机或电动机,如图 6-32-3 所示。电动应急消防泵须由主配电板和应急配电板供电,如图 6-32-4 所示。

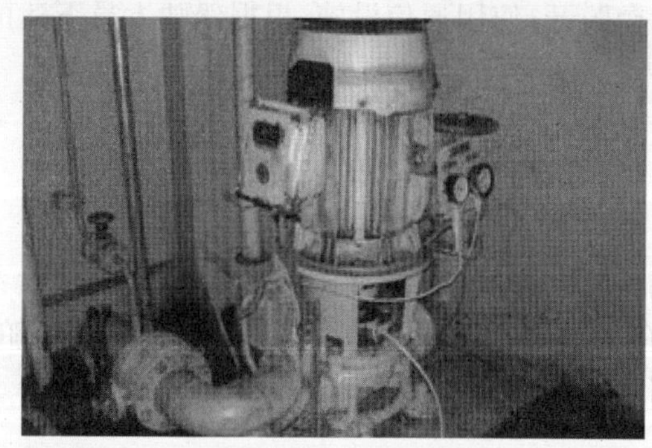

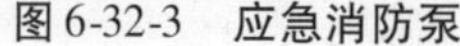

图 6-32-3　应急消防泵

图 6-32-4　应急配电箱

2. 消防泵的使用要点

(1)应急消防泵的排量应不少于所要求的消防泵总排量的 40%,且任何情况下不得少于 25 m^3/h。应急消防泵按要求的排量排出时,在任何消火栓处的压力应不少于规范规定的最低压力。

(2)作为驱动应急消防泵的柴油机,在温度降至 0 ℃时的冷态下应能通过人工手摇曲柄随时启动。若不能做到,或可能遇到更低气温时,则应设置经主管机关认可的加热装置,以确保随时启动。如人工启动不可行,可采用其他启动装置。这些启动装置应能在 30 min 内至少使动力源驱动柴油机启动 6 次,并在前 10 min 内至少启动 2 次。任何燃油供给柜所装盛的燃油应能使该泵在全负荷下至少运行 3 h,在主机舱以外可供使用的储备燃油应能使该泵在全负荷下再运行 15 h。

四、水密门

1. 水密门的作用

水密门是设置在水密舱壁上,用于船舶破舱进水时进行水密封舱的设备。常用的有铰链式(手动)和滑动式(手动和动力)两大类。前者结构轻便、启闭简便;后者用于有耐水压要求和地位受限制的处所,结构牢固,但需配控制系统。内河船舶上基本是采用铰链式水密门。任何水密门操作装置,无论是否为动力操作,均须于船舶横倾 15°时能将水密门关闭,如图 6-32-5 所示。

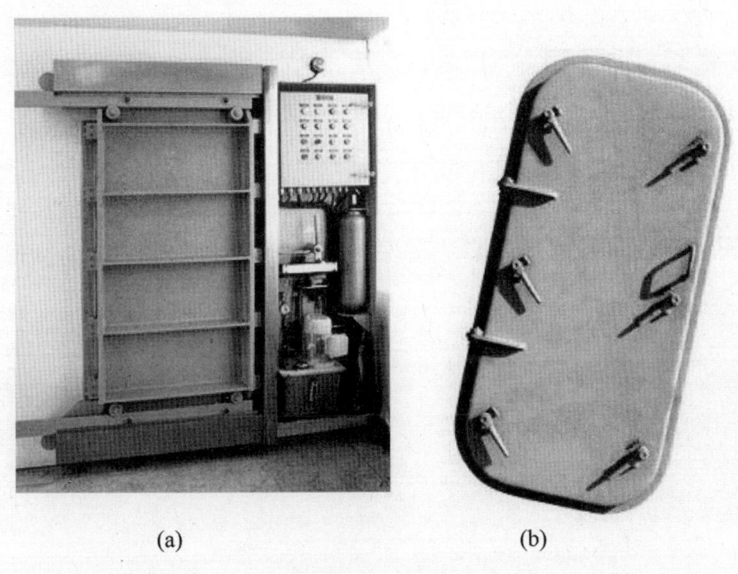

(a) (b)

图 6-32-5 水密门

(a)液压滑动水密门;(b)铰链水密门

2. 水密门的使用要点

(1)任何水密门操作装置,均须于船舶横倾 15°时能将水密门关闭,并且可在门两侧操纵;

(2)滑门完全关闭所用时间:手动时不超过 90 s;液压操作不超过 60 s。

第7篇

内河船员职业素养

内河船员职业素养是指内河船员通过职业教育、船舶实践和自我修养等途径，形成发展起来的在服务船舶职业活动中发挥重要作用的内在基本品质，是一种较为深层的能力素质，它渗透在船员的日常行为中，影响着船员对事物的判断和行为的方式。内河船员职业素养的内涵包括职业道德、法制观念、安全责任、应急处置、权益保护等方面。

第三十三章 职业道德

所谓职业道德，是指从业人员职业生活中处理和协调人与人、个人与社会、人与自然关系的道德准则，是一定职业范围内的特殊道德要求，即整个社会对从业人员的职业责任、职业态度、职业技能、职业纪律和职业作风等方面的行为标准和要求。

职业道德有着极其丰富的内涵。综合起来看，职业道德大体上由八个基本要素构成，即职业理想、职业态度、职业责任、职业技能、职业纪律、职业良心、职业荣誉和职业作风等。

第一节 职业道德的基本要求

一、职业道德的基本特征

职业道德的基本特征包括行业性、多样性、明确性、群体性、继承性、实践性等。主要体现在以下几个方面：

(1)职业道德是一种职业规范，受社会普遍的认可。

(2)职业道德是长期以来自然形成的。

(3)职业道德没有确定形式，通常体现为观念、习惯、信念等。

(4)职业道德依靠文化、内心信念、习惯及员工的自律来实现。

(5)职业道德大多没有实质的约束力和强制力。

(6)职业道德的主要内容是对员工义务的要求。

(7)职业道德标准多元化，体现了不同企业可能具有不同的价值观。

(8)职业道德承载着企业文化和凝聚力，影响深远。

二、职业道德的基本要求

职业道德是劳动者在长期的劳动实践中反复积累、逐步形成的，它是对劳动者在劳动中必须遵守的基本行为准则的概括和提炼；它源于劳动者的道德生活实践，又高于道德生活实践，因而对劳动者的道德行为有着巨大的调控和导向作用。

职业道德的基本要求体现在一个人如何做人与做事两个方面。当今社会环境下，对职业道德的具体要求主要体现在以下几方面：

1. *诚实劳动，忠于职守*

劳动者要忠于自己所从事的职业，安心工作、热爱工作，以自己的良心和责任感来对待工作，履行职业劳动的义务和责任。

2. 和睦相处，互相协作

在劳动过程中，劳动者应当互相尊重、平等待人、乐于助人、恪守信用、相互支持，坚决反对相互歧视、以强凌弱、互相拆台、尔虞我诈、损人利己的行为。

3. 虚心学习，精益求精

劳动技能是有效地从事劳动、创造劳动价值和造福人类的基本能力，具有重要的道德意义。劳动者应本着虚心学习、学无止境的精神坚持学习和训练，精益求精，不断提高自己的知识水平和业务技能。

4. 我为人人，弘扬奉献

树立高尚的为社会公众服务的精神是重要的社会主义道德准则，也是人类社会进步的价值取向。应满腔热情地为大家提供力所能及的服务，为他人排忧解难，应摒弃那些唯利是图、只为金钱的私欲主义价值观。

5. 勤俭节约，艰苦创业

中华民族的传统美德是勤俭持家、勤俭治国。中国的发展还处于发展中国家的阶段，生产力还没有得到高度发展，综合国力更是有待提高，因而，以艰苦创业发展国家，以勤俭节约办事业，不仅是一个国家的政策体现，也是劳动者的道德规范。

第二节　船员职业道德的特殊要求

一、内河船员职业特点

职业特点是培养职业道德的基础。自古以来，职业道德与职业特点有着密切的联系，什么样的职业，就体现着什么样的道德规范。不言而喻，道德规范与职业特点有着内在的联系。现代船员有着不同于历史上船员的职业特点，内河船员还有着不同于海上船员的职业特点。内河船员这一职业既有船员普遍存在的特点，亦有个别的、独特存在的特点。

1. 流动性与局限性

我国内河水运资源十分丰富，水运网络遍布大江南北，单就长江而言，其干线就穿越了青海、西藏、云南、四川、重庆、湖北、湖南、江西、安徽、江苏、上海等11个省、市、自治区，最后融入广袤无垠的大海。“朝辞白帝，暮宿江陵”，充分体现了船舶运输流动性强的特点。这既要求船员能了解各个地方的风土人情，见多识广，同时也要求船员应遵守各地的交通法规。

当然水运有其局限性，有的局限于河流、河段，甚至水库、湖泊。所以，船舶的活动范围又具有一定的局限性。

2. 开放性与封闭性

船舶穿越千山万水，航行于大江南北，船员能领略到不同地区的风土人情。但由于船员生活在有限的空间之中，远离故土，远离亲人，信息闭塞，生活上也受到很多限制。

3. 独立性与群体性

船舶是块流动的土地，一条船舶就是一个小小的社会，船员各司其职，具有相对的独立性。但是船舶运输又是全体船员的整体行为，全体船员构成了一个同舟共济的集体，他们一损俱损，一荣俱荣，患难与共，具有较强的群体性特点。

4.技术性与风险性

现代化的水上运输要求船员掌握现代化的科学技术。随着航海技术的发展，船舶自动化程度不断提高，雷达、AIS、电子江图、罗经等现代化助航设备为船舶安全航行提供极大的保障，也对船员提出更高的技术要求。

水上运输也属于高风险行业。变幻莫测的水文气象以及航行过程中各种不确定的因素都给船舶航行安全带来巨大风险，所以要求船员树立高度警觉的风险意识。

5.单调性与复杂性

船员生活在有限的空间之中，远离故土，远离亲人。长时间生活在这种单调、枯燥、封闭的空间之中，正常的生活规律又被打乱，往往会导致船员精神压抑、思想紧张，给船舶航行安全带来威胁。

此外，水上运输情况较为复杂，既体现在航区、港口、货物的复杂性，又体现在人员、职务、工作的复杂性，还体现在交通、法规、管理等各个方面，所以要求船员具有处理各种关系的能力。

二、船员职业道德的特殊要求

船员职业道德是船员从事水上运输劳动过程中，必须始终遵循的各种行为规范。它是从船员的职业劳动中引申出来的。它的职能是调节水上运输过程中船员之间、船员与运输过程中的有关人员（如旅客、货主、码头工作人员、驳船人员）之间的关系。

船员职业道德是社会道德的一种，是社会经济发展的产物。广大船员在长期的航行生活实践中，逐步认识了人与人之间、人与社会之间的道德关系，逐步形成了与航行生活紧密联系的道德观念、心理习惯和行为准则，逐步形成了船员的职业道德。船员的职业道德不同于带有强制性的法律和船舶规章制度，它是依靠社会舆论力量，依靠船员的信念、心理习惯、传统和教育力量来发挥作用的。船员职业道德的基本内容主要包括：

1.爱国敬业，遵章守纪

船员应坚信中国共产党的领导，以热爱祖国、报效船舶运输事业为光荣，以损国家利益、民族尊严为耻辱。在保护人命、财产和水域环境安全方面，善尽责任和义务。要立足本职岗位，从我做起，从小事做起，为实现本公司发展目标做出应有的贡献。遵章守纪，要自觉遵守水上交通安全和防治船舶污染的规定，遵守船舶安全操作规程，遵守船上的管理制度和值班规定，按照各项法规性、技术性的规则操纵、控制和管理船舶。无论身处何地，都要严格要求自己，注重自我约束，自觉养成遵章守纪、令行禁止、雷厉风行的办事风格。

2.优质服务，安全运输

优质与安全是相辅相成的统一体，没有安全的运输就谈不上优质的服务。要确保航行与作业的安全，消灭各种事故的隐患和苗子，严格执行各种规章制度，保证良好的工作程序。要确保货物运输的质量，严格遵守货物装载、积载、搬移、运输、保管、照料、卸载等操作规程。要在优质服务上下功夫，运输服务不仅要方便、高效，而且要热情、周到。

3.团结互助，同舟共济

船舶驾驶人员、机舱管理人员及其他为船舶服务的在船人员应互相合作、互相监督、互相提醒、互相支持、互相关心，尊重他人的生命就像尊重自己的生命一样。当船舶发生应急事件或有危难时，船员应冷静沉着、顾全大局，只有把自己同全体船员的命运联系在一起，坚守岗位，严守职责，依靠全体船员的力量和智慧，才能战胜危难。当发现他船或他人在水上遇难时，要发扬人道主义精神，尽力抢救。

第三十四章 法制观念

在当今中国,法治已成为党和政府治国理政的基本方式,在国家治理和社会管理中发挥重大作用。内河船员作为一个特殊的群体,不仅要学习法律知识,增强法律意识,还要树立法制观念,培养法律思维,维护法律权威,成为遵纪守法的社会主义新型船员。船员的操守和法律规范意识是船员职业道德的重要组成部分。

第一节 道德与法律

一、道德与法律的关系

与乡规民俗、伦理道德等非正式的社会规范相比,法律是国家制定或认可的一种行为规范。人类历史是由道德走向法律的,道德与法律密不可分,道德强调将人类的道德理念铸化为法律,法律强调将法律规定内化为人们的品质、道德。它们彼此既有区别又互相联系、交融与渗透。法律是传播道德的有效手段,道德是法律的评价标准和推动力量,是法律的有益补充。

道德具有自律性,法律具有他律性。法律是靠国家强制力保障实施的;而道德主要靠社会舆论和人们的自律来维持。现代社会,法律是不可或缺的,它较道德调整机制必然起主导作用;但法律有它固有的局限性和特点,需要由道德来辅助和补充。

二、法制观念

所谓法制观念是指人们对法律的性质、地位、作用等问题的认识和看法,也就是依靠法律管理国家、管理经济和治理社会的观念。

党的十八届四中全会指出:"法律的权威源自人民的内心拥护和真诚信仰。人民权益要靠法律保障,法律权威要靠人民维护。必须弘扬社会主义法治精神,建设社会主义法治文化,增强全社会厉行法治的积极性和主动性。"深入贯彻落实四中全会精神,要从增强全民法治观念入手,全力推动法治社会建设,让法律成为全民信仰,才能最终建成法治社会。

第二节　船员的法纪修养

一、船员增强法制观念的途径和方法

在当前的船员队伍中,法律意识、安全意识、环保意识普遍较为欠缺。加强船员的法制观念对于提高船员道德修养,增强法律意识、安全意识和环保意识具有重要的意义。为了提高广大船员的法制观念,要求船员做好以下几个方面:

1. 掌握法律武器,增强法律意识

首先要学法、知法和懂法。船员职业的流动性、复杂性等特点,势必会产生各种各样的法律问题。由于法律意识的淡薄,导致许多船员在权益受到损害后,不知道如何用法律武器来保护自己,同样,也因为不懂法,往往在不知不觉中违反了某些法律。

因此船员管理部门、用人单位应切实加强船员法律法规方面的培训,同时,作为个人来讲,应主动学习有关法律方面的知识以增强法制观念、法律意识,依照法律规范和道德准则办事,学会用法律保护自己。

2. 严格遵守安全规章制度,培养安全意识

为了保障船舶的安全航行,船上应有一整套有关安全航行方面的规章制度,如消防、救生、航行、停泊、装卸货、应急等,都有一系列的规章制度与操作规程,没有这些规章制度与操作规程,船上生命与财产的安全就得不到应有的保障,因此要求每个船员充分了解,并且严格遵守。

3. 严格遵守环境保护法规,培养环保意识

人口的不断增长、生产力的不断提高导致河流的污染越来越严重,其中船舶给大气和水体造成的污染占有很大的比例,特别是船舶营运过程中产生的污油、污水、各种垃圾等对水体造成的污染尤为严重。为此,为了保护宝贵的水资源,我国出台了一系列的有关环境保护的法律法规,如《中华人民共和国水污染防治法》《中华人民共和国大气污染防治法》《中华人民共和国防止拆船污染环境管理条例》《中华人民共和国防治船舶污染内河水域环境管理规定》等。船员应认真学习相关的法律法规并严格遵守。执法部门也应加强执法力度,依法办事,规范船舶的安全行为。

二、熟悉水运法规体系

目前我国已形成相对完善的内河水运法规体系,其内容和要求基本涵盖了港口法规体系、航道法规体系、航运法规体系、船舶法规体系、船员法规体系、水上交通安全管理法规体系和船舶防污染法规体系。这些法规体系对维护船员权益、保障水上交通安全和保护环境提供了法理和政策依据,也推动了内河水运业的健康快速发展。表 7-34-1 列出了目前与船员相关的法律、法规、规章。

表 7-34-1　与船员相关的法律、法规、规章一览表

序号	类别	法律、法规、规章名称
1	综合类	《中华人民共和国行政许可法》
2		《中华人民共和国行政处罚法》
3		《中华人民共和国行政强制法》
4		《中华人民共和国行政复议法》
5		《中华人民共和国行政诉讼法》
6		《中华人民共和国国家赔偿法》
7		《交通行政处罚程序规定》
8		《交通行政复议规定》
9	水路行政执法类	《中华人民共和国水路运输管理条例》
10		《中华人民共和国航道法》
11		《中华人民共和国港口法》
12		《老旧运输船舶管理规定》
13		《内河运输船舶标准化管理规定》
14		《水路危险货物运输规则(第一部分)水路包装危险货物运输规则》
15	海事行政执法类	《中华人民共和国水污染防治法》
16		《中华人民共和国大气污染防治法》
17		《中华人民共和国船员条例》
18		《中华人民共和国船舶登记条例》
19		《中华人民共和国航标条例》
20		《中华人民共和国内河海事行政处罚规定》
21		《中华人民共和国内河交通安全管理条例》
22		《中华人民共和国高速客船安全管理规则》
23		《中华人民共和国船舶最低安全配员规则》
24		《中华人民共和国船舶安全检查规则》
25		《中华人民共和国船舶和海上设施检验条例》
26		《中华人民共和国防止拆船污染环境管理条例》
27		《中华人民共和国防治船舶污染内河水域环境管理规定》
28		《中华人民共和国船舶载运危险货物安全监督管理规定》
29		《内河航标管理办法》
30		《中华人民共和国水上水下活动通航安全管理规定》

第三十五章 安全责任

安全和环保,是海事管理的宗旨和目标,也是船员基本职业道德的要求。

船员是船舶安全的直接守护者。增强船员安全意识,履行安全生产义务,把事故隐患消灭在萌芽状态是船员义不容辞的责任。严把安全关,树立“安全第一”的观念,是和谐社会对人民生命财产高度负责的表现。

一、船员安全责任概述

1. 航运安全生产的重要意义

1)安全就是幸福

没有船舶安全,就无从谈及船员的家庭幸福。因此,可以从职业道德的高度来认识培养安全意识的重要性。不安全的行为就是不道德的行为,它有损于国家,有损于企业,有损于家庭,是对企业、对家庭、对父母、对妻子、对儿女缺乏责任感的表现。船员要明确意识到:公司把一艘船交给我们就等于把重要的财产、生命及众多家庭的安危系于我们一身,责任重于泰山,决不能有任何大意和疏忽。无论是高级船员还是普通船员都要让安全意识在头脑中生根。

2)安全就是效益

安全不仅是企业船舶效益的保证,也是打开市场的最好通行证。一个公司、一艘船舶如果保证几十年没有事故发生,那么必将受到船舶所有人、承租人、货主的青睐,就会在竞争中取胜。从这个意义上可以推论出安全是效益的保证,效益是公司生存、船员生活的保证。

2. 航运安全的基本要求

1)严格树立安全第一的思想

长期以来,内河航运的安全基础还比较薄弱。内河船员安全意识是搞好内河航运生产的重要基础与保证。安全要年年讲,月月讲,天天讲。人人讲安全,人人保安全,每位船员都要努力培养自己的安全意识。安全只有起点,没有终点。

(1)船舶安全,预防为主

安全不只是没有发生危险,更应该表现在能否对可能要面对的风险采取正确的解决措施,规避风险,化解危险源,能够做到尊重安全规律,准确把握安全趋势,控制安全走向。

(2)船舶安全,要从小事着手,在细节处下功夫

安全无小事。因为小事虽小,影响不小,往往有一丝疏漏,就潜伏着大事故、大隐患;有一丝不足之处,就会因这个缺口扩大而酿成大祸。船员不要安于“还可以”或“差不多”,要务求其尽善尽美,把我们应该做的、能够做的工作做细、做好、做精,最大限度地保证船舶的安全

生产。

2)要遵纪守法

严格遵守与本职工作紧密相关的法律、法规、公约、条例,遵守职业纪律和各项规章制度,保证船舶安全航行。

3)强化执行力,服从指挥

船员在航行过程中应突出地做到一切行动听指挥,只有这样才能统一意志,统一行动,才能确保船舶营运安全。

安全是航运企业的生命线,安全永远是船舶工作的重中之重。船舶安全涉及船舶设备、技术规范、人为因素等方方面面。相关统计数据表明,人为因素造成直接或间接的船舶安全和污染事故占事故总量的80%,是船舶安全管理的最大“黑洞”,所以强化执行力是确保安全的关键。船员要形成自觉的习惯,在工作中一丝不苟地服从命令,听从指挥,扎扎实实地做好每项本职工作,遵章守纪,保证船舶安全行驶。

二、落实船员安全责任的具体体现

1. 遵章守制、服从管理

船员在船舶航行、停泊、作业过程中应当严格遵守水上交通安全和防治船舶污染的规定,遵守船舶安全操作规程,遵守船上的管理制度和值班规定。安全贯穿于船舶生产的全过程,船舶安全需要在船的每一名船员、每道工序相互配合和衔接。船上的每一名船员都从不同角度为船舶的安全生产担负责任,每名船员尽责的程度直接影响船舶安全生产的成效。因此,船员在船舶航行、停泊和作业过程中应当遵守船舶的安全生产规章制度和操作规程,服从管理,这样才能保证船舶的生产活动安全、有序地进行。

2. 正确佩戴和使用劳动防护用品

船员在作业过程中,应当正确佩戴和使用劳动防护用品。劳动防护用品系由船员用人单位为在职船员配备的,使其在劳动过程中免遭或者减轻事故伤害及职业危害的个人防护装备。劳动防护用品是保护船员安全和健康所采取的必不可少的辅助措施。从一定意义上讲,它是船员防止职业毒害和伤害的最后一项有效的措施。船舶劳动防护用品包括头部保护用品、听力保护用品、面部及眼睛保护用品、呼吸防护设备、四肢防护用品、防坠落用品等。劳动防护用品在劳动过程中,是必不可少的生产性装备,对船员用人单位来讲,要按照规定发放充足,不得任意削减,作为船员,要珍惜、正确佩戴和认真用好劳动防护用品。《劳动防护用品监督管理规定》对劳动防护用品的使用有专门规定,明确规定从业人员在作业过程中,必须按照安全生产规章制度和劳动防护用品使用规则,正确佩戴和使用劳动防护用品;未按规定佩戴和使用劳动防护用品的,不得上岗作业。

3. 接受安全生产教育和培训的责任

伤亡事故的发生,不外乎人的不安全行为和物的不安全状态两种原因。其中控制人的不安全行为是减少伤亡事故的主要措施。而对在职船员进行安全生产教育,是控制人的不安全行为的有效方法,是安全生产管理工作中的一个重要组成部分,是提高从业人员安全素质和自我保护能力、防止事故发生、保证安全生产的重要手段。在职船员应当有主动接受安全生产教育和培训的意识。安全教育培训的基本内容包括安全意识、安全知识和安全技能教育。安全意识教育是安全教育的重要组成部分,是搞好安全生产的关键环节。它包括思想认识教育和劳动纪律教育两方面的内容。安全知识教育是提高在职船员安全技能的重要手段,其内容包括专业安全技术操作规程、安全防护基本知识和注意事项、个人防护用品的构造、性能和正确使用的有关常识等。安全技能教育是巩固在职船员安全知识的必要途径,其内容包括设备的性能、作用和一般的结构原理,事故的预防和处理及设备的使用、维护和修理等。

4.正确履行事故隐患和不安全因素的报告义务

安全生产事故隐患,是指生产经营单位违反安全生产法律、法规、规章、标准、规程和安全生产管理制度的规定,或者因其他因素在生产经营活动中存在可能导致事故发生的危险状态、人的不安全行为和管理上的缺陷。安全生产事故虽然有意外性、偶然性和突发性的特点,但它又有一定的规律,可以通过采取有效措施尽可能加以预防。在职船员处于安全生产第一线,最有可能及时发现事故隐患或者其他不安全因素,因此,船员发现事故隐患或者其他不安全因素应当立即进行报告,如果拖延报告,则使事故发生的可能性加大。

第三十六章 应急处置

船舶所处的环境复杂多变，随时可能发生各种危及船舶、人命和环境安全的紧急事件，船员应尽最大努力采取自救行动。在尚未严重危及人身安全时，船员必须采取一切有效行动保全船舶。当确认无法避免船舶的沉没或灭失时，船长（驾驶员）应果断下令撤离船舶或弃船求生，以保证旅客、船员的生命安全。

一、船舶应急处置的概念

船舶应急处置又称为船舶应变，是指在船舶发生各种事故和紧急情况时的紧急应对方法和措施。

根据《中华人民共和国船舶安全营运和防污染管理规则》（简称《NSM 规则》）和船舶安全管理体系建设的要求，船舶应对船上可能发生的各种紧急情况做好应急准备，并建立相应的应急反应程序，包括碰撞、触礁、搁浅、火灾、爆炸、人落水、船舶油污、船舶丧失操纵能力、船体结构损坏、船舶严重横倾、货舱进水、船员伤病、弃船等情况下的应急反应程序。

二、船舶应急处置的关键步骤及要求

船舶吨位和种类不同，船上最低安全配员不同，船上配备的应急设施设备差异也较大，为了保证船舶在发生海损事故或遭遇自然灾害时能最大限度地实施救助，尽可能地减少损失，按规定要求每一艘船舶均须根据本船的人员、设施设备等情况合理编制船舶应急应变部署。对于建有船舶安全管理体系的船公司，有关船舶应急处置的相关规定和要求是体系文件中非常重要的内容，要求公司所属船舶在应急处置时必须严格执行体系文件的规定和要求。

无论是编制船舶应急应变部署，还是编制体系文件的程序文件、应急操作手册，均应对船舶可能发生的应急处置的关键步骤及要求进行详尽描述。

（一）按规定要求及时报警

《中华人民共和国内河交通安全管理条例》第四十六条第三款规定："船舶、浮动设施遇险，必须迅速将遇险的时间、地点、遇险状况、遇险原因、救助要求，向遇险地海事管理机构以及船舶、浮动设施所有人、经营人报告。"船舶发生事故后，应及时报警，首先是现场发现者要正确、及时报警，以便本船采取及时、有效的措施进行自救；其次是船长要按规定及时向当地海事主管机关和船公司报告。

1. 船舶发生火灾的报警

1）现场发现者

大声呼喊"××处失火"，并启动（按下）附近报警器。

2）船长

（1）船长应指令驾驶员或轮机员查明火势，确认后向全船发出警报，组织施救。

（2）立即向当地海事部门和船公司报告。

（3）港区内发生火灾，应及时拨打"119"报警。

2. 发现有人落水的报警

1）现场发现者

大声呼喊"有人从××舷落水"，并用手势指明从哪一舷落水或用哨子报警。

2）船长

（1）获知有人落水后，及时发出"人落水"警报，组织施救。

（2）立即使用高频电话向附近船舶通报。

（3）立即向当地海事部门和船公司报告。

3. 向当地海事部门和船公司的报警

船舶发生事故后，船长应尽可能全面地向当地海事部门和船公司报告事故有关情况，报告内容主要包括：

（1）船名。

（2）事故发生的时间、地点（船位）。

（3）人员伤亡情况、船舶受损情况。

（4）事发地点气象及水文情况。

（5）已采取的措施。

（6）事发时前后吃水。

（7）油水存量及载货情况。

（8）船舶是否具有自航能力。

（9）船舶是否溢油。

（10）船舶是否需要外援等。

（二）对事故险情做出快速、正确的分析和判断

船舶一旦发生事故险情，船长进入驾驶台后应迅速指派大副（或驾驶员、轮机长等人员）到现场勘查，了解事故险情并做出初步判断，现场人员应将相关信息向船长及时反馈，为船长快速、正确分析事故险情，采取正确应对措施提供帮助。这里有两点很重要，一是事故现场信息了解，二是船长的分析判断。不同事故类型，现场信息也不同。对于火灾事故，主要勘查火灾发生的部位、火灾种类、火势大小等情况；对于碰撞事故，主要查勘人员伤亡情况、船体受损情况等内容；对于船舶发生搁浅、触礁事故，主要查勘船体破损情况、船舱是否进水、船体四周水深情况等内容。

（三）正确制订施救方案，及时采取应急行动

《中华人民共和国内河交通安全管理条例》第四十六条第一款、第二款规定："船舶、浮动设施遇险，应当采取一切有效措施自救。船舶、浮动设施发生碰撞事故，任何一方应当在不危

及自身安全的情况下,积极救助遇险的他方,不得逃逸。”当事故已经发生,船长、船员必须保持镇静,认真分析事故险情,全面考虑人命、船舶和环境的安全,在措施上必须做到不延误时机、顾此失彼,在行动上要避免惊惶失措,船长在确定施救方案,采取行动时,要果敢、坚定,首先考虑的是自救,按应变部署要求组织集合船员进行自救,在实施自救的同时考虑是否需要外援,当船舶处于沉没、倾覆、爆炸等严重危险时,船长应当机立断——弃船。

(四)服从海事管理机构的统一调度和指挥

《中华人民共和国内河交通安全管理条例》第四十七条规定:“船员、浮动设施上的工作人员或其他人员发现其他船舶、浮动设施遇险,或者收到求救信号后,必须尽力救助遇险人员,并将有关情况及时向遇险地海事管理机构报告。”第四十九条规定:“船舶、浮动设施遇险时,有关部门和人员必须积极协助海事管理机构做好救助工作。遇险现场和附近的船舶、人员必须服从海事管理机构的统一调度和指挥。”

(五)将灾情及救助情况填入航行日志

按航行日志记载要求,船舶发生事故后应将事故发生的时间、地点、经过等信息记入航行日志。

三、船员应急处置能力的培养

(一)船员在紧张状态下的心理特征

船舶在航行中一旦发生碰撞、搁浅、触礁等水上交通事故或遭遇其他突发事件,由于现场气氛表现出的紧张、激烈、残酷、危险和凄惨的场面、撕心的呼救,可使船员瞬间感到紧张,因紧张程度、船员个体差异不同,可能表现出轻度的功能障碍甚至精神崩溃等特征。因此,船员在意志力、自我适应调节能力和自我控制能力等方面的素质高低直接影响船员在紧张状态下的行为能力。

船长是船舶遇险救助的总指挥,船长的心理素质不仅关系到他所从事的工作的效率和成败,而且也感染着船员的情感和意志。良好的心理素质对船长来说是一种无形的且又是经常起作用的宝贵财富。惊慌失措、盲目自满、麻痹松懈、侥幸和虚荣等都是船长心理不健康的表现。不良的心理素质往往又是导致事故发生或事故扩大、事故损失增大的主要原因。心理素质差的船长往往在遇到失火、破损及有人落水等紧急关头时,经受不住突发险恶事件的刺激和考验,也就不可能冷静地面对现实并集中全部的智慧和精力去应付意外的情况。如果船长在危急关头力挽狂澜,带领大家化险为夷,那他一定是一名心理素质、操作技能、指挥能力等方面都很优秀的船长。

(二)船员应急处置能力培养的主要方面

船员良好的职业道德,强烈的社会责任感和高水准的个人安全意识、知识和技能,不仅是船员作为个体在社会生活中存在和发展的基本需要和保证,而且也是水上运输业高成本经营活动中人命和财产安全的重要保证。船员应急应变能力的培养是内河船舶船员素养构成的关键因素之一。

1.船舶紧急情况分类

船舶所处的环境复杂多变,随时可能发生各种危及船舶、人命安全及水域环境安全的紧急事件。紧急情况是指船舶、人命及水域环境遭遇严重的紧急危险,需要抢险或者救助的有关情况。船舶紧急情况大致可分为4类：

1)火灾和海损类：碰撞/搁浅/触礁；火灾/爆炸；船体破损/进水；严重横倾；恶劣天气损害；弃船。

2)机损和污染类：主机失灵；舵机失灵；供电故障；机舱事故；船舶溢油；船舶污染物的意外排放。

3)货物损害类：货物移动；船舶自救抛货；危险货物事故。

4)人身安全类：严重伤病；进入封闭场所；人员落水；搜寻/救助；水(海)盗/暴力行为；自然灾害等。

2. 船舶应急反应

船舶一旦进入临近事故状态或事故状态，就必须紧急抢救，即应急反应。应急是使水上人命财产和内河水域环境摆脱或远离事故危险，恢复安全状态的活动过程。应急的成败直接关系着人命财产损失和环境危害的程度，所以应急必须是迅速和有效的。成功的应急依赖于训练有素的人员、完备的应急设施和器材、高效率的应急预案、正确的指挥和良好的群体协同。在内河通航水域，船舶是船员和旅客最好的生存基地，用救生艇筏和水中漂浮求生是万不得已时的选择，因此在船舶发生危险的紧急情况下，船上人员应竭尽全力应急，使船舶脱离危险，以保全自身的生存空间，直至船舶恢复安全状态或船长宣布弃船。

为保证船公司相关部门和船员能在任何时候对船舶所面临的紧急情况做出迅速和有效的反应，以尽可能避免事故的发生、发展或将其造成的损失减至最低限度，公司在安全管理体系文件中制订了应急反应程序和应急手册。每一艘船舶应根据人员状况、本船设备和情况编制应变部署表，明确指定每个人在紧急情况下应到达的岗位及执行的任务，并定期进行训练及应变演习，使预定方案变成船员的本能，从而在发生紧急情况时能迅速协同抢救，正确熟练地使用各种应急设备，有效地控制危险局面。

3. 船员的应急行动能力

船员听到紧急警报后能否有效行动，取决于平时的应急培训和演习效果。必须把应急预案的要求和目标变成船员的熟练行动，能有效地保障应急处置的成功。

1)辨识警报

船员一听到紧急警报，首先应立即弄清属于何种紧急情况。最好的办法是一边穿着衣服、打开房门，一边沉着冷静地听完两组警报，如果不是熟悉的消防、弃船、人员落水、堵漏信号，应检查布置于床头墙壁上的应变任务卡。切忌没有弄清情况而盲目行动，延误宝贵的时机和造成不必要的人身伤害；切忌不穿衣服就行动，这在任何应急行动中都会造成人身伤害；切忌携带应急不需要的物品而妨碍应急处置行动，避免一些船员在紧急时因执迷于翻取自己藏匿的钱财，来不及撤离而随船沉没的严重后果。

2)迅速行动

船员确认警报后，应立即确认自己的任务。如有任何疑问，应当核实应变任务卡或应变部署表，以免失误。平时持之以恒的演习是应急时迅速行动的基础。确认应急任务后，应立即携带规定器材加入应急行列，必须在2 min内到达指定的集合地点。所有的警报确认、任务确认、衣服穿戴、取用规定器材和到达集合地点，都必须在2 min内完成。任何的拖沓都会丧失最佳的抢救时机，导致事态扩大而无法控制，甚至丧失撤离时机。

3)保护旅客和船员的安全

内河通航水域水上对象的应急优先权,依次为人命(旅客—船员)—船舶—水域环境。一切抢救财产的行为,应在不严重危及人身安全的情况下进行。无论何种紧急情况,船员应首先保证旅客和船员的安全。火灾时,船员应引导旅客撤离现场,并且迅速灭火。弃船时,应先旅客,后船员,最后为船长。在水(海)盗活动频繁区域,应防止水(海)盗登船,但遇到持械水(海)盗攻击时,建议旅客和船员放弃对峙,以避免伤亡。

4)服从指挥,保持镇静

船长(驾驶员)是船舶应急反应总指挥。当遭遇紧急情况时,船长根据应急程序有关规定、公司指示和现场情况,组织、指挥全体船员采取一切可行手段全力抢险,并与公司、代理或有关方面保持及时、有效的通信联络。轮机长是机舱应急抢险的现场指挥并负责保障船舶动力。驾驶员是其他应急抢险现场指挥,并且为应急总指挥的接替人。其他船员的具体职责在各船的应急预案中都有规定。

应急预案是应急的行动规范,是对可能发生的紧急情况,根据以往的经验教训,结合本船的实际情况,在反复考虑的基础上确定的。在应急处置时,应始终以此为基础。在应急处置的初始阶段,要严格遵循应急预案,而后由指挥人员根据事态发展做适当调整。所有船员要服从指挥,保持镇静。服从指挥能使全船的应急行动忙而不乱,步调一致;服从指挥意味着全船人员形成坚强的整体,在任何情况下都能给人以信念、力量和成效。不服从指挥,意味着全体船员化为乌合之众,致使恐慌情绪迅速蔓延,船员放弃救船努力,以致过早弃船,从而失去良好的水上生存和待救基地,使人员在救生艇筏和水中面临着明显增大的死亡威胁。因此在应急时,全体船员服从统一指挥,是挽救船舶和保证人员安全的重要前提,对于不服从指挥的人必须严肃地制止,事后要做处理。

在任何应急情况下,保持镇静是取得成功的必要条件,恐慌只会使事态恶化。恐慌是人对事物极度害怕和自认无能为力时的心理和行为表现。它使士气瓦解,使人过度紧张而严重妨碍正常的思维和行为能力,甚至丧失理智,放弃成功把握客观存在的机会。如果人具备把握某事物的能力,就不会对该事物感到恐慌。因此,只有船员掌握了对可能发生的各种紧急情况的知识和技能,具备处理紧急情况的能力,才能避免对紧急情况的恐慌。船员必须坚持不懈地积极接受应急培训和参加应急演习,对应急处置要做到心中有数,以沉着冷静地判断和处理紧急情况。

5)遵循应急预案,采取正确的应急行动

应急预案通常是明确应急职能分工和应急程序框架,不可能详细描述所有的应急行动和应急操作。这时应在指挥人员的指挥下,灵活运用在应急培训和演习中获得的知识和技能,实施准确无误的应急行动。对于关键性的操作,例如施放二氧化碳操作,应严格按本船专用的施放须知进行。对于应急中出现的异常情况,应及时报告指挥人员,以便指挥人员及时评估和调整部署。指挥人员在下达具体任务时,应从人力、技术、设备、环境、人身安全等方面考虑可操作性,操作人员应迅速设法完成任务,当明显无法胜任时,应立即报告指挥人员。

4. 船员个体和群体对控制事故的责任

1)内河水上交通事故中的人为因素

长期以来,船舶安全和污染事故频繁发生,不仅危及船员、船公司的经济效益,而且阻碍社会经济的发展,尤其是大量人员、财产的灭失和对内河水域环境的破坏,引起了人民群众的高度关注。为此，国家制定了一系列促进船舶运输安全的规范，以提高船舶的安全性。随着现代科学技术的发展，尤其是优质材料、计算机和通信技术的运用，使得船舶构造以及导航、货运装载所用设备的质量可靠性大为提高。但是，内河水上交通事故仍然不断出现。近年来，统计与分析的结果表明，人为因素直接或间接造成的船舶安全和环境污染事故占事故总量的80%。人为因素涉及人的知识水平、技能、心理素质、技术安全管理、生理状况、安全意识和特定环境等广泛的领域。沉痛的内河水上交通事故教训使广大船员和水上交通安全管理部门形成了“以人为本”的共识，即全面地重视人的基本素质提高和安全管理。通过对人的有效控制来规范船舶的技术状况和船员行为，从而最大限度地降低内河水上交通事故的发生，保障船舶安全和保护内河水域环境。

2)船员组织系统与岗位职责

为了有效地预防和控制紧急情况，保证船舶安全，明确和强化船员个体和群体的责任是十分重要的，科学合理的船员组织系统及其相关的岗位职责是确保船舶安全营运和经济效益的基础。一般地，内河船员组织系统为驾驶部、轮机部、客运部，每个部门内部有明显的岗位分工，以避免交叉和无序的工作状况，并且能够充分发挥船员在安全高效的营运和保护环境诸方面的作用。按照国家海事法规的要求和船员具体职责，船公司和船舶应当根据各级和各岗位的特点，对船员进行海事法规和岗位职责培训。

5.船舶安全科学评估

“安全第一，预防为主”是安全管理的基本方针。船员要不断总结经验和教训，针对船舶可能发生的安全问题，通过对船舶内在诸因素和外部环境变化的深入分析评估，从而采取及时、积极、有效的预防措施。船舶安全性评估的通常方法是：

1)事故先兆和潜在危害的识别。

2)危害性判断和评价。

3)检测危害的方法和评价。

4)及时采取有效的控制措施。

有效识别事故先兆和潜在危害是正确评估和采取有效措施的基础。识别的灵敏性直接与船员个体的安全意识、知识水准和责任心有关。事实上，任何一项事故的发生都会有一定的前兆。2015年6月1日“东方之星”号客船在长江中游大马洲水道遇强风暴雨袭击，导致442人遇难的特别重大灾难性事件(即“六·一”事故)。引发事故的直接原因是特别严重的灾害性天气(飑线伴有下击暴流)，致使船舶因失去稳性而快速沉没。事故过程分析确认的更深层次原因是船舶平常疏于应急处置训练与演习，船员应急操作意识缺乏，应对不力，船舶在紧急情况下没有实施应急抛锚以强化船首顶风稳船，造成船舶横向侧面迎风而瞬间倾覆。由此可见，对事故苗头和潜在危害的正确判断和评价是有效控制事故的重要途径。船员应当从船舶自身因素进行反思，通过全面分析隐患及其诸因素的相互关系，抓住隐患的根本原因，同时不可忽略环境因素和船舶操作的特殊性，采取积极有效的措施来控制事故。

根据《NSM规则》的要求，船舶应建立一套完整的安全教育和培训制度，使其成为管理新机制的重要组成部分。船舶领导要根据本船人员结构、设备状况、航次任务、季节特点及安全工作存在的问题，定期进行安全教育，开展安全训练活动，不断增强船员的安全意识和自我保护意识以及遵守规章制度的自觉性，提高安全操作技能，形成“人人关心安全，时时注意安全”的良好局面。

(三)提高船员应急处置能力的途径和方法

应急处置的成败直接关系着人命财产损失和环境危害的程度,所以应急处置必须是迅速和有效的。成功的应急处置依赖于训练有素的人员、完备的应急设施和器材、高效率的应急预案、正确的指挥和良好的群体协同。

1. 船舶应变部署表的编制要科学、合理

船舶所处的环境复杂多变,随时可能发生各种危及船舶和人命安全的紧急事件。为了避免严重后果,把损失减到最低程度,每一艘船舶都应根据人员状况、本船设备和具体情况,编制应变部署表,明确规定每个人在紧急情况下应到达的岗位及执行的任务,关键部位、关键动作派得力人员,可以一职多人或一人多职,人员编排应最有利于应急任务的完成。

2. 认真进行各种训练和应变演习

定期进行各种训练和应变演习的目的在于,提高船员的应急行动能力,培养船员的团队意识、服从意识和应急中的自我保护意识,确保船舶在真正发生意外时做到临危不乱。应变部署所规定的各项任务,如消防、进水抢险、人落水营救、救生等,应在船舶定期举行的演习中做出具体安排,每个船员,特别是船上的高级船员,尤其是船长、轮机长和大副必须清楚地认识到,船舶定期举行应变演习是船舶、旅客、船员安全的重要保证,是贯彻船舶安全管理规定、提高管理水平的一项重要工作内容,是检验船舶应变意识强弱、实际应变能力高低、应变组织工作是否合理以及安全管理工作好坏的重要标准。

3. 应变器材设备的配备与维护

船舶必须按规定数量配备应变器材设备,并按有关规定进行维护和定期检查,使之随时处于良好状态。

通过定期进行各种训练和应变演习,一方面检验船上各种应急设备的配备是否到位,是否处于正常、有效使用状态,另一方面检验船员能否正确熟练地使用各种应急设备。

第三十七章 权益保护

一、内河船员基本权益

《中华人民共和国船员条例》(简称《船员条例》),对保护船员的合法权益做了明确规定,体现了以人为本、关注民生的执政理念。

《船员条例》规定船员享有社会与人身健康保险待遇、各种劳动防护待遇、职业疾病防治、带薪休假和工会维权等各项权益保障。

(一)享有社会保险待遇

《船员条例》第二十五条规定:“船员用人单位和船员应当按照国家有关规定参加工伤保险、医疗保险、养老保险、失业保险以及其他社会保险,并依法按时足额缴纳各项保险费用。”“船员用人单位应当为在驶往或者驶经战区、疫区或者运输有毒、有害物质的船舶上工作的船员,办理专门的人身、健康保险,并提供相应的防护措施。”任何单位和个人都不能以任何理由拒绝履行社会保险缴纳义务,任何单位和个人都不能以任何形式减免社会保险费,禁止任何形式的协议性缴费。因船员职业特点遇到缴费方面的操作性困难时,应在依法按时足额缴纳的原则下,与社会保险主管机关或经办机构协商解决。

(二)享有劳动保护的权利

《船员条例》第二十六条第一款规定:“船舶上船员生活和工作的场所,应当符合国家船舶检验规范中有关船员生活环境、作业安全和防护的要求。”

船舶检验规范对船员的生活和工作场所提出的硬件设施技术要求主要包括:在生活环境方面,对卧室、餐厅、休息处所与办公处所、卫生设备、照明设备、医务处所(包括船用药箱中药品、器具、敷料、一般医疗设备等的种类和数量),取暖设备、通风设备及其噪声,舱室、通道和出入口的布置与结构,饮用水和淡水系统等的设置和技术指标提出了要求;在作业安全与防护方面,对船舶栏杆、舷墙、安全索、通道、甲板下的通道、水密设施、工作区域的照明、灭火剂容器及压力容器的安全检验校验设备、报警系统、脱险通道、救生艇、升降机等的设置和技术指标提出了要求。

(三)享有职业健康防治的权利

《船员条例》第二十六条第二款、第三款规定:“船员用人单位应当为船员提供必要的生活用品、防护用品、医疗用品,建立船员健康档案,并为船员定期进行健康检查,防治职业疾病。船员在船工作期间患病或者受伤的,船员用人单位应当及时给予救治。”船员用人单位需要在物质上为船员提供必要的食品、饮用水、膳食、日用品等生活用品,根据船舶生产实际需要提供必要的劳动保护用品,提供迅速诊断和治疗所必需的药品、医疗设备设施等医疗用品。船员用人单位需要在管理上关心船员健康,为船员定期进行健康检查并建立健康档案,坚持预防为主、防治结合的方针防治职业疾病。船员用人单位应以人为本,发扬人道主义精神,采取能够做到的一切措施,积极救治在船工作期间患病、受伤的船员,使其能够及时得到必要的船上和岸上医疗。

《船员条例》第四十四条第二款规定:“船员服务机构为船员用人单位提供的船员失踪或者死亡的,船员服务机构应当配合船员用人单位做好善后工作。”

(四)享有船员工会组织维权的权利

《船员条例》第二十七条、二十八条规定:“船员用人单位应当依照有关劳动合同的法律、法规和中华人民共和国缔结或者加入的有关船员劳动与社会保障国际条约的规定,与船员订立劳动合同。”“船员工会组织应当加强对船员合法权益的保护,指导、帮助船员与船员用人单位订立劳动合同。”劳动合同是具有法律约束力的劳动者与用人单位确立劳动关系、明确双方权利和义务的协议,是工会组织有效维护劳动者合法权益的重要依据。在船员难以全面、深入了解各方面规定、要求、做法以及船员用人单位背景的情况下,船员工会组织作为船员权益的代表者和维护者,应充分发挥自身优势,指导、帮助船员签订劳动合同,为船员权益的有效维护打下良好的基础。船员工会组织在劳动合同签订过程中的指导、帮助作用主要体现在三个方面:一是向船员提供劳动合同示范文本和船员劳动报酬、劳动条件的参考标准;二是通过平等协商,签订集体合同;三是向船员提供船员用人单位信息及咨询。

(五)享有获得劳动报酬的权利

《船员条例》第二十九条规定:“船员用人单位应当根据船员职业的风险性、艰苦性、流动性等因素,向船员支付合理的工资,并按时足额发放给船员。任何单位和个人不得克扣船员的工资。”船员用人单位应充分考虑船员职业的风险性、艰苦性、流动性等因素,参考国内外本行业同类船员工资报酬水平,通过与船员的沟通与协商,合理确定船员工资报酬结构和水平,并按时足额地发放给船员。船员用人单位应按照劳动合同规定的标准支付给船员全部劳动报酬,涉及船员工资发放所有环节的单位和个人均不得克扣。有下列情况之一的,船员用人单位可以代扣船员工资:

(1)船员用人单位代扣代缴的个人所得税。

(2)船员用人单位代扣代缴的应由船员个人负担的各项社会保险费用。

(3)法院判决、裁定中要求代扣的抚养费、赡养费。

(4)法律、法规规定可以从劳动者工资中扣除的其他费用。

船员工资应以货币形式支付,不得以实物及有价证券替代货币支付。船员用人单位应将工资支付给船员本人,本人不能领取工资时,可由其亲属或委托他人代领。船员用人单位必须书面记录支付船员工资的数额、时间、领取者的姓名以及签字,并保存两年以上备查。船员在劳动合同有效期内的待派期间,船员用人单位应当支付不低于船员用人单位所在地人民政府公布的最低工资,以保障船员在待派期间能够获得基本的经济收入,保障其基本生活,维护船员利益。

(六)享有休息、休假的权利

《船员条例》第三十条规定:“船员在船工作时间应当符合国务院交通主管部门规定的标

准，不得疲劳值班。船员除享有国家法定节假日的假期外，还享有在船舶上每工作2个月不少于5日的年休假。船员用人单位应当在船员年休假期间，向其支付不低于该船员在船工作期间平均工资的报酬。”休息时间不足会导致人体的各方面机能下降，如判断能力、决策能力和记忆能力的下降、反应迟缓、精力不集中、注意力分散、情绪恍惚等，给操作性和警觉性带来不利影响。船员过度疲劳是造成船舶航行及生产事故的重要诱因之一，因此保障船员正常休息、避免疲劳航行非常必要。我国《内河船舶船员值班规则》要求船长根据情况合理安排值班船员，并保证值班船员得到充分休息，防止疲劳值班。

由于船员职业特点，船员往往需要集中工作、集中休息，在集中工作期间遇到法定节假日期间仍须继续工作；否则可能危及船舶航行安全。因此，船员在船工作期间遇到法定节假日应正常工作，船员用人单位应按规定对船员给予补偿。

（七）享有遣返的权利

船员遣返指船员在船服务期间因某种原因需要离船而乘用交通工具返回家乡，是船员的基本权利，强制船舶所有人维护船员该项权利。《船员条例》第三十一、三十二、三十三、三十四条对此做了明确规定。

《船员条例》第三十一条规定，船员在船工作期间，有下列情形之一的，船员可以要求遣返：

（1）船员的劳动合同终止或者依法解除的。

（2）船员不具备履行船上岗位职责能力的，即船员的身体条件、业务能力等不具备履职要求时，要求或被要求离岗或离船的。对船员履职能力的认定由船员所在船舶的船长做出。

（3）船舶灭失的，即船舶因拆解、沉没、损坏后无法修复等原因在实体或功能上消灭时，船员失去工作的对象，无法付出劳动的。

（4）未经船员同意，船舶驶往战区、疫区的。

（5）由于破产、变卖船舶、改变船舶登记或者其他原因，船员用人单位、船舶所有人不能继续履行对船员的法定或者约定义务的。

《船员条例》第三十二条规定，船员可以从下列地点中选择遣返地点：

（1）船员接受招用的地点或者上船任职的地点。

（2）船员的居住地、户籍所在地或船籍登记国。

（3）船员与船员用人单位或者船舶所有人约定的地点。

《船员条例》第三十三条规定，船员的遣返费用由船员用人单位支付。遣返费用包括船员乘坐交通工具的费用、旅途中合理的食宿及医疗费用和30 kg行李的运输费用。

《船员条例》第三十四条规定，船员的遣返权利受到侵害的，船员当时所在地民政部门应当向船员提供援助；必要时，可以直接安排船员遣返。民政部门为船员遣返所垫付的费用，船员用人单位应当及时返还。

二、我国内河船员权益保障

（一）船员权益保障的法律依据

《中华人民共和国船员条例》《中华人民共和国劳动法》和《中华人民共和国劳动合同法》等法律是保障船员权益最基本的法律依据，尤其是《船员条例》的实施对保护船员的权益起到了至关重要的作用。另外《船员注册管理办法》《船员考试发证规则》等相关规则对船员注册、考试、发证等方面做出了具体规定。

（二）船员权益保障的途径和方法

1）船员在工资报酬、合法权益、社会地位、工作环境等方面权益受到损害，申诉维权的主体对象是船员用人单位（船公司、船东、船员管理公司等），船员与船员用人单位订立劳动合同的，根据我国法律相关规定，船员维权主要途径和方法有：

（1）向劳动监察部门举报。

（2）向劳动仲裁机构申请仲裁。

（3）向人民法院提起诉讼。

船员与船员用人单位未订立劳动合同的劳务纠纷可直接向海事法院提起海事诉讼。

2）船员对主管机关做出的行政处罚决定不服的，在规定期限内，可以采取向做出处罚决定的上一级行政管理机构申请行政复议或向人民法院提起行政诉讼等维权途径。

模拟试卷一

1. 同一满载船舶,下列________情况下舵效最好。

A. 平吃水　　B. 适当首倾

C. 适当尾倾　　D. 横倾

答案:C

2. 船舶旋回运动的三个阶段是________。

A. 机动阶段、渐变阶段和稳定阶段　　B. 机动阶段、转舵阶段和定常旋回阶段

C. 机动阶段、变化阶段或过渡阶段　　D. 机动阶段、圆航阶段或定常旋回阶段

答案:A

3. 船舶装载不合理,重物装在高处时,将使初稳性高度(GM 值)________,在旋回运动中外倾角________。

A. 增大;加大　　B. 增大;减小

C. 减小;加大　　D. 减小;减小

答案:C

4. 船舶由全速前进改为全速快倒车时的船舶的冲程,称为________,它是操纵船舶的重要数据。

A. 停车冲程　　B. 倒车冲程

C. 最短停船距离　　D. 最小冲程

答案:D

5. 船舶在顺流航行时,船舶冲程________静水时的冲程,因此停船时应________停车。

A. 小于;延迟　　B. 小于;提前

C. 大于;提前　　D. 大于;延迟

答案:C

6. 浅水对船舶操纵性能的影响表现为________。

A. 旋回性变好、航向稳定性变差　　B. 旋回性变好、航向稳定性变好

C. 旋回性变差、航向稳定性变好　　D. 旋回性变差、航向稳定性变差

答案:C

7. 会直接产生船吸作用的两船间距________。

A. 为两船船长之和的一半　　B. 小于两船船长之和

C. 小于两船船长之和的 2 倍　　D. 小于两船船长之和的 3 倍

答案:B

8. 单锚泊时,锚的总抓力是________。

①锚爪抓力;②卧底锚链与河床底的摩擦力;③悬垂锚链的重力;④锚爪的重量。

A. ① B. ①②

C. ①②③ D. ①②③④

答案:B

9. 绞锚过程中,负荷加大,________时,应特别注意放慢绞进速度。

A. 刚开始 B. 锚链刚拉直

C. 锚链刚垂直 D. 锚离底

答案:C

10. 在大风浪中的锚泊船,船舶偏荡运动速度和摆幅大的是________。

①空载船;②满载船;③驾驶台在船首或船中的船;④驾驶台在船尾的船。

A. ①③ B. ①④

C. ②③ D. ②④

答案:A

11. 抛出一定链长的单锚泊船,当外力增大时,该船的锚泊力将________。

A. 增大 B. 不变

C. 减少 D. 因走锚而降为零

答案:C

12. "守锚",就是经常采取措施________的一种措施。

A. 保持锚和锚链处于良好抓着状态 B. 看着锚和锚链

C. 防止他船抛锚挂到锚和锚链 D. 防止丢锚

答案:A

13. 双锚泊船锚链绞缠后,锚抓力________。

A. 不变 B. 增大

C. 减小 D. 为零

答案:C

14. 航道宽度明显不足,一般使用________法掉头。

A. 连续进车掉头 B. 进、倒车掉头

C. 利用流力掉头 D. 抛锚掉头

答案:D

15. 靠泊中,通常先送上________系牢,然后用慢进车、操舵,顺利靠拢船舶。

A. 首横缆 B. 首倒缆

C. 尾倒缆 D. 尾横缆

答案:B

16. 大角度驶靠码头的方法适用于________时。

A. 码头水域水流较急或泊位上下方均有他船靠泊

B. 在有强吹开风或遇弱流和尾吹开风

C. 在有强吹拢风的情况下,为了控制船舶向码头的靠拢速度

D. 遇强首吹拢风、困档水、急流或码头结构强度较弱

答案:B

17. 下述船舶在大风浪来临前的准备工作,不正确的是________。

A. 舱内的散装货要扒平,油、水舱柜尽可能注满或抽空

B. 根据船舶现状和水域的自然条件,决定是续航还是锚泊,做好各种应急准备

C. 空载船要进行适当压载,一般以平吃水为宜

D. 水密门、通风口、舷窗和锚链管要关闭严实并用防水布盖妥

答案:C

18. 在港船舶防雷雨和大风,除做好航行船舶的各种预防措施外,还应________。

①服从当地海事管理机构和港口部门的指挥、调度;②已开舱装卸但港方已停止作业时,应迅速盖上舱盖并用帆布封盖好;③系泊船要加强系缆,缆绳易磨损处要做衬垫和包扎,船体与码头间要增添靠把;④锚泊船可适当加长锚链,必要时单锚泊船可改抛双锚。

A. ①②③　　B. ①③④

C. ②③④　　D. ①②③④

答案:D

19. 碰撞是指船舶与船舶之间或船舶与水上移动式装置之间发生接触造成损害的事故,下列不属于构成碰撞事故要素的是________。

A. 实际接触

B. 间接接触

C. 发生在船舶之间或船舶与水上移动式装置之间

D. 产生损害后果

答案:B

20. 两船迎面相遇处于碰撞紧迫危险时,应先使________避开,再向来船一侧操舵,以避开________。

A. 船首;船首　　B. 船首;船尾

C. 船尾;船首　　D. 船尾;船尾

答案:B

21. 船舶碰撞后经全面检查,可续航的条件是________。

①破洞很小,经堵漏后已控制进水;②主、辅机情况正常;③货物没有移位,船舶无横倾。

A. ①②　　B. ①②③

C. ②③　　D. ①③

答案:B

22. 航行中的船舶,在搁浅或触礁不可避免时,宁使船首受损也要保护好船尾,其目的是________。

A. 便于排水堵漏　　B. 防止船体变形

C. 防止打坏车、舵设备,扩大事故　　D. 防止人员伤亡

答案:C

23. 船舶搁浅后,不得盲目使用车舵,其目的是________。

A. 便于排水堵漏　　B. 防止船体变形

C. 防止打坏桨、舵和扩大事故　　D. 防止人员伤亡

答案:C

24. 弃船前应尽量操纵船舶沉没于________处。

A. 航道边浅水　　B. 航道中央深水

C. 航道任意　　D. 航道端部

答案:A

25. 下列属于船舶失锚原因的是________。

①船舶尚有余速时急于抛锚;②出链长度不够;③深水区抛锚方法不当;④在急流中抛锚。

A. ①②　　B. ①③④

C. ①②③　　D. ①②③④

答案:B

26. 船舶发生舵失灵时,首先应________。

A. 抛锚　　B. 备车

C. 启用应急舵操舵系统　　D. 悬挂舵机失灵信号

答案:C

27. 缆绳绞缠桨叶时应立即________,并设法加以清除,防止损坏螺旋桨和主机。

①停车;②绞收;③松放;④抛锚。

A. ①②④　　B. ②③④

C. ①④　　D. ①②③④

答案:C

28. 双推进器的船舶,当一部主机损坏时,应该________,并立即组织人员抢修损坏的主机。

A. 抛锚停泊,并显示失控信号

B. 抛锚停泊,并显示只能用一部机器行驶的信号

C. 压舵继续航行,并显示只能用一部机器行驶的信号

D. 压舵继续航行,并显示失控信号

答案:C

29. 全船失电时,根据船舶航行状态不同应采取不同的措施。当船舶正常航行,突然失电时首先应________,然后尽快恢复供电。

A. 停止主机运转,并立即电告驾驶台

B. 只要主机有可能短期运转,则应执行驾驶台命令

C. 按车令强制主机运行而不考虑主机后果

D. 先启动备用发电机组

答案:A

30. 我国颁发的内河通航标准中规定卵石和岩石质河床富余水深值应另加________。

A. 0.1 ~0.2 m　　B. 0.1 ~0.3 m

C. 0.2 ~0.3 m　　D. 0.2 m

答案:A

31. 航行图上某处礁石的图注水深为 -0.5 m,当时当地水位为 3.5 m,该礁石的实际水深为________。

A. 3.0 m　　B. 4.0 m

C. −0.5 m　　D. 3.5 m

答案:A

32. 多年最高水位的平均值称为________。

A. 洪水位　　B. 中水位

C. 枯水位　　D. 平均水位

答案:A

33. 上行船舶出角转嘴,船首到达埂水的所在处习称________。

A. 吊埂　　B. 抵埂

C. 擢埂　　D. 搭跳

答案:B

34. 克服横流对船舶航行的影响的方法是预先向横流的________偏转一个恰当角度为偏航留有余地,以使船舶沿着预定的安全航线航行。

A. 上方　　B. 下方

C. 前方　　D. 后方

答案:A

35. 从潮高基准面至平均大潮高潮面的高度,称为________。

A. 高高潮　　B. 高潮

C. 大潮高　　D. 平均高潮间隙

答案:C

36. 河口潮汐最显著的特点是________。

A. 越向上游,涨潮历时越短,落潮历时越长,发生高潮的时刻越落后,潮差越来越大

B. 越向上游,涨潮历时越长,落潮历时越短,发生高潮的时刻越提前,潮差也越来越小

C. 越向上游,涨潮历时越长,落潮历时越短,发生高潮的时刻越落后,潮差也越来越小

D. 越向上游,涨潮历时越短,落潮历时越长,发生高潮的时刻越落后,潮差也越来越小

答案:D

37. 关于“小改正”做法不正确的是________。

A. 收到航道通电或航道公报,应立即改正

B. 购买新出版的航行图不必进行小改正

C. 小改正后应按顺序登记在图幅的左下角

D. 小改正用红色的钢笔改正

答案:B

38. “航行警告”的发布方式:________。

A. 无线电报或者无线电话(包括传真、GPS 记录系统等)

B. 公文

C. 布告

D. 报刊

答案:A

39. 空气在单位时间内流经的距离叫作风速。平常说的风速为________。

A. 瞬时风速　　B. 最大风速
C. 即时风速　　D. 平均风速
答案:D

40. 暖湿空气流经冷的下垫面,水汽发生凝结而形成的雾称为平流雾,其特点是________。
①出现的频率是春末夏初少,秋冬多;②一日中任何时候都可能发生,通常在阴天有云层时出现;③雾出现必须有风,风力 2 ~4 级为宜; ④出现的水平范围广,浓度和厚度大,持续时间长。
A. ①②③④　　B. ①②③
C. ①②④　　D. ②③④
答案:D

41. 船舶突遇雷暴雨天气时,下列做法中不正确的是________。
A. 鸣放雾航声号　　B. 加车迅速驶往锚地抛锚
C. 开启雷达、VHF　　D. 必要时停车淌航
答案:B

42. 目前中国气象局将寒潮标准定义为________。
①未来 48 h 责任区内最低气温下降 8 ℃以上;②最低气温不超过 4 ℃;③陆上平均风力 5 ~7级;④海区平均风力 7 级以上。
A. ①③④　　B. ①②④
C. ①②③　　D. ①②③④
答案:D

43. 台风外围区天气特点是________。
A. 风力逐渐增强、气压下降、温度下降
B. 风力逐渐增强、气压下降、温度上升
C. 风力变化不大、气压微降、温度上升
D. 风力变化不大、气压微降、温度下降
答案:B

44. 灾害性天气预报中预计在未来 48 h 之内本地平均风力可达 6 级或 6 级以上,最大风力________以上时发布大风消息。
A. 7 级　　B. 8 级
C. 9 级　　D. 10 级
答案:B

45. “过河”是指________。
A. 船舶从河的一侧航道过渡到另一侧航道
B. 船舶从航道穿过主流,过渡到航道的另一侧
C. 顺航道行驶的上行船从航道一侧穿过主流,过渡到航道的另一侧
D. 顺航道行驶的下行船从航道一侧穿过主流,过渡到航道的另一侧
答案:C

46. ________是指驾驶人员根据航行条件和船舶性能,采取符合客观实际的引航操作方案,将船位摆在既安全又能提高航速的合理位置上。

A. 顺向　　B. 航线

C. 摆船位　　D. 落位

答案:D

47. 两船相遇,采用转向避让的要点是________。

①有足够的安全水域;②避让一船不会与另一船造成紧迫局面;③两船相距较近应一次性操舵完成。

A. ①②③　　B. ①②

C. ①③　　D. ②③

答案:A

48. 航行中,驾驶人员________是预防碰撞的前提。

A. 明确行动意图　　B. 保持正规瞭望

C. 正确操舵　　D. 正确使用雷达

答案:B

49. 在通航分道内,船舶的追越行动,应保持在________。

A. 通航分道内　　B. 自己的通航分道内

C. 分隔带(线)上　　D. 外边界线内

答案:B

50. 一般地说,浅滩上的横流常分布在________。

①鞍槽上端;②鞍槽中部;③鞍槽下端。

A. ①②　　B. ①③

C. ②③　　D. ①②③

答案:D

51. 桥下通航高度与水位的升降________,在最高水位期常迫使过往船舶倒桅而过。

A. 有关　　B. 成正比

C. 成反比　　D. 无关

答案:A

52. 下行船舶通过桥区时,应调整航向,船位挂高,以抵御________的影响。

A. 风压　　B. 流压

C. 波浪　　D. 水流

答案:B

53. 船闸河段的航行条件变化主要包括________等几个方面。

①航道尺度发生变化;②闸区的水工设施与港口码头系泊设施不同;③船闸上、下航道,闸室水文特征及淤积亦有自身特点;④船闸河段交通安全管理规则的约束。

A. ①②③④　　B. ①②④

C. ①②③　　D. ①③④

答案:A

54. 船舶过船闸时应注意________。

①船闸河段航道情况和通航特点;②风和流对船舶影响;③过船闸信号和有关规定。

A. ①　　B. ①②

C. ②③　　D. ①②③

答案:D

55. 急流滩的当地水位上升或下降到某一高程时,滩势最为汹恶,比降和流速最大,流态紊乱,碍航最严重,这个临界水位高程称为该滩的________。

A. 成滩水位　　B. 当季水位

C. 消滩水位　　D. 漂滩水位

答案:B

56. 上行船通过滑梁险槽,在驶抵石梁下方旺水区内乱水以前必须驶出旺水区,否则就叫________。

A. 走旺　　B. 贪旺

C. 抢旺　　D. 打抢

答案:B

57. 船舶在轻雾中航行,驾引人员应切实掌握各航段雾季的________,随时注意雾情变化。
①分布及特点;②征兆;③变化及规律。

A. ①②　　B. ①③

C. ②③　　D. ①②③

答案:D

58. 船舶遇雾应减速行驶,按章鸣笛,并报请________,同时通知机舱________。

A. 船长;停车　　B. 船长;备车

C. 大副;完车　　D. 公司;备车

答案:B

59. 船舶破损时,用以从舷外遮挡破洞,限制进水量以进一步采取堵漏措施的应急器材是________。

A. 堵漏板　　B. 堵漏毯

C. 堵漏盒　　D. 堵漏木塞

答案:B

60. 发生漏损事故后,为减少进水量,应立即停车并将破损部位置于________。

A. 上风侧　　B. 迎流侧

C. 与风流平行侧　　D. 下风背流侧

答案:D

61. 航行中发出火警时,________。

A. 轮机长应先弄清风向和着火部位

B. 操纵船舶转向,使火势迎风

C. 当火势大到危及旅客或船员生命安全时,应立即跳水

D. 未得到弃船命令不得擅自弃船

答案:D

62. 船首失火的警报为________。

A. 乱钟后敲一响　　B. 乱钟后敲两响

C. 乱钟后敲三响　　D. 乱钟后敲四响

答案:A

63. 船载 AIS 设备中,能够提供精确船位信息的设备是________。

A. 雷达　　B. GPS 导航仪

C. VHF　　D. 无线电测向仪

答案:B

64. AIS 播发和接收信息的方式是________。

A. 人工连续　　B. 自动连续

C. 人工定时　　D. 自动定时

答案:B

65. 抗沉性是船舶破损进水后________的性能。

A. 能自行排除进水　　B. 仍保持必要的浮性和稳性

C. 能不大幅摇荡　　D. 不会倾斜

答案:B

66. 船舶进出港口,________需备车航行,驾驶员应提前通知机舱准备。

①通过狭水道;②通过浅滩;③通过危险水域或抛锚等。

A. ①②　　B. ①③

C. ②③　　D. ①②③

答案:D

67. 锚泊中交接,对交接事项有怀疑,应及时请示________。

A. 公司　　B. 承运人

C. 轮机长　　D. 船长

答案:D

68. 根据《内河船舶航行日志记载规则》,航行日志应连续记载________期间内容,不得间断。

①航行;②停泊;③作业或修理。

A. ①②　　B. ①③

C. ②③　　D. ①②③

答案:D

69. 根据《内河船舶航行日志记载规则》,航次任务应记载的内容有________。

①航次序号;②起止港口;③一般任务;④特殊任务。

A. ①②③④　　B. ①②

C. ①③④　　D. ②③④

答案:A

70. 船舶锚泊时,航行日志应记载的内容包括________。

①锚地名称;②抛锚只数与出链长度;③锚地水深与底质情况;④抛妥或起锚开始和完毕的时间及锚泊或起锚的事由。

A. ①②③　　B. ①③

C. ②④　　D. ①②③④

答案:D

71. 船舶最低安全配员证书有效期为________年,在有效期截止前________月内,凭原证书到船籍港办理换发手续。

A. 5;6　　B. 5;12

C. 4;6　　D. 4;12

答案:B

72. 内河船舶悬挂中国国旗的时间规定为________。

A. 早晨升起,傍晚降下

B. 24 h 悬挂

C. 12 h 悬挂

D. 不论晴天,还是遇有恶劣天气都必须按时升降

答案:A

73.《内河船舶安全检查通知书》的主要内容是________。

A. 船舶存在缺陷的处理意见　　B. 安全检查前的通知

C. 安全检查的各项目　　D. 安全检查结果

答案:A

74. 申请内河船员注册一般应具备的条件包括________。

①年满 18 岁但不超过 60 周岁;②符合船员的健康要求;③经过船员基本安全培训,并经海事管理机构考试合格;④船员专业外语考试。

A. ①②③④　　B. ①②③

C. ①②④　　D. ①③④

答案:B

75. 属于船员违法记分范畴的违法行为是指________。

①违反有关船舶、船员管理;②违反有关通航管理;③违反有关危险货物运输安全管理、防止船舶污染管理;④违反有关航标管理秩序及其他水上安全监督管理秩序。

A. ①②③　　B. ②③④

C. ①②④　　D. ①②③④

答案:D

76. 根据《内河交通事故调查处理规定》的规定,船舶、浮动设施发生事故,必须在事故发生后________小时内向事故发生地的主管机关提交事故报告书和必要的证书、文件资料。

A. 24　　B. 36

C. 48　　D. 72

答案:A

77. 船舶在进行下列________等可能发生污染的作业时,应当编制作业方案,采取有效的安全和防污染措施,并报作业地海事管理机构批准。

①进行残油、含油污水、污染危害性货物残留物的接收作业;②进行装载油类、污染危害性货物船舱的清洗作业;③进行散装液体污染危害性货物的过驳作业;④进行船舶水上拆解、打捞或者其他水上、水下船舶施工作业。

A. ①②③　　B. ①②③④

C. ①②　　D. ③④

答案:B

78. 油类记录簿应妥善保管,随时可供检查,用完后在船上保存________年。

A. 1　　B. 2

C. 3　　D. 5

答案:C

79. 船舶应急消防设备包括________。

①应急消防泵;②燃油速闭阀;③风油应急切断开关;④通风筒防火板和机舱天窗应急关闭装置。

A. ①②③④　　B. ①②③

C. ①③④　　D. ①②④

答案:A

80. 在船舶主发电机发生故障时,应急电源主要供给________等重要处所的照明用电。

①救生艇、救生筏登乘点及旅客舱室出口;②船员舱室出口;③各主要走廊、梯道。

A. ①　　B. ②

C. ③　　D. ①②③

答案:D

81. 绞锚时,锚机负荷突降,并可开快车绞进锚链,即可判断锚已离底。

A. 对　　B. 错

答案:A

82. 锚地的选择对锚泊安全十分重要,选择锚地时应考虑水深、底质地形、风、浪、流、障碍物和旋回余地。

A. 对　　B. 错

答案:A

83. 船舶顺流掉头时回转范围小,逆流掉头时回转范围大。

A. 对　　B. 错

答案:B

84. 船舶离泊时应迅速收起落于水中的缆绳,待全部缆绳从导缆孔收进后才能用车。

A. 对　　B. 错

答案:A

85. 移动重物调整船舶的纵横倾脱浅方法适用于船舶的一端或一舷搁浅,另一端或另一舷有足够水深。

A. 对　　B. 错

答案:A

86. 船舶失火后,应立即弃船。

A. 对　　B. 错

答案:B

87. 以当地零点起算的水位叫当地水位。

A. 对　　B. 错

答案:A

88. 引航要领的实质是船舶航行的准确定位和避让。

A. 对　　　　B. 错

答案:A

89. 在弯道航行,挂高不仅针对下行船,上行船也要求挂高,由于船舶过弯道时的离心力,下行船大于上行船,故挂高对于下行船更为重要。

A. 对　　　　B. 错

答案:A

90. 当船舶出现吊钩打枪危局后,若航道水流条件允许,可采取加车助舵的措施来扭转危局。

A. 对　　　　B. 错

答案:A

91. 在山区河流中,凡不属于急流滩的危险水道,称为险槽。

A. 对　　　　B. 错

答案:A

92. 堵漏水泥应放在空气畅通的干燥地方,以防受潮变质。

A. 对　　　　B. 错

答案:A

93. 船员发现有人落水,应注意跟踪瞭望。

A. 对　　　　B. 错

答案:A

94. 驾驶员应将每次演习的起讫时间、地点、演习内容和情况如实记入航海日志。

A. 对　　　　B. 错

答案:A

95. 船舶稳性是指船舶在倾侧外力的作用下浮态变化,当外力消失后能回到原浮态的性能。

A. 对　　　　B. 错

答案:A

96. 船长在其职权范围内发布的命令,船员、旅客和其他在船人员都必须执行。

A. 对　　　　B. 错

答案:A

97. 航行中值班驾驶员交接内容应该包括航行通电、通告及船长指示。

A. 对　　　　B. 错

答案:A

98. 航经事故现场附近的船舶收到求救信号后,如对事故无责任,可以不参加施救继续航行。

A. 对　　　　B. 错

答案:B

99. 船舶办理进、出港签证时,应按《签证规则》和其他有关规定交验资料。

A. 对　　　　B. 错

答案:A

100. 考试机构应当在理论考试或者实际操作考试结束后 30 日内公布相应的考试成绩。

A. 对　　　　B. 错

答案:A

模拟试卷二

1. 舵角的大小影响舵效，一般来说，________舵效越好。
   A. 舵角越大　　B. 舵角越小
   C. 舵角在某个极限值内，舵角越大　　D. 舵角达到90°时
   答案：C
2. 船舶作旋回运动，首尾偏转的大小是________。
   A. 尾向施舵一侧偏得多
   B. 尾向施舵相反一侧偏得多
   C. 首向施舵一侧偏得多
   D. 首向施舵一侧、尾向施舵相反一侧偏得一样多
   答案：B
3. 额定船速是指在可以忽略水深影响的深水中，在额定功率与额定转速条件下，船舶所能达到的________。
   A. 船舶对水的速度　　B. 船舶对地的速度
   C. 静水中的速度　　D. 理论上应能前进的速度
   答案：C
4. 船舶后退时，舵叶对水速度小，舵叶压力________，舵压力转船力矩________。
   A. 升高；增大　　B. 升高；减小
   C. 下降；增大　　D. 下降；减小
   答案：D
5. 船舶进入浅水区，下述做法不正确的是________。
   A. 连续测深，探明航路水深，保持船舶有足够的富余水深
   B. 在常车的基础上适当提高航速，以利冲浅和尽快驶离浅水区
   C. 早用舵，早回舵，用舵舵角适当增大，慢车与常车交替使用
   D. 备锚航行，以便应急时使用
   答案：B
6. 一大船从小船左舷追越，当大船首平小船尾时，小船易发生________。
   A. 首向右转　　B. 首向左转
   C. 船身平行吸扰　　D. 船身平行排斥
   答案：B

7. 一般情况下,河船利用锚设备控制航速时,松链长度宜为水深的________倍。

A. 1.5　　B. 2.5

C. 3　　D. 5

答案:A

8. 抛出一定链长的单锚泊船,当外力增大时,该船的锚泊力将________。

A. 增大　　B. 不变

C. 减少　　D. 因走锚而降为零

答案:C

9. “守锚”,就是经常采取措施________的一种措施。

A. 保持锚和锚链处于良好抓着状态　　B. 看着锚和锚链

C. 防止他船抛锚挂到锚和锚链　　D. 防止丢锚

答案:A

10. 在有强风时,如果船舶前部上层建筑受风面积大、航道宽度又较窄时,多采用________方法掉头。

A. 连续进车掉头　　B. 进、倒车掉头

C. 拖轮协助掉头　　D. 抛锚掉头

答案:B

11. 船舶系泊时,尾缆的作用是________。

A. 防止船舶后移,防止船尾向外舷移动

B. 防止船舶前移,防止船尾向外舷移动

C. 防止船舶后移,防止船首向外舷移动

D. 防止船舶前移,防止船首向外舷移动

答案:B

12. 顶流或吹开风离码头,采用首先离的方法,下列各项中不正确的是________。

A. 留尾倒缆并使之受力后

B. 用内舷舵松首缆,使首外偏

C. 内舷受流后,外摆加快,解首缆

D. 若尾倒缆不吃力,可使用慢倒车,使首外摆

答案:B

13. 船舶利用尾倒缆离码头时,尾倒缆的出缆方向与船舶首尾夹角应________。

A. 力求最小　　B. 力求最大

C. 保持垂直　　D. 保持在45°左右

答案:A

14. 航行船舶预测到将有大风浪来临时,必须采取________措施。

①保证水密、畅通排水;②系固活动物件;③做好各项应急准备;④空船压载。

A. ①②③　　B. ①②④

C. ①②　　D. ①②③④

答案:D

15. 大风浪中整个掉头的过程中要避免________。

A. 开快车
B. 用满舵
C. 用5°以下小舵角
D. 让操舵引起横倾与波浪引起横倾同时发生在同一方向
答案:D

16. 关于船舶发生碰撞的原因,下列说法错误的是________。
A. 盲目强行追越　　B. 疏忽瞭望
C. 电气设备陈旧或用电不当　　D. 对风压、流压估计不足
答案:C

17. 两船迎面相遇处于碰撞紧迫危险时,应先使________避开,再向来船一侧操舵,以避开________。
A. 船首;船首　　B. 船首;船尾
C. 船尾;船首　　D. 船尾;船尾
答案:B

18. 在碰撞不可避免时,应尽力避免________部位被他船撞入。
A. 机舱或船中　　B. 船首或船尾
C. 机舱或船尾　　D. 船首或船中
答案:A

19. 航行中的船舶,在搁浅或触礁不可避免时,宁使船首受损也要保护好船尾,其目的是________。
A. 便于排水堵漏　　B. 防止船体变形
C. 防止打坏车、舵设备,扩大事故　　D. 防止人员伤亡
答案:C

20. 船舶搁浅后可能发生的危险情况是________。
①墩底;②向岸漂移;③打横。
A. ①②　　B. ①③
C. ②③　　D. ①②③
答案:D

21. 船舶搁浅后采用自力脱浅时,以下几种方法中,________应最后考虑。
A. 候潮法　　B. 移货法
C. 绞锚法　　D. 卸载法
答案:D

22. 下列情况中不属于经济航道的是________。
A. 流速较主航道缓的航道
B. 只能在特定季节或特定水位时才能通航的航道
C. 航程较主航道短的航道
D. 航程较主航道长,但流速小的经济迂回航道
答案:B

23. 水位是以水位基准面为零值,高于基准面者为________,低于基准面者为________。

A. 负值;正值　　B. 干出高度;图示水深
C. 图示水深;干出高度　　D. 正值;负值
答案:D

24. 航行图上某处礁石的图注水深 -0.5 m,当时当地水位为 3.5 m,该礁石的实际水深为________。
A. 3.0 m　　B. 4.0 m
C. -0.5 m　　D. 3.5 m
答案:A

25. 多年一切水位的平均值称为________。
A. 关系水位　　B. 中水位
C. 枯水位　　D. 洪水位
答案:B

26. 若某河段流向向东,刮西风时为________。
A. 风流作用力同向或顺流风　　B. 风流作用力反向或顺流风
C. 风流作用力同向或逆流风　　D. 风流作用力反向或逆流风
答案:A

27. 船舶下行经过弯曲河段时,根据水流的流向,可以将船位挂于________。
A. 凸岸　　B. 凹岸
C. 横流水势较高的一侧　　D. 横流水势较低的一侧
答案:C

28. 主流是选择航路的依据,以下说法不正确的是________。
A. 宽阔顺直河段,下行船"找主流,走主流"
B. 宽阔顺直河段,上行船"找主流,丢主流"
C. 弯曲狭窄河段,下行船选择在主流下侧航行
D. 弯曲狭窄河段,上行船选择在主流上侧航行
答案:C

29. 以下关于确定河流左右岸的原则,正确的是________。
A. 按水流方向确定河流的上下游,面向河流下游,左手一侧为左岸,右手一侧为右岸
B. 按照船舶航行的方向,下水船左舷一侧为左岸,右舷一侧为右岸
C. 按照河流走向,河道偏北或偏西一侧为左岸,偏南或偏东一侧为右岸
D. 水流流向不明显或各河段流向不同的河流,不分左右岸
答案:A

30. 下列全部属于航行标志的一组是________。
A. 过河标、导标、侧面标　　B. 导标、示位标、界限标
C. 侧面标、界限标、示位标　　D. 导标、沿岸标、管线标
答案:A

31. 船舶从河上看去,水深信号杆的横桁左端和右端的号型或号灯分别表示________。
A. 水深的米和分米　　B. 水位的分米和米
C. 水深的分米和米　　D. 水位的米和分米

答案:A

32. 专用浮标的形状、颜色、灯质分别为________。

A. 任选,黄色,单、双闪光　　B. 塔形体,黄色,单、双闪光

C. 任选,白色,单、双闪光　　D. 塔形体,红色,单、双闪光

答案:A

33. 红底中间一条白色横条的标志是________。

A. 禁止通航　　B. 禁止驶入

C. 禁止停泊　　D. 停航受检

答案:B

34. 以下比例尺最大的是________。

A. 1/10000　　B. 1/25000

C. 1/50000　　D. 1/100000

答案:A

35. 航行图上的水深数字"56"表示________。

A. 绘图基准面以上的水深为 5.6 m　　B. 绘图基准面以下的水深为 5.6 m

C. 未到底水深　　D. 扫测水深

答案:A

36. "航行警告"的发布方式为________。

A. 无线电报或者无线电话(包括传真、GPS 记录系统等)

B. 公文

C. 布告

D. 报刊

答案:A

37. 船舶在潮汐河段顺流航行时,应________航行。

A. 靠航道左侧　　B. 靠航道右侧

C. 在主流或航道中央　　D. 尽可能沿本船右舷一侧航道

答案:D

38. 落位的标准是________。

①航向与流向的夹角要小;②离岸距离要适当;③尽量拉长定向航行距离。

A. ①②　　B. ①③

C. ②③　　D. ①②③

答案:D

39. 两船相遇,采用转向避让的要点是________。

①有足够的安全水域;②避让一船不会与另一船造成紧迫局面;③两船相距较近应一次性操舵完成。

A. ①②③　　B. ①②

C. ①③　　D. ②③

答案:A

40. 两船舶在航行中相遇存在碰撞危险时,采用________避让措施的效果最佳。

A. 转向　　B. 变速
C. 转向变速并用　　D. 停车
答案:C

41.“恰当用舵,少用舵,用小舵角”是船舶在________的引航操作方法之一。
A. 弯曲河段　　B. 夜间航行
C. 浅滩河段　　D. 顺直河段
答案:D

42. 逆流通过长江大桥的船舶、船队的时速应________。
A. 不大于 4 km　　B. 不小于 4 km
C. 等于 4 km　　D. 根据本船最高航速灵活确定
答案:B

43. 桥梁水平垂线与主流流向的夹角不宜太大,否则主流就成为一股强大的________,使船舶在驶过桥孔的过程中发生显著的偏移,甚至因此而发生碰桥墩事故。
A. 出水　　B. 扫弯水
C. 旺水　　D. 横流
答案:D

44. 雾天航行时,应正确认识安全航速,掌握避让行动的主动权,确定安全航速时应充分考虑________等几方面的因素。
①当时能见度的程度;②通航密度;③通航障碍物及港口管理设施的能力;④本船助仪器使用的局限性。
A. ①②③④　　B. ①③④
C. ①②④　　D. ①②③
答案:A

45. 船舶因突遇浓雾,一时无法选择锚地抛锚而被迫在浓雾中航行时,除应按照雾天航行要点进行操作外,还应着重采取________等措施。
①减速航行;②充分利用雷达、VHF、AIS 等助航仪器;③服从当地 VTS 的管理并及时请求其帮助和指导;④及早做好锚地扎雾的准备工作,尽快找到锚地抛锚扎雾。
A. ①③④　　B. ①②③④
C. ①②④　　D. ①②③
答案:B

46. 关于夜航,下列说法中不正确的是________。
A. 在强的灯光照射下,首先发现光芒,然后才能看到实光
B. 远望时有色灯光可能误认为白色,有时则把白色看成红色
C. 习惯上以灯光明亮判断远近,这容易产生错觉
D. 沿江城镇光力都很强,十分耀眼,往往很容易看到实光
答案:D

47. 码头带缆时,如发现桩柱上已有他船的琵琶头时,应将本船的琵琶从他船的琵琶头的________穿过。
A. 下方　　B. 上方

C. 先下方后上方　　D. 先上方后下方

答案：A

48. 锚设备的组成包括________。

A. 锚链、锚机

B. 锚、锚链、锚机、导链滚轮

C. 锚、锚链、锚机、制链器、离合器

D. 锚、锚链、锚链筒、制链器、锚机、锚链管、弃链器

答案：D

49. 在锚链末端链节的末端和锚端链接的前端都装有转环，目的是________。

A. 防止锚链产生跳动　　B. 防止锚链卡孔

C. 防止锚链发生过分扭绞　　D. 增加锚链局部强度

答案：C

50. 对于内河船舶，由于航道原因和经常作业要求，对________的要求较高。

①回转性；②稳定性；③稳性。

A. ①　　B. ②

C. ③　　D. ①②③

答案：A

51. 航行船舶一般应当常备的堵漏器材有________。

①水泥、黄沙、盐或小苏打；②松木或杉木材、木楔、木塞；③各种堵漏螺丝杆、铁钉、橡胶垫；④棉絮、麻絮、破布、帆布。

A. ①②③　　B. ①②④

C. ②③④　　D. ①②③④

答案：D

52. 船体破损进水后，首先应________。

A. 关闭所有水密装置和通路，防止进水漫延

B. 测量各舱室污水沟水位变化，查明漏洞所在

C. 组织排水堵漏

D. 发出堵漏应变警报信号

答案：D

53. 我国统一规定了船舶各种应变警报信号，救火警报信号是________。

A. 乱钟或连放短声汽笛一分钟　　B. 汽笛六短一长声

C. 机舱失火，乱钟后敲三响　　D. 船舶后部失火，乱钟后敲四响

答案：A

54. 驾驶员闻报有人落水后，应首先________。

A. 发出警报　　B. 抛出救生圈或其他浮具营救

C. 调整船舶航向　　D. 停车

答案：A

55. 表明船舶失火的警报信号为________。

A. 连续短声一分钟　　B. 六短声一长声

C. 三长声　　D. 两长声一短声

答案:A

56. 船舶平时按________定期举行应变演习。

A. 船舶应变部署表　　B. 领导要求

C. 驾驶员要求　　D. 公司通知

答案:A

57. AIS 船载系统提供的自动识别信息中不包括________。

A. 航线信息　　B. 静态信息

C. 动态信息　　D. 航次数据

答案:A

58. 以下信息中,________是 AIS 播发的静态信息。

A. 船位　　B. 对地航向

C. 船舶类型　　D. 对地速度

答案:C

59. 最大尺寸是主要用于________的尺度。

A. 计算船舶航行性能　　B. 船舶操纵和避碰

C. 船舶吨位丈量　　D. 计算运输费用

答案:B

60. 船宽吃水比 B/d 对船舶主要性能都有影响,比值过大或过小,都会引起船舶________的增加。

A. 浮性　　B. 稳性

C. 抗沉性　　D. 阻力

答案:D

61. 某内河船舶在航行中水线没有超过相应载重线的上边缘,则该船________。

A. 一定满足载重线规范的要求

B. 一定不满足载重线规范的要求

C. 依据具体情况判断是否满足载重线规范的要求

D. 无法判断是否满足载重线规范的要求

答案:A

62. 营运中的船舶一般不需要考虑________。

A. 横稳性　　B. 动稳性

C. 纵稳性　　D. 大倾角稳性

答案:C

63.《驾驶室规则》对值班人员的要求包括________。

①不做与值班无关的事;②不嬉笑闲谈;③不得在驾驶台用餐;④负责保持驾驶室的清洁,维持驾驶室的秩序。

A. ①②③④　　B. ①②④

C. ①③④　　D. ①④

答案:A

64. 引航员在引航时,值班驾驶员应________。

①正确记录车钟;②密切配合引航员操纵船舶;③认真瞭望,勤测船位。

A. ①②　　B. ①③

C. ②③　　D. ①②③

答案:D

65. 下列不属于航行中值班驾驶员交接事项的是________。

A. 水位　　B. 航行通电

C. 航次作业会会议记录　　D. 来往船舶动态

答案:C

66. 锚泊中值班驾驶员在实施船舶基本安全措施的基础上应重点关注的安全事项包括________。

①是否走锚;②周围锚泊船舶的情况;③风、流、水位及潮汐的变化情况;④傍靠船舶的系缆及其他安全设施。

A. ①②③④　　B. ①②④

C. ①②③　　D. ①③④

答案:A

67. 锚泊中交接,对交接事项有怀疑,应及时请示________。

A. 公司　　B. 承运人

C. 轮机长　　D. 船长

答案:D

68. 交班时,________应在紧接本班航行日志记载内容的后面签字。

A. 船长　　B. 值班驾驶员

C. 水手　　D. 水手长

答案:B

69. 根据《内河船舶航行日志记载规则》,航次任务应记载的内容有________。

①航次序号;②起止港口;③一般任务;④特殊任务。

A. ①②③④　　B. ①②

C. ①③④　　D. ②③④

答案:A

70. 根据《内河船舶航行日志记载规则》,气象根据________记载。

①天气预报;②海事管理机构通报;③实际观察的天气现象。

A. ①②③　　B. ①②

C. ②③　　D. ①③

答案:D

71. 船舶悬挂的中国国旗应当整洁,不得破损、污损、褪色或者不合规格,不得倒挂,对违反《中华人民共和国国旗法》和相关规定的船舶和船员的处罚,规定是________。

A. 由船公司负责教育和处罚

B. 由交通行政执法部门负责教育和处罚

C. 由船舶所有人和船舶检验机构负责教育和处罚

D. 由海事管理机构负责教育和处罚

答案:D

72. ________属于安全检查的内容。

①船舶证书和船员证书;②救生和消防演习;③安全制度;④防污染设备。

A. ①②③　　B. ①②③④

C. ①②　　D. ①③④

答案:B

73. 属于船员违法记分范畴的违法行为是指________。

①违反有关船舶、船员管理;②违反有关通航管理;③违反有关危险货物运输安全管理,防止船舶污染管理;④违反有关航标管理秩序及其他水上安全监督管理秩序。

A. ①②③　　B. ②③④

C. ①②④　　D. ①②③④

答案:D

74. 在船舶的沉没、毁灭不可避免的情况下,船长可以决定弃船;但是,除紧急情况外,应当报经________同意。

A. 海事管理机构　　B. 船舶承运人

C. 船舶所有人　　D. 船舶租借人

答案:C

75. 根据《船舶污染物排放标准》,船舶排放的含油污水是指________。

①油轮压舱水;②油轮洗舱水;③油轮舱底污水;④船舶舱底污水。

A. ①②③　　B. ①②④

C. ①③④　　D. ②③④

答案:D

76. 船舶载运污染危害性货物进出港口,有关单位应当按照法律、行政法规和国务院交通主管部门关于船舶载运危险货物的管理规定,事先向________办理申报手续,经同意后,方可进出港口。

A. 环保部门　　B. 海事管理机构

C. 港口装卸作业部门　　D. 交通主管部门

答案:B

77. 船舶发生污染水域事故,应当立即向________如实报告,同时按照污染事故应急计划的程序和要求,采取相应措施。

A. 有管辖权的海事管理机构　　B. 最近海事管理机构

C. 环保部门　　D. 主管部门

答案:B

78. 船舶应急消防设备包括________。

①应急消防泵;②燃油速闭阀;③风油应急切断开关;④通风筒防火板和机舱天窗应急关闭装置。

A. ①②③④　　B. ①②③

C. ①③④　　D. ①②④

答案:A

79. 在船舶主发电机发生故障时,应急电源主要供给________等重要处所的照明用电。①救生艇、救生筏登乘点及旅客舱室出口;②船员舱室出口;③各主要走廊、梯道。

A. ①　　B. ②

C. ③　　D. ①②③

答案:D

80. 船舶作旋回运动,首尾偏转的大小是________。

A. 尾向施舵一侧偏得多

B. 尾向施舵相反一侧偏得多

C. 首向施舵一侧偏得多

D. 首向施舵一侧、尾向施舵相反一侧偏得一样多

答案:B

81. 船舶由全速前进改为全速倒车时的船舶冲程称为紧急倒车冲程。

A. 对　　B. 错

答案:B

82. 船舶顺流掉头时回转范围小,逆流掉头时回转范围大。

A. 对　　B. 错

答案:B

83. 航道标准深度是航道在洪水期内应维护的最小水深。

A. 对　　B. 错

答案:B

84. 一种自水下向水面翻涌,中心隆起并向四周辐射扩散的水流称漩水。

A. 对　　B. 错

答案:B

85. 内河航标都是以标身形状和灯质来区别它们的功能的。

A. 对　　B. 错

答案:A

86. 内河交通安全标志中的辅助标志是可以单独使用的。

A. 对　　B. 错

答案:B

87. 引导船舶以最佳航线航行于内河水道的过程称内河引航,最佳航线是指省时、快速及安全的航线。

A. 对　　B. 错

答案:A

88. 分道通航制区域中用以分隔通航分道或通航分道与相邻沿岸通航带的带或线称为分隔带或分隔线。

A. 对　　B. 错

答案:A

89. 岸推与岸吸现象显著是运河航行的不足之处。

A. 对　　B. 错

答案:A

90. 在山区河流航行的船舶,在黑夜中可开启两舷探照灯照清两岸岸形航行。

A. 对　　B. 错

答案:A

91. 丙纶绳能浮于水面,摩擦系数较大,但不耐热。

A. 对　　B. 错

答案:A

92. 为了更好地对锚机进行维护保养,每次使用锚机前,应先脱开离合器让主轴空转试车。

A. 对　　B. 错

答案:A

93. 堵漏水泥应放在空气畅通的干燥地方,以防受潮变质。

A. 对　　B. 错

答案:A

94. 弃船求生时的个人应变任务可以从船员应变卡上查到。

A. 对　　B. 错

答案:A

95. 使用船用甚高频无线电话,必须根据有关无线电话管理文件有关规定办理。

A. 对　　B. 错

答案:A

96. 形成船舶不同平衡状态的关键是重心与稳心的相对位置。

A. 对　　B. 错

答案:A

97. 船舶发生碰撞事故,即使无责任的一方也应当在不危及自身安全的情况下,积极救助遇险船舶,不得逃逸。

A. 对　　B. 错

答案:A

98. 船舶办理进、出港签证时,应按《签证规则》和其他有关规定交验资料。

A. 对　　B. 错

答案:A

99. 中华人民共和国海事管理机构具体负责内河船舶船员适任考试和发证工作。

A. 对　　B. 错

答案:A

100. 航行中有人落水时,为了防止落水人被卷入船尾螺旋桨,应立即向落水者一侧转舵,使船尾摆开。

A. 对　　B. 错

答案:A

附录一 内河助航标志图示

一、航行标志

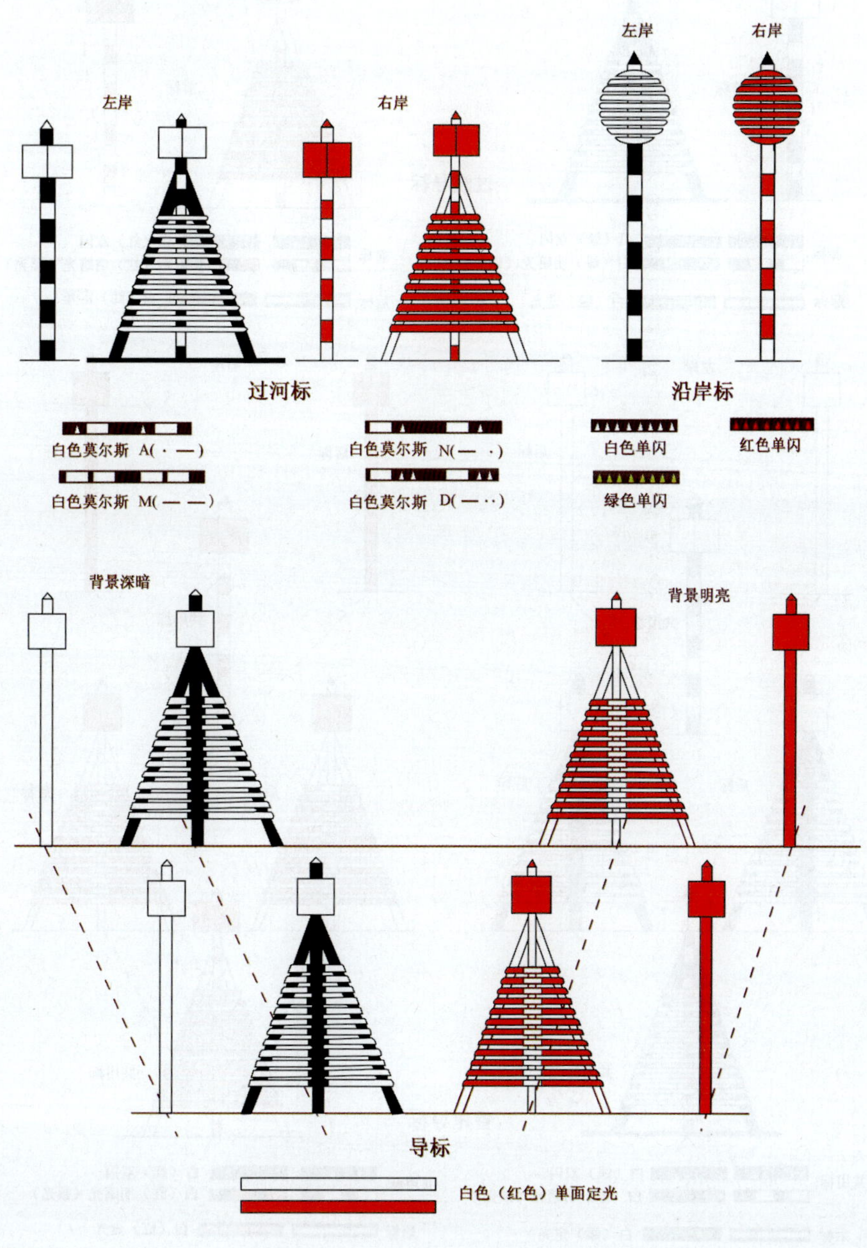

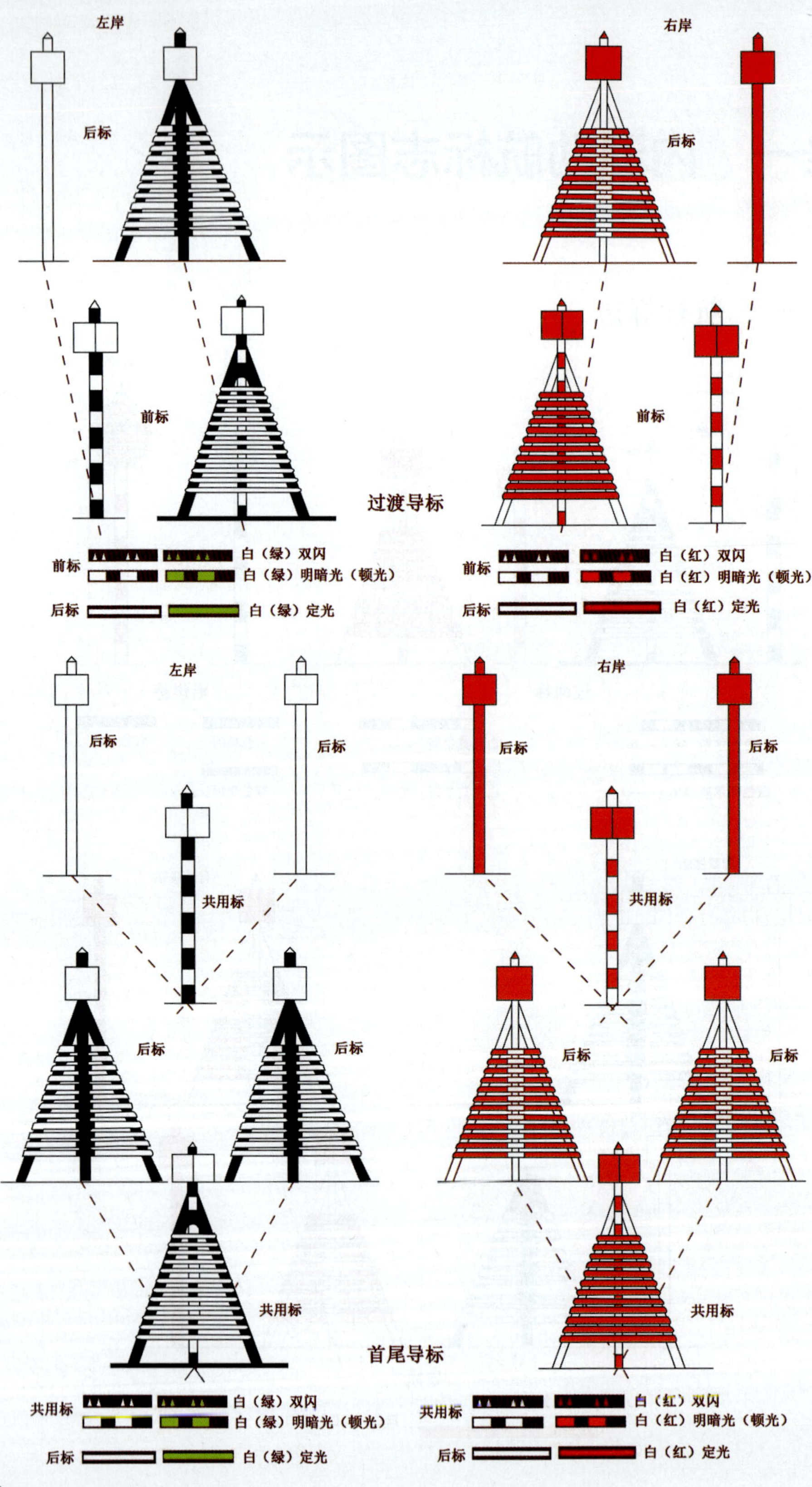
左岸
后标
右岸
后标
前标
前标
过渡导标
前标
白（绿）双闪
白（绿）明暗光（顿光）
后标
白（绿）定光
前标
白（红）双闪
白（红）明暗光（顿光）
后标
白（红）定光
左岸
后标
后标
共用标
后标
后标
共用标
右岸
后标
后标
共用标
后标
后标
共用标
首尾导标
共用标
白（绿）双闪
白（绿）明暗光（顿光）
后标
白（绿）定光
共用标
白（红）双闪
白（红）明暗光（顿光）
后标
白（红）定光

左岸一侧
右岸一侧
柱形
左岸一侧
右岸一侧
柱形
左岸一侧
右岸一侧
杆形
左岸一侧
右岸一侧
锥形
左岸一侧
锥形
右岸一侧
罐形
左岸一侧
右岸一侧
杆形
左岸一侧
右岸一侧
柱形
左岸一侧
右岸一侧
灯船
侧面标
左岸一侧
白（绿） 单闪
白（绿） 双闪
右岸一侧
红 单闪
红 双闪

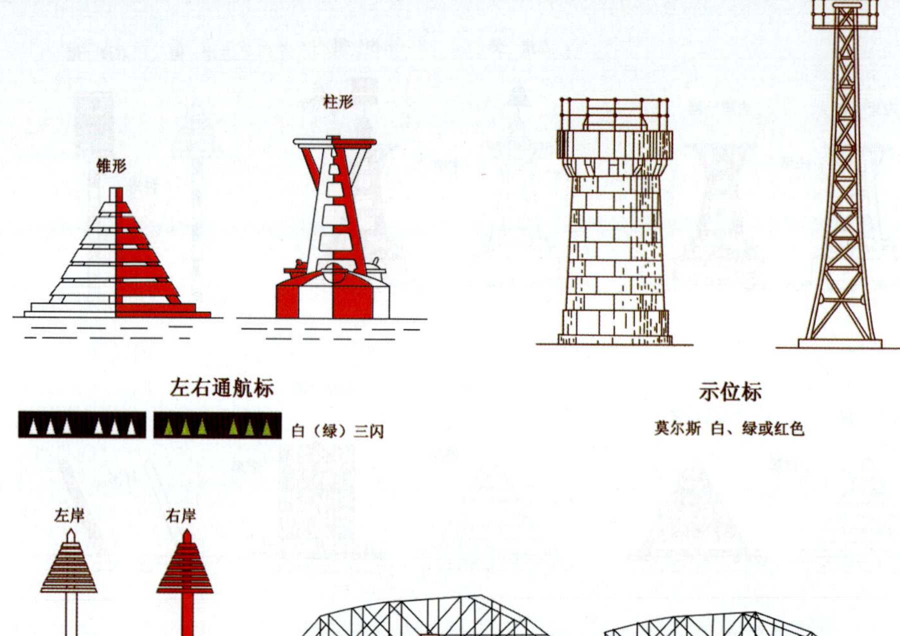
锥形
柱形
左右通航标
白（绿）三闪
示位标
莫尔斯 白、绿或红色
左岸
右岸
通航桥孔
小轮通航桥孔
泛滥标
桥涵标
左岸
白色或绿色定光
右岸
红色定光
红色单面定光
绿色单面定光

二、信号标志

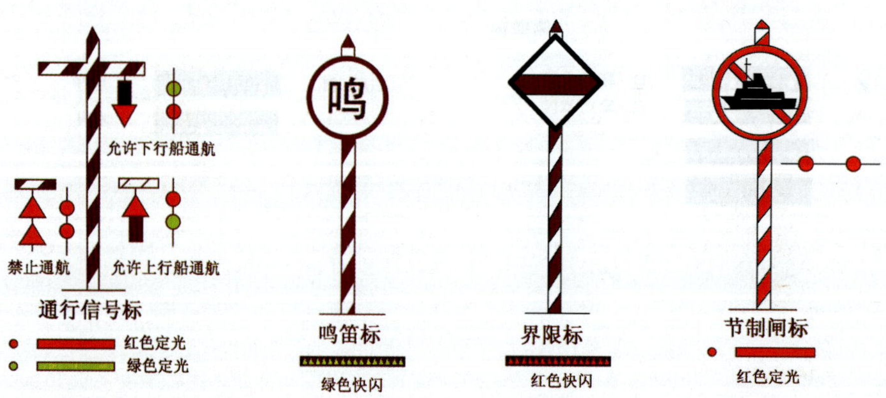
允许下行船通航
禁止通航
允许上行船通航
通行信号标
红色定光
绿色定光
鸣
鸣笛标
绿色快闪
界限标
红色快闪
节制闸标
红色定光

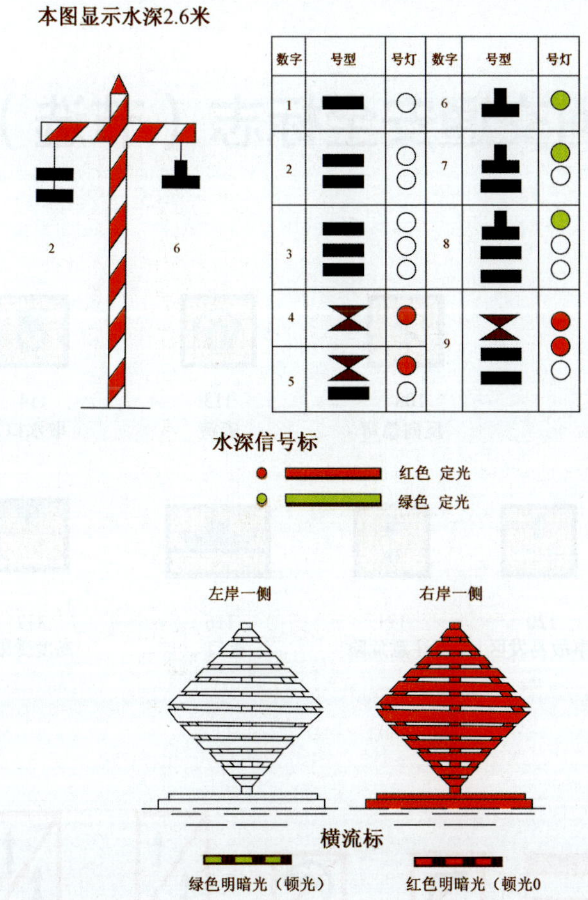

水深信号标

横流标

三、专用标志

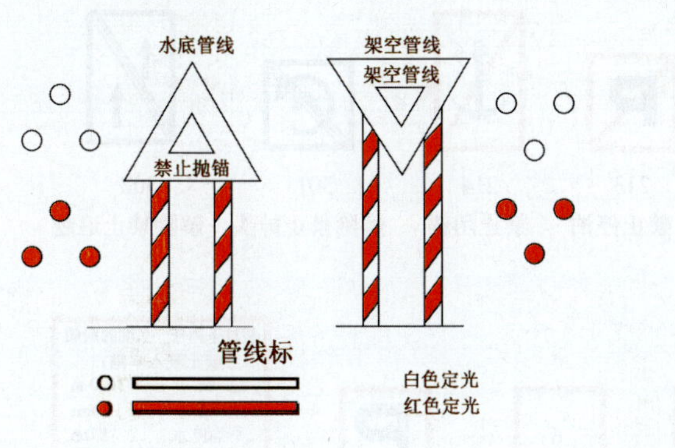

管线标

专用浮标

附录二　内河交通安全标志（节选）

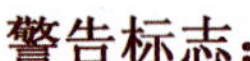

108
反向急弯

113
紊流

114
取水口

115
排水口

120
事故易发区

121
注意危险

116
渡口

117
高度受限

禁令标志：

201
禁止通行

202
禁止驶入

203
禁止向左转弯

205
禁止掉头

206
禁止一切船舶追越

207
禁止船队追越

208
禁止会船

209
禁止并列行驶

213
禁止停泊

214
禁止用锚

301
解除禁止掉头

302
解除禁止追越

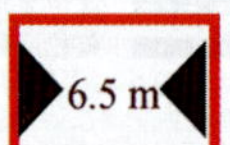

401
限制宽度

404
限制告诉

405
限制低速

409
限制靠泊范围

超过下列任一尺度的船舶
禁止驶入本港：
总　长　36.0 m
全　宽　6.5m
平均吃水　2.0m
水线以上高度　5.6m

410
限制船舶尺度或吨位

指令标志：

607
分道通航

608
停航让行

613
停航受检

614
横越区

提示标志：

701
靠泊区

702
锚地

703
调头区

710
航道尽头

主标志附加
辅助标志：

参考文献

[1]范晓飚,刘元丰.航道与引航.大连:大连海事大学出版社,2010.
[2]龚雪根.船舶操纵.北京:人民交通出版社,2000.
[3]郭国平.船舶操纵.北京:人民交通出版社,1999.
[4]韩寿家.造船大意.大连:大连海事大学出版社,1999.
[5]李勇.船舶操纵.北京:人民交通出版社,1999.
[6]刘明俊.航道与引航.北京:人民交通出版社,1999.
[7]刘先栋.职务与法规.北京:人民交通出版社,1999.
[8]刘元丰,范晓飚.船舶操纵.大连:大连海事大学出版社,2010.
[9]蒲上忠.船舶辅机.北京:人民交通出版社,1998.
[10]邱振良.船舶操纵.北京:人民交通出版社,1989.
[11]水运技术词典编委会.水运技术词典.北京:人民交通出版社,2000.
[12]王逢辰.船舶操纵与避碰.北京:人民交通出版社,1987.
[13]谢世平.船舶驾驶与管理.大连:大连海事大学出版社,2010.
[14]谢世平.船舶结构与设备管理.北京:人民交通出版社,2004.
[15]赵月林.船舶操纵.大连:大连海事大学出版社,2000.
[16]中华人民共和国交通运输部.内河交通安全标志.北京:中国计划出版社,2008.
[17]中华人民共和国交通运输部.内河通航标准.北京:中国计划出版社,2014.
[18]中华人民共和国海事局.中华人民共和国内河船舶船员适任考试大纲.大连:大连海事大学出版社,2016.